RENEWALS 458-4574

Philosofía secreta
de la gentilidad

Letras Hispánicas

Juan Pérez de Moya

Philosofía secreta de la gentilidad

Edición de Carlos Clavería

CÁTEDRA
LETRAS HISPÁNICAS

La publicación de esta obra ha merecido una de las Ayudas a la Edición del Ministerio de Cultura para la difusión del Patrimonio Literario y Científico español.

Ilustración de cubierta: *Neptuno y Anfitrite,* de Jan Gossaert (1516)

Reservados todos los derechos. De conformidad con lo dispuesto en el art. 534-bis del Código Penal vigente, podrán ser castigados con penas de multa y privación de libertad quienes reprodujeren o plagiaren, en todo o en parte, una obra literaria, artística o científica fijada en cualquier tipo de soporte sin la preceptiva autorización.

© Ediciones Cátedra, S. A., 1995
Juan Ignacio Luca de Tena, 15. 28027 Madrid
Depósito legal: M. 40.737-1995
ISBN: 84-376-1380-9
Printed in Spain
Impreso y encuadernado en Huertas, S. A.
Fuenlabrada (Madrid)

Library
University of Texas
at San Antonio

Índice

Introducción

Para Carlota, cuando se entere

Mi único propósito en la publicación de todos mis libros ha sido siempre hacer algo útil con mi trabajo. Y caso de no conseguirlo, por lo menos no dañar a nadie... Sé que mi ingenio es romo y mi doctrina no sólida, pero al menos siempre he querido hacer cuanto bien me es posible.

ERASMO DE ROTTERDAM,
Carta a Martín Dorp, 1515

La culpa es de este oficio. De tanto darle vueltas a todo, todo acaba perdiendo consistencia.

JAVIER SALVAGO

En el caos no hay error.

SANTIAGO AUSERÓN

El bachiller Juan Pérez de Moya

La Naturaleza, que recompensó con una saludable longevidad a Juan Pérez de Moya (San Esteban del Puerto 1513-Granada 1596)[1] no permitió que esa recompensa fuera completa cuando ordenó a la Fortuna ser rácana a la hora de conceder al bachiller beneficios económicos por los maravillosos libros que escribió. Cualquiera que en otro siglo y en otro país hubiera visto sus obras esparcidas con tanto viento podría haber contado con una rentita más que decente y no haber tenido que aceptar, a la edad de setenta y siete años, una canonjía en Granada ni haber tenido que pelearse un año antes de morir con un editor miserable de Salamanca, Claudio Carlet, que se niega a imprimirle y a pagarle su última obra.

Pérez de Moya vio en su vida unas diez ediciones de sus libros de cuentas, aritmética y matemática, dos de la *Silva*, dos ediciones de sus libros naturales (geometría y astronomía), una edición de la *Philosofía secreta* y cuatro ediciones de las *Comparaciones*. Sin embargo, y a pesar de contar con mecenas que pagaban los gastos de impresión de algunos textos[2], y de ser un reconocido divulgador y hombre de es-

[1] Las fechas de su nacimiento y muerte parecen ciertas desde las investigaciones de Gómez de Baquero, ed., *Philosofía secreta* [1928:VI y XI].

[2] A Juan Bautista Gentil le costó la primera edición de la *Philosofía secreta* ocho reales y medio cada resma impresa. Una resma son 20 manos de papel y cada mano son 25 pliegos, por lo que de cada resma salen 500 cuadernillos o pliegos. Como cada ejemplar de la *Philosofía secreta* tiene 38 pliegos, si sabemos que se editaron 1.500 ejemplares, el impresor tiró

tudios, vivió siempre al amparo y arrimo de la Iglesia. A pesar de que su amigo Alejo Venegas[3] confiesa que «con público aplauso ha leído en Salamanca y en la Corte», Fernández Vallín [1893:36] aclara que Moya «no fue catedrático, ni aun se dedicó a la enseñanza», y algo de razón tiene porque con veintitrés años es ya capellán en su pueblo natal, iniciando una relación con la Iglesia que no abandonará hasta la muerte tras la canonjía de Granada (1590-1596)[4].

Comenzó a publicar, por lo que consta, a la edad de cuarenta y un años, cuando Juan Ferrer le imprimió en Toledo su *Libro de cuenta* (1554). Con este texto inició Pérez de Moya un camino triunfador en el arte de la aritmética, y con las cuatro reglas en ella contenidas sentaba las bases del éxito que luego conseguiría con la *Aritmética práctica*, que parte con ese común «agora nuevamente corregida y añadida por el mismo autor» porque no parece el tomo, entre nuevas aportaciones, sino la unión del *Libro de cuenta*[5] y el *Compendio de la Regla de la Cosa o Arte Mayor*, que incorporaría el álgebra a los tratados de aritmética[6]. Los elogios que

---

57.000 cuadernillos, para lo que necesitó 114 resmas, o sea, cobró 969 reales. Casi el doble de lo que podía percibir Pérez de Moya por parte del editor-impresor, que años antes le había prometido 500 reales por una *Aritmética* (la de Alcalá, 1581). Por su lado, el editor obtenía, gracias a la tasa de tres maravedís el pliego, 114 maravedís por ejemplar, y si vendía toda la edición, 171.000 maravedís (unos 5.000 reales). Recuérdese que en la excelente e injustamente guillotinada obra de Luis Gil, *Panorama social del humanismo español (1500-1800)*, Madrid, Alhambra, 1981, pág. 398, se expone que el sueldo medio de un profesor universitario era en 1575 de 30.000 maravedís anuales.

[3] En una carta que figura en la *Aritmética* de 1562.

[4] La casa en la que vivía costaba en 1596 50 ducados de alquiler (Gómez-Baquero [1928:XI]), esto es, unos 550 reales, casi lo que cobraría por una sola de sus ediciones de la *Philosofía secreta*.

[5] El libro sexto, en la edición de la *Aritmética* que tengo a la vista (1798), trata de las reglas para contar y reducir monedas. Aunque la filiación la aclara más Jesús Gómez, *El diálogo en el Renacimiento español*, Madrid, Cátedra, 1988, pág. 225: «Estos mismos *Diálogos* [Libro I del *Libro de cuenta*] se reeditan en el libro IX de la *Arismética*...»

[6] Así se puede colegir de las palabras del Brocense en Pérez de Moya, *Aritmética* [1798:283]: «Yo en algunas obras del bachiller Moya... gran doctrina en las artes matemáticas he hallado, mas este *libro de la cosa* deja

los especialistas han hecho de estas obras es enorme, y el fragmento capital para glosar el valor de la obra científica de Pérez de Moya es el de Acisclo Fernández Vallín [1893:36]:

> Se consagró principalmente a popularizar el estudio de las ciencias exactas, demostrando la necesidad de su conocimiento en todas las clases sociales; y con este motivo escribió su célebre... en el cual se encuentran ingeniosísimas razones para hacer de las matemáticas el principio de toda educación social.

Por su parte, Picatoste [1891:245] le da unos calificativos que, ciertos como son, habrían de recuperar por sí solos la figura del bachiller:

> Formó parte de aquel grupo de hombres eminentes que luchó tenazmente en España, durante todo el siglo XVI, por vencer el odio, el desprecio o el temor al estudio de las ciencias... era un mérito... emprender una lucha para demostrar que las ciencias no eran un pasatiempo y una diversión de la holganza del claustro, sino una necesidad social y un deber de la inteligencia.

Tras éstos, gloriosos son por la prosa que los llena los libros de *Geometría* y de *Astronomía*[7], que no escaparon tampoco al entusiasmo crítico de Picatoste [1891:249]:

---

atrás todo loor, porque es en nuestra lengua cosa nueva y muy ingeniosa». El *Libro de la cosa* no es otro que el que su nombre indica, ahora incorporado al libro séptimo de la *Aritmética*. Para el *Libro de la Cosa*, véase F. Ángel Rodríguez, «La regla de la cosa o almucabola», *Ciudad de Dios* 90 (1915), págs. 170-186.

[7] Se publicaron por primera vez los dos juntos bajo el título *Obra intitulada Fragmentos Mathemáticos*, Salamanca, Juan de Cánova, 1568. El primer libro trata de la geometría práctica (18 hojas, 271 págs., 16 hojas), y el segundo (493 págs., 32 hojas) de astronomía, geografía y filosofía natural. El fino impresor Juan de Cánova reunió en Alcalá (1573), en un conjunto precioso y en tres volúmenes, la *Aritmética*, la *Geometría* y la *Astronomía* bajo el título *Tratado de matemáticas*.

> Creemos que este tratado... tiene más mérito que el de Aritmética. La exposición de los teoremas y problemas es sencilla; las demostraciones, claras; las soluciones, breves; el método, excelente; la disposición de las figuras, oportuna; las observaciones, acertadas.

De todos estos halagos, un dato me llama la atención para enjuiciar la evolución de la obra de Pérez de Moya: que tanto Fernández Vallín como Picatoste declaren el interés «social» que se aprecia en la obra científica del bachiller andaluz, porque a partir de una fecha, toda esta obra divulgadora y social dejará de interesar a Pérez de Moya, quien se centrará en otro tipo de educación, como ahora veremos.

Entre tanta prosa maravillosa hay un detalle peculiar: la reincidente y desenfadada cita de los más conspicuos autores de la materia científica (desde Euclides hasta Apiano) y la referencia que merece Erasmo en 1562. Citar al Erasmo exégeta del Evangelio en 1562[8] implica un riesgo considerable aunque sea sólo para tenerlo como autoridad (?) aritmética. Sin embargo, la fidelidad erasmista del estudioso Moya[9] parece que recibió varios avisos y que acabó cediendo, bien ante el cambio de una sociedad y de un grupo cultural, el de los clérigos ilustrados fuertemente avisados después de 1563 por el Concilio de Trento, bien ante los escarmientos sufridos en la piel ajena aunque cercana[10] del Brocense. El ilustre catedrático de Salamanca tuvo, por erasmista, un encontronazo serio con la justicia contrarreformista en 1584[11]. Si todo un catedrático de Salamanca, insigne humanista por demás, era llamado a declarar por exhortar a la libre interpretación de la imaginería, ¿qué podían hacer con un pobre bachiller? Cierta calma añeja y cierta

---

[8] Véase la nota 590.

[9] No hay que dejar de citar la afortunadísima expresión de Domínguez Berrueta [1899:482] cuando se refiere a Pérez de Moya: «Su oficio era estudiar».

[10] Según Bataillon [1986:432] la furia antierasmista se comenzó a desatar hacia 1530, y en 1584 parecía viva cuando se acercó a llamar la atención al ilustre amigo del bachiller.

[11] Bataillon [1986:734].

TRATADO DE COſas de Aſtronomía, y Coſmographia, y Philoſophia Natural.

Ordenado por el Bachiller Iuã Perez de Moya, natural de Sant Eſteuan del Puerto.

Con licencia, y priuilegio Real de los Reynos de Caſtilla, y Aragon.

EN ALCALA

POR IVAN CRACIAN.

Año de M. D. LXX III.

Portada reducida del jemplar de la Biblioteca de la Universidad de Barcelona. Por gentileza del Sr. Jordi Torra.

prudencia debieron de aconsejar el ánimo ilustrado de Pérez de Moya y en 1585, en la *Philosofía secreta* evitó toda referencia directa a Erasmo por inofensiva que fuera[12]. Aparte de esta ida hacia el silencio, la obra de Pérez de Moya camina despacito desde el objetivismo más científico del *Manual de contadores* y de la *Aritmética* de 1562 a la aplicación más carpetovetónica de la moral de la época[13]. Hay que aclarar que el caso de la evolución de Pérez de Moya no es el único, ni el más representativo, ni el más sonado; tampoco es el más violento ni el más sorprendente. La limpieza de esa ida hacia la moralización, y la suavidad y silencio con que la hizo, se ha de tomar como síntoma de lo que era normal en un sector de la cultura castellana bajo Felipe II, y aplicar su justa medida para contrarrestarla con cuantos perdieron ilusión y carácter al emprender el camino contrario, y que éstos no hicieron esa pérdida con la naturalidad que se aprecia en el bachiller andaluz.

Así, en los veintisiete años que van desde el riguroso y modernísimo *Compendio de la Regla de la Cosa* (1558) hasta su última obra, la *Philosofía secreta* (1585), la pluma de Pérez de Moya ha pasado de querer «hacer de las Matemáticas el principio de toda educación social» a hacer una obra que «no está escrita con espíritu científico... es un libro de erudición, de literatura amena y hasta de lección moral». Son líneas para seguir esta evolución las obras intermedias, y la «sentencia y doctrina» de la positivista *Aritmética* se ha convertido en 1572 y en la dedicatoria de la *Geometría* en ejemplos de «otros varones de mucha doctrina y sanctidad». Entre tanto, tres obras más rellenan el hueco de ese camino:

---

[12] Aunque borrará su nombre, en al menos dos referencias se puede rastrear su influencia: véanse las notas 559 y 724. Por otro lado, el autor mantuvo, como graciosamente me ha indicado Consuelo Baranda, la cita de otro autor maldito en 1585: Huarte de San Juan.

[13] No otro adjetivo me sugieren el atifeminismo, la condena sistemática del deseo sexual, la defensa continua del hombre que no peca contra la Iglesia, la ponderación de las virtudes católicas. He aquí un ejemplo tomado de la Declaración del libro 5, capítulo 6 de la *Philosofía secreta*: «Por el puerco se entiende el pecado mortal de la lujuria, que destruye el ánima y la vida y la salud del que la sigue.»

marca un punto cercano del inicio la *Sylva* (1557), una miscelánea renacentista que tiene en la variedad de los asuntos, en la urbanidad de los mismos y en la voluntad cívico-educativa un engarce perfecto con los representantes más verdaderos de un género tan humanista como el que llenan las misceláneas y silvas varias. Tras este paso por las enseñanzas de *civiltà* y de ciencia, y con un salto de quince años sin dar nada nuevo a la imprenta, ve la tinta el primer libro no científico de Pérez de Moya, que es también el primero que escribe después de Trento (1563)[14]: la *Varia historia de sanctas e illustres mugeres en todo género de virtudes* (1583) supone un cambio considerable en el tono que había utilizado el bachiller en sus obras de ciencia; el tomo no pasa ahora de ser un ejemplario para loor y gloria de todas aquellas mujeres que con su abnegación, determinación, castidad, religiosidad o cualquier otra virtud cristiana había merecido que un autor anterior (Plutarco, Boccaccio, Castiglione) se detuviera para glosar sus excelencias y las enseñanzas que se podían derivar de esas actitudes en la España de finales del siglo XVI y en plena contrarreforma felipista[15]. No muy lejos de esta línea de doctrina y santidad están las *Comparaciones o símiles para los vicios y virtudes, muy útil y necesario para predicadores* (1584), del que nada hay que decir que no exclame su título si no es enmarcarlo entre la tradición de los numerosísimos libros de casos de conciencia. No acaba aquí la escalada literaria de Pérez de Moya hacia la escritura religioso-educativa. Por lo que se puede leer en un conjunto de cartas dirigidas al corrector Juan Vázquez del Mármol[16], se quedó sin imprimir *La obligación del cristiano* porque Claudio Car-

---

[14] La *Geometría* y la *Astronomía* se publicaron en 1568, pero no es arriesgado pensar que las pudo tener escritas antes de esa fecha. Sea como fuere, no prentendo demostrar que el espíritu de Trento frenara la vena científica de Pérez de Moya de forma radical.

[15] No volveré a caer en la tentación de pensar que los libros de ejemplos sobre virtudes gustaron sólo en la tradición medieval, sobre todo después de leer el tercer libro de *El cortesano*, donde Castiglione utiliza varias y santas mujeres para con su ejemplo formar una perfecta dama renacentista.

[16] Véase el *Epistolario español* 2, publicado por la Biblioteca de Autores Españoles, Madrid, 1926, págs. 39-40.

let «habiéndose arrepentido de la compra... dejó pasar un año entero para decirme que no los había de imprimir», según escribe el bachiller el 12 de septiembre de 1595. Más de otro año debió de durar el pleito entre el autor y el editor, porque cuando Moya murió por octubre de 1596 el libro no había visto la luz, y no quedando nadie (acaso la ocupadísima diligencia de Vázquez del Mármol) para insistir por la impresión, es fácil pensar que quedó inédito, dejando a la *Philosofía secreta* el raro privilegio de ser la última obra de Pérez de Moya que éste vio a la venta[17].

La «Philosofía secreta»

> Es un tratado de Mitología grecorromana, escrito con el espíritu de los Diccionarios de la fábula, es decir, en el sentido de la ilustración humanística de la literatura antigua, pero también con el intento de sacar una enseñanza moral de las fábulas del mundo clásico[18].

Es además una obra mayor, concienzuda y sacada adelante con un conocimiento minucioso de algunas fuentes y con una imaginación riquísima para encontrar, bien ejemplos en los que verter las enseñanzas de la mitología antigua, bien mitos antiguos para ilustrar actitudes y defectos que los antiguos no tenían o no consideraban importantes y que a los modernos preocupan mucho. En muchos casos es, y gracias a la prosa estupenda que la nutre, todo un festival para los lectores, vayan a ella para solaz, para aprender o para comprobar una riqueza gramatical envidiable.

Con todo esto, no se ha de juzgar la *Philosofía secreta* como

---

[17] La negativa de Claudio Carlet hace reflexionar sobre el posible negocio que pudo perder, a lo que sabemos ahora, no demasiado pingüe. Las obras científicas de Pérez de Moya siguieron siendo útiles mucho tiempo: la *Aritmética* de 1798 se llama «decimaquinta impresión», y, por su parte, la *Philosofía secreta* se reimprimía todavía en 1673; mientras las otras obras morales rara vez sobrevivieron a su autor, siendo la más vendida las *Comparaciones*.

[18] Son palabras de Gómez de Baquero en *Philosofía secreta* [1928:XVII].

LAS XIIII

Questiones del

TOSTADO, ALAS QVATRO DEllas por marauilloso estilo recopila toda la sagrada escriptura.

LAS OTRAS DIEZ QVESTIONES poeticas son acerca del linaje y sucession, delos dioses delos Gentiles. Intituladas al illustrissimo y muy excelente señor don Pero Fernandez de Velasco Cõdestable de Castilla duque de Frias y Conde de Haro. &c.

IMPRIMIOSE EN ANVERS EN el vnicornio dorado a costa de Martin Nucio imprimidor jurado.

Con priuilegio Imperial.

Portada de la edición de 1551.

indigna sucesora de la, quizá, primera mitografía castellana, la que escribió en el siglo XV el fecundo Alonso de Madrigal, El Tostado. Los comentarios mitológicos de El Tostado se encuentran en un volumen titulado *Las XIIII questiones del Tostado, a las quatro dellas por maravilloso estilo recopila toda la sagrada escriptura. Las otras diez questiones poéticas son acerca del linaje y sucesión de los dioses de los gentiles*. Ha sido fácil comprobar hasta qué punto Pérez de Moya se inspira en la obra de Madrigal[19], pues algunos párrafos son copia flagrante; sirva éste de ejemplo:

Pérez de Moya, *Philosofía secreta* 2, 7, declaración:

> Es el pavón ave soberbia y vocinglera, suele andar por lo alto de los tejados, es pintada de diversos colores, levanta la cola para mostrar su hermosura, y entonces deja la trasera descubierta.

El Tostado, *Cuestiones* [1551:229v]:

> Es el pavón ave soberbia vozinera, suele andar por en somo de los tejados, los cuales destruye; es pintada de diversos colores, levanta la cola para mostrar su hermosura y entonce deja la trasera descubierta.

El ánimo pesquisidor de Pérez de Moya pudo encontrar en las *Cuestiones* de El Tostado un filón casi inagotable que no desaprovechó[20] y que le llevó, además, a visitar la primera galería de la mitología renacentista: la incontestablemen-

---

[19] Para ello pudo conocer cualquiera de las tres ediciones que se hicieron de su mitografía: 1) *Tratado sobre el Eusebio de las Crónicas o tiempos*, Salamanca, 1506-1507; 2) *Libro intitulado las catorze cuestiones...*, Burgos, 1545; 3) *Las XIIII questiones...*, Ambcres, 1551. Para El Tostado, véase ahora Nuria Belloso Martín, *Poética y humanismo en el siglo XV. El maestro Alfonso de Madrigal, el Tostado*, Universidad de Valladolid, 1989. Para la relación de El Tostado con Pérez de Moya, véanse Fernández Arenas [1976] y Saquero-González [1985], citado en la Bibliografía bajo TOSTADO.

[20] Tampoco desaprovechó las alegorías que Pérez Sigler puso a la traducción que hizo en verso de las *Metamorphoseos* de Ovidio, en Salamanca, Juan Perrier, 1580 [utilizo la edición de Burgos, Varesio, 1609, fol. 109]: «La

te buena *Genealogia deorum* de Boccaccio. Si hasta el certaldés le había llevado El Tostado, hasta la otra fuente fundamental es posible que le llevara su librero, ya que Pérez de Moya pudo conseguir así la contemporánea y conocida *Mythologia* de Natale Conti[21]. Tampoco es difícil rastrear las influencias de esta obra en la *Philosofía secreta*[22], porque al leerla «detenidamente... se detecta que lo que hace Pérez de Moya es traducir casi literalmente al castellano párrafos de la *G. D.* [*Genealogia deorum*] y de la *Mythologia* de Natalis Comes».

Con estos antecedentes la *Philosofía secreta* había encontrado unos garantes eruditos que le permitían circular como miscelánea digna del humanismo y como parámetro de integración en una corriente mitológica sabia y contrastada por los años. Le faltaba, empero, a Moya arrimar su obra a la única corriente ideológica que le podía permitir tanto escribirla desde su estado de hombre de la Iglesia como ofrecerle una coartada para utilizar la figura de los dioses antiguos con fines moralizadores aceptables en la España postridentina. Para ello, el evemerismo es la línea teórica que desmonta las ilusiones teogónicas de la poesía mitológica antigua. Evémero publicó a comienzos del siglo III (a. C.) lo que luego será la *Historia sagrada*, obra con la que intentará

---

fábula de Dánae corrompida en una torre por Iúpiter en lluvia de oro significa que este metal rompe los altísimos muros y castos pechos, la fe, la honra, y todas aquellas cosas que son de mayor precio y estima en esta vida.» En la *Philosofía secreta* 4, 31, es así: «El ser Dánae corrompida de Iúpiter en figura de llubia de oro es dar a entender que este metal fuerça los altísimos muros y los castísimos pechos, la fee, la honra y todas las cosas que son de mayor precio en esta vida.»

[21] La obra de Conti se reeditó continuamente, y su autor estuvo tan encima de su proyección que hasta decidió revisar las primeras entregas y ampliarlas a partir de 1581. El bachiller Moya utilizó esta segunda versión. La *Mythologia* se editó por primerza vez en 1551 y se reimprimió en 1567, 1568, 1581, 1596, 1609, 1616...

[22] Lo han hecho muy bien Álvarez-Iglesias [1990:185-189]. Los importantes trabajos de estas profesoras facilitan de manera considerable el tránsito por la obra de Pérez de Moya. He de reconocer que sin su edición de la *Mythologia* me hubiera sido más difícil acercarme a las fuentes griegas que gotean por toda la *Philosofía secreta*.

demostrar que los dioses de que hablan los filósofos eran tales porque antes se habían distinguido como hombres singulares; quedaba así fundada la corriente historicista de la mitología. El historicismo evemerista se trasladó a Roma y al latín de la mano de Ennio y de aquí llegó a los padres de la Iglesia. No deja de sorprender que la corriente contraria, la clásica, la simbolista[23], la que defendía a pie juntillas la realidad que se hallaba escondida en las maravillosas historias contadas por los literatos clásicos, cayera derrotada por un texto, el de Evémero, del que apenas quedaban las 90 líneas traducidas por Ennio. Algo tuvo que ver el abono que encontró la teoría historicista de Evémero en dos autores principales y principales fuentes de la *Philosofía secreta*: Lactancio y san Isidoro. El primero incorporó toda la tesis de Evémero-Ennio a sus *Instituciones divinas* (1, 11-14) y el obispo de Sevilla sentenció en sus *Etimologías* (8, 11) cuál era el origen y el sentido «de diis gentium». Hay más[24] y más cercanas fuentes para regar la prosa moralizadora, pero, aparte algún Ovidio moralizado, estos dos autores dan unos límites clarísimos a la interpretación casi canónica que hace el bachiller del historicismo mitológico.

«Los astros son dioses. "Tribuenda est sideribus... divinitas"»[25]. La tradición física de la mitología era una vertiente que Pérez de Moya como erudito astrónomo y cosmógrafo no desconocía, como se puede comprobar en la continuada referencia a Macrobio y su *Somnium Scipionis* y, con menos precisión, a Agrippa y a Alberico-Neckam y su *De natura rerum*. Así, cada dios-planeta (Tierra, Luna, Venus, Sol, Marte, Júpiter, Saturno) recibe bajo su dominio, o le son atribuidos, hechos e influencias que corresponden, bien a su condición de hombre o mujer, bien a su condición de

[23] Utilizo y reconozco como insuperable el trabajo de Seznec [1987] a donde el lector puede ir para ver esta terminología y un estudio memorable sobre las corrientes mitológicas y sus tradiciones histórica, física, moral y enciclopédica. Véanse también el prólogo de M. Morreale a *Los doze trabajos de Hércules* [1942] y el ensayo de Paule Demats, *Fabula. Trois études de Mythographie antique et médiévale*, Ginebra, Droz, 1973.

[24] Véase Seznec [1987:19-40].

[25] Seznec [1987:41] citando a Cicerón, *De natura deorum* 2, 15.

Genealogie Johannis Boccacij cum
micantissimis arborum effigiacionibus cuiusqꝫ gentilis dei proge
niem/non tam aperte q̄ summatim declarantibus Cumqꝫ
præfoecunda oīm quę in hoc libro sunt ad finē tabu
la. Eiusdēqꝫ de mōtib. & siluis de fōtib. lacubus
& fluminib. Ac etiā de stagnis & paludib.
nec non & de marib. seu diuersis
maris nominib. libri luculētissi
mi: omnib. deniqꝫ huma
narū litterarum.

Sectatoribus oppido q̄ necessarij: Parrhisijs quoqꝫ studio per q̄ vigili
accuratissimeqꝫ impressi Nunq̄ qꝫ antea citra alpes notulis
stanneis diuulgati visenda deniqꝫ casti
gatione conspicui.

Prostant in vico Diui Iacobi sub intersignijs triū co
ronarū coloniensiū atqꝫ Diui martini.

Portada de la edición parisina, 1511, de la *Genealogía* de Boccaccio.
Gentileza del Sr. Jordi Torra, de la Biblioteca
de la Universidad de Barcelona.

planeta. Con la inclusión de la corriente física de la mitología y apoyándola junto a la histórica, de la misma manera que perdía credibilidad un dios que antes había sido hombre, perdía valor y significado la astrología, con lo que Pérez de Moya pretendía zanjar una larguísima tradición de disputas sobre predestinación, hado, *libero arbitrio* y providencia; y lo hacía sin poder entrar demasiado a considerar otros valores que no fueran los de la providencia divina y declarando entre líneas el casi silogismo: si los hombres han elevado a sus semejantes al cielo de los dioses, también han elevado sus carencias, y una de ellas es no poder prever el futuro del hombre, que sólo corresponde desvelar al creador[26]. Y el hombre no puede predecir su futuro ni sondearlo gracias a los astros porque, aunque compuesto el cielo por valores de hombre, no ha sido organizado por él. Júpiter-cielo, Neptuno-agua y Plutón-subsuelo se reparten el mundo, pero no pueden reorganizar su parcela y rara vez dominar sobre la otra. Sólo al que rija las tres partes del futuro (la gloria del cielo, la nada de la tierra o la vergüenza del infierno) corresponderá el nombre de Dios Hacedor. Éste es el ideario mitológico del bachiller, y a demostrar que los dioses del Olimpo no reúnen entre todos ni una sola de las virtudes y de la capacidad del Dios cristiano va encaminada la tercera intención de la *Philosofía secreta*.

Pérez de Moya ha convertido su mitología en *philosofía moralis*[27]; y de los sentidos para declarar fábulas, el que más le interesa y el que le permite una doble originalidad es el alegórico, con el que va a poder sentar las bases de su particular obligación interpretativa y moralizadora; una obligación que se hacía necesaria para que los hechos de los dioses no quedaran como un atajo de fechorías y de caprichos

---

[26] No podía ser de otra manera. Entre los Cánones que se estipularon en el Concilio de Trento, sexta sesión bajo Pablo III, 13 de enero de 1547, el segundo dice: «Si quis dixerit, ad hoc solum diuinam gratiam per Christum Iesum dari, vt facilius homo iustem viuere, ac vitam aeternam prometeri possit, quasi per liberum arbitrium sine gratia vtrunque, se aegre tamen & difficulter possit, Anathema sit». En *Summa omnium conciliorum*, Amberes, viuda y herederos de Juan Stelsio, 1564, folio 352v.

[27] Sigo utilizando terminología copiada de Seznec [1987:81].

ALLEGORIAE
POETICAE

Seu de veritate ac expositione poeticarum fabularum libri quatuor Alberico londonensi
Authore nusquam antea impressi.

Veneunt in edibus Industrij viri Ioãnis de marnef
Sub signo pellicanni,

Las *Alegorías* de Alberico según la portada del ejemplar
de la Biblioteca Nacional de Madrid.

de dudosa capacidad instructiva. Sin embargo, la expresión de Heráclito[28] ha tenido que ser modificada, y Pérez de Moya no tratará de demostrar la inocencia y virtud de los dioses paganos, sino de constatar tanto la impiedad y la ligereza de unos hombres que han elevado a las faldas del Olimpo a semejantes sólo presuntamente virtuosos, como la falta de valor formativo en los actos que ésos han emprendido en cuanto se han convertido en dioses. No se trata, ahora en 1585, de justificar a los dioses paganos buscando sentidos ocultos en la creaciones literarias de los antiguos, se trata de glosar sus hechos para listarlos en el catálogo de los vicios, deméritos y perdiciones. Así, Pérez de Moya no perdona a Ovidio, aunque lo frecuente muchísimo, la gloria con que relata las andanzas voluptuosas de los dioses, pero tolera mejor el tono fundacional y digno que les confiere Virgilio, porque la actitud heroica es virtud pública, y la actitud relajada es vicio personal. Los dioses antiguos no son ejemplo de nada que no sea acto impuro y castigable. Si Heráclito había argüido que los hechos olímpicos son interpretables, Pérez de Moya recoge esa interpretación moral desde la tradición medieval y la redacta con nuevo salero y con particularísima intención. Entre el alegórico Phornutus y su *De natura rerum* hasta las explicaciones morales del científico Conti en su *Mythologia*, el bachiller ha encontrado toda una tradición interpretativa que no va a despreciar y que será recurrente en su *Philosofía secreta*: el *Mitologicarum liber* de Fulgencio[29], el *Ovidio moralizado* de Bersuire y las *Alegorías* de Alberico-Neckam ofrecerán las coordenadas útiles para enmarcar el tono de las advertencias que luego recreará con sólida convicción, y con pluma fina, Pérez de Moya.

Con tanta tela prestada, la originalidad del tejido mitológico de la *Philosofía secreta* se ha de buscar en la facilidad

[28] Véase Heráclito, *Alegorías de Homero* [1989:31]: «Todos sus relatos [los de Homero] resultarían impíos, a menos de interpretarlos como alegorías.»

[29] Reintrepretado y remoralizado a su vez en el siglo XV por John Ridewall en el *Fulgentius metaforalis*. Véanse Seznec [1987:85] y Liebeschütz [1926].

para el engarce de tanto material, porque la originalidad, si acaso la buscaba el autor, no puede sobrepasar el listón convertido en tope de barrera que es la intención moralizadora. Con este presupuesto, la *Philosofía secreta* tiene el mérito doble de interpretar discretamente todas las tradiciones mitológicas rehaciendo en una nueva enciclopedia las corrientes dispersas, y de hacerlo con una prosa suelta que en ningún caso aparece aprisionada por esas coordenadas ideológicas, que sí limitaban el alcance de sus conclusiones.

Ya ha quedado clara la enorme deuda de Pérez de Moya con El Tostado, con Boccaccio y con Conti; y sabemos que de estos tres tratados anteriores (los tres unidos por un marcado carácter renacentista y aun enciclopédico en algún caso), parten casi todas las referencias a los dioses paganos y a los libros clásicos que se ocuparon de ellos con detenimiento, sobre todo el *De natura deorum* de Cicerón y las maravillosas *Metamorfosis* de Ovidio. Para el caso de la relación con Boccaccio se ha de advertir que Pérez de Moya lleva mucho más allá la variante (y la necesidad) alegórica o moral de la mitología, porque la deuda del italiano con Lactancio es más intelectual que religiosa y porque el espíritu nuevo de su propuesta humanista exigía más aire del que necesitaba respirar Pérez de Moya hacia 1584. De Boccaccio pudo aprender el bachiller cierta objetividad en la presentación histórica de los hechos y un gusto considerable por la síntesis y la unificación de criterios en las atribuciones humanas de los dioses; todo lo contrario de lo que enseñó El Tostado, que llega a la síntesis de los distintos rasgos y valores teogónicos después de una minuciosa construcción llena de dudas. El menos aristotélico de los tratados base de la *Philosofía secreta* es la *Mythologia* de Conti, con lo que la tesis historicista recibirá la dignidad añadida que supone concebir al hombre como un ser que aspira, por su natural, a ser Dios. Junto a esta ilusión, la obra de Conti aporta un contenido moral más cercano, por explícito, al que necesita Pérez de Moya. Veamos los diferentes grados que del afecto teogónico va a juzgar Conti:

Nam & adulteros & latrones, & ebriosos ac facinorosos homines, qui multo erant brutis impuriores, pro Diis coluerunt, quare cum Diis loquerentur, adulteria, furta, parricidia, praelia, crudelitatemque illis iniuxerunt, quae propria sunt latronum & scelertorum hominum facinora, ut res Diis talibus conuenientes. Athenienses tamen cum sapientiores essent, ac horum Deorum turpitidinem intelligerent, neque ullum nisi sempiternum & optimum esse posse Deum putarent, quia esse omnino cognoscerent, qui esset, ignorarent, aut etiam fateri ob caeterorum Graecorum metum non auderent, ignoto Deo aram erexerunt...

Non enim semper sum ratione insanierunt antiqui sapientes vocati, aut poetae in his confingendis. Perdurauit huiusmodi de multitudine Deorum opinio usque ad Platonis tempora, qui priscam Graecorum theologiam quodammodo immutauit, cum unum esse Deum crederet...

Donec omnium superstitionum euersor Christus, non modo tantam Deorum impurorum multitudinem prostigauit, sed etiam veram sanctam & omnibus saluberrimam religionem introduxit[30].

Conti es, además, el engarce con la línea europea de la mitología del siglo XVI. Se sabe que el bachiller Moya conoce la más completa y reciente versión de la *Mythologia* del italiano[31] y que, gracias a tanta pasión de actualidad, no ha de desconocer los otros dos tratados italianos que procuran ser enciclopedias mitológicas: el de Cartari titulado *Le imagini colla sposizione degli Dei degli antichi* [1556] y el *De deis gentium varia et multiplex historia in qua simul de eorum imaginibus et cognominibus agitur...* de Gyraldi en 1548[32]. Pero al igual que Conti, Pérez de Moya quiere olvidar algunos de sus modelos y, a pesar de ser honesto en algunos casos y de no alardear de conocer una tradición griega que le es remo-

[30] Véase Conti, *Mythologia* 1, 7 [1596:12-13].

[31] La primera redacción de 1551 la amplió Conti en 1581, por lo que se puede comprobar que la obra de Moya se escribió entre 1581 y 1584. Para la redacción de la *Mythologia,* véase Álvarez-Iglesias [1990] y [1988].

[32] Una lista casi completa de los tratados mitológicos y de los repertorios de citas editados por esa época se puede leer en Seznec [1987:267-270] y en Infantes [1992].

ta, aunque esté estupendamente desmenuzada en Conti, evita citar de manera explícita a El Tostado, de quien toma más robado que prestado, tal y como hace el italiano[33] con otras fuentes contemporáneas. Ése parece el sistema y el camino para circular sin prudencia entre los muchos manuales mitológicos del siglo XVI, donde el concepto de originalidad parece más estricto que el de autoridad. Y de los mitógrafos parece que aprendieron los poetas, que tuvieron en estos repertorios unos catálogos de imágenes que, en muchos casos, no respetaron a pesar de transitarlos y expurgarlos con finísima precisión.

Comprobado, pues, que en la *Philosofía secreta* sí que «debajo de historias fabulosas se contiene mucha doctrina», no hay que estar tan seguro de que esa materia «sea necesaria para entender poetas» contemporáneos. A pesar del clima contrarreformista ya apuntado que reina después de 1565, la poesía castellana escapaba en algunos casos a esa necesidad moralizadora y utilizaba los mitos clásicos con intenciones distintas. La relación, no por transitoria peregrina, que establece Rozas entre Pérez de Moya y el conde de Villamediana demuestra que el bachiller quizá consiguiera divulgar de nuevo el catálogo de dioses grecorromanos, pero que le fue más difícil transmitir el sentido moral que él explicó con sus Declaraciones[34]. Esta cita de Rozas reconoce

---

[33] Conti se obstina en declarar que él es el primero que desbroza el mundo de la mitología y el sentido de sus fábulas. *Mythologia* 1, 1 [1596:2]: «Haec una res fuit, ut ego quidem sentio, ignoratio fabularum artificii scilicet, cur nemo postea [de los griegos] fabulas has explicandas susceperit, aut si quis nonnullas explicauerit, eam tantum declarationem attigerit, quae pertinebat ad exteriorem corticem fabularum.» Recuérdese que la obra de Gyraldi, cuando menos, es anterior a la obra de Conti, que sólo suele citar fuentes antiguas.

[34] Hablando de la *Fábula de Faetón* escribe Juan Manuel Rozas: «Es también una narración fastuosa, un poema épico-mitológico. Por fin, es un caso de honra y honor, un canto al valor de un hombre noble, un deseo de subir alto, de emprender grandes empresas. Éste es el sentido que le da el conde, sin ningún asomo de la moraleja de Pérez de Moya y de otros mitógrafos auroseculares»; en Francisco Rico, *Historia y crítica de la literatura española* 3, Barcelona, Crítica, 1983, pág. 720.

que otros mitógrafos sí dan a los mitos un sentido moral, con lo que su intención ha trascendido a otros tratadistas, pero que no ha sido útil a algunos poetas. De este modo y al igual que Villamediana, Arguijo tampoco parece darle demasiada importancia a los pecados que trae Baco cuando exclama:

> A ti, de alegres uides coronado
> Baco, gran padre, domador de Oriente,
> e de cantar; a ti que blandamente
> tiemplas la fuerça del mayor cuidado[35].

Quizá estos dos casos no parezcan del todo significativos, conocida como es la pasión jaranera de ambos poetas. Pero en autores de otro caudal se encontrará la misma intención glorificadora, el mismo reconocimiento de hechos heroicos, la misma identificación con un acto glorioso. Véase el ejemplo del escueto y maravilloso Bartolomé Leonardo:

> Mas es abuso de ánimo insolente
> llamar voraz a un morador del cielo...
> ¿qué mortal fue en el cielo más bien visto
> que Tántalo?, y al fin por su desdicha
> digerir tanta dicha
> no pudiendo...
> provocó los desdenes soberanos
> de Júpiter, gran padre, ...[36].

donde a pesar de que luego castigue a Tántalo, el Padre Júpiter reside y reina con bondad: «por su extendido y soberano imperio».

Y pueden seguir los ejemplos en aquellos casos en que el mito clásico se utilice con intención laudatoria o en los que el poeta prefiera un entronque puro con la literatura clásica.

---

[35] Véase *Obra completa de Don Juan de Arguijo (1567-1622)*, ed. Stanko B. Vranich, Valencia, Albatros Hispanofila, 1985, pág. 119.

[36] En Bartolomé Leonardo de Argensola, *Rimas* II, edición de José Manuel Blecua, Madrid, Espasa Calpe, 1974, págs. 240-241.

NATALIS COMITIS MYTHOLOGIÆ, SIVE EXPLICATIONIS FABVLARVM,

Libri decem:

In quibus omnia propè Naturalis & Moralis Philosophiæ dogmata contenta fuisse demonstratur.

Nuper ab ipso autore recogniti & locupletati.

EIVSDEM LIBRI IIII. DE VENATIONE.

Cum Indice triplici, rerum memorabilium, vrbium & locorum à variis heroibus denominatorum, ac plantarum & animalium singulis Diis dicatorum.

Opus cuiusuis facultatis studiosis perutile ac propè necessarium.

ACCESSIT G. LINOCERII MVSARVM MYTHOLOGIA, ET ANONYMI Obseruationum in totam de Diis Gentium narrationem Libellus.

IMBVTA RECENS SERVABIT ODOREM.

EXCVDEBAT
GABRIEL CARTERIVS.
M. D. XCVI.

En ambos, los valores que se van a juzgar serán más virgilianos que ovidianos, y el amor, el valor, la honestidad, el arrojo, la belleza o la sabiduría tendrán un correlativo positivo en Cupido, en Marte, en Venus o en Minerva, porque cuando el mito se utiliza con intención laudatoria no suele ser descalificante (acaso sirva, en otro sentido, para satirizar), por lo que no es extraño encontrar versos como los de Francisco de la Torre, quien en la Égloga segunda relaciona a su Filis con el mundo de Flora[37] sin tener presente, claro, la significación de ramera pública que descubre Pérez de Moya.

Con esto, hemos de saber apreciar el trabajo de Pérez de Moya como la más completa recopilación de datos mitológicos que pudieron leer en castellano los poetas del barroco español, y que sus especificaciones sí que pudieron ser útiles en algunos casos[38], sobre todo en aquellos en que el símbolo estaba enriquecido con una tradición y no empobrecido con una sentencia moralizante. Esa tradición y cuanto aportaba Moya a la imaginería es lo que llamó la atención de otros artistas barrocos. La copia de imágenes que surgen de la *Philosofía secreta* no pasó inadvertida a pintores y arquitectos, y su influencia en las bibliotecas de Monegro, Velázquez, Diego Valentín o Ramírez de Prado ha sido estupendamente rastreada[39]. Estas pesquisas dan al tratado del bachiller una dimensión y una influencia no estrictamente literarias y pueden servir para integrarlo también en la fe-

---

[37] Véase Francisco de la Torre, *Poesía completa*, ed. María Luisa Cerrón, Madrid, Cátedra, 1993, pág. 230.

[38] Recuérdese el afortunado verso de Férnandez de Andrada en el que se utiliza uno de los símbolos de Juno, el pavo, para hablar del dinero, dando un uso recto a la imaginería presentada por Pérez de Moya, y sin tomar la significación moral a pesar de enmarcar el verso en ese contexto:

> donde no dejarás la mesa ayuno,
> cuando en ella te falte el pece raro
> o cuando su pavón nos niegue Juno.

En Andrés Fernández de Andrada, *Epístola moral a Fabio y otros escritos*, edición de Dámaso Alonso, Barcelona, Crítica, 1993, pág. 75.

[39] Consúltese Rosa López Torrijos, *La mitología en la pintura española del Siglo de Oro*, Madrid, Cátedra, 1985.

cundísima corriente de la imaginería comentada que relanza Alciato[40] y que culmina Ripa[41]. A caballo entre el comentario emblemático y la opinión moralizante[42], la *Philosofía secreta* se convirtió en el manual de algunos comentaristas del barroco español: si no inspiró citas textuales, sus intenciones pasaron a los exégetas de Ovidio[43], a la vez que otro espíritu y otras intenciones vieron algún analista más deudor de la doctrina[44] y otros emblemistas más conspicuos y senequistas como Covarrubias y Horozco[45]. La herencia más importante, aunque también se muestre de manera desvelada, del tratado del bachiller Moya, se puede apreciar en la obra de Baltasar de Vitoria[46], el mitógrafo español más leído del

---

[40] La primera edición castellana de los emblemas es de 1549 y fue traducida y prologada elegantemente por Bernardino Daza Pinciano, Lyon, Matías Bonhome, 1549. Para la tradición castellana de esta obra, véase la completa edición de Santiago Sebastián, Madrid, Akal, 1985.

[41] Véase su *Iconología* (1592) ahora reeditada en castellano en Madrid, Akal, 1987.

[42] No hay que dejar de citar el contrapunto que para los comentaristas educadores tiene la edición de los *Emblemas* de Alciato hecha por El Brocense (Lyon, Gulielmo Rovilio, 1573) «con fines puramente científicos, apartándose de las características didácticas y moralizadoras, que son las propias de la emblemática española», según expresión de Santiago Sebastián.

[43] Eso parece extraerse del prólogo a las *Anotaciones sobre los quinze libros de las trasformaciones de Ovidio. Con la Mithología de las fábulas y otras cosas* de Sánchez de Viana [1589:A^{3}v]: «Refrescando en ellas la memoria de algún acaescimiento verdadero se acordasen de todos los sentidos doctrinales, encerrados debaxo de aquella cortas razones, mezclando con lo útil de la historia lo deleitable de la fábula y lo intelectual de la alegoría, de tal manera que siendo atraída primero la fragilidad humana a la delectación fabulosa, se les entrase a los lectores con sagacidad en el entendimiento la verdad de la sciencia.»

[44] Es paradigmático el título *Declaración magistral de los Emblemas de Alciato con todas las Historias, Antigüedades, Moralidad y Doctrina tocante a las buenas costumbres* hecha por Diego López en Nágera, Juan de Mongastón, 1615.

[45] Véanse el mesurado Sebastián de Covarrubias, *Emblemas morales*, Madrid, Luis Sánchez, 1610, y el casi quevediano Juan Horozco y Covarrubias, *Emblemas morales*, Segovia, Juan de la Cuesta, 1589.

[46] Su *Theatro de los dioses de la gentilidad* se publicó en dos partes, en Salamanca 1620 y 1623. En 1688 Juan Bautista Aguilar continuó la obra, que bajo el mismo título se publicó en Valencia en casa de Lorenzo Mesnier.

siglo XVII, que dio un paso más en la reunión de datos y en el alcance educativo que había intentado Pérez de Moya.

Propósito de las enmiendas

Dice la ley «que todas las veces que hubiéredes de hacer imprimir el dicho libro lo traigáis juntamente con el original y antes que se venda traigáis fe en pública forma en cómo por corrector nombrado por nuestro mandado se vio y quedan impresas las erratas por él apuntadas»[47]. Debo confesar que tiendo a obedecer, aunque con varia suerte, más las leyes de la filología que las del rey; con todo, para este caso ambas parecen ir conducidas por la misma mano y por tanto ser más asequibles aquéllas y menos ridículas las reales. La mano que gobierna con tan buen tino la *Philosofía secreta* del bachiller Juan Pérez de Moya que luego editamos es la del corrector real, y amigo del autor, Juan Vázquez del Mármol. La Fe de erratas que aparece en los preliminares de la primera edición de la *Philosofía secreta* es un monumento a la observación, a la dedicación y al oficio. Sin embargo, no lo vieron así algunos editores posteriores, que contravinieron a Felipe II y no utilizaron, como no demasiado entre líneas parece indicar el Privilegio, la fe de erratas para ediciones posteriores a la *princeps* de 1585. Fueron estos infractores los señores Andrés Sánchez de Ezpeleta, librero e impresor en Alcalá de Henares, en 1611 y el Excelentísimo Señor Eduardo Gómez de Baquero, de la Real Academia de la Historia, en 1928. Puede disculpar a estos editores saber que dicho Privilegio real sólo es para diez años y que después de este tiempo ancha es Castilla para el impresor. Pero, y sin duda, mejor recibimiento merecían el trabajo de Vázquez del Mármol y el celo impresor de Felipe II del que tuvieron en 1928 cuando y sin arrobarse excla-

[47] Véase más abajo la cédula con forma de [Privilegio real] que da Felipe II para poder imprimir la *Philosofía secreta*.

EMBLEMA XXXIX.

Vino prudentiam augeri.

HAec Bachus pater, & Pallas communiter ambo
Templa tenent, ſoboles vtraque vera Iouis:
Hæc caput, ille femur ſoluit: huic vſus oliui
Debitus, inuenit primus at ille merum.
Iunguntur meritò: quòd ſi qui abſtemius odit
Vina: Deæ nullum ſentiet auxilium.

Minerua doctorum ingeniorum præſes Bacchus vini, vtriuſque largitor Deus. Bonum autem vinum acuit ingenium, ſi moderatè ſumatur.

EMBLE-

Alciato, *Emblemas,* Frankfurt, 1567. Biblioteca del Sr. Pelegrí Haro.

ma el académico[48]: «Las ediciones de la *Philosophia secreta* no ofrecen variantes de importancia. La que se reimprime es la de 1611, que puede considerarse como una de las más correctas». ¿Entendería Gómez de Baquero por corrección algunos de los disparates que se siguen y que ya había arreglado en 1585 Vázquez del Mármol?:

Libro 1, capítulo 3

1585: se llamaba Mars deste nombre *Mas Maris*
1611-1928: se llamaba Mars deste nombre *Mars Maris]* donde Pérez de Moya quiere dar la etimología de Marte como *mas maris* [varón].

Libro 2, capítulo 1

1585: *Demogorgon*
1611-1928: *Demorgogon*] Copiando aquí mal la fuente de Boccaccio, *De genealogia deorum* 1, proemio [1511:VIIIr]: «Demogorgon nomine ipso horribilis».

Libro 2, capítulo 6, artículo 3

1585: tañían atabales y *bacines*
1611-1928: tañían atabales y *bocinas*

Libro 2, capítulo 14, artículo 10, declaración

1585: El tener del ombligo arriba gesto de mujeres y de allí abajo de *pescados*
1611-1928: El tener del ombligo arriba gesto de mujeres y de allí abajo de *pescadores*] hablando de las sirenas.

Y algunas otras, aunque quizá no tan curiosas[49]. Con

---

48 En la reimpresión de la *Philosofía secreta* [1928:XXII] edición de Eduardo Gómez de Baquero.

49 Quien sí se detuvo a comprobar la fiabilidad de la Fe de erratas compuesta por Vázquez del Mármol y a demostrar la importancia de la misma en el desarrollo editorial de la *Philosofía secreta* fue el erudito latinista del siglo XVIII don Francisco Varona Miguel, quien con el ejemplar que tenemos a la vista se entretuvo para corregir en el texto todas y cada una de las erratas advertidas en los Preliminares.

todo esto, sí sabemos que todas las variantes que diferencian a la primera edición de 1585 de las siguientes son de este tipo, y sabemos además que Pérez de Moya murió antes de publicarse la segunda edición de 1599 sin que la mano del autor volviera a ocuparse de su *Philosofía secreta* (al menos no ha quedado constancia en la línea de transmisión impresa que va desde 1585 hasta 1928), nos parece inexcusable, si queremos dar la versión más cercana al autor, la obligación de editar esta *Philosofía secreta* a partir del texto que presenta la primera edición de Madrid incorporando las correcciones de Vázquez del Mármol; si alguna errata de las por él señaladas aún queda, llámese errata contumaz, pues ha resistido varias revisiones más. Después de ponderar tanto el trabajo de Vázquez me ha dolido no poco observar algunas lecturas dudosas en el texto de 1585 por lo que me he atrevido a añadir alguna enmienda que señalo cuando corresponde[50].

[50] Listo ahora esas enmiendas para que sea más fácil la búsqueda: Nota 264: Hesiodo] Herodoto *1585*. Nota 380: Diéronselo] Diéronselos *1585*. Nota 478: Iulio César] Iulio Celso *1585*. Nota 488: las volvía a los cuerpos] los volvía a los cuerpos *1585*. Nota 538: las animalias] los animales *1585*. Nota 729: Aliqua] Aquila *1585*. Nota 816: por Minerva] por Iuno *1585*. Nota 870: orbes y cuerpos celestiales] árboles y cuerpos celestiales *1585*. Nota 1011: trababa] trataba *1585*. Nota 1139: Ifis] Isis *1585*. Nota 1145: su fin] su fines *1585*. Nota 1173: Apolonio] Apolodoro *1585*.

Esta edición

Para esta edición he modernizado la grafía y la acentuación de acuerdo con la norma actual, salvo en algunas vacilaciones vocálicas que he mantenido (cudicia, escuro, mesmo, quiriéndose, hobiese) y en el caso de algunos grupos o rasgos consonánticos cultos (obscuros, elementar, cobdicia) que también he conservado. Sin embargo, he reducido a «así» la duda del adverbio de modo «ansí/así» para quitarle rusticidad a la modernización. También conservo toda la irregularidad y particularidad de los nombres propios tal y como los edita Pérez de Moya; esto advertido por el posible valor ortológico que en ese estado les vio Gómez de Baquero.

Por su parte, las notas corresponden más a la intención de demostrar las fuentes directas o indirectas que utilizó el autor que a la de explicar todos los procesos teogónicos, culturales, científicos o morales con que aliña cada caso el autor. Hay diccionarios llamados mitológicos que con estupenda erudición y más precisión también darán al lector la versión académica de cada mito. Aquí sólo hemos pretendido arropar la versión ofrecida por Pérez de Moya y hacerlo, además, de la manera más escueta posible. Así, la falta de espacio, por un lado, y de mi propia incapacidad, por otro, me han llevado a dar sólo la referencia bibliográfica, sin poder acompañar al lector a lo que ya está escrito en los originales; esto siempre que no hubiera una variación significativa o un avance considerable en lo dicho por el bachiller.

Han ayudado de manera considerable para que esta edición no cojeara en exceso cuantos aquí cito. Sin ellos renquearía este libro más de lo que lo hace y andaría con menos pies. A pesar de su esfuerzo me he obstinado en dejarla imperfecta y quiero ser culpable ante cuantos la acusen, a la vez que ellos sean los bienes de cuantos la defiendan, porque Alberto Blecua me enseñó a leer en los libros antiguos, Pelegrí Haro y Albert Roqué contribuyeron graciosamente a ampliar no poco mi biblioteca, Guillermo Serés me enseñó a leer a El Tostado, María José Nasarre me enseñó a leer este libro, Estrella Molina cumplió con creces el papel de amiga, Emilio Blanco me enseñó a estudiar la prosa del siglo XVI, Gustavo Domínguez me invitó a editar y Josune García me enseñó cómo hacerlo. Por su parte, Nuria Bel supo capear el aluvión de notas con cariñosísima maestría y Carlota tuvo a bien integrar el *tempo* de sus biberones con la dedicación que requiere una sola de estas notas. Así ha sido un placer empezar a leer a Pérez de Moya.

Bibliografía

Ediciones de la «Philosofía secreta» de Juan Pérez de Moya

Philosofía secreta donde debajo de historias fabulosas se contiene mucha doctrina, provechosa a todos estudios. Con el origen de los ídolos o dioses de la gentilidad. Es materia muy necesaria para entender poetas y historiadores, Madrid, Francisco Sánchez, 1585. In-4°, 14 hojas, 284 folios.

— Zaragoza, Miguel Fortuño, 1599. In-8°, 16 hojas, 427 folios, 1 hoja. Ejemplar de la BUB, B-4/5/12/529.

— Alcalá de Henares, Andrés Sánchez de Ezpeleta, 1611. In-4°, 4 hojas, 544 páginas, 7 hojas. Ejemplar de la BUB, XVII-801.

— Madrid, Viuda de Alonso Martín, 1628. In-8°, 4 hojas, 427 folios, 12 hojas. Ejemplar de la BNM, R-52170.

— Madrid, Andrés García de la Iglesia, 1673. In-4°, 7 hojas, 457 páginas. BUB, M-02357.

— Madrid, Los clásicos olvidados, 1928. 2 volúmenes in-4°.

— Barcelona, Horta, 1970. 2 volúmenes in-4°.

Otras obras de Pérez de Moya[51]

Libro de cuenta, que tracta de las quatro reglas generales de arithmética práctica por números enteros y quebrados, y de reducciones de monedas..., Toledo, Juan Ferrer, 1554. In-8°.

[51] Algunas de estas obras se pueden leer en la edición de Consuelo Baranda, Madrid, Turner-Biblioteca Castro, 1996.

Libro segundo de aritmética. Que trata de proporción y regla de tres y monedas y pesos antiguos, con otras cosas tocantes al arte menor y mayor, Salamanca, Juan de Cánova, 1557.

Sylva. Etrapelias id est comitatis et urbanitatis ex variis probatae authore...., Valladolid, Francisco Fernández de Córdoba, 1557. In-8° menor[52].

Compendio de la Regla de la Cosa o Arte Mayor, Burgos, 1558. In-8°.

Arithmética práctica y speculativa, Salamanca, Mathías Gast, 1562. In-8°. Utilizo la edición de Madrid, Plácido Barco López, 1798. In-4°.

Arte de marear, manuscrito de ca. 1564. Biblioteca de El Escorial.

Obra intitulada fragmentos mathemáticos en que se tratan cosas de geometría y astronomía y geographía, y philosophía natural, y sphera y astrolabio y navegación y relojes, Salamanca, Juan de Cánova, 1567. In-8°. Aquí sólo la geometría y la astronomía, que se reimprimeron, ampliadas, junto a la aritmética en *Tratado de Mathemáticas* formando tres volúmenes, Alcalá, 1573. En las notas al texto remitimos a esta edición.

Varia historia de sanctas e illustres mugeres en todo género de virtudes recopilada de varios autores, Madrid, Francisco Sánchez, 1583. In-8°.

Comparaciones o símiles para los vicios y muy útil y necesario para predicadores y otras pesonas curiosas, Alcalá, Juan Gracián, 1584. In-8°.

BIBLIOGRAFÍA SELECCIONADA

ÁLVAREZ MORÁN, M. C., IGLESIAS MONTIEL R. M., «La *Philosophia secreta* de Pérez de Moya: la utilización de sus modelos», en *Los humanistas españoles y el humanismo europeo,* Universidad de Murcia, 1990, págs. 185-189.

— «Natale Conti, estudioso y trasmisor de textos clásicos», en *Los humanistas españoles y el humanismo europeo,* Universidad de Murcia, 1990, págs. 35-49.

BATAILLON, Marcel, *Erasmo y España,* México, F.C.E, 1986.

---

[52] Véase una reimpresión por Baranda, Carrasco, Clavería, Infantes, Barcelona, Edicions Delstre's, 1995.

Domínguez Berrueta, Mariano, «Estudio bio-bibliográfico de Juan Pérez de Moya», *Revista de Archivos y Bibliotecas* III, 1899, págs. 464-482.

Fernández Vallín, Acisclo, *Cultura científica en España en el siglo xvi*, Madrid, 1893. Hay edición moderna en Sevilla, Padilla libros, 1989.

Infantes, Víctor, «De *Officinas y Polyantheas*: los diccionarios secretos del Siglo de Oro», en *En el siglo de Oro. Estudios y textos de literatura áurea*, Potomac, Scripta humanistica, 1992, páginas 1-46.

Pérez Pastor, *Bibliografía madrileña I-III*, Madrid, 1891-1907.

Picatoste, Felipe, *Apuntes para una Bibliotheca científica española del siglo xvi*, Madrid, 1891.

Rey Pastor, *Los matemáticos españoles del siglo xvi*, Madrid, 1926.

San Juan Moreno, M., «Uno de los grandes ingenios de la provincia de Jaen en la Edad Media [sic]. El príncipe de los matemáticos...», *Don Lope de Sosa* 3, págs. 2-7.

Seznec, Jean, *Los dioses de la antigüedad en la Edad Media y el Renacimiento*, Madrid, Taurus, 1987.

Fuentes consultadas

Agrippa, Cornelius von, *De occulta philosophia libri tres*, Colonia, 1533; ver la excelente ed. V. Perrone, Leiden, 1992.

Alberico Londinense, *Allegoriae poeticae seu de veritate ac expositione poeticarum fabularum libri iv Alberico Londonensi authore*, París, Jean de Marnef, 1520. También conocido como *Liber ymaginum deorum* e identificado con el compendio titulado *Mythographus tertius*. Se dan más datos en *Cuadernos de Filología Clásica* 14, pág. 221 y siguientes, sobre Alexander Neckam, *De naturis rerum*.

Alberti, Leon Battista, *De principe: Momus*, Roma, Stephanus Guileretus, 1520. Hay edición castellana en Alcalá, Juan de Mey Flandro, 1553.

[Albrico], *Libellus de imaginibus deorum*, publicado en Liebeschütz [1926:117-128].

Alejandro de Afrodisia, *Commentaire sur les météores d'Aristote*, ed. Smet, Lovaina, 1968.

— *Traité du destin*, ed. Thillet, París, Les Belles Lettres, 1984.
— *Problematum Alexandri Aphrosisiei libri duo*, junto a Aristóteles, *Problematum*.
ALEJANDRO, Alejandro de, *Dies geniales*, In aedibus I. Mazochi, Roma, 1522.
ANTONINO LIBERAL, *Metamorfosis* en Heráclito [1989].
APOLODORO, *Biblioteca*, ed. Margarita Rodríguez de Sepúlveda, Madrid, Gredos (BCG), 1985.
APOLONIO, *Argonáutica*, ed. Lascaris (cum scholiis), Florencia, 1496.
APULEYO, *Apología - Florida*, ed. Santiago Segura Munguía, Madrid, Gredos (BCG), 1980.
ARATO, *Fenómenos*, ed. Esteban Calderón Dorda, Madrid, Gredos (BCG), 1993.
ARISTÓTELES, *Acerca de la generación y la corrupción*, ed. A. La Croce-A. Bernabé Pajares, Madrid, Gredos (BCG), 1987.
— *De coelo et mundo*, ed. Amadeo Meygreti, Lyon, 1514.
— *Ética nicomáquea-Ética eudemia*, Madrid, Gredos (BCG), 1985.
— *Física*, Madrid, Gredos (BCG), 1995.
— *Investigación sobre los animales*, ed. Julio Pallí, Madrid, Gredos (BCG), 1992.
— *Metafísica*, ed. Tomás Calvo Martínez, Madrid, Gredos (BCG), 1994.
— *Problematum Aristotelis*, ed. Teodoro Gaza, París, Simón Colineo, 1534.
— *Reproducción de los animales*, ed. Ester Sánchez, Madrid, Gredos (BCG), 1995.
— *Tratados de lógica (Organon)*, ed. M. Candel Sanmartín, Madrid, Gredos (BCT), 1988.
ARTEMIDORO, *De somniorum interpretatione*, ed. Jano Cornario, Basilea, Froben, 1538. Hay ed. castellana por E. Ruiz García en Madrid, Gredos (BCG).
Auctores mythographi latini, Leiden, 1786.
AUSONIO, Décimo Magno, *Obras*, ed. Antonio Alvar, Madrid, Gredos (BCG), 1990.
BEROSO, *Antiquitatum variarum volumina XVII*, Roma, 1498.
BOCCACCIO, Giovanni, *Genealogía deorum*, París, 1511. Es fundamental la edición castellana de Álvarez-Iglesias, Madrid, Editora Nacional, 1983.

BOECIO, *Philosophiae consolatio*, ed. Ludovicus Bieler, *Corpus cristianorum*, Turnholti, 1984.
CALÍMACO, *Himnos, Epigramas y Fragmentos*, ed. Cuenca y Brioso, Madrid, Gredos (BCG), 1980.
CARTARI, Vincenzo, *Le imagini colla sposizione degli Dei degli antichi*, Venecia, 1556.
CATÓN, *Disticha moralia*, ed. Erasmo de Rotterdam, Basilea, 1529. Véase una versión castellana en Carlos Clavería, «La traslación del muy excelente doctor Catón...», Caspe, *Cuadernos de estudios caspolinos* 15, 1989, págs. 29-140.
CATULO, *Carmina*, ed. R.A.B. Mynors, Oxford (OCT), 1958. En castellano véase la ed. Miguel Dolç, Madrid, CSIC, 1982.
CÉSAR, Cayo Julio, *Commentariorum; pars prior continentur libri* VII *De bello gallico cum A. Hirtio supplemento; pars posterior qua continentur libri* III *De bello civile... De bello alexandrino*, ed. Renatus du Pontet, Oxford (OCT), 1900-1901.
CICERÓN, *De natura deorum*, en *Opera*, ed. Nicolao Bucinense, Florencia, Filipo de Junta, 1516. Para una edición castellana puede consultarse la de Julio Pimentel, México, UNAM, 1986.
— *Sobre la república*, ed. Álvaro D'Ors, Madrid, Gredos (BCG), 1984.
— *Tusculanes*, ed. Valentí, Barcelona, Bernat Metge, 1948-1950.
CLAUDIANO, Claudio, *Poemas*, ed. Miguel Castillo, Madrid, Gredos (BCG), 1993.
Comicorum Graecorum fragmenta, ed. Kaibel, Berlín, 1899.
CONTI, Natale, *Natalis Comitis Mythologiae, sive explicationes fabularum*, S.l., Gabriel Carterius, 1596. Hay edición castellana importantísima por Álvarez - Iglesias, Murcia, Universidad, 1988.
DANTE, *Obras completas*, Madrid, Biblioteca de Autores Cristianos, 1980.
DIODORO SÍCULO, *Bibliotheca historica* I-X, ed. Oldfather, Londres, Heinemann, 1952-1977. Consulto también la edición latina de Basilea, Henricus Petrus, 1578.
ELIANO, Claudio, *Historia de los animales, libros* I-XVII, ed. J. Mª Díaz-Regañón López, Madrid, Gredos (BCG), 1984.
ENNIO, *Fragmentos*, ed. Manuel Segura Moreno, Madrid, CSIC, 1984. Fragmento 54: «Evhemervs».
ERASMO, Desiderio, *Adagia*, Tubinga, Tomás Anselmo, 1513.
— *Apophthegmatum libri octo*, Lyon, Sebastián Grifo, 1551.

ESTACIO, *Achilleis*, ed. Klotz, Leipzig, Teubner, 1903.
— *Silvae*, ed. Klotz, Leipzig, Teubner, 1911. Hay edición castellana en Madrid, Gredos (BCG), 1995.
— *Thebais*, ed. Klotz, Leipzig, Teubner, 1908.
ESTRABÓN, *Strabonis Rerum Geographicorum libri XVII*, ed. Casaubon, Ginebra, 1587. Hay iniciada una edición castellana a cargo de García Blanco en Madrid, Gredos (BCG), 1991.
EURÍPIDES, *Tragedias* I-III, ed. Medina López, Madrid, Gredos (BCG), 1979-1983.
EUSEBIO, *Chronicon*, con el suplemento de Palmieri, París, Henrico Stephano y J. Badio, 1512.
— *De preparatione evangelica*, ed. Georgius Trapezuntius, Venecia, Giunta, 1525.
— *Ecclesiastica historia*, ed. Gofredo Buillardo, Lyon, 1526.
FICINO, Marsilio, *De amore. Comentario a «El Banquete» de Platón*, ed. Rocío de la Villa, Madrid, Tecnos, 1986.
FILÓSTRATO, *Flavius Filostratus Heroicus*, ed. Lannoy, Leipzig, Teubner, 1977.
— *Vida de Apolonio de Tiana*, ed. Alberto Bernabé, Madrid, Gredos (BCG), 1992.
— *Vidas de los sofistas*, ed. Giner Soria, Madrid, Gredos (BCG), 1982.
FLACO, Valerio, *Argonauticon*, Florencia, 1503.
FLORETUS, *Floretus alterquae libellus qui dictus est Quinque Claves Sapientiae*, Antequera, Sancho de Nebrija, 1553.
FORNUTO, Véase *Auctores mythographi latini*.
Fragmentos de épica griega arcaica, ed. Alberto Bernabé, Madrid, Gredos (BCG), 1979.
FULGENCIO, *Mitologicarum liber* en *Opera*, ed. Rudolphus Helm, Leipzig, Teubner, 1898. Véase también, para el *Fulgentius metaforalis*, LIEBESCHÜTZ.
GELIO, Aulo, *Noctes Atticae*, ed. Petrus Mosellanus, Basilea, Henricus Petrus, [1556].
Geographi graeci minores, ed. C. Müllerus, París, 1855-1861.
Greek Melic Poets, ed. H.W. Smyth, Nueva York, Biblo and Tanner, 1963.
GYRALDY, Lucio, *De deis gentium varia et multiplex historia in qua simul de eorum imaginibus et cognominibus agitur...*, Basilea, 1548.
HALICARNASO, Dionisio de, *Antiquitatum romanorum*, ed. Emilio

Porto, Lyon, 1592. Para la versión castellana, véase la de Elvira Jiménez y Ester Sánchez en Madrid, Gredos (BCG), 1984-1988.
HELIÁNICO, *Fragmentos*, ed. Caerrols, Madrid, CSIC, 1991.
HERÁCLITO, *Alegorías de Homero*, ed. Calderón Ozaeta, Madrid, Gredos (BCG), 1989. Junto a Antonino Liberal, *Metamorfosis*.
HERMÓGENES, *Sobre las formas de estilo*, ed. Consuelo Ruiz Montero, Madrid, Gredos (BCG), 1993.
— TEÓN-AFTONIO, *Ejercicios de retórica*, ed. M.ª Dolores Reche Martínez, Madrid, Gredos (BCG), 1991.
HERODOTO, *Historiagraphi libri* VIIII, ed. Lorenzo Valla, Lyon, 1542.
HESIODO, *Teogonía-Trabajos y Días-Escudo-Certamen*, ed. Adelaida y Mª Ángeles Martín Sánchez, Madrid, Alianza Editorial, 1986.
— *Fragmente*, ed. Rzach, Leipzig, Teubner, 1902.
HIGINIO, Cayo Julio, *Fábulas*, ed. Santiago Rubio Fernaz, Madrid, Editorial Coloquio, 1987.
— *Poeticon astronomicon*, Colonia, Ioannes Stoer, 1534.
Himnos homéricos-La «Batracomiomaquia», ed. Alberto Bernabé, Madrid, Gredos (BCG), 1978.
Himnos órficos-Argonáuticas órficas-[PORFIRIO] *Vida de Pitágoras*, ed. Miguel Periago Lorente, Madrid, Gredos (BCG), 1887.
HOMERO, *Ilíada*, ed. Emilio Crespo Güemes, Madrid, Gredos (BCG), 1991.
— *Odisea*, ed. José Manuel Pabón, Madrid, Gredos (BCG), 1982.
— *Himnos*. Véase *Himnos homéricos*.
HORACIO Flaco, Quinto, *Opera*, ed. Stephanus Borzsak, Leipzig-Madrid, Teubner-Coloquio, 1984-1988.
JACOBY, Felix, *Die Fragmente der Griechischen Historiker*, Leiden, E. J. Brili, 1968.
JOSEFO, Flavio, *Opera*, ed. Erasmo, Basilea, Menrians Petrus, 1544.
JUVENAL-PERSIO, *Satyrae*, ed. Farnabi - Rodrigo de Oviedo, Madrid, 1775.
LAERCIO, Diógenes, *Vides dels filòsofs*, Barcelona, Laia, 1990.
LACTANCIO FIRMIANO, *Diuinarum institutionum libri* VII, ed. Honorato Fasitelo, París, Hierónimo de Marnef, 1561. Para la traducción castellana, véase la ed. E. Sánchez Salor, 2 volúmenes, Madrid, Gredos (BCG), 1990.
LACTANCIO PLACIDIO, *Commentarios in Statii Thebaida et Commentarium in Achilleida*, ed. Jahnke, Leipzig, Teubner, 1908.

LI, Andrés de, *Repertorio de los tiempos*, ed. Edison Simons, Barcelona, Antoni Bosch, 1977.

LIEBESCHÜTZ, H., *Fulgentius metaforalis: ein Beitrag zur Geschichte der antiken Mythologie in Mittelalter*, Studien der Bibliothek Warburg IV, Leipzig-Berlín, 1926. Aquí editado también el *Libellus* de Albrico.

LUCANO, *La Farsalia*, ed. V-J. Herrero Llorente, Barcelona, CSIC, 1967-1974.

LUCIANO, *Opera I: Dialogi*, ed. bilingüe de Johannes Benedictus y «declamatio» de Erasmo, Salmuria, 1609.

— *Obras* I-IV, Madrid, Gredos (BCG), 1981-1992.

LUCRECIO, *De rerum natura*, ed. J. Martin, Leipzig-Madrid, Teubner-Coloquio, 1969-1988. Para la versión castellana, véase *De la naturaleza*, ed. Eduard Valentí, Madrid, CSIC, 1983.

LYKOPHRON, *Alexandra*, ed. Carl von Holzinger, Georg Olms Verlag, Hildesheim-Nueva York, 1973. Véase la edición castellana de Fernández Galiano en Madrid, Gredos (BCG), 1987.

MACROBIO, *In Somnium Scipionis libri II. Saturnaliorum libri VII.* Lugduni, Sebastianus Gryphius, 1538.

MANILIO, Marco, *Astronomica*, ed. Goold, Leipzig, Teubner, 1985.

MARCIANO CAPELLA, *De nuptiis Philologiae et Mercuri libri II*, Basilea, 1532.

MARTIUS NARNIENSIS, Galeotus, *De doctrina promiscua*, Lyon, Juan Tornabesio, 1552.

MAURO, véase RABANO.

MELA, Pomponio, *Cosmographia*, ed. Heinsius, Lugduni Batavorum, 1637.

MEXÍA, Pedro, *Silva de varia lección*, ed. Antonio Castro, 2 volúmenes, Madrid, Cátedra, 1989-1990.

NANUS, Dominicus, *Poliantea decretorum*, Lugduni, Joanne Moylin de Cambray, 1522.

NICANDER, véase los «scholia».

ORFEO, *Himnos*, véase *Himnos órficos*

OROSIO, Paulo, *Historias*, ed. Eustaquio Sánchez Soler, Madrid, Gredos (BCG), 1982.

OVIDIO, *Metamorphoseon libri XV*, ed. Minelli-Rabus, Rotterdam, 1697. Para las citas castellanas, veáse la edición de Antonio Ruiz de Elvira, 3 volúmenes, Madrid, CSIC, 1982-1984.

— *Amores-Medicamina faciei femineae-Ars amatoria-Remedia amoris*, ed. E. J. Kenney, Oxford, (OCT), 1961.
— *Fastos*, ed. Segura Ramos, Madrid, Gredos (BCG), 1988.
— *Heroidas*, ed. Francisca Moya del Baño, Madrid, CSIC, 1986.
— *Tristium libri quinque - Ex ponto libri quattuor-Halieutica fragmenta*, ed. S.G. Owen, Oxford (OCT), 1915.
PALÉFATO, *De non credendis historiis libellus utilissimus*, ed. P. Gaurico, Auterpal, 1528. Consulto también la ed. bilingüe (griego-catalán) de Enric Roquet, Barcelona, Bernat Metge, 1975.
PAUSANIAS, *Descripción de Grecia*, ed. María del Carmen Herrero Ingelmo, Madrid, Gredos (BCG), 1994.
PERIEGETA, Dionisio, *De situ orbis*, Ferrara, Maciochus Bondenus, 1512.
PEROTTO, Nicolás, *Cornucopia linguae latinae*, Basilea, 1536.
PERTUSI, Agostino, *Leonzio Pilato fra Petrarca e Boccaccio*, Venecia-Roma, Istituto per la Collaborazione Culturale, 1979.
PICO DE LA MIRÁNDOLA, *Diálogo de la dignidad del hombre*, ed. Pere J. Quetglas, Barcelona, PPU, 1988.
PLATÓN, *Opera omnia*, ed. Marsilio Ficino, Venecia, 1523. Las citas castellanas parten de la edición de las *Obras completas*, ed. AA.VV., Madrid, Aguilar, 1990.
PLAUTO, *Comoediae*, ed. W.M. Lindsay, Oxford (OCT), 1904-1905.
PLINIO, *Historia mundi libri XXXVII*, ed. Sigismundo Gelenio, Basilea, Froben, 1554. Citado en las notas como *Historia natural*.
PLOTINO, *Enéadas*, ed. Jesús Igal, 2 volúmenes, Madrid, Gredos (BCG), 1982-1985.
PLUTARCO, *Moralia* I-III, ed. Gulielmo Xylandro Augustano, Frankfurt, 1592. Para la edición castellana, véase *Obras morales y de costumbres* I-VII, varios editores, Madrid, Gredos (BCG), 1985-1994.
— *Graecorum romanorum illustrium vitae*, París, Michel Vascosano, 1558. Para una versión castellana, véase la de Antonio Ranz Romanillos ahora publicada en Barcelona, Planeta, 1991.
Poetae Melici Graeci, ed. D. Page, Oxford, 1975.
POLICIANO, *Opera, I-III*, Lyon, 1545-1550. La silva *Manto* en *Opera III* [1546: 225].
POLIDORO VIRGILIO, *De rerum inventoribus*, ed. Jacobo Stoer, S.l., 1604.
POMPEYO FESTO, S., *Fragmenta* en PEROTTO, *Cornucopia*.

PROPERCIO, *Elegías*, ed. Antonio Tovar-María T. Belfiore, Madrid, CSIC, 1984.
RABANO MAURO, en MIGNE, J.P, *Patrologia Latina*, 111.
SAN AGUSTÍN, *De civitate Dei*, ed. Juan Luis Vives, París, Claudio Chevalonio, 1531.
SAN ISIDORO DE SEVILLA, *Etimologiae*, en *Opera* I, Madrid, Tipografía Regia, 1599.
SÁNCHEZ DE VIANA, Pedro, *Anotaciones sobre los quinze libros de las transformaciones de Ouidio. Con la Mithologia de las fábulas y otras cosas*, Valladolid, Diego Férnandez de Córdoba, 1589.
Scholia in Euripidem, ed. E. Schwartz, Berlín 1887-1891.
Scholia in Lycophronis «Alexandram», ed. E. Scheer, Berolini, 1908.
Scholia in Nicandri «Alexipharmaca», ed. M. Geymonat, Milán, 1971.
Scholia in Nicandri «Theriaka», ed. A. Crugnola, Milán, 1971.
Scholia in Theocritum vetera, ed. C. Wendel, Stuttgart, 1967.
SÉNECA, Lucio Aneo, *Ad Lucilium epistolae morales*, ed. L. D. Reynolds, Oxford, (OCT), 1965.
— *Naturales quaestiones*, Ed. Carmen Codoñer, 2 volúmenes, Madrid, CSIC, 1979.
— *Tragedias*, ed. Jesús Luque Moreno, Madrid, Gredos (BCG), 1979-1980.
SERVIO, en VIRGILIO, *Opera* (con comentarios de Servio, Donato, Probo, Domitio, Landino y Mancinello), Venecia, Zannis de Portesio, 1510.
SOLINO, *Polyhistor siue rerum orbis memorabilium collectanea*, ed. Ioannes Camertes, Lyon, 1538.
SUIDAS, *Lexicon*, ed. Ada Adler, Leipzig, Teubner, 1931.
Summa silvestrina, ed. Silvestre Pierate, París, 1545.
TÁCITO, Cornelio, *Historiae*, ed. E. Koestermann, Leipzig-Madrid, Teubner-Coloquio, 1988.
TEÓCRITO, *Idil.lis*, ed. Alsina, Barcelona, Bernat Metge, 1961-1963.
TEOFRASTRO, *Caracteres*, ed. Ruiz García, Madrid, Gredos (BCG), 1986
— *Historia de las plantas*, ed. Díaz Regañón, Madrid, Gredos (BCG), 1988
TERENCIO, *Comoediae*, ed. R. Kauer y W. M. Lindsay, Oxford (OCT), 1926.

TIBULO, *Tibulli aliorumque carminum libri tres*, ed. I. P. Postgate, Oxford (OCT), 1915.
TOSTADO, ALONSO DE MADRIGAL, EL TOSTADO, *Las XIIII questiones del tostado... Las otras diez questiones poéticas son acerca del linaje y sucesión de los dioses de los gentiles*, Amberes, Martín Nucio, 1551. Más información sobre este tratado en José Fernández Arenas, «Sobre los dioses de los gentiles de Alonso Tostado Ribera de Madrigal», *A.E.A.* 1976, págs. 338-343; y más reciente el artículo de Pilar Saquero-Tomás González, «Las Questiones sobre los dioses de los gentiles del Tostado...», *Cuadernos de Filología Clásica* 19 (1985), págs. 85-99.
— *Sobre Eusebio I-V*, Salamanca, 1506-1507.
TROGO POMPEYO, en JUSTINO, *Historiarum philippicarum ex Trogo Pompeio libris XLIV*, París, Lemaine, 1823.
VALERIANO, Pierio, *Hyerogliphica siue de sacris aegiptorum litteris*, Basilea, 1556.
VARRÓN, Marco Terencio, *De lingua latina*, edición bilingüe de M-A. Marcos Casquero, Barcelona-Madrid, Anthropos-Ministerio de Educación y Ciencia, 1990. Véase la edición latina en PEROTTO, *Cornucopia.*
VENEGAS, Alejo, *Primera parte de las diferencias de libros que ay en el universo*, Valladolid, Diego Fernández de Córdoba, 1583.
VILLENA, Enrique de, *Los doze trabajos de Hércules*, ed. Margherita Morreale, Madrid, 1958.
VIRGILIO, *Opera*, ed. R. A. B. Mynors, Oxford (OCT), 1969.
VIRGILIO POLIDORO, véase POLIDORO VIRGILIO.

Philosofía secreta de la gentilidad

PHILOSOFIA SECRETA.

DONDE DEBAXO DE HISTORIAS FABULOSAS, SE CONTIENE MUCHA DOctrina, prouechosa a todos estudios. Con el origen delos Idolos, o Dioses dela Gentilidad.

ES MATERIA MUY NEcessaria, para entender Poetas, y Historiadores.

ORDENADO POR EL BACHILLER IUAN Perez de Moya, vezino dela villa de S. Esteuan del Puerto.

DIRIGIDO AL ILLUSTRE SEÑOR Iuan Baptista Gentil, hijo de Costantin Gentil.

CON PRIVILEGIO REAL.

En Madrid en casa de Francisco Sanchez impressor de libros. Año. M.D.LXXXV.

Portada del ejemplar de la primera edición de la *Philosofía secreta* que ha servido de base a esta edición.

PHILOSOFÍA SECRETA

DONDE DEBAJO DE HISTORIAS FABULOSAS
SE CONTIENE MUCHA DOCTRINA
PROVECHOSA A TODOS ESTUDIOS.
CON EL ORIGEN DE LOS ÍDOLOS
O DIOSES DE LA GENTILIDAD.
Es materia muy necesaria para entender poetas
y historiadores.

Ordenado por el bachiller Juan Pérez de Moya,
vecino de la villa de San Esteban del Puerto.
Dirigido al ilustre señor Iuan Baptista Gentil,
hijo de Costantín Gentil.

Con privilegio real.
En Madrid, en casa de Francisco Sánchez,
impresor de libros.
Año de M.D.LXXXV.

Aprobación

Yo he leído este libro que se intitula *Philosofía secreta* (ordenado por el bachiller Iuan Pérez de Moya) por mandado de los señores del Consejo de Su Magestad, y no sólo no hallo en él cosa alguna que contradiga a nuestra santa fe, pero fuera de ser de mucho trabajo y estudio del autor, es provechoso para declaración de las fábulas que casi todos los poetas en sus libros ponen, y para el buen entendimiento dellas, y para que el vulgo sepa lo que por ellas los poetas quisieron significar. Y así me parece se puede dar licencia para que se imprima. Dada en Madrid, en este nuestro convento de Nuestra Señora de la Merced, redempción de captivos, en ocho de agosto de mil y quinientos y ochenta y cuatro años.

F. Alonso Muñoz

El Rey

Por cuanto por parte de vos, el bachiller Iuan Pérez de Moya, vecino de la villa de San Esteban del Puerto, nos fue hecha relación que vos habíades compuesto un libro intitulado *Philosofía secreta donde debajo de historias fabulosas se contiene mucha doctrina provechosa a todos estudios. Con el origen de los ídolos o dioses de la gentilidad*, el cual os había costado mucho trabajo y estudio, y suplicándonos os mandásemos dar licencia para lo poder imprimir y privilegio por veinte años, o como la nuestra merced fuese, lo cual visto por los del nuestro Consejo, por cuanto en el dicho libro se hicieron las diligencias que la pragmática por nos hecha sobre la impresión de los libros dispone, fue acordado que debíamos mandar dar esta nuestra cédula en la dicha razón, y nos tuvímoslo por bien. Por la cual os damos licencia y facultad para que vos, o la persona que vuestro poder hubiere, y no otra alguna, podáis hacer imprimir y vender el dicho libro, que de suso se hace mención, en todos estos nuestros reinos de Castilla por tiempo y espacio de diez años primeros siguientes que corran y se cuenten desde el día de la fecha desta nuestra cédula en adelante, so pena que la persona o personas que sin tener para ello vuestro poder lo imprimiere o vendiere, pierda la impresión que hiciere, con los moldes y aparejos della, y más incurra en pena de cincuenta mil maravedís cada vez que lo contrario hiciere; la cual dicha pena sea la tercia parte para la persona que lo acusare y la otra tercia parte para el juez que lo sentenciare, y la otra tercia parte para la nuestra cámara y fisco. Con tanto que todas las veces que hubiéredes de hacer imprimir el dicho libro, durante el dicho tiempo de los dichos diez años, lo traigáis al nuestro Consejo, juntamente con el original que en él fue visto, que va rubricada cada plana y firmado al fin de Iuan Gallo de Andrada, nuestro escribano de cámara, de los que residen en el nuestro Consejo; y con que antes que se venda le traigáis ante los del nuestro, juntamente con el dicho original para que se vea si la dicha impresión está conforme a él, y traigáis fe en pública forma en cómo por corrector nombrado por nuestro mandado se vio y corrigió la dicha impresión por el dicho original y si se imprimió conforme a él y quedan impresas las erratas por él apuntadas por cada un libro de los que así fueren impresos, y se os tase el precio que por cada volumen habéis de haber, so pena de caer e incurrir en las penas contenidas en las dichas pragmáticas y leyes de nuestros reinos. Y mandamos a los de nuestro Consejo y a otras cualesquier justicias destos nuestros reinos que guarden y cumplan y ejecuten esta nuestra cédula y todo lo en ella contenido. Hecha en San Lorenzo a diez y siete días del mes de agosto de mil y quinientos y ochenta y cuatro años.

Yo el Rey
Por mandado de Su Magestad,
Antonio de Eraso

Al ilustre señor Iuan Baptista Gentil

Aunque la intención de mi escribir y el concepto que tengo de los virtuosos lectores, cuya costumbre es hacer igual caso de la voluntad que del servicio, y suplir la falta de lo que se da como lo que sobra en deseo de dar, me aseguraban para no buscar defensor contra las objeciones que pocas veces en semejantes ocupaciones suelen faltar, quise dar a este libro el sabor que su autor tiene por principal, porque de la suerte que el que usa de antojos no se los pone para verlos a ellos y embarazar allí la vista, sino para pasar adelante y por medio dellos ver otras cosas, así el encaminar a V.M. el libro de *Geometría* que saqué antes deste no fue para con solo él cumplir con las obligaciones que a V.M. tengo, sino para hacer camino y principio de dedicar al ilustre nombre de V.M. todos los que de aquí adelante sacare, moviéndome a ellos dos cosas: la una, corresponder con la obligación que tengo como a mi mecenas; la otra, por la utilidad que dello a mis escriptos se sigue, porque como las piedras preciosas no reciben tanto valor del nombre que tienen (pudiendo ser falsas y contrahechas) como de la persona en cuyas manos está, así mis obras con protector en quien se encierran tantas y tan excelentes virtudes, con tanta aprobación y satisfación de todos, podrán librarse de las calumnias y contradiciones de los que como momos se ejercitan en inquirir inadvertencias agenas. Y así suplico a V.M. reciba este servicio como de persona que le desea hacer en cosas mayores. De Madrid a veinte de febrero de mil y quinientos y ochenta y cinco años.

[Tasa]

Yo, Iuan Gallo de Andrada, escribano de cámara de Su Magestad, de los que residen en el su Consejo, doy fe que habiéndose visto por los señores dél un libro intitulado *Filosofía secreta*, compuesto por el bachiller Moya, tasaron cada pliego del dicho libro a tres maravedís y dieron licencia para que a este precio se pueda vender, y mandaron que esta tasa se ponga al principio del dicho libro y no pueda vender sin ella, y para que dello conste di la presente, que es fecha en Madrid a xiiij días del mes de marzo de mil e quinientos y ochenta y cinco años.

Iuan Gallo de Andrada.

Libro primero

En que se dice el cómo entró en el mundo la idolatría, y la muchedumbre de dioses de la gentilidad, acerca de varias naciones

CAPÍTULO I

EN QUE SE DIFINE ESTE NOMBRE FÁBULA, Y DICE SU UTILIDAD Y ORIGEN

Porque lo que de los dioses de la gentilidad se dice fue todo ficción fabulosa de los antiguos, tomaremos principio declarando qué cosa es fábula y por qué se inventó este lenguaje. Fábula dicen a una habla fingida con que se representa una imagen de alguna cosa. Dícese, según Hermógenes[1], de *for faris,* verbo latino, que quiere decir hablar, porque toda fábula se funda en un razonamiento de cosas fingidas y aparentes, inventadas por los poetas y sabios, para que debajo de una honesta recreación de apacibles cuentos, dichos con alguna semejanza de verdad, inducir a los lectores a muchas veces leer y saber su escondida moralidad y provechosa doctrina. Las fábulas, unas toman nombre del lugar donde fueron inventadas; otras, de los mismos inventores; y las unas y las otras se dividen en mitológicas, y apológicas, y milesias, y genealógicas. Mitológica es una habla que con palabras de admiración significa algún secreto natural, o cuento de historia, como la fábula que dice ser Ve-

---

[1] Gramático del siglo II autor de un corpus retórico que influyó no poco en la Edad Media después de la traducción de Prisciano (siglo VI). Para éste y para los gramáticos que aparecen más abajo: ¿Alberico de Monte Casino (finales del siglo XII), Fortunaciano (¿Fortuno?, siglo V), Epicarmo y Crates ateniense, Pérez de Moya pudo utilizar cualquiera de los volúmenes que recogían a los *Rhetores latini minores,* editados modernamente por Halm en la Colección Teubneriana. Véanse más datos en Hermógenes [1991 y 1993].

nus de la espuma del mar engendrada[2]. Deste género de fábulas[3] trató Albrico[4], filósofo, y Fortuno, y Epicarmo, y Crates Ateniense, y otros muchos.

Apológica es un habla en que fingiendo hablar los animales bruto persuade a los hombres, sabia y prudentemente vivir, por lo cual por otro nombre se dicen fábulas morales, o racionales, o amonestatorias, o de policía. En esta manera de alegorizar se aventajó tanto Esopo que todas las fábulas deste género se dicen esópicas, dejando en silencio muchos autores que dello escribieron. De este género de

---

[2] Sobre el nacimiento de Venus, véase El Tostado, *Cuestiones* [1551:199] en el que se cita el origen marino de Venus siguiendo a Ovidio, *Metamorfosis* 4; Macrobio, *Saturnales* [1, 12]. Véase más abajo el capítulo dedicado a Venus.

[3] Álvar Gómez describe así los tres tipos de fábulas: «Una fábula es mitológica, que quiere decir habla que por cuento de admiración cuenta los secretos de naturaleza o historias notables... Otra fábula se dice apologética que es un dibujo y figura de ejemplos que con admiración descubre las cosas buenas y malas que pasan entre los hombres. En esta escribió Esopo y en la primera todos los otros poetas. Hay otra fábula que se dice milesia que es la que en romance se dice conseja. Dícese Milesia de la ciudad de Mileto en Jonia. En esta fábula escribió Apuleyo su *Asno dorado*» en *Theológica descripción de los misterios sagrados*, Toledo, 1541; (hay edición moderna en facsímile por A. Pérez Gómez, Cieza, 1965). Distinción que llegó hasta Cervantes, *Quijote* 1, 47: «Este género de escritura y composición cae debajo de aquel de las fábulas que llaman milesias, que son cuentos disparatados... al contrario de lo que hacen las fábulas apólogas, que deleitan y enseñan juntamente»; y que parte de Aftonio y Hermógenes [1991:209-273]. Están relatadas estas fábulas en Conti [1596:28].

[4] Este Albrico, aunque citado entre gramáticos y haber un Alberico tal, puede ser Albericus Londinenses, autor de *Allegoriae poeticae seu de veritate ac expositione poeticarum fabularum libri* IV *Alberico Londonensi authore*, París, Jean de Marnef, 1520; en adelante citado *Alegorías* y haciendo referencia al ejemplar de la Biblioteca Nacional de Madrid. Para los problemas de autoría y fuentes de Alberico, véanse Seznec [1983:143 y siguientes], Boccaccio, *De genealogie deorum*, ed. Álvarez-Iglesias [1983:27 y siguientes] y el artículo de M.ª Consuelo Álvarez, «Notas sobre el *Mitografo Vaticano III* y el *Libellus*», *Cuadernos de Filología Clásica* 14, págs. 207-223. A pesar de no citarlo de primera mano tanto como se merece, se puede rastrear la influencia de Alberico, por ejemplo, en el capítulo de los nombres de Juno (2, 7), cuando se llega a este autor a través de la fuente principal: El Tostado, *Cuestiones* [1551]. Para este y otros mitógrafos pudo utilizar un volumen misceláneo titulado *Auctores mitografi latini* que recogía la obra de Albricus, Fenestella, Paléfato, Fulgencio, Fornuto, Proclo y Aratos.

apológicas hay dos diferencias: unas se dicen líbicas, y otras esópicas[5]; en las líbicas se finge hablar hombres, y en las esópicas hablar brutos; y porque con las esópicas se mezclaron las líbicas, dicen a las unas y otras esópicas.

Milesias se dicen de la ciudad de Mileto, que es en Ionia, donde primero se inventaron, y éstas son unos desvaríos sin fundamento de virtud, urdidos para embobecer a los simples. En este género de fábulas escribió Apuleyo su *Asno de oro;* y así lo son las fábulas de los libros de caballerías, semejantes a las de que el sagrado apóstol[6] nos amonesta que evitemos, porque no sirven sino de unos cebos del demonio, con que en los rincones caza los ánimos tiernos de las doncellas y mozos livianos.

Genealógicas son las que tratan de linaje o parentesco de los dioses fingidos de la gentilidad; y porque usan destas más los poetas para adornar sus poesías, y por otros varios fines, se llaman poéticas, de las cuales, y de las mitológicas, es mi intento en este libro escribir, porque fue tanta la excelencia y grandeza del artificio de los antiguos en fingirlas que con ellas declararon unas veces, según sentido alegórico, principios y preceptos, y orden de la filosofía natural[7];

---

[5] La misma distinción en san Isidoro, *Etimologías* 1, 40.

[6] *Biblia: Primera epístola a Timoteo* 4, 7: «Rechaza, en cambio, las fábulas profanas y los cuentos de viejas.»

[7] Siguiendo a Aristóteles, la filosofía se divide en: «speculativa sive naturalis, mathematica et diuina in methaphysica» y la natural es tal porque «considerat res coniunctas motui et materiae secundum esse et secundum rationem». Tomado de la *Poliantea decretorum* de Nanni [1522:327] que cita el libro VI de la *Metafísica* como fuente. Esta división tripartita de la filosofía, fundamental para entender el enfrentamiento humanista entre filosofía moral y filosofía natural, llega y parte de Séneca, *Epístolas* 89, 9: *moralem, naturalem, rationalem*, y sienta las bases de la discusión en las *Cuestiones naturales* 1, 1: «Tanta distancia media... entre la filosofía y el resto de la ciencias cuanta creo que media, dentro de la filosofía en sí, entre la parte que atañe a los hombres y la que atañe a los dioses... En fin media entre las dos la misma distancia que entre Dios y el hombre.» Véase la continuación de la polémica en *Silva de varia lección* y, por ejemplo, *Viaje de Turquía.* Véase también la insistencia de Pérez de Moya, más abajo, al final del capítulo II cuando declara los tres sentidos de su explicación: histórico, físico y moral. La filosofía natural permite al hombre diseñado por Pico de la Mirándola acercarse a Dios en el *Diálogo de la dignidad del hombre* [1988:71].

otras, virtudes y vicios; otras, fuerzas y secretos de medicina y propiedades de cosas; otras, historia; otras, para halagar y ablandar los ánimos de los poderosos; otras, para que en los trabajos y calamidades y perturbaciones del ánimo tengamos sufrimiento; otras, que nos muevan al temor de Dios, y nos aparten de cosas torpes; y así proceden declarando con fábulas todo lo que consiste en saber; y fueron tan usadas de la antigüedad, y tan provechosas a todas las doctrinas, y costumbres humanas, y aun a las cristianas, que aun en la sagrada escriptura[8] se hallan: adonde dice el Sagrado Texto que se juntaron (como en cabildo) los árboles de la montaña, para alzar a uno de ellos por rey. Y en otra parte[9] dice que el rey Ioas envió embajada al rey Amasias que no se quisiese tomar con él, que se guardase no le aconteciese lo que aconteció al cardo corredor, que pidió la hija del cedro del monte Líbano para casarla con su hijo, y a la sazón pasando las bestias del monte Líbano por allí se comieron el cardo, que presumía contraer parentesco con el cedro. El primero que escribió fábulas fue Alemon, según Isidoro[10]. Y la causa que a los antiguos movió escribir en este género sus secretos y otras cosas, según Platón[11], fue para mostrar a los niños doctrina, y aficionarlos a ella, dorándola como píldoras con los fingimientos de apacibles cuentos, con los cuales, no sólo los hacían atentos, mas muy cobdiciosos de saber lo que debajo de aquellas fábulas se entendía, o porque este género de escribir es más fácil para encomendar cosas a la memoria. Podríamos también decir que el poco papel y recaudo para escribir que tenían en aquel tiempo, les

---

[8] *Biblia: Libro de los jueces* 9, 8: «Los árboles se pusieron en camino para ungir a uno como su rey.»

[9] *Biblia: Segundo libro de los reyes* 14, 9. Es cita literal. Pérez de Moya cita como *Cuarto libro de los reyes*; preferimos la denominación actual que divide esos cuatro en Primero y segundo libro de Samuel y Primero y segundo libro de los reyes.

[10] Pérez de Moya cita al margen *Etimologías* 1, 39, pero quizá mejor en 1, 40 *De fabula*: «Has primus iuuenisse traditur Alcmaeon Crotoniensis.»

[11] Platón, *De república* 2, 17: «Pero nosotros nos servimos de las fábulas antes que de los gimnasios para la educación de los niños.» Sobre la consideración de las fábulas y de su repercusión en la educación, véase 2, 18-19.

debió necesitar a usar de las fábulas para declarar muchas cosas con pocas palabras. Y también el no querer que sus secretos fuesen comunes a todos, porque de la suerte que el vino pierde algo de su ser o suavidad puesto en malos vasos, así las cosas divinas de filosofía, puestas en modo que sean vulgares a rústicos, se corrompen y pierden mucho de su estima.

CAPÍTULO II

DE LOS SENTIDOS[12] QUE SE PUEDEN DAR A UNA FÁBULA

De cinco modos se puede declarar una fábula, conviene a saber: literal, alegórico, anagógico, tropológico, y físico o natural. Sentido literal, que por otro nombre dicen histórico o parabólico, es lo mismo que suena la letra de la tal fábula o escriptura. Sentido alegórico es un entendimiento diverso de lo que la fábula o escriptura literalmente dice. Derívase de *alseon,* que significa diverso, porque diciendo una cosa la letra se entiende otra cosa diversa. Anagógico se dice de *anagoge,* y *anagoge* se deriva de Ana, que quiere decir hacia arriba, y *goge,* guía, que quiere decir guiar hacia arriba, a cosas altas de Dios. Tropológico se dice de *tropos,* que es reversio, o conversión, y *logos,* que es palabra, o razón, o ora-

[12] Para los sentidos de la fábula quizá la fuente más cercana para Pérez de Moya fuera la de su amigo Alejo Venegas, *Primera parte de las diferencias de libros que ay en el universo*; en las págs. 468 y 468 (4, 21) se cuenta que «se tiene por sentido literal el sentido anagógico, y por consiguiente se tiene la iglesia triunfando en el cielo. Los sentidos más principales son cuatro. El primero se dice en griego gramático y en romance literal. El segundo se dice tropológico, en romance se dice moral. El tercero se dice alegórico, en romance le diremos figural profético y eclesiático. El cuarto se dice anagógico, en romance le diremos receso o remoto.» La misma distinción sobre los sentidos de las fábulas se puede leer en la edición de Enrique de Villena, *Los doze trabajos de Hércules* en *Obras completas* 1, ed. de Pedro M. Cátedra, Madrid, Turner-Biblioteca Castro, 1994.

ción; como quien dijese, palabra o oración convertible a informar el ánima a buenas costumbres. Físico o natural es sentido que declara alguna obra de naturaleza. Ejemplo: Hércules, hijo de Iúpiter (según fingimiento poético), concluidos sus trabajos vitorioso fue colocado en el cielo. Tomando esto según sentido literal, no se entiende otra cosa más de lo que la letra suena. Y según alegoría o moralidad, por Hércules es entendida la victoria contra los vicios. Y según sentido anagógico significa el levantamiento del ánima, que desprecia las cosas mundanas por las celestiales. Y según sentido tropológico, por Hércules se entiende un hombre fuerte, habituado en virtud y buenas costumbres. Y según sentido físico o natural, por Hércules se entiende el Sol, y por sus doce trabajos o hazañas, los doce signos del zodíaco, sobrepujados dél por pasar por ellos en un año. Y es de advertir que los tres sentidos últimos, puesto que sean nombrados con diversos nombres, todavía se pueden llamar alegóricos , porque, como hemos dicho, alegoría dicen a lo que es diverso del sentido histórico o literal. Y lo que de estos sentidos es mi intento declarar en las fábulas es el sentido histórico, y el físico y moral.

CAPÍTULO III

DICE QUE LA ADORACIÓN O RELIGIÓN ES COSA A QUIEN NATURALMENTE EL HOMBRE SE INCLINA, Y QUÉ OPINIÓN TUVIERON LOS ANTIGUOS DE DIOS

De las perfecciones dadas a la naturaleza humana, ninguna hay que más estimada y más propia sea al hombre que la adoración y religión, porque nuestra ánima, según opinión de Platón[13], luego que de la mano de Dios es criada, por natural y cierto movimiento se vuelve a él como a su

[13] En la obra de Platón es recurrente la idea del alma que busca a Dios, así el *Fedón o del alma* (sobre todo 79e/81b): «Y el alma entonces... se va a

criador, al modo de hija amorosa de puro deseo de ver el padre, como el fuego que en la tierra es encendido por virtud de los cuerpos superiores procura encaminar su llama en cuanto puede hacia lo alto, así nuestra ánima, que con un instinto natural se siente criada divinamente, hacia esta divinidad se vuelve y desea y adora; por lo cual ninguna gente hubo ni hay que no creyese haber quien mereciese ser temido, adorado y servido, a quien llamaron Dios. Esto quiso sentir Iámblico, filósofo, diciendo que cierto fuego divino viene a herir a nuestro ánimo, de que se le sigue al hombre un natural apetito del amor de Dios. Por lo cual, quiriendo muchos seguir esta opinión, dijeron que Prometeo[14] decendió el fuego divino del Cielo, con el cual dio ser y vida al hombre que de barro formó; deste natural fuego divino, de que Dios (entendido por Prometeo) formó al hombre, sale la causa, porque cuando alguna cosa nos sucede de bien o de mal, súbito, antes que otra alguna consideración hagamos, alzamos los ojos al cielo, juntando las manos, como que naturalmente el hombre entiende y siente que de lo alto sucede todo, y se inclina a dar gracias al que lo envía, que son efetos de adoración y de que hay Dios a quien temer y amar. Pero cuál sea este Dios, o si es uno o muchos, fueron varias y diversas las opiniones de los filósofos antiguos. Thales Milesio[15] dijo ser Dios un entendimiento o ánima que del agua engendró todas las cosas; por-

---

otro lugar de la misma índole... a reunirse con un dios bueno y sabio.» Consúltese también el *Timeo* y *El banquete*. De aquí parte una idea fundamental del Renacimiento sobre la divinidad del alma y la capacidad de superación del hombre: también parte de Plotino (ca. 204-270), *Enéadas* (en especial IV y VI) y llega a Marsilio Ficino (1433-1499) en su *De amore* 4, 4: «el alma, desde el mismo momento de su nacimiento de Dios, por un instinto natural se vuelve hacia Dios.»

[14] Los poetas Horacio, *Carmina* 1, 16, 13, y Propercio, *Elegías* 3, 5, 7, fingen el moldeo del hombre hecho por Prometeo ya citado por Pausanias, *Descripción de Grecia* 10, 4, 3, y que Pérez de Moya pudo tomar de Lactancio, *Instituciones divinas* 2, 10: «Creación del hombre.» También llega al proemio del *De genealogie deorum*, de Boccaccio.

[15] La enumeración de filósofos, de Tales a Crisipo, con opiniones sobre Dios es copia casi literal de Lactancio, *Instituciones divinas* 2, 10, 16-24, que a su vez puede venir de Cicerón, *De natura deorum* 1, 10-15, y de Plutarco,

que éste, pareciéndole que sin humidad ninguna cosa se podía engendrar, tuvo opinión ser el agua principio de todas las cosas. Pitágoras dijo ser Dios un ánimo esparcido por todas las cosas del mundo. Cleantes y Anaxímenes dijeron ser Dios el aire, y que dél se engendraba todo, y que era inmenso y infinito, y siempre en movimiento; porque les pareció que sin aire y respiración ninguna cosa podía vivir. Anaxágoras, antes destos, y Xenófanes, dijeron ser Dios un entendimiento infinito junto con todas las cosas. Straton dijo ser Dios la naturaleza. Crisipo dijo ser Dios el fuego. Macrobio y Alcineo dijeron ser Dios el Sol y la Luna y las estrellas. Theodoncio decía ser la tierra. Otros pensaron que el ánimo del hombre era una partícula de la divinidad, que así resultaría della, como centella que salta del carbón encendido, y así pensaron que el ánimo era Dios, y que como de una centella grande saltan en el aire otras pequeñas, así tenían que todos los efectos y fuerzas del ánimo eran dioses, y si el afecto era activo, llamábanle dios macho, y si era pasivo, llamábanla deesa hembra; el cual desvarío no le tenían todos, porque como arguye Tulio, si el ánimo del hombre fuera Dios, no ignorara cosa alguna. Y dice más: que de esta manera de dioses hechos de la razón física la había tratado Zeno, y después la explicaron Cleante y Crisipo, diciendo que la fortaleza de Dios derivada en el ánimo del hombre fuerte se llamaba Mars, deste nombre: *mas-maris*, porque la fortaleza anima a los machos. Al amor de Dios llamaron Cupido, porque se deriva en el ánimo del amante. Llamaron Minerva a la sabiduría, derivada en el ánimo del sabio. A la potencia generativa llamaron Venus, que era como vena de la generación, y así procedían de los demás dioses y diosas, que según esta falsa opinión de gentiles se nombraron de las fuerzas y afetos del ánimo. Otros, con el discurso de la razón, considerando la milagrosa hechura y disposición del universo, y la prudencia de la orden de naturaleza, al que lo ordenó, y crió, y hizo de nada, llaman

---

Moralia: De placitis philosophorum 7. También la copia Conti [1596:64-66], preliminares del libro 2, y no se le había escapado a Boccaccio, *De genealogie deorum* proemio.

Dios, como es la verdad; y Dios, según san Isidoro[16], quiere decir Temor, que pertenece propriamente a la Santísima Trinidad, del Padre y del Hijo y del Espíritu Santo, a la cual Trinidad se refiere todo lo que de Dios se puede decir. O decimos Dios de *do das*, porque se entienda ser dador de todos los bienes del mundo, y este Dios es eterno e infinito e invisible, y un espíritu incorpóreo que todo lo llena, y a este Señor se debe la religión y adoración y servicio, de quien en otro lugar diremos más.

CAPÍTULO IV

DICE CÓMO LA DIVERSIDAD DE LAS LENGUAS CAUSÓ LA MUCHEDUMBRE DE LOS DIOSES DE LA GENTILIDAD

En toda la primera edad antes del diluvio de Noé, aunque los hombres en muchas cosas pecaron, no se lee, ni se oye decir, que hubiese habido idolatría, porque la idolatría, según Lactancio[17], entró en el mundo por ignorancia, y en tanto que la lengua fue una, no pudo haber tan grande ignorancia entre la gente, porque siempre tenían quienes les enseñase la verdad, y todos conversaban una cosa, teniendo para ello maestros de antigua edad, como Noé, que de las obras de Dios verdadero se acordaban, y no podían perder el conocimiento de un Dios criador y hacedor de todo lo criado. Y así, si siempre toda la gente tuviera una lengua y conversación, no podían caer en tan gran ignorancia que

[16] *Temor* (Eloë, Zeos) es el tercer nombre que recibe Dios en las *Etimologías* de san Isidoro, 7, 1. El propio san Isidoro da, en el mismo capítulo, la derivación de Dios con el verbo *do das dare*: «Da nobis cognitionem tuam.»

[17] La historia de Noé, la creación y pecados de los hombres pueden leerse en Lactancio, *Instituciones divinas* 2, 9-14. Otra fuente cercana en *De civitate Dei* 16. Pedro Mexía también dedica un capítulo a «la confusión de las lenguas» [*Silva de varia lección*, 1, 25] y ofrece otras fuentes: *Biblia: Génesis* 11, 1 y 5-6; Flavio Josefo, *Antigüedades* 1; san Isidoro, *Etimologías* 15.

creyesen haber otro Dios salvo aquel que el diluvio había enviado sobre la tierra, y librado dél a Noé y a los que con él eran en el arca. Mas según afirma Lactancio, en el libro alegado, la introducción de los dioses e idolatría hubo origen de los edificadores de la torre de Babilonia, los cuales, no entendiéndose por la diversidad de las lenguas, se hubieron de repartir por diversas tierras, y acontecía que en algunas lenguas había solos hombres mancebos, que de las cosas conocimiento perfecto no tenían, los cuales, y los que dellos nacieron, no hallando quien de la divinidad les diese cierto conocimiento, cayeron en errores, desconociendo a su Criador y adorando sus criaturas, creyendo y llamando dioses a los que no lo eran, ayudándoles la maldad de los demonios y el aborrecimiento que tienen de destruir el linaje humano; porque ellos, conociendo la inclinación y el ardentísimo deseo que tiene el hombre de hallar a Dios, y que no se halla sin adorarle (como en el precedente capítulo dijimos), por quitarle el corriente que llevaba de buscarle, y honrarse a sí, persuadiéronle que aquello que buscaba es lo que él pone en la fantasía, y con intento de engañarle le decía cosas venideras, y hacía cosas que a las gentes simples les parecía ser sobrenaturales, como dice Eusebio, y san Augustín[18].

CAPÍTULO V

CÓMO LOS EGIPCIOS FUERON LOS PRIMEROS QUE ADORARON EL SOL Y LA LUNA

Los primeros que cayeron después del diluvio en el error de adorar al Sol y Luna y tenerlos por dioses fueron los

[18] Perez de Moya da al margen la cita «En la preparación Evangel., lib. 2, cap. 24.» Las tentaciones de los demonios se pueden leer en *De civitate Dei* 9, 18-22 y 10, 9-10.

egipcios, según Lactancio Firmiano[19] y Diodoro Sículo[20], y la causa porque esta gente se dio a adorar a las criaturas, más que otras, fue que fuese gente de poca policía, y no tuviesen casas, contemplaban el Sol y Luna y los otros cuerpos celestiales, y viendo los provechos que traían a todos con sus movimientos, creyeron ser dioses. También el adorar estos cuerpos celestiales fue doctrina de Cham, tercer hijo de Noé, porque éste, según san Augustín[21], pobló a Egipto, y fue gran nigromántico, y amigo de usar de las cosas naturales por mal; y no estimando en nada la doctrina que le había enseñado su padre, del verdadero Dios, determinó inventar cosas nuevas, y estragar a los hombres, y atraerlos a que creyesen lo que él decía y hacía; y la mala inclinación de los unos, y la ignorancia de los otros, pudo en ellos tanto que fácilmente se dejaron vencer de la mala doctrina que les daba el maldito Cham. Creciendo más el mundo, vino la cosa a tanta ceguedad que inclinaron a adorar cosas más bajas, porque ninguna cosa hallaron ellos en la tierra en la cual hubiesen algún provecho que no la reverenciasen y tuviesen en mucho, porque juzgaban que aquello no podía venir sino por voluntad divina; así lo siente Tulio[22]. Por esto adoraban los egipcios el agua, por los provechos que della se siguen, y porque en Egipto no llueve; y viendo la necesidad della y la privación que tienen, estimáronla mucho. De éstos pasó la deidad del agua a los griegos, y de los griegos a los troyanos, y de los troyanos a los romanos. Por esto mismo adoraron las bestias y viles animales, por el interés y provecho que les traían. De esto es testigo Estra-

---

19 Aunque el autor cita «1, 2, Lactancio» afirma que «éste es el primer pueblo que se olvidó de Dios [Egipto, árabes cananeos]», pasaje que se lee en *Instituciones divinas* 2, 13, 7.

20 Diodoro Sículo (siglo I), *Biblioteca histórica*, libro 1, tal y como cita Pedro Mexía en la *Silva de varia lección* 1, 3: aquí se habla extensamente del culto egipcio por los animales y se dan otras dos fuentes principales: Cornelio Tácito, *Anales* 14 ; Estrabón, *Geografía* 17.

21 *De civitate Dei* 16, 11.

22 A partir del capítulo 47 del segundo libro *De genealogie deorum,* Cicerón hace gala de las excelencias de lo terreno y de sus méritos, así como de su filiación divina.

bón[23] y Diodoro Sículo, los cuales dicen que adoraban gatos, perros, lobos, bueyes o toros, ovejas, comadrejas, águilas, cigüeñas, y halcones, cocodrilos y así a otros animales, como dellos tuviesen algún provecho o daño. Diodoro Sículo dice que la causa por que adoraban los egipcios (en general) los animales era por que en las guerras ponían en sus estandartes insignias de animales y cuando vencían, tenían ser la causa la tal señal, y en modo de agradecimiento adorábanla.

Rufino[24] dice que los egipcios, en memoria de Ioseph, hijo de Jacob, por el beneficio que había hecho a los de aquella tierra, sustentándolos en aquellos siete años de la grande hambre, como se lee en el sagrado volumen, pusieron un ídolo llamado Serapis, teniéndolo por patrón de toda la tierra, y así había en Alexandría de Egipto un templo famoso que era celebrado de todas las gentes, donde estaba una estatua grande en su nombre que tenía puesto el dedo en los labios, para denotar que todo el mundo callase y no se atreviese nadie a decir que había sido hombre mortal (como lo toca Marco Varrón), y el que tal dijese estaba puesta pena que muriese.

Otros tienen que los egipcios, por denotar los efetos que el Sol causa con sus movimientos propio y rapto, andando por el zodiaco, adoraban un buey o toro negro y grande, y los testículos muy crecidos, y los pelos al revés desde la cola a la cabeza, y llamábanle Apis. Por la negrura deste animal denotaban el efecto que el Sol causa en los cuerpos humanos, que de blancos los para negros, y como fuente que es de la generación de toda la naturaleza, para lo cual denotar le atribuyeron los testículos grandes, como instrumentos que son de la tal generación. Por la postura de los pelos al contrario de los otros toros se daba a entender el movimiento propio del Sol ser contrario y al revés del que vemos al

[23] Estrabón, *Geografía*, 17. Para Diodoro Sículo véase *Biblioteca histórica* 2, 4.

[24] Rufino de Aquilea (341-ca. 410) es traductor de la *Historia eclesiática* de Eusebio de Cesarea. Aquí, libro 11, 22-24 se puede leer la historia del templo de Serapis en Alejandría. Varrón, *De lingua latina* 5, 57.

primer móvil hacer. Otros, por esto mismo denotar, adoraban al mismo Sol en figura de escarabajo, que es animal negro, por la dicha causa, el cual rempuja la pelota del sucio estiércol al revés de lo que tiene la postura y sitio del cuerpo en el tal movimiento. Autor desto es Plinio[25]. Lea quien quisiere ver estas vanidades más a la larga a Luciano[26] y a Alejandrino[27] y a san Augustín, libro 2, capítulo 22, y libro 8, capítulo 26, de su *Ciudad de Dios.*

CAPÍTULO VI

CÓMO LOS CALDEOS ADORARON EL FUEGO

Los primeros que adoraron el fuego fueron los caldeos, y el que en ello los impuso fue Nemrod, nieto de Cham, que según Iosepho[28] fue idólatra, y el que mostró a los hombres apartarse del temor de Dios, y adorar el fuego; porque pasado ya el diluvio de Noé, en el cual el mundo por agua pereció, tenía que otra vez pereciese por fuego, y por miedo adorábanle. Y para persuadir que llevaba ventaja a todas las demás cosas que adoraban decíales que mirasen cómo el fuego quemaba y consumía todo el oro y plata y las demás materias de que se hacían los otros dioses. Mas esta adoración del fuego quitó con una invención muy donosa un sacer-

---

[25] La historia del buey Apis la cuenta Plinio en *Historia natural* 8, 46. Claudio Eliano distingue entre tres toros adorados por los egipcios: Apis, Mnevis y Onufis. Sólo éste parece tener el pelo «de manera contraria al de los otros toros»: *Historia de los animales* 11, 10-11; 12, 11.

[26] «In diálogo Jupiter» es la llamada al margen que hace Pérez de Moya. Luciano escribió un diálogo titulado *Vitarum auctio* en el que Júpiter es el principal interlocutor y en el que se reflexiona sobre «sectas» y vanidades de hombres.

[27] Seguramente Apiano Alejandrino (siglo II), autor de la *Historia romana.* Compruébese también Alejandro de Alejandro (1461-1523), humanista autor de *Genialum dierum libri* VI, que trae «muy grandes antigüedades» (Mexía). Mas abajo, 2, 12, vuelve a citar Pérez de Moya a este autor.

[28] Flavio Josefo, *Antigüedades* 1, 9.

dote de Canope, ciudad de Egipto, según escribe Rufino[29]. Y la invención fue que este sacerdote tomó una tinaja de tierra, hecha con muchos y muy menudos agujericos los cuales con cera atapó, y llenóla de agua, y porque no se viese, pintóla con diversas colores, y tomó una cabeza de un ídolo antiguo y púsola sobre la tinaja muy compuesta. Lo cual hecho, dijo que era un dios, el más poderoso de todos los dioses, y desafió a los caldeos que viniesen con su dios el Fuego, para examinar cuál era más poderoso. Los caldeos, con la confianza que tenían del suyo y por acreditarle más, vinieron de buena gana y muy seguros. Hecho, pues, un gran fuego, el sacerdote puso su tinaja con su dios en medio de la lumbre, y como el calor derritiese la cera, comenzó a destilarse el agua delicadamente sin ser sentido, de que se apagó la lumbre; y así salió vencedora la tinaja por matar el fuego. Lo cual visto por los que estaban presentes, dejaron luego el fuego que tenían por dios mucho tiempo había y adoraron a la tinaja, y fue llamado el gran Dios Canopo.

CAPÍTULO VII

DICE CÓMO EN TRES MODOS ENTRÓ LA IDOLATRÍA EN EL MUNDO, Y QUÉ ÍDOLO FUE PRIMERO ADORADO

En el *Libro de la Sabiduría*[30] se ponen tres maneras de introducir varios y vanos dioses al comienzo, unos fueron que llamaron dioses a las mayores cosas que ser pensaron

[29] Todo el apotegma de la tinaja de barro lo cuenta Eusebio, *Historia eclesiástica* 11, 26.

[30] En los capítulos 13 y 14 del *Libro de la sabiduría* se glosa el origen de la idolatría y la facilidad del hombre para adorar y para acatar y tomar del rito la costumbre como ley (13, 16). En el margen, Pérez de Moya añade, con sutileza y aun insidia que «La idolatría comenzó en tiempo de Abrahán», afirmación que puede referirse a *Biblia: Génesis* 12, 7, cuando Abrahán «edificó allí un altar a Yahveh que se le había aparecido» antes de manifestar en *Biblia: Libro de la sabiduría* 15 que «Israel no es idólatra» y matizar definitivamente en 15, 15 que los egipcios en tiempos de Abrahán «tuvieron por dioses a todos los ídolos de los gentiles».

de que algún poder o virtud tenían sobre el mundo, así como los que dijeron ser dioses el Sol, Luna y estrellas, y las grandes aguas, y los fuertes vientos, y a éstos la Escriptura llama vanos, porque no hallaron conocimiento de Dios, empero cúlpales menos que a todos los otros, por cuanto éstos con intención de saber, pensando esto ser verdad, daban la honra de divinidad a aquella cosa que creían ser mayor en todas.

La segunda manera de introducir dioses o ídolos fue cuanto aquellos, que por su voluntad a los hombres llamaron dioses, no habiendo causa de llamarlos así, porque ellos los habían hecho como a las imágenes o retratos, que los hombres, de barro o madera o de otras materias hicieron por memoria, y esto llama el latino *simulacro*, y contra éstos hace la Escriptura mucha reprehensión[31]. Diófanes y Fulgencio Mirtologio dicen que Sirófanes[32] Egiciano, hombre riquísimo, tenía un hijo sucesor en su estado, que era la cosa que más en la vida amaba; llevósele Dios, y con la angustia de su dolor (que procura remedios de consuelo) hizo un retrato de su hijo para tenerlo en su casa por memoria, ignorando que el remedio de los trabajos es el olvido[33], y éste se llamó ídolo, que se dice de *idodinin* en griego, que quiere decir recordación de dolor, o figura, o simulacro de dolor, o de *idos, ei,* que quiere decir forma, y de aquí sale ídolo diminutivo, que es lo que en latín dicen fórmula; y así, ya sea forma, ya fórmula, a esto dicen ídolo, y de aquí idolatría, que es servicio o adoración hecho a ídolo. Hecho este ídolo o retrato, toda su familia, por contentar o adular al señor, le adoraba.

Otros, como Eusebio y Trogo Pompeyo dicen que Nilo, hijo de Belo, primero rey de los asirios, nieto de Nemrod, descendiente de Cham, el mal hijo de Noé, fue el primero,

---

[31] Sobre todo en *Biblia: Libro de la sabiduría* 15 y a partir del epígrafe «Locura de los fabricantes de ídolos».

[32] Ésta viene de otra cita de Fulgencio, *Mitologicarum liber* 28-29.

[33] Recuérdese al adagio «In rebus irrecuperabilis sola oblivio est medela» atribuido a Terencio y Salustio y recogido por Covarrubias, *Teatro universal de proverbios*, Salamanca, 1984, nº 1121.

y el maestro de la *Historia Eclesiástica,* dicen que hizo ídolo, porque amando mucho a su padre Belo[34], después que murió, mandando hacer su retrato o estatua muy al natural, y puesta en un aposento, pasando por delante le hacía reverencia y acatamiento como si estuviera vivo, y mandó a sus criados que la honrasen, comenzando primero a manera de obediencia; y como en esta invención el demonio halló ocasión, hizo que diese respuestas de todo lo que le preguntaba, como si vivo estuviera; y así el que vivo era hombre muerto, fue por ignorancia, o amor, o temor, o lisonja de los criados y súbditos, deificado. Ayudó mucho [que], viendo que Nino al padre muerto tanto amaba, se comenzaron a favorecer, retrayéndose cuando algún delito cometían en el aposento donde estaba el retrato, de lo cual Nino holgaba, y no sólo les perdonaba por ello sus errores, más aun concediéndoles lo que más le demandaban. De esto vino el comenzarse a humillar delante la imagen, y el adorarla, hasta que la mala costumbre lo convirtió en ley general, de lo cual Nino, muy contento de que la honra de su imagen crecía, ordenó sacerdotes que le hiciesen sacrificios allí, y por toda su tierra generalmente, y así comenzó Belo ser tenido por dios, y llamáronle el dios Belo. Y siguióse de este principio que las imágines o retratos que de los muertos al principio se hacían para memoria de ellos, y no para adorarlas, si eran de gente común eran particularmente veneradas, y si eran de grandes señores, generalmente de todos.

Recibido Belo por dios de todas las gentes que eran de la señoría de Nino, que sojuzgaba a toda Asia y hasta Libia[35], hizo a todas aquellas tierras venerarle por tal. Y como las gentes fuesen de diversas lenguas, no tenían una manera de pronunciar ni de acabar el vocablo; y así, algunos lo llamaron Bel, como se lee en *Daniel,* capítulo 14; otros lo llamaron Baal, como se lee *Númer.,* capítulo 22, y en el 3, *Libro*

---

34 Para Belo, véase Boccaccio, *De genealogie deorum* 1, 21.

35 Las conquistas y reinado de Nino los cuenta Pedro Mexía, *Silva de varia lección* I, 8 [1989:229-231]. Véase también *De civitate Dei* 4, 6.

de los Reyes, capítulo 18, y en el libro 4, *Regum,* capítulo 10; otros le decían Baalin, como se lee en el libro I, *Regum,* capítulo 7; otros le llamaron Beelfegor, como se lee en el *Psalmo* 105. Y éste es nombre compuesto de *Bel, fegor,* porque fegor es nombre de monte, en el cual los de Moab[36] adoraban este ídolo, porque tenían allí su templo, y por esto componíanlo llamándole Beelfegor, como quien dijese el templo de Belo que está en el monte Fegor, y así en otras muchas maneras, según las diversas regiones que le veneraban. Y aunque estos nombres tienen diversas terminaciones o fines, según condición de diversas lenguas, como tienen principio de un solo nombre, todos comienzan por una manera, que es Bel.

Prosigue la misma materia del capítulo precedente

Sucedió después otro error, que cuando algún hombre era famoso en algún saber o virtud, así en guerra como en paz, o que inventaba alguna utilidad a la república, la gente ruda, pareciéndole que aquello era una gran cosa, no creían que fuese obra humana, mas divina, y teníalos en mucho, y queriendo mostrar estimarla en mucho, arrodillábanseles y adorábanlos, y después de ya muertos tenían que se hacía estrella, a la cual llamaban dios, y estas causas da san Isidro[37] y Tulio. Lactancio, en sus *Divinas instituciones,*

---

[36] La misma derivación y el mismo asunto en san Isidoro, *Etimologías* 8, 11 «De diis gentium». Este Beelphegor es el príapo romano dios de los huertos-montes.

[37] Tomando postura clara en el evemerismo mitológico, Pérez de Moya copia literalmente la declaración inicial de san Isidoro en el capítulo 11 del libro octavo de las *Etimologías*: «Qvos pagani deos asserunt homines olim fuisse produntur & provniuscuiusque vita vel meritis coli apud suos post mortem coeperunt.» Véase también Cicerón, *De natura deorum* 1 15; 2, 24, 63; aunque el punto de partida medieval será Lactancio en todo el libro primero de las *Instituciones divinas* donde resume que «¿cómo va a reinar en el cielo quien no mereció hacerlo en la tierra?».

dice que los reyes en común fueron adorados por dioses, unas veces por temor, como Nabuchodonosor, rey de Babilonia, el cual, como se lee en *Daniel*[38], hizo un a estatua dorada de sesenta cobdos de altura y seis de anchura, y mandó a todos los de su reino que aquella sola estatua adorasen, y que ninguna otra hubiese, y los suyos, temiendo su ira, lo hicieron, y por esto dice Petronio que el temor hizo los ídolos. Otras veces, cuando habiendo recibido beneficios de algunos, no sabiendo con qué los satisfacer, honrábanlos como a dioses: esto era mayormente cuando hacían beneficios a alguna comunidad de hombres, los cuales, por agradecimiento y por exhortar a otros que le imitasen, le daban honor, haciéndole templo y estatua, y poniéndole altar, y ordenándole días de fiesta, y ofreciéndole sacrificios; por esta causa fue Iúpiter[39] tenido por dios: porque hacía muchos beneficios a sus súbditos siendo rey y hallaba diversas artes para la vida de los hombres necesarias; y como entendiesen que era amigo de fama y de honra, y que deseaba esta remuneración, adorábanle.

Otras veces por lisonja, y esto era cuando algunos, por adular a personas de quien pretendían algún bien, llamábanlos dioses, y como a todos sabe bien la honra, sufríanlo, y la costumbre lo confirmaba. Lo cual no consintió el grande Alexandro[40] de quien se lee que diciéndole unos por vía de adulación que era dios, respondió: Diversamente lo experimento yo; como si dijera: el tener necesidad de comer, y beber, y dormir, y el sufrir alegrías y tristezas y otras pasiones, no dicen que soy Dios, sino hombre mortal.

---

[38] *Biblia: Libro de Daniel* 3, 1.

[39] La vida terrena de Júpiter la toma como ejemplo Lactancio, *Instituciones divinas* 1, 11.

[40] El dicho de Alejandro Magno puede estar sacado de los muchos que le dedica Erasmo, *Apotegmas* 4, sobre todo el dedicado a la adulación [1551: 268-269].

CAPÍTULO VIII

De la variedad de ídolos y dioses que tuvieron los romanos

Los romanos, por algún tiempo de ningún ídolo tuvieron imagen, porque les mostró Numa[41] Pompilio, rey segundo de romanos, ser Dios entendimiento puro, no engendrado ni subjeto a la vista de los mortales, que en ninguna manera humanamente se podía declarar; mas después que romanos comenzaron a sojuzgar el mundo, como amigos de novedades, imitando lo que veían y lo que tenían en Grecia y otras provincias que conquistaron, juntaron de los ritos y religiones de todos una chusma de dioses y de ídolos, que había más en sola Roma que en todo el mundo, y así hicieron dellos varias diferencias, por distinguirlos. A unos decían dioses selectos, que quiere decir escogidos; éstos, según su liviandad, eran tenidos por hijos de dioses, por parte de padre y madre, y a éstos llama Cicerón dioses mayores de las gentes, porque entre todos les daban el principado y gobierno de las cosas, y dijeron ser inmortales los de esta clase: entre varones y hembras no llegaban a treinta y dos. Déstos era Saturno, Iúpiter, Neptuno, Plutón, Apolo, Mars, Mercurio, Vulcano, Iuno, Vesta, Minerva, Ceres, Diana, Venus, y otros que nombra san Augustín[42]. A doce des-

---

[41] No encuentro de dónde pudo sacar Pérez de Moya esta condición de Numa: las fuentes más al uso consultadas resaltan la intención de Numa en reforzar el sistema religioso de los romanos y en dotar de sacerdotes a los dioses. Así Plutarco, *Vidas paralelas: Vida de Numa*; Tito Livio, *Historia de Roma* 1, 19, 5 y siguientes; Dionisio de Halicarnaso, *Historia antigua de Roma* 2, 58-76. Acaso sea una versión distinta de lo explicado por Ovidio en *Metamorfosis* 15, 483: «sacrificios docuit ritus gentemque feroci...»

[42] El párrafo sobre los dioses «selectos» es copia de *De civitate Dei* 7, 2, donde se incluye la cita de Varrón, *De re rustica* 1. Además san Agustín explana la genealogía en 4, 11, que es fuente no menos importante para las etimologías que se siguen.

tos llamaron dioses consentes, conviene a saber, a seis varones y seis hembras, de quien hace mención Séneca en las *Questiones naturales*. Tenían sus figuras doradas y puestas en las plazas, como dice Marco Varrón, éstos eran Iúpiter, Neptuno, Apolo, Vulcano, Mars, Mercurio, Iuno, Vesta, Minerva, Ceres, Diana, Venus. Decíanse consentes, como quien dijese consencientes en aquello que se hacía allí.

Otros dioses había que se decían semideos[43], o medioxumos, que quiere decir medios dioses; llamábanlos medio dioses porque eran hijos de dioses, de una parte, y de otra, hijos de hombres mortales, y éstos son de menor linaje y nobleza, según qué menor parte tenían de la divinidad; de éstos, unos eran dioses de sólo padre, y de madre mortal, según fue Hércules, que dijeron ser hijo de Iúpiter y de Alcmena, mujer tebana. Otros eran dioses de parte de madre y mortales de parte de padre; y éstos eran de menor nobleza, así como Eneas, que fue hijo de Anchises Troyano, y de la deesa Venus, y Achiles, que fue hijo de Peleo, hombre mortal, y de la deesa Thetis, y de éstos no ponen número cierto los autores, por haber muchos, como Platón y otros hombres doctos, y por hechos valerosos que hicieron, como Osiris, primero rey de los argivos, que porque mostró cosas pertenecientes a la labranza del pan sus vasallos le canonizaron por dios; y lo mismo hicieron a Iano los romanos. De esto lee a san Augustín.

Había otros dioses que llamaban inciertos; decíanse así porque dudaban de sus divinidades. De este género eran Pan, Silvano, y sátiros, Fauno, Rómulo, que después se dijo Quirino, y Flora, y Loba, y Penulo, y Peluno; estos dos últimos adoraron, según san Augustín[44], porque el uno inventó el moler del trigo, y el otro el estercolar las heredades; y a Simón Mago, y a una su amiga (como se lee en la *Historia eclesiástica*[45]), y

---

[43] Para la calidad de los dioses, véase san Agustín, *De civitate Dei* 4, 27: «De tribus generibus deorum...»

[44] Consúltese en *De civitate Dei* el capítulo 6 del libro 6 sobre algunos oficios *singulorum deorum*.

[45] El capítulo 13 del libro primero de la *Historia eclesiástica* de Eusebio está dedicado a Simón el mago y a «quam impura eius opera fuerit».

otros muchos. Y es de advertir que el Dios Ignoto de los atenienses no era lo mismo que los inciertos, porque de los inciertos dudaban de sus divinidades, y sabían sus nombres. Y el Dios Ignoto que los atenienses adoraban, aunque ignoraban su nombre, no dudaban de su divinidad, y este Dios declaró san Pablo, porque habiendo visto entre los altares de los ídolos que adoraban los atenienses, un altar sin ídolo, y que tenía una letra que decía Ignoto Deo[46], les predicó diciendo: Este Dios que vosotros llamáis no conocido es el que yo os predico; y declarándoles de la Encarnación del Hijo de Dios, y de su Pasión y Resurrección, unos le creían, como fue Dionisio Areopagita y su mujer Damaris, y otros con ellos, como se lee en los *Actos de los Apóstoles*. La razón por que los atenienses veneraban al Dios Ignoto fue que estando una vez afligidos con una gran pestilencia, consultaron al oráculo de Apolo el fin que tendría aquella enfermedad, o con qué sacrificios se remediaría. Respondió Apolo que convenía que los campos se alimpiasen con sacrificios, pero ni señaló lugar, ni a qué dioses se habían de hacer, ni de qué animales habían de ser. Entonces, teniendo los griegos en mucha reputación a un gran filósofo llamado Epeménides, preguntáronle cómo se entendía aquello que Apolo mandaba. Él respondió que echasen ovejas blancas y negras por los campos, y que los sacerdotes fuesen siguiéndolas, y que allí ofreciesen el sacrificio al Dios Ignoto donde parasen las ovejas. Hízose así y cesó la pestilencia, y desde entonces se introdujo hacer altares y sacrificios en Athenas al Dios Ignoto, según dice Diógenes Laercio[47], hablando de Epiménides; y como por consejo deste filósofo cesase esta mortandad, en reconocimiento desta buena obra determinaron darle mucha suma de dineros, y como no lo quisiese recibir, confirmó mucho su bondad y tuviéronlo por cosa

[46] El fragmento sobre el ídolo con la inscripción «Ignoto Deo» así como la conversión de Dionisio Areopagita se pueden leer en *Biblia: Hechos de los apóstoles* 17, 22-33. Véase además Erasmo, *Elogio de la locura* 64.

[47] Para Epiménides de Creta, véase Diógenes Laercio, *Vides dels filòsofs* 1, 109-110. Platón glosa el valor profético de los consejos de Epiménides en *Las leyes* 1 y 3, 642d y 678a.

divina, y canonizáronlo por dios. Escribe Platón más a la larga esta historia.

A otro género de dioses decían aldeanos, y éstos eran tenidos por hijos de padres mortales; decíanse aldeanos porque habitaban en varias partes de la tierra y agua, y tenían que ninguno estaba en el cielo, como los dioses grandes y medios dioses, ni les daba Iúpiter (padre de los dioses) tanta dignidad, según dice Ovidio, y por esto se decía por otro nombre dioses terrestres, o héroes, o *sermones;* por este nombre entendían ser mortales, aunque eran de más excelencia que los hombres; deste género eran las Musas, Nimphas, Lares, y Penates, y los que tenían cargo de cosas naturales, porque a cada cosa natural daban un dios, dándole su oficio, diverso.

Otrosí, daban dioses a los hombres desde el día en que se engendraban en el vientre de la madre hasta que morían. La diosa Lucina era la abogada de los partos, de donde salió costumbre hasta hoy que a la mujer que está de parto dicen Dios la alumbre. Vituno era el que le daba la vida al niño. Setuno el que le daba sentido. Lenona era la diosa que tenía cargo luego que el niño nacía de levantarle de sobre la tierra, porque antiguamente le dejaban caer con tiento sobre ella, como madre que recibía a todos los que nacen. La diosa Cunina era la que tenía cuidado de mirar por el niño en la cuna. Rumina era diosa de las tetas. Potina tenía cargo del comer y beber del niño. Manduca tenía cargo de que la comida o bebida no le hiciese mal. Otra deesa, que llamaban Penencia, tenía dominio sobre el temor que no peligrase. Vaticano[48] tenía cargo del llanto, dicho así de *vagire,* que quiere decir llorar. La deesa Mite era la que ponía buen deseo al niño. El dios Conjus, el que le daba buen consejo. Sencia era la que le hacía decir palabras agradables a sus padres y amas. Tenían diosa para comenzar a andar. Otra para tomar fuerzas. Otra que le aconsejase bien. Otra para mal. Para los casamientos había otra trápala de dioses: uno, que

[48] Estos cargos cotidianos: mamar, llorar, aconsejar... tienen un capítulo dedicado en *De civitate Dei* 4, 11.

concertaba los desposorios; otros que los ayuntaban, y así procedían hasta la sepultura. Al cuerpo del hombre le dieron tantos dioses cuantos miembros tiene, y por esto dedicaban la cabeza a Iúpiter, a Minerva los ojos, los brazos a Iuno, los pechos a Neptuno, la cintura a Mars, las renes a Venus, los pies a Mercurio, etc. Tenían otra diosa de la enfermedad que dicen Fiebre, que presidía a las calenturas (de que habla san Augustín), y del miedo, y de la amarillez, y el que primero dio en este desvarío fue Tulio Hostilio, rey tercero de romanos. El cual, estando una vez en una guerra contra algunos pueblos de Italia, como le dijesen que el rey de los albanos (que le ayudaba) huía con su gente, turbándose los de la parte de Tulio, volviéronse de rostros blanquizos y amarillos, efetos del temor, y por lo cual Tulio Hostilio hizo luego voto de añadir doce sacerdotes al templo de Marte, y de dedicar un templo a la amarillez y otro al miedo, y desde entonces tomaron deidades el miedo y amarillez, de lo cual, burlándose Lactancio, dice que los romanos tenían por dioses sus mismos males[49]. Con éstos añadieron diosa de la virtud[50], otra de la felicidad y de la fe, y de la fortuna, y de la prudencia, y de la juventud, y a la honra, y a la fealdad, y torpeza, y iniquidad, y aun para las moscas, y secretas, y otras cosas varias, según dice san Augustín, y Tito Livio[51], inventaron otros; y así creció tanto este número de dioses que Hesiodo, poeta, según refiere Eusebio[52], dice que en su tiempo había treinta mil dioses, y no eran muchos, porque a cada cosa que habían menester hacían su dios como a gente flaca, que cada uno dellos no bastaba para más.

[49] La reflexión y risa de Lactancio, *Instituciones divinas* 1, 20, 12 supone «que cada uno inventara sus dioses de acuerdo con sus conveniencias». En el mismo pasaje se refiere la amarillez de Tulio Hostilio.

[50] Para la incorporación de estas cualidades entre los dioses romanos, véase san Agustín, *De civitate Dei* 4, 17-20.

[51] Véase la década primera del tercer libro sobre la invención de los dioses. Así citado por el propio Pérez de Moya.

[52] *De preparatione evangelica* 5, donde en el último capítulo se relata el apotegma de los tres mil dioses y la referencia a Hesiodo.

CAPÍTULO IX

DE LA FIGURACIÓN DE LAS ESTATUAS DE LOS DIOSES Y DIOSAS DE LA GENTILIDAD

Las estatuas o retratos de los dioses y deesas en general las figuraban desnudas (según Alejandro Afrodiseo[53]), por significar que la pujanza suya a ninguno era encubierta, o para decir que los dioses son de ánimo sincero y desnudo, y no manchado de vicios, ni encubierto del engaño que suele haber debajo del vestido.

Los de Fenicia pintaban a sus dioses con sacos de dineros en las manos, porque juzgaban que el que fuese más rico de oro era más que los otros, o por denotar que todo don procedía de ellos.

Los griegos los pintaban armados, porque creyeron que con las armas principalmente se tiene la gente subjeta, o por denotar que los dioses eran poderosos y fuertes. Otros los pintan con las insignias que más significaban sus inclinaciones, como en otro lugar, tratando dellos, particularmente se dirá.

CAPÍTULO X

DE LOS LUGARES DONDE DABAN RESPUESTAS LOS ÍDOLOS

Introducida ya la idolatría en el mundo, como se ha dicho en los precedentes capítulos, el demonio, para más confirmar las falsas divinidades, halló ser gran medio dar res-

[53] Alejandro de Afrodisia fue matemático y vivió a caballo entre el siglo II y el siglo III. Fue autor de un *Comentario* a Aristóteles y de un *Trata-*

puestas[54] los ídolos, porque respondiendo a lo que había de acaescer, creyesen que aquél era verdadero Dios, según lo que dice Esaías[55]: *Annuntiate quae ventura sunt in futurum, et sciemus, quia dii estis vos.* Decidnos las cosas que están por venir, y sabremos que sois dioses vosotros. Y aunque estas respuestas se daban en muchos templos de los ídolos, todavía tenían unos más señalados que otros. El uno era en Dodona[56], ciudad de la provincia de Egipto, de quien escribe Herodoto y Diodoro Sículo, en donde en la espesura de un monte estaba un templo dedicado a Iúpiter, en que había un oráculo que daba respuestas. Otro hubo en África, que decían el templo Amón, dedicado a Iúpiter; y díjose Amón de Arena, por estar situado en un lugar arenoso. Otro había en Delphos, situado al pie del monte Parnaso, y éste fue el más famoso de todos los que hubo en el mundo, en donde se daban respuestas más a la continua y más verdaderas, de quien hace mención san Fulgencio[57] y Lucano[58]; y dicen que Apolo, rey de los pueblos llamados Delphos, hallando en el monte Parnaso unas cuevas donde se daban divinales respuestas, se encerró en ellas y se hizo Propheta falso, to-

---

do sobre el destino. La cita se puede leer en sus *Problemas* 1, 85: «unde statuarum quoque artifices deos ac reges nudos saepe numer causa honoris & laudis affingunt, scilicet et perspicua eorum potestas & animo synceri nulloque vitio protecti per corporis nuditatem indicentur.»

[54] Después de Lactancio la adivinación quedó como práctica habitual de demonios, que utilizan esta falsa religión para negar a Dios y la providencia. *Instituciones divinas* 2, 16: «Sus inventos son la astrología, la ciencia de la adivinación, la agorería, los llamados oráculos...»; así se unifican demonios y dioses paganos.

[55] «Indicadnos las señales del porvenir y sabremos que sois dioses» son palabras de *Biblia: Isaías* 41, 23.

[56] El oráculo de Dodona y el de Amon merecen el detenimiento de Herodoto en el libro II, 54-57, de sus *Historias*, y de Diodoro Sículo, *Biblioteca histórica* 4, 4.

[57] Véase Fulgencio, *Mitologicarum liber* 1, 43-45.

[58] En la *Farsalia* 5, 70, Lucano hace nómina muy parecida a la que utiliza Pérez de Moya para citar a los oráculos de Parnaso. Véase *Metamorfosis* 1, 321. Para Telus, véase la cita de Pausanias que recoge Conti [1596:463] y su oficio profético. Para Temis como diosa de la justicia, véase Pausanias, *Descripción de Grecia* 1, 22, 1.

mando en sí aquella virtud; y según Pausanias, primero dio allí respuestas Tellus, siendo su sacerdotisa Daphne; y que después le dio este lugar a Themis, a quien Deucalión fue a consultar, y después a Themis succedió Apolo; y es de saber que no era Tellus, ni Daphne, ni Themis, ni Apolo los que daban las respuestas, sino demonios muy sabios y engañosos, que en nombre suyo a los hombres respondían, y las respuestas no las daban con certidumbre, mas con tal cautela que no les cogiesen en mentira, hablando con equivocación y sentidos diferentes, en tal modo ordenados, que ya viniese la cosa, ya sucediese su contrario, siempre parecía lo que sucedía haberlo querido decir Apolo, como lo nota san Augustín[59] y Paulo Orosio[60], tratando de los ardides de Apolo en dar respuestas. Y no sólo daba Apolo respuestas en Delphos, mas según Macrobio[61], en Tracia. Los pueblos ligirios tenían otra cueva, donde dio Apolo respuestas; y en la tierra de Chanaam y Syria y otras partes, que eran habitación de los filisteos, tenían por oráculo de todas sus respuestas a Apolo en la ciudad de Acaron, y nombráronlo Belcebub; y tanta confianza hacían dél, que lo tenían por príncipe de todos los dioses, y éste era el príncipe de los demonios que los judíos dijeron cuando acusaron a Cristo nuestro Redemptor, cuando le vieron hacer tantas maravillas, como paresce por san Matheo[62], y no sólo los gentiles estimaban este dios por cosa grande, viendo que daba tan manifiestamente las respuestas, mas aun los judíos iban a consultar sus negocios, como parece por el *Libro de los Reyes*[63], en donde se lee que Ochozías, rey de Israel idólatra, cayendo enfermo, envió mensajeros a saber lo que había de ser de su salud. De la invención del cómo fue hallada la

[59] Sobre «An demonibus nunciis & interpretibus dii utatur», véase san Agustín en *De civitate Dei* 8, 21.

[60] Las mentiras, fraudes y decadencia del oráculo de Apolo en Delfos los explota Paulo Orosio, *Historias* 6, 15, 11-18.

[61] Para la vida de Apolo en Delfos y en Tracia, véanse los *Saturnales* 1, 18.

[62] *Biblia: Mateo* 12, 22-43.

[63] *Biblia: Segundo libro de los reyes* 1, 2.

cueva y oráculo de Apolo, escríbelo Diodoro Sículo[64]. Las sacerdotisas de Apolo que daban las respuestas se llamaban pitonisas, de Pythón, serpiente, que fingen haber muerto Apolo, y destas había muchas en el mundo, como se lee en el *Libro de los Reyes*[65], que Saúl buscó una para preguntarla del suceso de la guerra. Duraron estas respuestas de los ídolos y pitonisas y demonios hasta el tiempo de la predicación Evangélica, como lo afirma Porphirio[66], y Eusebio[67], y san Augustín en el lugar alegado, y fue cosa justa que donde hablaba el criador del mundo, callase el demonio, autor de mentiras.

CAPÍTULO XI

CÓMO LOS POETAS LLAMARON A LOS DIOSES DE LA GENTILIDAD SEMPITERNOS E INMORTALES[68]

Aunque verdaderamente sabían los poetas ser los dioses de la gentilidad mortales, y haber nacido como los demás hombres, y entendían que todo lo que nasce es necesario en algún tiempo morir, con todo eso les llamaron sempiternos e inmortales. Vergilio[69] llamó a Iúpiter sempiterno, y

---

[64] *Biblioteca histórica* 6, 5. La relación de Pitón con Apolo la citan ya Lucano, *Farsalia* 5, 75-85, y Ovidio, *Metamorfosis* 1, 438-460.

[65] *Biblia: Primer libro de Samuel* 28, 3. Son muchos los pasajes en los que a la serpiente agorera se le identifica con Pitonisa, así: *Biblia: Segundo libro de los reyes* 21 6; 23, 24.

[66] Porfirio (232-301), escritor neoplatónico contemporáneo de Eusebio, discípulo de Orígenes y Plotino y comentador de Horacio. Para Porfirio, véanse *De civitate Dei* 10, 9-11; 26-32, y Bibliografía bajo *Himnos*.

[67] Véase el *De preparatione evangelica* 3, 6-8; 97-99.

[68] Todo el capítulo es un resumen de san Isidoro, *Etimologías* 8, 11.

[69] En el margen al autor anota *1 Eneida* pero aquí sólo he leído (1, 36) «Juno aeterno» aunque más abajo aparece «Iuppiter athere summo». Proviene de una cita indirecta que aparece en Conti, *Mythologia* 1, 9 [1596:15]: «o quis res hominumque / aeternis regis» referida a la eternidad de Dios.

Plauto[70] le llama inmortal, y es la razón que debajo de los nombres destos dioses entendían otra cosa; porque a la mente primera de Dios llamaron Saturno, y por Prometheo entendían la providencia de Dios, y por Epimetheo, su hermano, entendían el apetito sensual; por Iúpiter, la virtud del fuego elemental o calor natural, o la región media del aire, o el cielo, y desta manera entendiendo por Iuno el aire inferior, y por Vesta o Ceres la fertilidad de la tierra, y por Neptuno la fuerza o virtud divina infusa en las aguas, por Vulcano el fuego artificial, y por Venus el apetito natural de la generación, por Minerva la parte más alta del aire o la sabiduría, que es la fuerza divina del entendimiento. Y tomando así los dioses, serán sempiternos, según la opinión de los mismos antiguos, los cuales pensaron ser los cielos y elementos sempiternos.

Otrosí, dijeron ser Iúpiter padre de todas las cosas, por razón que como por Iúpiter, según hemos dicho, entienden el calor elementar, y como el calor sea causa de generación, por esto dijeron ser engendrador y gobernador de las cosas y ánima del mundo; y por esta ánima del mundo entendían los filósofos la providencia de Dios, y dador de vida, porque el calor natural da vida a los animales, como en otro lugar diremos.

CAPÍTULO XII

CÓMO NO FALTÓ ENTRE LOS GENTILES QUIEN BURLASE DE SEMEJANTES DIOSES

Aunque los poetas y sabios antiguos celebraron la muchedumbre de dioses que dicho habemos, por declarar con ellos cosas de historia y obras de naturaleza, todos los más, con la común escuela de los filósofos, burlan de los que

[70] Para los epítetos de Júpiter en Plauto, véase el prólogo en *Amphitruo*, sobre todo el verso 111: «ex summo bono».

realmente los tenían por dioses, porque conocieron ser falso; porque por razón natural entendían haber un solo autor y movedor de todo, de quien como de principal principio sin principio todas las cosas emanan, y de quien, como de supremo gobernador, todo el universo es sustentado y regido; y así, Diágoras[71], filósofo milesio, burla dellos. Y Protágoras, según Cicerón[72], comienza una obra suya en estas palabras: «No sé si diga que hay dioses o que no los hay»; queriendo con ellas dar a entender ser uno solo el Criador y poderoso Dios; por lo cual, con público edito mandaron quemar sus obras, y a él le costara la vida, si no se escapara con huir. Plutarco[73], en el *De Placitis Philosophorum,* dice mucho del cómo pudieron venir los hombres en este conocimiento. Platón, como parece en sus libros *De República,* reprehendiendo la muchedumbre de dioses, mudó la teología de los griegos, declarando que un solo Dios creyesen haber, y éste gobernar el universo, a quien unas veces llama ánima del mundo, otras el mesmo mundo, otras veces le llama la fuerza que en todos los cuerpos está difundida. El bienaventurado doctor san Augustín dice que porque Sócrates hizo un libro de la unidad y poder de un solo Dios, fue preso en Atenas y murió en la demanda, diciendo que de buena gana moría por la confesión de este solo Señor, a quien en cuanto su flaqueza humana permitió, siempre procuró servir, y que quería más dar la vida que dejar engañados a sus ciudadanos en el error, que a la razón natural contradice la adoración de muchos dioses. Esto mismo sin-

---

[71] Diágoras de Melos (siglo V a. C.) llamado *atheos.* Véase Cicerón, *De natura deorum* 1, 2, 63 y 117. Frente al ateísmo absoluto de Diágoras, la duda de Protágoras aparece citada en Cicerón, 1, 2, 63, y en Diógenes Laercio, *Vides dels filòsofs* 11, 51, y parece provenir de un libro de Protágoras titulado *De dii.* Recuérdese también el diálogo de Platón que lleva el nombre de este protofilósofo.

[72] La referencia a Protágoras la comparte Pérez de Moya con Cicerón, *De natura deorum* 1, 33.

[73] En el capítulo 7 («Quid sit Deus») de *Moralia: De placitis philosophorum* aparecen las sentencias de los filósofos sobre Dios. La cita de Platón puede provenir de aquí y conceptos semejantes se pueden leer en *Las leyes* 821 y 886d y en *Timeo* 40a-e.

tió Virgilio, cuando dice de Dios, de quien todo procede, todo estar llenos los cielos y la tierra y los aires. Y, finalmente, reconociendo un solo Dios, Cicerón y Marco Varrón se reían y burlaban de las populares gentes, que se subjetaban a honrar y a venerar tanta multitud. De Aristóteles se dice que puesto al estremo de la vida, encomendándose a este Soberano Criador, decía: «Causa de las causas, ten misericordia de mí.» Y de esta manera, muchos gentiles confesarán que había un Dios, si el miedo de ser castigados por ello no se lo estorbara, de que se concluye ser los dioses de la gentilidad demonios y invinciones diabólicas, como se lee Psalmo 95, que desaparecieron después que encarnó el Unigénito Iesu Christo, como sombra de la presencia del Sol. Lo cual se vee por expiriencia en las Indias que de nuevo se descubren, que en entrando en ellas el Santísimo Sacramento del altar, desaparecen los demonios que están en los ídolos, y viendo los indios que no responden a sus preguntas, como primero, por quedar como estatuas (como lo son), luego los menosprecian y entienden su vanidad, y se convierten a nuestra verdadera religión cristiana.

CAPÍTULO XIII

CÓMO HAY DIOS, Y QUE ES TRINO EN PERSONAS, Y UNO EN ESENCIA

Tulio[74] dice que ninguna nación ni hombre racional hubo ni hay en el mundo, como no sea privado de juicio, que ignore que hay Dios, y que no le conozca, aunque confusamente. Cleantes, estoico, según introduce Tulio en el alegado libro, pone causas para probar este conocimiento de Dios, que por la brevedad no se relatan, y porque sin

[74] Iguales conceptos y en semejante orden en *De natura deorum* 2, 77. Para Cleantes, véase, por ejemplo, el mismo texto de Cicerón, pero 1, 37; 2, 13.

ellas hay muchas razones que concluyen naturalmente ser Dios uno y no muchos, sin que lo creamos por lumbre de la fe, porque si hubiese tantos dioses cuantos la gentilidad admitía, y entre ellos había machos y hembras, que se casaban y adulteraban, en breve tiempo multiplicarían tanto, que faltarían magistrados y señoríos (como dice Comes Natalis[75]) para tantos, y si no les pareciera vivir ociosos y negligentes, tuviéramos de necesidad oficiales dioses, y la tierra fuera ya deshabitada de hombres y poblada de dioses. Mas toda razón repugna haber tales dioses, y entre ellos machos y hembras[76], y que comían y dormían, cosas que no son de Dios, porque el comer y beber y dormir es por refocilar y conservar la debilidad del cuerpo corruptible, y sus trabajos, para conservar la vida, cosas muy ajenas de la divina naturaleza del verdadero Dios[77]. Ultra desto si hubiera muchos dioses, así como dos o más, ¿todos serían iguales en poder o no? Si eran iguales, seguirse hía que lo que uno quisiese querría el otro, y habría entre ellos riñas y zozobras, deseando deshacer unos lo que hacían los otros. O ya que todos se conformaran para conceder unos lo que otros hiciesen, siendo cada uno bastante para la producción del mundo, en la ordenanza y gobierno dél, el otro dios o dioses serían superfluos, pues que uno bastaba para esto, y sería demasiado que cosa tan necesaria y primera fuese superflua y inútil, cosa que naturaleza no sufre. Si decimos que no fuesen estos dioses iguales en poder, ni que cada uno solo bastase para la productión y gobierno del mundo, el uno sin el otro, y que todos juntos bastasen, sería éste mayor inconvi-

---

[75] El chascarrillo de los magistrados lo copia también Conti [1596:8-14] y en el capítulo 8 aparecen también las dudas sobre el poder entre dioses de iguales virtudes e igual alcance. La imposibilidad de que existan dioses con idéntico rango la explica con vehemencia Lactancio, *Instituciones divinas* 1, 3, 10.

[76] La necesidad reproductora de los dioses paganos reduce el concepto de eternidad que ha de tener todo Dios. Lactancio critica la faceta reproductora de los dioses en *Instituciones divinas* 1, 8 y anuncia que el error de la falsa religión es la existencia de diosas (1, 16).

[77] La naturaleza del verdadero Dios y todos los conceptos que siguen se encuentran expuestos en la presentación del libro segundo de la *Mythologia* de Conti.

niente que el primero, porque se seguiría cada uno dellos ser menguado de poder y defectuoso; lo cual pensar sería como decir que no hay Dios, como Dios sea fuente y principio de donde proceden todos los poderíos y las perfecciones, y no puede en él faltar ninguna perfectión. Otra razón, cierto es, que Dios es infinito en poder y saber y en bondad, e nosotros entendemos y decimos infinito a lo que no se puede medir con alguna medida, ni numerar con ningún número. Pues si fuesen dos dioses o más infinitos, serían todos iguales, y siendo así, el uno sería medida del otro, porque cada un infinito no es mayor que otro; de lo cual se seguiría que ninguno de ellos sería infinito; y esta prueba es necesaria absolutamente otorgando que Dios es infinito, como es verdad. Probado que hay Dios y que es uno, probemos que no es alguno de los cuerpos celestiales que vemos, así como el Sol, o Luna, o Cielo[78], o alguna de las estrellas, ni ninguno de los elementos, ni animal. Lo cual se prueba considerando que todo cuerpo es causado y ha menester causador, por ser compuestos de materia y forma y accidentes; y si Dios fuese cuerpo, como lo es el Cielo, Sol, Luna y Estrellas, y el animal o otra criatura, habría menester otro Dios que lo hobiese hecho, y otro movedor que lo moviese necesariamente; y por estas razones se prueba que hay Dios, y que es uno, y que éste no es alguno de los cuerpos visibles, antes es uno incorpóreo que lo hinche todo, invisible e inmortal, omnipotente, infinito y bienaventurado[79], a cuya sabiduría, poderío y bondad llaman los teólogos Trinidad de personas, puesto que la esencia de esta Trinidad sea una; porque de la suerte que el fuego siendo uno, se pueden considerar en él tres cosas diversas y distintas: la una, que alumbra las cosas obscuras; la segunda, que calien-

[78] Ni los astros ni la tierra son dioses. Lo explica Lactancio en *Instituciones divinas* 1, 12, 25-29.

[79] Todos los epítetos y calidades de Dios se compendian, por ejemplo, en san Isidoro, *Etimologías* 7, 1 y 7, 2-4 para la descendencia de Dios, la trinidad y el Espíritu Santo. Para la virtud histórica de la trinidad, véase Aristóteles, *De coelo et mundo* 3: «Nihil est perfectum nisi trinitas», y para el concepto de Dios infinito, véase el libro tercero de la *Metafísica*: «Lo infinito no es alcanzable.»

ta las cosas frías; la tercera, que consume las cosas que se le juntan; así Dios, puesto que sea uno en esencia, es trino en personas. Produciendo Dios Padre, o engendrando eternalmente de sí mismo a Dios Hijo, que se dice por otro nombre Palabra, y destos dos, Dios Padre y Dios Hijo, era espirado Dios Espíritu Santo, que por otro nombre dicen Amor, y así son tres personas distintas y un solo Dios verdadero en esencia, por la cual Filosofía no caminaron los filósofos gentiles, porque cojean en el primero artículo de nuestra Religión, que es creer en uno solo Dios, porque ellos creyeron en muchos (como hemos dicho), y los que menos erraron, como fue Aristóteles[80], que por el discurso de la *Física* dijo que había un solo Dios, aun de ese Dios no lo confió todo, porque le quitó la creación del mundo y cuerpos celestiales y angélicos, que los hizo eternos. Mas nuestro Señor Dios eterno (como se lee en el Psalmo 113) hizo cuanto quiso en el cielo y en la tierra, siendo Criador de todo. Y si los judíos comienzan a caminar por este Artículo de Fe[81], diciendo que creen en un solo Dios, Criador de cielos y tierra, encallan en el segundo y tercero y cuarto Artículos, en los cuales confesamos las tres divinas personas y una sola substancia y esencia divinal de Dios trino y uno, que el judío no puede entender cómo es uno, si es trino. Pues si pasamos al quinto Artículo, que es Criador, aquí cojea la escuela peripatética, la cual para en esta locura, que de nada no podía hacerse cosa alguna. Luego en el sexto Artículo se escandalizan los hebreos y gentiles, que un hombre sea dador de gloria y rescate y copiosa redempción de la pobre gente captiva, al cual confesamos por verdadero Dios y hombre, como dice san Pablo: Predicamos a

---

[80] En el libro octavo de la *Física*, Aristóteles reflexiona sobre el primer motor como eterno, inconmensurable, incorpóreo e indivisible.

[81] Los artículos de fe pueden provenir de la *Summa* de santo Tomás, «secunda secundae, 1, 7-8» y se leen en varias misceláneas renacentistas: Dominicus Nanus [1522:39], capítulo sobre el «Artículo» y en la *Summa silvestrina* [1545:269] bajo el epígrafe «Fe». Su conocimiento era obligado en las escuelas, tal y como se lee en la cartilla escolar medieval titulada *Floretus* 1: «Articuli fideis bis sex sunt corde tenendi.» La posterior referencia a san Pablo en *Biblia: 1 Corintios* 1, 23.

Iesu Christo, y este crucificado escándalo a los judíos y gentiles. Dejados los demás Artículos que pertenecen a la humanidad de nuestro Señor Iesu Cristo, en este que decimos ser Christo Dios y Hombre, se embarazó todo el mundo y no hubo quien viese ni entendiese este misterio, si no fue con lumbre de la fe, que es don de Dios, dado a los hombres graciosamente. Aquí está todo en este artículo, el misterio de la resurreción, y del juicio final, y del estado de los bienaventurados, y de la otra vida, que después de ésta esperamos, y el misterio de la Santísima Trinidad, y todo lo de nuestra fe católica, todo lo cual nos enseñó nuestro buen maestro Iesu Christo, que por tal nos fue dado en el monte Tabor del Padre Eterno, mandándonos que creyésemos todo cuanto él nos dijese, por una voz del Padre, que de lo alto sonó, diciendo: «Éste es mi amado Hijo; oíd lo que así os dijere como a vuestro maestro propio», en quien creo como lo escribo; y concluyo el primero libro desta obra.

FIN DEL LIBRO PRIMERO

Libro segundo

En que se declara en particular el linaje, vida, hazañas y sucesos de los dioses varones que en el primer libro nombramos, con los sentidos históricos y alegóricos de sus fábulas

CAPÍTULO I

De Demogorgon

Fue tan grande la ceguedad de algunos antiguos que dijeron Demogorgon[82] no ser de ninguno engendrado, mas que había sido eterno y de todas las cosas y dioses padre, y que habitaba en las entrañas de la tierra, por quien adoraban a la tierra. La cual opinión tuvo principio (según Theodoncio) de los rústicos de Arcadia, los cuales siendo hombres medio salvajes, que habitaban en montañas, viendo cómo la tierra de sí propia producía los árboles, y hierbas, y flores, y otros frutos, que sin cultivar de ella nacen, y de las hierbas y simientes sustentarse y criarse todos los animales, y después recebir en sí todas las cosas que mueren, y haber montes que de sí echan llamas de lumbre, y de los pedernales duros salir fuego, y de las entrañas de la tierra manar agua, y causarse fuentes y ríos y el mismo mar. Otrosí, vien-

---

[82] Pérez de Moya oculta aquí la fuente principal sobre Demorgogon, que no es sino, a lo que parece, una invención de Boccaccio en la *De genealogie deorum*, donde cita a un misterioso Teodoncio como autor de quien esto trae. Todo este capítulo parte, como el siguiente, de los primeros folios (VIII) de la citada obra de Boccaccio: las referencias a Lactancio Plácido y a Estacio son aquí indirectas y provienen de la obra de Boccaccio. Para el enigma de Demorgogon y Teodoncio, véanse Seznec [1983], con bibliografía, y antes, el artículo de V. Romano, «Invenzione e fonti nella *Genealogia* del Boccaccio», *Studi e Problemi di critica testuale* 2 (1971), págs. 153-171.

do salir o levantarse de la tierra vapores y exhalaciones, de que se engendran cometas o lumbres encendidas, vinieron a creer locamente haberse della formado el Sol y la Luna y estrellas, a quien los antiguos llaman dioses; y procediendo más adelante los que después destos vinieron, considerando un poco más alto, no llamaron a la Tierra simplemente autora destas cosas, mas imaginaron estar conjunta con ella una mente o ser divino, por cuya voluntad se obrase lo que se ha dicho, la cual mente creyeron tener estancia debajo de tierra; y a este que hacía producir a la tierra tantas cosas llamaron Demogorgon, que en griego quiere decir el dios de la tierra, que Lactancio la interpreta sabiduría de la tierra, o como a otros place, quiere decir el dios terrible o espantoso, porque muchas veces le exponen diciendo significar Demon, que es cosa de mucho saber o sciencia, a quien los de Arcadia tuvieron en grandísima reverencia, e imaginando que con el silencio de su nombre crecería su deidad, o pareciéndoles no ser cosa convenible venir su nombre en boca de los mortales, temiendo que nombrándole no se moviese a ira contra ellos, de común consentimiento fue vedado que sin pena no fuese nombrado de alguno. Lo cual muestra Lucano[83] donde introduce a Eritio, que llámalas ánimas, y Stacio[84], donde pregunta por mandamiento de Etheoclo el viejo, ciego Teresias del suceso de la guerra tebana; los cuales poetas hablan sin expresar el nombre de Demogorgon. Lactancio, escribiendo sobre Stacio, dice ser Demogorgon cabeza y principio de los dioses gentílicos; quisieron, al fin, por éste de Demogorgon entender el hacedor de todo lo criado, que es Dios que llena los cielos y tierra.

---

[83] Para los sortilegios de Ericto, véase *Farsalia* 6, 508, 640, 725 y 826.

[84] Véase *Tebaida* 11, 288-290: «...An in pugnas alium iubet ire profanus / Tiresias iterumque meos oracula nectit / in gemitus?...», y, sobre todo, 4, 514-517, de donde parten los *Comentarios a la Tebaida de Estacio* de Lactancio Placidio.

CAPÍTULO II

De Litigio o Contienda

Litigio, según Iuan Bocacio[85], fue el primer dios de los gentiles que fue sacado del vientre del Caos ignorando el nombre de su padre, de cuyo nacimiento y crianza cuenta Theodoncio esta fábula. Pronápides, poeta, escribe (dice él) que residiendo Demogorgon, por reposar algún tanto, en la cueva de la Eternidad, oyó un ruido en el vientre del Caos, del cual movido, extendiendo la mano, le abrió el vientre y sacó al Litigio, que hacía el ruido, y porque era de tosca y fea cara, lo arrojó en el aire, el cual luego voló en alto, porque no podía decender abajo, pareciéndole que le había sacado del vientre de la madre más inferior de todas las otras cosas. Caos, cansada del mucho trabajo, no teniendo alguna Lucina[86] a quien llamar que la ayudase a parir, bañada toda e inflamada, echando fuera infinitos sospiros, parecía que se había de mudar en sudor, teniendo todavía en sí la fuerte mano de Demogorgon. Por lo cual acaeció que ha-

[85] Todo el capítulo y la reflexión moral que le sigue es un extracto del tercer capítulo del primer libro del *De genealogie deorum* de Boccaccio, del que parten, entre otros y como ésta, la *Mythologia* de Conti, 5, 6, quien cita al misterioso Demorgogon y al autor Pronapides y su *Protocosmos*. Sobre el nacimiento de Pan, del primer dios y del dios que lo abarca todo y tiende a la *cueva de la eternidad*, recuérdese el epíteto que da Ovidio, *Metamorfosis* 11, 145-150, a Pan: «el que frecuenta siempre las cuevas de los montes.» Para el parentesco de las Parcas y Pan, véase, aparte Boccaccio, Conti, *Mythologia* 3, 6: «Alii putarunt has ex illa confusa & informi materia cum Pane pastorum Deo natus fuisse, quae Chaos ab antiquis apellat...»

[86] Lucina o Luna, Diana, Latona, Hécate, «tanta fuit Lucinae reverentiae apud antiquos ut non solum praesse parturientibus credita sit...» (Conti, *Mythologia* 4, 1). Lucina como diosa de todo alumbramiento es utilizada por Virgilio en *Geórgicas* 3, 60 hablando de la edad en la que los toros pueden tolerar a Lucina. Para la relación Lucina-Hécate griega, véase Hesiodo, *Teogonía* 410-450.

biéndole sacado al Litigio, le sacó juntamente las tres Parcas[87] y a Pan. Después, pareciéndole que Pan era más acomodado que los otros en las acciones de las cosas, le hizo gobernador de su estancia, y le dio por criadas a sus hermanas. Libre Caos del peso por mandado de Pan, sucedió en la silla de Demogorgon. Mas el Litigio, a quien nosotros llamamos Discordia, y Homero[88] le llama Lite o Pleito, fue vuelto a echar del cielo a la tierra.

Declaración

En esta fábula parece que Pronápides quiso declarar la creación del mundo, según la falsa opinión de los que han pensado que Dios produjo las cosas criadas de materia compuesta. Porque a haber Demogorgon sentido ruido en el vientre de Caos, no es otra cosa sino la sabiduría divina, que la movió alguna causa; como si dijésemos, haberse llegado la madurez del vientre; esto es, la hora del tiempo determinado, y así haber comenzado a querer hacer la creación, y con reglada orden apartó las cosas que estaban juntas, y para esto hacer extendió la mano; esto es, puesta en efecto la voluntad para de un disforme ayuntamiento producir una obra formada y ordenada; por lo cual el primero de todo sacó al Litigio del vientre de la fatigada Caos; esto es, que sufría la fatiga de la confusión, el cual litigio tantas veces se quita de las cosas cuantas se pone en ellas la debida orden. Es, pues, manifiesto que ante todas cosas hizo esto: conviene a saber, apartar las cosas que estaban juntas. Los elementos estaban confusos: las cosas calientes contrastaban a las frías, las secas a las húmidas, y las ligeras a

[87] Las Parcas, en Hesiodo, *Teogonía* 215-220, son Cloto, Láquesis y Átropo y responden al nombre de Moiras y otorgan al hombre el nacer y el morir. Cada parca tiene una función distinta según Aristóteles en *De mundo*: «Atropos *res preterita spectat*, Láquesis *quae futuri curam fortita est*, Cloto *praesentia perficit, illaque absoluite quae sui sint muneriis.*»

[88] La furia de la Discordia es recurrente en la *Ilíada*, pero consúltese 11, 93.

las pesadas. Y pareciendo que la primera acción de Dios para ordenar los desórdenes había sido sacar el Litigio, se dijo ser el primer hijo de Demogorgon. Que fuese desechado por la fea cara, es de notar que el pleito o contienda a nadie parece de buen rostro. Que después volase en alto es por ornamento a la orden fabulosa; demás desto, ser echado del cielo y no hallar lugar en alto donde poderse tener muestra haber sido sacado de las más bajas partes del ya producido mundo. O significa que en el cielo no tiene lugar la contrariedad ni la contienda, y por esto quisieron también declarar carecer los cielos de corrupción y generación. Mas cuanto al sentido inferior, pienso que muy muchas veces del movimiento de los cuerpos superiores nacen pleitos entre los hombres. También se puede decir que los dioses lo echaron a la tierra, esto es, que acerca de los bienaventurados cortesanos del cielo todas las cosas se hacen con concierto y eterno orden, mas entre los hombres apenas se halla cosa alguna que sea concorde. Cuando después dice que Caos, bañada de sudor e inflamada, echaba fuera sospiros, quiere decir el primer apartamiento de los elementos, para que por el sudor entendamos el agua; por los encendidos sospiros, el aire y el fuego y los cuerpos superiores, y por groseza desta mole o pesadumbre, la tierra, la cual luego por consejo de su criador fue hecha estancia y silla de Pan, por quien se entiende la naturaleza.

De haber nacido Pan tras el Litigio, creo yo que los antiguos imaginaron que en aquel apartamiento de elementos había tenido principio la naturaleza; y luego en continente fue antepuesta a la estancia de Demogorgon, esto es, al mundo, como que por su obra, quiriéndolo así Dios, son producidas todas las cosas mortales.

Las Parcas, nacidas del mesmo parto y dadas por amas al hermano, fue fingido para que se entienda que la naturaleza fue producida con esta atadura: que produzca, engendre y mantenga y, al fin, críe las cosas nacidas, los cuales son los tres oficios de las Parcas, en los cuales hacen continuo servicio a la naturaleza, como más largamente se mostrará en otro lugar.

CAPÍTULO III

DEL DIOS PAN

Pan[89], dios de los pastores y de los ejercicios rústicos y campesinos, cúyo hijo fuese, hay diversas opiniones; unos dicen ser hijo de Demogorgon, y según Hesiodo y Homero, de Mercurio. Epiménides y Aristipo[90] le hacen hijo de Iúpiter y de una ninfa; otros dicen ser hijo de Aeter; otros, del Cielo y del Día; criáronle ninfas, y fue guiador dellas y mensajero de los dioses. Decían tener dominio y presidir sobre los montes y pastos y ganados, como lo siente Virgilio, donde comienza: *Ipse nemus linquens*[91]. Decían tener poder del hacer abundar de leche las tetas de los ganados. Isaico[92] dice haber amado Pan a Eco, por lo cual algunos le llamaron marido de Eco[93]; desafió al dios de Amor, y venidos a batalla, fue vencido, por lo cual, por quererlo así el vencedor, le hizo amar a Siringa, Ninfa de Arcadia, como escribe Ovidio donde comienza: *Panaque, cum prensam*[94], etc. De

---

[89] Este capítulo también es un resumen del dedicado a Pan por Boccaccio en *De genealogie deorum* 1, 4, que llega a Conti en la *Mythologia* 5, 6, y que sigue un esquema semejante y unas fuentes similares en los tres autores.

[90] Dos autores de los que se pueden leer fragmentos en Jacoby, *Die Fragmente* (457 F9 para el primero y 317 F3 para Aristipo). La nota es de Álvarez-Iglesias [1988:188]. Epiménides está editado en castellano por Alberto Bernabé en *Fragmentos de épica griega arcaica* 15, 16A-16B.

[91] Virgilio, *Geórgicas* 1, 16.

[92] Véase, según nota de Álvarez-Iglesias [1988:188] Schol. Lyc. 310.

[93] Noticia que se puede leer en *Anth. Gr.* XVI 233, 1-2. Nota de Álvarez-Iglesias [1988:188].

[94] Ovidio, *Metamorfosis* 1, 705. De este episodio copia Pérez de Moya la invención musical de los «cañutos» y la conversación con la ninfa. Véase un intermediario muy cercano entre Pérez de Moya y Ovidio en la figura del traductor de Ovidio llamado Pérez Sigler [1609:1,5] que describe también las cualidades de Pan y Siringa. Para la estrecha relación entre Pérez de Moya y Pérez Sigler, véase la nota 20 del prólogo.

quien cuenta, que viendo un día a Siringa, llegándose cerca, le dijo: sabe, ninfa, que de buena voluntad casaría contigo. Ella, despreciando sus palabras, sin aguardar que otra razón alguna añadiese, comenzó a huir, hasta que llegó al río de su padre, llamado Ladón, y viéndose allí atajada, comenzó a rogar a las ninfas, sus hermanas, y al río, que la socorriesen o mudasen en otra forma. Fueron oídos sus ruegos, mudándose en cañaveral; y como con el aire que las movía hiciesen un son como de cosa que se quejaba, oyéndolo Pan, así por el son como por el amor que tenía a la raíz de donde se engendraron, cortó de aquellas cañas y juntó con cera seis o siete cañutos, y compuso el instrumento de música que dijeron fístola, con la cual Pan primero cantó y tañó, como dice Virgilio donde comienza: *Pan primus calamos cera coniungere plures instituit*[95]; quiere decir: Pan fue el primero que deliberó juntar muchos cañutos o cañas con cera. Fue también amado de la Luna, a quien ofreció un vellocino de lana blanca, como atestigua Virgilio donde comienza: *Munere sic niueo*[96], etc. Pintan a Pan con cara bermeja; la cabeza con cuernos de cabra, mirando al cielo; la barba larga que le colgaba por el pecho, vestido de un cuero de pantera de diversos colores, y en la una mano un báculo o cayado, como de pastor, con el extremo torcido, o con una hoz, y en la otra un instrumento músico de siete cañones o flautas; de medio abajo muy áspero y velloso, y los pies de cabra. Esto dice Rabano[97], y Juan Pierio Valeriano[98] en el libro 59 de su *Hieroglíphica.*

---

[95] Virgilio, *Églogas* 2, 32-33.

[96] Virgilio, *Geórgicas* 3, 391-393.

[97] Cita a Rabano Mauro (ca. 784-856) y, tras la fuente de Boccaccio, el *De origine rerum* (recuérdese, en *Patrología latina* 111, 432c). Véase también la obra titulada *De universo libri* XXIII *sive Etimologiarum opus.*

[98] Juan Piero Valeriano, *Hieroglíphica siue de sacris aegiptiorum litteris* 44, 3: «Per pana totam rerum naturam interpretantur.» Las citas ofrecidas por Pérez de Moya para el artilugio de Pan coinciden con las copiadas en el catálogo *De rerum inventoribus* de Polidoro Virgilio (1470-1555).

Declaración

Por Pan entendieron los antiguos el Sol o la naturaleza o causa segunda, obradora de la voluntad divina de Dios, criada de su divina providencia. Y porque en la naturaleza el Sol es el que más obra en la operación de todas las cosas, acerca de la generación y corrupción[99] dellas, por tanto a Pan, por quien entendían el Sol, le llamaron Pan o Pana, que quiere decir en griego toda cosa, o todo el universo, que en el regazo de la naturaleza está concluso. Así lo interpretan Eusebio y Phornuto y Servio[100], y como a tal le tuvieron por padre y señor de las cosas. Dicen ser dios de los pastores, porque los antiguos aquellos tenían por dioses que algún provecho les acarreaba, y como el Sol o la naturaleza entendida por Pan era tan provechoso para los pastos de sus ganados, teníanlo por tal.

Dijeron ser hijo de Mercurio, porque por Mercurio entendían la voluntad o mente divina, la cual guía el nacimiento o generación de las cosas; y añaden, que luego que nació le envolvió Mercurio en un pellejo de liebre y lo llevó al cielo; lo cual no significa otra cosa sino que la naturaleza, luego en naciendo, se comienza a mover con muy ligero movimiento, porque ¿quién no sabe que todo lo que es está rodeado con el velocísimo movimiento de los cielos?

Que las ninfas fuesen amas que criaron a Pan, esto dijeron los que siguieron la opinión de Tales Milesio, que tuvo que sólo el humor o agua, entendida por las ninfas, fue autora de todas las cosas, y de aquí dijo el poeta ser Océano padre de todas las cosas; y como Pan la abraza con todas las

[99] Términos copiados de la obra de Aristóteles titulada *De corruptione et generatione*. Todas las fuentes, los autores y las citas hacen coincidir esta «Declaración» con la explicación de Boccaccio al capítulo cuarto del primer libro *De genealogie deorum*.

[100] La descripción de Pan la hace Servio, por ejemplo, en el comentario al verso 31 de la *Égloga* 2. En Virgilio [1510:6].

demás cosas, dijeron ser príncipe y guiador de las ninfas. Mensajero de los dioses se dice, porque con el Sol y naturaleza nos comunica Dios sus misericordias, haciendo días, noches, meses, años, y sustentándonos de los frutos que mediante ella produce la tierra. Y porque de la abundancia de los pastos, que proceden de la templanza del Sol, entendido por Pan, abundan los ganados de leche, por esto decían tener poder de hacer que abundasen de leche las tetas de los ganados. Ser Eco[101] amada de Pan es porque el harmonía del cielo pensaron ser el Eco, que redunda del movimiento, y a imitación de siete planetas, fueron primero siete cuerdas en los instrumentos músicos, aunque Boecio[102] contradice la opinión de Pithágoras, que decía que los cielos causaban música con sus movimientos.

Que luchase con Cupido y fuese vencido dél, esto dice porque el amor y contrariedad fueron principios de todas las cosas naturales. El amor de procrear mueve y despierta la materia, y en todas las formas compone para la generación; y así dice haber sido sobrepujado del amor que todo lo crió, cuando con él luchó. O en otra manera, ser vencido del amor es que luego que la naturaleza fue producida del Criador, tan presto en comenzó a obrar, y deleitándose de su obra, comenzóla a amar, y así, movida de la delectación, se subjetó al amor. Por los amores de Pan con Siringa quisieron denotar lo mismo que con Eco, porque Siringa, según Leoncio, se deriva de *sirim,* que quiere decir cosa cantante; por ésta se entiende la melodía (según opinión de Pithágoras) que los cielos hacen con sus movimientos (como se ha dicho) y, por consiguiente, como cosa gratísima a Dios y a la naturaleza obradora viene a ser amada. Ser Siringa ninfa de Arcadia y transmudada en cañas, según parece a Theodoncio[103]: los de Arcadia fueron los primeros que in-

---

[101] Eco es una ninfa de los bosques que según algunos mitólogos «carece de genealogía». *Metamorfosis* 3, 358.

[102] La refutación pitagórica que sobre la música hace Boecio la cita Conti, *Mythologia* 6, 5, y viene del *Libro de música,* esto es *Insitutionis Musicae.*

[103] La cita de este enigmático mitógrafo nos permite seguir la pista de Pérez de Moya leyendo la *De genealogie deorum* de Boccaccio.

ventaron el canto o son con zampoñas, y hallaron cuatro diferencias de voces, y después añadieron tres, y a lo último lo que hacían con muchos caños o zampoñas, lo convirtieron en una sola con agujeros a distancias, que suplían por los muchos, de donde salió la invención de la flauta; aunque Macrobio[104] atribuye esta invención a Pithágoras de la harmonía y sonido que del golpear de unos martillos pequeños y grandes hacían en una herrería. Y Iosepho atribuye esto a Tubal, sacado de Tubal Caím, su hermano, que fue herrero; mas porque esta invención de música se ejercitó primero con fístulas en Arcadia, por esto se dice ser Siringa de Arcadia.

Menospreciar Siringa a los Sátiros quiere decir los ingenios groseros convertirse en cañas junto al río Ladón. Ladón es un río donde nacen abundancia de cañas, como en las que dicen haberse transmudado Siringa. Ser ninfa Siringa, es que así como la raíz de las cañas en la tierra toma sustancia de la humidad, así la voz o música se causa mediante ayuda de la humidad, porque sin ella no hay pronunciar. Huir Siringa de Pan es que la humidad encendida por la ninfa Siringa huye del calor del Sol (entendido por Pan), entrándose huyendo en las entrañas de la tierra, se convierte en cañas o en otro género de planta. Los amores de la Luna y Pan, decláranse en el libro 3, tratando de la Luna. Por la pintura de Pan, quisieron los antiguos describir el cuerpo de la naturaleza, así de las cosas que hacen como de las que padecen. Por la cara bermeja entendieron unos al más alto cielo, o la naturaleza del fuego, o las colores que el Sol causa a las mañanas y tardes. Los cuernos hacia el cielo

---

[104] Toda la explicación sobre el origen de la música y sus tratadistas, desde la reflexión de Pitágoras en Macrobio, *Sobre el sueño de Escipión* 2, 1, 8, puede venir de san Isidoro, *Etimologías* 3, 15-23, «De musica» donde aparecen comentarios que concuerdan con la citas bibliográficas que hace, sin especificar, Pérez de Moya. Recuérdese que en la edición y anotación de la *Etimologías* habían participado cultísimos humanistas españoles: Antonio Covarruvias, Antonio Agustín, Pedro Chacón y Álvaro Gómez de Toledo. Véase también Flavio Josefo, *Antigüedades de los judíos* 1, 64.

denotan la demostración de los cuerpos sobrecelestiales, o el Sol, y la Luna, o los rayos del mismo Sol, entendido por Pan. La barba larga denota los rayos del Sol, que calan la tierra; o por la barba, que es cosa de varón, quisieron denotar la virtud activa del Sol para la generación de las cosas. El cuero de liebre, o de pantera, que le dan por vestidura denota el cielo estrellado o la tierra, porque abunda de multitud de plantas y animales, y la admirable variedad de ríos y montes, las cuales cosas se distinguen como mancha, o el ornamento y hermosura que se deriva de la luz del Sol. El báculo o cayado denota la potencia y moderación, gobierno y poderío de la naturaleza en él engendrada, y corromper todas las cosas, y del gobierno de las cosas que carecen de razón, que las incita a adquirir sus fines. Por lo torcido deste báculo se denota el año, porque comienza donde acaba, a modo de círculo. Los que le pintan con hoz en la mano quieren declarar la industria de la naturaleza en podar lo superfluo, que es necesario para la generación y conservación de las cosas. Por la fístola de siete caños[105], denota el harmonía que creían los pitagóricos causar los cielos con sus ordenados y continuos movimientos, conocido con el movimiento del Sol. Lo áspero y velloso de las piernas denota la superficie de la tierra, que está cubierta de hierbas y matas y árboles. Los pies de cabra denotan la estabilidad de la tierra o los mudamientos de las nubes que en el aire se hacen. Tener Pan buen rostro y semejante a hombre de medio arriba, y de medio abajo como de bruto, denota la generación y corrupción de las cosas, o que lo divino y verdadero está en lo alto; y lo malo y falso, en muchos hombres de la tierra, que es lo bajo.

---

[105] La precisa descripción de Pan, «fistulam septem calamorum gestat», coincide con los escuetos datos copiados por san Isidoro en *Etimologías* 8, 11, que contrasta con el gran desparramo de noticias que dieron los mitógrafos de los que se sirvió el bachiller.

CAPÍTULO IV

De Uranio, que después se dijo Celio o Cielo, padre que fue de Saturno

Lactancio[106] dice que halló un poderoso hombre llamado Uranio haber casado con una señora llamada Vesta, de quien, y de otras varias mujeres, tuvo cuarenta y cinco hijos, y los diez y siete de una llamada Titea, por lo cual al mayor de todos llamaron Titano o Titán; y de los otros, los más nombrados fueron Ceo, Crío, Hiperíon, y Iapeto, que algunos tienen que fue Noé, y Opis, y Saturno, y otros que cuenta Apolodoro[107], y como Saturno viniese a alcanzar gran poderío, como en su lugar diremos, por ensalzar la claridad de su linaje y ennoblecerle y gloriarse dél, a su padre, llamado Uranio, le llamó Cielo[108], y a la madre, que se llamaba Vesta[109], la llamó Tierra, porque estas dos cosas, Cielo y Tierra, son las más principales del mundo; y no contento con esto, quiso ennoblecer al abuelo, diciendo que su padre Cielo fue hijo de Aether y del Día, conviene saber, de la Virtud ardiente, porque Aether quiere decir fuego o resplandor, y de la luz famosa entendida por el día, de donde vino su nombre en luz de ser famoso; así lo dice Tulio[110]. De la

[106] En el margen el autor anota «En su historia sagrada». Se trata de la *Historia sagrada* de Ennio-Evémero que Lactancio copia en *Instituciones divinas* 1, 11-14. Vida y asuntos de Urano se cuentan en este mismo libro de Lactancio en el capítulo 13, y allí se cita a Ennio y a Evémero como principales para entender la paternidad absoluta de Urano, su alianza con Vesta y la descendencia de Titán. La fuente, como casi siempre, así en Apolodoro más abajo, es Hesiodo, *Teogonía* 116.

[107] Apolodoro cuenta la prole de Urano en *Biblioteca* 1, 1-3.

[108] Así llamado el Origen por Ennio-Evémero, no lejos de Lactancio, *Instituciones divinas* 1, 13, 14.

[109] La asociación entre Vesta y Gea se puede leer en Conti, *Mythologia* 2, 1 [1596:88], citando un párrafo del *Fedro* de Platón sobre Zeus.

[110] *De natura deorum*, 3, 44. Para Cicerón que Éter y Día sean padres del Cielo no pasa de ser una hipótesis. Para Boccaccio, *De generalogia deorum* 2, 1, el primer hijo de Éter y Día es Júpiter.

genealogía déste, que fue principio o cepa de donde salieron los más poderosos hombres del mundo, entenderemos bien cómo ellos y nosotros somos hijos de la tierra y nietos de nonada; y así, para declarar los sabios que Dios formó el primer hombre de barro, fingieron haber sido Saturno hijo de la Tierra, y su padre el Cielo, entendiendo por Cielo el hacedor dél.

CAPÍTULO V

De Saturno, hijo de Cielo

Saturno, según Lactancio[111], fue hijo de Cielo y de Vesta. Muerto su padre Cielo, había de suceder en el reino su hermano Titán, por cuanto era hijo mayor; empero Vesta, madre de Saturno, y las hijas llamadas Ceres y Opis, deseaban que Saturno reinase, porque era gentil mozo y muy sabio, y Titán, a la contra, muy feo y grosero, por lo cual la madre y sus hijas rogaron a Titán diese el reino a Saturno, su hermano. Pudieron tanto los ruegos e importunaciones de los unos, y la diligencia de Saturno, que Titán hubo de darle el reino, con aditamento que Saturno matase los hijos varones que le naciesen, a fin de que, no habiendo Saturno hijos, el reino a los suyos tornase. Esta condición aceptó Saturno de buena voluntad y con intento sano de la guardar, y así comenzó a reinar en paz ciento y cincuenta años antes de la

[111] Lactancio dedica los capítulos 11-14 de las *Instituciones divinas* 1 a Saturno. Para imágenes e historia de Saturno puede verse *De genealogie deorum* de Boccaccio, capítulos 1-3 del tercer libro y primer capítulo del libro 8. El asunto de los recelos familiares y de la sucesión los cuenta Lactancio en 1, 14 tomando como fuente a Evémero y copiando casi literalmente los 90 fragmentos de la traducción de Ennio [1984]; importante es también el capítulo 19 del libro séptimo de la agustina *Ciudad de Dios*. Véase la abundancia de datos que ofrece Conti, *Mythologia* 2, 2.

guerra troyana, según Eusebio[112], y según Lactancio, 322 años[113] antes de la conquista de Troya,

Casó Saturno con su hermana Opis, porque era costumbre de los dioses de la gentilidad recibir las hermanas por mujeres; así lo pone Ovidio[114], introduciendo las palabras de Biblis, que amaba a Cauno, su hermano, deseando casar con él, donde dice:

> *Dii melius, Dii nempe, suas habuere sorores,*
> *sic Saturnus Opim iunctam sibi sanguine duxit,*
> *Occeanus Thetim, Iunorem rector Olimpi.*

Mejor ley tienen los dioses, los cuales a sus hermanas toman por mujeres; así toma Saturno a Opis, la cual era a él muy conjuncta en sangre; el dios Océano tomó a Thetis, y Iúpiter, regidor del cielo, a Iuno su hermana. El primer hijo que le nació mandólo matar, mas la segunda vez que la reina se hizo preñada, naciéronle dos hijos: Lidamas, que los poetas después dijeron Iúpiter y una niña llamada Iuno; mostrando a Saturno la niña, fingiendo no haber parido otra cosa, escondieron a Iúpiter, dándolo a criar a su abuela Vesta[115]. Otros dicen que tenía Saturno costumbre de tragar los hijos que le nacían, y cuando demandó a Iúpiter para lo tragar[116], Opis le presentó una piedra llamada Abdir, haciéndole entender que aquello pariera. Esta piedra la hizo moler Saturno y se la tragó. En otro tercero parto parió

---

[112] Véase *Crónica*, 46, 14-16.

[113] Lactancio, *Instituciones divinas* 1, 23, 4-5, habla así de la «Época en que vivieron los dioses»: «Desde la guerra de Troya han pasado mil cuatrocientos setenta años; de este dato temporal se deduce claramente que hace no más de mil ochocientos años nació Saturno.»

[114] Los versos que siguen corresponden a las *Metamorfosis* 9, 497-499, y la historia del hermano que no amaba como debía se copian en los versos 450 y siguientes.

[115] Todo el párrafo proviene de Lactancio y está trufado del sabor enciclopédico de Conti, que dedica en su *Mythologia* sendos capítulos a Júpiter y a Saturno: 2, 1-2, con abundantísimas fuentes griegas y declaraciones morales.

[116] El mito de Saturno devorando a su hijo ya lo cita Cicerón, *De natura deorum*, y llega hasta san Isidoro, *Etimologías* 8, 11.

Opis a Neptuno, el cual también con mentiras le escondieron y criaron, y otra vez parió a Plutón y a una niña llamada Glauca; escondieron a Plutón y mostraron a Glauca como que ella sola naciera, la cual, a poco tiempo después, murió, según dice Iuan Bocacio. Andando los tiempos (descubridor de las cosas secretas), supo Titán que Saturno, su hermano, tenía hijos, contra el concierto y pleitesía con él puesta, por lo cual, enojado, juntó grandes compañías de sus hijos, llamados Titanos, y quitó a Saturno el reino, y a él y a su mujer púsolos en prisiones. Sabidas estas cosas de Iúpiter, que era ya valeroso mozo, vino con gran ejército de cretenses a favorecer a sus padres; y habida cruda batalla contra su tío y los Titanes, los venció y libró a sus padres; y restituidos en su reino, se volvió a Creta, según Lactancio. En este tiempo, siendo Saturno avisado de un oráculo que se guardase de Iúpiter, su hijo, que le había de matar o echar del reino, queriendo Saturno evitarlo, ponía asechanzas contra Iúpiter, buscando maneras cómo matarlo. Fue dello avisado Iúpiter de un su familiar, por lo cual luego volvió su ira contra su padre, y vino con mucha gente, y habidas sus batallas, le venció y le echó en prisiones; de las cuales soltándose Saturno, y no osando parar en el reino, se fue a Italia a una provincia que llaman Latium, en donde fue recibido de Iano, que a la sazón allí reinaba, según dice Virgilio, donde comienza: *Primus ab aethereo venit Saturnus Olympo*[117]. Lactancio tiene por cosa averiguada que luego como Iúpiter venció a su padre Saturno, le cortó el miembro genital[118] y le desterró a los obscuros infiernos. Otros dicen que cuando Iúpiter vino a favorecer a su padre en la prisión que le tenía Titán, que como se vio victorioso, se alzó con el reino; y su padre, viendo que su hijo se apoderaba dél, no osó parar allí, y se fue a Italia. Tulio[119] dice que Saturno cortó a su

[117] Es verso de Virgilio, *Eneida* 8, 319. Tomado ahora posiblemente de Conti, *Mythologia* 2, 2 [1596:98].

[118] Si un dios procrea de la nada, no necesita genitales. La duda la comenta Lactancio en el capítulo 12 de las *Instituciones divinas* 1.

[119] No he encontrado en *De natura deorum* el episodio de la hoz. Sí es cierto que desde Hesiodo, *Teogonía* 16; 200; 933, se tiene a Afrodita-Venus

padre Cielo el miembro viril con una hoz, y que de la sangre que salió deste genital, junta con la espuma de la mar, se engendró Venus, porque la sangre cayó en el mar y la hoz en la tierra de Sicilia, y que lo mismo hizo Iúpiter a su padre Saturno, como hemos dicho. A este Saturno, según Macrobio[120], lo tenían los griegos por príncipe y origen de los dioses y de los que descendieron dellos, y lo mismo dice san Isidro. Pintan a Saturno viejo, y con cuatro hijos chiquitos, y sucio y pobremente vestido, y perezoso, triste; la cabeza envuelta, una hoz en la mano, y comiéndose sus hijos y volviéndolos a vomitar después de comidos. En sus sacrificios tenían los sacerdotes las cabezas descubiertas, como en los de otros dioses las tuviesen cubiertas. Sobre su templo estaba en Roma un Tritón, que haciendo aire tocaba una bocina.

Declaración

Decir que Saturno es hijo del Cielo es que por Saturno se entiende el tiempo, porque los griegos al planeta Saturno le llaman Cronos[121] o Cronon, que quiere decir tiempo, el cual tiempo salió del movimiento del Cielo, porque como dice Platón[122], antes de la creación del Cielo ningún tiempo

---

nacida del mar y de la espuma que produjeron los genitales de Urano cortados por Cronos-Saturno y arrojados al mar. Para otros autores, la castración se produce en segunda generación, y no es Saturno quien desvirtúa a Urano, sino Júpiter a Saturno. El Tostado, *Cuestiones* [1551:199], sí recoge el episodio de la hoz, el nacimiento de Venus y que fue Saturno quien seccionó al Cielo-Urano. La saga de agresores queda así en Cicerón, *De natura deorum* 2, 63: «El cielo había sido mutilado por su hijo Saturno, pero Saturno mismo había sido vencido por su hijo Júpiter.»

120 Así en el capítulo 7 del primer libro de *Saturnales*. Para san Isidoro, véase *Etimologías* 8, 11, donde se resumen las cualidades de Saturno que cita Pérez de Moya.

121 Para la importancia y la etimología de Cronos, véase Lactancio, *Instituciones divinas* 1, 12, 9-10, (también 1, 13, 11), donde cita la fuente de Cicerón, *De natura deorum* 2, 25, 64.

122 En el margen Pérez de Moya escribe: «En el *Timeo*». Véanse, sobre todo, los fragmentos 30c-34b.

había, y así tiempo no es otra cosa sino medida del movimiento del Cielo. Por el concertarse Titán con Saturno que todos los hijos que le naciesen los matase, se entiende la concordia y discordia ser dos principios de las cosas naturales, como lo sintió Empédocles Agrigentino[123]. Y no hay duda, sino que luego como el Cielo fue de Dios todopoderoso criado y junto con los demás cuerpos inferiores (como pensaron los sabios), luego nació la contienda y amistad, quiero decir, la concordia y discordia en las cosas que dentro de la materia *informis*, que dijeron Chaos, creían asconderse. Luego procediendo del mismo Dios, el tiempo que antes ninguno era, fueron criados los elementos, los cuales significaron por los hijos de Saturno: por Iúpiter, el resplandor de los cielos, o fuego elementar, o toda la región etérea, la cual pensó Anaxágoras ser fuego, que del tiempo entendido por Saturno y de la tierra entendida por Opis, había nacido; y por Iuno entendieron el aire; y por Neptuno el agua; y por Plutón y Ceres, dioses terrestres, la virtud o fuerza sustancial de la tierra. Lo cual todo no es otra cosa sino decir que Dios hizo primero el cielo, y del cielo nació el tiempo, de el cual procedieron los elementos, haciéndolo todo Dios de nada. Decir que Saturno cortó los miembros genitales a Celio es por significar que en el cielo en ningún tiempo nasce cosa alguna, así como si en él no hubiese tales miembros, entendiendo la generación, como de entre animales, que no se hace sin los tales instrumentos. Quiere decir que en el cielo no hay ningún engendramiento de cosas que en él nazcan; y dijeron que Saturno era el que había quitado estos miembros, como quien dijese: no se engendran algunas cosas por longura de tiempo en el Cielo, como en la tierra y agua vemos hacer y corromper por el discurso del tiempo. Esta opinión tiene sancto Isidoro, y Cicerón; la cual virtud de la generación y corrupción, que en la tierra y agua se hace, desciende del Cielo, según Aristóteles, donde dice que la virtud del engendrar está en la misma virtud del Cielo, y aunque las cosas naturales tengan

[123] Véase la cita en Diógenes Laercio, *Vides dels filòsofs* 8, 59.

virtud de engendrar a otras, ahora sea por derivación seminal, ahora sin ella, no tienen en sí poder cumplido, ni de sí mismas lo han, mas del Cielo lo reciben, y esto quiso sentir el alegado Aristóteles cuando dice: *Sol et homo generant hominem* [124], el Sol y el hombre engendran el hombre; y por dar a entender que hace más el Sol que el hombre, puso primero el Sol. Tómase aquí Sol por todos los cuerpos celestiales, porque todos los cuerpos que están en el Cielo son necesarios, que ninguno hay que no tenga algún efecto particular para la generación y corrupción de las cosas; y tómase aquí la generación del hombre por la generación de todas las cosas, porque el hombre se dice toda criatura. Así le llama san Marcos[125], porque en el hombre cifró Dios todo lo que hay en el mundo, dándole ser, como la piedra, ser y ánima vegetativa, como las plantas y árboles; ser y ánima sensitiva, como las animalias; ser y entender y raciocinar, como los ángeles, y por esto los filósofos le llaman *Microcosmus,* que quiere decir mundo menor. Esta generación de las cosas que hace el Cielo entiéndese mediante su movimiento; así lo siente Aristóteles, cuando dice: *Per accessum et recessum Solis in circulo obliquo fiunt omnes generationes, et corruptiones in terra*[126]. Según el apartamiento y allegamiento que el Sol hace, moviéndose en el círculo oblicuo (que es el Zodíaco),

---

[124] Cita del libro segundo de la *Física* de Aristóteles. Es resumen de la reflexión de Lactancio, *Instituciones divinas* 1, 12, 7: «El Sol, en el cual está la naturaleza y la causa de la procreación...» También resumido por Conti, *Mythologia* 2, 2 [1596:105], que tiene una reflexión sobre la generación y la corrupción y sobre la fuente ciceroniana semejantes a las que da el bachiller.

[125] *Biblia: Evangelio según san Marcos* 16, 15. La cita peregrina de más abajo del hombre como microcosmos la puede traer Pérez de Moya del pasaje del *Timeo* que antes ha utilizado (30c-34b). Para la tradición del hombre-mundo, véase el clásico de Francisco Rico, *El pequeño mundo del hombre*, Madrid, Alianza, 1986, pág. 54, que toma esta cita de nuestro autor para recordar el *omni creaturae* de san Marcos y la *Glossa ordinaria,* origen textual también de la enumeración de seres que da la *Filosofía secreta.* Más abajo, en el Sentido moral sobre Eolo, se vuelve a citar al hombre como «mundo pequeño». Véase una fuente próxima a Pérez de Moya en el *Libro de los retratos y figuras del cuerpo humano,* ed. Jacques Kerver, 1572. Véase Seznec [1987:54-67].

[126] Cita que proviene de *Acerca de la generación y la corrupción* 336b.

se hacen todos los engendramientos y corrupciones en la tierra. Lo cual no sólo se entiende del movimiento de solo el Sol, mas de todos los demás planetas y estrellas, y si no hobiese movimiento no habría generación, ni el tiempo tendría necesidad de medida, porque cesando el movimiento, del modo que el mundo quedase al tiempo de la cesación, así se estaría, sin mudarse: si de día parase el movimiento a unos, siempre les sería día, y si de noche, noche.

Que los miembros de Celio los cortase Saturno con una hoz es porque los antiguos pintaban a Saturno con una hoz en las manos, por razón que en Italia mostró engerir y sembrar, y para coger las mieses éste es buen instrumento, y si cortar tenía a su padre algo, con este que tenía lo había de hacer; y es de saber, que porque para cortar a Celio algo, y entendiéndose por él Cielo, era necesario estar Saturno en alto, para poderlo hacer, porque estando en tierra no pudiera alcanzar; y como en común en pendencias suelen caerse las armas de las manos, cayó la hoz, y como viniese de alto y hobiese de dar en alguna parte, los poetas quisieron que diese en tierra de Sicilia, cerca del monte Lilibeo, para declarar por ello una ciudad que está en el puerto de mar, cerca del dicho monte, llamado en latín Drepanis[127] y en lengua vulgar Trapana, y los griegos le dicen hoz, y esto es porque aquel lugar hace una figura de hoz en su asiento, o porque la hoz significa los frutos que de la tierra se cortan con hoz; y caer más en tierra de Sicilia que en otra parte fue por declarar que aquella tierra de Sicilia[128] era la más abundosa del mundo en simientes, y así había menester hoz para segar las mieses más que en otra tierra, pues más pan tenía; o porque Ceres, reina de aquella isla, mostró en ella sembrar y coger el pan.

Dice más: que los miembros cortados cayeron en la mar, de cuya sangre y espuma del mesmo mar se engendró Venus. Esto es para declarar que para hacerse generación son

---

[127] Todo este episodio se cuenta igual en Conti, *Mythologia* [1596:103], quizá tomado del libro cuarto de las *Argonáuticas* de Apolonio.

[128] La abundancia de mieses en Italia y en Sicilia la recuerda Conti, *Mythologia* 2, 2 [1596:106].

dos cosas necesarias, conviene saber: principio agente, y material. El agente es el calor, que en cosas de naturaleza tiene vez de varón. El material o pasión es la humidad, que tiene vez de hembra. El principio agente se entiende aquí por la virtud del Cielo y calor natural entendido por los genitales de Celio. El principio material es el humor, el cual humor es dispuesto para padecer del calor y engendrarse de allí las cosas formadas; y porque la humidad pertenece al agua y el agua es más en la mar que en otra parte, por tanto dicen que los miembros, quiere decir la virtud o calor celestial, cayó en la mar, y por tener la virtud agente celestial por materia, la humidad (como dicho habemos), se hacen más generaciones y de mayores cuerpos en la mar que en la tierra; y por esta misma causa algunos antiguos tuvieron opinión de decir ser principio de las cosas el agua; por esto mismo dijeron Océano y Thetis eran padres de las cosas, porque por éstos denotaban la humidad. Así lo sintió Virgilio[129], donde dice: *Occeanum rerum patrem*: El Océano es padre de todas las cosas. San Fulgencio[130] dice que por los genitales cortados de Celio se entienden los frutos y mantenimientos de la tierra; por el mar en que cayeron se entienden nuestras entrañas llenas de humores, como el mar de aguas; y allí con la espuma y sangre nuestra se engendra Venus, porque cuando la sangre en el cuerpo se encendiere, se causa el deseo venerial, entendido por Venus, y se deriva el humor seminal, el cual no se engendraría, salvo por el encendimiento de la sangre, hecho por el comer y beber sin orden; y por esto la hoz debió de caer más en la tierra que no en el mar, porque los más de los mantenimientos con que se engendran y calienta la sangre son de la tierra, y pocos del mar, porque los del mar no inflaman tanto, por cuanto son húmidos y fríos, y los de la tierra, calientes y secos.

Decir que Opis, cuando parió a Iúpiter, en lugar suyo mostró una piedra llamada Abdir[131] y aquélla molió Satur-

---

[129] Virgilio, *Geórgicas* 4, 383.

[130] *Mitologicarum liber* 1, 70-71.

[131] El apotegma del bebedizo que hubo de tomar Saturno, y la piedra e hijos vomitados, ya lo cuenta Apolodoro en la *Biblioteca* 1, 2.

no y se la tragó, es por significar el deseo que Saturno tenía de matar los hijos, por cumplir lo que a Titán le había prometido, pues aun las piedras en nombre de hijos tragaba; o por significar que no hay cosa tan dura ni tan fuerte que si nace en tiempo no se corrompa en tiempo; y aunque la piedra Abdir es de las cosas más duras y fuertes que se hallan, por ser fuerte como diamante, empero Saturno, que es el tiempo, la traga, como vemos que aun las piedras se consumen. Algunos dicen que la piedra que Opis mostró a Saturno por librar a Iúpiter fue un niño que en su lugar mostraron, llamado Piedra. No ser Iúpiter tragado[132] de Saturno denota que ninguna fuerza siente la claridad del Cielo, del tiempo.

La historia del destierro de Saturno no es fabulosa, sino verdad, acerca de que fue desterrado de Iúpiter, y fue, que siendo Saturno una vez librado de las manos de los Titanos, los cuales preso le tenían, y Iúpiter le libró de cadenas, a él y a la madre, viniendo poderosamente, entonces Iúpiter tomó para sí el reino. Y Saturno, viendo que Iúpiter se apoderaba en el reino viviendo él, sintiólo mucho, y procuró secretamente con los Titanes que lo prendiesen, y sintiendo Iúpiter esto, quiso prender o matar a su padre Saturno, y él, entendiéndolo, huyó a Italia.

Decir que Iúpiter echó a su padre Saturno en prisiones es porque Saturno, en cuanto planeta, está sobre el orbe del planeta Iúpiter, que a respecto de la tierra, está Saturno encerrado, por estar detrás de Iúpiter.

Que Iúpiter le cortase el miembro viril es porque en cuanto planeta, estando en conjunción Iúpiter con él, le templa la malicia y aun se la quita, que no puede hacer efecto, y le derriba de su imperio, como si no tuviese fuerza alguna para ello, por lo cual se dice haberle quitado su reino o cortándole el miembro viril, entendiendo por este miembro la virtud de influir algo.

El decir que se soltó es que este planeta Saturno, cuando

---

[132] La interpretacion clásica del mito de Saturno exige que éste devore a Júpiter. Así, por ejemplo, en Macrobio, que da, como Pérez de Moya, una interpretación a la devoración. *Saturnales* 1, 8.

no es reprimida la maldad de sus influencias, obra con libertad. El echar Iúpiter a Saturno en los infiernos lo entiende Ovidio[133] en cuanto Saturno y Iúpiter fueron hombres, en donde dice:

> *Posquam Saturno tenebrosa in thartara misso,*
> *sub Ioue mundus erat, subiitque argentea proles.*

Después que Iúpiter echó a Saturno en los infiernos obscuros estaba el mundo so el poder de Iúpiter; entonces vino la edad de plata. Esto dijo Ovidio porque Iúpiter no fue rey hasta desterrado su padre. Decir que lo echó a los infiernos obscuros es porque huyendo Saturno de Grecia, vino a Italia, y porque los poetas llaman a la parte oriental del mundo cielo, y a la más occidental infierno, por ser la parte occidental más baja que la oriental; y porque parece la occidental descender caminando desde Oriente hacia Occidente, y porque lo bajo se llama infierno, y Grecia es más oriental que Italia, dicen haber sido Saturno echado en los infiernos. Dice obscuros porque la parte occidental es más obscura que la oriental, por cuanto de la oriental viene la luz primero y va más tarde a la occidental. Otrosí, por el reino que tenía Saturno se entendía el mundo, porque los poetas no quieren que más cosas hubiese en el mundo de aquellas en que Iúpiter succedió, y por esto la echada o huida de Saturno de su reino se llama huida del mundo. Ovidio, por la prisión de Saturno y atamiento en los obscuros infiernos, no entiende otra cosa, salvo el despojo de la real dignidad, que Saturno primero tenía. Ido Saturno a Italia, según escribe Macrobio[134], fue bien recibido del rey Iano, que a la sazón reinaba en la provincia que dicen Latium; y como hasta entonces los hombres viviesen como salvajes, y sin saber, y que habitaban en montes, no haciendo vida ciudadana, y se mantuviesen de los frutos silvestres, como de bellotas, castañas y otras cosas semejantes, y Saturno enseñó a labrar

---

133 En las *Metamorfosis* 1, 113.

134 *Saturnales* 1, 9. Capítulo dedicado a las relaciones entre Satruno y Jano que más abajo cuenta Pérez de Moya.

la tierra, y sembrar, y a hacer vida ciudadana, y otros muchos provechos (que sería largo de contar), y les dio leyes, como dice Virgilio[135], donde comienza:

> *Is genus in docile, ac dispersum montibus altis,*
> *Composuit, legesque dedit, Latiumque vocari*
> *Maluit, his quoniam tutus latuisset in oris.*

Quiere decir, él enseñó a las gentes no enseñadas, que entonces eran en esta tierra, y dioles leyes de vivir; y esta tierra quiso se llamase Latium, porque él allí se había escondido, con las cuales cosas redujo a los hombres, que eran como bestias y agrestes, a más políticamente vivir; y por esta causa, quiriendo Iano ser agradecido a los beneficios recibidos de Saturno, le dio parte de su reino, y no contento con esto, en la moneda que de allí adelante labró, hizo en la una parte del dinero imprimer su cabeza, que era con dos caras, y en la otra la nave en que Saturno había venido a Italia; y vivieron estos dos reyes en gran conformidad y concordia, hasta que un día súbitamente desapareció Saturno, y no siendo más visto, creyó la ignorante gente que era subido al cielo con los otros dioses, y así fue honrado como Dios. Este desaparecerse pudo ser ensayo de los demonios, por engañar la gente; y queriendo Iano acrecentar más la honra de Saturno, a toda la tierra de su reino llamó de su nombre Saturnia, y le inventó altares, y sacrificios que le hiciesen, los cuales fueron dichos Saturnales, y de Saturno nombraron al sábado, en cuyo día le honraban, hasta que el emperador Constantino[136], entre otras cosas que hizo en favor de nuestra religión cristiana, mandó mudar los días de la sema-

---

135 *Eneida* 8, 321-323.

136 Constantino I llamado *El grande* imperó desde el año 306 hasta el 337. Durante su reinado se promulgó el edicto de Milán (313), que permitió la práctica del culto cristiano, y el Concilio de Nicea (325), cuando se introdujeron ritos cristianos en el calendario: Pascua, Navidad. No sé a qué nuevos nombres se puede referir Pérez de Moya, aparte de dedicar los días a los nuevos dioses cristianos (el sábado es el día de la Virgen María según el *Diccionario de Autoridades),* el calendario gregoriano actual sigue nombrando a Luna, Marte...

na nombrados y dedicados a los planetas, en los que agora tenemos. Saturno, según san Isidro[137], se dijo de *Sero,* que en lengua latina significa sembrar, porque mostró a sembrar y plantar (como hemos dicho) en Italia; otros le derivan *a saturando,* que significa hartar, porque hasta que alcanzaron el pan, que él mostró beneficiar, los hombres no sentían hartura, y porque inventó el estercolar los árboles y la tierra, le llamaron Esterculio, según Bocacio[138].

Declaración de la pintura de Saturno

Pintan a Saturno viejo[139], en cuanto Saturno significa el tiempo, y el tiempo es viejo, porque comenzó desde que el cielo tuvo movimiento, o porque en cuanto planeta, porque dicen los astrólogos que Saturno es frío y seco y de complexión melancólica, que son cosas que se hallan en los viejos, o porque con el tiempo las cosas se envejecen y corrompen.

Píntanle con cuatro niños junto dél por denotar la división del año (que es tiempo) en cuatro partes, que son verano, estío, otoño, invierno.

Píntanle con hábito sucio porque Saturno, en cuanto planeta, tiene dominio sobre las inmundicias o cosas sucias, como son cocinas, secretas, albañares, por donde corren cosas sucias y hediondas.

---

[137] *Etimologías* 8, 11. Véase también san Agustín, *De civitate Dei* 7, 19.

[138] *De genealogie deorum* 8, 1.

[139] Exposición parecida, y aun copia literal, de la explicación de Conti, *Mythologia* 2, 2: «Pingebatur autem ab antiquis Saturnus senex pallidus...» Estos de Conti, el capítulo citado de los *Saturnales* de Macrobio, el dedicado al dios melancólico por san Isidoro y por san Agustín siguen siendo las fuentes de esta declaración sobre la imaginería que queda de Saturno. Parecida es también la exposición de Sánchez de Viana en las *Anotaciones* 1, 8 [1589:14], citando como fuentes el libro 2 de los *Diálogos de amor* de León Hebreo y el emblema 18 de Sánchez (comentarios de El Brocense a los *Emblemas* de Alciato). Las cualidades de Saturno como planeta están tomadas de Boccaccio, y éste a su vez de Albumasar. Saturno es viejo, andrajoso y antropófago en el grabado que publica Higinio en su *Poeticon astronomicon.* Enciclopédicamente resume Agrippa, *De occulta philosophia* 2, 38, la imagen de Saturno: «Erat vir senex baculo innixus, habens in manu falcem decurvam, nigris indutus vestibus.» Agrippa describe a los siete dioses planetas y sobre cada uno de ellos volveremos más abajo.

Píntanle pobremente vestido porque al principio del mundo no se tenía cuenta con más ropas de las que convenían a sólo cubrir las carnes.

Píntanle perezoso en cuanto planeta porque es el que más tiempo gasta en cumplir su revolución, según su movimiento propio en que gasta treinta años, y así, los que nacen en su ascendiente o en los que domina, son perezosos en lo que han de hacer y aun hasta en enojarse, porque tarde se enojan, y cuando se enojan, tarde pierden la saña.

Decir que traía el gesto triste le conviene en cuanto planeta, porque él hace los hombres sobre que tiene dominio tristes, por ser Saturno de complexión fría y seca y melancólica, cosas que repugnan al alegría. Otrosí, hace a los hombres de gran pensamiento, y los hombres imaginativos son de poco placer.

Píntanle cubierta la cabeza, porque en cuanto planeta es una estrella de poca luz, en comparación de otras, y por su poco resplandor parece estar envuelta, o porque los que son saturninos son cerrados, de pocas palabras y de gran consejo, y de condición que apenas dellos se puede entender lo que en su voluntad tienen, o porque en cuanto significa el tiempo, que esconde las cosas por su largura, y las trae en olvido, como si nunca hubiesen sido.

Píntanle con una hoz en la mano por cuanto denota el tiempo, y el fin de un año es principio de otro, a modo del círculo, que el principio y fin vienen a parar en un punto, y esto denotaron con la hoz, por ser curva o porque Saturno fue sabio y este instrumento es agudo por de dentro y por de fuera boto; tal es el sabio, el cual de dentro de sí tiene grande agudeza de sabiduría, y no lo parece de fuera si no lo quiere mostrar. Así lo declara san Isidro, donde comienza: *Saturnus falcem tenet*[140].

Píntanle comiéndose los hijos porque según opinión de astrólogos viven poco los que nacen en el ascendente deste planeta, o porque en tiempo de Saturno comían los hombres carne humana, y a esto decían comerse los hijos, o por-

[140] San Isidoro, *Etimologías* 8, 11.

que lo que nace en tiempo, entendido por Saturno, todo fenece en tiempo.

Decir que después de comidos los hijos los vomitaba denota la manifestación de Iúpiter y Plutón, cuando después parecieron en la guerra, viniendo a favorecer a su padre Saturno contra Titán y sus hijos, o porque significa el tiempo; y así como en el tiempo se encierra el año que se acaba, así del año, que es tiempo, sale el año que comienza y se manifiesta. Y porque los años y los tiempos son semejantes, porque entre un año y otro, en cuanto ser tiempo, tanta semejanza hay que no hay diferencia entre ellos, salvo que uno no es otro, o porque cuando acaba, uno se ha pasado. Y esto es comerse Saturno, que es el tiempo, a sus hijos los años, que también son tiempo; y porque fin del uno es principio de otro, por esto dicen que comidos los hijos los vuelve a vomitar. Estos hijos no se entienden los años, sino las cosas que en tiempo nascen y se corrompen. Ejemplo: El tiempo, que es Saturno, engendra hierbas y frutos, y acábanse consumiéndolos las animalias con el tiempo, y esto es comerse Saturno los hijos; y porque otra vez vuelve lo mismo con el tiempo a tornar a producir, por esto dicen volver a vomitar los hijos. Toca esto san Isidro en el lugar alegado, donde comienza: *Saturnus origo Deorum,* etc. En esto quisieron denotar la vicisitud de las cosas, y que la corrupción de una cosa es generación de otra; y es de saber, que por decir las fábulas que Saturno se comía o tragaba los hijos, pensaron los gentiles (no entendiendo su significación) que le harían gran servicio y muy agradable sacrificio en ofrecerle ellos sus hijos; de modo que no sólo le sacrificaban los hijos ajenos, mas aun los suyos; y eran unos sacrificios impíos y muy crueles, y en muchas partes que a Saturno adoraban, especialmente en Italia, a los estranjeros que por la tierra pasaban, los mataban, ofreciéndolos sobre el altar a Saturno, la cual costumbre, según Macrobio[141], duró

[141] El final de los sacrificios humanos lo cuenta Macrobio en *Saturnales* 1, 7. De este capítulo y del siguiente «De templo Saturni...» salen muchas de las valoraciones que hace Pérez de Moya sobre «de qué manera se han de interpretar la imagen y templo de Saturno».

hasta que tornando Hércules de España, de la conquista de Gerión, mudó la costumbre del ofrecer los hijos, y aun a los estranjeros, aunque del ofrecer estranjeros, como fuese divina cerimonia (según ellos) no cesó del todo, mas mudáronlo en otra cosa, dando en lugar de los estranjeros unas imágenes de cera, las cuales sobre el altar de Saturno ofrecían encendidas hachas. Esta costumbre se guardó mucho tiempo en Italia, como lo toca san Isidro en el lugar alegado.

Que los sacerdotes tuviesen las cabezas descubiertas en sus sacrificios, como en los de otros dioses las tuviesen cubiertas, es por denotar que Saturno en cuanto hombre fue verdadero y justo, y por exhortarnos en esto, que amemos la verdad, porque el tiempo entendido por Saturno, tarde o temprano la descubre declarando la mentira.

Había en Roma sobre el templo de Saturno un grandísimo Tritón, según dice Natalis Comitis[142], que tocaba una bocina todas las veces que se levantaba viento. Esto dicen que significaba que las cosas que pasaron en el mundo antes de Saturno se habían callado, mas que después del señorío de Saturno habían sido celebradas con voz clarísima de los historiadores.

CAPÍTULO VI

TRATA DE IÚPITER

Muchos hubo nombrados Iúpiter en la antigüedad. El primero, según Leoncio y Cicerón[143], fue un hombre de Arcadia llamado Lisanias, el cual, como fuese a Atenas y halla-

---

[142] *Mythologia* 8, 3 [1596:704].

[143] En *De natura deorum* 3, 53 se ofrecen tres Júpiter aunque ninguno con ese nombre Lisanias. La actividad de Júpiter en Arcadia la relata Conti, *Mythologia* 2, 1 [1596:67 y 70]. En ninguno de estas dos fuentes aparece el nombre de Lisanias; tampoco entre los muchos atribuidos a Júpiter en *De civitate Dei* 7, 11 «De cognominibus Iouis», a los que hay que añadir los muchos que glosa Vives. Sánchez de Viana en sus *Anotaciones sobre...*

se allí los hombres a manera de bestias, y él fuese de singular y excelente ingenio, mostróles vivir debajo de ley que fuese común a todos, y usar del matrimonio, teniendo cada uno su mujer (como primero usasen una torpe comunidad); y después mostró honrar y servir a los dioses y edificar templos y hacerles sacrificios. De lo cual los atenienses, como groseros, maravillándose, hiciéronlo rey suyo, y honráronlo por dios, y llamáronle Iúpiter, nombre a ningún hombre otorgado antes dél, y por ennoblecerlo más, aunque tuviese nobles padres, porque no serían de tanta fama, que por los nombres dellos este Iúpiter fuese conocido, los autores, con grande ingenio, diéronle por padre a Aether[144], que significa el celestial fuego, porque fue de ardiente entendimiento; diéronle el Día por madre, aunque no es persona ni puede engendrar, por la fama y claridad de su nombre, porque Día es cosa clara, o porque Día es tiempo, y el tiempo engrandece a los tales varones, porque los que salen muy excelentes no eran antes ni luego como nacieron, mas por distancia de tiempo las virtudes y saber crecen, hasta hacerse excelentes; y así, con estos padres y con el nombre que le pusieron de Iúpiter, y siendo presupuesto poético hablar de Iúpiter, así como si fuese Dios, y no así como de hombre mortal (como lo fue), le engrandecieron y honraron lo posible, porque lo que en griego dicen Zeus, en latín quiere decir Iúpiter, y Zeus quiere decir vida o dador de vida; o según otros, Iúpiter se dice cuasi *Iuvans*[145] *pa-*

las Metamorfosis [1589:16] aclara que hay tres Júpiter: uno nacido en Creta, otro en Tebas y otro en Arcadia: el primero identificado por el nombre con un Lysanias Archadico que, como Júpiter, erradicó la rusticidad de su pueblo. El conocimiento del «maestro Sánchez» y la cita indirecta de Leoncio y de Cicerón nos lleva a Boccaccio, *De genealogie deorum* 4, 61, y al raro Lisanias «is quis postea Iuppiter dictus est». Para la relación entre Leoncio Pilatos y Boccaccio, véase Álvarez-Iglesias [1983:17 y siguientes]. Véase además Boccaccio, *De genealogie deorum* 6, 11, y Pertusi [1979].

144 «El éter es aquel a quien los hombres llaman Júpiter» es frase de Cicerón, *De natura deorum* 1, 40. En la fuente de Conti, *Mythologia* 2, 1 [1596:67], se encuentra la genealogía de Júpiter y su significado: «Aetheris illum & Diei filium esse tradiderunt: quod ego nihil aliud significare voluisse crediderim, quam veritas & sapientiae.»

145 Así la etimología según Cicerón, *De natura deorum* 2, 64.

ter, que quiere decir padre ayudante o padre que engendra y da ser. Llámase padre ayudante, porque no sólo da vida, engendrando, así como padre carnal, pero ayudando a criar, como el padre hace sustentando sus hijos, cosas que no convienen a hombre, como lo fueron todos los que se llamaron Iúpiter, salvo a Dios verdadero, porque Él es Padre y principio de todas las cosas, las cuales, o no viven, o dél reciben la vida. Dícese ayudante, por la continuación del ser en que conserva al que cría, porque este ser en cada momento perecería y se volvería al nada que primero era, si no se conservase por actual flujo de aquel que sólo puede dar ser, que es Dios verdadero; y esto quiere decir Iúpiter, por donde entre los nombres no fue alguno hallado que tanta excelencia significase como éste, porque dar vida y ser es la cosa más perfecta y poderosa que ser puede; y aunque los gentiles en otras cosas muchas errasen, introduciendo muchos dioses, pero bien entendieron ser un solo Iúpiter, del cual estos bienes a los hombres viniesen; y dar tal nombre a algún hombre fue por ser de tal excelencia, a su parecer, que fuese a los otros como causa de ser y vivir, por algunos provechos grandes como éste dio; y después procediendo el tiempo, fuese conocida alguna estrella excelente en influir o causar bien, y a ésta pusieron este nombre Iúpiter; y así se concluye que este nombre primero se puso a algún hombre que al estrella o planeta que dicen Iúpiter. Este primero Iúpiter, según Leoncio, fue el más antiguo de todos los reyes de Atenas; y Eusebio[146] dice que el primero rey de Atenas fue Cíclope; y reconcílianse que pudo ser Cíclope y Lisanias, todo uno; y a éste los suyos le llamaron después Iúpiter, y de aquí salió el origen del llamar a los reyes de Arcadia, Iúpiter; como del primer César se llamaron césares los emperadores de Roma.

---

[146] Pérez de Moya copia Cíclope cuando se refiere al primer rey de los atenienses, que en las fuentes [Eusebio, *Crónica*] se copia Cécrope. No corregimos el nombre más que en los casos en que lo hace Vázquez del Mármol. No habrá que confundir, pues, este Cíclope-Cécrope singular con los Cíclopes, hijos del Cielo y de la Tierra.

ARTÍCULO I

Del segundo llamado Iúpiter

El segundo hombre que se llamó Iúpiter, según Tulio y Theodoncio[147], fue un hombre de noble linaje de Arcadia, de quien finge que convirtió a Licaón, rey de esta provincia, en lobo, como en la fábula de Licaón[148], diremos; aunque Ovidio atribuye esto al tercero Iúpiter; mas Eusebio[149] dice que no puede ser, porque el tercero Iúpiter fue de Creta y hijo de Saturno; según Cicerón, fue más de cien años después, mas sálvase diciendo que Ovidio y todos los poetas tratan de los que se llaman Iúpiter como si fuese uno solo[150], aunque saben que fueron muchos; y del Iúpiter que todos hablan es del hijo de Saturno y de Opis, tercero deste nombre, porque éste fue el más famoso; y tanto, que después de muerto fue tan celebrado su nombre acerca de todas las naciones, que ninguno después dél fue llamado Iúpiter. Y es de saber que hay gran diversidad entre los autores, porque lo que uno dice del primero, dice otro del segundo, y otro del tercero; mas todo lo que se dice se ha de entender del tercero, hijo de Saturno, porque ninguno hubo deste nombre que le fuese propio desde su natividad como a este hijo de Saturno, el cual desde su nacimiento le llamaron Iúpiter o otro nombre griego que quiere decir lo mismo; y así,

---

147 Véase Boccaccio, *De genealogie deorum* 4, 66. La cita de Cicerón en el ya citado libro tercero *De natura deorum*.

148 Este Licaón fue hijo de Pelasgo y Melibea, tuvo cincuenta hijos y provocó la hira de Zeus-Júpiter, quien fulminó a Licaón y a cuarenta y nueve de sus hijos (Apolodoro, *Biblioteca* 8, 1). La conversión de Licaón en Lobo la trata Ovidio en *Metamorfosis* 1, 231 y siguientes. Conti [1596:839-841] le dedica el capítulo 9 del noveno libro de su *Mythologia*.

149 *Crónica* 22, 17-26.

150 Recuérdese el tono de san Agustín en el epígrafe que sobre Júpiter resume la dispersión de nombres: *De civitate Dei* 7, 11, «quae non ad multos deos, sed ad unum eundemque referuntur».

hablando de Iúpiter, de sólo aquél entienden, que desde su nacimiento fue así llamado.

ARTÍCULO II

Del tercero Iúpiter

Del tercero[151] Iúpiter de quien hemos de tratar, diremos que fue un verdadero hombre de la isla de Candía, de Grecia, hijo de Saturno y de Opis; déste se dicen algunas cosas que son verdadera historia, y muchas según ficción poética, para declarar doctrina natural y moral a los hombres. Fue este Iúpiter el más famoso y que más nombre tuvo en el mundo, y hasta hoy es celebrado, de quien dice Eusebio[152] que en todas las naciones griegas, romanas, egipcias, fue tenido por el mayor de los dioses, y le adoraron por tal, y cada nación le quería para sí, y para honrarse decían que había nacido en sus mesmas provincias. Los de Fenicia decían que había nacido entre ellos. Los egiptios no querían consentir que hubiese nacido fuera de Egipto. Los cretenses profiaban contra todos (según Luciano). Los atenienses no podían sufrir fuese de otra parte. Éste, según Diodoro Sículo[153], excedió a todos los otros dioses y después de la muerte de Saturno, su padre, hizo grandes y señaladas cosas, y comenzó luego a señorear otros muchos señoríos, no tanto adquiridos con fuerzas y armas, cuanto con industriosa prudencia, mostrando a los hombres grandes secretos de naturaleza, porque publicando que toda nueva invención que saliese, que a él fuese el primero que se notificase, prome-

---

[151] El «tercero Júpiter» está retratado en Boccaccio, *De genealogie deorum* 11, 1 y siguientes. Aquí también la anécdota sobre las enseñanzas de este dios a los hombres.

[152] Véase el libro tercero de *De preparatione evangelica.* Sobre el tercer y gran Júpiter, véase la *Crónica* 22, 17-26.

[153] Véase *Biblioteca histórica* 6, 15.

tiendo por ello grandes premios, y así, aprendiendo de muchos, todos la recibiesen por nueva dél solo, con que trujo la gente a más sabios y ordenados modos de vivir, dando para ello muchas industrias provechosas y necesarias para el concierto de la vida humana, quitando malas costumbres, como era que no comiesen carne humana, como hasta el tiempo de su padre Saturno se había usado. Enseñó guardar justicia en los pueblos, y que nadie agraviase a otro, so pena que sería castigado. Hizo leyes a muchas gentes. Quitó contiendas que había entre los hombres, y dio orden cómo se concertasen, con que fue tan quisto y amado, que no sólo cuando trujo guerra contra los Gigantes, todos los demás dioses le vinieron a ayudar, mas ganó mucho señorío y honra mundana (como él deseaba) y divinidad, lo cual no fue muy difícil de adquirir, porque la ignorante gente, conociendo los muchos y muy buenos avisos de vivir y beneficios que dél recibían, no sabiendo con qué le poder pagar, ordenaron de adorarle, viendo serle muy acepto este género de paga; y él por su parte no se descuidaba en que esto pasase adelante, porque tomando amistad con los príncipes, les rogaba le hiciesen templos, como hombre muy ambicioso de honra, a su nombre dedicados; y así el rey Casio le hizo un templo y le puso nombre Iúpiter Casio, y el rey Molión, otro, llamado Iúpiter Molión; y así lo hicieron otros muchos, que sería largo de contar. Con todo esto era por otra parte tan desordenado en el vicio sensual que aun a su hermana no perdonaba, y así, no veía mujer de buen rostro que della no gozase, y aun hasta el amar mozos, de que le acusa san Augustín[154]. Cosa de admirar es la ceguedad de los antiguos y engaño del demonio (por cuyo medio, permitiéndolo Dios por sus pecados), que un hombre tan vicioso, y que después de muerto fue sepultado en el infierno, se tuviese en opinión de dios y dejase tan firmes sus obras en los corazones de los hombres, que cuanto mal o bien venía del cielo creyeron sucedería por Iúpiter, y que él lo enviaba; y así, los rayos, y piedras, y lluvias, lo recibían

---

[154] «Iste pueri pulchri impudicus amator & raptor» (haciendo Vives referencia a Ganímedes): *De civitate Dei* 4, 25.

como cosa de su mano. Diéronle muchos nombres, así entre griegos como entre los latinos y otras naciones, y todos eran según la propiedad del poder, oficios, y efectos que le atribuían. Llamáronle padre por la benevolencia, y provisión y cuidado que de todos tenía. Llamáronle rey óptimo, máximo, porque comunicaba a todos sus bienes. Nombráronle vencedor, emperador, guardador, fulminador, capitulino, y otros varios nombres, que refiere san Augustín[155]. Los egiptianos le llamaron Hamón, por la causa que en otra parte dijimos.

ARTÍCULO III

DEL CÓMO Y DÓNDE SE CRIÓ IÚPITER, Y DE SUS AMAS

Iúpiter, luego como nació, por escondello, lo dieron a criar a su abuela Vesta (como tratando de Saturno dijimos), y llevándolo al monte que dicen Ida (que es en Creta o Candía), le encomendaron en la guarda de los curetes, como lo escribe Eusebio[156], y porque según la costumbre de los niños, Iúpiter algunas veces lloraba, porque Saturno no oyese el llanto y entendiese dónde estaba y lo matase, fingen que cerca de una cueva donde le tenían, tañían atabales y bacines de cobre, y otros instrumentos que causaban ruido; a este ruido acudieron las abejas, y con la miel que en la boca del niño hacían le sustentaban; otros dicen que le crió una cabra; otros una osa, o que sus amas se convirtieron en osas. Pausanías[157] dice que le criaron dos Nin-

[155] La lista de nombres jupiterinos la ofrece san Agustín en *De civitate Dei* 7, 11.

[156] *Crónica* 22, 17-26. También Conti, *Mythologia* 2, proemio [1596:69] da explicación para la marcha al monte Ida y la guardia de los curetes; cita éste como fuentes a Virgilio, *Eneida* 3, y a Dionisio [Periegeta], *De situ orbis* 501-3 (véase *Geographi graeci minores).* La artimaña de atabales y bacines («cimbalorum timpanorumque») y la siguiente descripción parten del mismo capítulo de la *Mythologia,* de Conti, y de la *Biblioteca,* de Apolodoro.

[157] Véase *Descripción de Grecia* 4, 31, 1.

fas llamadas Ithome y Neda, es un alto de un monte de la provincia de Mesenia, junto de una fuente llamada Clephidia. Cicerón[158] dice que Adrastea y Ida y Amalthea fueron amas de Iúpiter. Otros dicen que le criaron unas palomas. Pintaban a Iúpiter, unas veces sin orejas y otras con ellas; otras con tres ojos; otras como carnero, o con cuernos de carnero; dedicáronle el águila y traíala por divisa, y servíale de subirle rayos[159] de los que hacía Vulcano y sus criados los Cíclopes.

Dicen que cuando Iúpiter iba con intento de echar a su padre Saturno del reino, llegando a los pueblos ceclopios, que habían recibido sueldo para que en sus guerras le ayudasen, como le mintieron como gente mala y engañadora, los convirtió en ximios.

Declaración

Que nacido Iúpiter y Iuno de un vientre mostrasen a Iuno y escondiesen a Iúpiter, diráse su significación tratando de Iuno. Que Iúpiter fuese dado a Vesta[160] que le criase denota que los animales y plantas se crían de la tierra,

---

[158] En el margen «Lib. *de divination*». En el *De divinatione* ciceroniano no he encontrado la cita de Adrastea nodriza, aunque sí la referencia a Júpiter «lactens» de Fortuna. Un resumen de las nodrizas de Júpiter hay en Sánchez de Viana [1589:17] siguiendo a Conti y éste quizá la *Biblioteca* 1, 5, de Apolodoro.

[159] «Porque al águila no la mata rayo según Plinio lib. 10 c. 3» es frase de Sánchez de Viana [1589:17].

[160] En esta asociación de Vesta con Gea-Tierra, Pérez de Moya no tiene en cuenta la aridez de Vesta frente a la fertilidad de la Gea griega: «No consideréis a Vesta otra cosa que llama viva; y sabéis que de la llama no nace ningún cuerpo. Con razón, pues, es virgen aquella que no echa semilla alguna ni la recibe» son palabras de Ovidio en *Fastos* 6, 291 que copia Lactancio en *Instituciones divinas* 1, 12, 6. Quizá en el fondo sea una peculiar lectura de Conti, *Mythologia* 2, 1 [1596:92]: «Dicitur datus fuisse Vestae educandus, quoniam cum animalia & plantae ex terra procreentur, tum crebrior elementorum mutatio sit circa terram, circa quam existunt vapores.» Los ejemplos y declaraciones morales que se siguen en el texto provienen de la enciclopédica y moral *Mythologia* de Conti.

entendida por Vesta, o que las mudaciones de los elementos son hechas cerca de la tierra, de la cual se levantan los vapores, de que pensó Thales sustentarse la región etérea o celestial. Darle a Iúpiter por guarda a los curetes fue porque éstos, según sentido histórico, fueron muy leales y grandes servidores de Iúpiter, y por el buen tratamiento y mercedes que les hacía, los llaman hijos de Iúpiter.

Decir que los curetes, porque no oyese Saturno los llantos que Iúpiter, según condición de niños, hacía, tañían atabales y bacines, esto es porque, según opinión de pitagóricos, tenían que la región etérea o cielos, con sus movimientos, causaban harmonía musical. Para declarar esto, dice la fábula que Iúpiter fue guardado entre el ruido de atabales y adufes y bacines que los curibantes tañían, porque Saturno no le oyese llorar.

Que las abejas acudiesen luego a criar a Iúpiter, haciendo en su boca miel: Esto denota varias cosas: la una, que es bueno a los niños luego que nacen ponerles en la boca una gota de miel, porque se muestren a mover la lengua para mamar. Otrosí, acudir las abejas allí, haciendo los curibantes tanto ruido es mostrar que las abejas dando golpes en los corchos, se juntan, como muestra Virgilio, diciendo: *Nunc age natura apibus*[161]. O significa que en aquella tierra donde se crió Iúpiter, fue donde primero se tuvo cuidado de beneficiar las abejas.

Decir que le crió una cabra o las abejas es que, según Dídimo, Iúpiter fue encomendado al rey Milesio de Creta, el cual tenía dos hijas llamadas Amalthea y Melisa, y éstas criaron a Iúpiter; y dijeron que una cabra llamada Amalthea, por poético encubrimiento, o de las abejas, porque Melisa, hermana de Amalthea, en griego, quiere decir Apis en latín, que en nuestra lengua es abeja; por esto dicen que le criaron las abejas y una cabra. Y esto dijeron los poetas por engrandecer a Iúpiter, diciendo que no había sido criado como las otras criaturas, sino con cosas ajenas de naturaleza, o por dar a entender que las animalias que no saben de razón le

---

[161] Verso de Virgilio en las *Geórgicas* 4, 149.

obedecían y servían, para que por esto pareciese ser Iúpiter alguna divinal virtud; o quisieron por esto decir que así como las abejas se crían sin ayuntamiento de macho y hembra, así los elementos, entendiendo por Iúpiter el del fuego, se engendran sin ayuntamiento, de los cuales pensaban los antiguos cebarse y criarse la región etérea, o para significar que de la tierra se levantan exhalaciones y los engendramientos de los elementos.

Dijeron haber criado a Iúpiter más una cabra que otro animal porque la cabra es amiga de subir a lo alto, tanto que aun hasta para comer se alza y sube a las matas; así los elementos y vapores se levantan sobre la tierra. Y para declarar que también se levantan vapores del agua dijeron que criaron a Iúpiter una, porque ninfa es nombre general de toda humidad, y por humidad se entiende el agua.

Decir que le crió una osa es que donde le criaban había un monte llamado Ursus, que quiere decir oso, o porque iban allí y le desnudaban y limpiaban, decían que le criaba una osa, o que su ama se convertía en osa.

Decir que le criaron palomas es que algunas amas que criaron a alguno nombrado Iúpiter se decían *Columbae*[162], que quiere decir palomas.

En Creta, según Plutarcho[163], pintaban a Iúpiter sin orejas, para denotar que el rey no debe dar oídos a burlas, o que no ha de oír a unos más que a otros sus justicias. Los lacedemonios asimismo le pintaban al contrario, con cuatro orejas, para declarar la prudencia y diligencia que ha de tener el rey para administrar y oír y entender todo aquello que sus pueblos hacen; y por esto mismo denotar, le pintan con tres ojos, porque ha de verlo todo y ninguna cosa le ha de ser oculta; por esto mismo le atribuyen el águila por su ave, por la gran vista que esta ave tiene. Otros dicen que la causa porque Iúpiter recibió el águila y la tomó por divisa fue que cuando partía de la isla llamada Naxos, a la guerra

---

[162] La palomas de Dodona son más oráculos del monte homónimo que amas, así en Conti, *Mythologia* 2, 1 [1596:93].

[163] La imagen de Júpiter mutilado aparece en Plutarco, *Moralia: De Iside et Osiride liber* [1592:172].

contra los Titanos, en favor de sus padres, como hiciese sacrificio en la costa del mar, vínole una águila por agüero; y como él después venciese a los Titanos, tomó al águila por buena señal y hízola su divisa, y dicen que cuando el águila vino, se le asentó en la cabeza. Lo cual significó que había de ser rey, como entonces no lo fuese; y ultra desto hicieron el águila paje de Iúpiter, y que le servía de llevarle los rayos que hacían los Cíclopes, criados de Vulcano. Esto dicen los poetas, porque según afirman los naturales, esta ave no es herida de rayo; lo cual para significarlo decían que llevaba los rayos en los pies, porque si le hicieran mal, no los osara tocar, o que su vuelo es tan alto que excede a la región del aire, donde se engendran los rayos. Otrosí le dedicaron el águila, porque así como es la reina y la principal de las aves, así Iúpiter era tenido por el mayor de los dioses gentílicos. Y porque esta ave la traía en su escudo o armas por divisa, le dicen *Armiger Iovis,* cosa que trae las armas de Iúpiter.

Los cecropios, vueltos por Iúpiter en ximios, porque faltaron la palabra o blasfemaron contra él, nos da ejemplo que los soberbios y mentirosos, que tienen osadía de hablar mal contra la religión y contra Dios, no son otra cosa, por juicio de Dios, sino monas, que teniendo semejanza de hombres, les falta las obras.

Llamaron los de Egipto a Iúpiter Amón[164], que según Papias quiere decir carnero, o arenoso, y esto es porque cuando fingen haber huido los dioses del gigante Tiphoeo hasta Egipto, se mudó Iúpiter en carnero, por miedo, no pudiendo pasar de allí; y los demás dioses se mudaron en otras figuras, como dice Ovidio[165]. Lo otro le conviene arenoso, porque en la tierra de Libia, que es África, está un templo de Iúpiter en un arenal, y fue este templo de tanta veneración en tiempo de los gentiles que fue a visitarlo Alejandro.

---

[164] Véase Plutarco, *Moralia: De Iside et Oriside liber* [1582:134].

[165] *Metamorfosis* 5, 327-332. Júpiter es un carnero, Apolo un cuervo, el hijo de Semele un macho cabrío, la hermana de Febo una gata, la saturnia una vaca, Venus un pez...

ARTÍCULO IV

De la partición del mundo que hizo Iúpiter con sus hermanos

Después de haber Iúpiter echado a su padre Saturno del reino, y recibido por mujer a Iuno, su hermana, Neptuno y Plutón pidieron a Iúpiter la parte del reino, atento que le habían ayudado contra Titán y que estaba todo en paz. Iúpiter vino en ello, y según poético fingimiento, partieron entre ellos el mundo, como dice Lactancio[166] y Estacio[167], porque presuponen no haber otra cosa en el mundo, fuera de lo que Iúpiter tenía; dividiéronle en tres partes, y echadas suertes, le cupo a Iúpiter el cielo, y a Neptuno el mar, y a Plutón el infierno, con toda la tierra. Esto es, que todos tres hermanos heredaron lo más de Grecia; y porque a Iúpiter cupo la parte más oriental de aquella provincia, a respeto de las otras partes de sus hermanos, que fueron más occidentales, o porque acostumbró vivir en el monte Olimpo, de Thesalia, al cual monte los moradores dél le llaman cielo, por esto dicen haberle cabido a Iúpiter el cielo, o habitar en el cielo. A Neptuno, porque le cupieron las islas de Grecia, y algunas tierras cercanas de mar, le llamaron dios del mar, o haberle cabido el mar. A Plutón, porque le cupieron las partes más occidentales de Grecia o porque esta parte, a respeto de la oriental, de do sale el Sol, es muy tenebrosa, o porque caminando a Occidente bajan hacia abajo, y a lo bajo se dice infierno, por esto llaman a Plutón dios de los obscuros infiernos, y porque el infierno está en el medio de

[166] En las *Instituciones divinas* 1, 11-35 da las causas de la repartición del mundo, las calidades de sus partes, la instrucción moral que se ha de interpretar y la consideración sobre el Olimpo como cielo. La repartición del mundo ya la cita Evémero-Ennio en los primeros fragmentos de la *Historia sagrada*.

[167] En *Tebaida* 8, 34 y siguientes hay reflexiones y fuentes semejantes. Véase Lactancio Placidio, *Comentarios sobre la Tebaida de Estacio* 8, 1-40.

las entrañas o en el centro de la tierra, dijeron también haberle cabido el señorío de toda la tierra.

Decir que este repartimiento o partición del mundo se hizo por suertes fue por denotar la igualdad de los hermanos, hijos de Saturno.

ARTÍCULO V

CÓMO SE ENTIENDE TRANSMUDARSE IÚPITER EN VARIAS COSAS, Y DESCENDER DEL CIELO

Hemos dicho que Iúpiter se dijo así: *Quasi iuvans pater,* que quiere decir padre ayudante o padre ayudador, porque ayudaba a los hombres con grandes avisos necesarios para la vida, o porque *iuvo iuvas,* en otro significado, se toma por *delecto delectas,* que quiere decir deleitar, porque fue un hombre de los más viciosos y sensuales de cuantos en las historias se hace mención, el cual, como para cumplir sus torpes deseos y sucios apetitos, bajase del monte Olimpo de Thesalia, donde hacía su habitación, a gozar de muchas mujeres, a quien iba a buscar donde pensaba hallarlas, con diversas formas de cautelas para poderlas haber, fingen los poetas que bajaba del Cielo, porque a este monte los moradores dél le llamaban Cielo, y que se convertía en diversas formas, diciendo que para alcanzar a Dánae se convirtió en pluvia o en granos de oro, que según dicen san Isidro y san Augustín[168], no fue otra cosa sino que Iúpiter, con mucha suma de oro que dio, vino a engañar a la simple y recogida doncella.

Decir que otra vez se convirtió en Amphitrion, como trae Plauto[169], es decir que dándole muchos tesoros a Amphi-

---

[168] *Etimologías* 10, y *De civitate Dei* 18, 13. Véase más abajo en el capítulo sobre Dánae la cita tomada de Fulgencio sobre la consideración moral de lo que Conti y Sánchez de Viana llaman estupro.

[169] El capítulo primero del acto tercero de *Amphitruo* comienza con estas palabras de Júpiter: «Ego sum ille Ampitruo...» para acabar en la constatación de los versos 1134-36 (5, 2): «Sum Iuppiter. / primum omnium Alcumenae usuram corporis / cepi, et concubitu grauidam feci filio.»

trión, le consentió que en su lugar durmiese con Alcmena, su mujer.

Decir que otra vez se convirtió en toro es porque viniendo por la mar trayendo la vela de su navío un toro pintado por insignia, robó a la noble Europa, hija del rey Agenor; y de esta manera fueron todas las demás transmutaciones que se dice haber hecho para sus adulterios y homicidios y maldades. Y así, dice Arnobio[170], autor antiguo, que cuando Iúpiter algún mal recaudo pretendía hacer, se transformaba en diversas formas; quiere decir, buscaba varios modos para ello, por terceros, y con suma de dineros y otros sobornos.

ARTÍCULO VI

DE LA PELEA DE LOS TITANOS O GIGANTES CONTRA IÚPITER

Cuenta Ovidio[171], que los Titanos o Gigantes, que tenían los pies de serpientes, desearon subir a los reinos celestiales, por echar de allí a Iúpiter y a los demás dioses, y para pone-

---

170 Autor cristiano del siglo IV autor de un tratado *Aduersus gentes*. Las sucesivas mutaciones de Júpiter se pueden observar compendiadas en el tapiz que teje Aracne en las *Metamorfosis* 6, 90-129. Véanse Boccaccio, *De genealogie deorum* 6, 11, y Conti, *Mythologia* 2, 1.

171 *Metamorfosis* 1, 150-155, donde se cuenta la lucha de los Gigantes y Júpiter. Pérez de Moya confunde a los Gigantes con los Titanes, que son seres distintos que participan con distintas acciones contra los dioses. Los Gigantes tienen pies a la manera de serpiente (Ovidio, *Fastos* 5) y son hijos de la tierra Gea y de la sangre de los genitales del cielo Urano; los Titanes son hermanos de los anteriores, pero no tienen base de serpiente. Que ambos en sus combates persigan destronar a la segunda generación de dioses hace que sus luchas, la titanomaquia y la gigantomaquia, se confundan. Apolodoro en la *Biblioteca* 1, 6, 1, los separa así: «Gea, irritada a causa de los Titanes, procrea con Urano a los Gigantes.» Para Boccaccio los Gigantes son hijos de los Titanes; la filiación de ambos puede verse en *De genealogie deorum* 4, 1 y 4, 68. Léase también la bellísima «Gigantomaquia» de Claudiano en sus *Poemas* [1993:II,313].

llo por obra amontonaron montes unos sobre otros; conviene a saber: el monte Osa sobre el monte Pelión, y sobre éstos pusieron el monte Olimpo, hasta que con ellos llegasen a las estrellas, para después prender a todos los dioses y echarlos de sus aposentos. Entonces Iúpiter, indignado de tan gran soberbia, arrojó un rayo del cielo, con que hirió a estos Gigantes, y abriendo la tierra, los puso debajo de ella, poniéndoles encima unos grandes y pesados montes; mas de la sangre de ellos caliente, mezclada con la tierra, se engendraron otros, y por esto se dice gigante, que es nombre griego, que quiere decir nacido de la tierra. Gigante también quiere decir hombre disforme y fuerte más que los otros.

Declaración moral

Estos Gigantes, según Macrobio, no fueron algunos hombres de grandes cuerpos, como en común solemos entender; mas llamaron Gigantes a una gente muy necia, que negaron haber dioses; y por esto dice la fábula que querían echar los dioses del cielo, porque los gentiles dieron el cielo a los dioses por lugar. Decir que estos gigantes tenían los pies de serpientes es por significar la maldad y mala inclinación de los tales, porque la serpiente no anda derecha, mas tendida sobre la tierra; así, éstos eran todos terrenales, que no pensaban cosas celestiales. Decir que de la sangre de los Titanos o Gigantes, y de la tierra, se engendraron otros Gigantes, esto es porque los Titanos fueron hombres de malas condiciones y peores costumbres, y es cosa creedera de un malo nacer otro malo, o que de la raíz de la soberbia entendida por los Titanos o Gigantes nacen todas las impiedades y males. Poner los montes Pelión y Osa y Olimpo unos sobre otros, esto es porque son unos montes en Thesalia o Macedonia, que están tan cercanos unos a otros, y de tal modo, que Osa es más alta que Pelión, y Olimpo más alto que Osa, y mirados de lejos parecen estar unos sobre otros; y para declarar esto, fingen que los Gigantes los juntaron. Algunos quieren decir que los Gigantes fueron unos hombres tan feroces como soberbios, que negaban la deidad y poder de sus dioses, y quiriendo combatir con ellos, fueron convertidos en ximios[172], que no es otra cosa sino querer decir, que no quiriendo los malos conocer los beneficios de su Criador, ni guardar sus leyes y mandamientos, antes con presuntuosa soberbia, que es cabeza de todos los vicios, embebidos en feas maldades, se convierten en bestias, como ximios, lo cual quiso sentir Tulio cuando dijo: No es otra cosa los Gigantes combatir con los dioses sino los hombres vivir fuera de razón y resistir a naturaleza. Decir que cudiciaron el cielo, esto es porque cudiciaron los Titanos el poderío real que tenía Iúpiter. Lo que dicen que Iúpiter derribó los montes sobre los Gigantes es que por Titán entendieron el Sol[173] y por su mujer la Tierra, y porque de las calidades de estas cosas, que es el calor entendido por el Sol, y humidad entendido por la tierra, nacen todas las cosas, por esto dicen que de la sangre de los Titanos mezclada con la tierra nacieron los Gigantes. Algunos dicen que los antiguos por esta fábula declararon los mudamientos de los elementos, unos en otros, y las generaciones de las cosas naturales, entendiendo por los Titanos lo grueso y terrestre, que entre sí tienen los elementos, que la fuerza de los cuerpos celestiales arrempuja de lo alto a lo bajo, porque los vapores por la fuerza o virtud del Sol, por quien se entienden los Titanos, suben hacia arriba, los cuales, llegados a lo alto por virtud de los cuerpos divinos se resuelven en puros elementos, o se rechazan hacia abajo, y dellos se vuelven a entrar en la tierra, como hace el agua, y desta entrada vuelve la tierra a engendrar cosas, y otros vapores, que es una pelea perpetua, mediante la cual contrariedad de elementos consiste la generación de las cosas naturales, como lo que decimos Metheoros. Según sentido histórico, la verdad desta guerra fue que los Titanos pelearon contra Iúpiter en Thesalia o Macedonia, en el campo de Phlegia, donde fue muy grande pe-

---

[172] Conti, *Mythologia* 2, 1 [1596:74], cita la historia de unos hombres convertidos en simios después de la lucha de los Titanes.

[173] Así en Ovidio, *Metamorfosis* 1, 10.

lea, y fueron vencidos los Titanos, muriendo muchos de ellos, como escribe Solino[174].

ARTÍCULO VII

De otra guerra del Gigante Thiphoeo contra Iúpiter y los demás dioses

Esta guerra que dicen del gigante Thiphoeo[175] contra Iúpiter y los demás dioses, no fue verdadera, mas fingida, para alegórica exposición. Esto se prueba por cuanto las guerras de Iúpiter contra los Titanos fueron, según Lactancio: la primera, cuando peleó con ellos para librar a su padre Saturno de las prisiones en que le tenían; la segunda, cuando ellos pelearon contra Iúpiter por tomarle el reino. Después de echado Saturno de Grecia, toda la demás vida de Iúpiter fue en paz, que fue causa que gastó la vida mal en deleites carnales. Y dice el alegado Lactancio[176], que esta guerra fue comienzo de todos los males del humano linaje, por cuanto en ella venció Iúpiter; porque si él fuera vencido, no se hiciera tener por dios, haciéndose templos y ordenándose sacrificios, de lo cual quedó después en los gentiles costum-

---

[174] La historia de los Gigantes en Macedonia la trae Cayo Julio Solino en el capítulo XV del *Polyhistor*.

[175] Tifoeo o Tifón es el hijo más joven de Gea y desafiador de Zeus-Júpiter. Véanse Hesiodo, *Teogonía* 820 y siguientes, y Apolodoro, *Biblioteca* 6, 3. La descripción que más abajo se ofrece del cuerpo de Tifón viene de Apolodoro y lleva hasta Conti, *Mythologia* 6, 22, que dedica todo un capítulo a Tifón y a la explicación moral de sus actos. Véase también Boccaccio, *De genealogie deorum* 4, 20. Mantendremos en el texto el original *Tifeo* aun advertidos por el comentario de Bartolomé Segura en Ovidio, *Metamorfosis* [1982:II, 223]: «Tifoeo (y no Tifeo, pues jamás Τυφωεύς podría ser transcrito con el diptongo latino *oe*, que es el que en español monoptonga en *e;* sólo... la ignorancia métrica, han podido dar origen a la vulgar y absurda transcripción Tifeo.»

[176] Las batallas de los Titanes pueden verse en las *Instituciones divinas* 1, 10, 10; 11, 64; 14, 7 y siguientes.

bre de adorar a Iúpiter, Diana, Mars, Mercurio, Apolo, Ceres, Hércules, Bacho, y otros muchos que son, o se dicen, del linaje de Iúpiter; y así esta guerra fue fingida para declarar las propiedades del movimiento y efectos de los planetas y otras cosas, como en su declaración diremos. Dice, pues, la fábula, que la Tierra concibió de Titán y parió a Typholo o Thiphoeo, príncipe de los Gigantes, y era de tan admirable grandeza de cuerpo, que llegaba con la cabeza a las estrellas y con una mano al Oriente y con otra al Occidente; la barba muy larga, y que echaba fuego por la boca, de cuyas fuerzas y vista tan espantosa, no pudiendo resistir los dioses, huyeron hasta Egipto, y no pudiendo más huir ni tieniéndose por seguros mudaron las figuras: Iúpiter se mudó en carnero[177], Phebo en cuervo, Bacho en cabrón, Diana en cierva, Iuno en vaca blanca, Venus en águila, Mercurio en cigüeña, y así de otros dioses.

Theodoncio cuenta esto de otra manera: dice que los Gigantes, siguiendo la condición de sus padres los Titanos, movieron guerra contra los dioses, empero no osaron comenzarla hasta que su madre la tierra escondiese en una cueva a Egla, mujer del dios Pan, que era la más hermosa de todas las mujeres. Lo cual hecho, movieron guerra y fueron huyendo los dioses hasta Egipto, en donde se mudaron en diversas figuras: Iúpiter en águila, Pan se mudó parte dél en pescado, y parte en cabrón. Mas Iúpiter, teniendo revelación del oráculo, que si quería vencer encubriese su escudo con el cuero de Egla, mujer del dios Pan, y su cabeza con la de Gorgón, entonces presente la diosa Palas movió la guerra, y los Gigantes fueron vencidos y en el infierno metidos: a Thiphoeo, que con un rayo había sido herido, le echó encima la isla de Sicilia, puniendo el brazo derecho debajo del monte Peloro, que cae hacia el mar estrecho de Italia, y la mano izquierda debajo del monte Plachyno, el cual es fin de Sicilia contra mediodía; los pies debajo del monte Lili-

---

[177] Las mutaciones de los dioses las enumera Ovidio, *Metamorfosis* 5, 327-332, y las explicaciones morales y funcionales que, a partir de los hechos de Tifón se siguen, provienen del ignoto Teodoncio por pluma de Boccaccio, *De genealogie deorum* 4, 68. Véase también Higinio, *Fábulas* 152.

beo, que es hacia la parte de Occidente de Sicilia, y la cabeza debajo del monte Ethna, el cual es contra Oriente, que en lengua vulgar se dice Mongibel; y fingen que este gigante está vivo, y como tiene respiración, con la apretura de su espíritu inflámase y tórnase fuego; por esto en el monte Ethna[178] de Sicilia, salen llamas de fuego de la boca de Typhoeo, que está debajo. Otrosí, dicen que este Gigante, cuando se cansa de estar de una parte tendido, quiriéndose volver, cansado de tener sobre sí tanto peso, porfía para mudarse, y así, se mueven las ciudades de la isla.

Declaración[179]

La causa de la variedad desta fábula es que los autores quisieron por ella entender diversas cosas: por la primera narración de la huida que hicieron los dioses hasta Egipto, por quien son entendidos los planetas, quisieron decir que la mayor declinación que los planetas tienen es hacia aquella banda, porque Egipto es hacia ábrego o mediodía. Y decir que en Egipto mudaron los dioses sus figuras es para significar muchas cosas, conviene a saber: la costumbre que los egipcianos tenían de adorar a Iúpiter en figura de un cordero y los otros dioses en otras diversas, y también porque adoraba esta gente animales, como lo sintió Juvenal[180], donde comienza:

Quis nesciat Volusi Bithinice, etc.

Va diciendo Volusio de Bethinia, no hay quien no sepa qué cosas tan de disparate son las que Egipto adora; sirven

---

[178] Que el monte Etna cubre el cuerpo de Tifoeo ya la escribió Ovidio, *Metamorfosis* 5, 347.

[179] La explicación de los hechos de Tifoeo es muy semejante a la que hace Boccaccio, *De genealogie deorum* 4, 68.

[180] Es el inicio de la *Satira* 15. Consulto la edición Tomás Farnabi-Rodrigo de Oviedo [1775] que dan las fuentes para las supersticiones que siguen: Diodoro Sículo 1, 1; Pomponio Mela 1, 1; Pausanias, *Descripción de Grecia* 1; Estrabón, *Geografía* 17, 1; Plinio, *Historia natural* 36; Herodoto, *Historias* 2...

al cocodrillo, que es un animal monstruoso en el río. Otros adoran las cigüeñas, que están hartas de serpientes. Allí adoran unos a los peces del río, otros, a los peces del mar, y hay pueblos que tienen a los perros por dioses, y no hay quien a Diana adore.

El mudarse los dioses en unas figuras de animales, más que en otras, es para declarar las propiedades de los planetas; y así, mudarse la Luna en cierva denota que así como la cierva es animal ligerísimo, así la Luna hace su curso más brevemente que otro ningún planeta. Convertirse Mercurio en cigüeña es porque la cigüeña es contraria a las serpientes, como Mercurio, que las mata, o porque por Mercurio se entiende el médico, y éste ha de matar las serpientes, que es quitar las enfermedades de los cuerpos, las cuales corrompen e inficionan los cuerpos, como las serpientes venenosas al que pican. Venus se convirtió en anguilla; esto es, porque como el anguilla es deleznable, que mientras más la aprietan y pretenden tener, más se desliza, y tanto más apriesa se suelta de las manos, así el deleite deshonesto (entendido por Venus), cuanto más sus amadores vanos tenerle desean, tanto más apriesa huye y se acaba. Convirtióse Apolo, entendido por el Sol, en cuervo, por la semejanza; porque así como Apolo era dios de la adivinación, así el cuervo tiene condición (según agoreros) de adivinar. Bacho se mudó en cabrón, porque el cabrón es de naturaleza cálida, así como el vino entendido por Bacho; y así como el demasiado vino provoca a lujuria, así este animal cabrón es lujuriosísimo. Y así como el vino se sube a las cabezas, así este animal cabrón se sube a las breñas altas. Convirtióse Mars en raposo, porque así como este animal usa de grandes astucias para matar las aves y animalias, así en la guerra, entendida por Mars, son necesarios muchos ardides. Mudarse Iúpiter en carnero, según Ovidio, es por convenir a Iúpiter las propiedades deste animal, porque así como el carnero manso guía los demás, así Iúpiter es benigno y guía a los que nacen, porque en común nacen los hombres en el noveno mes, y Iúpiter gobierna este noveno mes; porque en el primero mes del concebimiento tiene dominio Saturno (según opinión de astrólogos), en el segundo mes Iúpiter, en el tercero Mars, en el cuarto Sol, en el quinto Venus, en el sexto Mercurio, en el séptimo Luna, en el octavo vuelve otra vez a dominar Saturno, y en el noveno Iúpiter. Decir Theodoncio que Iúpiter se convirtió en águila es porque así como es reina de las demás aves, y que jamás se ceba o come sin dejar parte de que puedan comer otras aves, así Iúpiter fue el principal de los dioses vanos, y es planeta en sus efetos más benigno que los otros para los niños concebidos. Saturno no se cuenta agora entre los dioses, porque presuponen los poetas su hijo Iúpiter haberle echado de los cielos en el infierno, como dijimos en el capítulo segundo, o porque Saturno es perjudicial a la vida del infante engendrado, por lo cual parece que proveyó Dios de apartallo más de la tierra que a otro planeta, porque con sus malas influencias menos dañase. Llamarse dioses los planetas es porque ellos son los que entre los gentiles fueron tenidos por los mayores dioses, porque alumbran la tierra y causan en ella muchos provechos, y las generaciones y corrupciones que en ella se hacen. Iuno se convirtió en vaca blanca: esto se pone para cumplimiento de la fábula, porque Iuno no es del número de los planetas; mas como era mujer de Iúpiter, huyendo su marido y mudándose en figura ajena, necesario era que su mujer le siguiese en ello, con lo cual se da doctrina a las mujeres casadas que sigan y se conformen con las voluntades de sus maridos en cosas lícitas y honestas. Y el convertirse en vaca más que en otra cosa es porque por Iuno algunas veces se entiende la tierra, y para declarar que el principal animal para labrar la tierra es la vaca o buey, para que dé abundosos frutos. Ser blanca esta vaca denota que Iuno, entendida por la tierra, en invierno se cubre de nieves, con que se hermosea y hace más poderosa para frutificar, por las causas que en nuestra *Astronomía*[181] dijimos.

Pan se convirtió (según Theodoncio) en cabrón y en pescado; esto es porque por Pan entendían los antiguos la naturaleza de las cosas del mundo, cuyas partes la una es tierra, y significada por el cabrón, el cual en la tierra vive. Otra

[181] Véase la *Astronomía* 2, 3, 10 del propio Pérez de Moya.

es agua, la cual es entendida por el pescado que en ella se cría. Quisieron por esto dar a entender que todos los animales y cosas del mundo se sustentan y conservan en tierra y agua, o que de la templanza del húmido entendida por el pescado, y lo cálido entendido por el cabrón, consiste la vida de todo animal.

Por Tiphoeo, que hizo huir a los dioses hasta Egypto, se entiende el movimiento de los cielos, mediante lo cual los planetas se mueven. Por la barba larga se entiende la virtud celestial, mediante lo cual se engendran y corrompen las cosas de este mundo, según obra la causa segunda, por la orden que nuestro Señor lo ordenó.

Lo que dice Theodoncio, que los Gigantes no osaron comenzar la guerra contra los dioses hasta que Egla, mujer del dios Pan, fuese escondida en la tierra, fue para significar la industria de la guerra, la cual no debe alguno intentar sin tener las cosas necesarias para ella; y por cuanto una más necesaria era esconder a Egla, que significa la riqueza o mantenimientos de los hombres, que por ser mujer de Pan, que como hemos dicho, Pan denota las cosas del mundo. Es Egla, mujer del dios Pan, para significar que el mundo en común ama la riqueza, como el marido a la virtuosa y querida mujer. Decir que era Egla la más hermosa de todas las mujeres es porque los hombres mundanales avarientos tienen las riquezas por mejores que todas las cosas y por muy hermosas. Llámase la mujer de Pan Egla, que en griego quiere decir cabra, porque antiguamente todas las riquezas de los hombres eran ganados, y de aquí sale que de *pecus*, que en latín quiere decir oveja o cabra o puerco, salga *pecunia*, que en la misma lengua quiere decir todo género de dinero, porque Pan en otro significado era dios de los pastores, y por esto es Pan marido de Egla. Ser Egla escondida en la tierra era que aguardasen tiempo que Iúpiter estuviese desapercibido y sin bastimentos, porque no hallando Iúpiter a Egla, por estar escondida en la tierra, estaría pobre, porque todo haber procede de la tierra. Que Iúpiter hubiese revelación que si se cubriese el escudo con el cuero de Egla y la cabeza con Gorgón, y estuviese presente Palas, vencería, quiere decir que si se apercibiese de bastimentos, entendidos por el cuero de Egla, y siguiese la guerra, con consejo entendido por Gorgón, vencería. En lo que dice que para que Iúpiter venciese estuviese presente Palas es que Palas era diosa de la guerra, y significa también la sabiduría y expiriencia del arte militar, sin el cual mal puede vencer. Y Iúpiter, tiniendo estas cosas, venció a los Gigantes y los echó en el infierno; esto es porque los vencidos se abajan de sus dignidades, y porque así como no hay cosa más baja que los infiernos, así no hay cosa más abatida que el captivo y vencido. Esta guerra pone Ovidio[182], contando la contienda de las nueve Musas con las nueve hermanas, hijas de Aganipe, disputando sobre cuáles eran más entendidas en el arte de cantar, y poniendo por jueces a las ninfas.

Decir que Tiphoeo había sido herido de un rayo es porque los poetas dan estas armas a Iúpiter, y si Iúpiter le venció, con rayo había de ser.

Que Iúpiter le pusiese encima a toda la isla de Sicilia, poniéndole un brazo debajo de un monte, y otro debajo de otro, etc., es para declarar la descripción o postura de aquella isla.

Decir que echaba fuego por la boca, y que resollaba o salía este fuego por la cumbre del monte Ethna, debajo del cual fingen tener la cabeza, es para declarar el vulcán o boca de fuego que en este monte Ethna[183] de Sicilia salía. Y Tiphoeo quiere decir cosa que de sí echa fuego, por ser costumbre de poetas decir las verdades debajo de fingidos encubrimientos. El que quisiere ver la causa del los vulcanes, lea nuestra *Astronomía*[184].

Decir que moviéndose Tiphoeo hacía menear las ciudades de Sicilia es por declarar los temblores de tierra que en aquella isla se causan, por ser tierra cavernosa, más a la continua que en otras partes.

Haber puesto Iúpiter a Tiphoeo más debajo de esta isla que de otra, es porque Tiphoeo, según Theodoncio, fue

---

182 Veáse el libro 5 de las *Metamorfosis*, versos 312 y siguientes.
183 El sepulcro de Tifón y las causas del Etna como volcán ya están en Apolodoro, *Biblioteca* 1, 6, 3, y en Ovidio, *Metamorfosis* 5, 352-353.
184 Pérez de Moya, *Astronomía* 2, 5, 12-13.

muy antiguo rey de Sicilia, el cual, trayendo diferencias con su hermano llamado Osiris, le mató; después peleó con Iúpiter, y siendo vencido dél, fue muerto; y por esto se dice que quiso tomar a Iúpiter el cielo, porque peleó por tomarle el reino. Llamar a Tiphoeo hijo de Titán, es porque Titán fue soberbio, y todos los soberbios se llaman hijos de Titán. Llamarse hijo de la tierra, porque tenía gran señorío en ella, o por ser gigante, porque todos los gigantes se llamaban hijos de la tierra, porque como tengan tan grandes cuerpos, creyeron no poder haber salido de vientre de alguna mujer, mas de otra cosa mayor; y porque no hay mayor vientre que el de la tierra, dijeron que della nacieron los Gigantes, como madre de todas las cosas. Y para colorear esta cosa sin orden, del cómo podrían nacer los Gigantes de la tierra, dijeron que los Titanos, sus padres, movieron guerra contra los dioses, en la cual, derramada su sangre, la tierra concibió y engendró aquellos grandes cuerpos. Hesiodo[185], en tres versos que comienzan: *Sanguineae quot guttae, recipit,* etc., dice que nacieron de la tierra, y de la sangre del miembro viril que Saturno cortó a su padre Caelo, para declarar que de la virtud generativa celestial entendida por este miembro, y de la tierra, se engendran las cosas.

En otro modo se puede aplicar la huida de los dioses del gigante Thiphoeo; entendiendo por la tierra los Gigantes, o por Thiphoeo, que era uno dellos, y no tomando tierra por toda ella, porque della nunca huyen los planetas (por quien son entendidos los dioses), mas por alguna parte septentrional de ella, en la cual habitaba Iúpiter; y según este sentido, se podrá decir huir los dioses o planetas de ella, porque el Sol en invierno se aparta de esta tierra, llegándose hacia el mediodía, y en el verano se acerca. Así la Luna en un mes se aparta y acerca, como este planeta en cada mes cumpla su círculo; otros planetas le acaban más tarde; esto se entiende según sus movimientos propios y no según el que les

[185] Como se ha visto, Gigantes y Titanes son hijos de la misma madre Tierra. El verso («sanguineae quotquot guttae cecidere recepit») es el 183 de la *Teogonía* de Hesiodo y parece tomado de Conti, *Mythologia* 6, 21 [1596:546] para ilustrar el nacimiento de los Gigantes.

hace hacer a todos el primer móvil, en espacio de un día natural, y así se acercan y apartan en diversos tiempos, y por este apartamiento o declinación dicen los poetas que los planetas o dioses huyen de Thiphoeo, que es la tierra correspondiente donde habitamos. El cual apartamiento o declinación de planetas es desde Septentrión hacia Mediodía, lo cual se entiende por la huida a Egipto, porque Grecia, donde se finge haber habitado Iúpiter, es hacia Septentrión, y Egipto hacia Mediodía. En lo que toca a longitud, no se pone término, porque todo lo andan pasando de Oriente en Occidente, y procediendo a la redonda hasta volver al Oriente.

CAPÍTULO VIII

DE IUNO, HERMANA Y MUJER DE IÚPITER

Iuno[186] fue hija de Saturno y de Opis; nació de un mismo parto con Iúpiter, y mostrándola a Saturno y diciéndole que había nacido sola, se escapó Iúpiter. Del lugar donde nació hay diversas opiniones. Pausanias dice que en tierra de los samios; Homero, en Argos; Apollonio dice que fue criada en Samos. Las amas que criaron a Iuno fueron: Eubaea y Porsimna y Acraea, hijas del río Asterión. Ovidio[187]

[186] Pérez de Moya toma casi directamente de Conti, *Mythologia* 2, 4 [1596:112-120], la disertación sobre Juno. Está tan cerca que incluso las cuatro fuentes de aquí abajo son las mismas que cita Conti. Pausanias, *Descripción de Grecia* 2, 13, 3; Homero, *Ilíada* 4, 8; Apolonio, *Argonáutica* 1. Todas las cualidades, mutaciones y atributos de Juno que refiere Pérez de Moya vienen del capítulo de Conti y lo copian en el mismo orden. Allí remitimos para los detalles. No muy lejos está también la fuente de Alonso de Madrigal, El Tostado, en la cuarta de sus *Cuestiones* [1551:186-195]. Y aún más cerca está el capítulo dedicado por Boccaccio en *De genealogie deorum* 9, 1.

[187] Véase *Metamorfosis* 2, 527-528. Según este pasaje fueron Océano y Tetis quienes criaron a Juno cuando Júpiter luchó contra su padre. Así también en Homero, *Ilíada* 14, 200-202.

dice que fue criada de las hijas de Océano. Homero dice que de Océano y Tethis; otros dicen que la crió Neptuno; otros tienen lo contrario, diciendo que Iuno crió a Neptuno; y otros le dan por amas a las Horas. Del cómo la engañó su hermano Iúpiter y casó con él, dicen los poetas, que amándola Iúpiter por su extremada hermosura, viéndola un día sola en un monte, apartada de otras deesas, se mudó en el ave que dicen cuquillo[188], y incitando primero gran tempestad de agua y fingiéndose muy mojado, se le fue a asentar en las rodillas; Iuno, viendo aquella avecilla tan mojada y arrecida de frío, movida de compasión, metióla entre la ropa con intento de abrigalla; después Iúpiter, convirtiéndose en su primera forma y prometiéndole casamiento, gozó de su hermana, y de allí adelante quedó por su mujer; hubieron por hijos a Vulcano, y a Hebe, y a Mars, y otros. Y dice Luciano[189] que Iuno hubo a Vulcano sin ayuntamiento de varón. Y Theodoncio dice que de esta misma manera hubo a Hebe y a Mars. Y esto hizo Iuno, viendo que Iúpiter, sin ayuntamiento de hembra, había engendrado a Minerva, como en sus lugares se dirá. Pintan a Iuno con un sceptro[190] en la mano y un cuquillo, y cubierta la cabeza. Dedicáronle el ánsar y el pavón[191], y danle muchas ninfas que le acompañen y sirvan[192]. Y al arco del Sol que dicen Iris[193], hija de Thaumas y de Electra, y hermana de las Harpías, que se asienta debajo del trono de Iuno y le sirve de mensajera, según Valerio Flaco[194]. Dicen que Iúpiter la colgó en alto, poniéndole a los pies dos grandes ayunques

---

[188] La ubicuidad sexual que se desprende del cuclillo la recitó Alciato en sus *Emblemas* 60 «pone sus huevos en nidos ajenos, como le ocurre a aquel cuya mujer traiciona el tálamo con el adulterio», y mereció el comentario de Diego López en la edición de los *Emblemas*, Logroño, 1615.

[189] Véase el *De sacrificiis* de Luciano en sus *Diálogos* [1609:352].

[190] La imaginería de Juno puede verse en Fulgencio, *Mitologicarum liber* 1, 69.

[191] Apuntado por Ovidio, *Metamorfosis* 1, 720-723.

[192] También lo declara Virgilio, *Eneida* 1, 71: «Sunt mihi bis septem praestanti corpore Nymphae.»

[193] Así en Ovidio, *Metamorfosis* 4, 479-480.

[194] *Argonauticon* 7, 186 y siguientes: «Volucrem Iuno aspciti Irin festinamque.»

y atándoles las manos con una ligadura de oro; y como así estuviese colgada del cielo, movidos a compasión los demás dioses, quisiéronla descolgar, mas no pudieron, según atestigua Homero[195]. Es señora de las riquezas y de los reinos. Tenían los antiguos, entre otros templos dedicados a Iuno, uno sin puertas y sin techumbre. Nómbranla con varios nombres, unos de acaecimientos, otros de oficios, otros de templos que le dedicaron, otros de otras cosas. Los más comunes son Iuno, reina de los dioses, madre de los dioses, Lucina, Eliciana, Matrona, Artemia, Fluonia, Februa, Interduca, Domiduca, Unxia, Cinthia, Soticena, Populonea, Prosérpina, Argina, Samia, Aegophaga, y así otros[196].

Declaración

Para entendimiento de esto que de Iuno se dice es de saber que por Iuno se entiende unas veces el aire, otras la tierra, otras las riquezas o reinos, otras la Luna, otras otras cosas, y así los sabios le atribuyen algunas cosas, según que significa el aire, otras según las demás cosas.

Decir que Iuno era hermana de Iúpiter, esto es en cuanto Iuno significa el aire y Iúpiter el fuego elementar, debajo del cual fuego está el aire; y porque estos dos elementos están juntos uno tras el otro, llámanlos hermanos, porque hermano es el mayor parentesco que puede ser en parentesco, y este sentido da Tulio[197].

Decir que en el nascimiento escondieron a Iúpiter y mostraron a Iuno denota que el fuego elementar entendido por Iúpiter se nos esconde con el aire que le rodea, entendido por Iuno.

Que Iuno naciese o se criase en la isla Samos o en Argos denota que en aquellas tierras se engendran muchos y saludables aires.

---

195 El altercado de Júpiter y Juno en la *Ilíada* 5, 440 y siguientes; 15, 20 y siguientes.

196 Esta lista coincide en lo principal con la que copia El Tostado, *Cuestiones* [1551:188].

197 Véase Cicerón, *De natura deorum* 2, 66.

Que Iuno fuese criada de las hijas del río Asterión o de las hijas de Océano, o del mismo Océano, y Tethis, o de Neptuno, denota que el aire entendido por Iuno se engendra principalmente de las exhalaciones que mediante el calor natural se levantan de fuentes y ríos y humedades, entendidas por las Ninfas o por Océano y Neptuno, de donde suben en más abundancia que de otra cosa; y a esto llamaron los antiguos criar, y por esto Iuno es criada destas cosas.

Que Iuno criase a Neptuno conviene en cuanto por Iuno se entiende el aire y Neptuno las aguas del mar, y el agua se engendra del aire encerrado en las concavidades cavernosas de la tierra, o porque las nubes que en el aire son se deshacen en pluvia, de la suerte que declaramos en nuestra *Astronomía*[198].

Darle también por amas las Horas es decir que en todo tiempo se corrompen y varían, y se engendran y augmentan exhalaciones, de que se engendra y cría el aire.

Decir que Iúpiter en figura de cuquillo mojado se sentó en las faldas de Iuno, aquí entienden ser Iuno la tierra y por Iúpiter la región etérea o celestial. Enviar pluvias sobre el regazo o superficie de la tierra denota que entonces conoce Iúpiter a su hermana y hace la producción de frutos y engendramientos. Convertirse Iúpiter más en cuquillo que en otra cosa es porque esta ave es anunciadora de tempestades y pluvias, como aquel día se finge haber hecho.

Decir ser Iuno mujer de Iúpiter es en cuanto Iuno denota la tierra, y porque así como el varón deriva en el ayuntamiento seminal humor, del cual se hace concebimiento en el vientre de la hembra, y de allí nace la criatura, así el cielo o Aether, entendido por Iúpiter, según Tulio, deriva de sí las pluvias que caen sobre la tierra, y éstas recibidas en sus entrañas, hace concepción de frutos. Así lo entendió Virgilio[199] donde comienza: *Ver adeo frondi*, etc. De suerte que el cielo es entendido como varón o marido, por cuanto tiene

---

[198] Pérez de Moya, *Astronomía* 2, 3, 9.

[199] Virgilio, *Geórgicas* 2, 323: «Uer adeo frondi nemorum, uer utile siluis.»

virtud activa para engendrar. Y la tierra se entiende como mujer, por tener virtud pasiva para recibir como hembra; y aunque el cielo no tenga las pluvias en sí, cáusalas por su virtud alterativa, con la cual altera los elementos y cosas elementadas, de donde proceden todos los engendramientos, o porque otras veces por Iúpiter se entiende el fuego y aire, y por Iuno, agua y tierra, de la conmixtura de las cuales cosas se producen y engendran las cosas, y por esto Iuno es mujer de Iúpiter.

Que Vulcano sea hijo de Iúpiter y de Iuno es que entendieron por Iúpiter el fuego y por Iuno el aire y por Vulcano los rayos, los cuales se engendran en el aire por operación del fuego o calor elementar; y porque en el aire se engendran y parecen, dicen el aire ser madre del rayo; y así tomaron a Iuno por el aire, cuando dijeron ella ser madre de Vulcano, sin ayuntamiento de varón. Tener Iuno también por hijos a Hebe y a Mars es porque la templanza del aire es causa de abundancia y fertilidad de todas las cosas, de la cual salen los frutos y riquezas entendidas por Hebe, y de las riquezas y fertilidad se causan cudicias y discordias en los mortales; y por estas guerras se entiende Mars, y por esto Mars es hijo de Iuno y hermano de Hebe. Danle sceptro como reina. Píntanla con el cuquillo por lo que se ha dicho del convertirse Iúpiter en aquella ave, cuando la conoció. Píntanla cubierta la cabeza, por cuanto las riquezas, por Iuno entendidas, están cubiertas en las entrañas de la tierra o en las arcas de los avarientos.

Dedicáronle el ánsar porque esta ave siente el movimiento del aire más que otra, por poco que sea.

Dedicáronle el pavón, en cuanto es deesa de las riquezas, por denotar con lo que hace el pavón la condición de los ricos. Es el pavón ave soberbia y vocinglera, suele andar por lo alto de los tejados, es pintada de diversas colores, levanta la cola para mostrar su hermosura, y entonces deja la trasera descubierta. Estas cosas son condiciones apropiadas a los hombres ricos; son éstos, por la mayor parte, soberbios como el pavón, porque las riquezas les hace pensar no haber menester a ninguno, antes que los otros los han menester a ellos. Son vocingleros, porque se loan, y desprecian, y hablan palabras altivas y soberbias; andan por los altos, por cuanto los ricos no andan por lo llano, mas desean las altezas de estado y preeminencias. Son pintados de diversos colores, por cuanto los ricos se visten de preciosas y varias vestiduras de oro y seda, y de diversos colores, como aquel rico del sagrado Evangelio[200], que se vestía de púrpura y viso. Y así como debajo de la cola del pavón, que es hermosa, se encubren cosas feas, que son los pies y lo postrimero del cuerpo, así debajo de la hermosura de las preciosas vestiduras de los ricos se encubren muchos vicios y torpedades de costumbres. Y así como cuando el pavón levanta la cola descubre sus fealdades, y cuando no la levanta las tiene cubiertas, así los ricos, cuando quieren gloriarse en sus riquezas y preciosos arreos, hacen sus vicios y menguas ser conocidas, lo cual no vendría si ellos callasen, no se gloriando. Denota también el tener el pavón partes feas, siendo ave tan hermosa, que no hay estado, por rico o próspero que sea, que no tenga trabajo o tacha encubierta.

Decir que Iuno tenía muchas ninfas que a la continua le servían: por estas ninfas se entiende las nubes que están en el aire, y entonces por Iuno se entiende al aire; o por estas ninfas, que son muchas, significan los muchos y varios mudamientos e impresiones que se engendran en la región del aire, porque en ella se hace la pluvia, y viento, y nieve, y granizo, nieblas, rocío, rayo, relámpago, cometas y todas las demás cosas que Aristóteles trata y nosotros declaramos en nuestra *Astronomía*[201], lo cual no se hace en otro elemento.

Decir que el arco celestial servía a Iuno, porque este arco se engendra en las nubes que están en el aire, entendido por Iuno, y no se puede engendrar en otra cosa, según declara Aristóteles. Otros, como Iuan Bocacio, aplican esto a Iuno, en cuanto significa las riquezas, porque el arco celestial es

---

[200] *Biblia: Evangelio según san Lucas* 18, 18-27. También en Mateo 19, 16-22 y en Marcos 10, 17-22. La comparación entre el pavo y los ricos también aparece en El Tostado, *Cuestiones* [1551:229 y siguientes], capítulo 63: «Son ellos soberbios como el pavón, ca las riquezas les hacen ensoberbecer».

[201] Pérez de Moya, *Astronomía* 2, 3, 9 y siguientes.

muy hermoso, de diversos colores, y es en forma corva, y deshácese apriesa, lo cual conviene a los ricos y riquezas, porque ellos toman diversas aposturas y se hacen esclarecidos y admirables en los ojos de los otros hombres, y no es un color, mas de muchos, porque los ricos de diversas aposturas se pintan, y como el arco es corvo, así por una parte suben y por otra descienden, porque las riquezas no permanecen siempre en unos mesmos hombres, mas unos suben a ellas y otros descienden, no teniendo holganza; mas unos las dejan y otros las toman; y como el arco se deshace muy apriesa, así el estado de los ricos suele deshacerse presto.

Dice ser Iris hija de Thaumas y de Electra, porque Thaumas fue hijo de Ponto o Océano, que es agua, y Electra es nombre compuesto de *Ilios,* que es Sol, y *aetrius serenus;* luego nace Iris de agua y de serenidad, de reflexión de los rayos del Sol en alguna nube que se está deshaciendo en agua, como en nuestra *Astronomía*[202] declaramos. Que Iris se asiente debajo del trono de Iuno es porque se engendra en la parte inferior del aire, esto es, debajo de las nubes. Que sea mensajera de Iuno y hermana de las Harpías o de los vientos es porque cuando se causa arco es señal que se seguirán vientos, o aguas, o serenidad; y por esto Vergilio[203], donde comienza: *Et bibit ingens arcus,* entre las señales que pone para pronosticar lluvias, cuenta el arco celestial. Y Valerio Flaco, en los versos que comienzan: *Emicuit reserata dies*[204], la pone por señal de serenidad. La color colorada del arco se causa de la primera parte del aire, que es penetrado con los rayos del Sol. El color negro se causa del no poder penetrar bien los rayos del Sol la nube, por su densidad o groseza. Lo verde se causa de lo colorado más escuro y del escuro de la nube; lo azul se causa de lo obscuro o negro de la nube y del resplandor o blancura de los rayos del Sol.

Decir que Iúpiter colgó a Iuno[205], esto es porque el aire,

[202] Pérez de Moya, *Astronomía* 2, 3, 14.

[203] En el libro primero de las *Geórgicas* 380-381: «et bibit ingens / arcus.»

[204] Verso 654 del libro primero de los *Argonautica* de Valerio Flaco.

[205] La misma explicación sobre los elementos en Fulgencio, *Mitologicarum liber* 1, 36.

entendido por Iuno, es inferior al fuego elementar entendido por Iúpiter. Los dos ayunques que dicen que le puso a los pies denotan el agua y la tierra, entendidos por Neptuno y Plutón, que están debajo, que parece todo estar colgado en el aire. Y por la fición de estos cuatro hijos principales de Saturno quisieron los antiguos declarar los sitios y orden de la región elementar, quiriendo decir que el fuego está primero junto al cielo de la Luna, y más abajo el aire, luego el agua y tras ésta la tierra. Y por Saturno, padre de éstos, quisieron entender la mente primera de Dios, Criador de todo lo visible e invisible. Algunos dicen que este Saturno fue Noé, y llamáronle Saturno por la doctrina religiosa, y política, y civil, y de la agricultura que enseñó a sus hijos y a los italianos. A Sem, hijo de Noé, llamaron Iúpiter, y éste se quedó en Asia, donde salieron del arca después de pasado el diluvio, viniéndose su padre a Europa, a la provincia de Italia, se quedó allí. A Iaphet, hijo de Noé, llamaron Iano, y Neptuno, y a éste le hizo su padre Noé general de una flota, y por esto fue llamado Neptuno, dios de las aguas, o presidente del mar, o porque enseñó la navegación a Cham, el otro hijo de Noé, llamaron Plutón, o Cameses; habitó en España.

Decir que todos los dioses, pesándoles de ver a Iuno colgada, procuraron librarla de las ataduras y no pudieron, denota que es tanta la potencia y poderío de Dios y artificio de la colocación de las cosas elementales y etéreas, que ningunas fuerzas humanas pueden deshacer ni mudar cosa alguna de las naturales, si no fuere el mismo Dios, que todo lo crió de nada; la ligadura de oro o cadena con que estaba atada Iuno denota la fuerza de la región etérea o celestial, que por ella son entendidos los once cielos que rodean a la región elementar de que tratamos en nuestra *Astronomía*. Dice ser esta ligadura de oro más que de otra cosa, para declarar que así como el oro excede a los demás metales, así la región etérea o celeste excede a la elementar.

Los que dijeron ser señora de las riquezas y reinos entendieron por Iuno la tierra. Ésta es señora de los reinos, por estar todos en ella situados y ninguno en el aire. Otrosí, es deesa de las riquezas, por cuanto todas son encerradas en las entrañas de la tierra, tomando las riquezas por las artificiales, que son metales o de metales hechas, o por los frutos que de la tierra nacen, de que nos sustentamos.

Por el templo que los antiguos tenían sin puertas ni techumbre, dedicado a Iuno, denotaban que en ninguna manera ha de ser encerrada esta diosa, entendido por ella el aire, por ser el aire un elemento con que respiramos y vivimos.

DECLARACIÓN DE LOS NOMBRES QUE A IUNO LE DAN[206]

Iuno, según Tulio[207], se deriva de *iuvans omnes,* que quiere decir que ayuda a todas las mujeres, por cuanto entendían los antiguos ser Iuno diosa de los casamientos y de las mujeres que paren, porque casándose o pariendo se abren las naturales clausuras, y esto se entiende en cuanto Iuno significa la Luna, que con su humidad relaja y afloja las dichas clausuras, y a este fin le atribuyeron los más nombres suyos.

Dícese reina de los dioses porque fue mujer de Iúpiter, y así como Iúpiter le tuvieron por rey de los dioses, así su mujer Iuno era razón ser reina de los dioses y diosas de la gentilidad.

Dícenle madre de los dioses porque todos los hijos que tuvo fueron tenidos por dioses, o porque tomando a Iuno por la tierra, es madre, porque según la opinión de los gentiles (que tales dioses ponían), decían ser engendrados de la tierra. O en cuanto Iuno es señora de los que paren, y los dioses de los gentiles todos nacieron de mujeres, y así, según la manera de hablar de los poetas, de todos será madre, porque a todos ayuda a nacer por las razones dichas.

Lucina se dijo en cuanto significa la Luna.

---

[206] La «declaración» de los nombres de Juno no está muy lejos de ser un resumen de lo expuesto por El Tostado en sus *Cuestiones* 46, que a su vez es copia de lo explicado por Alberico, *Alegorías* 1, 5 [1520:7v-10v].

[207] Véase Cicerón, *De natura deorum* 2, 66: «sed Iunonem a iuvando credo nominata.»

Elicina se dice de Elicio, por traer por fuerza, porque las criaturas están atadas con las madres por una tripa que es ombligo, y hasta que aquella se madure y por movimiento de la naturaleza se corte, no sale la criatura; y Iuno hace esto naturalmente en cuanto significa la Luna.

Matrona quiere decir madre o señora de las madres; ella es madre de todas, en cuanto a todos saca a luz, como que ella los pariese.

Artemia es nombre griego, significa cortadora o abridora, y según quiere Macrobio[208], conviénele este nombre en cuanto ayuda a parir, por lo que se ha dicho.

Fluonia es vocablo latino; significa humor corriente, y esto es porque la Luna entendida por Iuno es madre de los humores.

Februa es vocablo griego y significa alimpiadora; esto le conviene en cuanto significa la Luna, porque ella alimpia a las mujeres de las humidades no convenientes, así como la sangre menstrual que a las mujeres viene cada mes, distilando algo, que es purgación de la pura sangre cocida, para materia de la generación.

Interduca se dice *ab introducendo,* porque le atribuían poder para traer las desposadas a las casas de los desposados, porque en los primeros ayuntamientos causa vergüenza a las mujeres vírgines de ir a los esposos, por ir a perder la virginidad, y habiendo vergüenza de ir de día, iban de noche; y porque para esto les alumbraba la Luna, que es Iuno, llámase Interduca.

Domiduca significa lo mismo que Interduca. Unxia significa ungidora. Este nombre le pusieron por significar la costumbre de los antiguos, según Marco Varrón, que cuando las desposadas venían la primera vez en casa de los desposados, antes que en casa entrasen, ungían los postes de la

[208] Véase *Saturnales* 1, 15 y 7, 16. Para recordar que esta exposición sobre los nombres de Juno es muy parecida a la que da El Tostado [1551], baste referir que la cita de Macrobio es casi textual en ambas mitografías. Así en el *Libro de las diez cuestiones vulgares* [1551:190v]: «Artemia... significa cortadora o abridora, y según quiere Macrobio libro *Saturnaliorum*, conviénele en cuanto ayuda a parir...»

puerta con unciones diversas, y luego entraban y quedaban en poder de los varones. De aquí sale la razón por qué cuando una doncella es prometida a algún varón, por ceremonias de palabras de presente, y que se está en casa de su padre, antes de consumir matrimonio se dicen esposas, y cuando las dan a sus esposos, llevándolas de casa de sus padres, les dicen casadas así dichas, porque en casa de los varones las llevaban; y a esto dicen en latín *uxores, ab ungendo,* y porque Iuno, que era señora de las que casaban, les hacía hacer estas cerimonias de unciones, llamáronla Unxia y a ellas *uxores.*

Cynthia se deriva de cíngulo. Esto es, porque Iuno, señora de los casamientos, quitaba la cinta a la esposa para que con su esposo se ayuntase. Éstos quieren atribuir más a Venus que a Iuno; empero como quiera que sea, ponían los antiguos una deesa que este oficio tuviese. En otra manera se puede entender esto del quitar la cinta, y es que la cinta que las vírgines se ponen después de haber concebido de varón, por razón de la preñez como crece el vientre, así por esto como por la molestia que da la pretina para resollar, era necesario aflojar la cinta o quitarla; y así el latino, para decir que la mujer conoce varón, dice: *Soluere zonam.* Y para esto atribuían una deesa que este cargo tuviese, que les quitase la vergüenza.

Soticena se deriva *a sociando,* porque ayunta al marido y a la hembra; este ayuntamiento se hace en dos maneras: el uno es ayuntarlos por vínculo matrimonial, lo cual se hace al comienzo; y este cargo dio Marco Varrón al dios llamado Iugantino; el otro ayuntamiento es ayuntarlos carnalmente, para lo cual no pensaron los gentiles bastar varón y hembra con sus naturales deseos, mas pusiéronles ayuda de dioses y diosas; y así ponían a Iuno llamándola Soticena.

Populonea, *a populis dicta,* porque Iuno, mediante estos casamientos, hace la multiplicación de los pueblos, de lo cual nace la muchedumbre de gente que por el mundo se derrama.

Prosérpina; éste conviene a Iuno, en cuanto por ella entendieron la tierra, en la cual nacen simientes y mieses, que son cerca de nos, porque se dice Prosérpina: *Quasi prope nos serpens*[209], que quiere decir que rastrea cerca de nosotros. Esto conviene a lo que sobre la tierra es, y no se mueve, como mieses y hierbas. Otrosí, conviene a Iuno este nombre Prosérpina, en cuanto significa la Luna, según entendieron muchos antiguos; y la Luna conviene ser llamada Prosérpina, que quiere decir rastrante cerca de nos, porque entre todos los planetas y estrellas no hay alguna que tan cerca de nos ande como ella.

Argina y Samia son nombres que le dieron de lugares donde nació y se crió.

Egophaga se dijo porque Hércules le sacrificó una cabra, de lo cual quedó costumbre acerca de los lacedemonios, de sacrificarle cabras debajo de este nombre.

CAPÍTULO VIII

DE NEPTUNO

Neptuno, dios del mar, fue hijo de Saturno y Opis, y hermano de Iúpiter, y no se halla entre los dioses de la gentilidad otro ninguno deste nombre[210]; trata dél Tulio[211], y Virgilio[212] dice mucho de su estado y magnificencia; danle por mujer a Amphitrite[213], y según algunos a Salacia, que es la

---

[209] Véase una secuencia parecida en Plauto, *Poenulus* 1034: «quasi pro serpens» y en *Stychus* 724. Citado por Varrón, *De lingua latina* 5, 68 [1546, col. 1128].

[210] La misma reflexión en El Tostado, *Cuestiones* [1551:178]: «ca entre los dioses no fallamos otro alguno fallado Neptuno.» Capítulo muy semejante dedica a Neptuno Boccaccio, *De genealogie deorum* 10, 1, como parecido guardan la Declaración y el comentario de Boccaccio. Véase también Conti, *Mythologia* 2, 8 [1596:149-159]

[211] Son muchos los pasajes del *De natura deorum* que citan a Neptuno. Sobre su nombre y cualidad se trata en 1, 40 y en 2, 66.

[212] En muchos fragmentos del libro quinto de la *Eneida* donde se nombra a Neptuno; véanse, sobre todo, 782 y siguientes.

[213] Es la esposa de Posidón-Neptuno según Apolodoro, *Biblioteca* 1, 4, 5. Véase también Alberico, *Alegorías* 1, 6.

Onda, de que san Augustín[214] hace burla. Atribuyénle muchos hijos[215], así como Doris varón, porque Doris hembra fue hija de Océano, Amicus, Phorco, Albión, Borgion, Thara, Polifemo, Telefo, Brontes, Esterope, Piraginon, Nau, Theo, Melion, Ateiron, Aon, Mesapo, Busiris, Pegaso, Hirceo, Pelias, Neleo, Agnus, Octo, Niteo, Ofialtes, Egeo, Onchesto, Pelasgo, Namplio, Celeno, Elo, Occípite, Sicano, Sículo; fueron todos crueles, como en el discurso desta obra se verá.

Danle carro en que ande, y tráenle monstruos, y acompáñanle muchos dioses y Nimphas y Tritones con gesto alegre. Estacio[216] le da los presurosos vientos que le acompañen, y las recias lluvias, y los gemidos de las ondas, y el obscuro cieno del hondo mar; danle en lugar de sceptro real, una vara de tres dientes, que dicen tridente. Escriben algunos que Neptuno crió a Iuno, y otros, a la contra, que Neptuno fue criada de Iuno; consagránronle los fundamentos de los edificios. Píntale Cicerón[217] desnudo, el medio cuerpo fuera del agua, con una concha en la una mano y el tridente en la otra, de ojos verdinegros, y sobre un caballo. Edificó los muros de Troya en compañía de Apolo, y por esto se dijo haber servido a Laomedón, rey troyano. Nómbranle con varios nombres: unos le dicen Neptuno, otros Enosigros; los griegos le llaman Posidona; los que le nombran Océano y Nereo, dijéronlo en cuanto por Océano y por Nereo entendieron la mar. Mas la verdad es que Océano y Nereo son cosas diversas[218] de Neptuno.

---

[214] Véase *De civitate Dei* 2, 22, para el matrimonio entre Neptuno y Salacia.

[215] La lista de hijos es copia fidelísima de la que ofrece El Tostado, *Cuestiones* [1551:178v], que a su vez reconoce la deuda con Teodoncio-Boccaccio.

[216] Véase *Tebaida* 3, 432-437.

[217] No he encontrado esta descripción de Neptuno en el primer libro del *De natura deorum* de Cicerón. Pérez de Moya toma la imagen de Neptuno de Conti, *Mythologia* 2, 8 [1596:140]: «Scriptum reliquit Lucianus *in Sacrificiis* Neptunum nigros habuisse capillos, & oculos caeruleos, vt iat in primo Cicero *De natura deorum* nudum cum tridente & concha aliquando introduxere poetae...»

[218] El Tostado va más allá y dedica las págs. 184-185v de su *Libro de las diez cuestiones vulgares* 46 a declarar por qué Neptuno, Océano y Nereo no son el mismo dios.

DECLARACIÓN

Ser Neptuno hijo de Saturno y de Opis es verdad histórica[219], como tratando de Saturno dijimos. Mas como en la partición que Iúpiter hizo con sus hermanos del reino le cupiese a Neptuno las partes marítimas de Grecia y algunas islas, o porque fue el primero, según Diodoro[220], que metió flota en la mar y que mostró navegar, dijeron ser dios del mar o de las aguas, aunque el vulgo de la gentilidad pensaba ser algún dios que especialmente tenía poder del mar y de las aguas, como ellos no pusiesen todas las cosas en poder de un dios solo, mas de muchos. La verdad es que por Neptuno físicamente se entiende el mismo elemento del agua, y algunas veces el espíritu o mente divina que está esparcida por el mar, lo cual no es otra cosa sino el ánima infundada en los elementos, así como en los animales y plantas que se conservan en su ser.

Danle a Amphitrite por mujer, según dice Alberico[221], porque como era hombre, había de tener mujer, aunque la mujer que le atribuyen no es según la verdad, mas según el poético fingimiento para por ella significar algo. Lo cual parece por el vocablo que le atribuyen. Amphitrite[222] es nombre griego, compuesto de *amphi,* que quiere decir en rededor, y *Tritón,* sonido, que todo quiere decir sonido en rededor, lo cual no pertenece a Neptuno en cuanto era verdadero hombre, mas en cuanto el espíritu esparcido por toda la grandeza del agua, porque en todas la riberas de la redondez de la mar,

---

219 La «declaración» tiene fuentes en El Tostado, quien explica también, *Cuestiones* [1551:178], que la razón de Neptuno parte «no sólo según la posición poética, mas aun la verdad histórica». Sigue también Pérez de Moya a Fulgencio y a Boccaccio.

220 Diodoro Sículo, *Biblioteca histórica* 5, 55.

221 Albericus, *Alegorías* 1, 6. Del capítulo de Neptuno parten muchas de las declaraciones que argumenta Pérez de Moya.

222 La explicación del matrimonio y naturaleza de Anfitrite parte de Conti [1596:146]. Pérez de Moya vuelve más abajo, con el símil del delfín, a basarse en este fragmento de Conti.

quebrantándose las ondas, hacen sonido. Por esto mismo le dan a Salacia por mujer, que es la onda del mar, que aunque viene con ímpetu, al cabo se hunde ella misma; y así por estas mujeres se entiende el mismo cuerpo o materia del agua o de todo humor que se incluye cerca de la tierra o dentro della. Danle estas mujeres a Neptuno, porque como la mujer no se aparta del marido por el vínculo del matrimonio, así el sonido y olas de las riberas es cosa que nunca cesa ni se quita del mar. La mujer que tuvo verdaderamente, según que fue hombre, se decía Venilia.

De los hijos que le dan, algunos podrían ser suyos, como él fuese verdadero hombre; empero otros no, mas ponénselos por alguna conveniencia de propiedad. Otros hijos le dan que ni fueron suyos ni de otro, como no sean hombres, así como las ninfas y dioses del mar, los cuales no son cosa alguna; mas pónese para algo significar o por causar deleitosas narraciones. Danle, otrosí, por hijos a Neptuno los hombres que mucho crecen y los hombres desconocidos que vienen por la mar. La razón de lo primero se funda en que parece ser natural que las cosas de grandes cuerpos atribuyan a Neptuno, por cuanto Neptuno significa la mar, el cual en común produce mayores animales que la tierra ni el aire, como parece en las ballenas y otros pescados; y porque a la humedad, denotada por el agua, tuvieron por principio de todas las cosas. Por esto, a lo que de agua se engendraba llamaban hijos de Neptuno. La razón de lo segundo, de que a los no conocidos llamasen hijos de Neptuno, consiste en que los que por tierra caminan, no pueden venir súbitamente mas por sucesión, en medio de todas las otras gentes que entre nos y ellos son; y así, primero que vengan son conocidos de muchos, porque caminando conversan con muchos y van dejando rastro de quién son; empero los que vienen por mar, como pasan por pocos pueblos o ninguno, cuando llegan donde pretenden son tan desconocidos que está en su mano venderse por quien quisieren, principalmente que por mar se hacen caminos muy largos, lo que no se puede hacer por tierra; por esta causa, porque los tales no son conocidos ni dellos se tiene otra noticia sino que pasaron por la mar, por esto se dicen hijos de Neptuno.

El darle a Neptuno muchos hijos es por denotar la fertilidad del mar; el ser todos los hijos de Neptuno crueles, denota que los peces se comen unos a otros.

Enviar Neptuno el delfín a Amphitrite para que la reconciliase en su amor es darnos a entender exceder el delfín a todos los demás animales del mar, en conocimiento e ingenio y ligereza del cuerpo.

Danle a Neptuno carro, porque así andaban los reyes y dioses antiguos, para representar majestad o por denotar el movimiento del agua, que se hace a la redonda de la tierra, lo cual se denota por las ruedas, o porque hace el agua con su movimiento ruido como el carro.

Los monstruos marinos que traen este carro denotan el ondear que hace la mar con su movimiento.

Por los dioses y ninfas y tritones que le acompañan con rostro alegre quisieron significar el mar cuando está en calma o bonanza. Darle otras veces por compañía a Neptuno los vientos recios y turbados, y lluvias, y gemidos de las ondas, y el cieno, fue por denotar el estado de la mar en tiempo de tormenta. Y por esto, Estacio no puso algunos dioses o cosas alegres, mas todas tristes y trabajosas, como lo están los que navegan con semejantes perturbaciones.

Danle el tridente[223] en señal de cetro real, por significar por los tres dientes que tiene, tres condiciones del agua, conviene a saber: que nadamos en ella, y tiene movimiento, y es buena para beber, cosas que no se hallan en otro ninguno de los elementos, o por denotar el poderío que los antiguos daban a Neptuno de poder conservar el mar y mover tempestades y aplacarlas, o por denotar las tres diferencias de meteoros de que el agua es madre. La primera, de la exhalaciones y vapores que son materia de engendrarse vientos. La segunda diferencia es de las exhalaciones de que se engendran rocíos, escarcha, lluvias, nieves, granizos, piedra, maná, miel, producidos del vapor, que después de hecha nieve se espesa, o antes que se espese toma alguna forma de las re-

[223] La razón del tridente de Neptuno la explica Fulgencio, *Mitologicarum liber* 1, 37: «Quod aquarum natura triplici uirtute fungatur, id est liquida, fecunda, potabilis.»

feridas; la diverdad de lo cual se causa según fuere el lugar más alto o más bajo adonde la toma el aire, como dijimos en nuestra *Astronomía*[224]. La tercera diferencia es de las exhalaciones de que se engendran impresiones que tienen substancia inflamable, cuales son las cometas, relámpagos, rayos, roturas de cielo y sus incendios, y otras formas de fuego que en el aire vemos.

Criar Neptuno a Iuno, o a la contra, Iuno a Neptuno, denota las mutaciones o generaciones recíprocas que hay en los elementos, convirtiéndose unos en otros, porque levantándose del agua y de otras partes humidas de la tierra (entendidas por Neptuno) exhalaciones, se engendra aire, que es Iuno; y a la contra, encerrándose el aire denso (que se entiende por Iuno) en las cuevas y otras concavidades de la tierra, se convierte en agua, que es Neptuno, y el aire, resuelto en subtil exhalación, se hace el elemento del fuego.

Consagrar a Neptuno los fundamentos de los edificios es porque las aguas, entendidas por Neptuno, moviéndose por la tierra, la cavan y horadan y destruyen, y así le sacrificaban los cimientos o fundamentos que en ella se hacen, porque estuviesen firmes y no se los lleve el agua. Y los gentiles adoraban a los dioses buenos, porque les hiciese bien, y a los malos, porque no les hiciese mal, y por esto le sacrificaban un toro negro; dice negro, porque Neptuno era dios malo; dice toro, porque el toro imita al mar en el furor y bramido[225].

Pintarle desnudo denota la naturaleza del agua dulce, o en cuanto elemento puro y limpio sin mextura.

La concha en la mano denota el ruido de las aguas.

La forma o figura de Neptuno o de sus ojos, declara la naturaleza del mar, y su color ser verde azul. Píntanle sobre un caballo, por ser tan ligera como la corriente de la galera o navío que va por la mar, o porque los que navegan van sobre el navío como sobre caballos, o porque uno de Thesa-

---

[224] Esta explicación de los fenómenos también la refiere Pérez de Moya en el libro segundo de su *Astronomía* 3, 9.

[225] El sacrificio del toro negro se lee en Conti, *Mythologia* 2, 8 [1596:146], y viene desde el libro quinto de la *Odisea* y de la *Eneida*.

lia llamado Neptuno fue el primero que mostró subir a caballo y usar dél[226]. De la edificación de los muros de Troya y del cómo sirvió a Laomedon, diráse tratando de Apolo.

San Isidro[227] dice que se llamaba Neptuno *Quasi nube tonans.* Esto es, que da sonido en las nubes, porque en las aguas, entendidas por Neptuno, caen de las nubes sonando. Tulio[228] y Alberico[229] le derivan *a natando,* que es nadar, porque en ellas nadamos. Rabano[230], escribe que se dice Neptuno porque cubre la tierra, como el agua hacía antes que Dios mandase juntarse en un lugar[231]. Homero[232] le nombró Enosigeos, que significa movedor de tierra; esto es, porque a Neptuno pertenecen las aguas, las cuales moviendo se gastan y comen la tierra. Los griegos le llaman Posidona, que según san Fulgencio[233] quiere decir el que hace imagen, porque del agua, entendida por Neptuno, ayudando el calor natural, se forman y causan la generación de las cosas.

CAPÍTULO IX

DE OCÉANO

Océano[234], según Virgilio y Orpheo y Thales y otros autores, fue llamado padre de todos los dioses y de todas las

---

226 Tomado de Pausanias, *Descripción de Grecia* 8, a través de Conti, *Mithologia* 2, 8 [1596:140].

227 Véase *Etimologías* 8, 11 y 13, 7. Los comentaristas de la edición de 1599 tras «quasi nube tonans» remiten a san Agustín, *De civitate Dei* 7, 16.

228 Cicerón, *De natura deorum* 2, 66: «Neptunus a nando paulum primis litteris immutatis.»

229 *Alegorías* 1, 6: «a Nando Neptunus litteris pululum inmutatis» [1520:10v].

230 Véase *Patrologia latina* 111, 429B.

231 Explicado en *Biblia: Génesis* 1, 9-10.

232 Véase un epíteto semejante en *Ilíada* 13, 37.

233 Véase el *Mitologicarum liber* de Fulgencio, 1, 37: «quasi *pion idonan* quod nos Latine facientem imaginem dicimus.»

234 El capítulo dedicado a Océano y la declaración que sigue son casi traducción de lo reunido por Conti, *Mythologia* 8, 1 [1596:693 y siguientes]; del que sigue sus fuentes y sus reflexiones. Conti, a su vez, no anda muy lejos del capítulo primero del libro octavo de Boccaccio, *De genealogie deorum.*

demás cosas. Mas según Hesiodo[235], tuvo principio porque fue hijo de Cœlio y de Vesta y nieto del Amor. Dicen que Iuno[236] se crió cerca del Océano; otros dicen que Iuno crió a Océano. Eurípides dice tener la cabeza de toro[237]; dijeron asimesmo haber sido muy amigo de Prometheo y haber casado con Thetys, y ser sus hijos los ríos y fuentes, y tener otros muchos hijos, entre los cuales cuentan a Tyche; danle carro en que ande, que le llevan ballenas; acompáñanle ninfas; sírvele Tritón de trompetero, que va delante dél.

Declaración

Es Océano la universal grandeza del agua que ciñe[238] toda la tierra, que es lo que decimos mar. Océano en griego quiere decir lo mismo que en latín *caeruleus;* que en español es un color verdinegro, semejante al que vemos tener al agua de la mar. Este Océano toma varios nombres, unos de los cuatro puntos principales del mundo, que son Oriente, Occidente, Mediodía y Septentrión, y otros de las provincias cuyas costas baña[239]. La parte del Océano correspondiente hacia el punto oriental se dice mar Índico. El que cae hacia la parte occidental se dice mar Atlántico. El Océano que cae hacia el mediodía se dice mar Rubro o Aethiópico. El de la parte septentrional se dice mar Póntico o congelado, porque se hiela o puede helar, por distar mucho del Sol. Ultra desto, el Océano cuyas aguas baten en la costa de Inglaterra se dice mar Británico, porque Inglaterra se decía Britania. El que toca a la costa de Galia, que es Francia, se

[235] En la *Teogonía* 131-131, Gea y Urano, la tierra y el cielo estrellado, se acuestan para dar a luz a Océano.

[236] Según Homero, *Ilíada* 14, 302 y siguientes, Juno educó a Océano. Citado por Conti [1596:693].

[237] Idea tomada de Conti, *Mythologia* 8, 1 [1596:693], y que viene del *Orestes* de Eurípides: «Oceanus quem / tauriceps ulnis / se flectens ambit terram.»

[238] Ésta es expresión que ya aparece en Homero, *Ilíada* 18, 607.

[239] La descripción de los mares es copia de Conti [1596:693].

dice mar Gálico; y así toma varios nombres, según la diversidad de provincias en que toca.

Considerando, pues, Thales Milesio, según Aristóteles, ser entendido por Océano toda agua, y que las cosas primero que se engendren tienen necesidad de humidad, sin la cual ninguna cosa podrá engendrarse ni corromperse, vino a decir haber sido Océano principio o padre de todas las cosas del mundo y aun de los mismos dioses. Lo mismo sintió Orpheo en un himno, y Virgilio[240] cuando dice:

Oceanum rerum patrem, Nymphasque sorores.

Quiere decir: hagamos sacrificio y ruegos a Océano, que es el padre de todas las cosas, y a las mis hermanas las Nimphas. Hesiodo le dio principio diciendo que fue hijo del cielo y de la tierra, entendidos por Celio y Vesta, porque tenían los de su opinión, que el amor había mezclado toda la grandeza del Chaos, de que nació el cielo y la tierra y el mar, de que se engendraron no sólo todas las cosas, mas aun los mismos dioses. Los que esto dijeron profetizaban lo que los cristianos tenemos por fe y creencia, porque criando el Omnipotente Dios el mundo de nada, movido de amor dijo: sea hecha la luz, luego fueron hechos los cielos y planetas, que son instrumentos de la luz[241]; por lo cual primero fue hecho el cielo, después mandó apartarse las aguas a un lugar, que sobre la tierra estaban. Y este apartamiento que las aguas hicieron, juntándose y descubriendo por muchas partes la tierra, se dijo Océano, que nosotros decimos mar; y porque fue primero hecho el cielo, dijeron ser padre, y por el apartamiento que las aguas hicieron de la tierra dijeron madre, porque parece que la tierra la sacó de sí, o porque el agua salió de los vacíos y partes limosas de la tierra; y porque el amor, que es la divina bondad del mismo Dios, crió todas las cosas, por esto le dieron por abuelo al Amor.

---

240 *Geórgicas* 4, 382.

241 Esta referencia al *fiat lux* y las reflexiones posteriores son traducción del capítulo de Conti ya reseñado.

Que a Iuno criase Océano, o a la contra, Iuno a Océano, es lo mismo que dijimos en el capítulo precedente, sobre que Neptuno crió a Iuno, y a la contra.

Que Océano tenga cabeza de toro denota la fuerza de las aguas, que se suelen alterar y embravecer como toro, con grandes y altas olas, o porque Océano hace ruido al modo de bramido de toro, o porque como furioso toro hiere en las riberas.

Ser Océano amigo de Prometheo denota que como Prometeo fue hombre ingeniosísimo y prudente, así el que con Océano hubiere de tener amistad, conviene que sea otro Prometheo. Quiere decir, el que quisiere navegar en paz y en salvamento por el Océano tiene necesidad de mucha prudencia, del conocimiento de las estrellas, y ser muy experimentado en conocer las rocas y peñascos y bajíos, y en conocer las tempestades venideras por señales de los vientos y otras cosas.

Diéronle a Océano por mujer a Tethys, como dice Ovidio[242]:

Duxerat Oceanus quondam Titanida Tethym.

Quiere decir casaráse Océano con una mujer del linaje de los Titanes, llamada Tethys. Por Océano se entiende la virtud activa para la generación que del agua se hace, y por Tethys, la pasiva o la materia de la generación. O por Océano se entiende el agua elementar pura, y por Tethys, el agua elementada o mezclada de otros elementos, apta de sí para engendrar algo como madre.

Danle a los ríos y fuentes por hijos, porque aunque sea verdad que el aire espesado, encerrado en las concavidades y cuevas de la tierra, se convierte en agua y causa fuentes, el origen principal de donde se ceban las fuentes y ríos es el Océano. Ponen a Tyche entre los hijos de Océano, porque Tyche significa ventura o buen suceso, porque los navegantes que en la mar se ponen confiados de los dudosos y va-

---

242 Verso 81 del libro 5 de los *Fastos*.

rios vientos, conviene sean dichosos, porque ninguna cosa más verdadera se podrá decir de la seguridad del agua que no tener ninguna.

Danle carro, por denotar que el Océano rodea toda la tierra. Trae este carro ballenas, porque es paseado de las ballenas. Por las Nimphas que le acompañan se entienden las diversidades de aguas que hay en el mundo: unas dulces, y otras salobres, etc., como tratamos en nuestra *Philosofía natural*[243].

El Tritón[244] que le dan por trompetero al Océano denota el ruido que las aguas con su movimiento hacen.

CAPÍTULO X

De Tethys o Thetis

Servio y Hesiodo[245] dicen que Tethys, mujer de Océano, fue hija del Cielo y de Vesta. Llamáronla Madre de las Deesas[246], como Océano, su marido, lo fue de los dioses; hace mención desto Vergilio[247], y Ovidio[248], y Paulo Crisipo[249], y Lactancio[250].

---

243 En el libro 2, capítulo 4, artículo 11 de la *Astronomía* del mismo Pérez de Moya.

244 Tritón, al que Ovidio, *Metamorfosis* 2, 8, llama «canoro», y en 1, 333 «cerúleo», obedece al dios del mar (Neptuno), aunque con su «sonora concha» domine el elemento marino.

245 En la *Teogonía* hesiódica Tetis es hija de Urano y Gea y, así, hermana de Océano. La relación entre Tetis y Saturno según Servio es de «maritus & uxor» (Virgilio [1510:36]). El capítulo de Pérez de Moya es casi copia de Boccaccio, *De genealogie deorum* 3, 3.

246 La expresión sobre la maternidad de Tetis en *Ilíada* 14, 201: «deorum generationem & matrem».

247 *Geórgicas* 1, 399.

248 *Metamorfosis* 11, 221: «dea undae».

249 Véase Jacoby, *Die Fragmente* 832. Paulo Crisipo es uno de los escoliastas de Píndaro.

250 *Instituciones divinas* 1, 11, 9.

Declaración

Este fingimiento no pertenece nada a sentido histórico; mas fue ordenado para algún sentido alegórico, y así, decir que Tethys fue hija del Cielo y de Vesta es porque, según Iuan Bocacio[251], es una agua que por virtud de la fuerza del calor celestial es sacada de las entrañas de la tierra. Y así del Cielo, y no de hombres, y de Vesta, que es la tierra, es nacida; y porque esta agua, entendida por Tethys, se junta con la agua marina, por quien se entiende Océano, por esto le dicen ser su mujer. Y que sea una destas aguas diversa de otra, vese por experiencia (según opinión de navegantes), que el agua salada sobrenada a la no tan salada, de modo que a diez pies de la agua marina se halle más dulce. Y la causa que a Tethis hacen mujer de Océano, siendo también Océano agua, es porque los que esto fingieron quisieron entender por el Océano el elemento puro del agua, y por Tethys el agua elementada, quiero decir agua que tiene mixtura de otros elementos, por obra de la cual mixtura puede algo criarse; de suerte que cuando el agua o elemento simple obra alguna cosa, se diga Océano, porque hace como varón; y cuando padece o recibe materia para engendrar, como hembra, se diga Tethys, y a ésta llaman algunos Tethys. Hay grande diferencia[252] de Thetis escrita con aspiración la primera sílaba, que fue hija de Chirón Centauro (según Epicharmo), y aunque según Homero fue hija de Nereo y madre de Achiles, mujer que fue de Peleo, rey de Thesalia, de cuyas bodas diremos en otro lugar, tratando de Peleo,

---

[251] El capítulo y la fuentes de la historia de Tetis parten, una vez más, de Conti, *Mythologia* 8, 2 [1596:696-699], y de *De genealogie deorum,* de Boccaccio, Tetis en el libro 3.

[252] La argumentación de las dos Tetis es copia y resumen del capítulo dedicado a ella por Conti [1596:697-699] y de aquí parten la citas de Epicarmo, *Las bodas de Hebe* (véase *Comicorum graecorum fragmenta);* Homero *Himnos homéricos: Apolo* 3, 319; Ovidio, *Metamorfosis* 11 y Servio (Virgilio [1510:36]).

de quien hace mención Ovidio, y es de advertir, que así la una como la otra, ambas fueron tenidas por deesas del mar o por una misma cosa. A la primera Tethys, mujer que fingieron ser de Océano, la llamó Servio, por otro nombre, Doris, que se interpreta amargura, la cual por virtud del calor del Sol se junta con el agua marina. Dijeron ser ésta Madre de las Deesas, por la razón que Océano se dijo serlo de los dioses.

CAPÍTULO XI

De Nereo

Nereo, según Hesiodo[253], fue hijo de Océano y de Tethys; y según Apolodoro[254], de Océano y de la Tierra; casó con su hermana Doris en quien hubo las ninfas, que de su nombre se llamaron Nereides, que fueron en número cincuenta[255]. Deste Nereo dijeron los sabios que era viejo, y que tenía barba muy blanca, y era adivino, y que se mudaba en varias figuras.

Declaración

Nereo se dice de Neros, que en griego quiere decir agua; y porque el ayuntamiento de las aguas es en el mar, por esto dijeron ser Nereo dios del mar, y así los poetas por Nereo entienden el mismo mar. Así lo usó Ovidio[256] y Vergilio[257],

---

253 La genealogía de Nereo en la *Teogonía* 240 y siguientes. La historia contada por Pérez de Moya tiene cierto parecido con la compendiada por Conti, *Mythologia* 8, 6 [1596:712-716].

254 Véase Apolodoro, *Biblioteca* 1, 2, 6.

255 Número ofrecido por Hesiodo, *Teogonía* 260.

256 *Metamorfosis* 1, 187: «totum Nereus circumsonat orbem.»

257 En el verso 392 de la *Geórgica* 4 de Virgilio.

donde comienza: *Grandaevus Nereus*, etc., y Valerio Flaco[258] dijeron ser hijo de Océano y Tethys, porque por Nereo entendieron algunos el agua marina o la mixtura que se hace en la mar del agua cuando es puro elemento, entendido por Océano; y el agua elementada o mezclada, entendida por Thetys, o quisieron entender por Neptuno, según dice Iuan Bocacio[259], el mar Mediterráneo, porque según Pomponio Mela[260], Hércules, abriendo el estrecho de Gibraltar, hizo que el agua del Océano entrase por entre el monte Abila, de Mauritania, y el monte Calpe, de España, como primero ambos estuviesen juntos; y porque entrando por allí agua del Océano se causó el mar Mediterráneo, por esto dicen que Nereo, entendido por el mar Mediterráneo, es hijo de Océano y de Tethys. Los que dicen ser hijo de Océano y de la tierra entienden lo que primero dijimos, acerca de que por Nereo se entienden ambas calidades de agua, la simple elementar y la mixta de elementos, porque por virtud del calor del Sol, sale de las entrañas de la tierra un agua diversa de la elemental, que dijimos se entiende por Tethys, y de la mezcla de entrambas se entiende Nereo, y por esto es hijo de Océano y de la tierra, o de Océano y Tethys, como se ha dicho. Que casase con su hermana Doris[261], es decir con el amargura del agua, porque esta amargura sale de la tierra, como el mismo Nereo, y así son hermanos, y es su mujer, porque mediante esta mixtura se hace capaz de engendrar.

Tener Nereo muchas hijas llamadas Nereydes es porque del mar entendido por Nereo, se engendran muchas fuentes y humidades, por diversas partes de la tierra, y a esto llaman ninfas Nereydes. Decir que fueron cincuenta es que ponen número cierto por incierto, o por ser estas ninfas muchas, se entiende, según algunos, las muchas invenciones y mudanzas de consejos pertenecientes a la navegación. Y para de-

---

[258] *Argonauticon* 1, 658.

[259] Véase *De genealogie deorum* 7, 13.

[260] Capítulo 5 del libro primero de *De situ orbis*.

[261] Sobre la cualidad de Doris, véase el epíteto en Virgilio, *Églogas* 10, 5: «Doris amara». Véase también Boccaccio, *De genealogie deorum* 7, 8.

notar esto mejor, dijeron que Nereo era viejo, porque para navegar es necesaria la experiencia de viejo, y no de hombre mozo, sino que tenga la barba blanca, porque en éstos se aposenta la experiencia, o darle barba blanca denota la espuma que el mar hace con sus movimientos.

Que Nereo fuese adivino es decir que el que ha de gobernar navíos ha de ser adivino de lo que ha de succeder en la mar antes de tiempo, quiere decir, que ha de tener experiencia para pronosticar antes que vengan los mudamientos del mar, que son crecientes y menguantes, y mudamientos de vientos, y por señales de aves y otras cosas, saber la tempestad advenidera.

Que Nereo se mudase en varias figuras denota la mudanza del mar, que nunca mucho permanece en un ser, porque ya está en calma, ya no, ya de un modo, ya de otro.

Por esta fición nos quisieron los antiguos exhortar que fuésemos prudentes, no sólo en el navegar, mas aun en otros negocios, y que no nos quejásemos de nuestra suerte cuando por imprudencia o temeridad nos pusiésemos en peligro.

CAPÍTULO XII

De Tritón

Theodoncio[262] dice que Tritón fue hijo del Océano y Tethys. Servio[263] le hace hijo de Neptuno y Salatia. Hesiodo[264], de Neptuno y Amphitrite. Lycophron[265] dijo ser hijo

---

[262] El enigmático mitógrafo referido por Boccaccio nos pone sobre la pista del *De genealogie deorum* 7, 7, aunque tal vez Pérez de Moya esté más cerca de lo resumido por Conti, *Mythologia* 8, 3 [1596:699-704].

[263] Comentario a la *Eneida* 1, 144.

[264] Hesiodo] Herodoto *1585*. Si Pérez de Moya copia a Conti, como ahora veremos, no es Herodoto sino Hesiodo, *Teogonía* 930 y siguientes, de donde Anfitrite y Océano son padres de Tritón.

[265] Véase su *Alexandra* 33-34, y los *Scholia in Lycophronis «Alexandram»*.

de Nereo. Fue Tritón mensajero y trompetero, que tañía con una concha, de Océano y de Neptuno, según Ovidio[266], donde comienza: *Caeruleum Tritona vocat,* etc.; y Vergilio[267], en cuatro versos que comienzan: *Hunc vehit immanis Triton,* etc. Del ombligo arriba tiene forma de hombre, y de allí abajo de delfín; los pies primeros de caballo, la cola grande, redoblada a forma de luna; su voz es humana. Dábanle carro en que andaba, llevándole unos caballos verdinegros, según dice Ovidio[268], donde comienza:

Caeruleis Triton per mare curret equis.

Quiere decir, corre Tritón por el mar unos caballos verdinegros. Dicen que como éste hallase una concha o bocina y la tocase en la guerra de los Gigantes, creyendo ser alguna grande animalia, y por el sonido no oído, huyeron, con que los dioses alcanzaron con facilidad victoria.

Declaración

Por Tritón entendieron los antiguos una cosa divina que estuviese presente con los navegantes, porque no hubiesen lugar que pareciese carecer de favor o cosa divina. Y su introdución dicen haber sido, que hallándose algunos en tormenta viesen algún monstruo en el mar nunca antes visto, y como supersticiosos pidiesen favor y a caso se librasen, atribuyéronle deidad y llamáronle Tritón, que quiere decir sonido, por el ruido del tiempo de tempestad; y por este ruido dicen que es trompetero de Océano o de Neptuno, y que tañen con una concha, que era lo que primero usaban en lugar de trompeta, y por este ruido le fingen que anda en

---

266 Conti resulta aquí una fuente literal para Pérez de Moya. Conti, *Mythologia* 8, 3 [1596:700]: «Fuit autem Triton Oceani ac Neptuni buccinator & tubicen, vt testatur Ovidio.» Véase *Metamorfosis* 1, 333.

267 Véase *Eneida* 10, 209, de donde ha de salir el comentario de Servios antes dicho.

268 Véase *Heroidas* 7, 50.

carro. Los caballos verdinegros que traen su carro denotan el color del mar, en decir que son verdinegros; y en ser caballos es por denotar la velocidad con que las olas se mueven. Que tenga voz humana es porque el ruido del mar parece como de cosa viva o animada. Algunos dicen que los tritones son unos pescados que tienen la forma de hombre acerca de lo cual dice Alejandro de Alejandro[269], que en Epiro había una fuente cerca de la mar, donde iban por agua las mozas, y subía un hombre marino, que dicen Tritón, y se escondía en una cueva cercana al camino, por donde las mujeres pasaban, y estaba en asechanza hasta ver alguna, a quien tomándola se entraba con ella en la mar. Y Petro Gelio dice que en Marsella pescaron un tritón o hombre marino, y lo presentaron al rey Renato. Las hembras destos tritones, que emitan a mujer, se dicen Nereydas, de Nereo.

CAPÍTULO XIII

DE LOS PELIGROS DEL MAR

De siete peligros[270] hacen mención los poetas[271] que hay en la mar, que son Sirtes[272], Cicladas, Acloceramina, Scilla, Charibdis[273], Carina, Cafareo[274].

Sirtes son unos lugares arenosos en el extremo del mar de

269 Véase el capítulo 8 del tercer libro de *Genialium dierum libri* VI.

270 Algunos de estos peligros están relatados en la *Odisea* 12, 73 y siguientes.

271 Remotamente se pueden adivinar en la fuente que da más abajo el autor: Ovidio, *Heroidas* 10 (Ariadna a Teseo).

272 Para los golfos de Sirte, véase Estrabón, *Geografía* 2, 5, 20. El Sirte menor es el golfo de Gabes en Túnez, y el Sirte mayor es el actual golfo de Sirta, en Libia.

273 Son los dos promontorios que flanquean el golfo de Mesina. Véase Estrabón, *Geografía* 1, 2, 9 y 16.

274 Es un promontorio marino, según Pomponio Mela, *Cosmografía* 2, 7.

África, en los cuales se mueve el arena con el viento y con las olas; y lo que agora es más hondo, desde poco está lleno de arena y hecho bajío, a cuya causa perecen allí muchos, encallándose en la tierra.

El segundo peligro dicen Cicladas; es un lugar peligroso de mar, que sume y traga los navíos, y no es ninguno de las setenta y tres ínsulas que llaman Cicladas.

El tercer peligro se dice Acloceramina; es peligro donde remolinan las naos y se trastornan y hunden.

El cuarto se dice Scilla[275], y hubo dos deste nombre: la una fue hija de Phorco, según Servio y Leoncio, que fingen que por amarla Neptuno, Amphitrite, mujer de Neptuno, de celos, inficionó una fuente en que Scilla se solía bañar, y como entrase en ella, le vino una locura que se despeñó en la mar, y Neptuno la convirtió en un monstruo marino.

Otros dicen que se convirtió en una peña. Ovidio[276] dice que como Glauco menospreciase a Circe por amor de Scilla, Circe inficionó la fuente donde Scilla acostumbraba lavarse, y entrando en ella se mudó en una disforme figura, la cual, espantada de su disformidad, se despeñó en la mar, y por obra de su enamorado Glauco fue convertida en una deesa marina. Homero[277] dice que Scilla fue una mujer que tenía la voz de perrillo, de espantoso aspecto, y doce pies y seis cabezas, y en cada cabeza una grande boca, con tres órdenes de dientes; los ojos de fuego, y del medio cuerpo abajo como serpiente; la cola larga, para llegar así de lejos los navíos, y que habitaba en una cueva, de donde sacaba la cabeza y pescaba los delfines y ballenas. A ésta dicen que la mató Hércules, mas su padre Phorco la volvió a la vida.

---

[275] Sobre Escila y Caribdis, véase el capítulo dedicado por Conti [1596:739-745] y el capítulo 9 del segundo *Mitologicarum liber* de Fulgencio. Servio [1510:20v] comenta el verso 74 de la *Égloga* 6 relatando la historia de las dos Escila, la primera hija de Forco y la otra de Niso. La historia completa se puede leer, muy parecida a ésta, en Boccaccio, *De genealogie deorum* 10, 9.

[276] Véase *Metamorfosis* 14, 1-74.

[277] Véase *Odisea* 12, 73 y siguientes.

San Fulgencio[278], moralizando esta fábula, dice que Scilla significa confusión o lujuria. Esta lujuria ama Glauco, que quiere decir ceguedad, porque todo hombre que ama la lujuria es ciego.

El sentido histórico deste poético fingimiento es que entre el estrecho que aparta la Calabria de Sicilia hay algunas piedras y peñas agudas y cavernosas, que con el continuo sacudir de las ondas hacen un ruido que parece latido de perro. Dice que era de espantoso aspecto, porque el ruido y el peligro que allí había hacía parecer a los que por allí pasaban, espantosa cosa. Tener muchas cabezas es que hay muchos peñascos, y como están altos, parecen cabezas. Las muchas bocas y dientes son las ondas que allí hieren peligrosas para hundir al que allí llega. Pescar delfines y ballenas fue dicho porque aquel lugar está siempre lleno de grandes y monstruosos peces.

Dice que amó a Neptuno porque el peñasco en que fingen haberse convertido Scilla está en el mar, y porque allí hay siempre fortuna y continuo estruendo, se fingió que el agua hubiese sido inficionada de Amphitrite. Que Hércules la matase, dice Theodoncio que fue así fingido, porque un hijo de Cíclope murió entre las peñas de Sicilia, de donde Cíclope, por vengarse, echando allí muchas peñas y zarzas, cubrió las bocas de Scilla y hizo el mar navegable, y por esto se dijo haber sido muerta Scilla. Después, por discurso de tiempo, quitando el mar aquellas peñas y zarzas allí echadas, volvió el lugar en la primera forma, y así de Phorco fue resucitada la hija. Y según Filocoro[279] afirma, Scilla fue una mujer, hija de Phorco, la cual, partiendo de Cerdeña para Corintho, porque era dada a un corintio, llamado Stelleno, en casamiento, se murió allí, y tomó su nombre este lugar peligroso del mar, llamado Scillallo. Otros dicen que entre los habitadores de unas islas llamadas Tyrrhenas,

---

278 Fulgencio toma unos versos de Terencio, *Andria* 78, para glosar el descarrío de Escila: «Ab labore procliva ad libidinem accepit conditionem...»

279 Véase la cita de Filocoro de nuevo en Jacoby, *Die Fragmente* 328F174.

del mar Ionio, hubo una fiera que del ombligo arriba era mujer, y la cabeza de perro, y lo demás de serpiente. Y la historia desto es que esta gente tenía una nave que por nombre se decía Scilla, con una insignia de la forma que la fábula dice, y con ella saqueaban todas cuantas naves encontraba, y desta Scilla se escapó Ulises, con buen tiempo que tuvo.

La segunda Scilla fue hija de Nisso, de quien escribe Ovidio[280] que peleando Minos contra él y teniéndole cercado en una ciudad por vengar la muerte de su hijo Androgeo, que le habían muerto los atenienses, Nisso tenía un cabello hadado de tal manera, que entre tanto que en la cabeza durase, la ciudad no tenía temor de guerra que le pudiese hacer ninguno, por poderoso que fuese. Subiéndose Scilla en una alta torre para de allí ver el campo de los contrarios, vio a Minos, y enamoróse tanto dél que cortó los cabellos a su padre estando durmiendo, y llevóselos a Minos por agradarle, declarándole consistir en aquello las fuerzas de su padre; y siendo de Minos menospreciada y aborrecida por mala y cruel mujer, la despeñó. Otros dicen que ella misma, considerando la traición cometida contra su padre, y viéndose menospreciada de Minos, se despeñó. Ovidio dice que fue convertida en cogujada[281], y su padre Nisso, después de vencido y muerto, en águila o esmerejón, aves entre sí contrarias. Hace mención desto Virgilio[282], donde comienza: *Apparet liquido*, etc. Y Servio sobre el Virgilio.

Declaración moral

Nisso, padre de Scilla, es figurado por la razón, que mientras tiene en el hombre imperio absoluto, se ve que tiene un cabello fatal, que es el verdadero amor de Dios y del próji-

[280] La historia de esta hija de Niso se puede leer en *Metamorfosis* 8, 1-151.

[281] Según Ovidio, *Metamorfosis* 8, 150-151: Escila «plumis in auem mutata uocatur ciris.»

[282] Es el verso 404 de *Geórgicas* 1. En los versos siguientes se explica la transformación de Niso y de Escila.

mo, por el cual no puede ser echado del reino por ninguna maldad artificiosa de sus enemigos, ni muerto. Minos es el mundo, que pone asechanzas a la razón y la cerca como Minos a Nisso. Scilla, hija de Nisso, es la mala afición y voluntad, enamorada del mundo y de sus cosas; ésta sola puede prender a Nisso, su padre, apagándole la caridad, de manera que viene a perder a un punto la razón, la vida y el reino. Después, esta mala afición, desesperada por no poder gozar cumplidamente los placeres del mundo, es transformada en peña de su error, o en cogujada, ave que continuamente anda saltando y volando y jamás anda queda; así la voluntad que hace traición a la razón y le hace perder la vida y el reino, no se pudiendo afirmar en cosa del mundo, anda vagando por las olas del mar deste mundo, perseguida de la razón, que es figurada por el águila, porque así como el águila mira al Sol más en lleno que otra ave alguna, así la razón guía al entendimiento, al conocimiento de Dios, mejor que otra ninguna parte del ánima, como aquella que querría volverla a mejor camino, haciéndola morir a las cosas transitorias y volverla al amor de las eternas y divinas, en que tendrá verdadero reposo. Y como Scilla se enamoró de Minos, así la voluntad se enamora de las cosas del mundo, subiendo sobre la torre de la comodidad y ocasión de los objetos propincos y del placer en los deleites.

Charibdis es un lugar peligroso, en el estrecho del mar de Sicilia, que está a par de Scilla, hija de Phorco, donde el agua tres veces al día crece y desmengua, y el navío que por allí pasa estando bajamar, encállase en el arenoso suelo.

Carina es peligro que procede por las ondas grandes del mar.

Cafareo es gran golfo en donde pierden los marineros la orden por donde guiar.

Estos siete peligros fingen los poetas sojuzgar las naves y fustas que en la mar andan. Pone Ovidio esta ficción en el libro de sus epístolas, en la carta que Ariana, hija de Minos y Pasiphe, escribe a Theseo, cuando se la dejó sola en una isla y se fue con su hermana Phedra. Compáranse estos peligros a los siete pecados mortales, porque así como la nave es sumida y anegada por cualquiera dellos en la mar, así los

hombres, cuyos cuerpos son como naves del ánima, se anegan en el mar de este mundo, por cada uno de los pecados mortales que cometen.

CAPÍTULO XIV

De Plutón y Prosérpina y Ceres

Plutón, que los antiguos tuvieron por dios o señor del infierno, fue hijo de Saturno y Opis, y hermano de Iúpiter, y de Iuno, y Neptuno. Éste finge Vergilio[283] tener en los infiernos una ciudad grande y fuerte, cuyos muros son de hierro, que no se podían romper por fuerzas de hombres, ni perecer por siglos, en donde es guarda Thesiphon, una de las tres furias infernales, que de día y de noche nunca duerme, no dando entrada a ningún bueno.

Tiene ultra desto el can Cerbero, que es un perro de tres cabezas, por guarda general de todo su reino, que no deja salir a ninguno de los que allí entran. Tenía por insignia unas llaves que cerraban y no abrían, así como Iúpiter el sceptro y Neptuno el tridente. Fingieron andar en carro de tres ruedas, dicho Trigae, que lo llevaban tres caballos llamados Metheo, Abastro, Nuvio, como dice Ovidio[284], en tres versos que comienzan: *Hanc metuens cladem,* etc. Pintaban su imagen, según Alberico[285], un hombre terrible, de ferocísimo rostro, sentado en un estrado de piedra azufre, con un cetro en la mano derecha, y en la izquierda una ánima que apretaba reciamente, y a sus pies el perro Cerbero, y junto a él las tres furias infernales[286]. Estaba a su lado Prosérpina,

---

[283] Véase Virgilio, *Eneida* 6, 548 y siguientes. Seguramente es cita tomada de Boccaccio, *De genealogie deorum* 8, 6. Para Plutón y Prosérpina, véase Conti, *Mythologia* 2, 9 [1596:149] y 3, 16 [1596:209].

[284] Citados a partir de Conti, *Mythologia* 2, 9, estos tres versos son los 359-361 del libro 5 de las *Metamorfosis*.

[285] *Alegorías* 2, 1 [1520:12v-13v].

[286] La imagen de Cerbero y las furias también en las *Metamorfosis* 4, 450 y siguientes.

con gesto no menos terrible que el marido. A este Plutón adoraban los romanos y le ofrecían en sacrificio cabezas de hombres. Teníanle templo en Ellis, ciudad de Grecia, y no se abría más de una vez en el año.

Declaración

Plutón quiere decir rico[287], y es la razón que por Plutón se entiende la fuerza o virtud de toda la tierra o el mismo elemento, y porque de la tierra sale todo lo que los hombres tienen por riqueza; por esto en griego le dicen Plutón, que suena lo que en latín *dis*, que quiere decir rico. Así le llama Cicerón[288], y por significar reverencia y autoridad, le llamaron *dispater*, que quiere decir padre rico. Así lo dice san Isidro[289]. Atribuirle a éste la tierra es porque cuando los hijos de Saturno partieron el mundo, le cupo por suerte. Su nombre propio, según Lactancio[290], era Agesilao; otros le llamaron Aydoneo; los demás nombres son postizos; por esto mismo se dijo ser hijo de Opis, que entre otros significados, es uno significar la tierra. Otrosí, ser hijo de Saturno y hermano de Iúpiter y de Iuno y Neptuno, no es otra cosa sino advertirnos que toda esta riqueza entendida por Plutón proviene y nace naturalmente por sucesión del tiempo, entendido por Saturno, y por causa del calor, entendido por Iúpiter; y la templanza del aire, entendida por Iuno, y del agua, entendida por Neptuno.

Que Plutón tenga su señorío o sea dios de los infiernos es la razón que Plutón era señor de la tierra de los molosos,

---

287 Así en Boccaccio traído de Fulgencio, *Mitologicarum liber* 1, 38: «plutos enim Grece diuitiae dicuntur.» La explicación sobre la riqueza de Saturno la da Boccaccio en *De genealogie deorum* 8, 6.

288 Cicerón, *De natura deorum* 2, 66, traduce el Ploúton griego como Dis «esto es, Dives... porque todas las cosas recaen en la tierra y nacen de la tierra». También en Lactancio, *Instituciones divinas* 1, 14, 5.

289 Véase *Etimologías* 8, 11. Más abajo vuelve a citar Pérez de Moya este párrafo: «Pluton Graece, latine Diespiter, vel Ditis Pater, quem alii Orcum vocant quasi receptorem mortium.»

290 En las *Instituciones divinas* 1, 11, 31, Plutón tiene el nombre de Agesilao.

que es una provincia de Grecia llamada Epiro o Chaonia, que cae al fin de la parte occidental de Grecia, o porque, según Strabón[291], habitó en España cerca de los montes Pirineos, y porque caminando de partes orientales hacia otras más occidentales es bajar, y a lo bajo se dice infierno; por eso dijeron ser Plutón dios o señor del infierno, porque el infierno está en el centro de la tierra, y a Plutón le cupo la tierra.

San Isidro[292] llama a Plutón *Orcus,* que quiere decir tragador o recibidor, el cual nombre le conviene por muchas causas: la una, en cuanto fue hombre cruel, que mostró a un perro (llamado Cerbero) despedazar y comer los hombres, y así le dieron este nombre por tacha; lo segundo, en cuanto fingieron ser dios del infierno, en donde recibe o traga todas las ánimas de los malos que mueren, o porque en cuanto tierra, recibe en sí cuantos mueren, así buenos como malos, o porque los ricos (entendidos por Plutón) todo lo tragan con obras o deseo.

Llamóse Februo[293], nombre derivado *a febrius,* que en griego significa purificaciones o cerimonias con que purificaban las ánimas; las cuales purificaciones hacían los antiguos en el mes de febrero, y por esto este mes se llama así. Esto se hace por cuanto los antiguos creyeron que las ánimas de los muertos eran purgadas o aplacadas por ciertas cerimonias. O porque Plutón era dios de aquellas almas, a quien hacía aquellas purificaciones, fue llamado Februo, porque las purificaciones se llamaban *februa;* así lo dice Macrobio[294]. Diodoro Sículo[295] dice que éste fue el primero inventor de las sepulturas y que enterrasen los hombres, y de las obsequias y honras que hacen a los muertos, lo cual an-

---

[291] La patria y los viajes de Plutón ya los describe Conti [1596:149] citando a Estrabón, *Geografía* 3, 2, 9, donde se encuentra la diferencia entre el reino interno de Hades y el reino del subsuelo atribuido a Plutón.

[292] *Etimologías* 8, 11 (véase más arriba), procedente de san Agustín, *De civitate Dei* 7, 3.

[293] Las explicaciones que se siguen están tomadas de las tres fuentes, Conti, Boccaccio y Alberico, así la de las riquezas, la imaginería de Plutón, las cualidades de Cerbero, los sacrificios y los nombres de los caballos del carro.

[294] Macrobio, *Saturnales* 1, 18.

[295] *Biblioteca Histórica* 6, 15.

tes dél entre los gentiles nunca se había acostumbrado, mas dejábanselos por enterrar en los campos, para las fieras.

Tener Plutón ciudad fuerte, en esto se da a entender cómo los ricos avarientos guardan las riquezas, poniéndolas en fuertes lugares, en donde no puedan ser robadas.

Ser la cerca de hierro denota la dureza de las voluntades de los avaros, que son así como hierro, que no se doblan a compasión ni a piedad del pobre, para distribuir con él de las riquezas.

Que esta ciudad de Plutón no pudiese ser destruida de hombres, ni caerse, o perecer por infinidad de siglos, significa la necesidad de morir, porque no hay fuerza alguna de hombres que no pueda escusar la muerte, cuando Dios es servido que llegue a cada uno.

Guardar esta ciudad Thesiphon denota la ansiedad y cobdicia del ánima de los ricos en guardar y allegar riquezas. Que esta guarda no durmiese de noche ni de día denota que los ricos duermen poco, pensando cómo conservarán la hacienda y la multiplicarán. Que en esa ciudad no entre ningún bueno, sino todos malos, significa que las riquezas, sin maldad, allegar y retener no se pueden.

El Cancerbero, perro de tres bocas o cabezas, que guarda el reino de Plutón, denota la cobdicia y hambre insaciable de los avarientos, o significa la tierra, que traga a todos los que mueren. Tener este perro tres cabezas denota las tres partes del mundo, que son Asia, África, Europa, de las cuales la tierra recibe las carnes, como en todas las tierras del mundo los hombres mueran; o significan tres edades[296], en las cuales algunos parten de esta vida, que son puericia, juventud y senetud, que en cada una de ellas acontece el hombre morir; denotan también estas tres bocas del Cancerbero, que aunque al avariento se le cumpla un deseo de cubdicia, luego se levanta otro, y otro, y así no hay fin en el cubdiciar; y pónese número determinado por indeterminado.

No dejar salir a ninguno de los que en esta ciudad entraban denota que los avarientos todo lo que a ellos viene reciben, y dello nunca dan, o porque el que muere no puede

---

[296] Véase la nota 1255.

a la vida tornar, lo cual también denotaron por las llaves que dan por insignia a Plutón, que cierran y no abren. Y por esto mismo dijeron ser señor de los difuntos, porque todos los que nacen se vuelven a resolver en tierra, según dice Cicerón. La figura de cómo pintaban a Plutón está claro de lo que se ha dicho.

Sacrificarle los romanos cabezas de hombres era porque como fue hombre cruel, pensaban complacerle con crueldades.

Abrían su templo pocas veces, porque tenían que cuando se abría andaba suelto Plutón y las furias infernales, de que andaba la gente atemorizada. Festo Pompeyo dice que se abría tres veces en el año.

El carro no es otra cosa sino el rodar de trazas de aquellos que desean enriquecerse. Las tres ruedas o caballos que tiran este carro denotan la fatiga en que los tales cobdiciosos se ponen y el peligro y la incertidumbre que de sus trazas tienen. El primero de los caballos se llama Metheo, que quiere decir escuro, a fin de que por él se entienda la loca deliberación de allegar las cosas, de que tiene poca necesidad, con que es llevado de su cobdicia. El segundo se dice Abastro, que significa lo mismo que negro, para que se conozca el espanto y miedo del peligro que casi siempre está a la redonda de los negocios y casos en que para ello se ponen. El tercero se dice Nuvio, que significa cosa tibia, para que consideremos que con el temor del peligro algunas veces el hirviente deseo de allegar se resfría.

ARTÍCULO I

Del robo de Prosérpina

Era Prosérpina una deesa entre los gentiles, hija de Iúpiter y de Ceres, que según Ovidio[297], significaba tres cosas:

[297] La historia del rapto de Prosérpina la cuenta Ovidio entre los versos 385-550 del libro quinto de las *Metamorfosis*. Las tres cualidades de Prosérpina se pueden ver diseminadas en Fulgencio, *Mitologicarum liber* 1, 42;

las simientes o mieses; la Luna; y la reina de los infiernos; y por esta causa las cosas que de Prosérpina se dicen, se atribuían a estos tres significados, como dice Diodoro Sículo y Claudiano[298]. Del cómo la robó Plutón escriben los poetas que considerando que todas las deesas rehusaban de recibirle por marido, así por su fealdad como por la escuridad de su reino, subió en un carro, que tres caballos negros tiraban, y vino a Sicilia, y llegando a una floresta de arboleda muy hermosa, en donde a la sazón Prosérpina estaba holgando, cogiendo flores en compañía de otras vírgines, la cual, como a las demás excediese en gentileza de cuerpo y hermosura, vista de Plutón, enamorándose della y tomándola súbitamente de sobresalto, la llevó consigo. Ella daba voces, pedía favor a su madre y compañeras que la valiesen. Plutón, a gran priesa, azotaba los caballos cuanto más podía. Dos fuentes había en el camino por donde Plutón había de pasar, que se llamaban Ciane y Arethusa. Ciane se llamaba así por una ninfa que en ella habitaba nombrada del mismo nombre, la cual, viéndolos venir y conociendo a Prosérpina, pesóle mucho verla llevar contra su voluntad; procuraba estorbar los pasos a Plutón, extendiendo los brazos en muchas partes. Viendo Plutón que no podía pasar, hubo grande ira, y hiriendo con su sceptro furioso, abrió allí la tierra, por donde entró para los infiernos con su carro y doncella. Ciane, cuando vio no haber podido remediar a Prosérpina, y asimismo el agua de su fuente perdida, que se había consumido por el abertura que Plutón había hecho, viéndose en seco, hizo gran llanto y descubrió a Ceres el robo de su hija; y como Ciane amase mucho aquella fuente que guardaba, entróse en ella y fue luego convertida en agua.

2, 98. La fábula de la hija de Ceres se cuenta más por extenso en Conti, *Mythologia* 3, 16.

[298] Para Claudiano, véase el estupendo *Rapto de Prosérpina* en *Poemas*. Para Diodoro Sículo, la *Biblioteca histórica* 5, 2.

Declaración histórica

Plutón fue un verdadero hombre[299] y no dios del infierno, mas rey de los Molossos, provincia a la parte occidental de Grecia, y así es cercana a la isla de Sicilia, y por esto es cosa creíble que Plutón robase a Prosérpina, porque le convenía más ésta por mujer que otra de tierra más remota; y el un reino y otro estando cercanos serían más aprovechados, y habría esperanza que por este casamiento ambos reinos se juntarían. Y Prosérpina era una doncella así llamada, hija de Ceres, reina de Sicilia, y del rey Sicano. Y Ovidio y los poetas, por ennoblecer el linaje y porque a su propósito más convenía, dijeron que era hija de Iúpiter, y Ceres hermana del mismo Iúpiter. Esta doncella, estando un día cerca de la ciudad de Zaragoza[300], de Sicilia, con otras sus compañeras en una floresta cogiendo flores, la robó Plutón con intención de recibirla por mujer.

Aplicación[301]

Hemos dicho que Plutón, según Cicerón[302], denota la fuerza o virtud de la tierra. Agora decimos que Prosérpina denota las simientes sembradas; la razón desto es que Prosérpina se interpreta: *Quasi prope nos serpens.* Quiere decir, rastrante cerca de nos. Esto conviene a la simiente, la cual echada en tierra hace raíces, y de allí comiénzase a levantar yerva sobre la tierra, y este levantamiento es como rastrear, porque sobre la tierra es y cerca de nos, por cuanto es junto

[299] Ya relatado por Conti [1596:213] citando «Scriptum reliquit Zezes historia 41 Chiliad. 2». Para Tzetzes, véase sus *Historiarum variarum Chiliades*, ed. Th. Kiesslingius, Leipzig 1826.

[300] Entiéndase «Siracusa».

[301] Estos párrafos son muy semejantes a los escritos por Conti, *Mythologia* 13, 16 [1596:213-214].

[302] Véase *De natura deorum* 2, 66.

con nuestros pies. Por Ceres se entienden las mieses o frutos pasados, y otras veces la tierra o su haz. Ser Ceres madre de Prosérpina es porque lo que se siembra fue sacado de los frutos pasados. Hurtar Plutón a Prosérpina denota que cuando los labradores siembran y no nace tan presto como querrían parece que lo llevaron o hurtaron; y porque no hay quien lo lleve, salvo el que debajo la tierra habita, y éste es Plutón, por quien se entiende también la hondura de la tierra, que allí podrían estar las simientes escondidas; y por esto se dice que robó a Prosérpina, que son las simientes.

Hundirse Plutón con Prosérpina por debajo de tierra es decir que las simientes se han de enterrar o encubrir para que nazcan, o que los ricos esconden debajo de tierra en silos las simientes, para aguardar tiempo en que más valgan.

Ser robada Prosérpina estando cogiendo flores en Sicilia, por estas flores se denota la fertilidad y templanza de los aires, por lo cual casi en todos los meses del año hay flores en aquella isla, y por su fertilidad se dice *alhori* o panera de los romanos.

Ciane o Arethusa que descubrió a Ceres dónde estaba su hija denota la virtud de la simiente, la cual virtud a su tiempo expele y hace descubrir lo que se siembra, pareciendo sobre la tierra.

Es Prosérpina hija de Ceres en cuanto por Ceres se entiende la tierra, la cual da nutrimiento a las simientes, con la sustancia del humor, de la cual reforma todo cuerpo de las mieses, y este engendramiento se hace dentro de la tierra, arraigándose primero y después saliendo fuera, que son oficios de madre. Es hija de Iúpiter, porque por Iúpiter se entiende el cielo, según dice Tulio, y porque del cielo y estrellas viene la virtud para alterar la materia de que se hace la generación, porque aunque esta virtud la dé Aristóteles al Sol, por cuyo movimiento dice engendrarse y corromperse todas las cosas que se corrompen y engendran, empero más conviene a todo el cielo junto que al Sol solo; por tanto atribuyen ser Prosérpina hija de Iúpiter. Otras cosas que faltan para cumplimiento desta fábula se dirán adelante, tratando de Ceres.

ARTÍCULO II

DE UNA HIJA, QUE SIN AYUNTAMIENTO DE HEMBRA HUBO PLUTÓN, LLAMADA VENERACIÓN

No decir los poetas que deste casamiento de Plutón y Prosérpina hubiesen hijos es por dar a entender que del allegamiento desordenado de las riquezas no se sigue alguna cosa loable ni algún fruto famoso, mas son siempre estériles por no las distribuir; mas los poetas le dan a Plutón una hija, a quien Servio[303] poeta llama Veneración, y Theodoncio[304], Reverencia, y esto es más razonable, porque Veneración, según la propiedad del vocablo latino, significa aquella honra que a los dioses daban. Y Reverencia es la honra que damos a los hombres, y ésta es hija de Plutón, por cuanto a todos los ricos dan honra sólo por ser ricos, de donde sale que aunque tenga todas las tachas contrarias y le falte nobleza, como sólo tenga riquezas, le honran; y por tanto fue cosa conviniente decir que Plutón engendró a Reverencia sin madre. Esto se entiende para los indiscretos que no conocen virtudes, que piensan no haber otra mayor excelencia que ser ricos. Mas honra propiamente no merecen los ricos si no son virtuosos, porque según Aristóteles[305] la define: *Honor est exhibitio reverentiae in testimonium virtutis*. Honra es ofrecimiento de reverencia hecha a alguno en señal de virtud; tómase virtud en general, no sólo por las virtudes morales, que son hábitos buenos causados en noso-

[303] Véase el comentario de Servio [1510:251v] al verso 327 de la *Eneida* 7: «Venerationis es pater; nam furiae acherontis & noctis filiae sunt.»

[304] Teodoncio nos lleva hasta el capítulo 7 del libro octavo *De genealogie deorum* de Boccaccio y nos confirma, una vez más, la fuente: «Venerationem filiam fuisse Plutonis Seruius affirmat. Thedontius autem hanc reuerentiam vocat...»

[305] Aristóteles, *Ética nicomaquea* 1.

tros por uso, mas por todas proezas y las riquezas no son proezas, por cuanto no son cosa alguna en el hombre, mas fuera dél, por lo cual no se debe dar honra a uno por sólo ser rico, si con ella no se llegare alguna virtud.

ARTÍCULO III

De los dos hermanos Paliscos, lugares por donde pasó Plutón llevando a Prosérpina

En Simeto, río de Sicilia, estaba una ninfa llamada Thalia, la cual, siendo amada de Iúpiter, se hizo preñada de dos hijos, por lo cual, temiendo ella la aspereza de Iuno, que mucho maltrataba a las concubinas de su marido Iúpiter, pidió a los dioses que se abriese la tierra para en sí la recebir; viniendo el tiempo del parir, abrióse la tierra y nacieron dos niños, y púsoles por nombre Paliscos, los cuales se convirtieron en dos lagos, cercano uno de otro, muy hondos, que hierven y huelen mal a piedra azufre; Ovidio[306] los llama lagos de los Paliscos; cuenta esta fábula Macrobio[307].

Declaración

Thalia no fue ninfa ni persona, mas una cueva en Sicilia. Mas porque según la habla poética, porque había de ser madre, fue necesario decir que era hembra; y porque entre las ninfas ponen las Náiades, que son ninfas de aguas, y como en esta cueva se recogían aguas de las pluvias, dijeron ser Thalia ninfa y que habitaba en el río Simeto. Decir que la amó Iúpiter y que concibió dél es que Iúpiter significa el cielo y calor natural, de cuya virtud vienen las aguas; y por-

---

306 Sobre los lagos Palicos, véase Ovidio, *Metamorfosis* 5, 404-405.

307 El episodio de Talía y toda la fábula la cuenta Macrobio, *Saturnales* 5, 19, citando los versos 581-585 del libro 9 de la *Eneida*.

que estas aguas descendiendo del monte Ethna, cuando llovía se recogían en aquella cueva llamada Thalia, en tanta abundancia que se llenase, dice que se hizo preñada de Iúpiter. Decir que después de preñada pidió a los dioses que se abriese la tierra y la recibiese en sí por miedo de Iuno, díjolo porque en cuanto la fábula, Iuno era muy cruel contra todas las amigas de Iúpiter, según Ovidio[308] cuenta, que cuando parió Calisto o Calistome, Iuno la arrastró y convirtió en osa. Y así Thalia, cuando no parecía preñada, no temía a Iuno; pero después de preñada, temía que lo había de saber, y por este temor pedía a los dioses que abriesen la tierra. La significación desto es, que cuando aquella cueva no tenía agua, no había en sí ningún movimiento; cuando se llenaba, hundíase debajo, como que se escondiese, y entonces se decía estar preñada. Decir que se abrió la tierra cuando vino el tiempo de parir, y que nacieron dos hermanos que se llamaron Paliscos, esto es que con la mucha agua reventó por dos partes, y del agua que de la cueva salía se hicieron dos lagos, uno cercano del otro, y porque salieron de una misma cueva, como de un mismo vientre, llamáronse hermanos, y porque se hicieron dos lagos o lagunas, llamáronse Paliscos, de *palus*, que significa en lengua latina laguna, los cuales lagos eran hondos y olía mal el agua a piedra azufre, y su agua hervía, como dice Ovidio[309], en donde comienza:

Perque lacus altos, et olentia sulfura fertur.
Stagna Paliscorum rupta feruencia terra.

Quiere decir: pasó Plutón por los lagos de Paliscos, que hierven siendo la tierra rota, y son los lagos hondos y mal olientes con piedra azufre. Dice que hervían porque se levantan en alto, creciendo con el agua que por las dichas aberturas o manaderos de la cueva Thalia salía. Dice hon-

[308] Los amores de Júpiter con Calisto los cuenta Ovidio en *Metamorfosis* 1, 401-530.
[309] Los dos que siguen son los versos 405-406 del libro quinto de las *Metamorfosis*.

dos, porque son muy profundos. También dice Aristóteles que huelen mal, porque la piedra azufre es de mal olor, y el agua que a él toca y se calienta, huele a él. Y que allí haya piedra azufre es cosa creíble, por estar junto al monte Ethna o Mongibel, que tiene mucha piedra azufre, como consta de las llamas de fuego que dicen salir dél.

ARTÍCULO IV

DE CERES

Aunque los poetas hablan de Ceres como si una sola fuese, es de saber que hubo muchas, de las cuales diremos de solas dos, de que los autores hacen más mención. La primera, según Lactancio[310], fue hija de Celio y de Vesta y hermana de Saturno, y ésta es madre de Acherón, río infernal, concebido sin padre, de quien dice una fábula que como a Ceres la creciese el vientre, hubo vergüenza y escondióse en una cueva apartada de Tierra de Candía, en donde parió a Acherón, el cual, de vergüenza no osando salir sobre tierra, se entró a los infiernos y fue allí hecho río infernal, de quien en otro lugar trataremos. Esta Ceres casó con Sicano, rey muy antiguo de Sicilia, según Theodoncio, en quien hubo a Prosérpina; y como en aquel tiempo no hubiese en Sicilia uso del pan, porque ni lo sembraban ni lo comían, mas de las frutas de los árboles se mantuviesen, Ceres, según Solino[311], halló el uso de las simientes y enseñó a labrar la tierra a los sicilianos y a coger frutos; y por estos beneficios, aunque era mujer, la dijeron deesa del pan y consagráronle a Sicilia.

La otra Ceres fue hija de Saturno y de Opis y hermana de Iúpiter; ésta, según afirma Ovidio[312], fue muy hermosa, por

[310] Así en *Instituciones divinas* 1, 14, 2. Todo el capítulo es una copia resumida de Conti, *Mythologia* 5, 14. No está muy lejos tampoco de *De genealogie deorum* de Boccaccio, 3, 4.

[311] Así en el capítulo 11 del *Polyhistor*.

[312] Ceres se dirige a Júpiter como Padre de Prosérpina en *Metamorfosis* 5, 509 y siguientes.

lo cual Iúpiter la amó, y engendró en ella a Prosérpina; y ésta es la que se dice ser deesa de las mieses, lo cual es falso, porque Ceres, la madre de Prosérpina y deesa de las mieses, es hermana de Saturno, y no hermana de Iúpiter; mas los poetas (como hemos dicho), todo lo que conviene a todas las nombradas Ceres atribuyen a una, como si no hubiera habido otra o por honrar a Iúpiter danlo a su hermana. También dicen que adulterando Neptuno con Ceres nació un monstruo tan espantoso que era vergüenza nombrarle. Dícese Ceres, según san Isidro[313], *Quasi creans res;* quiere decir, que Ceres cría todas las cosas. Tulio[314] dice: *Ceres quasi gerens, quia omnia gerit.* Quiere decir, Ceres se llama porque todas las cosas engendra. San Fulgencio[315] dice que Ceres significa contento o gozo, y por esto la hacen deesa del trigo, porque donde hay abundancia de frutos tienen contento. Proserpina dice ser las simientes o raíces, que en griego se dice Hecate, de *hecaton,* que significa ciento, porque Ceres da cien doblado el fruto. Sacrificábanle a Ceres el puerco.

Declaración

Ceres unas veces significa la tierra, y no toda ella, porque esto significalo Plutón, mas la haz o costa de la tierra, con alguna groseza en que está la más virtud del nacer lo que en la tierra se siembra; otras, veces significa las mieses; otras, las simientes; otras, otra cosa. Proserpina unas veces significa las simientes; otras, las raíces; otras, la Luna; otras, otras cosas. Que Ceres fuese hija de Saturno y de Opis es que por Saturno se entiende el tiempo y por Opis la tierra, y por Ceres la virtud de lo que se siembra; y porque la virtud o aquel fuego divino que está en las cosas naturales, para procrear su

---

313 En el capítulo de las *Etimologías* dedicadas a los dioses (8,11): «Cererem, id est, terram a creandis frugibus asserunt dictam.»

314 Véase *De natura deorum* 2, 66: «a gerendis frugibus Ceres tamquam Geres.»

315 Este fragmento es copia del *Mitologicarum liber*, 1, 41-42.

semejante ha menester tiempo, por esto es hija de Saturno; y porque lo que se siembra es en la tierra y nace y se cría en ella, por esto Opis es su madre. Prosérpina hija de Ceres, denotan las raíces de las hierbas y plantas, y por esto se dijo Prosérpina, porque las raíces cunden y rastrean secretamente debajo de tierra; y dijeron nacer de Iúpiter, por quien es entendido el calor o virtud celestial, y de Ceres, su hermana, que denota las simientes, porque cualquiera cosa desto que falte no se engendrara Prosérpina, que es la cosecha del pan. Los que dijeron haber parido Ceres de Neptuno un monstruo que era vergüenza nombrarle, dícenlo porque toman a Ceres por la tierra, y por Neptuno el agua. De la mixtura de estas dos cosas o participación del agua y tierra, creyeron nacer monstruos diversos, por la abundancia demasiada de materia. Decir que era vergüenza nombrarle es que por ser tanta la diversidad de lo que así se engendra es dificultoso ponerle a todo nombre. Denótase por esto la fertilidad del agua. Decir que Sicilia era consagrada a Ceres es por ser fertilísima de pan aquella isla. Sacrificarle el puerco a Ceres es por ser dañoso a los sembrados y mieses este animal.

ARTÍCULO V

CÓMO CERES ECHÓ MENOS A SU HIJA PROSÉRPINA

Escribe Ovidio[316], que echando menos Ceres a su hija Prosérpina, andaba días y noches, con teas y pinos encendidos del monte Ethna de Sicilia, y habiendo andado casi las más partidas del mundo, al fin tornóse a Sicilia, y andando a todas partes, llegó a una fuente llamada Ciane, en donde estaba una ninfa del mismo nombre, la cual, aunque no podía hablar por estar convertida en agua, le mostró por señas todo el hecho de su hija, mostrándole el lugar donde se su-

[316] Todo el capítulo de Ceres viene de un acercamiento a Ovidio, *Metamorfosis* 5, 385-550.

miera. Cuando Ceres entendió su acaecimiento, comenzó a llorarla, como si ya de todo punto fuera perdida, pues no sabe dónde está; y así maldice las tierras, que jamás no puedan llevar mieses, principalmente a Trinacria, y mató los bueyes, y quebró los arados, y derramó las simientes, porque jamás no sembrasen ni naciesen. En aquel tiempo, Aretusa, ninfa, sacó la cabeza debajo del agua, y dijo: «Huelga ya, Ceres[317], y no quieras hacer tanto mal a la tierra que no tiene culpa, que yo ahora ando por muchos lugares, a veces debajo de tierra, a veces sobre ella; cuando corro so la tierra, veo en el infierno a Prosérpina, tu hija, la cual, aunque por ella estás triste, está alegre y se goza, porque es reina de los infiernos y mujer de Plutón.» Otros quieren decir que Iúpiter declaró a Ceres dónde estaba Prosérpina; cuando Ceres esto oyó, sintiólo más que si fuera muerta, vistióse de luto y encerróse en una cueva, donde estuvo algún tiempo retraída; después subió en su carro y fue al cielo, y puesta delante de Iúpiter, con gran queja y sentimiento, dijo: «Oh Iúpiter, yo te ruego hayas dolor en mí o de tu hija, que ha sido tan mal denostada y escarnecida; ca sepas que no me tengo por honrada con tal yerno; mas sufriéramos toda el afrenta, con tal que nos la quiera dar.» Iúpiter dijo: «Aunque es verdad que Prosérpina es mi hija y tuya, no tienes razón del agravio de que te quejas de tu yerno, pues no te debes tener por afrentada con tal yerno, pues sabes que Plutón es mi hermano, y no le tengo otra ventaja sino en quedar yo en el cielo por suerte, y él en el infierno; mas si tan gran pesar tienes del no poder gozar de Prosérpina, consuélate con que tu hija bien subiera al cielo, si no hubiere gustado del fruto del infierno, y tú comieres amapolas; por tanto, ve, infórmate, y si no lo hubiere gustado, házmelo saber.» Ceres fue muy contenta de pensar haber su hija; mas los hados lo estorbaron, porque Prosérpina, al tiempo que andaba un día holgándose por el huerto del infierno, cogió una granada y comió della siete granos, lo cual vio Escalapho, hijo de Acherón y de la ninfa Ornia, que la acechaba. El cual, cuan-

[317] Versos 489 y siguientes del citado fragmento de Ovidio, *Metamorfosis* 5.

do ya Prosérpina quería salir del infierno, Escalapho la acusó, y así le fue estorbada la salida. Hubo desto Prosérpina grande enojo, y mudó luego a Escalapho en búho, con mojarle la cabeza con agua de Flegeton, río infernal, y mandóle que nunca volase sino de noche. Después desto, condoliéndose todos los otros dioses de Ceres, importunaban a Iúpiter hubiese compasión de su hija y lástima de la madre. Tantos fueron los ruegos que movieron a Iúpiter a que se entremetiese a hacer de veras conveniencia entre Ceres y su yerno, y mandó que Prosérpina estuviese con su madre el medio año, y el otro medio estuviese en el infierno con su marido; con esto perdió Ceres su ira y quedó muy alegre.

Declaración

Para entendimiento de lo que hemos de decir es de advertir que la intención de Ovidio (a quien más procuro seguir en estas fábulas) es encadenar muchas, y por esto en esta del robo de Prosérpina se introducen muchas. Con este presupuesto, la fábula de Ceres no fue a otro fin sino a declarar la manera y razón del sembrar y la diligencia que convenía en coger las simientes; y lo que de Ceres se dice se entiende en sola la isla de Sicilia, en donde fue ella la primera que mostró la labranza, mas en otras partes otros lo mostraron primero, porque Adam y Caín fueron labradores mucho antes. Andar Ceres días y noches buscando a Prosérpina denota el cuidado de los labradores, que es oficio que nunca se acaba, por tener que hacer en todo el tiempo que lo usan.

Las teas o pinos encendidos denotan que algunas veces las tierras no frutifican por causa de abundancia de humedades demasiadas que tiene, las cuales el calor del Sol no consume; éstas purgan los labradores, quemando la tierra, con que frutifica mejor, lo cual muestra Vergilio[318]; o en otro sentido, estas lumbres denotan que en el tiempo de co-

[318] Idea no muy lejos en *Geórgicas* 4, 51 y siguientes, pero no he encontrado la referencia exacta que utiliza Pérez de Moya.

ger los panes se requiere mucho calor del Sol. Decir que las teas encendidas eran del monte Ethna, denota que este monte echa de sí bocas de fuego, que dicen vulcanes, o quiere decir que los sembrados con el calor celestial, entendido por las lumbres, crecen, o que teniendo calor las simientes debajo de tierra, como tienen entrando el invierno, mediante lo cual crecen las raíces, y después en el verano, tiniéndole fuera también. Buscar Ceres a Prosérpina por todo el mundo es porque el defecto de no nacer las simientes después de escondidas en la tierra por algunos días por todas las tierras del mundo acaece.

Volverse después otra vez a Sicilia a buscarla, es por ser allí las tierras[319] más gruesas del mundo y más frutíferas de pan, y por esto hay allí más esperanza de nacer que en otras partes.

Que la fuente Ciane, porque no pudo estorbar a Plutón que no llevase a Prosérpina con dolor de lágrimas se tornó en fuente. Quiso Ovidio significar una cosa natural, en cuanto Prosérpina significa la Luna, de una fuente cercana a la ciudad de Zaragoza de Sicilia, que en tiempo de la Luna creciente crecen sus aguas, y en Luna menguante mengua; y por esto dice que la ninfa Ciane ama a Prosérpina, en cuanto significa la Luna, porque cada cosa ama su crecimiento y ser, y desama y aborrece su menguamiento y no ser; y por cuanto del ser robada la Luna y llevada al infierno, que es el estar debajo de la tierra, y descrecer en luz, desama esto Ciane, porque de aquí se sigue el amenguamiento de sus aguas, y esto es deshacerse en lágrimas. En cuanto dice que enojado Plutón rompió por medio de la fuente de Ciane, haciendo abertura por donde entró al infierno, esto dice por cuanto en menguante de Luna mengua esta agua, como arriba dijimos, y porque menguando parece a los vulgares que se hunde debajo de la tierra; esta abertura hace Plutón robando a Prosérpina, y este menguamiento es cosa natural, porque todas las cosas humidas en la creciente de Luna (que es madre de las humidades) crecen, y

[319] *Que* tiene sentido final: «para que».

en la menguante descrecen, como por experiencia se vee en la mar. Maldecir Ceres las tierras que no puedan llevar fruto, principalmente el monte Trinacria, denota que naturalmente hay algunas tierras que no pueden fructificar, y así lo es el monte Trinacria.

Matar los bueyes y quebrar los arados denota que los labradores, no cogiendo fruto de lo que siembran, pensando esto suceder por poco labrar la tierra, lábranla con más diligencia, en que cansan los bueyes y los mozos y quiebran arados, y esto es matar los bueyes, cansándolos demasiadamente. O porque los labradores, entendidos por Ceres, viendo que no cogen ni la tierra acude, dejan la labor, no pudiéndola sustentar, y matan los bueyes para comer, y aun queman los arados para lo aderezar.

Derramar las simientes es que con la necesidad las comen y venden, con intento de no las sembrar.

Decir que se vistió de luto y se encerró en una cueva denota que la simiente que se siembra está algún tiempo oculta y escondida, que no parece mientras hace raíces. Los que dijeron que Iúpiter declaró a Ceres dónde estaba su hija Prosérpina es decir que con el calor natural, entendido por Iúpiter, sale a luz lo que se siembra, hecha yerba; y aquí entienden a Ceres por la simiente y por Prosérpina las raíces nacidas por su padre Iúpiter, que es el calor o virtud celestial, que hace brotar las cosas por orden de la causa primera, que es Dios.

Subir Ceres en su carro, que le traían serpientes o dragones: Por este carro se entiende el Zodíaco; por las serpientes los signos que en él imaginan estar, en el cual, mientras el Sol en él da su vuelta, no sólo mueve las simientes o mieses entendidas por Ceres, mas aun las trae a maduración.

Decir Iúpiter a Ceres que comiese amapolas, yerba que mueve a sueño, denota que la tierra algunas veces, aunque la siembren, no frutifica por estar muy esquilmada y trabajada, por lo cual falta en ella el humor nutrimental, y para esto no aprovecha el labrarla mucho, sino el dejarla holgar, porque holgando recibe virtud del cielo y así engruesa y vuelve a tener nutrimento para las simientes. Esto es decir Iúpiter que comiese Ceres amapolas, que hacen sueño, porque como en el sueño cesamos de todas las obras, así la tierra cuando huelga es como si durmiese, por cuanto no engendra ni hace algo.

Decir Iúpiter a Ceres después que si había grande deseo de tornar a Prosérpina a la tierra, que tornaría si no hubiese comido algo en el infierno: Prosérpina es el grano echado en tierra, del cual han de nacer simientes, y este grano, si no se pudre y toma nutrimento de la tierra, podrá salir entero como en ella lo echaron; mas si algo comiere, lo cual es tomar nutrimento de la tierra, como hacer raíces con ella, no saldrá si no es en rama.

Decir Ovidio que Prosérpina comió siete granos de granada, y otros que tres: Dicen granos de granada por cuanto son bermejos o colorados, semejantes a sangre, que es bermeja. Y Ovidio quiso significar en esto el principio de la vida vegetativa en las mieses que son yerbas, significándolo por aquello que es comienzo de la vida en el animal, que es la sangre, y en la yerba el principio de vida es el humor terrestre nutrimental.

Ser estos granos siete o tres, por este número siete quiso significar el cumplimiento del nutrimento, porque si el grano no tuviere debajo de la tierra toda la alteración necesaria, no nacería ni vendrá a perfición de mieses. Este nutrimento cumplido se significa por cualquiera de estos números, porque siete son los planetas por cuyo movimiento se causa la generación y corrupción de las cosas del mundo, y siete son los días con que se mide nuestra vida, y acabados comienzan de nuevo ellos mismos, otra y otras veces, y no hay más, y éste es número finito que se toma por infinito. También el tres es número que significa cumplimiento, por cuanto tres son las dimensiones de todo cuerpo, como prueba Aristóteles[320]. Estas dimensiones de todo cuerpo que decimos ser tres, son anchura, largura y profundidad o groseza como declaramos en nuestra *Geometría*[321].

---

[320] En el libro primero del *De coelo et mundo*.

[321] Véase la *Geometría* 1, 1 de Pérez de Moya sobre: Altimetría, Planimetría y Stereometría.

ARTÍCULO VI

De Ascalapho convertido en búho

Por Ascalapho[322] quieren los poetas significar la condición de los acusadores y no otra cosa, según dice Iuan Bocacio, por cuanto Ascalapho acusó a Prosérpina que había comido de los frutos del infierno, y así le convirtieron en tal cosa, que significase las condiciones de los acusadores, y dijeron que era hijo de Acherón y de la ninfa Orna. Acherón significa tristura o sin gozo, porque los acusadores hacen a los acusados perder el gozo que tenían o estar tristes por el temor de la vejación que les hacen. La ninfa Orna significa sepultura, mudada una letra, porque Urna llaman a la sepultura; así lo pone Vergilio[323]: *Coelo tegitur qui non habet urnam*. Quiere decir, el cielo cubre al que no tiene sepultura. Esto es, porque de las acusaciones suceden muertes, y a los muertos dan sepultura.

Que Prosérpina, para convertirle en búho, le mojase la cabeza con agua de Flegeton, río del infierno, que tiene agua hirviendo, denota que los que tienen grandes pensamientos, árdeles la cabeza; es, pues, necesario a los acusadores tener grandes pensamientos, para fingir falsos delitos contra los acusados, para probarlos ser verdaderos, por cuanto el acusador que no prueba el crimen que propone es obligado a la pena del talión. Fue tornado en búho más que en otra ave porque conviene mucho al acusador las condiciones del búho, por muchas causas: lo uno, porque así como esta ave es triste en sí misma, así el acusador no es alegre. Otrosí, por la condición de la voz desta ave convie-

---

322 Episodio tomado del libro quinto de las *Metamorfosis* de Ovidio, versos 532-550. También lo tomó Boccaccio para su *De genealogie deorum* 3, 13.

323 Es verso de Lucano, *Farsalia* 7, 819.

ne al acusador. El búho es ave vocinglera; tales son los acusadores, que muchas voces dan por más acusar y mucho mostrar ser creíble lo que afirman. El búho tiene mucha pluma y para la grandeza de su cuerpo tiene poca carne; así es de los acusadores, que tienen mucha apariencia de palabras y a las veces tienen poca verdad en lo que dicen. Otrosí, el búho es ave aborrecible de todas las otras aves; así el acusador es aborrecido de todos los hombres, como este oficio de acusador no haga provecho a ninguno y haga daño a muchos.

En otro sentido, Ascalapho fue un filósofo de los antiguos. El cual primero halló la cuenta de la Luna y el que mostró la Luna deber estar en el infierno, porque éste mostró ser la Luna más baja que todos los planetas, y cómo y cuándo ella está en el infierno, que es estar debajo de la tierra, y cuándo está en el cielo, que es estar sobre la tierra. Éste hizo que Prosérpina estuviese la mitad del tiempo sobre la tierra y la mitad en el infierno; y por hallar éste esta cuenta, se dice sólo haber conocido cómo Prosérpina comió en el infierno, y por esto que allí debiese de quedar. Ser hijo del río Acheronte y de la ninfa infernal Orna: Acheron significa tristeza o sin gozo; esto conviene a los sabios, que para ser sabios se han de apartar de los deleites del sentido, en que todos los otros hombres se gozan, por lo cual la vida de los sabios es a poco placer, según la carne, mas tienen gozo según el entendimiento. La madre de Ascalapho es Orna, que significa sepultura; esto conviene a los sabios, porque están encerrados en su recogimiento, como si estuviesen sepultados, escusando la conversación de los otros. Ser convertido en búho más que en otra ave es porque esta ave conviene a la condición del sabio, porque el búho es ave nocturna. Así, a Ascalapho pertenecía la noche, por cuanto halló la razón del movimiento de la Luna, el cual es movimiento noturno, y para esto había de velar de noche, aguardando cuándo salía la Luna y se escondía por el horizonte. Otrosí, la noche es el tiempo más idóneo para el estudio, y así los sabios tienen la condición del búho. Decir que Prosérpina convirtió a Ascalapho en búho, es por cuanto por causa de la Luna (que es Prosérpina) se dio Ascalapho al grande estudio de la Luna, según lo cual fue llamado búho, y así ella le tornó en esta ave.

El agua del río Flegeton, caliente, que le echó para convertirlo en búho, denota que los que han de aplicar su corazón al estudio, grande ardor han de tener de deseo de saber. Otrosí, los que buscan altas cosas de ingenio, pensamientos han menester que los haga sudar o arder.

Echar esta agua en la cabeza más que en otra parte denota que allí están los sentidos que sirven al entendimiento. El búho es ave de mucha pluma y cuerpo, y poca carne; esto conviene a los varones dados al continuo estudio, que son de poca carne, por cuanto el ardor del estudio los seca, según dotrina de Aristóteles[324]: *Ex multum speculari marcescit animal corrupto quoddam interius.* Quiere decir, del mucho pensar se seca el cuerpo del animal, corrompiéndose alguna cosa dentro. El búho es ave del mal agüero; esto otrosí conviene al sabio, porque así como por las voces o movimiento o presencia del búho, piensan las comunes significar el mal venidero, así los sabios conocen y pronostican las cosas venideras de mal o de bien.

Concertar Iúpiter a Ceres y a Plutón que Prosérpina estuviese medio año en el infierno con Plutón, y el otro medio con Ceres, es declarar el movimiento de la Luna, que la mitad del año está debajo de la tierra en veces, y a esto dicen estar con su marido en el infierno, y la otra mitad sobre la tierra, en respeto de los horizontes, y esto es estar con su madre Ceres, entendida por la tierra que cada uno habita. Y puédese entender esto en otro modo, que en todos los quince primeros días que pasan desde cualquiera conjunción de Luna, hasta ser llena, está la Luna sobre la tierra, cuando se pone el Sol, y los otros quince días, desde que es

[324] Véase *De anima* 1. Reflexión a la que se le dio muchas vueltas en el siglo XVI como se puede adivinar por el capítulo V del *Examen de ingenios para las ciencias*, ed. Guillermo Serés, págs. 321 y siguientes, donde también se cita el aristotélico *De ánima* para explicar la importancia de la complexión del cerebro en el discurrir y en el imaginar. Así en Huarte, tomado del *De anima*: «Los viejos tienen mucho entendimiento porque tienen mucha sequedad.» Para el desarrollo del problema en las letras españolas, véanse las eruditas notas de Serés en el capítulo aludido.

llena hasta la siguiente conjunción, está la Luna debajo de la tierra, porque poniéndose el Sol aún no parece, mas sale después cada día tres cuartos de hora más tarde, hasta tornar otra vez a la conjunción. Esto halló aquel sabio Ascalapho, con otras consideraciones pertenecientes al movimiento de la Luna.

El estar Prosérpina medio año con Plutón, etc., denota ultra de lo que se ha dicho, entendiendo agora por Prosérpina las mieses que del grano sembrado provienen, que el trigo que se siembra está seis meses debajo de la tierra y otros seis sobre la tierra, porque considerando el tiempo desde que comienzan a parecer sobre tierra las porrinas de la sembradura hasta que son segadas, son seis meses o casi, y otro tanto tiempo desde que son segadas hasta que tornan otra vez a parecer. Esto presupuesto, todo el tiempo en que no parecen mieses sobre la tierra se dice estar Prosérpina en el infierno con Plutón. Y todo el tiempo que están las mieses sobre la tierra, dice que está en el cielo con su madre Ceres.

ARTÍCULO VII

De Arethusa[325] y Alpheo

Después de estar Ceres contenta con la conveniencia que Iúpiter había hecho, en que el medio año Prosérpina estuviese con Plutón y el medio con ella, demandó a Arethusa le contase el cómo se había convertido en fuente. Arethusa alzó la cabeza debajo del agua y dijo: Sabed, señora, que yo solía ser una de las deesas que moraban en Achaya, y como me diese al ejercicio de la caza y un día viniese cansada y haciendo gran calor, hallase un río claro, cuyas riberas estaban muy pobladas de grandes y espesos árboles, entre los

---

[325] Artículo tomado de Boccaccio, *De genealogie deorum* 7, 18. También hay noticias tomadas de Conti, *Mythologia* 8, 21.

cuales corría, sin que de los que por allí pasaban pudiese ser sentido si avisados no iban, por causa de que corría sin hacer ruido; y así yo, muy descuidada, llegué a él, y vista la claridad del agua, desnudéme y comencé a bañarme; yo, que estaba segura sin de nada recelarme, oí un ruido debajo del agua, que me espantó, y salí a la ribera. Alpheo alzó la cabeza de so el agua, y viéndole luego, huí, y aunque me llamaba, no curando de sus palabras, desnuda como estaba, comencé a huir todo cuanto podía, y él siguiendo tras de mí; y no pudiendo sufrir el trabajo, rogué a Diana me socorriese; ella hubo dolor de mí, y cubrióme de una nube de una muy espesa niebla. Alpheo, cuando no me vio, andábame buscando alrededor de la nube, diciendo: ¿Dónde estás, mi Arethusa? Viendo que no respondía, dijo: Porque tengo creído que en esta nubecilla te tiene escondida tu diosa Diana, deseándote defender de mí, te prometo de aquí no me quitar hasta verte en mi poder. Yo comencé a la hora del espanto de sus palabras a temblar tan fuertemente que a poco rato me tomaron unos sudores por todas las partes de mi cuerpo, y fui poco a poco tornada en agua. Alpheo, que atento estaba, viendo correr el agua, conoció luego cómo era mudada, y dejó la figura de hombre y mudóse en agua como antes era, y quiso juntar sus aguas con las mías. Viéndolo yo, volví con grandes voces a llamar a mi defensora; cuando Diana vio esto, abrió la tierra y metióme luego debajo della; mas esto aprovechó poco, porque Alpheo se lanzó conmigo, y al fin hube de ser con él desposada; y después, siempre en su compañía, he estado y andamos por muchas partes, entre las cuales él conmigo vino a esta isla llamada Sicilia, donde por ser deleitoso lugar hube gana de quedarme en él.

Declaración

Ovidio finge ser Arethusa ninfa cuando la introduce hablar con la deesa Ceres del estado de su hija Prosérpina. Empero cuanto a la verdad, no hay alguna tal ninfa; mas es costumbre de los poetas introducirlas, y por cuanto Arethusa es fuente, daba a esta fuente una ninfa, la cual otrosí llamaron Arethusa. La verdad histórica desta fuente es que nace en Grecia, en la provincia de Achaya, donde otrosí nace el río Alpheo, cuyas aguas de ambos, juntándose en Grecia y después entrando debajo de la tierra, parecen en Sicilia, junto a la ciudad de Siracusa, que es en el puerto de mar; y para pasar de una tierra a otra es necesario correr por debajo de todo el mar, que está entre Grecia y Sicilia; y esto han por maravilla, y por tal lo cuenta Ovidio[326] con estos rodeos poéticos. Y es argumento desta verdad, según dice Séneca[327], que echando en el nacimiento desta fuente en Grecia algo, viene a salir a cabo de cinco años en Sicilia, que es argumento evidente. Pasar el río Alpheo y Arethusa juntamente de Grecia a Sicilia por debajo del mar, dícelo san Isidro[328], y Vergilio[329], donde comienza:

Sic tibi cum fluctus subter labere Sicanos.
Doris amara suam non intermisceat vndam.

Quiere decir: Así te dé Dios, que cuando pasares debajo de los mares de Sicilia, Doris, la deesa amarga, no mezcle contigo sus ondas. Ésta es la ninfa o deesa Arethusa, a la cual Vergilio ruega que le dé gracia para acabar los cantares bucólicos, donde dice:

Extremum hunc Arethusa mihi concede laborem.

Quiere decir: Oh ninfa Arethusa, otórgame tú que yo pueda acabar el postrimero trabajo, y dice postrimero trabajo, porque aquél era el canto final de sus *Bucólicas*.

En lo que dice que Arethusa declaró a Ceres dónde estaba su hija, como ella pasaba cerca del infierno, esto pertenece a la fábula, como ni Ceres preguntase a Arethusa, ni ella

---

326 Véase Ovidio, *Metamorfosis* 5, 590 y siguientes.

327 Traducción de *Cuestiones naturales* 3, 26, 5.

328 *Etimologías* 14, 6.

329 *Églogas* 10, 4-5. El verso que aparece más abajo es el primero de la *Égloga* 10.

pudiese responder, porque no era persona, sino fuente; mas esto se otorga, tomando por verdaderos los principios poéticos, que los ríos y fuentes tengan ninfas que sean personas. Y con este presupuesto, podía Arethusa ninfa a Ceres hablar e informar mejor que otra ninguna, por cuanto ella pasa por debajo de la tierra cerca del infierno, en el cual se presuponía estar Prosérpina.

De otra fuente Arethusa que está en la isla Ithacia hace mención Leoncio, y tomó este nombre de la madre de un cazador nombrado Corazo, lamada Arethusa, que se ahogó en ella. A éstas añade otra Solino[330] del mismo nombre, que está en tierra de Tebas.

ARTÍCULO VIII

De cómo Ceres convirtió a Stellio en un animal de su mismo nombre[331]

Cuando andaba Ceres días y noches por montes, cerros y valles, sin comer ni beber, buscando a Prosérpina, no la pudiendo hallar, viéndose muy cansada con la pena y trabajo del camino, fatigándole mucho la sed, vio una pobre casilla pajiza, adonde llegada, salió una vieja llamada Messie, y vio a Ceres que pedía de beber. Diole luego un potaje cocido en una olla mezclada agua y harina ralo, a manera de talvinas, que más se podía beber que comer. En tanto que Ceres comía, un niño llamado Stellio se le puso delante, y riyéndose della, llamóla glotona; enojada, Ceres arrojó las

330 En el capítulo 3 de *Polyhistor*.

331 La conversión de alguien «in animal sui nominis» aparece en Boccaccio, *De genealogie deorum* 8, 4, y en Conti *Mythologia* 5, 14 [1596:443]. Puede verse también la nota de Ruiz de Elvira a Ovidio, *Metamorfosis* 5, 441-460, [edición citada, pág. II, 239], en la que apunta el mitógrafo que «por Antonino Liberal son conocidos los nombres de los personajes de este episodio». Se puede ver la obra de Antonino Liberal en *Mythographi graeci*.

puchas a la cara del mal criado mozo, y en la hora fue mudado en un animal de su mismo nombre, que dicen tarántola, menor que lagartija, muy envidioso, que huyó por los montes y se escondió debajo de tierra.

Declaración

Concebir Ceres sed con el calor y trabajo de andar a buscar a su hija denota que la tierra por Ceres entendida, con el calor del estío se seca, y así anda sedienta hasta que viene a la casa de la vieja Messie, entendida por el otoño, en el cual tiempo la tierra comienza a ser templada, y no ha bebido Ceres hasta la casa de Messie, porque en el estío no es tiempo natural para llover, y si llueve es accidentalmente. Dice ser Messie vieja y su casa ser cubierta de paja y pequeña para significar la pequeñeza de la virtud generativa en el otoño, causada por la pobreza del humor, porque no son naturales las aguas, principalmente en el principio dél. Andar a buscar Ceres a Prosérpina es que Ceres, que es la tierra, busca la pluvia, la cual procede de la Luna, entendida por Prosérpina, con que se temple y tenga virtud para engendrar, y entonces, cuando llega a la casa de Messie, que es el tiempo del otoño, bebe porque suelen caer algunas pluvias, aunque pequeñas, sobre la tierra. Darle Messie a Ceres talvinas ralas, que más se podían beber que comer, por esto se entienden las aguas del otoño, las cuales no son limpias como las del fin del invierno, ni son convenientes para que dellas algo se engendre. El niño Stellio que tiene esta vieja denota los frutos de aquel tiempo ser pequeños, como nacidos contra condición natural. Dice que este niño era mal castigado, de boca lastimadera, que viendo beber a la deesa con la olla, se rió y la llamó golosa. Esto significa (ultra de que se pone por declarar la fábula) la causa de la conversión de Stellio, que los frutos del otoño son tan pequeños y fuera de condición natural que parece que escarnecen de la tierra, pues que siendo tan grande y de tanta virtud, engendra cosas de pequeño momento. Tornarse este niño tarántola o lagarto pequeño significa no ser aquellas frutas de condición natural; mas así como el niño dejó de ser hombre, tornándose en lagartillo, perdiendo su natural condición así los frutos del otoño salen de la condición del fructo natural tornándose en lagartillo. Lo primero porque es animalia manchada y no de un solo color, así los frutos del otoño, aunque al comienzo tengan color natural, después comiénzanse a corromper, como no sean engendrados en tiempo, y tomando diversos colores que son como manchas. Lo otro es porque así como el lagarto se esconde en las cuevas debajo de la tierra, donde está el invierno, y después parece en el verano, ansí los fructos engendrados en el otoño, luego como ellos comienzan a crecer, sobreviniendo el invierno, que no les deja crecer, tórnanse a secar, y parece encerrarse en la tierra, y otra vez de nuevo parecer en el verano, como hace el lagarto o tarántola.

ARTÍCULO IX

CÓMO CERES AMÓ A IASIO Y ENGENDRÓ A PLUTO

Dicen los poetas[332] que Ceres se enamoró de Iasio, hijo de Iúpiter y de Electra, estando durmiendo en un barbecho, de cuyos amores nació Pluto (según Leoncio), dios de las riquezas. Enojado desto Iúpiter, mató a Iasio con un rayo. Este Pluto fue de los antiguos tenido en más que los otros dioses por ser el más destruidor y matador de todos, y como a tal le hacían mayores obsequias. Dijeron otrosí ser este dios ciego, y que Iúpiter le privó de la vista.

DECLARACIÓN

Por este Iasio entendieron los antiguos la fuerza y la naturaleza de la tierra, a quien atribuyeron la fuerza de las riquezas.

---

[332] Véanse Boccaccio, *De genealogie deorum* 8, 4, y Conti, *Mythologia* 5, 14 [1596:443].

El sentido histórico y verdadero (según Leoncio) desta fábula es que en el tiempo del diluvio, de Ogigio, rey que fue en la isla de Candía, uno llamado Iasio tenía grande cantidad de trigo, y por causa del diluvio, valiendo muy caro, vendiólo como quería, de lo cual allegó muchas riquezas. Otros dicen que fue el primero que dio en allegar riquezas adqueridas con trigo, como antes dél ninguno había tenido cuidado dello. Que Iúpiter, enojado, matase a Iasio con un rayo fue que después que se hizo rico, murió presto de calenturas, y a sus amigos pareció, por ser mozo, que Iúpiter, por envidia de su riqueza, lo había muerto, o porque era su competidor acerca de Ceres, que era amiga de Iúpiter; y porque el rayo es fuego y este Iasio murió de calor, dijeron haber muerto con rayo, y porque el rayo eran las armas que atribuían a Iúpiter, dijeron que le mató Iúpiter con rayo. Juntarse Ceres con Iasio es por cuanto Ceres es deesa del pan, y tenía Iasio mucho. Nacer de este ayuntamiento Pluto es decir que se hizo rico, por cuanto Pluto significa rico o riqueza.

Ser Iasio hijo de Iúpiter y de Electra es que por Iúpiter se entiende el calor o virtud celestial, y Electra significa la diligencia que despierta a los hombres; y así amar Ceres a Iasio es amar el calor en la sementera que es hecha en tierra barbechada, que importa mucho para la frutificación de la tierra. De aquí sale Pluto, que es la riqueza, porque la fertilidad de la tierra es grande con la diligencia del hombre y benignidad del cielo.

Decir que Iasio halló durmiendo a Ceres en un barbecho, o al contrario, Ceres a Iasio, es decir que de la manera que decimos descansar el que duerme, así dormir Ceres es que de la tierra, por Ceres entendida, barbechada y dejada descansar, nace Pluto, que es la riqueza.

Ser ciego Iasio por Iúpiter es que como por Iúpiter se entienda aquella fuerza del entendimiento divino que gobierna las cosas humanas, pasando las riquezas, ya aquí ya allí, conforme al secreto e inexplicable juicio de Dios, pensando algunos que se hacía esto sin consejo y sin razón, dijeron que el dios de las riquezas era ciego.

Que los antiguos tuviesen este dios por muy poderoso y

noble es porque comúnmente el vulgo iguala las riquezas a la virtud, siendo así que para verdadera nobleza y riqueza es sola la virtud, de la cual como el vulgo carezca, introdujo por ella a las riquezas.

ARTÍCULO X

DE LAS SIRENAS

Ovidio[333] finge que las Sirenas eran unas doncellas compañeras de Prosérpina, las cuales, después del robo que della hizo Plutón, buscáronla por toda la tierra, y no hallándola, quisieron buscarla por la mar, y subiéndose con este intento a unas altas peñas que estaban a la orilla dél, estuvieron algún tiempo, hasta que después, con el pesar de haber perdido a su compañera Prosérpina, se quisieron despeñar en el mar. Los dioses, habiendo compasión dellas, mudaron sus formas, quedándoles del ombligo arriba de doncellas y de allí abajo de pescado, y los pies de gallina con alas de ave, según dice Alberico[334] y san Isidro[335].

Estas Sirenas, según san Isidro en el alegado lugar, y san Fulgencio[336], fueron tres hijas de Acheloo y de la musa Calíope, por lo cual Ovidio las llama acheloydas, de Acheloo, río. La una destas cantaba de garganta; la otra tañía una cítara; la otra, con flauta. Leoncio dijo ser las Sirenas cuatro, y que se nombraban: Aglaosi, Thelciopi, Pysmoy, Eligi, y las hizo hijas de Acheloo y de la musa Tersícore, las tres de las cuales cantaban, como las que dijo Fulgencio, y la otra con adufle.

---

[333] Para las sirenas, véase *Metamorfosis* 5, 551-563. Fuentes fundamentales son también Boccaccio, *De genealogie deorum* 7, 20, y Conti, *Mythologia* 7, 13.

[334] *Alegorías* 2, 14.

[335] *Etimologías* 11, 3.

[336] *Mitologicarum liber* 2, 84, en el que menciona el «adufre» o pandero. Véase *Covarrubias* bajo «adufe».

Fingen asimesmo cantar tan dulcemente que los marineros que las oyen, admirados de la melodía, adormíanse, y no mirando por sí, las Sirenas, cuando los sienten dormidos, trastornan las fustas para después comer sus carnes, por lo cual los antiguos pintaban las Sirenas tendidas en unos prados verdes, entre huesos de muchos muertos.

Aristóteles[337] dice que fueron tres y que se nombraron Parthénope, Leucosa, Ligia, y que habitaron cerca del monte Peloro, do es Italia cercana a Sicilia. Otros las nombran Aglaope, Pisinoe, Thelxi, Epta. Otros Thelgiope, Molpe, Aglaope. Otros Leucosia, Ligia, Parthénope. Estas Sirenas dicen los poetas que fenecieron una vez que Ulises[338], pasando por el lugar donde ellas estaban, como se tapase mucho los oídos por no oírlas, y como por esta industria las Sirenas no lo pudieron así atraer para lo matar, murieron de pesar.

Declaración

Paléfato[339], y san Isidro[340], y Dorion[341], dicen que fueron las Sirenas unas hermosas rameras que habitaban en una ribera del mar, que con suavidad de música atraían los navegantes, y traídos, tanto tiempo los tenían hasta que venían a suma pobreza. Por lo cual se dijo que hacían estas Sirenas

---

337 Según Conti, *Mythologia* 7, 13 [1596:640], estos tres nombres los cifra Clearco Solense en «in Amatoriis lib. 3». En el texto de Pérez de Moya, al margen, se lee «Libr. de mirabi. auditu.» que es el apócrifo aristotélico *De mirabilibus auscultationibus*.

338 El episodio de las Sirenas en *Odisea* 12, 1-200.

339 La cita de Paléfato está en Boccaccio, *De genealogie deorum* 7, 20, y también la trae Eusebio, *Crónica* 62, 24-26 (esto según Álvarez-Iglesias [1988:187]). La deuda de Pérez de Moya con Boccaccio es tremenda: «...scribit has meretrices fuisse solitas decipere nauigantes.» La mención de Paléfato, junto a la utilización de, por ejemplo, Alberico o Higinio puede llevarnos al volumen misceláneo de mitógrafos titulado *Auctores mythographi latini*. La cita al margen de Pérez de Moya parece tener en cuenta la segunda edicion del tratado de Paléfato: *De non credendis historiis libellus utilissimus*, 1528.

340 *Etimologías* 11, 3, capítulo «De portentis».

341 *Liber de piscibus*. Citado por Conti, *Mythologia* 7, 13.

perecer naufragio a los que aportaban donde ellas estaban. Dijéronse Sirenas, que quiere decir canto dulce atractivo, porque atraían a sí las fustas de los caminantes, quiere decir sus haberes.

Otros decían que las Sirenas eran unas aves de la India, las cuales atraían a los navegantes con sus suaves cantos a las riberas, y allí los adormecían y después los despedazaban y comían.

Otros decían que eran peñas donde los navíos se hacían pedazos. Horacio[342], donde comienza: *Contemnere miser*, etc., dice que las Sirenas ni eran peñas, ni rameras, ni aves de las Indias, sino una pereza y negligencia y torpe descuido, que a todos halaga y a muchos trae en destruición. Natalis Commitis dice ser las Sirenas los deleites y sus cosquillas o apetitos de cada uno, a quien dando oídos, son dellas destruidos, dando con nuestra navecilla al través. Mas finalmente la intención de los poetas fue dar a entender por esta ficción el arte de las mujeres dadas a deshonestidad y lujuria, que los hombres atraen a sí más por lo que tienen que por amor alguno que les hayan, o encendimiento alguno que a ellos tengan; y para significar las costumbres de las tales y del sucio deleite, y el daño que a los hombres este vicio hace, fue fingido lo de las Sirenas, porque no hay tal animal en la mar, puesto que haya pescados que emiten en la figura al hombre, como trae Alejandro de Alejandro y Pedro Gelio, porque si alguna cosa verdadera fuera del mar, que cantara (como dicho es), no dijeran ser hijas del río Acheloo ni de la musa Caliope o de Thersícore, como las musas no sean personas, sino cosa fingida. Lo otro, si Sirenas hubiera en la mar, no les dieran principio desde que fue robada Prosérpina, porque desde el comienzo del mundo las hubiera, o si en la mar hubiera, no fueran solas tres o cuatro como dicen, sino casi infinitas; ni dijera Homero que perecieron porque no peligró Ulises; y si fueran cosa del mar, no tuvieran tal pesar, por lo cual queda claro ser fingimiento fabuloso para darnos doctrina.

---

[342] Véase Horacio, *Sermones* 2, 3, 14-15.

Dicen ser hijas de Caliope por declarar que cantaban, porque Caliope es una musa a quien dan la excelencia de cantar ambas entre las musas; y que otros digan ser hijas de Thersícore, no va más desta que de Caliope, porque son musas, y a todas las musas pertenece el deleite del canto; y el saber de Caliope significó sonido o buena plática. Derívase de *calon* y *phonos,* palabras griegas, que esto significan, y conviene esto a todas las mujeres de esta arte, porque usan de palabras halagüeñas para atraer a los hombres a su torpe vida, con la cual ellas los roban. Ser hijas de Acheloo es porque así como el río es cosa humida, así todos los deleites de las tales es flujo del humor, el cual en la substancia y semejanza conviene más con el agua que con otra cosa. Y aunque pudiera decir esto en la mar, pues es agua, no lo dijo, porque el agua de río tiene dos condiciones: es humida y es corriente, que se pasa y no torna. El agua del mar es humida, mas no es corriente, porque aunque tiene movimiento, estáse en un puesto como agua de lago, para significar convenir en los deleites lujuriosos estas dos cosas, porque no hay cosa que más apriesa pase que los carnales gozos, como agua de río que apriesa pasa; y si esto se pudiera decir de otro cualquiera río, fue necesario déste, por cuanto este modo de vivir deshonestamente fue primero comenzado en Achaya, de Grecia, donde es el río Acheloo, cerca del cual moraban estas mujeres que esto primero usaron, y por esto dijeron ser las Sirenas hijas de Acheloo río. Ovidio[343] lo llama río de Acarnama; todo es cerca uno de otro.

Dijeron ser tres porque la música se funda del diapasón, y diapente y diatesaron, que son tres cosas, si no quisieron por este número declarar aquellas tres famosas rameras, Thays, Layda y Flora. Los que pusieron cuatro, quisieron dar a entender después haber crecido el número de éstas por el mundo en abundancia; por este número cuatro, que según la orden natural de contar, para contar cuatro han de preceder diez unidades, y este número diez es el más abundoso y del que se componen los demás números mayores que él.

---

[343] *Metamorfosis* 8, 570.

La primera se llamaba Parténope, según Aristótiles; significa virgen en griego; esto es, porque las tales mujeres, con los no conocidos se fingen de gesto y costumbres de mujer virgen y honestas, abajando sus ojos en tierra y hablando poco, todo lo cual fingen por hacerse más estimadas y caras y por ser más amadas, porque la honestidad, aunque sea fingida, mueve a los varones a amar.

La segunda se llamaba Leucosa; significa blanco, por cuanto en las tales mujeres se requieren hermosos colores y bellas hechuras de cuerpo y arreos, porque sin estas cosas no moverán a los varones a amarlas.

La tercera se llamaba Ligia, que significa vuelta o cerco; esto pertenece al amor de los necios, que a las tales dan sus riquezas, que aunque dellas reciban injurias y menosprecios y vean la torpedad, no se apartan, y si se apartan con algún enojo, luego tornan, que el necio amor no les deja partir, en que andan como en cerco, no se pudiendo de ellas alejar; y desta manera se pueden entender de los otros nombres que otros autores les dan.

En lo que dice que éstas tañían diversos instrumentos y cantaban en voz, denota que las tales su ejercicio es músicas y cantares con que conmueven a lujurias, porque con la dulzura del canto atraen los hombres a su amor.

El tener del ombligo arriba gesto de mujeres y de allí abajo de pescados es lo primero para significar la beldad de sus gestos ser fingida, que sin esto a pocos traerán, porque la hermosura no se ve sino en el rostro. O denota que estas tales mujeres no tienen todas las partes humanales, mas algunas son bestiales y no subjetas a razón. La parte más alta tienen de mujeres, porque en ellas parece algún acto de razón, cuanto a la habla y parecer; empero en el apetito no se gobiernan con razón, más así como bestias se dan sin algún acatamiento a la torpedad desatentada de la lujuria.

Puso más ser esta parte de pescado que de otra cosa, por cuanto los pescados son de la complexión del agua, y el agua conviene a la lujuria, en cuanto tiene flujo como agua; dice del ombligo abajo porque acerca dél está todo el ardor y lujuria de las mujeres, como en los varones la fuerza de la lujuria esté en los lomos. Habitar a la ribera del mar es porque las partes marítimas son más dadas a la lujuria que las que están dentro de la tierra, y por esta causa fingieron los poetas haber nacido Venus en el mar. Tener las Sirenas alas es por significar la instabilidad y poca firmeza de los amantes, porque súbito aman y desaman, y casi juntamente riñen y se apaciguan; esto viene, porque ellas más cubdicia tienen de sus dineros que de sus personas; y ellos viendo estos daños, aman y desaman y pasan como volando de unos deseos en otros, o porque éstas no aman alguno solo, mas a muchos, por tener más que despojar, y pasan de uno a otro como ave que vuela.

Tener los pies como gallinas más que de otra ave es por significar la condición de las tales mujeres, las cuales así como las gallinas escarbando derraman lo que han de comer, así las malas mujeres gastan indiscretamente lo que tienen y ganan con su mal arte.

Pintan las Sirenas en prados verdes entre huesos de muertos; por los prados verdes se entienden los deleites de pasto en comer y beber, que han las tales mujeres de los bienes de los mezquinos que engañan, porque en el prado hay dos cosas, que son yerba y deleite, cuando está verde. Estar entre los huesos denota que aquellos que a ellas se allegan apremian teniéndolos debajo de sí en servidumbre.

Que las Sirenas muriesen de pesar porque no pudieron atraer a sí a Ulises, esto es porque toda la ganancia y alegría de las tales está en traer a sí a los varones para despojarlos. Y así los hombres que con prudencia se apartan dellas los matan, porque no pueden de los tales haber algo de lo que desean. Y si todos los hombres hiciesen esto, perecería del todo su estado, y esto sería morir ellas, en cuanto cesaba su oficio. Dijeron más de Ulises que de otro porque quiso Homero loarle de prudente y virtuoso con decir que no le pudieron atraer como a los otros, porque cerró las orejas a sus cantos o halagos.

Decir que las Sirenas fueron compañeras de Prosérpina, virgen siciliana, esto les conviene en cuanto Prosérpina significa las mieses nacidas de la tierra, y esta abastanza es compañera suya; o porque ni los varones ni las mujeres los carnales actos usar pueden mucho, sin abundancia de comer y beber, porque el abundancia desto mueve los deseos carnales, y sin ella enfríanse, como dice Terencio[344]: *Sine Cerere, et Bacho frigescit Venus.* Sin la deesa Venus y el dios Bacho, enfríase la deesa Venus; por Ceres se entiende el comer y por Baco el beber, y por Venus los actos carnales. En otra manera se entiende ser compañeras de Prosérpina, entendiendo que eran criadas en regalo y abundancia; y porque robada Prosérpina les faltaba esto, buscábanlo, y no pudiendo de otra manera hallarlo, tornáronse Sirenas, que es ser mujeres públicas, dadas a todos los varones. El buscar las Sirenas a Prosérpina, que es la abundancia, es que las rameras no saben jamás poner freno a sus deshonestísimas voluntades, antes las quieren satisfacer abundantemente.

El intento de Ovidio de introducir el mudamiento de las Sirenas fue dar a entender que algunas mujeres, por deseo de tener abundancia de las cosas, se someten a la torpedad de la lujuria, lo cual es ser sirenas. Y como el demonio es tan mísero, hace que las tales se sirvan de gracia, añadiéndoles hambres y trabajos por paga y premio de su mal vivir.

ARTÍCULO XI

DE ERISICHTON Y METRA, Y CÓMO CERES LE ENVIÓ HAMBRE

Erisichton, dice Ovidio[345] que era un hombre que menospreciaba a los dioses, y que en menosprecio de la deesa Ceres mandó cortar una encina o alcornoque donde las ninfas y otros medio dioses se ayuntaban a hacer sus fiestas, por ser árbol consagrado a tan gran deesa; y aunque una

---

344 Véase Terencio, *Eunuchus* 732. Citado por Fulgencio, *Mitologicarum liber* 1, 70-71.

345 El episodio de Erisicton se puede leer en *Metamorfosis* 8, 725-884. El hambre perpetua de Erisicton también la recuerdan Conti, *Mythologia* 5, 14, y Boccaccio en el proemio del tercer libro en *De genealogie deorum.*

ninfa que dentro estaba le avisaba que le vendría daño por la maldad que hacía en cortar el árbol a Ceres dedicado, el malaventurado por eso no dejó su obstinación, y acabólo de cortar. Ceres, enojada, le envió tanta hambre, que habiendo consumido lo que tenía, vendió a su hija Metra a un mercader, por amor de tener más dineros para comer. Metra, no queriendo ir en un navío con el que la había comprado, huyó por la ribera del mar, y por mejor escaparse, rogó a Neptuno la convirtiese en figura de varón, dándole redes y otros aderezos con que pescase; y como buscándola el comprador no la conociese, dejósela. Viendo Metra que su señor era ido, tornóse en figura de mujer, como era primero. Cuando Erisichton entendió que su hija se tornaba en tantas figuras, vendióla muchas veces a diversos señores, a quien ella burlaba cuando quería, una vez tornándose en buey, otra en ave, otra en ciervo, con que se sustentaba. Mas después que entendieron el engaño, ninguno la quería comprar; el padre, por esta causa, no teniendo qué comer, él mismo comía de sus carnes, y así acabó amargamente, que es lo que se espera tras dulce vida.

Declaración

Corta la encina consagrada a Ceres, diosa de la abundancia, el que corta el camino a su intención con el cuchillo de su veneno, apropiando avaramente a sí mesmo todos los bienes de Ceres, que son para beneficio universal.

Viene en tanta rabia por venganza de la diosa, que cuanto más come más gana tiene de comer, como el avariento que cuanto más tiene más desea, y llega esta cubdicia hasta vender sus hijas, como vendió Erisichton a su hija Metra. Volverse Metra en pescador y en buey y en los otros animales, es subjetarse a muchos, que unos le daban en precio pescados, otros bueyes, cada uno según su oficio, y lo que tenía, que entonces aún no había moneda. Denótase con esta fábula la avaricia que hace a los hombres despreciadores de Dios, porque no conocen a otro sino el del oro, y el fin que han los glotones a quienes no bastan ningunas riquezas por grandes que sean, los cuales fingen después comerse a sí mismos, como Erisichton, de quien con razón se puede decir haberse comido a sí mismo, pues comía de lo que los deshonestos mancebos le daban, porque los dejase gozar de su hija Metra. Según sentido histórico, Erisichton fue un varón de Thesalia, el cual, consumiendo sus bienes en glotonerías, vino a tener tanta necesidad, que se sustentaba con el mal vivir de una su hija.

CAPÍTULO XV

DE VULCANO

De cuatro Vulcanos hace mención Tulio[346]. El primero fue hijo de Celio; éste hubo por mujer a Minerva, hija del segundo Iúpiter, en quien engendró a Apolo, y éste fue el primero, según Theodoncio[347], que se dijese Vulcano, que es nombre perteneciente a fuego[348], por cuanto fue de corazón e ingenio ardientísimo, y de tanta fama que mereció ser tenido por dios.

El segundo fue hijo de Nilo, a quien los egipcios adoraban y tenían por guarda de su provincia, y llamábanle Opas o Apis; y aunque éste no se halla escrito de sus hazañas, ni de sus padres ni linaje, es de creer que fue varón excelente, pues los de su tiempo lo tuvieron por dios, porque no llamaron dioses salvo a los que por alguna manera de excelencia sobre los otros hombres pensaron tener naturaleza de divinidad. Díjose Vulcano, porque debió tener alguna eminencia de algo que se forja en el fuego. Llamóse hijo de Nilo porque era egipciano o porque cerca deste río tuvo su

[346] Véase Cicerón, *De natura deorum* 3, 55.
[347] Véase Boccaccio, *De genealogie deorum*, 3, 18; 12, 70 y, sobre Marte, 9, 3.
[348] El comentario de Servio al verso 414 de la *Eneida* 8, tilda a Vulcano de «ignipotens».

señorío; o según Eusebio[349], era usanza de la gentilidad que todos los que querían deificar los llamaron hijos de ríos o de dioses, callando sus padres naturales, porque se dijeran cuyos hijos eran, declaraban ser hijos de hombres mortales y comunes; y porque por ventura éste sería de gente mal nacido. Por éste dijeron ser hijo de Nilo río, quiriéndolo deificar, porque a los ríos, los poetas y gentiles les daban divinidad y personalidad, y tenían ser una cosa el río y otra el dios del río, y este dios fingían vivir allá dentro de las aguas, y allí le dan virtud de engendrar hijos, y hablar, y los demás actos del hombre. Esto usó Vergilio[350], diciendo que estando Eneas en la ribera del río Tíber, el dios del río, que llama Tibirino, sacó de noche la cabeza de entre las aguas, y le reveló las cosas que había de hacer y lo que le había de acontecer. Y Ovidio dice ser Danes[351], ninfa, hija de Peneo, río de Thesalia, y Yo, hija de Inacho, río de Archadia. El tercero Vulcano fue hijo de Iúpiter y Iuno. El cuarto fue hijo de Menalion, rey de las islas cercanas a Sicilia, que llamaron por él Vulcanias. De todos éstos, el más nombrado y a quien atribuyen todos los hechos de los otros, como si sólo uno hubiera sido, es el tercero, hijo de Iúpiter y Iuno, aunque algunos le hacen hijo de sola Iuno, de quien dicen que porque favoreció a su madre, quiriéndola soltar de una prisión en que estaba, Iúpiter le echó del cielo abajo. Homero[352] dice que no fue Vulcano despeñado de Iúpiter, sino sola su madre Iuno, que le echó en el mar, en donde le crió Thetis y Eurino, hija de Océano. Theodoncio[353] y Servio dicen que le criaron las ximias. Otros, que las ninfas marinas, y de la caída quedó cojo. Mas Eusebio[354] dice que Vulcano nació cojo, y por esta fealdad los padres no le quisieron te-

---

349 Véase la *Crónica* de Eusebio de Cesarea.

350 En la *Eneida* 8, 29 y siguientes.

351 Según Ovidio, *Metamorfosis* 1, 452 y siguientes, la hija de Peneo es Dafne.

352 Citado por Conti, *Mythologia* 2, 6, que dice haber leído la anécdota en el *Himno de Apolo* de Homero 3, 317 y siguientes.

353 En Boccaccio, *De genealoga deorum* 3, 9.

354 Véase el comentario a Eusebio que son las *Cuestiones* de El Tostado, pero el defecto ya aparece en Cicerón, *De natura deorum* 1, 83.

ner consigo, mas echáronlo en la isla Lemnos, de lo cual hace mención Vergilio[355] en los últimos dos versos que comienzan: *Incipe parve puer*, etc. Casó Vulcano, según Macrobio[356], con Maya o Mija, hija de Athlante; y según otros, con Mageta; y según otros, con Venus, y Aglaia, una de las Gracias. Fue Vulcano artífice de Minerva y herrero; y como tal, según Dionisio Halicarnaseo[357], hacía los rayos para Iúpiter y armas para los demás dioses; danle por fragua las islas Lipareas o Vulcaneas, y por oficiales los Cýclopes, especialmente a tres, nombrados Brontes, Steropes y Piracmon. Trata de Vulcano san Augustín[358]. Pintaban a Vulcano, según Alberico[359], de figura de un herrero lleno de tizne, y ahumado, y muy feo, y cojo de una pierna, con un martillo en la mano, y la pintura mostrando como que los dioses con ímpetu le echaban del cielo. Venus, su mujer, amó al dios Marte, y había con él ayuntamiento, lo cual el dios Apolo, conociendo como a él cosa no se le asconda, lo descubrió a Vulcano; el cual, cuando lo supo, hizo unas cadenas tan subtiles, que aun ver no se podían, y tan fuertes, que a los varones prender podían, las cuales, puestas con grande ingenio y sotileza en el lugar donde los adúlteros juntarse solían, que con pequeño peso o movimiento se cerraban, fueron luego en ellas trabados. Sintiéndolo Vulcano, abrió las puertas y halló a Venus y a Mars desnudos; y así torpemente estando, llamó a los dioses y deesas que los viesen; las deesas, por vergüenza, no fueron allá. Los dioses fueron y todos reían dellos; sólo Neptuno se condolió de los así presos, y rogaba que los soltase; y tantos fueron sus ruegos

---

355 En el comentario a Virgilio, *Eneida* 4, 60; que es el verso que cita Pérez de Moya *infra*.

356 La boda de Vulcano aparece en el capítulo 17 del primer libro de las *Saturnales* de Macrobio.

357 Según Pérez de Moya la anécdota aparece en el libro 7 de las *Antigüedades*, esto es, de la *Historia antigua de Roma* de Dionisio de Halicarnaso, pero no la he encontrado.

358 Véase *De civitate Dei* 3, 4 y libro 18, 10.

359 *De imaginibus*, esto es, con otro nombre, el *Liber de imaginibus deorum* de Alberico o *Alegorías* 4, 1.

que movieron a Vulcano a soltarlos. Toca esta fábula Ovidio[360].

DECLARACIÓN

Es Vulcano hijo de Iúpiter y de Iuno, porque por Iúpiter se entiende el fuego o región celestial, y por Iuno el aire, y como este calor celestial levante vapores de la tierra y agua, los cuales, subidos en alto en el aire, se engendran cometas y rayos y otras inflamaciones que vemos, por lo cual se entiende Vulcano; por esta causa dijeron ser hijo de Iúpiter y de Iuno; así lo entiende san Isidro[361], donde dice que Vulcano se dice de *volans candor* o *volando cadere,* que quiere decir blancura que vuela o cosa que volando cae, por lo cual son entendidas las inflamaciones que hemos dicho parecer en el aire, porque todas son lucientes y vuelan por el aire y caen. El fuego, otrosí, engendrado en la tierra, que es el artificial sacado de piedras, o de agua, o vidrio, y otras cosas, es significado por Vulcano, por cuanto es cosa que luce y vuela por el aire, subiendo de la tierra hacia el cielo; y por esta causa dijeron Vulcano haber nacido de sola Iuno, por cuanto este fuego, entendido por Vulcano, es engendrado de cosas pertenecientes a la tierra, así como piedras, hierro, leña, agua, vidrio y cristal. Y porque por Iuno se entiende la tierra, sola Iuno engendra a Vulcano, pues el fuego se engendra en ella; o porque adelgazado lo grueso del aire, se convierte en fuego (entendido por Vulcano) por esta causa nace de sola Iuno. Mas a la verdad, no puede de sola Iuno nacer Vulcano, porque sin calor natural (entendido por Iúpiter) nada se engendra; y así es mejor entender que Vulcano nació de Iúpiter y de Iuno, quiere decir del aire alterado, de la virtud del calor y movimiento de los cielos superiores.

---

360 Véanse los versos 169-189 del cuarto libro de las *Metamorfosis* y compararlos con Homero, *Odisea* 8, 266.

361 Véase *Etimologías* 8, 11. Toda la declaración no está muy lejos de lo expuesto por Conti, *Mythologia* 2, 6, y por Boccaccio, *De genealogie deorum* 12, 70.

Que Iúpiter le echase del cielo porque quiso favorecer a su madre dícelo por ornato de la fábula, porque alguna culpa haya de haber en Vulcano, para que Iúpiter se airase y le desterrase de sí. Aunque en decir que Vulcano quiso soltar de prisiones a su madre Iuno es que fingen estar colgada del cielo, atada con cadena; y porque el rayo, entendido por Vulcano, al engendrarse hace gran movimiento en el aire, por esto se dice que la quería soltar con su violencia; y porque el rayo, después de engendrado, luego cae hacia abajo, por esto dicen que le echó Iúpiter de sí; y porque los rayos caen del aire, y por él se entiende Iuno, por esto dicen que le echó Iuno.

Que fuese Vulcano echado de su padre, o según algunos, de su madre, por su fealdad, es porque el fuego engendrado en las nubes, por quien es entendido Vulcano, como participa de materia crasa, comparado con el elementar, que es purísimo, parece craso y feo, y apenas digno de que se nombre fuego, y por esta causa fue echado al lugar de las cosas impuras, como a legítima posesión, por la fuerza de los cuerpos superiores o por la naturaleza superior del aire. Que de la caída quedase cojo, esto es por mostrar causa de cómo Vulcano fue cojo, aunque lo fue desde su nacimiento, en cuanto significa el fuego, que se causa en el aire, y el mismo material cualquiera dellos dicen que es cojo, porque sus movimientos no le hacen derecho, como parece en el fuego de los rayos, que no deciende derecho, sino dando vueltas culebreando; y el fuego engendrado en la tierra también no tiene movimiento derecho, porque subiendo hacia arriba sus llamas, tuercen a una parte y a otra a los lados, y a las veces subiendo parece que se encoge y torna abajo y cae como cojo, que andando parece que cae hacia el lado del pie de que es cojo.

Que Iúpiter no lo quisiese tener a su mesa, ni Iuno, su madre, en su lecho, como Vergilio[362] dice, es porque el calor celestial o fuego elementar (entendido por Iúpiter), se está siempre en su lugar, y el fuego elementar, ni el que se engendra en las nubes, están muy apartados del elementar,

[362] En la ya citada *Égloga* cuarta, sobre todo versos 60 y siguientes.

y así no están juntos. Otrosí, Iuno no lo quiso tener en su lecho porque engendrado el rayo o inflamación en el aire, entendido por Iuno, luego cae y es echado abajo a la tierra, y por esto le llama Vergilio niño chiquito, porque no está algún tiempo en el aire, como dicho es.

Atribuir a Vulcano la isla Lemnos, o que le desterrasen allí, denota muchas cosas: una es por declarar la esterilidad de aquel lugar, que ninguna planta produce por su mucho calor, y en el fuego ninguna cosa se cría ni sustenta como en los demás elementos se hace, o porque toda cosa de fuego pertenezca a Vulcano, echáronlo aquí, porque en aquella isla salen bocas de fuego, que dicen vulcanes, como en el monte Ethna, de Sicilia, porque en esta isla, primero que en otra parte, se entendió el arte y efectos del fuego, y se labraron los metales y hicieron armas, como dice Hellánico[363]; o porque en esta isla adoraron más a Vulcano que en otras partes, según Solino[364], en donde tenía un templo muy celebrado en el monte Ethna, en que había unos perros a la redonda, los cuales, cuando veían venir gente virtuosa y casta, la salían a recibir, llegándose a ella y acompañándola hasta el templo, como amigos y familiares de los dioses. Mas si eran hombres viciosos y malos, saltaban con ellos y los despedazaban o mataban, y a los que no eran tan malos, les ladraban. Estos perros tienen los doctores que eran demonios en forma de perros, o si eran perros naturales, eran traídos allí por ellos, en los cuales se revestían y hacían los dichos efectos, por hacer entender a las gentes que los dioses amaban las virtudes y que aquel templo era sagrado y no permitían que cosa mala entrase dentro, y así la idolatría creciese más cada día.

Que las ximias criasen a Vulcano, es decir, que así como las ximias emitan a lo que los hombres hacen, así con el fuego, entendido por Vulcano, se hacen con ingenio y arte cosas que imitan a las que obra naturaleza. Por lo cual, san

---

[363] *Comentarios sobre la construcción de Quíos* citado por Conti 2, 6. Álvarez-Iglesias [1988:141] nos remiten a Jacoby, *Die Fragmente* 4F71b.

[364] Esta historia la cuenta Solino en el *Polyhistor*, capítulo 12.

Augustín[365] le llama artífice de la diosa Minerva, porque sin fuego, entendido por Vulcano, ninguna arte entendida por Minerva se puede ejercitar. O porque en aquella isla había muchos ximios, como estuviesen desiertas de gente, y como no hubiese otra cosa sino ximios, púdose decir que ximios lo hubiesen criado.

Criarle Thetis y las ninfas marinas, según otros, es decir que con el humor del agua, entendido por Thetis, y ninfas, y con el calor natural o celestial, se cría Vulcano (como antes dijimos).

La diversidad de mujeres que dan a Vulcano no fue porque se casase muchas veces; mas como hubo muchos Vulcanos, según al principio dijimos, y todos como hombres tuvieron mujeres, así pudieron ser todas mujeres de Vulcano. Mas los poetas tienen que Vulcano, hijo de Iúpiter y de Iuno, casó con Venus; y porque por Vulcano se entiende el calor y por Venus el carnal ayuntamiento, ser casada Venus con Vulcano denota que así como el matrimonio es un atamiento perpetuo que no se puede disolver, así el carnal ayuntamiento no se puede apartar del calor, como sin él sea imposible acabarse resolución seminal, como dice san Isidro[366]. Otrosí, decir que tuvo Vulcano por mujer a Aglaya, una de las tres Gracias, y a Venus, e[s] porque del calor y humor se hace la general generación de las cosas humanas, y no es otra cosa Aglaya, sino el resplandor de la fertilidad y copia de las cosas que con el calor natural mediante humedad se consiguen, lo cual significa el mismo nombre, y porque ninguna cosa humana se puede criar sin calor, como hemos dicho. Y por esta causa, en las bodas antiguamente se encendían hachas, en las cuales pensaban presidir Vulcano. Otrosí, en honra del mismo Vulcano hacían un juego que los griegos decían *lampadophoria* y era que corrían con hachas encendidas de un puesto a otro, y el que corriendo se le moría la hacha antes de allegar al puesto, mandaban que no corriese más. Hace mención deste juego Lu-

---

365 Véase san Agustín, *De civitate Dei*, 4, 10.

366 Así esta derivación en *Etimologías* 8, 11.

crecio[367], donde comienza: *Et quasi cursores,* con que daban a entender que cesando el calor, la vida de todas las cosas se acaba y cesa. Y tomar en este juego unos las hachas encendidas de otros, y otros de otros, fue ficción para denotar la mudanza y sucesión de todas las cosas y elementos. Hacíase esta fiesta más a Vulcano que a otros dioses, porque algunos, como Lucrecio[368], creen haber sido inventor del fuego artificial, aunque otros le atribuyen a Prometheo. Puede ser que Prometheo le hallase y que Vulcano mostrase usar dél en todas las artes que dél se pueden aprovechar. Del cómo inventó el fuego dicen que como un rayo hubiese encendido un árbol, al cual, llegándose Vulcano, sintiendo el beneficio y abrigo del fuego, y viendo que cesando la materia cesaba el fuego, añadió leña y vino a entender la naturaleza del fuego artificial conservarse con leña, lo cual, convocando a otros hombres, les mostró la utilidad y naturaleza dél.

Fue Vulcano grande artista de la piromancia, arte de adivinar por el fuego, como Nereo fue inventor de la hidromancia, que es adivinanza hecha por agua.

Que Vulcano fuese inventor de las herrerías es porque sin fuego ningún metal se puede labrar ni estender. Que hiciese rayos para Iúpiter y armas para los dioses es que las exhalaciones calientes que de la tierra y agua se levantan, suben en lo alto, en donde cercadas del aire de la región fría se aprietan, y queriendo huir de su contrario el frío, rompen por fuerza la nube por la parte más delgada que en ella hallan, y en este rompimiento se causa el relámpago y trueno y rayo; y como esto se engendre de los dichos vapores que de la tierra y agua se levantan, se dio lugar a la fábula de decir que Vulcano hace rayos para Iúpiter. Y porque después de engendrados vuelven a caer hacia la tierra, dicen que los tira Iúpiter y que son armas con que pelea, el cual tenían estar en el cielo o en lo alto de donde los rayos caen; y por ser los rayos de materia de fuego, por esto los hace Vulca-

---

[367] Lucrecio, *De rerum natura* 2, 79.

[368] Como la anterior, la referencia a Lucrecio ya está en Conti. La noticia de la invención del fuego se explica *De rerum natura* 5, 1091, y antes, en 5, 281 se cuenta la historia del fuego artificial.

no; y no sólo esto, mas todas las demás cosas que para obrarse han menester fuego, dicen los poetas haberlas hecho Vulcano.

Otrosí, decir que Vulcano hacía armas para los dioses es que el calor es artífice de todas las obras de la naturaleza.

Tener Vulcano para hacer estos rayos por criados y ayudadores a los Cýclopes, especialmente a tres nombrados Brontes, Steropes y Piracmon, es porque la fragua de Vulcano es en las islas Vulcaneas, y todo el suelo, desde aquellas islas hasta Mongivel, monte de Sicilia, es lleno de cuevas de fuego; y porque en Mongivel, y cerca dél, moraron antiguamente los Cýclopes, por esto convenía a éstos ser oficiales de Vulcano; o porque Cýclope, en griego, significa ojo redondo, y ojo llamamos al entendimiento, según dice Aristóteles[369]; redondo se llama por la manera del círculo, en el cual no hay principio ni fin, y semejantes son las artes, que a lo menos no tienen fin, o en otra manera se llaman Cýclopes, por maestros de artificios; porque a los artificios los griegos llaman *cýcladas,* y todas estas cosas convienen a esta significación destos Cýclopes oficiales de Vulcano. Nombran tres por las significaciones, porque Brontes significa trueno; Steropes, claridad; Piracmon, fuego, que son cosas que se causan en la generación de los rayos, que es trueno y relámpago y rayo, que es fuego. La pintura de Vulcano denota todo lo que dél se dice. Que Venus adulterase con Marte denota una conjunción de dos planetas así llamados, y a esta conjunción se dice adulterina, porque della viene daños, según astrólogos.

Descubrir este adulterio Apolo, que es el Sol, es que este planeta mitiga el daño que en la conjunción causan Venus y Marte, o porque Marte tiene casa en el signo de Aries y de Scorpio. Y viniendo el Sol, según su movimiento propio, a estar en Aries, casa de Mars, comienza el verano y mueve el calor venéreo; y porque esto pertenece a Venus y proviene de calor, el cual es en Mars demasiadamente; y así de ambos, Mars y Venus, redunda el acto del carnal ayuntamien-

---

369 Véase esta reflexión sobre «El entendimiento» en el libro sexto de la *Ética nicomaquea* 1143a.

to; y por parecer levantarse este deseo venéreo cuando el Sol entra en la primera casa de Mars, que es Aries, dicen que Apolo descubre el adulterio de Venus y Mars. O ser este ayuntamiento adulterio de Mars y Venus descubierto por el Sol, es entendido por Apolo algún varón sabio que profundamente ve las cosas.

Éste, viendo el desordenado deseo libidinoso de los viciosos, reprehéndelo y decláralo a Vulcano, que es el marido de Venus, quiriendo tornar el ayuntamiento ilícito al que es lícito. Empero el ciego amador, quiriendo proseguir sus sensuales deseos, no obedeciendo el buen consejo, tanto en su deseo crece, hasta que en las cadenas de su desordenada cubdicia es preso, no pudiendo ya de sus torpes deseos apartarse. Entonces Mars y Venus, así torpemente hallados, de todos los dioses son vistos, los cuales dellos gran risa toman, porque viéndolos en su obstinada vida y sucio vivir, no queriendo tomar la virtuosa correctión de todos los hombres sabios y virtuosos que por los dioses son significados, comienzan a ser tenidos por torpes y viles, y tienen que escarnecer dellos. No quererlos soltar Vulcano de las cadenas, hasta que Neptuno mucho se lo rogó, significa que los torpes y necios amadores, en cadenas de sus viles deseos presos, nunca cesan de ser habidos por viciosos ni de sus malos hechos ser publicados, hasta que el tal ardor en ellos se amata, obedeciendo a la virtud, lo cual convenientemente se significa por Neptuno, el cual es dios del mar, y las aguas con su frialdad resfrían el calor libidinoso, y esto es soltarle de las prisiones, que son por ellas entendidos los deseos libidinosos en que los amantes están enredados.

Sentido histórico

Este Vulcano fue un hombre verdaderamente así llamado, hijo de Iúpiter y de Iuno, que nació de rostro muy feo, y como según usanza de señores le diesen a criar, y sus padres habitasen en el monte Olympo o cerca dél, y este monte le llaman los griegos cielo, se dio origen a la fábula de decir que lo echaron del cielo, no queriéndolo tener por su fealdad consigo.

En lo que dice que lo envió a Lepno, dícese porque Vulcano en aquella tierra moró y tuvo señorío, y fue la tierra nombrada de su nombre, según dice Vergilio[370], y son siete islas, las cuales son todas nombradas Vulcanias, según Solino[371]. San Isidro[372] dice que son nueve. Que Venus, hija de Dion, fuese mujer de Vulcano, es verdadera historia.

Atribuyéronle que hacía los rayos para Iúpiter y que hizo las armas de Eneas y Achiles, y las de Menón, y el collar o joyel de Hermiona, y otras cosas semejantes, y que tenía su fragua cerca de la isla Liparea o en ella. Esto fue que Vulcano halló nuevos y subtiles artificios, los cuales en aquel tiempo no había, y así se llama verdaderamente maestro de todos los artificios. Los rayos no son fabricados por Vulcano o por otro, mas son naturalmente en el aire engendrados, como declaramos en nuestra *Filosofía*[373], mas como al principio creyeron ser fabricados, parecióles que no convenía ser hechos, salvo por el mayor maestro del mundo, cual afirman haber sido Vulcano.

En lo del adulterio de Mars y Venus es historia, porque como Vulcano fuese muy feo y Venus muy hermosa y viciosa, y grandes señores, entre otros criados tenían un hombre de armas, el cual, según Leoncio[374], era hijo de Neptuno; a éste amó Venus por su gentileza y trataba con él carnalmente, lo cual, venido a orejas de Vulcano, disimulando, fingió ausentarse de allí algún tiempo, y hallada esta ocasión, Venus y el escudero prosiguieron en sus acostumbrados amores. Vulcano, que esto aguardaba, que estaba escondido, tomó a los amadores en el torpe ayuntamiento. Mas el escudero, siendo ligero, escapó huyendo de las manos de Vulcano; a Venus pudo coger, mas tanto la amaba, que aunque en este error la halló, no sufrió su corazón hacerle mal; y

---

[370] Así en la *Eneida* 8, 415 y siguientes.

[371] Referencia tomada de los capítulos 6 y 12 del *Polyhistor.*

[372] Véase *Etimologías* 14, 6, capítulo «De insulis».

[373] Véase Pérez de Moya, *Astronomía* libro 2 capítulo 3 artículo 12.

[374] Tomada la cita de Leoncio de Boccaccio, *De genealogie deorum* 9, 3.

porque este con quien adulteraba era hombre de armas, y éstos hemos dicho que se dicen Mars, por tanto dijeron que Mars adulteró con Venus.

Lo que dicen haber hecho Vulcano lazos o redes tan sutiles que no se podían ver, y tan fuertes que a los amadores pudiesen prender, es fingimiento poético, para significar su ingenio y los ardides y subtiles maneras que Vulcano tuvo para los necios amadores prender, que ellos no pudieron entender: así los tomó, las cuales cosas convenientemente se significaban con lazos corporales.

Que Vulcano invocase a los dioses a ver los amadores así torpemente hallados denota la publicación deste maleficio que Vulcano haría, quejándose a todos de su mujer y criado, y declarar la torpedad del hecho, porque poético es decir que los prendió a ambos, pues según Leoncio, el criado se escapó por pies.

En lo que dice que los soltó por ruegos de Neptuno, denota que de aquella difamación que Vulcano hacía nunca quiso cesar, hasta que por ruego de Neptuno fue vencido, lo cual podría alcanzar Neptuno mejor que otro, por ser tío de Vulcano, hermano de su padre, y Neptuno convino serle importuno, por ser padre del adúltero.

CAPÍTULO XVI

De Erithonio

Erithonio[375] fue hijo de Vulcano, de cuyo nacimiento cuenta Ovidio[376] que como Vulcano hubiese fabricado rayos con que Iúpiter peleó contra los Gigantes, y por ello mereciese mercedes, juró Iúpiter por la laguna Stygia de concederle lo que le pidiese. Muy contento desto Vulcano,

---

[375] La fábula de Erictonio es aquí traducción de Boccaccio, *De genealogie deorum* 12, 71, y de Conti, *Mythologia* 9, 11.

[376] Versos 553 y siguientes del segundo libro de las *Metamorfosis*.

pidióle por mujer a Minerva, y como no se la pudiese dar, por ser consagrada a la castidad, ni él pudiese faltar al juramento, concedióselo; mas a escondidas y con secreto avisó a Minerva se guardase de Vulcano si no quería poner en peligro su prometida virginidad. Minerva lo hizo así, que con grande vigilancia se apartaba de los lugares por donde Vulcano andaba. Mas aconteció un día no pensadamente, que Vulcano la encontró, a la cual luego arremetió, por poner por obra lo que tanto deseaba; mas como Minerva se defendiese, sucedió que Vulcano, luchando con ella, vertió el humor seminal en tierra, del cual dicen que se engendró Erithonio, hombre monstruoso, que tenía los pies de serpiente, por lo cual, llegando a edad por encubrir la fealdad de las piernas, fue el primero que acostumbro andar en carro de cuatro caballos, como escribe Vergilio[377], donde comienza: *Primus Eriehthonius currus*.

Derívase Erithonio de *eris*[378], que en griego significa guerra o contención, y *oton*, tierra; quiere decir, que habiendo pelea o guerra entre Vulcano y Minerva, sobre el carnal ayuntamiento, la tierra recibió el humor destilante de que se formó este niño Erithonio; nacido el niño, lo puso Minerva en una cesta muy cerrada y le dio a guardar a Pandrose, Aglauros y Herse, hijas del rey Cýclope, mandándoles que en ninguna manera a nadie dejasen ver, ni ellas viesen lo que la cesta llevaba, si no querían por ello ser castigadas. Pandrose y Herse guardaron el mandamiento de Minerva; mas Aglauros, como atrevida, no se pudo sufrir, que ida de allí la diosa, no sólo se contentó con ver lo que la cesta tenía, mas aun haciendo burla dél y teniendo la cesta abierta, llamó a sus hermanas que también lo viesen; de lo cual enojada Minerva, le envió la Invidia que la fatigase, y así la convirtió en piedra; otros dicen que se despeñó.

---

377 Virgilio, *Geórgicas* 3, 113.

378 La derivación de «eris» ya en san Agustín, *De civitate Dei* 18, 2, y en Lactancio, *Instituciones divinas* 1, 17, 13.

DECLARACIÓN

Este modo de nacimiento que a Erithonio atribuyen no fue verdad, mas poético fingimiento, porque no fue Erithonio en tiempo de Vulcano; mas la fictión dello, según san Augustín[379], fue que en Athenas, en el templo de Vulcano y de Minerva, que era uno solo para ambos, fue hallado un niño echado, revuelta a él una serpiente o dragón, lo cual significaba aquel niño había de ser grande varón, y guardáronle; y porque este templo era destos dos dioses y no le conocían padres, diéronselo[380] por padres, y ésta es historia verdadera. Fue Erithonio, según Eusebio[381], rey cuarto de Athenas; nació en tiempo de Cýclope, primero rey, y entre este Cýclope y Erithonio, pasaron Cranao, que reinó nueve años, y Amphitón, que reinó diez; y así, desde la muerte de Cýclope hasta el principio del reino de Erithonio, pasaron diez y nueve años. Decir que por encubrir la fealdad de las piernas andaba en carro: No tenía fealdad en ellas; mas porque fue el primero que usó carro de cuatro caballos, por majestad y grandeza, en donde llevan encubiertas las piernas, se dijo que era por la fealdad.

La razón de decir[382] ser Erithonio hijo de Vulcano y de Minerva, aunque no les tocaba a éstos más de haberle hallado en su templo, como dijimos, es porque quisieron ensalzar el linaje de Erithonio, diciendo que decendía de dioses. Decían tener Erithonio parte de hombre y parte de serpiente porque usaba de severidad y de clemencia a tiempos, o dijeron tener una culebra o serpiente a los pies arrodeada, porque fue rey prudente, y la prudencia se denota por la serpiente.

---

[379] *De civitate Dei* 18, 12.

[380] diéronselo] diéronselos *1585*

[381] Según Eusebio en la *Crónica* [1512:12 y 31] Erictonio fue el cuarto rey de Atenas. Véase además Apolodoro, *Biblioteca* 3, 14.

[382] Como ya solicita Pérez de Moya, véase Pausanias, *Descripción de Grecia* 1, 2, 6.

Que Iúpiter jurase hacer mercedes a Vulcano: Amonesta a los grandes señores que sean agradecidos y que satisfagan los servicios.

Que la envidia tornase a Aglauros en piedra es que los poetas quieren que la invidia torne a los hombres en piedras. Fue Aglauros hija del rey Cýclope, como se ha dicho, que de la envidia de que Mercurio amaba a su hermana Herse, fue muy tocada, por lo cual significar, dice que fue en piedra negra algún tanto escura tornada; y esto es, que la invidia viene del humor melancólico, el cual es terrestre, frío y negro, y por cuanto la piedra es fría, quisieron que la grande invidia tornase a los hombres en piedra.

Este Erithonio, según verdad, era hijo de una de las tres hijas de Cýclope, primer rey de Athenas; y como no fue concebido de legítimo matrimonio, queriéndolo encubrir, dando orden cómo fuese criado, y para que no supiesen cúyo hijo era, habíanse de haber cuerda y sabiamente para no ser descubiertas; y porque el saber pertenece a Minerva, dice que ella se lo dio cerrado en la cesta, porque los encubrimientos de las cosas, a la prudencia y saber sola pertenecen. Al contrario de los simples, que no saben hacer cosa que todos los otros no conozcan. En lo que dice la fábula, que una dellas abrió la cesta y declaró el niño que dentro estaba, significa que las dos hermanas se habían sabiamente en encubrir lo hecho, y por ellas nunca fuera sabido; mas la una se hubo neciamente, porque por ella fue sabido cuyo hijo era Erithonio.

Decir que Minerva desto se enojó denota que el saber es contrario de la ignorancia, y que Minerva por este enojo que tomó de no haber guardado secreto, envió la invidia contra ella es porque la ignorancia, o el necio, tiene mucha invidia del que sabe. Que Erithonio tuviese los pies de serpiente[383]: diremos que Erithonio tenía los pies como los otros hombres; mas porque cuando fue hallado le hallaron una serpiente a los pies, por esto tomaron ocasión que tenía los pies de serpiente, y esto ordenaría el demonio para en-

[383] Escena sacada de Conti, *Mythologia* 4, 5.

gañar a la gente, para que dello entendiesen ser aquel niño cosa divinal.

Ser Minerva consagrada a la virginidad es por entenderse por ella una purísima parte del éter, nacida de la cabeza de Iúpiter, de la cual no nace algún animal; empero Vulcano, que es impuro y materia de fuego o calor, que ayuda a la generación, y hiriendo este calor en la tierra engendra muchos animales, por lo cual declarar dicen ser Erithonio hijo suyo y de la tierra, y para denotar la diversidad que así nace dijeron ser Erithonio medio hombre y medio serpiente.

Que Aglauros se despeñase nos amonesta que no seamos curiosos en escudriñar los mandamientos de Dios ni descubramos los secretos de los grandes señores, si a nuestra noticia vinieren.

CAPÍTULO XVII

DEL SOL

Aunque Sol y Apolo[384] vienen a ser nombres de una misma cosa, hase de advertir que hubo muchos llamados Sol y muchos llamados Apolo, y los unos y los otros fueron hombres mortales; mas por el resplandor de sus famas tomaron nombre del planeta que decimos Sol. De los Apolos diremos después de haber tratado de los que se dijeron Sol, siendo hombres, y del mismo Sol en cuanto planeta. Tulio[385] hace mención de seis hombres que se llamaron Sol. El primero dicen ser hijo del primer Iúpiter, y no se le pone madre; dijeron ser hijo de Iúpiter por ensalzar su linaje y por declarar su antigüedad del primero de los llamados Iúpiter,

[384] Todo el capítulo es un resumen tanto de Conti, *Mythologia* 5, 17, como de El Tostado, *Cuestiones*, 36 [1551:168v-171]. Véase parte de la imaginería que rodea a Sol en Agrippa, *De occulta philosophia* 2, 41.

[385] Así en el *De natura deorum* 3, 54, aunque Cicerón hace mención de cinco Sol.

y fue tan antiguo que no se tiene dél otra noticia. Otro Sol hubo que fue el tercero en orden, dejando el segundo para tratar dél después de todos los así llamados, que según Tulio, fue un varón egiptiano hijo de Vulcano; llamóse primero por su propio nombre (según Theodoncio), Merope. Tuvo por amiga[386] a la ninfa Clymene, y en ella hubo a Phaetón, llamado por otros nombres Eridano y Astarcho, que pidió al Sol, su padre, el gobierno de su carro, como parece por lo que Ovidio[387] dice, que Epapho, hijo de Iúpiter, contendiendo con Phaetón, le dijo que no era hijo del Sol, mas de Merope, por lo cual Phaetón pidió al Sol, su padre, los carros, los cuales no pudiendo regir, dice Ovidio que ya quisiera Phaetón ser llamado hijo de Merope más que del Sol. De lo cual claro parece que este hombre llamado Sol, padre de Phaetón, se dijo primero Merope; mas por su excelencia y claridad le llamaron Sol. El cuarto Sol[388] fue hijo de Océano, dios del mar, de quien se halla poco escrito en los autores. El quinto[389] fue un famoso varón que habitó en la isla de Rodas. Déste dice Theodoncio que fue padre de Pasiphe, mujer de Minos, rey de Candía. El sexto Sol dicen haber sido rey de Colchos, padre de Oethas; y aunque los poetas afirman ser este hijo segundo de Hyperíon, hase de creer a Theodoncio, que dice que éste fue otro Sol que reinó en Colchos. El segundo[390], según la orden de Tulio y sexto de la mía, y a quien se atribuye todas las hazañas de los otros, y por quien entendieron el mismo planeta Sol, cuyo hijo fuese, no conciertan los autores. Theodoncio dijo ser hijo de Hyperíon, y que este Hyperíon engendró al Sol y a la Luna. Otros le hacen hijo de Hyperíon y de Thia. Homero[391] le hace hijo de Hyperíon y de Euriphaesa; fue Hyperíon (según Theodoncio[392]) hijo de Titán y de la Tierra, y se-

386 Ésta es historia seleccionada de Boccaccio, *De genealogie deorum* 3, 40.
387 Véase *Metamorfosis*, sobre todo libro 1, versos 747 y siguientes.
388 Así en Boccaccio, *De genealogie deorum* 7, 65.
389 Boccaccio, *De genealogie deorum* 11, 26.
390 Boccaccio, *De genealogie deorum* 4, 2
391 Véase el himno homérico sobre Apolo: *Himnos* 31, 4.
392 Boccaccio, *De genealogie deorum* 4, 3.

gún otros, de Celo. Ovidio algunas veces dice que el hijo de Hyperíon alumbra al mundo, y que el Titán da luz, que es él mismo; otras veces dice que el padre de Phaetón, que fue el tercero que dijimos era el Sol, y que él le dio los carros que Phaetón un día rigió. Y esto es porque Ovidio trata de todos los nombrados Sol como que verdaderamente uno solo hubiese sido; dicen dél que como fuese en el tiempo de la guerra que movieron los Titanos contra los dioses, y siendo Titano como Ovidio da a entender, en el verso que comienza: *Nullus adhuc Titan prebebat lumina mundo*[393], quiere decir, no había aún alguno de los Titanos que diese lumbre al mundo, no sólo no dio favor a su abuelo Titano y deudos contra Iúpiter, mas siguió la parte de Iúpiter, de donde sucedió que después de quedar Iúpiter victorioso, en agradecimiento de su servicio, le dio Iúpiter que anduviese en carro y que tuviese corona adornada de doce gemas, y palacio, y muchas insignias que a su excelencia pertenecían. Este carro del Sol, según Ovidio, en el verso que comienza: *Interea volucres*[394], era traído de cuatro caballos llamados Pirois, Eous, Aetón y Plegón. Homero[395] le da solos dos caballos, llamados Lampo y Phaetón. San Fulgencio[396] le da cuatro, y los nombra diversamente, aunque denotan lo mismo que los de Ovidio; conviene saber: Eritreo, Ateon, Lampos, Filegio. Estos caballos echaban fuego por las narices, como dice Vergelio en tres versos que comienzan: *Postea vix summo spargebat*[397]. Otrosí, creían meter el Sol los caballos del carro a bañar en el Océano, según dice Vergilio en tres versos que comienzan: *Tum Sol pallentes*[398]. Dicen más: que las Oras uncían el carro y Aurora le sacaba.

Dícenle señor y regidor de la Luna y estrellas y corazón del cielo; sacrificáronle por dios, consagráronle el gallo, diéronle por hijas a las Oras y las Eonas, entre otros muchos hijos y hijas; nombráronle con varios nombres.

---

393 Verso 10 del primer libro de las *Metamorfosis*.
394 En *Metamorfosis* 1, 153.
395 En el canto 23, versos 245 y siguientes de la *Odisea*.
396 En el *Mitologicarum liber* 1, 44.
397 Véase Virgilio, *Eneida* 2, 12.
398 Verso 357 de la tercera *Geórgica*.

Declaración

Dicen ser el Sol hijo de Thía[399], porque todo bien y todo don deciende de la naturaleza divina, porque Thía quiere decir divina. Hyperíon quiere decir «sobre todo», porque envía por todos los cuerpos superiores e inferiores providencia divinal. Con razón le dieron al Sol este padre, ya sea por él entendida la providencia divina, ya los cuerpos celestiales, que con movimientos perpetuos dan vueltas. Mas como Hyperíon quiera decir «sobre todo», éste no puede ser sino Dios criador de todo lo visible e invisible. Danle al Sol por madre a Euryphaesa, de *eurys,* que significa llevar o traer, y *phaos,* que es resplandor o claridad o lumbre, como este planeta más que otro ningún cuerpo celestial resplandezca y dé luz.

Que favoreciese el Sol a Iúpiter en la guerra que contra él movieron los Titanos, sus deudos, es que este Sol fue hombre de divino ingenio y pacífico, y por esto dicen que no dio favor a sus parientes, mas a los dioses, significando a los soberbios por los Titanes, y a los virtuosos y famosos por los dioses. De este así llamado Sol, aunque haya sido hombre, los poetas hablan dél como si fuese el planeta Sol y celestial Dios, atribuyéndole todo lo que con verdad conviene al Sol.

Fingían andar el Sol en carro, porque no con facilidad al principio entendieron los hombres los movimientos de los cuerpos celestiales, ni quién ni el cómo se movían, y así hubo muchas y varias opiniones: unos decían que una inteligencia que llamaban ánima los movía a todos; otros la daban a cada orbe y estrella; otros tenían que los cielos y estrellas se estaban quedos, y que la tierra era la que se movía a la redonda[400], de lo cual aquí no diremos nada por haber-

---

[399] Declaración resumida de Conti, *Mythologia* 5, 17: [1596-458].

[400] ¿Conocería Pérez de Moya la maravillosa incorporación heliocéntrica de Copérnico (1473-1543) publicada como *De revolutionibus orbium coelestium*, Nuremberg, 1543? Si la conocía, la desestimó y su geocentrismo se repite desde 1562 y llega al capítulo 22 de su *Astronomía.* Recuérdese que todavía en 1633 se sigue juzgando a Galileo por pensar el heliocentrismo copernicano.

lo hecho en nuestros libros de *Astronomía.* Los que más en esto estuvieron dijeron que por el carro en que el Sol anda, es el día natural, el cual día le lleva de Oriente en Occidente, y de aquí le vuelve al Oriente.

Danle al Sol cuatro caballos que lleven su carro para denotar los cuatro tiempos del año que con su movimiento causa, que son de cuatro calidades, o por cuatro partes, o condiciones que causa en el día, de los cuales toman nombres los caballos: Pyrois o Eritreo (nombres del primer caballo) quiere decir cosa inflamada, o encendida, o bermeja, porque por la mañana sale el Sol colorado, o porque con sus rayos hace estar el aire algún poco bermejo.

Aethon o Acteón quiere decir cosa ardiente o resplandeciente, porque salido el Sol, da calor y resplandor de claridad. Llámanle otros a este caballo Etheous, que quiere decir amarillo; conviene a la segunda parte del movimiento del Sol, que es hora de tercia o antes, cuando subiendo el Sol sobre la tierra, deshace los vapores y no queda cosa bermeja, que es de cosa ardiente, mas queda amarillez que torna con claridad, y ésta es de la resolución de los vapores.

Lampus o Lampos denota resplandeciente o significa cuando llega al meridiano. Phlegon significa cosa que quema, según los que tenían que los planetas y estrellas eran fuego. San Fulgencio[401] a este cuarto caballo le llama Philogeus, quiere decir el que ama la tierra, porque a la tarde va hacia bajo, a esconderse debajo del hemisferio, como que la amase.

Los que dan al Sol dos caballos, uno blanco y otro negro, quisieron denotar por ellos que el Sol medio año se esconde debajo del hemisferio, que no le veen, en veces, y otro tanto tiempo se vee, o que el Sol parte el día natural en dos partes, conviene saber, en día y en noche. La corona que al Sol le atribuyen, según Alberico[402], es el Zodíaco, y las doce Gemas o piedras preciosas de gran valor, son los doce signos que en él se imaginan.

---

[401] Como más arriba, son datos sacados del fragmento 44, libro primero, del *Mitologicarum liber.*

[402] *Alegorías* 3, 2.

El palacio que le dan son los tres orbes o cielos que el Sol tiene, con que se salvan las diversidades de sus movimientos, como declaramos en nuestra *Astronomía*[403].

Echar fuego los caballos por las narices es por denotar el gran calor que el Sol trae, pues hasta los caballos resollaban fuego.

Que el Sol meta cuando se pone sus caballos en el Océano para que se bañen, y los tenga en él hasta que por la mañana sale, esto era opinión del vulgo, no entendiendo que por todas partes de la redondez del agua y tierra está igualmente distante el Sol y parecíales que al ponerse se metía en el agua del mar, y al salir salía della.

Que las Horas unciesen el carro del Sol es porque ellas le hacen salir porque sucediendo unas tras otras viene a llegar el tiempo que el Sol sale, y como el Aurora sea una luz o claridad antes que el Sol salga, decían sacar Aurora los caballos del Sol.

Y porque el Sol da claridad a la Luna y a los demás planetas y estrellas, le llaman señor y regidor de las estrellas.

Y porque está en medio de los siete planetas, como el corazón en medio del cuerpo del hombre, dijeron ser corazón del cielo.

Y como sea autor de la generación y corrupción de las cosas, y causa de las enfermedades y de la salud y de los frutos, por estas cosas fue tenido por Dios y de los muy antiguos de los dioses, y como a tal le hicieron sacrificios, principalmente los de Lybia, y con él a la Luna, viendo los efectos y dominio que tenían sobre las humedades y enfermedades.

Consagrábanle el gallo porque anunciaba la salida del Sol.

Danle por hijas a las Oras, porque el Sol hace la diversidad de los tiempos con su movimiento, y por esto es padre de las Oras y de las Edades, entendidas por las Eonas, sus hijas. Y así finge Ovidio[404] que estaban estas hijas sentadas

---

[403] Se refiere el autor a sí mismo, *Astronomía* 1, 22, 1.
[404] Así, por ejemplo, en *Metamorfosis* 2, 118.

debajo los pies del Sol, con los días, meses, años siglos, y los cuatro tiempos del año, porque todo se causa de su movimiento. Y así los hijos que al Sol le dan son las fuerzas y efectos que con su movimiento y rayos causa en los cuerpos naturales, como consta de la interpretación de los mismos vocablos, de los que por hijos le dan, así como Pasiphe, que dicen ser hija del Sol, significa cosa que alumbra a todos. Phaetusa, cosa que arde. Helíades significa fuerzas del Sol, y así de los demás. Los varios nombres que le dan diránse tratando de Apolo.

CAPÍTULO XVIII

De Phaetón

Phaetón[405] fue hijo del Sol y de Clymene ninfa. Éste, siendo contemporáneo de Epapho, hijo de Iúpiter, y ambos mozos, andando un día juntos holgándose, el Phaetón igualábase con Epapho, pareciéndole que en ello no hacía sinrazón, pues era de linaje divinal; lo cual, Epapho, estimándole en poco, le decía que no fingiese de tanto linaje, como dice Ovidio[406], donde comienza: *Nunc Epaphus*[407], etc. Phaetón, muy encendido en ira y afrentado del menosprecio que Epapho dél hacía, para manifestar a todos los hombres la nobleza de su linaje, fuese a su padre el Sol, ante quien con ruegos alcanzó le concediese con juramento un don. Phebo, queriéndole contentar, le dijo que demandase

[405] Las citas y el tono de este capítulo vuelven a remitir a Conti, *Mythologia* 6, 1. No se olvida de Faetón Boccaccio, que lo cita en *De genealogie deorum*, 7, 6 y 41.

[406] Véase *Metamorfosis* 1, 747 y siguientes, si bien la historia de Faetón se cuenta más por extenso en el mismo Ovidio, libro segundo, versos 1-400.

[407] Así el verso 364 del segundo libro de Ovidio, *Metamorfosis*.

lo que quisiese, que no le sería negado. Entonces Phaetón le pidió que sólo un día le dejase regir su carro celestial. Mucho pesó a Phebo de la palabra que ofrecido había, y como negar lo que con juramento había prometido no podía, procuraba persuadirle se apartase de su loco atrevimiento, contábale las dificultades que en ello había; empero como de su propósito, ni con amonestaciones, ni espantos, ni ruegos, apartar no pudiese, contra su voluntad el carro y los caballos le entregó. Entrando Phaetón en el carro y tomando las riendas en su mano, los caballos subieron por el aire, comenzando a caminar y a una parte y a otra; y como sintieron el carro no tener la carga acostumbrada, comenzaron a correr, dejando el acostumbrado camino, desviándose a un lado. Phaetón, que ya no quisiera haber subido en el carro, ni aun haber conocido a su linaje, soltó las riendas de miedo del signo de Escorpión, las cuales, cuando los caballos sobre los lomos sintieron, viéndose sueltos comenzaron a una parte y a otra por el aire a correr; las ciudades y árboles, con la cercanía del Sol, se quemaban, y los ríos y montes con fuego ardían; hasta los etíopes, del gran calor se pusieron negros. Entonces Iúpiter, por petición de la deesa de la tierra, envió un rayo contra Phaetón, el cual del alma y del carro le privó; y Phaetón, cayendo ardiendo, fue a dar lejos de su tierra, en el río Eridano. Phebo, con gran tristeza de la muerte de su hijo, cubrió su rostro llorando; y entonces ninguno rigiendo sus carros, pasó el mundo un día sin Sol, sólo dando luz aquel día los fuegos que aún muertos no eran. Las ninfas Náyades, sus hermanas, tanto sintieron la muerte de Phaetón, que llorando a la continua, fueron convertidas en álamos negros, como dice Ovidio[408], donde comienza: *Vos quoque foelices*, etc. Las lágrimas de las cuales, como dice el mismo poeta, donde comienza: *Inde fluunt lacryme,* etc., se convirtieron en goma de cierto árbol que dicen ámbar.

[408] Es el verso 31 del primer libro, capítulo segundo de *Ex ponto.*

Toda esta narración es fabulosa, porque en el cielo no hay caballos ni carros; mas fingieron esto los antiguos para dar a entender a los venideros un gran calor o sequedad que aconteció año de treinta y uno del reino de Cécrope primero, rey de Athenas, que era el año de sesenta y cinco de la vida de Moysén, quince años antes que los hebreos saliesen de Egipto, según Eusebio[409]; cerca del diluvio de Deucalión, en el cual tiempo se secaron las fuentes y ríos, y parecía que todas las cosas querían perecer de calor; y porque los gentiles pensaban que Phebo no podía errar, creyeron que su hijo Phaetón, aquel día o tiempo, había regido el carro, y llegándose mucho a la tierra la quemaba, y llamóse el incendio de Phaetón. Phaetón fue un verdadero hombre, y aunque no fue hijo del planeta Sol, fue hijo de un poderoso rey de los Argivos, llamado Merope o Apis, que fue habido por dios por la fama de sus hazañas, y llamáronle Sol o Phebo. Este Merope enamoróse de Climene, hija de Océano, en quien hubo un hijo llamado Astarcho o Eridano, que después se nombró Phaetón. Este Eridano vino con grandes compañías de gentes por mar en Italia, y aportó al lugar que agora es la famosa ciudad de Génova; y pasados los montes, abajó a la tierra llana que agora es Lombardía, por donde corre el río llamado vulgarmente Po, navegando con su armada el río abajo (según Paulo Perusino[410]), en un tiempo de excesivos calores; fue muerto de un rayo, por lo cual de allí adelante el río se llamó Eridano, del nombre del que en él murió, o porque señoreó aquella tierra algún tiempo. Y de aquí tuvo origen de decir la fábula que derri-

---

[409] Véase Eusebio de Cesárea, *Crónica* [1512:28v-29].

[410] Anécdota tomada de Boccaccio, *De genealogie deorum* 7, 41. Para Paulo de Perugia, «erudito que se hallaba al frente de la Biblioteca del rey Roberto de Nápoles» y sus relaciones con Barlaam y Boccaccio, véase Álvarez-Iglesias [1983:27].

bado de un rayo cayó en el río; y por el suceso de tan desastrada muerte del rayo, nombraron a Eridano Phaetón, que quiere decir cosa ardiente o cosa de fuego, por haber muerto con el fuego del rayo, o por los excesivos calores que en aquella sazón hacía, y para contar estas dos cosas que acontecieron, el calor y muerte, ingeniosamente introdujeron esta fábula diciendo cosas algo aparentes de razón; y porque éste se llamaba hijo del Sol, quisiéronlo atribuir al Sol planeta, que fuese hijo suyo, diciendo que él rigiese el carro de su padre, y por no regirle bien vinieron los calores, y por evitar el daño no fuese en crecimiento, haberle muerto Iúpiter con rayo. También quisieron los poetas dar a entender por esta fábula que Phaetón fue vanaglorioso y arrogante, y presumiendo de sapientísimo sin serlo, sembró entre la simple gente muchas confusiones y falsas doctrinas; y por esta causa dicen haber abrasado la tierra, con infinitos errores; llamábanle hijo del Sol, porque los antiguos a todos los sabios llamaban hijos de Phebo, a quien adoraban por dios del saber. Y en querer Ovidio hacer entender ser el Sol hombre animado, como él le finge, y tener hijo y carro y caballos, fue, para debajo desta fabulosa historia mostrar el curso natural del Sol, y los firmamentos y sus efectos, y cosas naturales pertenecientes a materia de astronomía.

Y para declarar cómo Phaetón vino de Egipto a Italia, fingieron haber ido en casa de su padre Phebo a pedir los celestiales carros; y también para reprehender a los que saben poco y peor usan de las sciencias; y que los grandes imperios, y administraciones, y república, no se han de encargar a mozos ni a hombres de poco saber, mas a sabios y experimentados. Amonéstanos también que los hijos no menosprecien los consejos de los padres, si no quieren haber mal fin.

Que los etíopes se hiciesen negros por este calor: Es de saber que Ovidio, dando causas de lo que es natural sigue fundamentos poéticos, y para decir que los etíopes son negros, dijo ser la causa porque Phaetón anduvo en ellos cuando rigió un día el carro del Sol, y aquel día para siempre los quemó.

Declaración natural

Dice que Phaetón era hijo del Sol y de Clymene, porque Phaetón quiere decir ardor o inflamación que del Sol sale, porque Phaetón en griego significa lo mismo que en latín *ardeo,* que en español quiere decir arder. Que fuese hijo de Clymene, Clymi es lo que en latín *innundare,* rebosar o salir de madre, y porque esto se entiende en el agua, y porque el Sol sacando copia de exhalaciones del agua y de partes húmidas, entendidas por Clymene ninfa, e inflamadas del mismo Sol, se causa gran calor, como acontece en el tiempo de estío; por esto se dijo ser Phaetón hijo del Sol y de Clymene.

Que visto el sino del Escorpión hubiese temor es que en el Zodíaco en el espacio del vigésimo grado de Libra, hasta el décimo de Scorpión, a esta distancia los filósofos llamaron vía abrasada, porque cada año andando el Sol por aquel espacio parece abrasar toda la tierra, atento que la hierba se seca y las hojas se ponen blancas.

Que sus hermanas tanto lloraban su muerte, que conmovidos los dioses a misericordia, las convirtieron en álamos negros: En esto quisieron declarar que del calor del Sol y humidad en abundancia suelen nacer después árboles y plantas. Empero cuando la materia del calor sobrepuja a la humidad, no es causa de generación, mas es autor de corrupción, y porque el jugo que de los cuerpos de los animales o de los árboles corre por una fuerza que le expele y lo engruesa, por esto dijeron que estos árboles sudaron ámbar. Esto, según histórico sentido, es que como Phaetón muriese en aquel viaje que de su historia se cuenta, sintiéronlo tanto sus hermanas y lloraron tanto, que quedaron como pasmadas o espantadas, y por esto dijeron que se volvieron en árboles, quedando desalmadas como árboles.

Luciano[411] dice que encargarse Phaetón del carro del Sol,

---

[411] Citado por Conti, se refiere a las consideraciones del diálogo *De astrologia.*

fue haber sido el primero que halló o consideró el curso del Sol, como Endimión el de la Luna. Que Iúpiter le derribase con rayo es que como Iúpiter signifique el calor, y el rayo sea un fuego, por esta causa dijeron haberle Iúpiter derribado con rayo.

CAPÍTULO XIX

De Apolo

Apolo[412] fue hijo de Iúpiter y de Latona, nacido de un mismo parto con Diana. Déste se dicen muchas cosas, las cuales no menos fueron de otros que suyas, porque como escribe Tulio, hubo otros tres, sin él, que se nombraron Apolo. El uno, y más antiguo, fue hijo de Vulcano. El segundo fue hijo de Coribantes, natural de la isla de Creta. El tercero fue de Archadia, de quien los Arcades recibieron leyes. Mas porque todos los poetas atribuyen al hijo de Iúpiter y Latona lo que de todos se dice, como si solo hubiera sido, dejaremos los otros, pues de los hechos particulares de cada uno no se halla certidumbre, y trataremos dél. Dijeron, pues (ultra de la fábula de su nacimiento que adelante pondremos), ser este Apolo inventor de la medicina y de la sabiduría, y dios de la adivinación, y que mató los Cýclopes, fabricadores de los rayos de Iúpiter. De lo cual Iúpiter enojado, le privó de la deidad por muchos años; y venido por esto en necesidad, le fue forzado hacerse pastor y guardar los ganados de Admeto, rey de Thesalia, según dice Ovidio[413] y

[412] El comienzo es muy semejante al del capítulo décimo del cuarto libro de la *Mythologia* de Conti. Las otras fuentes principales donde encontrar alimento para la fábula de Apolo son Boccaccio, *De genalogia deorum* 4, 20 y 5, 3, y El Tostado, *Cuestiones*... 37 [1551:171 y siguientes].

[413] Las condiciones de Apolo como pastor se cuentan en el libro segundo de las *Metamorfosis* al hablar del Faetón, pero hay alguna discordancia, como en 1, 512-513: «Cui placeas... non ego sum pastor», narrada en el episodio de Dafne.

Séneca[414]. A este Apolo dio Mercurio la cítara de siete cuerdas, al son de la cual cantaban las Musas en el monte Parnaso; píntanle desbarbado, sacrifícanle las saetas, dedicáronle el laurel, y los Griphos de los montes Hiperbóreos, y el cuervo, y los versos bucólicos. Nombráronle con muchos nombres y diéronle muchos hijos; edificó los muros de Troya en compañía de Neptuno.

ARTÍCULO I

CÓMO APOLO ES HIJO DE IÚPITER Y LATONA, Y DE SU NACIMIENTO

Dicen ser Apolo hijo de Iúpiter y de Latona, nacido en la isla Delos, porque después de aquella materia confusa, llamada caos, de que se hicieron las cosas, según los que no conocían el poder de Dios, que tenían opinión que de nada no podía hacerse algo; por este Chaos entendían Latona, y por Iúpiter se entiende el verdadero Dios señor nuestro. Este criador de todo hizo primero dos luminarias, que son Sol y Luna, primero al Sol y después la Luna, como se lee en el Génesis[415]. Mas los poetas fingen que nacieron de Latona, hija de Ceo, y que antes que pariese, entendiendo Iuno que estaba preñada de Iúpiter, muy enojada como lo solía estar con todas las mancebas de su marido, envió tras ella a Phitón, serpiente de disforme grandeza, la cual la seguía, no dejándola en ningún lugar parar. Latona huyendo, no hallando lugar donde poder parir, fuese a la isla Ortigia, de quien fue recibida, y parió allí primero a Diana, la cual luego como nació sirvió de

---

[414] Parece una cita indirecta, (ya notada por El Tostado, *Cuestiones* [1551:171v] y con fundamento en Boccaccio) porque en el coro del acto tercero de la *Medea* de Séneca sólo hay una vaga referencia a Admeto y a Apolo, versos 579-669, que Pérez de Moya no comprueba.

[415] *Biblia: Génesis* 1, 16: «Hizo Dios los dos luceros mayores.»

partera para que su madre pariese a su hermano Apolo, que ambos salieron de un vientre. Nacido Apolo, luego fue ballestero, y a la serpiente Phitón que a su madre había perseguido, con saetas mató, y comenzó a dar respuestas de cosas por venir. Otrosí, dicen que por este parto se mudó el nombre la isla, diciéndose Delos, como primero se llamase Ortigia. Toca esta fábula Ovidio[416]. Nacidos estos dos niños, Latona, llevándolos a los pechos y pasando un día por tierra de Licia, con el calor sintió grande sed, y llegando a un lago cerca del cual estaban unos hombres de aquella tierra, pidióles de beber; fueron tan desmesurados, que no sólo le negaron la bebida, mas aun, por quitarle la esperanza de que nunca bebiese, saltaron de pies en el lago y enturbiaron el agua, y no contentos con esto, decían contra ella palabras de torpedad. Enojada Latona, rogó a los dioses que aquellos villanos en el lago en que saltaron para siempre estuviesen. Oyéronla los dioses, y convirtieron a los villanos en ranas, y así como primero eran parleros y molestos, así después de ranas hechos, enfadan con sus voces.

Declaración[417]

La declaración desta ficción toca Barlaam, diciendo que cesando el diluvio, que fue al tiempo del rey Ogige, por la grande humidad de la tierra y calor de los cuerpos celestiales, se levantaron tantos vapores que se engendraron muy espesas nubes, que en muchos lugares del mar Egeo y de Achaia, por mucho tiempo, ni de día ni de noche, no eran vistos los rayos del Sol ni Luna, avino que en la isla Ortigia, enrareciéndose los nublados, en donde por

[416] En *Metamorfosis* 6, 161 y siguientes. También la recoje Boccaccio, *De genealogie deorum* 4, 20.
[417] En este declaración hay mezcla y resumen de Boccaccio, *De genealogie deorum* 4, 20, y de Conti, *Mythologia* 4, 10 [1596:310].

razón del mar, menos habían podido las exhalaciones de la tierra espesarlos, una noche, poco antes del alba, vieron los habitadores de aquella isla los rayos de la Luna, y consiguientemente a la mañana vieron el Sol, de lo cual, con grandísima alegría de todos, como si hubieran hallado lo que ya estimaban por perdido, fue dicho acerca de los de esta isla, ser Diana y Apolo nacidos, y por esto fue mudado el nombre a la isla, y de Ortigia fue dicha Delos, que quiere decir descubrimiento o aparecimiento, según san Isidro[418], porque después del dicho diluvio de Ogige, allí primero aparecieron la Luna y el Sol, entendidos por Diana y Apolo. Y por esto dijeron ser entendida por Latona esta isla, en la cual fue hecha esta manifestación de estos dos planetas.

Decir que Iuno pretendía que no pariese Latona: por Iuno se entiende la tierra, de donde se levantan vapores. Y la serpiente Phitón eran los vapores que de la tierra salían, los cuales, encubriendo el cielo, entendido por Latona en otro sentido, causaban que el Sol y Luna no se viesen. Y llamarse estos vapores serpiente es porque en el aire las nubes parecen figuras de serpientes y diversos animales. Decir que Latona quería parir y no podía porque Iuno enviaba la serpiente Phitón contra ella, que nunca la dejaba reposar, esto es que como el cielo siempre se mueve a la redonda, por esto dice que siempre huía, porque si en un lugar parir no pudiese, pariese en otro; decir que la serpiente Phitón no la dejaba parir era que dondequiera que el Sol y Luna en sus cielos se movían, hallaban nieblas y nubes.

Que en la isla Ortigia Latona pudiese parir fue porque Phitón no la persiguió allí; y esto es decir que allí se manifestaron primero Sol y Luna, y así parecía que entonces nacían; y la razón desto era que esta isla es pequeña, y por esto se levantaban della pocos vapores, y por esto parecieron allí primero el Sol y la Luna que en otras islas del mar Egeo. En

---

[418] «Fertur» es el nombre latino que san Isidoro, *Etimologías* 14, 6, da a Apolo-Delos.

cuanto dice que primero nació Diana que Apolo, su hermano, es porque era noche, y no podía parecer el Sol, sino la Luna. Decir que nacida Diana sirvió a su madre de partera para que naciese Apolo, su hermano, es que como la Luna pareciese primero, pareció recibir con sus cuernos a su hermano, que tras della pareció. Que Apolo en naciendo usase de ballestería y matase a la serpiente Phitón es que en saliendo el Sol, con la calor de sus rayos, que son como saetas, consumió los nublados y vapores de que se engendraban, que primero lo escurecían. Alberico[419] dice que fue fingido haber Apolo muerto a Phitón, porque Phitón se interpreta creencia, y porque toda falsa creencia perece con la claridad, por esto dicen haber muerto Apolo a la serpiente Phitón.

Que luego Apolo comenzase a dar respuestas esto es tomado de lo que después sucedió, que fue que en aquella isla no sé por cuya ilusión, un demonio engañador del género humano, debajo de título de Apolo, comenzó a dar respuestas de las cosas que le preguntaban.

Lo que dice de los villanos que fueron convertidos en ranas a ruego de Latona fue un suceso histórico (según dice Philocoro[420]), que los rodianos movieron guerra contra los de Licia, y en ayuda de los rodianos vinieron los delos, los cuales, queriendo hacer agua de un cierto lago de Licia, unos villanos habitadores dél quisiéronles defender el agua, por lo cual los de la isla Delos, airándose contra ellos, los mataron y echaron los cuerpos muertos en el agua; después, pasado algún tiempo, viniendo los de las montañas de los de Licia al lago, y no hallando los cuerpos de los muertos, y sintiendo las roncas voces de las ranas, pensaron aquéllas ser las ánimas de los muertos, y así dieron materia a esta fábula de decir que se habían convertido en ranas.

---

419 *Alegorías* 3, 1: «credulitas interpretatur».

420 Citado por Boccaccio, *De genealogie deorum* 4, 20. Véase Jacoby, *Die Fragmente* 328.

ARTÍCULO II

CÓMO SE ENTIENDE SER APOLO INVENTOR DE LA MEDICINA Y DIOS DE LA SABIDURÍA

Dicen que Apolo fue inventor[421] de la medicina porque el Sol, entendido por Apolo, según Ovidio[422], da virtud a las hierbas y a los demás sienples de que la medicina se sirve; y las hierbas que más les da el Sol son de más virtud que las que están en lugares sombríos, húmedos y que menos participan dél. O porque el Sol, entendido por Apolo, es un planeta que, según astrólogos, a los que nacen en su ascendente les inclina a saber sciencias, o porque este Apolo, en cuanto hombre fue, según Theodoncio[423], el primero que conoció muchas virtudes de hierbas y el que las aplicó a las enfermedades, por lo cual, y por la consideración de que muchos enfermos con sus remedios y saludables consejos alcanzaban salud, no sólo le tuvieron por inventor de la medicina, mas aun por dios de la sabiduría.

ARTÍCULO III

CÓMO SE ENTIENDE SER APOLO DIOS DE LA ADIVINACIÓN

Porque aquellos en quien señorea[424] mucho la naturaleza del Sol, según opinión de astrólogos, sienten más fácilmente muchas cosas antes que vengan, atribuyeron a Apolo la

---

[421] Datos hay semejantes en los capítulos 18 y 19 del cuarto libro de Boccaccio, *De genealogie deorum*.

[422] Consúltese la fuente en *Metamorfosis* 1, 521 y siguientes.

[423] Esta referencia nos lleva a ver esta capacidad de Apolo en Boccaccio, *De genealogie deorum* 5, 3.

[424] Este artículo proviene de Conti 4, 10 [1596:290], y de Boccaccio, *De genealogie deorum* 5, 3.

sciencia de adevinar, en cuanto es inventor de la medicina, y el médico sabio, conocida la condición de la enfermedad, pronostica y anúnciale vida o muerte antes que venga. O porque a Apolo se le atribuye la sabiduría, y la sabiduría es por la que saben algunas cosas advenideras, y los simples al saber las cosas futuras llaman adevinar. O dícese esto en cuanto Apolo es planeta, porque el Sol es fuente de toda lumbre, la cual da claridad con que se manifiestan las cosas escuras y tenebrosas.

En otro modo, se entiende esto en cuanto Apolo fue un hombre que reinó en Delphos, cerca del monte Parnaso, al cual, después de muerto, hicieron un magnífico templo allí, en el cual se oían divinales respuestas, entrando la Sacerdotisa de Apolo en una cueva; y por esto le llamaron dios de las adivinaciones, como si él fuera el que respondía, siendo un demonio que para engañar la gente lo hacía, como dijimos en el capítulo diez del primero libro.

ARTÍCULO IV

CÓMO MATÓ APOLO LOS CÝCLOPES[425], CRIADOS DE VULCANO, Y POR QUÉ

La causa que los poetas dan de por qué Apolo mató a los Cýclopes que hacían rayos para Iúpiter fue que como Phaetón, su hijo, quisiese un día gobernar el carro del Sol, y no sabiendo regir los caballos quemaba la tierra, Iúpiter, por evitar el daño, le mató con un rayo. Apolo, desto enojado, quiso vengarse, y como del Iúpiter, por ser mayor, no lo pudiese hacer, volvió su ira contra los Cýclopes que los rayos para Iúpiter hacían, siendo oficiales de Vulcano. Matar Apolo los Cýclopes significa la muerte de todos los hom-

---

[425] Toda la muerte de los cíclopes la toma Pérez de Moya de Conti, *Mythologia* 9, 8, incluida la cita del *De rerum natura* 3, de Lucrecio que viene más abajo, Conti [1596:838].

bres de tales oficios de herrería, así por el trabajo grande como por el continuo calor del fuego, que deseca y consume la vida; y porque este calor se atribuye a Apolo, porque se entiende el Sol, y el Sol es padre de todo el calor, por esto se dice matar los Cýclopes; y aunque esto lo significa más propiamente Vulcano, por ser los Cýclopes sus oficiales, no se dice que él los mató, sino Apolo, porque éste parece tener más causa que otro para ello, por haberle muerto a su hijo con rayo. O dicen esto porque los Cýclopes se entienden los vapores de que se hacen rayos y vientos y nubes; dícense Cýclopes porque a la continua se mueven a la redonda, y porque el Sol, que es Apolo, los suele resolver y deshacer; por esto dicen haber Apolo muerto los Cýclopes. Hace mención desto Lucrecio, en cuatro versos que comienzan: *Et primum fatiunt*, etc.

ARTÍCULO V

CÓMO APOLO GUARDÓ LOS GANADOS DE ADMETO

Dice[426] la fábula que enojado Júpiter porque Apolo hubiese muerto los Cýclopes, le privó de su deidad; y por esto, necesitado Apolo, le fue forzado hacerse pastor de Admeto, rey de Thesalia, y apacentar sus ganados. Esto es, según Theodoncio, que Apolo en cuanto hombre fue un rey de Archadia, el cual, dándoles leyes, las hacía guardar con grande rigor. Enojados dello los arcades, con favor de Aristheo le echaron del reino, y él fuese con Admeto, rey de Thesalia, el cual, queriendo honrar a Apolo y favorecerle, diole cierta parte de su tierra, junto al río Amphriso, que otros dicen Ampheriso, en donde estuvo a manera de rey, teniendo vasallos y gobierno; y esto se llama ser pastor, porque los reyes se llaman pastores de gentes. Y así Homero lla-

[426] Los artículos 5 y 6 están inspirados en Boccaccio, *De genealogie deorum* 5, 3.

mó a Agamenón pastor de pueblos[427]; y porque estas gentes que Apolo dominaba eran de Admeto, dice la fábula que guardó sus ganados o que fue su pastor. Estuvo así siete años, y después, con favor de Admeto, subjuzgó por fuerza a los arcades y despojó a Aristeo del reino que tiránicamente le tenía. Y según esto, cuando tenían reino, primero decían tener deidad; y cuando fue alanzado dél, dirían que fue privado de la deidad. Por los Cýclopes que Apolo mató se puede entender los arcades que morían con sus crueles leyes, o porque sintieron tanto sus leyes por ser ásperas, como si los matara, y por esto fue privado.

O en otro sentido, tomando a Apolo por el Sol, se puede decir que apacentó el ganado de Admeto, entendiendo que la templanza del Sol, entre frío y calor, aprovecha a los animales.

ARTÍCULO VI

CÓMO SE ENTIENDE DAR MERCURIO LA CÍTARA A APOLO

Que Mercurio diese la cítara a Apolo es que, según los históricos, Mercurio halló la lira, que algunos llaman cítara; de la invinción della habla san Isidro[428], y por esto todos aquellos que tuvieron excelencia en el canto o en tañer de la lira dicen los poetas que la recibieron de Mercurio, porque fue Mercurio el autor della; y por cuanto Apolo, según los poetas, fue famoso en el tañer de la lira, dicen que la recibió de Mercurio; y así ponen muchas veces los poetas haber algunos porfiado o disputado con Apolo, sobre el arte del tañer, como fue Marsias, pastor de Frigia, y Pan, dios de los pastores, según cuenta Ovidio[429]. Dice esto porque Apo-

[427] Cita literal del epíteto homérico, *Odisea* 3, 156.

[428] De la invención de este instrumento toca san Isidoro en *Etimologías* 3, 22 y lo vuelve a utilizar Pérez de Moya en el artículo siguiente.

[429] Sobre Marsias véase *Metamorfosis* 6, 400, donde Marsias no es un pastor de Frigia sino un «Phrigiae amnis», esto es, un río. Por otro lado, la rivalidad de Apolo y Pan en el tañer sí está en *Metamorfosis* 11, 153-156.

lo era médico, y a los médicos pertenece conocer el pulso, el cual consiste en cierta proporción, la cual proporción se halla en los sones y voces diversos de la lira; y por esto, Apolo, que tiene el conocimiento de los pulsos, dicen que tiene la lira, en la cual las proporciones se hallan. Empero porque todas las proporciones nacen de números, y los números conviene a Mercurio, según los poetas y astrólogos; y teniendo Apolo la sciencia de las proporciones, recibió la lira de Mercurio, porque así como de diversos tocamientos de la lira hechos según arte sale un dulce canto, según buenas proporciones, así de diversas pulsaciones o golpes de nuestro pulso, si son ordenadas, sale una disposición de salud del cuerpo, cuyo conocimiento al médico pertenece; y así Apolo, que es médico, tiene la lira, la cual de Mercurio recibe.

ARTÍCULO VII

Cómo se entiende que las musas bailan al son de la lira que Apolo tañe en el monte Parnaso, en la cumbre que dicen Elicón

Que las musas[430] bailen al son de la lira que Apolo tañe en el monte Parnaso es que por Apolo se entiende el principio de toda sabiduría o el dador de la sabiduría; y por las Musas, que son muchas, se entienden los que reciben el saber, los cuales no lo reciben todo, mas las partes que les dan; y porque el recibiente recibe como le dan, es como el que baila en respecto del que tañe; y porque este tañedor tañe como le place, y el bailador baila según el son, por esto dice bailar las Musas al son de la lira de Apolo, quiere decir, todo hombre habla según lo que el dador de todo es servido darle a entender.

430 Danzas parecidas de las musas cuenta Fulgencio, *Mitologicarum liber* 1, 46-47.

En otro modo se puede esto entender, en cuanto Apolo significa el Sol, el cual y los demás planetas y cielos, entendidos por las Musas, se mueven con gran proporción; y porque por el Sol tenemos todos los tiempos, y se causa el día, mes, y año, etc., que son tiempos, y por el movimiento del Sol tenemos medida de todos los planetas y cuerpos celestiales, y a esto dicen bailar las Musas a su son, pues todos son conocidos por él, y dél reciben luz y resplandor. Tener esta lira siete cuerdas denota los siete planetas, en medio de los cuales está el Sol, y porque según opinión de Pitágoras[431] el movimiento de los cielos causa música, por esto fue a Apolo o al Sol atribuida la música.

ARTÍCULO VIII

Por qué pintan a Apolo sin barba

Pintar a Apolo sin barbas[432] es porque por Apolo entendían los gentiles un solo Dios criador del Universo, para significar que Dios nunca envejecía, y que es inmortal, y siempre permaneciente en un ser. O píntanle sin barba y niño, porque el Sol nace cada día como los niños, y los niños no tienen barbas, y así no se las dan a Apolo, según dice san Isidro[433]. De aquí tuvo ocasión Dionisio, tirano de Sicilia, de quitar las barbas a Esculapio, hijo de Apolo, el cual, entrando una vez en un templo que estaba en la isla del Tíber, cercana a Roma, deseando robar en él, viendo entre otros dioses la estatua de Apolo sin barba, y la de Esculapio, su hijo, con barbas hechas de oro, dijo: Cosa sin razón es, estando

431 Citado por Macrobio, *Sobre el sueño de Escipión* 2, 1, 8.

432 Descripción esta semejante a la que hace Fulgencio, *Mitologicarum liber* 1, 52. Todo el artículo está muy cerca de Boccaccio, *De genealogie deorum* 5, 3.

433 La tradición del Apolo imberbe ya está compendiada en san Isidoro, *Etimologías* 8, 11: «Phoebum quasi Ephoebum... sol puer pingitur.»

el padre sin barbas, tenerlas el hijo tan largas; y así, tomó el oro de las barbas de Esculapio, según Lactancio, en el de sus *Instituciones divinas*[434]. Otrosí, dice Valerio Máximo[435] que viendo el mismo Dionisio la imagen de Iúpiter en un templo con una ropa de oro, quitósela y púsole otra de paño diciendo que de invierno le abrigaría más, y de verano le sería menos pesada, haciendo burla de semejantes dioses.

ARTÍCULO IX

POR QUÉ LE SACRIFICAN A APOLO LAS SAETAS Y EL LAUREL Y LOS GRIFOS DE LOS MONTES HYPERBÓREOS

Consagrábanle a Apolo las saetas[436] porque mató a la serpiente Phitón, como en su nacimiento dijimos, la cual fingen haber muerto con saetas, y por esto se loaba de saeta y arco, hablando con Cupido, como escribe Ovidio[437]; esto es porque los rayos del Sol, entendido por Apolo, pasan como saetas y vienen derechos, y por esta causa a Apolo y a Diana, su hermana, los llaman dioses arqueros y tiradores con saetas, porque estas dos lumbreras envían rayos de luz, lo cual no hacen otros planetas ni estrellas.

Dedicáronle el laurel[438], porque frotando dos palos secos deste árbol uno con otro se enciende fuego, o porque puestas sus hojas sobre la cabeza del que duerme, ensueña, según dice Serapión, cosas verdaderas, que es género de adivinanza, arte atribuida a Apolo, o porque fingen haberlo

434 Véase Lactancio, *Instituciones divinas* 2, 4, 17-18.

435 *Dichos y hechos memorables* 1, 1, ext 3.

436 Los artículos 9, 10 y 11 tienen ideas tomadas de Boccaccio, *De genealogie deorum* 5, 3, y como todo el capítulo dedicado a Apolo, tienen una base cercana en Conti, *Mythologia* 4, 10 [1596:291-312].

437 Véase el episodio del amor de Dafne en *Metamorfosis* 1, 452.

438 Párrafo copiado de Fulgencio, *Mitologicarum liber* 1, 45-46.

Apolo recibido por su árbol, cuando en él se convirtió Daphne, su amiga, como en otro lugar diremos.

Dedicáronle los grifos de los montes Hyperbóreos, que según san Isidro[439] son unos animales que tienen el cuerpo en forma de león, y alas y pico como águila, muy enemigos del caballo, porque Apolo vino de los Hyperbóreos, que son unos montes en Scithia, cuyo cenit corresponde cerca del Polo Ártico, a tierra de los delfos, y todo lo de los dichos montes pertenece a Apolo; y como lo principal de lo que allí hay son los grifos, como no se hallen en otra tierra sino allí, por esto se atribuyeron a Apolo.

ARTÍCULO X

Dedícanle a Apolo el cuervo

A Apolo le dedicaron también el cuervo; y así, Ovidio dice ser su ave, de la cual cuenta esta fábula[440]. Amando Apolo a Coronis, le dio al cuervo para que la guardase y sirviese. Este cuervo, hallando un día a su señora Coronis con un mancebo en la cama, abominando la maldad que a su señor hacían, acordó partirse luego a dar cuenta dello; y caminando con esta embajada encontró con la corneja, muy grande amiga suya, y como a tal le contó su viaje; la corneja, oído el caso, pesándole mucho de que tan tristes nuevas llevase y procurándole estorbar el mensaje, contóle lo que a ella le había sucedido por otro tanto. El cuervo, no dándosele nada del consejo, tanto deseo llevaba de contar su embajada, que no paró hasta que a Apolo halló y le dijo el caso. Oído de Apolo el gran pecado por su amada Coronis contra él cometido, sintiólo tanto, que estuvo gran rato sin hablar, perdida toda la color de la cara; y con grande saña, tomó su arco y saetas, y tirando una, lanzóla con gran fuer-

---

439 Véase *Etimologías* 12, 2.

440 En *Metamorfosis* 2, 542-632.

za por los pechos de su amiga; arrepentido después de haberla muerto, maldice el arco y la saeta y al cuervo que malas nuevas le trujo, y de blanco que primero era, hízole que siempre fuese negro.

Declaración

Cierto es que el cuervo no hablaría con la corneja ni la corneja con él, pues las aves esto no pueden hacer, ni tal embajada llevaría el cuervo a Apolo, mas es ficción. Decir que los cuervos cuando nacen no son negros, mas blancos, y después se hacen negros, por lo cual, cuando están pequeños en el nido, viendo los padres que no son negros como ellos, creyendo no ser sus hijos, no les quieren dar de comer, y en este tiempo Dios, ministrándoles la naturaleza, los provee mantenimiento necesario, hasta que comienzan a ennegrecer, que entonces los padres se satisfacen y los proveen. Desto entienden los doctores aquel verso: *Qui dat iumentis escam ipsorum, et pullis corvorum invocantibus eum*[441]. Quiere decir: Dios da a las bestias su mantenimiento, y a los hijos de los cuervos cuando lo llaman, y así deste mudamiento que se hace de blanco negro, quieren entender esta fábula. Decir que este mudamiento hizo Apolo más que otro es porque como esto se hace naturalmente y en naturaleza lo negro dicen que proviene de calor y lo blanco de frialdad, aunque a veces tienen las causas por el contrario. Y porque Apolo denota el Sol, y el Sol es comienzo y padre de todo calor, entre los cuerpos celestiales, atribuyeron a Apolo haber convertido al cuervo de blanco negro. Amonesta otrosí esta fábula a los embajadores de malas nuevas, que no pueden haber buen galardón, porque lo que se dice así, aunque convengan saberlo a quien se dice, no es bien ser portador de tales nuevas, porque al fin aquellos a quien mal viniere, enojados dellas, enójanse del portador y reducen el enojo en ellos, como sean causa o anunciadores de

[441] *Biblia: Psalmos* 146.

su dolor, danles mal galardón; y esto quiere advertir Ovidio introduciendo la corneja que estorbase al cuervo esta embajada, dándole ejemplos de lo mal que a ella le sucedió por semejantes nuevas, aunque con buen intento las dijera. En no querer el cuervo tomar su consejo se entienden los hombres necios, los cuales, viendo los males que a otros vinieron por semejantes embajadas, importándoles a ellos poco, las llevan y dicen por gusto su, de que se les siguen penas en lugar de galardón.

Otro sentido histórico dan estos autores, que Apolo en cuanto hombre amaba a Coronis, y ella estando por suya, hacíale maldad con un mancebo de Thesalia. Esto hubo de saber Apolo sin decírselo nadie, mas por arte de agüeros y sorterías, porque era agorero, y sabido mató a Coronis, y por cuanto fue sabido por agüeros, pusieron más el cuervo que otra ave, porque esta ave hace más diferencias de agüeros, según trae Iuan Bocacio[442], donde dice que el cuervo tiene cincuenta y cuatro diferencias de voces, y san Fulgencio dice tener setenta y cuatro. Este cuervo que atribuyen a Apolo se entiende de los grajos o picazas, que son aves muy parleras, y no cuervos; así lo dice san Isidro[443], y Ovidio, contando esta fábula, donde dice: *Corve loquax*[444], que quiere decir: El cuervo es parlero, lo cual más pertenece a las grajas y picazas que al cuervo.

ARTÍCULO XI

Por qué consagraban a Apolo el verso o cantar bucólico

El verso bucólico es cantar de pastores, aunque quiere decir cantar de boyerizos, porque ellos son de los mayores ganados entre todos los pastores; y el nombre tómase de lo

---

442 Capítulo 68 de *De genealogie deorum* 4, donde se cita a Fulgencio, *Mitologicarum liber* 1, 45. Fulgencio dice que son sesenta y cuatro y no, como en el texto, setenta y cuatro, diferencias de voces.

443 Las propiedades del grajo, «graculus», se leen en *Etimologías* 12, 2.

444 Inicio del verso 535 del libro 2 de las *Metamorfosis*.

más digno, mas entiéndese de todos los pastores, no da más que sean de vacas que de ovejas, que de otros ganados; así lo dice san Isidro[445], donde comienza: *Appellatur autem bucolicum a bobus de maiori parte, quamvis caprariorum, et opiliorum, in iis sermones et cantica inserantur.* Quiere decir: cantar bucólico se nombra de los bueyes, porque es la parte mayor o más principal, aunque en ello se introduzgan palabras de cantares de cabrerizos y de ovejeros, y porque los pastores son a Apolo consagrados, y estos cantares sean de pastores; por esto el cantar bucólico se consagra a Apolo. Y la causa porque los pastores son consagrados a Apolo dicen ser porque Apolo, siendo privado de la deidad, guardó los ganados del rey Admeto, y por esto, restituido en su deidad, tuvo por recomendados a los pastores, como él hubiese sido compañero dellos. Y según dice san Isidro, los versos heroicos fueron consagrados a Apolo, por cuanto estos versos fueron los con que le recibieron los de Delfos, cuando mató la serpiente Phitón, y llámanse versos ficios o hexámetros o de seis pies, llamados datílicos o espondaicos; mas después, en tiempo de Homero, fueron llamados heroicos, porque en este género de verso escribió Homero los hechos de los esclarecidos varones que se llaman héroes. O porque tuvo Apolo contienda dos veces con estos cantares con pastores, así como Marsias Sátiro y con Pan, y los venció, por esto le dedicaron los cantares bucólicos.

ARTÍCULO XII

DE VARIOS NOMBRES CON QUE NOMBRARON A APOLO

Apolo tiene varios nombres[446], porque los poetas al Sol y a Apolo mezclaron como si uno solo fuera; los nombres son Apolo, Phebo, Delio, Délphico, Cintio, Nonio, Licio,

---

[445] Esta frase y la referencia de más abajo están ya en *Etimologías* 1, 39.

[446] Artículo tomado de Macrobio, *Saturnales* 1, 17 [1538:218 y siguientes]. Sin embargo, tiene una parecido enorme con el capítulo 39 de las *Cuestiones* de El Tostado [1551:174-176v].

Timbraeo, Gocomas, Argitoroso, Titán, Sol, Pean, Phitonio, Horus, Latonio, Latonigena.

Apolo: este nombre le conviene en cuanto hombre, porque así fue llamado el hijo de Iúpiter y de Latona, y también le conviene en cuanto planeta del cielo, porque Apolo en griego significa destruidor, y esto es porque con su calor destruye y consume las cosas, como dice san Isidro[447].

Phebo: esto le conviene más en cuanto planeta que en cuanto hombre, y dícese así de *phos: Quod est ignis.* O llámase Phebo, porque es nuevo y como niño, porque en latín llaman efebos a los que no tienen aún barbas, como son los niños, y conviene al Sol esto, porque cada día nace de nuevo, saliendo por el horizonte, como el que sale del vientre de su madre.

Delio: este nombre le conviene cuanto planeta, porque fingen haber nacido él y Diana en la isla de Delos.

Délphico dicen por los pueblos llamados delfos, del Monte Parnaso, donde había una cueva en la cual se daban respuestas. Significa este nombre la divinal virtud del responder a las cosas dubdosas, en lo cual Apolo excedía a los demás dioses o demonios de la gentilidad, como dijimos en el capítulo décimo.

Cintio se deriva de *cinthus,* nombre de monte, donde tenían templo Apolo y Diana, su hermana, de mucha sumptuosidad.

Nonio es nombre griego; significa pastor, y conviénele a Apolo en cuanto hombre y no en cuanto planeta, porque privado del reino o de la divinidad, fue pastor y guardó los ganados de Admeto. Licio quiere decir, según Macrobio, lobero, porque *licos* en griego significa lobo; y conviénele al Sol este nombre en cuanto planeta, porque así como el lobo es animal muy tragón, y despedazador, y consumidor de carnes, así el Sol con su calor deseca las humidades y las consume, así como si las tragase. Timbreo: deste nombre usó Vergilio, donde introduce a Anchises, rogar a Apolo

---

[447] Ya citado más arriba y en *Etimologías* 14, 6.

por respuesta, y dice: *Da Timbreae domum*[448], etc. Derívase de *timbra*, que es una hierba llamada toronjil, como parece por Vergilio[449], donde manda ponerla en los colmenares, por ser hierba que mucho aman las abejas.

Gocomas[450]: éste le conviene a Apolo en cuanto planeta que tienes rayos; y en lengua asiria, según Macrobio, quiere decir cabellos de oro; así son los rayos del Sol, como cabellos dorados.

Argitoroso, según Macrobio, significa plateado, porque los rayos del Sol son como la plata blanca, y así le cuadra a Apolo en cuanto planeta.

Titán: este nombre le conviene en cuanto hombre; y por Titán se entiende el segundo Sol, hijo de Hyperíon, y porque éste era de linaje de los Titanos, se llamaba Titán. Así le llamó Vergilio, en el verso que comienza: *Extullerit Titan*[451].

Sol: este nombre conviene a Apolo en cuanto planeta; llámase Sol, que significa solo, porque este planeta es solo el que de sí tiene luz, y es de quien la reciben los demás.

Pean: este nombre se trae en alegría; usa dél Vergilio.

Phitonio: este nombre cuadra a Apolo en cuanto planeta; derívase de Phitón, nombre de la serpiente que seguía a Latona, a la cual fingen que mató Apolo.

Horus quiere decir gigante o hombre grande. Este nombre le conviene a Apolo en cuanto planeta, porque entre los cuerpos celestiales no hay alguno tan grande como el Sol; es nombre usado de los egipcianos, según Macrobio.

Latonio quiere decir hijo de Latona, porque fingen haber Apolo nacido de Latona.

Latonigena quiere decir lo mismo que hijo de Latona.

---

[448] El verso 83 del tercer libro de la *Eneida* es «Da propiam. Thymbraea, domum...».

[449] Véase *Geórgicas* 4, 315 y siguientes.

[450] Este nombre está tomado de El Tostado, *Cuestiones*; en otras fuentes se escribe Chrisocomas.

[451] Véase *Eneida* 4, 119.

ARTÍCULO XIII

De Laomedon, y del cómo Apolo y Neptuno cercaron a Troya

Laomedon[452], rey troyano, comenzó a fundar los muros de Troya, según Ovidio[453], y como fuese obra de grandes expensas y largos trabajos, crecía poco. Neptuno y Apolo, dioses, tomando figuras de hombres mortales y fingiéndose oficiales, hicieron contrato con Laomedon, en que por cierto precio de oro se obligaron de dar edificados todos los muros troyanos.

Acabaron los dos dioses su obra y Laomedon nególes la paga, diciendo no haberles tal cosa prometido. Enojado desto Neptuno, hizo que las aguas del mar bañasen la ciudad y ocupasen los campos de Troya y destruyesen las labranzas. Apolo, otrosí, envió pestilencia sobre la ciudad. Pidieron los troyanos consejo al oráculo de Apolo sobre el remedio que en semejantes trabajos habrían. Fueles respondido que para amansar la ira de los dioses era necesario poner cada año, en cierto lugar de la costa del mar, una de las vírgines troyanas, a la cual un grande pescado vendría a tragar. Esta doncella se acostumbraba sacar por suertes. Vino una vez que la suerte cayó a Hesiona, hija del mismo rey Laomedon, la cual puesta en la peña esperando el terrible pescado, acaeció que viniese Hércules (que probando aventuras por el mundo andaba) a aquel lugar, y él, por deseo de honra y de provecho, preguntó al rey Laomedon qué daría a quien su hija de la muerte librase. Prometió darle unos caballos engendrados de divinal simiente, los cuales Laomedon tenía. Hércules peleó con el fiero pescado y libró a la doncella, y restituyéndosela a su padre y pidiendo la prome-

---

[452] Este artículo es muy semejante al de Conti, *Mythologia* 2, 8 [1596:142 y siguientes]. Vease también el libro 9 de la *Eneida*.

[453] Así en *Metamorfosis* 11, 200 y siguientes.

sa, no sólo se la negó Laomedon, mas juró que no la prometiera. Enojado Hércules, movió guerra contra Troya, la cual tomó, matando a Laomedon y a otros muchos troyanos.

Declaración

Por esta ficción quisieron los antiguos declarar el modo de cómo se cercó Troya y las cosas en aquel tiempo acaecidas. Laomedon, hijo de Ilión, quiso cercar a Troya, y como no tenía abundancia de los dineros que para muros tan famosos era menester, como hubiese en aquella ciudad dos templos, uno de Apolo y otro de Neptuno, en los cuales estaban grandes tesoros depositados en guarda de algunos troyanos, Laomedon quísolos tomar, y para que los ciudadanos consintiesen, juró que no sólo aquel dinero todo tornaría, mas aun él daría más de sus tesoros, para honra de los dichos templos; con esto consintieron tomarlos, de los cuales se hicieron los muros. Requiriendo después a Laomedon volviese el dinero, no quiso. Avino a este tiempo que creció mucho el mar y entró en los campos troyanos, de lo cual otrosí se siguió pestilencia por causa de no ser purgada del Sol, que es Apolo, de la putrefación. Y porque estas cosas pertenecen a Apolo y a Neptuno, dijeron que venía la peste por el enojo de los dioses y por el perjuro de negar el dinero que de los templos tomara; desto está clara la aplicación de la fábula. Que Apolo y Neptuno se le ofreciesen por edificadores, tomando figura de hombres mortales, dícese por cuanto de sus dineros se hizo; y porque no se tomaron dineros de otros algunos templos de los dioses, dicen que estos dioses esto hicieron. En cuanto dice que tomaron figura de hombres mortales, esto pertenece a hacer la fábula creíble, porque diciendo que éstos eran dioses, no pareciera bien venirse a alquilar a Laomedon. Decir que se concertaron hacerlos por cierto precio, esto fue por significar que de los tesoros de los templos de Apolo y Neptuno fueron edificados. Que edificados los muros no quisiese Laomedon pagar a los dioses, como con ellos había puesto y se perjuró, significa que edificados los muros, Laomedon no quiso tornar a los templos el dinero que dellos tomara, y así se perjuró. Dice que Apolo envió pestilencia y Neptuno aguas: es porque las aguas del mar pertenecen a Neptuno, y la peste a Apolo. Que por respuesta del oráculo ponían cada año una virgen troyana en la costa del mar para que la tragase la ballena, créese ser historia y que los troyanos así lo acostumbrasen, porque esto se halla haber hecho otros gentiles, como se dice de Andrómeda, hija del rey Cepheo y de Casiopea, lo cual fue verdaderamente, según Solino[454] dice, que aconteció cerca de la ciudad llamada Iope, y, en vulgar, Iafa. Apolo era un demonio que entre los gentiles más respondía, y los demonios gustan de que mueran inocentes; y así, es de creer que cupiese de poner allí a Hesiona, hija del rey, porque todos entraban en suertes. Que la librase Hércules era cosa creedera, porque Hércules era el más valiente de los de su tiempo, y así pudo librar a Hesiona, como Perseo a Andrómeda. Que se concertase con Laomedon que le diese los caballos que tenía de divinal simiente, en el mundo no hay tales caballos; empero los poetas entienden por esto algunos caballos de cierta manera, y dícenles engendrados de simiente divinal, como fingen que eran los caballos del Sol, diciendo que el Sol anda cada día por el cielo en un carro, el cual traían cuatro caballos, y que de simientes déstos había en el mundo algunos; y la manera del cómo dicen que Circe, hija del Sol, teniendo familiaridad en casa de su padre, podía llegar a los caballos del Sol algunas yeguas de linaje mortal, las cuales concibieron dellos, como lo introduce Vergilio[455] diciendo que el rey Latino tenía caballos de la casta de los caballos del Sol; y así, se podía decir que Laomedon tales caballos tuviese. La verdad es que los antiguos, con grande ignorancia, cuando en las animalias alguna excelencia veían, más que en las otras, decían que a divinal linaje pertenecían, y por cuanto ponían en el cielo haber caballos vivos. De aquí tenían por costumbre, cuando algunos caballos muy loados veían, así

---

454 En el *Polyhistor* 37.
455 *Eneida* 7, 282 y siguientes.

por ligereza como por otras condiciones naturales buenas, llamarlos de linaje de los celestiales, porque casi no podían en otra manera ser tan buenos, si de aquella casta no fuesen; y porque Laomedon tenía caballos muy escogidos y preciados, llamábanse de divinal simiente. Éstos cudiciaría Hércules, y pediría algunos si librase a Hesiona[456], su hija.

Por el perjuro de Laomedon contra Apolo y Neptuno nos pintan un hombre desagradecido, que en sus necesidades se vuelve a Dios con grandes ruegos y promesas, y alcanzando lo que pretende, no se acuerda dél, por lo cual merece el castigo de la enundación de las aguas que le quiten toda su hacienda, dejándole en la miseria que se dice deste rey. El ser también perjuro a Hércules denota que quien a Dios es desagradecido también lo es a los hombres. Finalmente, los sabios antiguos nos exhortan por esta fábula de religión y verdad en los contratos.

ARTÍCULO XIV

De Apolo y Cupido, y cómo Daphne se mudó en laurel

Después de haber Apolo muerto[457] a la serpiente Phitón, estando por la victoria muy levantado en soberbia, encontrándose con Cupido, hijo de Venus, viéndole traer arco y saetas, díjole: No conviene a ti, mozo, traer estas armas, que son nuestras. Cupido, muy enojado, volando por el aire, asentóse en la altura del Monte Parnaso y sacó dos saetas de su arjaba, una que hacía amar, que tenía la punta de oro, y otra bota, con punta de plomo, que hace aborrecer[458]; con la que hacía amar hirió a Apolo, y con la que hacía desamar

---

[456] El episodio de Laomedón puede leerse también en Virgilio, *Eneida* 8, 152 y siguientes, y en Ovidio, *Metamorfosis* 11, 213 y siguientes.

[457] La mutación de Dafne se cuenta por extenso en Ovidio, *Metamorfosis* 1, 452 y siguientes.

[458] Véase Ovidio, *Metamorfosis* 1, 470-471: «quod facit, auratum est et cuspide fulget acuta / quod fugat, obtusum est et habet sub haruncline plumbum.»

hirió a Daphne, Nimpha, hija del río Peneo. Pasado esto, andando Apolo descuidado, encontró con Daphne, y luego de su vista, quedó preso de su amor, comenzó seguirla diciéndole su pena. Ella, por no oírle, huía por los lugares más ásperos que podía; ambos corrían, uno amando y otro desamando. Era Apolo valiente y ligero, y acercándose a Daphne, cuyas fuerzas iba perdiendo, como cercana se viese de las ondas de su padre Peneo, dijo: Oh padre[459], acorre si en estas aguas algún divinal poder está. Oh tierra; trágame o múdame en otra figura. Apenas estos ruegos Daphne había acabado, cuando ya un enfriamiento a todo el cuerpo le sobía y la corteza de árbol las entrañas le cubría; los cabellos en hojas se tornaron, los pies en raíces perezosas. Apolo, aun a la así mudada no cesó de amar; y como puesta la mano sobre la corteza sintiese debajo los miembros calientes bullir, abrazaba y besaba el árbol, aunque aun el árbol huía de ser besado. Tornada Daphne en laurel dijo Apolo: Oh laurel[460], pues no puedes ser mi esposa, tú serás mi árbol; y por esto, desde allí adelante, el laurel tuvo virtud de despedir de sí fuego semejante a las saetas o rayos calurosos de Apolo.

Sentido natural

Por Daphne se entiende la humidad, la cual es hija de Peneo, río. Apolo es el Sol, el cual amó a Daphne, por cuanto el Sol con su gran calor virtual quiere consumir todas las humidades; y aquí ha lugar lo que se dice del amor de Apolo y desamor de Daphne, porque cada cosa desama a su contrario; y así huyendo Daphne o la humidad del calor de Apolo, quiérese encerrar debajo de la tierra para defenderse. Daphne huyendo se tornó en laurel, porque la humidad, queriendo escapar y conservarse en su ser, enciérrase en la tierra, y entonces el Sol con su virtud conviértela en laurel, estando en el lugar de la simiente o seminal virtud del laurel o de otro cualquiera árbol. Ser Daphne hija del río Pe-

---

459 Es traducción del verso 545 del primer libro de las *Metamorfosis*.
460 Compárese con los versos 557-558 de las *Metamorfosis* 1.

neo y convertirse en laurel más que en otro árbol, es porque cerca del río Peneo de Thesalia, nacen muchos laureles.

Que el laurel después que Apolo le recibió por su árbol tuviese virtud de despedir de sí fuego es declarar cómo con la madera del laurel, frotando una con otra, se enciende lumbre, como en un tratadico nuestro[461] de cosas naturales mostramos.

La saeta con que Cupido hirió a Apolo era aguda y de oro, y con la que hirió a Daphne era bota y de plomo; fue aguda, porque el amor pasa más que el desamor; el desamor es boto, porque no cala ni traspasa, antes aparta de sí; por esto la una es aguda y traspasa; la otra bota y no traspasa. Dice ser la una de oro y la otra de plomo para denotar la dignidad. Mayor dignidad es amor que desamor, y tanto difiere uno de otro, como el oro del plomo; y porque el amor viene de condición aguda y de fuego, diéronle oro, que es condición de fuego. El desamor viene de humor melancólico, negro, pesado y terrestre, como lo es el plomo.

Moralidad

Por esta fábula quisieron los antiguos loar la castidad, fingiendo que los que la guardaban se convertían en árboles siempre verdes, como Daphne en laurel y Lotos en otro árbol así llamado, dando a entender por estos árboles la virtud de la castidad.

CAPÍTULO XX

De Apolo y de Bóreas y Iacinto

Dicen los fabulistas[462] que Bóreas amó a un hermoso mozo llamado Iacinto; era otrosí Iacinto amado del dios

461 Véase la *Astronomía* 2, 2, 7: «Engéndrase fuego fletando dos palos secos de moral o de laurel...» [1573:96b].

462 Entre los fabulistas, el más cercano es Boccaccio, *De genealogie deorum* 4, 58.

Apolo; y porque Bóreas sintió la voluntad de Iacinto inclinarse más amar a Apolo que a él, enojóse. Tanto amaba Apolo a este mozo que olvidándose de sí mismo andaba lo más del tiempo en su compañía. Aconteció que una vez, queriendo hacer ejercicio con el juego que dicen de la chueca, tomó primero Apolo la bola, y echándola en alto hasta pasar las nubes, dende a grande rato cayó en tierra. Iacinto, inflamado con deseo de jugar, fue indiscretamente a tomarla cuando de alto caía, y como en tierra diese, resurtió tan recio, ayudando a ello Bóreas, que hirió a Iacinto que tomarla quería, según más largamente Ovidio[463] cuenta. Confuso Apolo, tomó al mozo en sus brazos; apiadábale poniéndole hierbas con que la vida (que ya se le iba) más se le detuviese; mas esto no aprovechó, por cuanto la herida era mortal. Viendo Apolo haber sido causa de la muerte de su amado, y que por ser él dios no podía seguirlo, díjole que siempre sería con él en su boca y en sus cantares y cítaras. Tú serás flor nueva, le dijo más, y en ti serán escriptos mis gemidos. En tanto que esto hablaba Apolo, la sangre del mozo Iacinto, que está sobre las hierbas derramada, dejó de ser sangre y comenzó de tener color de grana muy fina; y no sólo esta honra le hizo Apolo, mas aun escribió en él sus gemidos, y quedóle a aquella tierra por memoria que cada año hagan fiesta de la muerte de Iacinto.

Declaración

Con esta fábula quisieron los poetas dar la causa de la generación de las flores, que se engendran de las tiernas humidades, las cuales saca el Sol con el calor de sus rayos, y las altera, y alterándolas, las torna en hierbas y flores.

Que Bóreas amase a Iacinto es porque este viento soplaba a menudo en los prados donde estaban estas flores que dicen jacintos.

---

[463] El episodio relatado por Ovidio en *Metamorfosis* 10, 162-219 trae en el verso 177 el asunto del juego, que no es otro que el lanzamiento de disco («disci»). La chueca castellana consistía en dar con un mazo a una masa oblonga de madera, tal y como define Rodrigo Caro, *Días geniales o lúdricos*, ed. Jean Pierre Etienvre, Madrid, Espasa Calpe, 1978, II, 48-49.

Inclinarse más Iacinto al amor de Apolo que al de Bóreas es porque el calor del Sol, entendido por Apolo, engendra el jacinto y las demás flores. Decir que Bóreas se enojó porque entendió Iacinto enclinarse más al amor de Apolo, por lo cual causó su muerte, esto es porque cuando el viento Bóreas sopla con furia, con su frialdad corrompe el jacinto y las demás flores, y por esto dice que lo mató.

En lo del juego, en el cual levantando en alto la bola murió Iacinto, significa la corrupción de las flores, porque son de poca dura, y pasado el verano se secan con el gran calor del mismo Apolo, porque levantando mucho el demasiado calor en alto las humedades, o consumiéndolas, de que las flores se sustentan y engendran, perecen, lo cual denota por echar Apolo en alto la bola, y esto es morir Iacinto por causa de Apolo.

En lo que dice que de la sangre de Iacinto se tiñeron las hierbas, y a poco de tiempo dejó de ser sangre y fue color de flor, porque así lo ordenó y mandó Apolo, significa la renovación de la flor llamada jacinto y de todas las demás; porque así como se engendran en el verano y perecen en el estío, torna otra vez, pasado el invierno, a engendrarse con la virtud del Sol, y esto es porque la virtud seminal quedó en la tierra de la hierba que primero había, la cual en sí tenía alguna manera de simiente, que cayendo en tierra, secándose la hierba, nacen otra vez las hierbas o jacinto, como que de la sangre que se vertió del mozo Iacinto naciese la hierba dicha jacinto.

CAPÍTULO XXI

DE ESCULAPIO

Esculapio[464], según Homero y los más autores, fue hijo de Apolo y de la ninfa Coronis, hija de Phlegia. Lactan-

---

[464] Comienzo calcado de Conti, *Mythologia* 4, 11 [1596:313]. Así, la cita de Homero se puede leer en el *Himno homérico* 16: *A Asclepio*.

cio[465] dice que era de padres inciertos y que fue echado en un campo para que pereciese; mas siendo hallado de unos cazadores, le criaron con leche de perra. Aprendió la medicina de Chirón. Otros dicen que nació de un huevo de corneja (porque según Luciano[466], este nombre Coronis significa en griego la corneja) y una ninfa llamada Coronis. Y de la orden del cómo nació dicen que un sacerdote de la antigüedad metió en un huevo de una corneja vacío una serpiente pequeña, y la abertura encubrióla con cera blanca curiosamente, y escondiólo en cierto lugar; después convocó el pueblo y hizo allí un altar, en donde invocando a Apolo y a Esculapio visitase[n] aquella ciudad, y sacando agua de un profundo pozo, dio industria que saliese con ella el huevo que él escondido tenía; el cual, presentes muchos, para que de su embuste hiciesen fe, le quebró, y vista dentro la serpiente o culebra (a todos poniendo en admiración), vendióla por Esculapio, y como a tal fingió quererla criar y honrar. Después de algunos días mostró en un lugar obscuro una serpiente artificiosamente hecha, que se movía, y hizo entender que se había criado de la que en el huevo salió, y que era Esculapio, hijo de Apolo. De aquí salió el origen que en una vara mostraban una serpiente rodeada por Esculapio, y que Ovidio[467] diga que Esculapio fue en algún tiempo mudado en serpiente. Otrosí, dice Ovidio[468] el cómo nació de Coronis, amiga de Apolo, y fue que habiéndole traído el cuervo nuevas a Apolo, que la había visto con un hombre, la mató, y del cuerpo de la madre muerta fue sacado un niño que se llamó Esculapio; y siendo dado a Chirón para que aprendiese medicina, salió tan señalado en ella que resucitaba los muertos, como hizo a Hypólito, que de muerto le volvió a la vida; de lo cual Iúpiter enojado, con un rayo le mató, y así fue este el primero y último de los que resucitó con su sciencia, mas después de muerto fue adorado por dios; y los enfermos que acudían a su templo,

---

465 Véase *Instituciones divinas* 1, 10.
466 Diálogo, el *De falso vate*, también citado por Conti, *Mythologia* 4, 11.
467 En *Metamorfosis* 15, 622-744.
468 Fábula contada en *Metamorfosis* 2, 629.

que tenía junto de la ciudad de Epidauro, ensoñaban el remedio de sus enfermedades, y poniéndolo después por obra, sanaban de cualquiera enfermedad. Edificaban los templos de Esculapio fuera de los poblados, porque el aire es más saludable cuando corre desembarazadamente. Píntanle con grande barba y con un bordón en la mano, como remedio y arrimo de los enfermos, cuando van convaleciendo, o porque el médico da ayuda a la salud, como el báculo o bordón a las pocas fuerzas. Ovidio cuenta de Esculapio[469] que en tiempo de una grande pestilencia que sucedió en Roma demandaron consejo a Apolo Délfico, el cual respondió que más cercano de sí tenían el remedio, y era que fuesen al dicho Esculapio, al templo Epidauro, y lo llevasen consigo a Roma, y que luego serían sanos. Envió Roma embajadores a los príncipes de Epidauro pidiéndoles a Esculapio, los cuales, aunque se les hacía de mal darle, dijeron a los embajadores que fuese a voluntad del Esculapio, y si con ellos quisiese ir, que fuese. Apareció de noche Esculapio al embajador de los romanos (entreviniendo en ello el demonio para más engañar, permitiéndolo Dios), avisándoles que cuando otro día fuesen al templo, él decendería del altar en figura de una gran sierpe, e iría hasta el puerto, y entraría en la nave mayor de los romanos, en la cual quería ir a Italia. Otro día decendió del altar, y rastrando por la tierra, la cual el pueblo de flores y vestiduras tenía cubierto, vino a la nave romana, en la cual entrando navegó con los romanos y cesó la peste. Hiciéronle en la isla del río Tíber un magnífico templo, donde le adoraron como a dios extranjero.

Declaración

Decir que Coronis, madre de Esculapio, fue hija de Phlegia, es porque *phlegin* significa quemar; desta fue hija Coronis, ninfa, que significa la templanza o la virtud o fuerza del

[469] Véanse los ya citados versos 622 y siguientes de las *Metamorfosis* 15.

aire que humedece, con lo cual y con el calor del Sol, entendido por Apolo, nacen las cosas medicinales, como son las hierbas y otras plantas; y porque la templanza del calor del Sol conserva la salud de las cosas, dijeron ser padre de Esculapio, que denota la salud; y porque no basta la calor del Sol sola para esto, sin mezcla de alguna humedad, dijeron ser hijo de Apolo y de Coronis; y así Esculapio es artífice de la sanidad y gran médico. En otro modo se entiende ser Esculapio hijo de Apolo, porque muerta la madre, le abrieron el vientre y fue sacado Esculapio, lo cual hacerse no puede sin obra de médico. Y como Apolo fue inventor de la medicina, por esto fue dicho ser hijo de Apolo, por ser nacido por obra suya.

Los antiguos por Apolo entendían un solo Dios criador del Universo, y por Esculapio, el tiempo, con lo que en él se engendra y gasta y consume, que por ser criado por Dios, entendido por Apolo, le llaman hijo.

De aquí salió que a Apolo pintaban mozo y sin barba, para significar que Dios nunca envejecía y que es inmortal y siempre uno y en un ser. A Esculapio pintábanle viejo y con grande barba, para dar a entender que el tiempo con las criaturas son transitorias, y todo se consume y envejece y gasta. De manera que por Esculapio, que fue médico e inventor de la medicina, quisieron dar a entender que la medicina la inventó el discurso del tiempo con su experiencia, y no el artificio de los médicos, aunque ellos con el tiempo y expiriencia la augmentan.

El pintar a Esculapio barbado y viejo, ultra de lo que se ha dicho, denota que el médico ha de ser viejo, porque le acompañe más experiencia.

Lo que la fábula dice de la serpiente que el sacerdote metió en el huevo pudo ser haberlo hecho con industria del demonio, para con aquel engaño atraer la voluntad del pueblo, y hacerse sacerdote de Esculapio por aprovecharse de las ofrendas con avaricia.

La vara o báculo que a Esculapio le daban, arrodeada a ella una serpiente o dos, era porque la medicina es como sustento o báculo de la vida humana, y la culebra es acomodada para muchos remedios medicinales, o porque el médico ha de ser sabio, la cual sabiduría se entiende por la serpiente, o porque como la culebra se remoza quitándose el cuero, así el médico remoza los humores que apasionan al enfermo.

Ser Esculapio sacado del cuerpo de su madre, esto es, según sentido histórico, porque su madre tuvo mal parto, y muriendo dél, la abrieron para sacar la criatura, como cada día aconte.

Que fuese tan famoso médico que resucitase a Hypólito o a Cástor, hijo de Tíndaro (según quiere Plinio[470]), esto fue que Hypólito o Cástor, uno déstos, robó la desposada de Linceo, y por ello fue del mismo Linceo muy herido, tanto que lo dejó por muerto; y como con el arte de medicina y con la diligencia de Esculapio recuperó sanidad, fue dicho que le había vuelto de muerto a vida.

Decir que por esto le había muerto Iúpiter con un rayo no es cosa creíble, mas porque acabado de curar Hypólito le sucedió una fiebre, la cual verdaderamente es un rayo ardiente y mortal, de que murió; y los rústicos creyeron haber avenido esto por haber vuelto de muerto a vida a Hypólito, se dio principio a esta fábula.

Esculapio, según la verdad histórica, fue hijo de un llamado Apolo, natural de Mesina, aunque vivió en Epidauro, y después de muerto, por la excelencia de la medicina, fue adorado por dios, según Tulio[471].

Que los enfermos, durmiendo en aquel templo de Esculapio, de la ciudad de Epidauro, ensoñasen el remedio de sus enfermedades y sanasen, es creedero, no porque Esculapio fuese dios en vida ni después de la muerte tal virtud tuviese; la cual de Dios sólo es el dar salud a los enfermos, o de los santos por virtud de su santo nombre. Mas los demonios, para más engañar a los hombres para atraerlos a su servicio, revelaban a los enfermos que aquel templo era el remedio de sus enfermedades, y esto no era general con todos los enfermos, mas en los que naturalmente podían sanar; y

[470] Escrito en la *Historia natural* 29, 1.

[471] Léase Cicerón, *De natura deorum* 3, 57. El mismo párrafo vuelve a mencionar más abajo Pérez de Moya.

por esto en todo el mundo era famoso el templo de Esculapio de Epidauro.

Que los romanos en una pestilencia ocurriesen al oráculo nos da ejemplo lo que debemos hacer nosotros en nuestras aflictiones, y tanto con mayor confianza y fe, cuanto más conocemos ser nuestra religión más verdadera que la suya, que fue falsísima. Traer los embajadores a Roma a Esculapio transformado en serpiente dicen muchos que es porque el médico ha de ser sabio, y por la serpiente es entendida la sabiduría.

Otras cosas se leen diversas de las que se han dicho de Esculapio, las cuales pueden ser historia, considerando que no fue uno sólo, mas hubo tres deste nombre, como dice Tulio. El primero fue hijo de Apolo, y fue el que inventó el espejo, y el que usó de cirugía y curó heridas, y fue muy reverenciado en Arcadia. El segundo dice que fue hermano del segundo Mercurio, hijo de Valente y de Coronis, el cual murió de un rayo. El tercero fue hijo de Asipho y Casinoe, y fue el primero que inventó la purgación del vientre y del sacar las muelas, y su sepulcro es en Arcadia, no lejos del río Lusio, y pudo ser que alguno déstos fuese sacado del vientre de la madre muerta, y alguno nacido de padre incierto, con que se puede salvar lo que de Esculapio se dice.

CAPÍTULO XXII

DE HYPÓLITO

Hypólito[472] fue hijo de Theseo y de Hypólita, amazona. Éste, viviendo castamente, y dándose todo a la caza con propósito de menospreciar todo amor libidinoso de mujeres, fue él amado en ausencia de Theseo de su madrastra Fedra, como trae Séneca, a quien como él no hubiese querido

[472] El capítulo es un resumen de la *Medea* de Séneca.

complacer, vuelto Theseo, fue della acusado de que le había hecho fuerza. Theseo, dándose crédito, quiso matar el hijo; mas Hypólito, con diligencia, temiendo la ira de su padre, subió en un carro y huyó. Deste huir avino que pasando por orilla del mar, unos bueyes marinos que se habían salido a la ribera, sintiendo el ruido del carro, con furia se movieron para volverse al agua, y de su ruido espantados los caballos del carro de Hypólito, comenzaron a correr, dejando el camino, por unos grandes peñascos, y despedazaron el carro, y no bastando las manos de Hypólito a gobernarlos con el freno, fue recibido de los habitadores de aquella tierra como casi muerto, aunque, según Séneca, dice que fue despedazado y muerto; mas por obra de Esculapio fue vuelto a la vida, y por huir de la ira de su padre, se fue a Italia, no lejos del lugar donde después se edificó Roma, y mudado el nombre se llamó Virbio, que quiere decir dos veces nacido, porque la una fue cuando nació y la otra cuando por medio de Esculapio le pareció ser vuelto a la vida; hace mención desto Ovidio[473].

Declaración

Hypólito, desterrado por Theseo por la falsa acusación de su madrastra, nos da ejemplo de un ánimo verdaderamente casto y fiel, como la desvergonzada madrastra nos los da de un malvado ánimo de una mujer alterada de la fierísima pasión de amor lascivo. El ser Hypólito arrastrado y despedazado, y después vuelto a la vida por Esculapio, podemos decir que el hombre de valor no se deja amedrentar de los monstruos del mar, que son los trabajos deste mundo, aunque su parte mortal está despedazada y hecha diversas partes de sus propias pasiones, porque al fin Esculapio, que es la verdadera prudencia, con su virtud las sana todas.

---

473 Toda la historia la compendia Ovidio en *Metamorfosis* 15, 497-546.

CAPÍTULO XXIII

DE MERCURIO

Según Tulio[474], cinco hombres hubo en la antigüedad llamados Mercurio. El primero dijeron ser hijo de Celio y del Día; a éste le figuraban muy feo, es a saber, con el instrumento genital levantado, porque según Barlaam y otros autores tuvo torpe nacimiento, porque en Siciona, provincia de Grecia, hubo un varón llamado Philón; éste tenía una hija nombrada Prosérpina, la cual, siendo doncella hermosa y de cumplida edad, estándose bañando en casa de su padre, sin desto haber precedido pensamiento, acechóla el padre, y viéndola desnuda, movióle a torpe deseo la su desnuda beldad, de lo cual se siguió el feo ayuntamiento carnal, de que Prosérpina parió un hijo. El padre, habiendo vergüenza que así le hobiese nacido un hijo, mandólo echar a su ventura, en un lugar donde muriese; empero como preguntase a un astrólogo la fortuna del dicho niño, y le respondiese que sería hombre muy famoso y sabio y conocido, mudó el propósito y mandólo criar y púsole por nombre Hermes, que en griego quiere decir intérprete, significando por este vocablo que había de ser conocido y divulgado su nombre por el mundo. Después que Hermes creció y supo su torpe nacimiento, de vergüenza de sus naturales ausentóse de su tierra y fuese a Egipto, en donde a la sazón había varones sabios; y allí, con la grandeza de su ingenio, tanto aprovechó en letras, principalmente en aritmética y astrología, que fue llamado Mercurio, por lo cual las sciencias, y principalmente las dos dichas, son atribuidas a Mercurio; después diose a la medicina, en la cual tanto aprovechó que no dejando el nombre primero de Mercu-

---

[474] Compárese con *De natura deorum* 3, 56 y con el capítulo que dedica Conti a Mercurio, *Mythologia* 5, 5 [1596:371 y siguientes]. Muy cerca está también Boccaccio, *De genealogie deorum* 2, 7;13 y 3, 20.

rio, mereció ser llamado Apolo, porque por su mucho saber le igualaban con Apolo. De donde después, para encubrir la fealdad de su nacimiento y ensalzar su linaje, fue llamado hijo del dios Celio y del Día. Dijeron de Celio para declarar que no era hijo de hombre mortal. Dijeron del Día porque así como el día da claro conocimiento de las cosas, así Hermes, antes no conocido a las gentes por su alto saber, fue su nombre claro y notorio por todo el mundo. San Isidro[475] dice que Hermes se deriva de *hermenias,* nombre griego, que quiere decir interpretación, lo cual prueba el libro de Aristóteles[476] llamado *Periarmenias,* esto es, libro de las interpretaciones. Y porque el padre con la hija no puede haber lícito, mas nefable y feo ayuntamiento carnal, el cual nunca se sigue, salvo de torpe inflamación de la carne movida contra la razón, pusieron a este Hermes el genital torpemente levantado, queriendo así declarar el pecado de su generación. El segundo Mercurio fue nieto de Hermes, y según Tulio, fue hijo de Valente y de Coronis, y lo mismo confirma Leoncio[477], y dice que este Mercurio y Esculapio fueron hermanos, hijos de un padre, y que cuando Esculapio fue herido de un rayo, porque resucitó a Hypólito, de dolor descendió a los infiernos por debajo de tierra. Esto es, que este Mercurio vino a España, y porque desde Egipto, donde él nació, viniendo a la parte más occidental de España, que los poetas llaman bajo, a respecto de Egipto, que es más oriental, que se llama alto, y porque a lo bajo dicen infierno, por esto se dice que decendió al infierno. Decir que vino por el dolor de la muerte de su hermano, por dar causa de que para venir alguna cosa le había de mover, mas la causa de su venida fue por ganar fama. Venido en España, mostró el arte mercantesca y todo género de cambiar, por las cuales cosas fue entre aquellas gentes llamado dios de los

---

475 Véase *Etimologías* 8, 11.

476 El *Periarmenias* o *Sobre la interpretación* es uno de los tratados que componen el *Organon* o *Tratados de lógica* de Aristóteles. Aquí Pérez de Moya juega con el título, Hermes y la hermenéutica o interpretación.

477 Leoncio Pilatos otra vez citado por Boccaccio, *De genealogie deorum* 7, 36.

mercaderes. Llámanle Trophono, que en griego quiere decir convertible; y esto es porque los mercaderes de gruesas mercaderías han de discurrir diversas gentes por mar y por tierra, y hanse de convertir y conformar a la traza o manera de todas ellas, porque de otra suerte no habría comunicación de comprar y vender. Este Mercurio, en tiempo de la gentilidad fue tenido en grande honra entre los de España y Francia, en las cuales tierras era muy conocido; y dice Iulio César[478] que los franceses adoraban a este Mercurio y le tenían por hallador de muchas artes, y por señor y guiador de los caminos, y tener mucho poder en las ganancias de las mercaderías. Pintábanle con un gallo en la cinta, para denotar que los hombres de tratos y negocios han de velar y dormir poco, como lo hacen estas aves. El tercero[479] fue hijo de Iúpiter el tercero y de Maya, de quien y de Penélope dicen haber nacido Pan, dios de los pastores. El cuarto[480] fue hijo del río Nilo; éste, según Theodoncio, fue un hombre de nación egipciano, de grande fama, que los egipcios le llamaron Theut y los griegos Mercurio Trismegisto o Trismagisto, como quien dijese *ter maximus,* que quiere decir tres veces muy grande; fue sacerdote y filósofo y rey. Este nombre le atribuyeron por haber tenido la mayor excelencia que de algún hombre puede afirmarse, por cuanto en gramática no hallamos más de tres grados para denotar la excelencia de la cosa, que son: positivo, como quien dice bueno; comparativo, como diciendo mejor; superlativo, como diciendo bonísimo. Y así se entiende que este Mercurio era tan excelente que no podía ser más excelente, por lo cual le llamaron Trismegisto, nombre que a otro no dieron. La excelencia déste fue en saber invenciones maravillosas; hizo algunos libros, entre los cuales se nombra el libro de Ydolo, que envió a Esculapio, según afirma Theodoncio. Después de su

---

478 César] Celso *1585.* Julio César y su *De bello gallico* 6, 17. No creemos que se pueda confundir con A. Cornelius Celsus y su *De Medicina* en ocho libros (véase la edición moderna de W.G. Spencer, Londres, Heineman, 1935), sobre todo existiendo un pasaje de César que coincide con cuanto quiere explicar Pérez de Moya.

479 Este tercer Mercurio lo explica Boccaccio, *De genealogie deorum* 12, 62.

480 Del cuarto Mercurio trata Boccaccio, *De genealogie deorum* 7, 34.

muerte fue por Dios tenido, y por blasfemo era habido el que le llamase por su nombre sino Mercurio, que era nombre de dios, porque diciendo su nombre propio, no pareciese haber sido hombre mortal. Llámanle hijo de Nilo, porque los poetas a los ríos les dan deidad y personalidad, y porque el río en cuanto agua no podía engendrar; y diciendo ser hijo de Nilo entendiesen ser hijo del dios que habitaba en el agua del río Nilo. Y en decir esto entendían los griegos loar dos cosas: a Trismegisto por ser hijo de Nilo, y a Nilo por tener hijo tan sabio. Éste, dice Lactancio[481] que fue el quinto en orden de los Mercurios. El quinto[482] fue hijo del Mercurio, el hijo del Nilo, que mató al pastor Argos, cuya historia se toca tratando de Yo o Ysis; por esta causa, fue gobernador de los egipcianos, y les mostró las letras y estableció leyes en que viviesen. Todos éstos hubieron este nombre de Mercurio de un planeta así llamado, porque este planeta influye en los hombres deseo de saber lo que éstos supieron, por honrarlos por sus excelencias con nombre de Dios, como tenían serlo las estrellas y planetas. Y es de saber que los poetas no guardan este orden, mas así hablan de Mercurio como si uno solo hubiese sido, y las cosas que a todos pertenecen atribuyen a uno solo.

Pintan a Mercurio[483] con alas o talones a los pies; llamáronlo trotero, corredor, mozo, desbarbado, labrador, mensajero de los dioses. Cyllenio recibió de Apolo el caduceo o vara con unas serpientes arrodeadas; dijeron ser dios o maestro de los ladrones y malhechores. Entendían por Mercurio unas veces la razón de nuestra ánima; otros la sabiduría de la voluntad divina. Hablaba con Platón y Iúpiter, llevaba y traía[484] las ánimas al infierno, y otras veces las volvía

---

481 Reflexión contenida en *De ira Dei* 11.

482 Véase Boccaccio, *De genealogie deorum* 1, 6.

483 Véanse Horacio, *Odas* 1, 10, 1-4, y Virgilio, *Eneida* 4, 239 y siguientes. Compárese con lo que resume Agrippa, *De occulta philosophia* 2, 43: «erat adolescens pulcher, barbatus, habens in sinistra caduceum, videlicet virgam in qua involutus sit serpens, in dextra gerens sagittam, pedes habens alatos.»

484 La labor del Mercurio mensajero la recuerda Boccaccio, *De genealogie deorum* 2, 13 y 3, 20.

a los cuerpos. Quitaba los sueños; atribuyéronle el instrumento llamado siringa; fue inventor de la cítara; píntanle como cigüeña; dedicáronle unas columnas en donde daba respuestas.

Declaración

Danle a Mercurio alas o talones a los pies, según dice Vergilio, donde comienza: *Tunc sic Mercurium alloquitur*[485]. Porque los poetas le llamaron mensajeros de los dioses, y los mensajeros han de ser ligeros y diligentes, o porque le tenían por dios de los negociantes, y éstos conviene tener los pies ligeros como si tuviesen alas, o porque por Mercurio entendían la palabra, según san Isidro[486], y ésta sale muy apriesa, y una vez salida, vuela de suerte que no la podremos más alcanzar para tornarla a nosotros, o porque Mercurio es un planeta así llamado que está en el segundo cielo, que no hay otro que más veloz se mueva, sacada la Luna. Algunos dicen que le dieron alas por declarar la presteza y vigilancia con que habemos de poner en ejecución lo que con madurez hubiéremos pensado y determinado hacer. Por esta brevedad con que se mueve le llaman trotero o corredor; y porque el correr y andar apriesa no es de viejos, sino de mozos, le llaman mozo; y porque los mozos no tienen barba, le llaman desbarbado[487]; o porque Mercurio denota, según astrólogos, la sabiduría, y la sabiduría es la que manifiesta descubiertamente las cosas y las deja sin encubrimiento, le dicen desbarbado; o píntanle desbarbado, por demostrar descubrimiento, como las barbas sean cobertura de la cara, y esto era por la manifestación de las respuestas que daba, porque algunos de los dioses gentiles respondían muy escuramente como era Themis y Apolo, mas Mercurio respondía abiertamente, y donde se daban estas respuestas eran las columnas que dicen de Mercurio, oficina

---

[485] Éste es el comienzo del verso 222 de Virgilio, *Eneida* 4.

[486] En las *Etimologías* 4, 3.

[487] El mismo adjetivo en Conti, *Mythologia* 5, 5.

de errores, donde se forjaban fingidos dioses y supersticiones.

Llámanle labrador, porque el que tiene sciencia habla mucho mostrando, y porque del ingenio astuto y delicado, como fingen tener Mercurio, nace la copia del hablar, como de abundosa fuente, creyeron que era Mercurio dios de la elocuencia; y para declarar la fuerza de la elocuencia o oración y sabiduría que a Mercurio atribuían, dijeron ser mensajero de los dioses; y porque los embajadores han de ser prudentes, lo denotan las culebras del caduceo que a Mercurio dan; o las culebras denota[n] el símbolo de la concordia que mediante las embajadas se siguen.

Dícenle Cyllenio, porque es dios de la elocuencia y sabiduría, y esta sabiduría obra todas las cosas sin manos, y a los que carecen de manos llaman en griego *cylloe;* otros dicen que se llamó así el monte Cyllene, de Arcadia, donde nació. Y porque la sabiduría y astucia puede dañar mucho a los otros, por esto dijeron ser dios o maestro de los ladrones y engañadores; o porque los que nacen en el ascendente de Mercurio, según astrólogos, son inclinados a hurtos y engaños y astucias; y como los antiguos miraban las mudanzas de las cosas que nacían y morían, y pensaban que esto no se hacía sin voluntad de los dioses, a esta voluntad y fuerza divina, que llevaba las cosas a nacimiento o a fenecimiento, llamaron Mercurio; de manera que unas veces es llamado Mercurio la razón de nuestra ánima; otras la razón y sabiduría de la voluntad divina, de donde nuestra ánima salió. Y fuéronle estas cosas atribuidas a Mercurio, porque fue el primero que dijo que el mundo era criado por Dios, y que esta tan gran maravilla de cosas diversas no podía ser gobernada sin providencia divina, y el que instituyó entre los hombres el culto de los dioses y declaró que sin la voluntad de Dios no se podía hacer nacimiento alguno ni muerte; por estas causas y por haber traído el conocimiento de las cosas divinas, fue creído ser mensajero de los dioses. Y porque enseñó que el nacer y morir se hacía divinalmente, se dice que habló con Plutón y con Iúpiter, y declaró a los hombres el secreto de las leyes del morir y vivir, por lo cual pensaron que era guía de las almas de los muertos, llevandolas unas veces a los infiernos y otras volviéndolas a los cuerpos, y de quitar los sueños; y para esto le atribuyeron la vara que dicen tenía una serpiente o dos arrodeadas, que hubo de Apolo. Esta vara denota la virtud y sabiduría de la medicina; y porque Apolo fue el primero que halló la medicina o el que la inventó, según san Isidro, y porque Mercurio, después dél, fue docto en ella, por esto se dice haber Apolo dado esta vara a Mercurio, porque la sciencia que uno alcanza se atribuye a Dios, y al maestro secundariamente, como instrumento suyo. La serpiente que esta vara tenía denota la prudencia que han de tener los médicos, la cual faltando, matan como mordedura de serpiente ponzoñosa, y porque mediante la medicina son los enfermos librados de la muerte, cuando no ha llegado su fin. Y porque los gentiles creían que los que morían todos iban al infierno, por esta causa, los que por arte de la medicina sanaban, decían que los sacaba Mercurio del infierno o las volvía a los cuerpos[488]. En lo que dice que quitaba los sueños es que el médico con su medicina puede quitar los materiales que causan ensueños y sueños, y a la contra; o porque los que mueren parecen estar como los que duermen, quitar el sueño es decir que curándolos los libraba de la muerte, o porque la muerte es comparada al sueño.

Atribúyenle el instrumento llamado siringa; este instrumento dicen unos ser compuesto de cañas ligadas con cera, y llámanlo alborgues los pastores, lo cual quiere Ovidio[489] denotar, afirmando ser hecho de las cañas en que se transformó la ninfa Siringa. Otros dicen[490] ser la siringa un instrumento a manera de laúd o vihuela, y que ha de ser instrumento que reciba aire, y que encima tenga cuerdas estendidas, las cuales con arte tocándolas hagan agradable consonancia. Y la invención deste instrumento fue el galápago, que quedando encima de la tierra después de muerto y se-

---

[488] Las volvía a los cuerpos] los volvía a los cuerpos *1585*. Aunque la frase parece exigir «los volvía», creo que el texto elide «las almas» y que a ellas se refiere, pues son las almas las que viajan una vez muerto el cuerpo.

[489] *Metamorfosis* 1, 684 y siguientes.

[490] Entre ellos san Isidoro en las *Etimologías* 3, 22. Véanse también los versos de Ovidio citados en la nota anterior.

cos los nervios delgados estendidos, heridos del viento hacían sonido, lo cual viendo Mercurio, pensó hacer semejante instrumento, e hízolo; llamóse primero lira, porque *lirin* en griego quiere decir diversidad, y esto es por la diversidad de las voces, y así se dijo que inventó la lira.

A Mercurio pintan en forma de cigüeña, porque así como la cigüeña limpia la tierra de malas sabandijas y dañosas, así Mercurio, que es padre de la elocuencia, con el buen hablar quita las enemistades, rencillas y otras cosas que suelen inquietar a los hombres.

CAPÍTULO XXIV

De Hermafrodito, hijo de Mercurio y Venus

Cuentan[491] los poetas que el Mercurio que se llamó Hermes tuvo ayuntamiento carnal con su hermana Venus, y que dél nació Hermafrodito o Carnafrodito, que quiere decir hombre que tiene ambos sejus[492], de varón y de hembra; compónese este nombre de Hermes y Afrodita, que son nombres del padre y de la madre, porque Venus primero fue llamada Afrodita, que quiere decir espuma del mar, según ella afirma hablando con Neptuno, como relata Ovidio en cuatro versos que comienzan: *Mercurio,* etc.

Declaración

Dijeron[493] ser Hermafrodito hijo de Hermes, no porque así fuese verdad, sino por cuanto Hermes fue el primero que mostró por razón a los egipcianos ser los tales concebi-

[491] Conti, *Mythologia* 4, 13 [1596:330], en el capítulo de Mercurio cuenta la ascendencia de Hermafrodito. También el verso de Ovidio que Pérez de Moya reproduce mas abajo, *Metamorfosis* 4, 288 y siguientes.

[492] *Sejus*: sexus, sexos.

[493] Y lo dijo también Boccaccio, *De genealogie deorum* 3, 21. Y Alberico, *Alegorías* 3, 6.

mientos naturales, porque antes de Hermes tenían que los tales nacidos no eran naturalmente engendrados, más de alguna monstruosa o de diversos especies, por lo cual, cuando nacían éstos, los echaban como cosa mala y no los criaban; y porque después, por la persuasión de Hermes, los criaban, por esto dijeron ser hijo de Hermes. Venus significa todo natural ayuntamiento para engendrar, y porque se entienda que los hermafroditos no son por vía de monstruosidad, como aquellas gentes primero pensaban, mas de natural ayuntamiento de varón y de hembra concebidos, por esto dicen que Hermes hubo a Hermafrodito en su hermana Venus. Dice hermana para dar a entender que los hermafroditos son engendrados de individuos de una misma especie, porque podrían entender que la mujer ayuntada con varón concebía hembra o varón, y ayuntada con alguna animalia de otra naturaleza, concebía hermafrodito. Para dar razón desto, les mostró Hermes que en la matriz de la mujer había siete senos o recibimientos, tres a la parte izquierda y tres a la derecha, y uno en medio dellos; cuando la viril materia recibe en alguno de los tres lugares de la mano derecha se engendra el varón, y cuando en los de la izquierda, se engendra hembra; y cuando en el de en medio, dice ser comunicante en ambas naturalezas, llamados hermafroditos, que quiere decir varón y hembra.

CAPÍTULO XXV

De Troco o Andrógino, y de la ninfa Salmacis

Lo mismo[494] que se ha dicho en el precedente artículo quiso declarar Ovidio con otro ejemplo, por encubrimiento de la fábula de Troco o Andrógino, de quien dice: que

[494] Este Andrógino es, claro, lo mismo que Hermafrodito y las fuentes en las que bebía aquél bebía éste. Además, es interesante leer a Ovidio, *Metamorfosis* 4, 337 y siguientes.

siendo amado de Salmacis una de las ninfas Náyades, deesa de la fuente llamada, de su mismo nombre, Salmacis, cuando Troco, no sospechando cosa ninguna, desnudo entró en el agua de la fuente para se bañar, la ninfa, que primero con grande instancia de amores le había requerido, y él, desechándola, escondidamente, por asechanzas, lo tomó dentro de la fuente por fuerza, quiriéndolo atraer a cumplimiento de su amor, en lo cual, como fuesen contrarios deseos, cuanto trabajaba Troco de escaparse, tanto se esforzaba Salmacis la ninfa de lo así allegar; y como ni él pudiese della se librar, ni ella a él por fuerza a cumplimiento de su amor atraer, por voluntad de los dioses fueron ambos un cuerpo hechos, en el cual quedaron las señales de ambos, aunque el cuerpo solo uno, por lo cual rogaron a los dioses que cualquiera que en aquella fuente de allí adelante entrase tal como ellos se tornase, la cual petición se les concedió.

Declaración

La significación[495] de esto es que por la fuente Salmacis se entiende el lugar medio de entre los seis susodichos, y cuando en aquel lugar deciende la viril simiente, y de la hembra, por cuanto no es la virtud determinada para macho ni para hembra, trábase un combate de las partes seminales, denotadas por la ninfa Salmacis y por Troco, quiriendo la masculina atraer a sí a la femenina, y a la contra; y a la fin, no pudiendo vencerse el uno al otro, hácese una cosa que ambas virtudes parecen, señalándose en un solo cuerpo vaso de mujer y de varón, y así se cumple el ruego que Troco y la ninfa pidieron a los dioses, que todos los que en aquella fuente entrasen, tales como ellos se tornasen.

Alberico[496] quiere que el hermafrodito engendrado de Mercurio y de Venus sea el hablar el hombre palabras lascivas sin razón; este tal, habiendo de ser varón, por la delica-

---

[495] Toda la declaración es un resumen de Boccaccio, *De genealogie deorum* 3, 21.
[496] *Alegorías* 3, 6.

dez de las tales palabras parece hembra. A este propósito, dice san Isidro[497] que Mercurio significa la palabra, y que cuando la palabra es más que debe y dicha sin necesidad y peso de sentencia, se llama hermafrodito el que la dice, por cuanto no es varón del todo, mas tiene parte de hembra; porque la palabra dicha, cuando conviene con su gravedad, tiene firmeza de varón, y no siendo así deja de ser varón y comienza a ser mujer, porque las mujeres usan de la lengua y parlería no sólo para se entretener, mas aun para se defender.

Los astrólogos tienen que la causa porque se dice haber Mercurio engendrado a Hermafrodito es porque entre los otros planetas es masculino con los varones y femenino con las hembras, por lo cual los que le tienen por ascendente en su nacimiento, sin que tenga oposición de otro planeta son muy cobdiciosos del deleite de ambos sexos. Ser un planeta masculino es tener fuerza o virtud como varón; y ser femenino es tener poca fuerza o virtud, como hembra.

CAPÍTULO XXVI

De Marte

Mars[498], según Hesiodo[499], fue hijo de Iúpiter y de Iuno, y según Ovidio[500] de Iuno, engendrado sin padre, de cuyo nacimiento cuenta que la diosa Iuno, viendo que su marido Iúpiter, sin ayuntamiento que a mujer hubiese, moviendo la cabeza había engendrado a la diosa Palas, acordó de irse al Océano, padre que dicen los poetas ser de los dioses, a quejarse de su marido Iúpiter y a preguntarle cómo podía

---

[497] Véanse las *Etimologías* 8, 11.

[498] El capítulo tiene, una vez más, la fuente de Boccaccio, *De genealogie deorum* 9, 3, y Conti, *Mythologia* 2, 7.

[499] Véase *Teogonía* 922, donde se trata de la tradición griega del dios de la guerra, esto es, de Ares.

[500] Véase para este caso los *Fastos* 5, 229 y siguientes.

ella también parir sin varón; y como del camino se cansase, sentóse a la puerta de la diosa Flora, mujer del viento Céfiro, la cual, preguntándole la causa de su viaje, como a muy su querida le dio cuenta a lo que iba. Entonces Flora, prometiéndole que le daría arte cómo pudiese alcanzar lo que pedía, si le hiciese cierta que no la descubriese a su marido Iúpiter, Iuno, muy alegre, juró por la laguna Stygia de tenerle secreto. Flora le declaró luego que tenía en su huerto una hierba que le habían enviado de los campos Oleneos, de Grecia, de tal virtud, que tocándola luego concibiría sin varón. Esto esperimentó Iuno, y halló ser así verdad, y parió a Marte, dios de las guerras. Tuvo Marte por ama una mujer llamada Thero, y aunque los poetas no le dan mujer, quisieron que tuviese muchos hijos y que fuese muy enamorado; entre otras amigas amó a Venus, según dice Homero[501], a quien Vulcano prendió hallándole en adulterio. Danle carro en que ande, y a Bellona, su hermana, por guiadora o cochera de su carro; los caballos que le traen se dicen Terror y Pavor. Dedícanle de los animales el lobo, y de las aves el pico, y de las hierbas la grama.

Declaración[502]

No quisieron muchos antiguos que Marte fuese hijo de Iúpiter porque no pareciese degenerar, por ser Iúpiter benigno y manso, y Marte, a la contra, malo y cruel.

Que Iuno determinase ir a Océano a pedirle consejo sobre cómo podría engendrar sin varón, como Iúpiter hizo sin cópula de hembra, es que por el Océano entendían el agua, y por el agua la materia de la generación de las cosas. Que Flora le aconsejase lo que había de hacer, por esta Flora quisieron los antiguos declarar el menstruo que las mujeres padecen cada mes una vez, para con la hermosura del

---

[501] En la *Odisea* 8, 266.

[502] Esta explanación es muy parecida a la que recopila Boccaccio, *De genealogie deorum* 9, 3. Sobre la imaginería de Marte, véase el breve capítulo de Agrippa, *De occulta philosophia* 2, 40.

vocablo encubrir la suciedad deste humor. Decir que esta flor, que vulgarmente se dice camisa o regla, naciese en los campos Olenios es, o porque *olisse* significa hedor, o porque esta sangre sale de lugar hediondo. Pedir Flora a Iuno que no lo supiese Iúpiter es que esta enfermedad o pasión la encubren las mujeres con grande secreto, que no lo vean ni lo entiendan los maridos. Y decir que Mars nació de sola Iuno es porque fingen que deste menstruo (que solas las mujeres entre los animales le padecen) nació Mars, porque las obras de Mars concuerdan con los efectos desta sangre, de la cual tratamos en otra obra[503], donde dijimos que si la mujer estando en este trabajo pisare los sembrados y hortalizas y otras legumbres, como melones, pepinos, berenjenas, cohombros, no nacen; y si algunos nacen, son amargos; si la sangre cae en algún árbol, le seca hasta las raíces, que jamás brota; si un perro la come, rabia. Todos estos efectos tiene Marte, dios de las guerras, porque en este ejercicio vierten sangre, destruyen sembrados por donde el campo pasa, y las hierbas en que se vierte sangre se pierden, asuelan árboles, hasta las fortalezas se hacen polvo, y mueren de rabia los contrarios; y por esto hacen a Mars hijo de sola Iuno.

Por otra razón es Mars hijo de sola Iuno, porque entre otras significaciones que tiene Iuno, una es ser deesa de los reinos y riquezas, por las cuales cosas se levanta la invidia y las cuestiones y guerras entendidas por Marte, y por esto le hacen dios, y muy bravo, de la guerra, y hijo de sola Iuno. Otros dicen ser Mars dios de las guerras y batallas, porque uno deste nombre fue el primero que halló la industria del armarse los hombres y el primero que ordenó escuadrones y mostró muchos usos de guerra; díjose Marte, de *mas, maris,* que quiere decir varón, porque las guerras ordenaron y siguen los varones.

Decir que le crió Thero, que denota braveza, es por denotar la condición de Marte, porque así lo son los que siguen la guerra.

No le dan mujer a Mars, porque es embarazosa carga para soldados.

---

503 Se trata este asunto en *Silva. Eutrapelias* 1.

Danle muchos hijos para declarar que en la guerra es menester mucha gente.

El decir que era enamorado y el adulterio de Venus significa la ejecución de la lujuria, la cual se allega mucho a los hombres de esta manera de vivir, más que a los de otros ejercicios. Y por esta causa juntaron los poetas a Venus y Mars, porque los hombres de guerra son muy encendidos en este vicio y guardan poca castidad, y esta opinión es de Aristóteles[504].

Que Marte, siendo el más fuerte de todos los dioses y más poderoso y ligero fuese por parte de Vulcano en una red[505] preso, siendo Vulcano cojo y débil, y perezoso, esto, moralmente hablando, significa que los hombres viciosos que viven mal y obran peor, en ningunas fuerzas ni velocidad de pies confiados, podrán evitar el castigo de la ira de Dios. Prender Vulcano a Marte con una sutil red: Vulcano denota el calor o encendimiento libidinoso, de que se hace una red de pensamientos que enreda a todo varón cobarde y vicioso, que no saldrá della hasta que Neptuno ruegue por él. Esto es, hasta que se resfríe, como lo es el agua por Neptuno significada, o con la consideración de la ofensa de Dios. Según sentido natural, llegarse Marte, destruidor de las cosas, con Venus, que produce en luz a todas las cosas y plantas, y hallarlos Vulcano en el delicto, denota que la contienda y amistad entendidos por Mars y Venus estando juntos, suele oprimir Vulcano, por quien se entiende el calor demasiado, que vence y evita a los principios que no usen de sus fuerzas, para que no haya la comensurabilidad que es necesaria para la generación de las cosas naturales.

Por esta fábula quisieron los antiguos declarar la generación de los animales consistir en calidades comensuradas de los elementos, porque por Mars (como se ha dicho) se denota la contrariedad o agente, y por Venus el amistad o materia generativa, y por Vulcano el calor o calidad despropor-

---

504 En una obra menor titulada *De policia lacedemonis* 1.

505 Esta red es una famosa cadena que tejió Vulcano para atar a Marte cuando holgaba en adulterio con Venus, mujer de Vulcano. Se cuenta en Homero, *Odisea* 8, 226, y Ovidio, *Metamorfosis* 4, 170.

cionada o demasiada, porque ninguna cosa se engendra de una sola calidad de elemento ni de semejantes, sino de muchos moderada y proporcionadamente mezclados entre sí.

Danle carro en que ande porque antiguamente usaban mucho en las guerras de carros.

Decir ser Bellona su hermana y guiar el carro, como dice Vergilio[506], donde comienza: *Quam cum sanguineo sequitur Bellona flagello*. Dice ser su hermana porque esta diosa es muy cruel y amiga de verter sangre, como Marte. Dice guiar el carro o ser su cochera porque por Bellona se entiende el poner en ejecución la guerra y comenzar la batalla, y vertimiento de sangre de los que en la guerra mueren. Los caballos que llevan este carro se llaman Terror y Pavor, que quiere decir espanto y miedo, cosas que están en los soldados, que aunque espantan, acometiendo tienen miedo de ser vencidos.

Dedícanle el lobo a Marte, según dice Vergilio[507] donde comienzan: *Quaesitum aut matri*, etc. Es por ser animal muy arrebatador o de rapiña, muy tragón y cobdicioso, para denotar las condiciones de algunos soldados, que van más por emitar en esto a este animal que por ensalzar su fe y servir a su rey y su patria.

Dedícanle el pico, porque así como esta ave horada las encinas y despuebla las colmenas, así algunos soldados, penetrando los muros de las ciudades, despueblan las casas de lo que sus dueños tienen.

Dedícanle la grama porque tenían opinión los antiguos, según dice Alberico[508], de sentencia de Plinio, que nacía esta hierba de la sangre humana; y como Marte hiciese vertirla, dábanle el fruto que della nacía; mas es cosa de burla esta opinión, porque la grama nace como las demás hierbas; a mí me parece que esta dedicación se hace a Marte, porque de la suerte que donde esta hierba nace atrae a sí la sustancia de la tierra, así los guerreros vencedores atraen a sí la sustancia de los vencidos; y porque basta esto de Marte, pasemos a tratar de Cupido, su hijo.

---

[506] Verso 703 del libro octavo de la *Eneida*.
[507] *Eneida* 9, 564.
[508] *Alegorías* 4, 2.

CAPÍTULO XXVII

De Cupido

De tres[509] Cupidos hace mención Tulio[510]: el primero fue hijo de Mercurio y de la primera Diana. El segundo fue hijo de Mercurio y de la segunda Venus. El tercero fue hijo de la tercera Venus y de Marte; y según Séneca[511], de la tercera Venus y de Vulcano; y aunque Simónides[512] dice que nació éste de sola Venus, sin padre, comúnmente se dice ser hijo de Venus y de Marte o de Vulcano, porque así cuadra mejor lo que de Cupido los poetas fingen, a quien los gentiles dieron poder de mover, no sólo a los hombres, mas aun a los dioses, a amar, según dice Séneca[513], donde comienza: *Diva non miti.* Y no sólo a amar podía mover, mas aun a desamar, según escribe Ovidio[514], donde introduce a Cupido, hijo de Venus, que hirió a Apolo con saeta de oro, cuyo poder era hacerle amar; y a Daphne hirió con saeta que tenía la punta de plomo, cuya virtud era hacer desamar, como dijimos tratando de Apolo[515]. Píntanle mozo o niño, desbarbado, desnudo, con alas, ceñido un aljaba de saetas y un arco, y teniendo hachas encendidas, y con corazones colgados de

---

509 Todo el capítulo es muy parecido al epítome que es la décima de las *Cuestiones* de El Tostado [1551:252v-279v]. Fuente común a éste y a Pérez de Moya parecen los capítulos que Boccaccio dedica a Cupido en *De genealogie deorum* 2, 13; 3, 24; 9, 4... Conti da otras muchas de las citas aquí reseñadas en *Mythologia* 4, 14 [1596:340-350].

510 Véase Cicerón, *De natura deorum* 3, 60.

511 Tragedia *Octavia* 557 y siguientes.

512 Citado por Boccaccio, *De genealogie deorum* 3, 24. Y parte de Servio, *Comentarios a la Eneida* 1, 664. Así se repite más abajo otra vez sobre Simónides.

513 Así en la tragedia *Fedra* 184 y siguientes y en *Hércules en el Eta*, 472: «El amor ha vencido hasta a los dioses.»

514 En el libro primero de las *Metamorfosis* 453 y siguientes.

515 Véase capítulo 19, artículo 14 de este segundo libro.

la cinta; los ojos tapados con una venda que le priva de la vista. Danle que tenga pies como de grifo y grandes uñas, y fingen haber contendido con Apolo sobre el tirar con arco. Danle la antigüedad sobre todos los dioses.

Declaración[516]

Lo primero que atribuyen a Cupido es ser mozo o niño; así le llamó Séneca[517], donde dice: *Iste puer lascivus.* Y otra vez dice aquí mismo: *Haec regna tenet puer,* etc. En donde habla de Cupido y llamólo niño lozano o niño fiero, la causa es por la significación. Los niños son necios, porque según la edad no pueden haber cumplimiento de saber. El amor así es necio, porque los hombres en quien asienta, aunque ellos en sí mismos sean sabios y prudentes, háceles cometer grandes errores, como si del todo fuesen necios. Y san Isidro[518] dice: *Puer pingitur Cupido.* Quiere decir, a Cupido pintan niño y mozo, porque el amor es loco y sin razón, o porque es dios del amor, y todos los enamorados son poco cuerdos y de poco sosiego y mudables, así como niños, o porque el amor se engendra mucho en gente moza.

Píntanle desnudo, porque el amor no puede estar encubierto.

Píntanle con alas por dos cosas. La primera, por hacer creíble lo que los poetas dél afirman; dicen que Cupido por todo el mundo hiere con saetas y con ardor a todos los hombres, y todos los que aman son dél encendidos; empero no podría esto hacer Cupido si no volase muy apriesa, porque en todos los lugares pudiese esto hacer. Así lo pone Séneca[519], donde dice

Natum per omneis celere terras.
Vagum Hericina mittit, ille volans per coelum:
Proterva tenera tela molitur manu.

---

516 Muy semejante a Boccaccio, *De genealogie deorum* 9, 4.
517 En la tragedia *Fedra,* 275.
518 En el capítulo sobre los dioses de los gentiles, *Etimologías* 8, 11.
519 En la tragedia *Fedra* 195 y siguientes.

Quiere decir: Venus, llamada Hericina, envía a su hijo que ande vagando por el mundo, y él, volando por el cielo, envía las saetas muy ricas con mano tierna.

La segunda razón es por la significación: Cupido significa el amor, el cual hace a los hombres más instables que otra pasión; y como las alas son instrumentos para súbito pasar de un lugar a otro volando, así el amor hace al amador de poco sosiego y de mucho movimiento; súbito creen y no creen, estando siempre colgados de un pensamiento y poseídos del temor, como dice Ovidio[520]: *Res est soliciti plena timoris amor.* Quiere decir: el amor es cosa llena de temor y de sospecha.

Píntanle con aljaba[521] y arco y saetas, por la significación. Cupido, que es el amor o carnal deseo, hace llagas en el corazón, porque el que ama ya no está sano en sus pensamientos y deseos, como aquello desee que a la muerte de la virtud y honestidad traiga. Otrosí, se llama llaga el amor, porque así como la llaga trae dolor, el cual quita el reposo del cuerpo, así el amor trae tanto cuidado que no deja reposo corporal ni espiritual en el amador, mas siempre es lleno de sospechas.

Estas saetas con que Cupido hería no eran todas de una manera, mas unas tenían las puntas o hierros de oro, otras de plomo. Esto es, porque los gentiles y poetas dieron a Cupido poder de mover a amar y de desamar, y que para ambas cosas tuviese saetas. Fue la causa, porque así el amor como el desamor son llagas y hácense con alguna arma, y como pusieron saetas para herir el corazón para amar, así pusieron saetas para lo herir para desamar; y como el amor es pasión que no deja holgar al amador, así el desamor es pasión que aqueja al que la tiene para huir de aquello que no ama, y ambas pasiones son en una misma parte del ánima, pues como el alma se signifique con el corazón, es menester arma que penetre, y así para ambas cosas dieron a Cupido saetas; que sean las puntas de las saetas para amar,

---

[520] Verso 12 de la primera *Heroida*, enviada por Penélope a Ulises.

[521] Esta descripción, así como las que siguen, de la imagen de Cupido ya está en Conti, *Mythologia* 4, 14 [1596:349].

de oro, y las de desamar, de plomo, es la causa ésta: oro es el mejor de los metales; plomo es de poco valor, para denotar ser el amor mejor que el desamor, como el amor convenga a la conservación de la naturaleza, y el desamor, estorbador desta conservación; y por esto debió de significar el amor por el oro y el desamor por el plomo; de las hachas encendidas, dice Séneca[522]:

Quam vocat matrem geminus Cupido.
Impotens flammis simul, et sagittis.

Quiere decir: a Venus llama madre Cupido; este Cupido es muy poderoso en saetas y en la ardiente hacha. Ítem, el mismo Séneca[523] dice:

Volucrem esse amorem fingit inuictum Deum,
Mortalis error, armat, et telis manus:
Arcusque sacros instruit faeva face, etc.

Quiere decir: el error de los hombres fingió al amor ser dios volante y fiero o áspero. Diole saetas en las manos y hacha ardiente en los sacros miembros. Esto dicen los poetas por la significación, porque así como a Cupido dieron saetas, dando a entender que llagaba el corazón, así le dieron hacha ardiendo, por significar que quema el corazón. Y diremos que aunque a Cupido ambas cosas den, llagar y quemar con hacha, más propio le conviene quemar con la hacha que llagar con la saeta. Y aunque el amor, según verdad, ni es llaga de saeta ni quemamiento de hacha, por metáfora se dice lo uno y lo otro; empero más se aplica la razón de la metáfora al quemamiento, porque es el amor un grande cuidado, y todos los cuidados son calientes y quemantes; y por este cuidado dicen en latín: *Cura, quasi cor urens*[524], que significa cosa que enciende el corazón. Así dijo

---

[522] Versos 275-276 de la tragedia *Fedra*

[523] En la tragedia *Octavia* 557 y siguientes.

[524] Véase la derivación que hace Festo Pompeyo, *Fragmenta* 3 [1536:1206]: «Cura dicta est quasi cor edat, uel quia cor uret.»

el Apóstol[525] a este propósito: *Melius est nubere, quam uri*. Quiere decir: más vale casar que quemarse; llama quemarse a la pena que es en sufrir los deseos libidinosos.

Traer en la cinta colgados muchos corazones fue para significar que los amadores no tienen poder en sus corazones, mas poséelos Cupido; donde él va, allá los lleva; esto se hace por ser el deseo o amor pasión muy fuerte, y todas las tales pasiones tienen condición de sacar fuera de sí al que poseen, no dejándole señorío de sí mismo. Y por cuanto el amor es destas pasiones la mayor, fuerza mucho al hombre, desamparándole de sí y haciéndole que no tenga querer ni no querer, mas sólo aquello quiera o no quiera a que le mueve el deseo, que es Cupido, y así Cupido posee su corazón y no él; por lo cual dice Hugo de Santo Victore: *Anima verius est, ubi amat quam ubi animat*[526]. El ánima, más verdaderamente es donde ama que donde da ser; y así como el amor digamos estar en el corazón y la cosa amada sea fuera del amador, estará más verdaderamente el corazón del amador fuera dél que en él. Y por cuanto Cupido le mueve, él lo tendrá; ponerle muchos corazones es por denotar que los amadores son muchos. No sólo dijeron tener Cupido los corazones de los amadores, mas aun que los traya colgados de la cinta; esto fue por significar dos cosas, que son: pena y peligro; la pena significa en cuanto andan colgados, porque toda cosa colgada está con pena; esto conviene a los amadores, porque mientras no alcanzan su deseo viven en ansia y pensamiento afligido; y si lo alcanzan, viven en sospecha de perder lo alcanzado.

---

[525] *Biblia: Primera epístola a los corintios* 7, 9.

[526] Es una reflexión recurrente del *Libro de anima* de Hugo de San Víctor. Consúltese para éste la *Patrologia latina* 175, CXLVIII, y la advertencia del editor sobre la autoría: «Aussi les a-t-on souvent dispersées pour placer le premier et le troisieme dans... S. Bernard et S. Augustin.» Véase también en el tomo 176 de la *Patrologia* el *Appendix ad Hugonis opera dogmatica* y el *De medicina animae* de Hugo de Folieto, tratadito interesantísimo y repertorio en forma de *summa* sobre los humores, las edades del mundo y el cuerpo humano, que Pérez de Moya parece conocer porque el resumen que utiliza éste para el hombre como microcosmos está muy cerca de Hugo de Folieto y por la cita de «Jacobo, 1 canonica» citada más abajo y que también aparece en el *De medicina animae*.

Lo segundo es peligro; la cosa colgada está poco firme, como se mueva y no sea fija, y así puede caer. Tales son los amadores, cuya vida es en muchos peligros de se perder, según se lee en varias historias, que muchos por amar crudamente fenecieron sus días, como dice Francisco Barbarino, poeta[527].

Trae Cupido delante los ojos una venda de paño; esto es por significar que Cupido no ve. El entendimiento es el ojo, según Aristóteles[528], en el cual es la razón; por esto los que de razón usan, decimos que ven; los que no usan della, decimos que no ven, aunque tengan ojos. Tales son los amadores, que aunque tienen ojos no ven, y así se puede decir que tienen los ojos tapados o que son ciegos. Esto es general en todas las pasiones fuertes que turban la razón y no puede ella juzgar lo que conviene, así como dijo Catón: *Ira impedit animum ne possit cernere verum*[529]. Quiere decir, la ira impide al corazón que no pueda mirar la verdad. O píntanle ciego, por las torpezas que son cometidas de los lujuriosos, y porque no ven lo que les aconseja los divinos consejos.

Dar a Cupido pies de grifo es por dar a entender ser Cupido cosa fingida, para algo significar, porque si fuera cosa verdadera, como tuviera figura humana, ternía pies de hombre; mas como fue ficción, danle pies de grifo y otros miembros, según como conviene, para significar la fuerza del amor. Es el grifo en parte ave y en parte bestia muy grande y fuerte, y de grandes presas y uñas, y tan firme tiene lo que arrebata que no puede cosa dél tomada en mano huir, de donde afirman los autores que es enemigo del caballo, y por hacer presa en el caballo, toma algunas veces al hombre que va en él y lo levanta en el aire. Por esta fuerza de prender y tener dan pies de grifo a Cupido, porque el amor tan

---

[527] Se refiere a Francesco Barberino (1264-1348), poeta toscano y tratadista del amor en *Documenti di amore* (hay edición en Roma 1640) y en *Del regimento dei costumi delle donne* (Roma 1815).

[528] Vuelve a utilizar Pérez de Moya la imagen que Aristóteles escribe en el sexto libro de la *Ética nicomaquea*. Véase la nota 369.

[529] Véanse los *Dísticos morales* 2, 4: «Iratus de re incerta contendere noli / impedit ira animum ne possit cernere uerum.»

fuertemente prende y tiene al que una vez posee que no se podrá dél sin gran trabajo apartar; y por esto mismo dicen tener uñas.

El contender del tirar con arco entre Apolo y Cupido no es otra cosa sino lo que en el mundo se hace de utilidad y deleite; los rayos del Sol que se entiende por saetas son utilísimos a la producción de la tierra y de los frutos, y los de Cupido, aunque parecen suavísimos, emponzoñan y matan.

Dijeron ser Cupido hijo de Venus y de Vulcano, como lo escribe Séneca[530], porque del deleite, entendido por Venus, nace codicia y deseo, y no puede en otra manera nacer. Pusieron ser hijo de Vulcano por cuanto Vulcano marido de Venus llamaron los antiguos dios del fuego, según san Isidro[531], y este deseo no se levanta sin calor, y todo calor se atribuye a Vulcano; y así con razón Cupido es hijo de Vulcano; y por esta misma razón dijeron que era Venus mujer de Vulcano, porque las obras venéreas no se hacen sin calor, perteneciente a Vulcano; y por esto dijo Vergilio[532], el viejo es frío para las cosas de Venus, dando a entender que la frialdad empacha las cosas de Venus, y el calor les da ayuda.

Tulio[533] dice ser Cupido de Venus y de Mars; esto conviene también, por cuanto Mars se ayuntaba en adulterio con Venus, según pone Ovidio[534], y de allí podía nacer algún hijo.

Lo otro por significación, cuanto a la propiedad de Mars, es Mars planeta, según astrólogos[535], de calor destemplado, y porque del calor nace el deseo de los carnales ayuntamientos, dijeron que nació Cupido de Venus y Mars, o porque si en la natividad de alguno fuere Mars en alguna de las

---

530 En la tragedia *Octavia* 557 y siguientes.

531 En el ya tantas veces citado capítulo 11 de las *Etimologías* 8.

532 Véase las *Geórgicas* 3, 95 y siguientes.

533 Léase Cicerón, *De natura deorum* 3, 60.

534 En las *Metamorfosis* 4, 170 y siguientes.

535 Por ejemplo, Andrés de Li, *Repertorio de los tiempos* [1978:51] habla de Marte como caliente en exceso. Para las calidades y cualidades de los planetas puede verse tambien Macrobio, *Sueño de Escipión* 1, 16: «Sphaera Martia ignis habeatur.»

casas de Venus, que son Taurus y Libra, el que entonces naciere será muy lujurioso y inclinado a toda manera de lujuria.

Estos dos padres dan diversos a Cupido para declarar por ellos dos amores diversos: uno es amor carnal honesto, que justamente puede ejecutarse; otro es deshonesto, el cual no puede, sin torpedad y pecado, ser satisfecho. El primero se significa por Cupido, hijo de Venus y de Vulcano, por cuanto de aquel se finge haber nacido de matrimonio legítimo, entendido por esto los matrimoniales ayuntamientos. El segundo se significa por Cupido hijo de Venus y de Mars, el cual nació de ayuntamiento adulterino e ilícito y contra ley. Por esto dijo Ovidio que era Venus madre de los dos amores o Cupidos; y desta manera no discordaran Séneca y Tulio, que uno habla de Cupido hijo de Vulcano, y otro de Cupido hijo de Mars.

Decir Simónides[536] que Cupido nació de sola Venus, sin padre, es la causa que como por Venus se entiende el deleite carnal, y por Cupido el deseo deste deleite, del pensar Venus en el deseo nace el deleite, que es Cupido.

En decir que Cupido fuese el más antiguo de todos los dioses, parece que significaron lo que sintió Empédocles[537], que el amistad y el odio apartaron las cosas unas de otras, que primero estaban confusas entre sí, como ellas de por sí no puedan, sin este amor y odio, engendrar gran cosa alguna.

Prosigue la materia de Cupido, y dice qué es lo que los antiguos entendieron por Cupido

Por Cupido no entendieron otra cosa todos los que dél hablaron, salvo un deseo que en nosotros nace de gozar de los carnales deleites, con aquellas figuras que en nuestro

---

[536] Otra vez citado por Boccaccio, *De genealogie deorum* 3, 24. Citado también por Conti, *Mythologia* 4, 14. Simónides dice que es hijo de Marte y de Venus. Véase *Poetae Melici Graeci*, números 575 y 26.

[537] Expresión traducida de Conti, *Mythologia* 4, 14 [1596:348], y traída de Diógenes Laercio, *Vides dels filòsofs* 8, 59.

pensamiento hermosas fueron juzgadas. Este deseo en todas las animalias en que se hace generación por ayuntamiento puso la naturaleza ardor fuerte, que mueva ásperamente a los actos de engendrar, porque las animalias no se puedan apartar de ellos, y así no perezca la especie o naturaleza; empero no es igual este ardor en todas las animalias[538], mas en unas mayor que en otras, según la diversa condición de sus naturalezas; y así, puso Vergilio[539] ser mayor este ardor furioso en las yeguas que en todas las animalias; y por esto concluyó que ellas solas podían concebir de viento. Y así parece que en las animalias brutas para las obras venéreas no han otro motivo salvo la natural inclinación, de donde aunque algún dios Cupido hubiese, tal cual fingían los poetas, sería aquél para los hombres solos, mas no para las animalias brutas, para cuyo movimiento abasta la naturaleza sola. En las animalias imperfectas, cuya generación no es por ayuntamiento, por no haber entre ellas distinción de masculino y feminino, que en sólo esto se distinguen de las perfectas, engéndranse de solas corrupciones de cosas podridas. En los hombres, diremos que el deseo de los ayuntamientos no viene de Cupido ni de Venus, como no haya algunos tales dioses; mas pueden venir en tres maneras: o de naturaleza, o de vicio, o de diabólica tentación. Lo primero se prueba por cuanto el hombre es de natura animal como todas las otras animalias, y lo que es perfección en ellas conviene a él más cumplidamente que a las otras animalias; y si a las otras, por causa de conservar la especie, Dios, fundador de naturaleza, dio aquel ardiente deseo de los venéreos actos, tanto fue más necesario esto ser en los hombres, cuanto su especie es más noble y más digna de ser guardada; esto prueba Séneca[540], donde comienza: *Hanc esse vitae maximan causam reor, per quam voluptas oritur, interitu caret cum procreetur semper humanum genus amore*

[538] las animalias] los animales *1585*. Creo que se ha de leer así para concordar con «unas mayor que otras»; además de por venir luego muchas veces así escrito.

[539] Puede verse en las *Geórgicas* 3, 226 y siguientes.

[540] En la tragedia *Octavia* 557 y siguientes. Que es el mismo lugar que utiliza Pérez de Moya para la cita de más abajo.

grato, qui semper mulcet feras. Quiere decir, el amor es la mayor causa de conservar la vida, por el cual nace el deleite, y nunca perece la naturaleza, como siempre se críe el humanal linaje deste amor gracioso, el cual ablanda el deseo de las fieras.

La segunda manera es de vicio, y éste se engendra en la juventud, y críase con la ociosidad, que hace caer a los descuidados en la enfermedad del desordenado amor; y si la ociosidad por sí mueve los tales deseos venéreos, mucho más lo hará, cebándose con abundancia y sobra de bienes, como lo toca Séneca: *Vis magna mentis blandus atque cum calor amor est inventa gignitur luxu, ocio nutritur inter laeta fortunae bona.* Quiere decir: El amor es una fuerza del corazón y es calor grande en la juventud engendrado. Críase con abundancia y ociosidad entre los alegres bienes de la fortuna, porque el que mucho puede quiere de hecho lo que no puede de derecho. Este amor vicioso no entra en los pobres, con quien no mora la ociosidad, porque procurando el menester de las cosas, no tienen amor vicioso, sólo aquel que es natural y ordenado; así lo dice Séneca[541], donde comienza: *Vana ista demens animus,* etc.

La tercera es la diabólica tentación, porque el demonio, que a todos los otros males mueve, incita e inclina al hombre a éste, porque es mal y vienen dél otros muchos males, de donde la Santa Escritura pone haber demonio, al cual principalmente pertenece tentar del pecado carnal, que se llama Asmodeus, según se escribe en el libro de Thobías[542]; era éste el que mataba los varones que a Sarra, hija de Raguel, por esposa tomaron.

Desto los poetas antiguos no sabían cosa, porque ellos no ponían demonios que a los hombres tienten, para los traer a pecar, como a todos éstos, por el contrario, llaman dioses; empero san Isidro[543] dice: *Est enim Cupido demon fornicationis.* Quiere decir: Aquel Cupido que los gentiles llaman dios es el demonio de la fornicación, y así habrá de-

---

541 Véase *Fedra* 275 y siguientes.
542 En los versículos 14 y siguientes de *Biblia: Tobías* 6.
543 Véase, de nuevo, el capítulo 11 del octavo libro de las *Etimologías.*

monio que a los hombres deste pecado tiente, y cuando por impulsión déste pecaren los hombres, podrán ser dichos ser heridos e inflamados de Cupido. Esto es a lo que los gentiles llamaron Cupido, y no es dios ni cosa alguna; mas algunos gentiles viciosos lo fingieron por escusar sus malos deseos y torpes actos y [i]lícitos amores, afirmando que este Dios les movía y constriñía a ello, como que en su mano fuese poderlo reprimir, si él con su flecha herirlos quisiese, lo cual declara Séneca[544], donde comienza: *O magna vasti*. En donde introduce hablar Fedra, la que ama a Hypólito, con su ama, diciendo que no podía cesar de amar, porque Cupido, Dios poderoso, la compelía, a la cual contradice el ama, diciéndole que no hay ningún dios llamado Cupido que tales fuerzas tenga, mas que los hombres lo fingieron para gozar de sus torpes deseos.

CAPÍTULO XXVIII

DE BACHO

Bacho, según Ovidio[545] y otros poetas, fue hijo de Iúpiter y Semele, de cuyo nacimiento dice que amando Iúpiter a Semele, hija de Cadmo, y haciéndose dél preñada, Iuno, que mucho aborrecía a las mancebas de su marido Iúpiter, fue a buscarla, mudándose en forma de la vieja Veroe, ama de Semele; y hablando con ella de varias cosas, le preguntó si Iúpiter la amaba y la quería bien. A quien Semele respondió que creía que sí. Replicó Iuno: Mira, hija, que podría no ser Iúpiter, porque muchos hombres engañan a algunas mujeres, viniendo disimulados en las figuras de los dioses; mas

[544] Es el coro final del acto segundo de la tragedia *Fedra*.

[545] Varias pueden ser las fuentes principales para tratar de Baco: Boccaccio, *De genealogie deorum* 5, 25; Conti, *Mythologia* 5, 13; Ovidio, *Metamorfosis* 3; 253-315; 4, 1-20, y una de las tragedias de Eurípides, *Bacantes*, passim.

conocerle has, en que con juramento te prometa que viniendo a estar contigo, te abrace con aquella majestad y guarnimientos con que abraza a Iuno, queriendo dormir con ella. Semele, deseosa de hacer expiriencia, ruega a Iúpiter (haciéndole primero jurar por la Stygia) le otorgue un don, como dice Ovidio en el lugar alegado[546], donde comienza: *Rogat illa Iovem sine nomine munus,* que la abrace con los guarnimientos con que solía abrazar a Iuno. Iúpiter, cuando esto oyó, pesóle en el alma, porque había jurado de cumplir lo que había prometido, y como no pudiese faltar al juramento, subió al cielo muy triste, y trajo los nublos y truenos y relámpagos, porque así se llegaba a Iuno, y con esto descendió luego; y entrando en la casa de Semele, y ella no pudiendo sufrir los rayos de Iúpiter, se abrasó; y porque el niño de que estaba preñada no pereciese, sacólo Iúpiter del vientre, y como aún no había cumplido el tiempo que suelen estar antes de salir a luz, lo ingerió en su muslo, donde estuviese hasta tanto que se cumpliese el tiempo que se requiere a una criatura estar en el vientre de la madre. Nacido el niño, diolo a criar a su tía Yno, la cual, no osándolo tener por temor de Iuno, diolo a las ninfas de Nifa, y aun entre ellas, como un día la sospechosa madrastra Iuno al niño buscase, las ninfas, sobre la cuna, ramas de yedra pusieron, con las cuales engañada, dejó de buscarle, por lo cual la yedra después siempre por su árbol tómo Bacho. Algunos dicen[547] que fue engendrado del fuego y nacido de dos madres y criado de Sileno. Otros dijeron ser Bacho hijo de Iúpiter y de Prosérpina, en la casa de la cual durmió tres años. Otros lo hacen hijo de Iúpiter y de Ceres, y que había sido despedazado de los hijos de la tierra y cocido, mas que Ceres le tornó a juntar los miembros y volvió a vivir hecho mozo[548]. Píntanle unas veces con figura muy

---

[546] Así, Ovidio, *Metamorfosis* 3, 288.

[547] Entre ellos Cicerón, *De natura deorum* 3, 58.

[548] Este apotegma es semejante al drama familiar que en la mitología griega supone la relación entre Isis y Osiris y que pudo conocer Pérez de Moya en la obrita de Plutarco titulada *Moralia: De Isis et Osiris.* Véase también, para la tradición romana, Tibulo, *Elegías* 1, 7, 29.

severa, con barba larga; otras con cara alegre de mozo y sin barba; otras con hábito largo de dueña; otras veces desnudo y coronado de pámpanos de vides, con cuernos de toro, con una hoz en la mano; y dicen que mudado en viña, gozó de la hija de Ícaro. Danle carro en que ande, el cual quieren que le lleven tigres, o panteras, y osos o lobos cervales; conságranle la yedra: dedícanle la cabra o cabrón y el lince y la picaza; hácenle padre del olvido y descubridor de la verdad. Danle la invención del báculo o bordón que traen los viejos, según dice Rabano[549]. Pintan unas gradas no firmes entre Bacho y sus compañeros; dicen ser temeroso Bacho; nómbranle con varios nombres, así como Bacho, Bromio[550], Lieo, Lineo, Nictileo, Ignigena, Nato, Euhan, Reformador de las uvas, Dionisio, Nyseo, el padre Eleo o Padre Líber, Hiaco. Alberico y Ausonio le dan otros nombres, así como Briseo, Basareo[551].

Declaración

Bacho, según sentido histórico, fue hijo del segundo Iúpiter y capitán de tan gran valor que fue tenido por Dios por los grandes hazañas que hizo, como fueron apaciguar discordias y edificar ciudades. Como a Archos, veniendo en Grecia, venció con batalla a toda la India, fue rey de Thebas; dio leyes a los hombres, como dice Oracio[552], en cuatro versos que comienzan: *Romulus, et liber pater.* Y aunque en esto no fue tan estimado, cuanto por haber sido el primero (según dice san Augustín[553]) que plantó viñas e inventó el vino y lo mezcló con licores diversos para que fuese más agradable y gustoso de beber, de donde tomaron los poetas origen de entender el vino por Bacho. Acerca desta invención del vino es de saber que las vides, desde el prin-

549 Véase *Patrologia latina* 111, 609C.
550 Nombres también listados así en Boccaccio, *De genealogie deorum* 5, 25.
551 Véase Albericus, *Alegorías* 4, 5.
552 Véase Horacio, *Epístolas* 2, 15.
553 Libro 18, capítulo 12 de *De civitate Dei.*

cipio del mundo, las hubo, como los demás árboles; mas no sabían hacer vino: sólo usaban de comer las uvas, y esto duró mil y seiscientos y cincuenta y seis años; de la primera edad del siglo, que no bebieron los hombres vino ni comieron carne. Noé, en el principio de la segunda edad, comenzó a hacer vino, y las gentes a comer carne, como se lee en el *Génesis*[554]: *Tanquam olera virentia tradidi vobis cuncta proprer hoc, quos carnem sanguine non comedatis.* Quiere decir: Yo os doy licencia que comáis de todas las cosas que quisiéredes, así como libremente coméis de las hierbas y frutas, sacado esto sólo: que no comáis carne con sangre. Entendíase esto que no comiesen de alguna animalia mientras ella está viva, o que no comiesen carne que no fuese desangrada, porque comiéndola con sangre parecía crueldad y de bestias; mas como después Bacho en su tierra fuese el primero que inventase el vino, quisieron los antiguos atribuirle el cultivar de las viñas, y el hacer el vino, y mostrar las propiedades y daños, y provechos que del vino se siguen, usando desordenadamente dél o con moderación, como iremos declarando por todos los siguiente artículos, en que se dirá todo lo que de Bacho se finge.

ARTÍCULO I[555]

CÓMO BACHO ES HIJO DE IÚPITER Y DE SEMELE

Semele se empreña de Iúpiter cuando la vid, figurada por Semele, en la primavera se hincha con el calor del Sol y se hace preñada de Bacho; y después es herida del rayo en el mayor ardor del estío, cuando por la gran fuerza del Sol comienza a brotar su fruto. Bacho se finge ser hijo de Semele,

554 Así en *Biblia: Génesis* 9, 4.

555 Estas reflexiones son explanaciones personales sobre notas contenidas en Conti, *Mythologia* [1596:427 y siguientes]

porque el vino es hijo de la vid, porque Semele se llamó de *siintameli*, que quiere decir sacudir los miembros, o porque este árbol tiene los miembros, que son los ramos, más movibles que los otros árboles, y que fácilmente los menea el aire.

Decíase también hijo de Iúpiter porque el vino tiene un calor natural y engerido de la mesma naturaleza, y no puede nacer la vid sino en lugares calientes o a lo menos donde hay moderado calor. Fíngese haber nacido de las cenizas de Semele quemada, porque es naturaleza de la ceniza tener encerrado el calor dentro de sí, y no sé qué grueso que aprovecha mucho a las vides.

ARTÍCULO II

DICE QUÉ SE ENTIENDE POR MAJESTAD, O GUARNIMIENTOS CON QUE IÚPITER ABRAZABA A IUNO

El don que Semele pidió a Iúpiter significa que nosotros pidiendo a Dios mercedes sin saber lo que pedimos venimos a pedir las más veces cosas que nos son dañosas y mortíferas, como persuadidos de nuestra insaciable codicia, que es nuestra ama.

Que Iúpiter no pudiese quebrantar el juramento dícese la causa donde se trata de la laguna Stygia. Que Iúpiter convocase nublados, y causase relámpagos y truenos, cuando abrazaba a Iuno, que fue lo que pidió Semele, y a esto llamaban guarnimientos o majestad. Quisieron los antiguos declarar con esto cómo de las exhalaciones calientes, que se levantan de la tierra y agua, llegadas a la región media del aire, se engendran el rayo y déste el trueno y relámpago; y porque por Iúpiter se denota el calor como quiera que sea, y por Venus el aire, por esto dijeron llevar estos ornamentos Iúpiter cuando abrazaba a Iuno. Lo demás que acerca desto dice la fábula que aquí no declaramos sirve de sólo ornato.

ARTÍCULO III

CÓMO SEMELE FUE MUERTA DE RAYO O FUEGO

Que muriese Semele[556] de rayo o de fuego se puede entender, según sentido histórico, haber muerto de algún género de calentura, que es fuego suficiente para acabar la vida del hombre, como de rayo. Engerir Iúpiter al niño en su muslo, conviene saber, el calor diurno, a fin que como de padre reciba la uva el madurar, que de la madre, que es la vid, no ha podido recibir, o porque la vid es muy amiga del calor y no puede vivir ni echar fruto sin él, por lo cual en los recios inviernos perecen muchas vides; y esto provee el calor entendido por Iúpiter; o porque Bacho fue criado en una cueva del monte Neros, que está cerca de Nysa, ciudad de Indias, el cual monte era consagrado a Iúpiter; por esto decían que le había Iúpiter engerto en su muslo. Darlo a criar a Yno: por Yno se entiende la tinaja o vaso en que el vino está conservado y cubierto, por temor de Iuno, que es el aire con que se suele corromper. O guardar Yno el niño secretamente es estar las uvas de que se hace cubiertas con los pámpanos y hojas, porque del soberbio aire, que es Iuno, no se ofendan, o con el demasiado Sol. Críanle después las ninfas cuando son restaurados los racimos con la humidad de la noche, aquello que del gran calor del día se había con demasía calentado. O decir que le criaron las ninfas, recibiéndole de las cenizas de su madre, es que la vid es la más húmeda de todos los árboles, cuyo fructo, si recibe moderada agua, se hace más saludable y crece más.

Cubrir las ninfas al niño estando en la cuna, porque Iuno

[556] Apotegma que parte, por ejemplo, de una frase de Séneca, *Hércules loco* 457: «El niño que fue arrojado del vientre de su madre por un rayo.» El artículo está cerca del capítulo 25 del quinto libro de *De genealogie deorum*.

que lo buscaba no le viese, por la cuna se entiende el vaso, y por Iuno el aire corrupto; cubrirle con yedra es que según los naturales, estando sobre las tinajas yedra, preserva el vino que el aire corruto no le dañe cuando se hace, o la frialdad de la yedra hace que cuando el vino hierve no se salga y vierta. Decir que con esto no le buscó más Iuno es que después del vino cocido, y lodado el vaso, el aire no le daña, aunque con él se mueve con sólo darle al vaso. Que Bacho fuese engendrado del fuego, porque la uva viene a maduración por gran calor o porque el vino lo suelen cocer, porque así se guarda más.

Que Bacho se diga *vimatrem*, que quiere decir de dos madres, porque fingen que sacado del vientre de su madre estuvo en el muslo de Iúpiter, hasta que cumplió el tiempo que los niños han menester estar en el vientre de la madre para vivir, esto es porque el vino puesto en un vaso como en el vientre de su madre es menester a cierto tiempo trasegarle en otro vaso, quitándole de la madre en que se coció.

Hacer a Bacho hijo de Iúpiter y Prosérpina es porque los primeros principios de la vid son de la tierra, entendida por Prosérpina, y esta tierra es como materia, y el calor entendido por Iúpiter como artífice. Que durmiese Bacho tres años en casa de Prosérpina es que antes deste tiempo se dice dormir las vides que se plantan, porque no dan fruto por crecer en este tiempo en raíces. Ser Bacho hijo de Iúpiter y Ceres es lo mismo que lo que se dijo haciéndole hijo de Iúpiter y Prosérpina, porque por Ceres se entiende la tierra.

Que los Gigantes despedazasen a Bacho, y sepultado, y volverle Ceres a la vida, entero y mozo: Esto significa la plantación, porque de cada sarmiento que se corta enterrados debajo de tierra, entendida por Ceres, nace de nuevo una vid de que se engendra el vino, que es Bacho. Los hijos de la tierra o Gigantes son los labradores; y según sentido histórico, como dice Eusebio[557], reinando Pandión en Athenas, en el año del mundo de 3896, Bacho, peleando contra Perseo, fue muerto en batalla. Y dice Marco Varrón, poeta,

---

[557] En la *Crónica* 52, 24-26.

que su sepulcro se ve en Delphos, junto a Apolo dorado.

Según Diodoro[558], a Bacho pintan en dos maneras: una con figura muy severa y cruel, con barba larga y figura de viejo, con la cabeza calva, sin pelo; y otra con cara alegre y hermosa, de mozo, sin barba. Por la primera entendían que el vino bebido fuera de medida hace a los hombre terribles y airados, y porque el mucho beber atrae la vejez, por esto le pintan viejo, calvo, porque el vino, puesto que es humido, es tan caliente en virtud y poder que deseca y enjuga muy presto. Por la otra denotaban que bebido con templanza es de gran provecho y utilidad, porque usándolo con moderación dicen los médicos que consume la demasiada humedad de los manjares en el estómago, como bebido demasiado, con su sobrado calor amata el húmedo radical y enflaquece las fuerzas, y vuelve al hombre débil y tembloroso. Hácenle niño o mozo, porque los que mucho se dan al vino son siempre sin cuidado, como los niños, o porque como el niño es ignocente, así el cargado de vino es sin culpa en todos sus hechos y dichos.

Píntanle en hábito de mujer, porque el demasiado beber debilita y afemina las fuerzas, o porque cuando Bacho pasó de Grecia a la India y a otras naciones, inquietándolas, no sólo traía en sus escuadrones hombres, mas también mujeres, no tanto porque hubiese necesidad dellas para la guerra, cuanto porque hubiese siempre vicios y torpezas delante dél; y por esto decían que traía sátiros en su compañía, animales viciosos y lujuriosísimos. Y así dijo Paulo Orosio que Bacho hinchó el mundo de lujurias y bañó la India en sangre, porque como aquellas gentes no eran dadas a la guerra, el aparejo que él traía para destruir lo hizo vencedor, con los que estaban sin miedo desapercibidos. Píntanle desnudo, porque el beber demasiado calienta de manera que no son menester vestidos; o porque quien dél es tocado descubre todas las cosas y nada tiene encubierto; y por esto dice el adagio: En el vino está la verdad[559]. Corónanle de pám-

---

[558] *Biblioteca histórica* 3, 5.

[559] Casi refrán recogido por Erasmo, *Adagia* chiliada 1, 626 [1513:76]: «In vino veritas.»

panos, porque fue el primero que en su tierra plantó viñas, e inventó el uso del vino y el hacerlo y beneficiarlo. Y porque mostró podar, le pintan con una hoz en la mano, y fue el primero que usó corona y el que halló el triunfo. Píntanle con cuernos de toro, porque con el demasiado beber comienzan los grandes a embravecerse y a henchirse de furia como toros, o porque los antiguos bebían en vasos hechos de cuernos de bueyes. O porque, según Diodoro, Bacho mostró uncir los bueyes para cultivar la tierra.

Bacho, mudado en viña, gozó de la hija de Ícaro. Esto significa que el vino bebido algo alegremente tiene fuerza de poner pensamientos deshonestos en corazones castos. Los lobos cervales denotan la virtud del vino, que tomado moderadamente acrecienta el ánimo y la vista, y tomado demasiado, vuelve al hombre mudable, como su carro. Los tigres que tiran el carro denotan las crueldades de los borrachos. Los osos y grifos son los furores y locuras sobre que suben fieramente los tocados del vino, porque están tan sin consideración que desenfrenadamente se lanzarían en cualquier peligro. Conságranle la yedra, porque con su frialdad aprovecha contra la beodez, o porque se finge que las ninfas escondieron a Bacho con yedra, porque no le viese Iuno. O porque así como la yedra enreda a toda cosa a que se allega, así el vino liga los humanos entendimientos. O porque así como la yedra es siempre verde, así el vino no pierde fuerza, como las cosas que se envejecen, antes mientras más se añeja tiene más poderío y virtud, y por esto se coronan los poetas con yedra, para denotar la perpetuidad de los versos. Sacrifícanle el cabrón, porque este animal es muy amigo de pámpanos y daña las vides, o porque así como el vino es dispuesto para la lujuria, así el cabrón es de los más calidísimos animales que hay y muy lujurioso. Y por esto pintaron a Bacho borracho y lujurioso debajo de la figura de cabrón. Inventó Bacho el bordón, porque los vencidos del vino tuviesen en qué se arrimar, y así de Bacho se dijo báculo. Danle por ave la picaza, ave parlera, porque así lo hace el bebedor, que por hablar descubre los secretos que le pueden dañar. Decían también ser Bacho padre del olvido, porque el demasiado beber daña la memoria y hace al hombre rudo y olvidadizo. Y para declarar esto le dedicaron el lince, el cual, puesto que es animal de vista acutísima, es tan olvidadizo, que andando paciendo, si a caso vuelve los ojos para alguna parte, se olvida del pasto que tiene delante y se va a buscar otro. O dedicarle el olvido es para dar a entender que no convenía acordarse los hombres de aquellas cosas que se hacen o dicen, estando comiendo y bebiendo, calientes con el vino, porque no son dignas de hacerse ni de acordarse dellas después de dichas, porque entre las copas, como el entendimiento está movido y medio turbado, dicen muchas veces los hombres que han de hacer cosas ajenas de toda razón, las cuales, dado caso que entonces sean prometidas, no es bien que después hayan memoria para efectuallas. Por eso se dijo el antiguo proverbio: Aborrecí el convidado memorioso.

Las gradas no firmes que se cuentan entre los compañeros de Bacho significan aquellos varios y diversos pasos nunca firmes que dan los que han bebido demasiado.

Son también temerosos o medrosos los que se dan al vino como aquellos que habiendo perdido la razón no saben discernir lo que han de temer ni lo que no.

ARTÍCULO IV

De los nombres de Bacho[560]

Nómbranle Bacho, que suena lo mismo que furor, porque el vino hace furiosos a los que le beben sin medida, o porque el vino nuevo es de ardentísimo furor, que no se puede tener encerrado, como parece cuando hierve. Llámanle por este nombre los tebanos. Otros dicen que se dijo

---

[560] Si el capítulo de Boccaccio, *De genealogie deorum* 5, 25, antes hacía lista con los nombres de Baco, el de Conti, *Mythologia* 5, 13 [1596:426 y siguientes], añade muchas de las explicaciones que copia Pérez de Moya. Todos siguen a Ovidio, *Metamorfosis* 4, 11-19.

Bacho de *vox, vocis,* que significa voz, porque las mujeres que le ofrecían sacrificios iban delante dél dando grandes voces, y con teas y otras lumbres encendidas de noche.

Bromio se dice de *bromin,* que significa consumir, porque el amor desta bebida del buen vino consume la superfluidad de los manjares y ayuda a digirir, como los físicos dicen; mas bebiéndolo fuera de medida, deseca la sustancia y buena humidad y consume la fuerza de los nervios.

Lieo se dice de *ligo, ligas,* por atar o juntar, porque bebido el vino con templanza recoge las fuerzas perdidas y las ayunta y acrecienta; mas bebido desordenadamente, liga o ata el sentido y la razón.

Leneo y Brisseo: estos dos nombres le dieron de las dos diferencias de pintura que primero dijimos, que eran dos estatuas que había en Grecia suyas: la una era de rostro alegre y de mozo delicado, y desta se dijo Lineo, y la otra era de rostro áspero y terrible, y llamóse Brisseo.

Nicteleo se dijo porque hacía venir las tinieblas al sentido. Ignigena significa cosa de fuego, porque engendra calor en los que le beben.

Nato, de nuevo, porque fue nacido otra vez, y por esto le dicen hijo de dos madres, porque primero nace la uva, y de la uva sale el vino.

Ehuan es una interjeción de loar a Bacho, que significa buen muchacho, reformador de la uva, porque fue el primero que plantó vides en su tierra.

Fue llamado Dionisio, según san Isidro[561], porque nació o fue criado en un monte de la India, llamado Nisa. O díjose así, casi dios de Nisa, porque por tal le adoraban allí, como quien dijese dios de Nisa.

Niseo se dice de la ciudad de Nisa, donde fue adorado, o de Nisa, una de las cumbres del monte Parnaso, a él consagrada.

Eleo se dice de Elea, ciudad donde grandemente era reverenciado.

Liber Pater se dice, según Séneca[562], porque estando uno

---

561 Véanse las *Etimologías* 8, 11.

562 En el libro *De tranquilitate* 17, 8.

borracho, queda libre de todo cuidado y de otros negocios en que los cuerdos suelen ocuparse, y acarrea libertad a los hombres, porque los siervos, estando beodos, les parece estar libres de la subjeción de la servidumbre, o piensan haber rompido las ligaduras o cadenas de la servidumbre. Mas según la opinión de Macrobio[563], por este Padre Liber entendieron el Sol, que era de los antiguos tenido por padre de todas las cosas, y así lo entendió Vergilio, donde comienza: *Vos o clarissima mundi,* etc. Porque Bacho, de quien tratamos, no es aquel que hace el año, como dice Vergilio[564] y Macrobio; mas éste es el Sol. Basareo, se dice porque sus ministros que le hacían sacrificios se llamaban así, o andaban vestidos de vestiduras así llamadas.

CAPÍTULO XXIX

De Hymineo

Hymineo, según Alberico[565], fue hijo de Bacho y de Venus. Teníanle por dios de los padrinos o de los casamientos. Otros autores dicen ser hijo de Apolo y de Calliope. Catulo[566] le da por madre a Urania. Llevaban con cantares su estatua en las bodas. Según la verdad[567], Hymineo no es cosa alguna que sea dios de las bodas, como no haya tal divinidad. Mas los gentiles, según sus opiniones o principios poéticos, para todas las cosas dieron dioses, como no pudiesen haber algún dios que para todas las cosas bastase, y estas divinidades ellos las fingían, según les parecía convenir a

---

[563] Citado por Boccaccio, se refiere a las *Saturnales* 1, 19.

[564] Verso de las *Geórgicas* 1, 7, citado por Conti [1596:429].

[565] *Alegorías* 4, 2. Tomado muy de cerca de todo el capítulo 26 del quinto libro de Boccaccio, *De genealogie deorum.*

[566] Véanse los *Carmina* 61.

[567] La verdad es la que representa Lactancio, *Comentarios a la Tebadia de Estacio* 3, 283, citado sin indicación por Boccaccio, *De genealogie deorum* 5, 26.

aquellas cosas en las cuales daban la divinidad. Las bodas consisten en ayuntamiento de nuevo carnal, de donde aquellas cosas deben ser dichas del dios de las bodas que a este ayuntamiento mueven. Esto hacen Bacho y Venus: por Bacho se entiende el vino, y por Venus los deleites carnales. Estas dos cosas son las que mueven al ayuntamiento y deseo de los deleites, significados por Venus, y ardor interior, causado por el vino, el cual es Bacho, porque el vino escalentando las entrañas nos mueve mucho a lujuria, y el ardor causa el deseo; y por esto dice el Apóstol[568]: *Nolite inebriari vino in quo est luxuria.* Quiere decir: No os embriaguéis de vino, en el cual está la lujuria. Y por esta causa dijeron los autores ser Hymineo dios de las bodas, hijo de Bacho y de Venus. Derívase Hymineo de *hyemen,* nombre griego, que significa una tripa en que se envuelve en el vientre la criatura, llamada en vulgar la madre; en aquélla se hacen todos los concebimientos; y dieron tal nombre a este dios porque parece que todas las bodas se hacen a fin de engendrar.

Otros dicen que Hymineo es hijo de Bacho y de Venus, porque en las bodas hay dos cosas: la una es fiesta alegre, como cantares y alegría y músicas. Esto denota Bacho, que los poetas le pusieron por dios del alegría, como lo dice Oracio[569]: *Ascit letitiae Bacus dactor.* Quiere decir: Venga el dios Bacho, que es dador de alegría. Por estas músicas y alegrías dijeron otros ser sus madres Calliope y Urania; lo otro, el carnal ayuntamiento, esto se entiende por Venus. Otros dicen que Hymineo fue hombre verdadero y fue recibido entre los gentiles por dios de las bodas, porque fue inventor dellas; y porque estando en fiestas de unas bodas fue muerto, cayendo sobre él la casa, fue por esto tomado en costumbre que todos los que se casasen le hiciesen sacrificios, por aplacar su saña, para que no les hiciese mal creían que éste, estando entre las ánimas infernales, le pesaría que bodas hiciesen los otros ni que tomasen gozo en aquello en que a él le costó la vida; y porque deste enojo no les hicie-

[568] *Epístola a los efesios* 5, 18.

[569] En verdad es verso de Virgilio, *Eneida* 1, 734: «adsit laetitiae Bacchus dator.»

se mal, honrábanle como supersticiosos, que a todas las cosas que les podía dañar o aprovechar honraban por dioses.

CAPÍTULO XXX

DE SILENO

Aunque hubo muchos Silenos[570], de uno, el más antiguo de todos, hacen mención los escriptores; el cual no consta cúyo hijo fuese, mas de que nació en Malea, ciudad de la provincia Laconia. Catullo[571] dice que nació en Nisa, ciudad de Indias, donde dijimos haberse criado Bacho. Deste Sileno dice Vergilio[572], donde comienza: *Silenum pueri*, etc., que casi siempre estaba beodo. Y Ovidio en dos versos que comienzan: *Ebrius ecce senex*[573], dice que siempre parecía dormir y andar embriagado. Y en otra parte[574] dice también andar titubeando, o medio cayéndose, con una cañaheja en la mano por bordón, y sobre un asnillo, y en compañía de los sátiros acompañar a Bacho, y que era viejo ventrudo.

Dicen[575], otrosí, que porque ayudó a Iúpiter contra los Gigantes, que su asno con que había servido en la guerra, lo puso entre las estrellas.

---

[570] Este capítulo es traducción de lo expuesto por Conti, *Mythologia* 5, 8 [1596:391].

[571] Véase *Carmina* 64, 252. Citado por Conti.

[572] Verso 14 de la sexta *Égloga*.

[573] Mejor así el verso 543 del *Ars amandi* 1: «Silenus senex eius [Baco] alumnus dicit.» Citado por Boccaccio, *De genealogie deorum* 5, 25.

[574] El mismo Ovidio en *Metamorfosis* 4, 25-27.

[575] Lo dice, por ejemplo, Arato en los *Fenómenos* 892-895 (citado sin indicación por Conti), cuando introduce la composición de El Pesebre. La teoría que relaciona a los Sátiros con la Gigantomaquia y la ayuda a Zeus de los rebuznos de los asnos también la cuenta Higinio, *Poeticon astronomicon* 2, 23, 3, y Eratóstenes, *Cat.* 1. Estas dos notas en Arato [1993].

Declaración

Por lo que se dice de Sileno quisieron los antiguos declarar los daños que causa el vino en los que dél usan con desorden, porque el vino y la embriaguez hace gordos y ventrudos; y por la mayor parte carga la cabeza y hace andar titubeando y lleva más presto a la vejez; por esto dicen ser Sileno viejo y ventrudo y andarse cayendo con un bordón. Y porque los que se dan al vino sin medida son lujuriosos, por esto dicen que Sileno y los sátiros, que denotan la lujuria, acompañan a Bacho; y porque las más veces son tardos y espaciosos e inútiles para los negocios los que suelen beber más que conviene, por esto dicen que andaba en un asno, animal espacioso, y que parecía siempre dormir. Y porque el vino da ánimo a los que siguen el trabajo de la guerra, dice que Sileno ayudó a Iúpiter contra los Gigantes; y para exhortación de los daños que el vino hace, dijeron los antiguos que su asno había sido puesto entre las estrellas.

CAPÍTULO XXXI

De Midas

Midas[576], hijo de Gordio y nieto de Oriconio, rey de Dardania, que después se dijo Troya, fue rey el más rico de todos los reyes de su tiempo. De quien dicen los poetas que Sileno, compañero o, según otros, amo de Bacho, como una vez por la embriaguez no pudiese seguir a Bacho y se quedase en el camino, unos criados de Midas hallándole en cierto monte de Phrigia, se lo llevaron; y como conociese

[576] La historia del rey Midas que se cuenta aquí parte de Conti, *Mythologia* 9, 15, y de Ovidio, *Metamorfosis* 11, 85-194.

Midas que Sileno era criado de Bacho, hízole buen tratamiento, y después, según Ovidio[577], le fue a presentar a Bacho. Otros dicen que Bacho, echando menos a Sileno, volvió a buscarlo, y sabiendo que estaba en poder de Midas, fue allá; y como Midas le recibiese y hospedase bien, y gastase mucho de un modo y otro, Bacho, como más poderoso, le ofreció que le pidiese el don y merced que más le pareciese, porque se la otorgaría. Midas, que era muy codicioso, le demandó que cuanto con las manos tocase, todo se tornase oro. Mucho pesó a Bacho de tan loco y desatinado don como Midas demandaba; mas como lo había prometido, otorgóselo. Midas, muy alegre, no veía la hora de ir a hacer expiriencia; procuró partirse presto de la presencia de Bacho, y caminando como iba, asió luego una vara de fresno, y a la hora se tornó oro; alegróse mucho con la experiencia, porque entendió sería el más rico de los reyes; y llegado a su casa, mandó que le diesen de comer, y cuando se lavó las manos, las gotas que del agua caían en la fuente tornábansele gotas de oro, lo cual todo mandaba guardar; mas cuando vino a comer del pan y de las viandas, como todo se le tornaba en oro, moría de hambre, de lo cual se halló muy afligido; y tiniéndose por engañado, viendo que de oro no podía sustentarse ni vivir, hubo de volver a Bacho a suplicarle le quitase tal virtud. Bacho, habiendo dél piedad, díjole: Midas, ve a un río que es en la tierra de los sardos y báñate allí la cabeza y quitársete ha. Fue Midas y hizo lo que Bacho le mandaba, y quitósele. Y dicen los poetas que la virtud del Midas aun quedó en el río, que allí hallan hoy día oro, y que a Midas aun todavía le quedaron las manos temblantes.

Declaración

Por esta historia de Midas nos declaran los poetas los daños que se siguen de la cobdicia, para que veamos que más mata la riqueza que la pobreza. Midas se dice de *midenidon*,

---

577 Con más detalle en *Metamorfosis* 11, 90 y siguientes.

que quiere decir ninguna cosa sabe, porque el avaro, como lo era Midas, sólo es un bobo humilde que no sabe aprovechar a sí, sino sólo servir al dinero. Y así por ser Midas muy cobdicioso, pidió a Bacho que era un gran príncipe de su tiempo, que le diera alguna cosa. Este Bacho le dio un puerto de mar en que había grandes montañas. En lo que dice la fábula que para probar la virtud tomó una vara de fresno en las manos y que se tornó en oro, no es otra cosa sino que envió madera en cantidad de sus montes, que la tenía muy buena, a otras tierras, de que hubo mucho oro. En lo que dice que cuando se lavó las gotas de agua se hacían granos de oro, no era sino que todas aquellas ganancias le venían a él sobre el agua. Convertírsele a Midas todo lo que tocaba en oro es que, siendo hombre avaro, era tan dichoso que todo cuanto emprendía le sucedía bien, y mientras más allegaba, más crecía el deseo de más tener, conforme lo que dice Ovidio[578]: Cuanto crece la riqueza, tanto crece el avaricia; o porque mientras más tenía, menos gastaba; y así lo que ahorraba se le hacía oro, dejando de gastar lo que convenía a su estado. Decir que se moría de hambre es que todo hombre amador del avaricia muere de hambre.

Volverse Midas a Bacho a rogar le quitase la virtud o ardentísimo deseo o codicia de riquezas, y enviarle al río Pactolo, que se lavase, esto no es otra cosa sino una apariencia de bien en el avaro, que es cosa deleznable y que huye como el agua. O según Sócrates, es que Midas gastó su patrimonio en acequias para que el río Pactolo regase su provincia, y por la fertilidad que dello se siguió, dice que le quedaron las arenas de oro. O según otros, fue que Bacho, oyendo su escaseza, le mandó hacer un edificio de muy gran costa, porque no halló otro mejor modo para quitarle la escaseza que con incitarle a edificar, porque desto huye la avaricia, convidando siempre a alargar la mano, de suerte que muchos con la dulzura dello empobrecen. Y así dicen algunos que no sólo tomó cobdicia de acabar el edificio que Bacho le mandó, mas aun de su voluntad comenzó los muros de Troya, aunque hizo en ellos poco. Mandarle Ba-

---

[578] En el mismo párrafo citado en las notas anteriores.

cho ir a lavarse a aquel río más que a otro fue por declarar la propiedad que aquel río tenía, que era hallarse oro en sus arenas, según dice Ovidio[579], en seis versos que comienzan: *Rex Iussae succedit*, etc.

Que a Midas le quedasen las manos temblosas o temblantes esto es decir que nunca perdió la escaseza, que aun todavía lo que gastaba lo daba avarientamente con demasiado recato.

Prosigue la fábula de Midas

Después que el dios Bacho quitó a Midas la propiedad de convertir lo que tocase en oro, dicen los poetas que aborreciendo las riquezas y desamparando las ciudades, se fue a vivir a las aldeas, donde en unos campos había un alto monte, llamado Timolo, rodeado de muchos prados, en donde Pan, dios de los pastores, que era medio hombre y medio cabra, siempre estaba cantando y tañendo con sus alborgues, con que hacía tan buen son que Midas a otro Dios no servía ni sacrificaba, pareciéndole no haber en el mundo quien mejor tañese y cantase. Aconteció que Apolo (que otros dicen Phebo) bajó del cielo a contender con Pan, sobre quién tañía mejor; y para ello pusieron por juez a un viejo llamado Timolo, así como el monte, por ser persona sabia y justa. Y habiendo ambos tañido y cantado, como largamente toca Ovidio[580], en nueve versos, que comienzan: *Pana iubet Timolus.* Quiere decir: Mandó Timolo a Pan que se rindiese y conociese ventaja a Phebo. Este juicio de Timolo agradó a todos los circunstantes, sino a Midas, que decía que Pan lo había hecho mejor. Phebo, habiendo gran despecho desto, tratóle como a bobo; y viendo su obstinación, dijo: Pues tan vivo tienes el sentido del oír, yo haré que sea mayor; y mudóle luego las orejas en orejas de asno, haciéndoselas largas y vellosas. Midas, cuando sintió

---

579 Tomado de la cita de Conti, *Mythologia* 9, 15 [1596:855], pero Ovidio, *Metamorfosis* 11, 147.

580 *Metamorfosis* 11, 171 y siguientes.

que tenía orejas de asno, hubo gran vergüenza y no menor dolor; mas lo más presto que pudo, luego que fue partido de allí, cubriólas con unos velos colorados, porque no lo supiese ninguno, y por esta causa él se hacía afeitar de un su criado, de quien mucho se fiaba. Este criado, como él solo lo sabía, no lo osaba descubrir a ninguno; mas al fin no lo pudo tanto callar, que no dijese siquiera a la tierra; y para esto fuese un día a un prado, donde hizo un grande hoyo, y metiendo allí la cabeza, dijo algunas veces: Mi señor Midas, orejas de asno tiene. Cuando fue bien satisfecho de decirlo, volvió a cubrir el hoyo con la tierra que dél había sacado y piedras, y fuese. De allí a pocos días nacieron en aquel lugar cañaveras, y lo que el siervo había dicho: Mi señor Midas, orejas de asno tiene, las cañas, hechas flautas, asimismo lo decían, por lo cual el secreto fue poco a poco descubierto y divulgado por el mundo.

Declaración

Que Midas se fuese a las aldeas y no hiciese sacrificios a otro dios sino al dios Pan quiere decir que se daba a criar ganados y a labrar la tierra; y porque los pastores y labradores habitan poco en las ciudades, más en los montes y cortijos, por esto dice que dejó las ciudades. Decir que el dios Pan, a quien veneran los rústicos pastores, era medio hombre y medio cabra es para declarar que muchos pastores y hombres del campo, tiniendo la figura de hombre, gastan la vida como animales, pasándoseles el año sin ver a Dios ni oír su palabra. Estar Pan siempre tañendo y cantando denota que los pastores siempre están velando con sus ganados y pensando cómo les multiplicarán.

Que Midas juzgase cantar mejor Pan que Apolo no es de maravillar, porque los que tienen corrompido el juicio estiman siempre en más las cosas terrenales de Pan que las celestiales de Apolo. O porque en los de grosero entendimiento no caben delicadezas, por esto le parecía mejor la rústica música de Pan que la delicada de Apolo. Que entre Apolo y Pan hubiese competencia o disputa sobre el tañer y cantar, esto es que un día se ayuntaron los de aquella comarca y tuvieron disputa sobre cuál era más razón de ser adorado, el dios Pan o el dios Apolo. Quiere decir, que cuál era mejor, seguir el ganado y labranza, o las sciencias. Y porque este Midas no curó de los saberes, por esto dice que juzgó por mejor la música de Pan que la de Apolo; porque era necio, no concedía ventaja a Apolo.

Convertirle a Apolo las orejas en orejas de asno quiere decir que vivió tan necio como un asno, que es animal sin seso, que esto quiere decir asno. Otros dicen que porque oía mucho se fingió tener orejas de asno, porque el asno tiene este sentido más acutísimo que otro ningún animal. Otros dicen que fingieron esto porque tenía muchos acechadores o espías que le traían nuevas de lo que pasaba entre sus vasallos y enemigos. Callísthenes[581] dice que en Phrygia había dos collados o cerros que se llamaban orejas de asno, y en ellos había ciudades fuertes, de las cuales muchos ladrones acometían a los caminantes. Y como Midas combatiese estas ciudades y las rindiese a su dominio, y castigase los ladrones, se dio principio a esta fábula, que se dijese que tenía orejas de asno. Decir que porque no le viesen las orejas se cubrió con velos colorados, esto es que los que padecen alguna afrenta o vergüenza les acude la sangre al rostro, que es la parte con que se siente, poniéndose el rostro colorado. Temer que no le viese nadie tener orejas de asno es que siendo necio fingía ser sabio, y cuanto más procuraba encubrirlo con oro e dignidad y grandeza, tanto más sus propias costumbres, que son pregoneros, lo descubrían a sus criados, y éstos a todo el mundo, figurado por la tierra que produce las cañas, que son las trompetas de los escriptores y poetas, que van descubriendo por todas partes todas las bestialidades y sucesos de los hombres.

---

[581] Véase Jacoby, *Die Fragmente* 124F7b, para el *De navegación*. Citado por Conti, *Mythologia* 9, 15, y por Álvarez-Iglesias [1988:700].

CAPÍTULO XXXII

DE IANO

Iano fue un hombre el más excelente[582] entre los aruncos y más antiguo rey de Italia, y el primero que allí cuñó moneda con armas y letras, y el que comenzó a hacer templos en honor de los dioses, y ordenó el modo de los sacrificios, en donde después él fue adorado por Dios y como hallador o inventor de los sacrificios usaban los romanos, que jamás hacían sacrificio a los dioses que primero no llamasen o invocasen a Iano. Así lo dice Macrobio[583] y Cicerón[584], y por esto mismo le sacrificaron el primer mes del año, que es enero, y le llamaron Ianuario en latín, del nombre de Iano, como se colige del capítulo último del octavo libro de las *Etimologías* de san Isidro; hacían esto porque creyeron que Iano estaba de contino a la puerta del cielo, de modo que no podían los ruegos y preces de los mortales pasar a los otros dioses si Iano no les concedía la entrada, y por esto le dijeron Iano, de *ianua,* que quiere decir puerta. Decían que las puertas del cielo eran dos, la una al Oriente, por la cual sale el Sol cuando viene a dar lumbre al mundo, y la otra al Occidente, por donde entra cuando da lugar a la noche. De aquí se entiende el Sol por Iano, y por esto dicen tener la guarda de las puertas del cielo Iano, porque tiene libertad de entrar y salir; y por esto le pintan en un trono real con llaves en las manos y dos caras, una adelante y otra atrás; y por esto entendieron el Sol, para denotar que no tiene necesidad el Sol de volver el rostro para ver a una parte y a otra del mundo, o para denotar la prudencia de que ha de estar adornado el rey. Por la cara primera se denota la me-

582 Calificativo que parte de Plutarco, *Vidas paralelas: Vida de Numa*, citado por Conti, *Mythologia* 2, 2 [1596:102].

583 Muy parecido es el relato de Macrobio, *Saturnales* 1, 7-9.

584 Véase *De natura deorum* 2, 67.

moria de las cosas y acaescimientos pasados. La segunda denota la provisión justa y discreta en las cosas por venir. En memoria destas dos caras adoraron los romanos dos diosas, llamadas Anteverta y Postverta, dando a entender que el rey todas las cosas pasadas y por venir debe saber y prevenir, para gobernar bien lo presente. Estas dos caras, la una era de mozo, desbarbada; la otra de viejo, con barbas; por la cara vieja denotaban el tiempo pasado, y por la de mozo el venidero. Y a esto llamó Terencio[585] prudencia o sabiduría, cuando dijo: *Istuc est sapere non quod ante pedes es videre, sed futura prospicere.* Quiere decir: Esto es saber, no sólo ver lo que tenemos delante los pies, mas también lo por venir.

Otros entendieron por la dos caras de Iano dos lumbres que tiene el ánima: una natural, que juntamente nace con ella, con que conoce las cosas del mundo, y la otra divina e infusa de la bondad de Dios, con la cual se levanta al cielo y contempla las cosas divinas; y por ésta es entendida la cara de mozo alegre, y por la vieja y barbada se denota la natural, porque las cosas que proceden de naturaleza se mudan y envejecen y ven como en tinieblas; la otra es resplandeciente y va a mirar al Eterno Dios.

Las llaves[586] o sceptro con que le pintan es por denotar que el Sol gobierna el mundo, abriendo cuando viene el día y cerrando cuando viene la noche. Y de aquí viene que Iano fue creído ser el mismo que el dios Portuno, que era tenido por guardián o guarda de las puertas, a quien atribuían tener en la mano una llave como Iano. Y de aquí vino otro dios llamado Gardini, que era dios de los quiciales de las puertas. Iano, que es el Sol, no sólo abre a la mañana y cierra la noche, mas hace el año, porque él le abre cuando a la primavera hace que la tierra comience a producir hierbas y flores, y cerrándolo todo en el invierno, privándola desta frescura, cubriéndola de blanca nieve. Algunos dijeron que Iano era el Chaos, que fue aquella confusión de todas las

---

585 En la comedia *Adelfos* 386-387, escena tercera del acto tercero. Mal citado en el texto, que debería ser así: «Istuc est sapere non quod ante pedes malo est videre / sed etiam illa quae futura sunt prospicere.»

586 Imágenes tomadas de Ovidio, *Fastos* 1, 95 y siguientes.

cosas de antes que fuese hecho el mundo, según Ovidio en el libro primero de los *Fastos,* dice que por eso tiene Iano la una cara barbada y espantosa y escura, y la otra de mozo, hermosa y alegre, que denota la hermosura que procedió de la distinción de las cosas que del Chaos procedieron y del admirable orden del Universo, y que por esto fue adorado por Dios del principio, a quien fueron atribuidos los principios de las cosas. Otros le pintaron con cuatro caras, que miraba con ellas a las cuatro partes del mundo: Oriente y Occidente, Mediodía y Septentrión, a denotar que todas las abrazaba Iano y las consideraba, porque los poetas antiguos solían decir que Iano era el mundo; pero todas estas pinturas repugna san Augustín[587]. Otros quieren que estas cuatro caras denoten los cuatro tiempos del año, que son verano, estío, otoño, invierno; y como estos tiempos son diversos, las pintaban con aspecto diverso. Y por esto mismo ponían a los pies de Iano doce altares, por los cuales entendían los doce meses. Destos cuatro tiempos del año, o por los doce signos del Zodíaco, por donde el Sol hace su curso en todo el año. Y para denotar los días que el año tiene, escribe Plinio[588] y Macrobio[589] que Numa, rey de romanos, hizo una estatua de Iano, que con los dedos de la mano derecha mostraba trescientos, y con los de la mano izquierda sesenta y cinco, que todos hacían trescientos y sesenta y cinco, tantos como días tiene el año, como mostramos en nuestra *Aritmética*[590], y por esto daban a entender ser Iano presidente del año. Era asimismo tenido Iano por dios de la guerra y de la paz; y estas dos cosas tenían estar en su mano, y a este fin edificó Numa Pompilio en Roma un templo a Iano. Y cuando se determinaba en el Senado tener guerra, un cón-

[587] Fuente principal para este asunto es *De civitate Dei* 7, 7-9.
[588] Véase la *Historia natural* 34, 7.
[589] En las *Saturnales* 1, 9.
[590] Véase el capítulo nueve del décimo libro de la *Aritmética práctica y especulativa* del propio Pérez de Moya. En la edición de la *Aritmética* de 1798 se pueden encontrar estos datos en el libro 8, capítulo 6 citando a Plinio, a Macrobio y a Erasmo, a quien no se atreve a nombrar en 1585, y mucho menos al texto erasmiano «Exposición del libro de san Jerónimo contra Joviniano».

sul abría las puertas deste templo, y estaban abiertas mientras la guerra duraba, y esto era por dar buen agüero a los que hacían la guerra, para la vuelta. Y cuando estaban cerradas era señal de paz, denotando por ello que la guerra estaba encerrada y presa en aquel templo. Este Iano recibió a Saturno por compañero en su reinar, cuando fue huyendo de Iúpiter. Algunos dicen que Iano fue Noé, al cual los armenios le pusieron por sobrenombre Iano, según Beroso[591] y esto por la invención que halló del vino, porque en lengua armenia Iano quiere decir *venifer,* que quiere decir el que trae vino o vides, porque él plantó viña después del diluvio universal, e inventó el vino, como se lee en el volumen sagrado[592]. Dicen también que él enseñó la sagrada teología, y cómo había de ser reverenciado Dios y adorado con sacrificios, y así enseñó otras cosas muy necesarias y útiles; créese que fue el mismo Iano Noé, por los varios nombres que le pusieron diversas gentes, porque fue dicho Sol, Chaos, Cielo, simiente del mundo, padre de los dioses, ánima del mundo, que mueve los cielos y los elementos, los animales y a los hombres. Dios de paz, de justicia, de santidad, que desecha lo malo y guarda lo bueno, aunque algunos dudan ser Noé Iano.

CAPÍTULO XXXIII

DE EOLO

Eolo, según Theodoncio[593] y Paulo Perusino, fue hijo de Iúpiter y de Sergesta, hija de Hippotes Troyano, y hermano de Acestes; déste dice Ovidio[594] y otros poetas que fue dios

---

[591] En el libro sexto de sus *Antigüedades* describe a Jano Beroso.

[592] Origen explicado en *Biblia: Génesis* 9, 20.

[593] Consúltese Boccaccio, *De genealogie deorum* 4, 54 y 13, 20. Las citas del ignoto Teodoncio y de Paulo Perusino son del supradicho Boccaccio. Otra fuente es Conti, *Mythologia* 8, 10 [1596:731].

[594] Comprobar las *Metamorfosis* 11, 748 y 13, 223.

de los vientos, y que se los había entregado Iúpiter para que fuese rey dellos, y que se los dio encerrados en una cueva obscura y honda, y sobre la cueva estaba puesta la grandeza de la tierra de un monte, en la cual los vientos peleaban contra el monte, procurando con violencia salir.

Estaba Eolo en una torre alta, con un sceptro real en la mano; y si no amansase las sañas de los vientos, llevarían consigo rastrando por el aire el mar, y las tierras, y el cielo, y así refrenaba los vientos cuando quería, y les dejaba salir.

Dicen más: que Eolo tenía el reino de mano de Iuno, y no de Iúpiter.

Declaración histórica

Plinio[595] dice que Eolo fue hijo de un heleno, que halló la razón de los vientos y tuvo en ellos grande experiencia. Éste reinó en unas islas cercanas a Sicilia, que algunos llamaron Eolas; deste Eolo, como primero, según Strabón[596], se llamasen Strongyle, por la redondez de sus sitios, y otros las llamaron Vulcanias, de Vulcano. Eolo salió doctísimo en el pronosticar por los vapores el cuándo se habían de levantar vientos y cuándo habían de cesar, y qué vientos fuesen, como si los tuviera encerrados, para que cesasen cuando decía o saliesen cuando le pareciese. Y de aquí vinieron los ignorantes de su tiempo a tenerle por dios de los vientos; mas cierto es que Eolo fue hombre verdadero y, por consiguiente, haber tenido padre y madre. Que le den a Iúpiter por padre pertenece más a poético fingimiento que a la verdad, aunque Iúpiter también fue hombre verdadero y que tuvo hijos; empero no fue Eolo en su tiempo, según Eusebio[597], que fue más antiguo; mas dijéronlo así los poetas, según su costumbre, porque cuando algunos hombres habían hecho altos hechos o hallado algunas novedades de gran provecho, aunque ellos fuesen de bajo lugar, por en-

---

595 En el séptimo libro de la *Historia natural* capítulo 56.
596 En el libro sexto de la *Geografía*.
597 En la *Crónica* [1512:40].

salzar su linaje llamábanlos hijos de algunos dioses, y aunque fuesen de alto linaje, porque todo linaje de hombres es mortal, decían que eran hijos de dioses; y esto mayormente convenía a Eolo, al cual no sólo daban algunos hechos grandes, mas aun le atribuían poder divinal, diciendo que él tenía poder sobre los vientos para tenerlos presos y soltarlos, y por esto le hicieron hijo de algún dios; y por cuanto el mayor de todos los dioses era Iúpiter, dijeron que era hijo de Iúpiter, aunque lo fue de Heleno, como al principio dijimos.

Sentido moral[598]

Por Eolo entienden la razón; por los vientos, los deseos sensuales del hombre. Decir que Iúpiter dio los vientos en poder de Eolo para que él fuese rey dellos, esto denota que Dios, que es sobre todas las cosas, aunque hizo los deseos nuestros pasionales (según la naturaleza), no quiso que fuesen libres, para que según ellos hubiésemos de obrar; mas hizo que estuviesen sujetos a la razón, por la cual quiso que fuesen regidos, y hizo a la razón tan poderosa que los pudiese mandar y gobernar. Dice que los encerró en una cueva honda y escura. Esta cueva denota nuestros cuerpos, en donde están nuestros deseos y apetitos y dél se levantan. A estas pasiones llama el Apóstol[599] deseos de carne. Dice ser esta cueva honda y escura, porque lo de dentro de nuestro cuerpo no es conocido, y mucho menos los deseos, y están secretos. Y así dice el Apóstol[600]: *Nemo novit quae sunt in homine, nisi spiritus hominis qui est in eo*. Quiere decir, no hay alguno que conozca qué es lo que está en el hombre, salvo su espíritu, que está en él.

Dice que sobre esta cueva está puesta la grandeza de la tierra de un monte. Esto significa la fuerza y poder que tie-

---

[598] El Sentido moral lo comparte Pérez de Moya con Conti, *Mythologia* 8, 10 [1596:736].

[599] En la *Biblia: Epístola a los gálatas* 5, 16.

[600] Versículo 11, capítulo 2 de la *Biblia: Epístola a los corintios.*

ne la razón sobre los deseos, y la dificultad o imposibilidad que los deseos tienen para salir de ordenanza de la razón, si ella no se rinde y diere lugar; y por esto dice que los vientos andan dentro de la cueva haciendo grande ruido, viendo si pueden derriballo, por salir así los pensamientos y pasiones, andan dentro del hombre turbándole y dándole guerra, como dice el Apóstol[601]: *Caro concupiscit adversus spiritum, spiritus adversus carnem.* Quiere decir: La carne cobdicia contra el espíritu, y el espíritu codicia contra la carne. Llama carne a los deseos pasionales; llama espíritu a la razón, por cuanto los deseos malos son de parte del cuerpo o carne, y la razón del espíritu.

Decir que Eolo está en una torre alta y que tiene el sceptro real en la mano denota que la razón, entendida por Eolo, está en silla alta, porque la razón está según los sabios en el celebro, y las pasiones en otros miembros más bajos. El sceptro que tiene en las manos significa la fuerza y poder natural que tiene la razón sobre los malos deseos; y porque este poder usa el entendimiento sobre los deseos, dice que tiene el sceptro en la mano.

Lo que dice Vergilio[602] que si Eolo no amansase las sañas de los vientos llevarían consigo rastrando por el aire, el mar y las tierras y cielo, significa que la razón, si no amansase o subjetase los deseos del mal apetito, algunos del todo quitándolos, otros templándolos y midiendo menos de lo que ellos quieren, perecerían todas las cosas, porque si a todos sus deseos cada hombre diese lugar, no los refrenando con algo, el ser perdería y a los otros hombres destruiría, porque todos los males que en el mundo hasta hoy vinieron y vendrán son por dar lugar a los malos deseos; y porque si éstos no se refrenasen, no dándoles suelta por amor de Dios o por miedo de mayores males, o por vergüenza de los buenos, o por otros respetos que retraen a los hombres de no cumplir todos sus deseos, vendrían grandes males. Por esto dice la fábula, el mar, y tierra, y cielo, porque en el mundo

---

601 También de la *Biblia: Epístola a los gálatas* pero 5, 17.
602 En la *Eneida* 1, 52 y siguientes.

no vemos otra cosa, y esto es todo el mundo; y por todo el mundo se entiende todo el estado del hombre, alto y bajo, grande o pequeño, porque el hombre se dice microcosmos[603], que quiere decir mundo pequeño, que no perdiese del todo o se pusiese en peligro de perderse, si Eolo, que es la razón, templando los deseos con su fuerza y sufrimiento, no los amansase, para que menos daño hagan. Y es de saber que los miembros de nuestro cuerpo, así como las manos, ojos, obedecen a nuestra voluntad y razón, así como siervos, no pudiendo hacer otra cosa salvo lo que les mandamos, y hácenlo tan presto que aun apenas podemos saber si lo mandamos o si ellos de sí mismo lo hacen; los deseos pasionales, según dice Aristóteles[604], no así obedecen lo que les mandamos, luego como lo mandamos, mas resisten mucho en tanto que tenemos dificultad y trabajo grande en sojuzgarlos; empero al fin con esta resistencia obedecen, aunque de mala gana, como rogándoselo o declarándoles ser malo lo que ellos inclinan.

ARTÍCULO I

CÓMO IUNO ROGÓ A EOLO ENVIASE VIENTOS CONTRARIOS SOBRE LA FLOTA TROYANA

Escribe Vergilio[605] que airada Iuno contra Eneas y la flota truyana, rogó a Eolo enviase vientos contra ella; y para ponerle codicia que hiciese lo que le encomendaba, le ofreció por mujer a Deiopea, una de las más hermosas ninfas de catorce que en su servicio tenía.

---

603 Véase la nota 125.

604 Ideas semejantes se pueden interpretar en la *Política* 1, 2, fragmento 1252a.

605 Véase la *Eneida* 1, 65 y siguientes; y aquí el comentario de Servio que se cita luego.

Declaración

Fingen que Iuno, después que Paris en el juicio de la manzana de oro juzgó contra ella en favor de Venus, tomó grande enemistad contra troyanos, de cuya generación era Paris y Eneas y todos los que de la crueldad de los griegos escaparon; y porque en común los varones se suelen mover por deseo de nobles y hermosas figuras, y como el amor sea fuerte pasión, para mover Iuno a Eolo, le ofreció a Deiopea, una de las catorce ninfas que fingen servirle. Estas ninfas denotan las nubes, y pone número cierto por incierto; y porque las nubes se engendran en el aire, entendido por Iuno, y están en él, por esto dicen servir a Iuno.

Prometer a Eolo por mujer a la ninfa Deiopea es que de las nubes se suele engendrar agua, y de las aguas movidas se engendran vientos. Y danle la nube por mujer a Eolo porque siempre tenga de que se engendren los vientos, cuyo rey o padre es Eolo. Así lo declara Servio.

Artículo II

De lo que Eolo respondió a la petición o ruego de Iuno

Eolo, mostrándose agradecido, dijo a la diosa Iuno que ella le daba aquel reino tal cual era, y el sceptro real, y le reconciliaba con Iúpiter, haciéndole otrosí que a la mesa de los dioses se asentase. Así lo dice Vergilio[606], donde comienza:

Tu mihi quodcumque hoc Regni, tu sceptra Iouemque.
Concilias, tudas epulis, accumbere diuinum,
Nimbrorumque facis, tempestatumque potentem.

[606] Estos tres versos que siguen pertenecen a la *Eneida* 1, 78-80.

Quiere decir: O diosa; tú me das este mi reino tal cual es; tú me das el sceptro real; tú haces que Iúpiter me ame; tú me das que me asiente a la mesa con los dioses, y me haces poderoso sobre las pluvias y tempestades de vientos.

Declaración

En que Eolo, habiéndole menester Iuno, tanto contase lo que él le debía a ella, se denota un hombre agradecido que no mira lo que él hace, ni puede hacer en provecho de otro, ni se acuerda de otra cosa sino de relatar lo que él ha recibido; y esto era que como Iúpiter le había dado los vientos en su poder, y de su mano los tenía, y porque se los podía quitar cuando quisiese, y darlos a otro; y Iuno podía hacer que se los quitase, y no lo hacía, antes le ayudaba a perseverar en su gracia, y amor, por esto se lo agradecía; y así contaba lo que della había recibido, sin tener cuenta con la gran paga que por ello le ofrecía.

Decir Eolo que tiene el reino por Iuno es que Iuno significa el aire, y porque los vapores de que se engendran vientos, según declaramos en nuestra *Philosofía natural*[607], no se pueden mover salvo en el aire, como no haya otro elemento o cuerpo por donde los vientos puedan correr y soplar, que esto es viento en cuanto se mueve; por tanto dice Vergilio que Iuno da el reino a Eolo. En lo que dice de que Iuno le reconcilia a Eolo con Iúpiter significa el acercamiento del lugar. Iúpiter denota el fuego elemental y el cielo, según fictión poética. Y porque los vientos, levantándose mucho por medio del aire, que es Iuno, se acercan al elemento del fuego y al cielo, y porque el conservar una cosa con otra por cercanía es señal más de amor y amistad que el apartamiento, por tanto a este allegamiento del viento al fuego se dice reconciliación. El decir que Iuno era causa de

[607] Compárese con la *Astronomía* del mismo Pérez de Moya 2, 3, 10. Las citas de más abajo pueden verse en Ovidio, *Matamorfosis,* 6, 172, y Estacio, *Tebaida* 2, 436 (con los comentarios de Lactancio Plácido).

que Eolo se asentase a la mesa de los dioses es que porque en el cielo están los planetas y estrellas, a las cuales llaman dioses los poetas, el hacer alguno cercano al lugar de las estrellas, esto es asentarse a la mesa con los dioses, el cual acercamiento hacen los vientos por medio del aire, que es Iuno. Este sentido da Ovidio y Lactancio, diciendo que Tántalo era hijo de Iúpiter, y que se sentó muchas veces a la mesa de los dioses. Y declarando estos lo sabios, dicen que no fue este fingimiento otra cosa, salvo que Tántalo, siendo rey de la ciudad de Chorintho, hizo una torre tan alta que al cielo parecía llegar, y que el que en lo alto subía parecía estar en el cielo. Y así los vulgares afirmaban que Tántalo por aquella torre subía al cielo y se asentaba a comer con los dioses; y porque ningún rey tuvo tan alta torre, por esto dice la fábula que éste solo se asentaba a comer a la mesa de los dioses.

ARTÍCULO III

De seis hijos y otras tantas hijas de Eolo

Dicen los poetas Eolo, entre otros muchos hijos, tenía seis[608] principales, y otras tantas hijas, y que casó los hijos con las hijas.

Declaración

Por este fingimiento quisieron declarar el número de los principales vientos y sus calidades o fuerzas, y porque tenían ser Eolo señor y padre de los vientos dijeron tener hijos; y porque los principales vientos dijeron los antiguos ser

[608] Boccaccio, *De genealogie deorum* 13, 20, cita nueve hijos: Machareo, Canaceo, Alción, Miseno, Criteo, Salmoneo, Ifido, Sísifo, Céfalo, Athamanto.

doce (aunque no hay número determinado dellos, como dijimos en nuestra *Philosofía*[609]), por tanto dijeron tener Eolo doce hijos; y porque los vientos, unos tienen calidades según sus efectos de varón, por atribuirles virtudes activas para engendrar en la tierra, y otros de hembras, por atribuirles virtudes pasivas para disponer la tierra; para recibir esta virtud de engendrar, dijeron que estos doce hijos de Eolo, los seis eran varones y las seis hembras. En lo que dice que casaron las seis hijas con los seis hijos es que como el casamiento o matrimonio es ayuntamiento que no se aparta mientras viven los que contraen el matrimonio, así los vientos están juntos, y la orden que entre sí tienen y della no se apartan, porque los que disponen la tierra siempre disponen, y los que tienen virtud de engendrar, siempre, sin discordar en algo, engendran, hecha la disposición de los otros vientos; del número de los vientos y de su orden y cualidades o propiedades tratamos en nuestra *Philosofía*.

Esto que hemos dicho de los vientos hijos de Eolo, antes se los diera yo a Astreo, porque Eolo fingía ser señor de los vientos, y Astreo padre dellos.

CAPÍTULO XXXIV

De Astreo, padre de los vientos[610]

De Astreo, hijo de Titán y de la Tierra, dicen que como fuese ya viejo al tiempo de las guerras contra los dioses, armó a sus hijos los doce vientos contra Iúpiter. Destos vientos dice Lactancio, que por el nacimiento de Epafo, hijo de Iúpiter, fueron movidos de Iuno a haber grande cuestión en-

---

[609] La ya citada *Astronomía* 2, 3, 20-23.

[610] Todo el capítulo es resumen de otros tres de Boccaccio, *De genealogie deorum* 4, 52-54.

tre sí; y por esto Iúpiter los encerró en cárceles, dando poder sobre ellos a Eolo, como en el precedente capítulo dijimos.

Declaración

Astreo fue un hombre poderoso en sus tiempos, el cual reinó en una tierra muy ventosa, y por esto se dijo padre de los vientos. Era de linaje de los Titanos, que hubieron guerra contra Iúpiter; y porque los poetas pusieron los vientos ser dioses que tenían personalidad, juzgaron ser engendrados, y por esto les dieron padre y madre, y éstos fueron Astreo y Aurora, en cuya tierra nacían. Por Astreo se entienden los ocho cielos primeros, y por Aurora la mañana. Estas dos cosas son causas de su generación, porque los vientos se engendran según el movimiento de los cielos, y darles por madre el Aurora es porque la mañana es cabeza dellos, como por expiriencia se ve a este tiempo nacer o mudarse; porque como a este tiempo torna el Sol sobre la tierra donde habitamos, levanta vapores de que se engendran vientos. En lo que dice que Astreo, su padre, los armó contra Iúpiter, es porque éste era Titano, y los Titanos peleaban contra Iúpiter, y así quería que sus hijos ayudasen a sus parientes contra Iúpiter. Y según la verdad, esto significa que el movimiento que los vientos hacen causan muchos daños y turbaciones, y como los antiguos tenían el mundo ser cosa de Iúpiter, todo lo que se hace de daño en él tenían hacerse contra Iúpiter; o porque el cielo y fuego elementar se llama Iúpiter, y los vientos, enturbiando el aire, escurecen el cielo, por esto dicen que contra Iúpiter tomaban armas. Decir que Iuno los armó, por cuanto Iuno significa unas veces el aire y otras la tierra, agora significa la tierra, y porque de la tierra se levantan vapores, que son materia de engendrarse los vientos, por esto dice que la tierra, que es Iuno, dio armas a los vientos; y porque a las mujeres les pesa que sus maridos tengan hijos de adulterio, por esto dice que, enojada del nacimiento de Epafo, que Iúpiter, su marido, hubo en Yo, armó los vientos contra él.

CAPÍTULO XXXV

De Bóreas y Orithia

Ovidio[611] dice que como el viento Bóreas demandase por mujer a Orithia, hija de Eritheo, y no se la quisiesen dar, enojado dello, dijo: Con razón padezco esto, pues quise rogar pudiendo hacer fuerza y usar de mis armas, y tomar suegro y no le rogar. Movidas entonces sus alas, todo el aire movió con ellas y levantó el mar; y tiniendo su manto polvoriento, barriendo la tierra cubierto de escuridad, arrebató a Orithia, y no cesó de volar hasta que llegó a tierra de Tracia, en donde la recibió el dios frío por mujer, y tuvo en ella dos hijos llamados Zetho y Calays, que si no tuvieran alas como el padre, en todo tenían figura de la madre.

Declaración

Eritheo, sexto rey de Athenas, tuvo cuatro hijos y otras tantas hijas; dos de las hijas eran más bellas, y por esto fueron demandadas de grandes hombres. Procris fue dada por mujer a Céphalo, hijo del dios Eolo. Orithia fue demandada de Bóreas, rey de Tracia, y no se la daban; por lo cual, él, enojado, robóla de casa de su padre y llevóla a Tracia, y tomóla por mujer, y hubo della dos hijos, entre los cuales fueron aquellos dos famosos mancebos, Zethus y Calays. Ovidio[612] dice que no vino el mismo Bóreas a robar a Orithia, sino uno de sus pueblos de Tracia, del mesmo nombre. La causa porque no se la daban a Bóreas era porque los de Tracia estaban en opinión de muy crueles y fieros. Decir que la llevó por fuerza volando significa que la llevó robada, y tan apriesa, que parecía volar; y podíase bien robar, porque Athenas es ciudad puesta en la costa del mar de Tracia, y por

---

[611] Historia paralela a la contada por las *Metamorfosis* 6, 682 y siguientes. Fuentes más próximas hay en Boccaccio, *De genealogie deorum* 4, 58, y en Conti, *Mythologia* 8, 11 [1596:736].

[612] Es la epístola escrita por Paris a Helena e incluida en las *Heroidas* 16 ovidianas.

el mar podían venir y aguardar que Orithia saliese (como suelen las doncellas) a recrearse a la costa, en donde Bóreas tendría espías, como hizo Iúpiter a Europa. Fingióse esta fábula por el nombre del varón y de la tierra. La tierra era Tracia y el varón se llamaba Bóreas, y porque el viento cierzo es llamado Bóreas.

Y otrosí, viene de parte de Tracia, región septentrional muy fría, en la cual este hombre Bóreas reinaba. Que el cierzo venga de Tracia dícelo Boecio[613], donde comienza: *Hanc si trahitio Boreas,* etc., y por esto fingieron que Bóreas llevó a Orithia, así como viento. En lo que dice que movidas sus alas movió el aire y el mar, es para denotar ser cosa diversa el viento del aire y la furia del cierzo.

Este robo de Orithia, alegóricamente es el placer que se cobra en la presteza, no dejando huir la ocasión.

CAPÍTULO XXXVI

Cómo Bóreas amó las yeguas de Dardano

Dicen los poetas que Bóreas amó las yeguas del rey Dardano, y mezclándose con ellas carnalmente, engendró doce caballos muy ligeros. Toca esta fábula Homero[614].

Declaración

Este fingimiento se puede entender en dos maneras: la una, en cuanto Bóreas fue hombre; y la otra, en cuanto es viento. Si le tomáremos por hombre, diremos que Bóreas era rey de Tracia, el cual, oyendo que Dardano, rey de Troya, tenía buenas yeguas, envió por ellas para hacer casta en su tierra, de que nacieron caballos famosos de ligereza y cuerpo y otras bondades que en los caballos se consideran, y esto es decir que amó las yeguas del rey Dardano, porque los caballos de Bóreas se ayuntaron con las yeguas de Dar-

---

[613] Véase *Consolación de la filosofía* libro 1, metro 3.

[614] Consúltese la *Ilíada* 8, 497 y siguientes, y también el libro 20, 223-224.

dano. Y esto es cosa creíble haber sido verdad, porque Dardano y Bóreas eran reyes de un tiempo y vecinos, que entre el reino del uno y del otro no había más del mar en medio, de parte de Mediodía contra cierzo; y siendo estos dos reyes poderosos y vecinos, habría el uno de las cosas que habría en la tierra del otro. La segunda manera en que se puede entender el amar Bóreas las yeguas de Dardano, en cuanto Bóreas es viento; y siendo así, diremos que Bóreas amó las yeguas de Dardano con amor carnal por fingimiento poético, para declarar que las yeguas pueden empreñarse y parir de solo viento; y según esto, las yeguas de Dardano podían parir del viento cierzo, llamado Bóreas. Y porque los caballos que nacen de yeguas que engendran de viento son más ligeros, y los caballos de Dardano eran ligeros, decían que eran concebidos del viento cierzo o de simiente divinal. San Isidro[615], acerca desta materia, dice que cerca de Lisboa, ciudad de Portugal, hay algunas yeguas, las cuales, cuando están con grande ardor o deseo de se ayuntar con los caballos, abren las bocas contra el viento Céphiro, que es el que dice Favorino, que corre del Occidente, y recibiendo aquel viento, conciben sin otro ayuntamiento carnal, y los caballos que así nacen son muy ligeros, aunque viven poco. Esta misma opinión tiene Plinio[616] y Vergilio[617], en nueve versos, que comienzan: *Continuoque avidis*, etc. Tienen concebir y engendrar las yeguas, no tan solamente del viento Céphiro, más de otros cualesquiera vientos fríos, sin ayuntamiento de caballo. Quiere decir: Luego como el ardor entra en los tuétanos codiciosos de las yeguas. El Tostado dice que la causa de concebir las yeguas del viento es por la poca diferencia que hay entre la simiente activa de los caballos, al principio, o simiente material pasiva de las yeguas, y por faltar poco, ellas, por sí mismas, pueden concebir y parir, como vemos en los árboles y plantas, que por estar en ellos virtud que en ella no haya diferencia de masculina y feme-

[615] En el margen remite al libro 12 de las *Etimologías*, pero no he encontrado este apotegma allí.
[616] Se pueden consultar en la *Historia natural* 4, 21 y 8, 42.
[617] En las *Geórgicas* 3, 271 y siguientes

nina, engendran su semejante; y aunque la virtud de las yeguas no es así como la de los árboles, fáltale poco, y esto suple el aire o viento, por cuanto el viento viene fresco, y con su frialdad aprieta el calor que halla en el cuerpo de la yegua en el lugar generativo, y el calor apretado hácese mayor y más fuerte, como vemos cuando sobre el fuego de la fragua echan agua, que se hace mayor y arde con más furia, y este calor puede muchas veces formar y figurar aquella simiente de la yegua; y la simiente masculina siempre es más caliente que la feminina, y este calor que falta a la yegua suple el aire; mas pocas veces acontece esto en pocas yeguas, porque las yeguas no se acercan por igual a la condición masculina, ni el ardor en tiempo del deseo carnal es igual en todas las yeguas. Otrosí, no acaece venir así el viento templado siempre, porque con la calor masculina iguale. Los caballos así nacidos son ligerísimos; esto es por la condición del viento, que suplió el lugar de la masculina simiente; y porque éstos no tienen todo lo que los otros caballos tienen por naturaleza, como no haya allí obrado algo el padre, del cual trae el cuerpo del hijo virtud, no son de tanta vida como los otros ni aun tan fuertes. Y así quiso Homero que fuesen engendrados los caballos de Achilles por su ligerezas.

CAPÍTULO XXXVII

DE CÓMO CÉPHIRO AMÓ A LA NINFA CLORIS

Céphiro[618] viento, sale del punto del Occidente, y es nombre griego, al cual los latinos llaman Favonio, aunque algunos piensan que son dos vientos diversos. Esto no concuerda por la significación dellos, porque lo que significa *zephirus* en griego significa *fabonius* en latín. Cefirus se deriva de *cephis,* que significa vida, y esto es porque da vida a las flores y se engendran con él, y da mantenimiento a las yerbas. *Fabonius* en latín quiere decir mantenedor

[618] La historia de este viento la resume ya Boccaccio, *De genealogie deorum* 4, 61.

o criador, porque a las flores y yerbas y simientes da crecimiento, y así parece ser nombres de una misma cosa, puestos en diversas lenguas. Desto dice san Isidro[619]: *Cephirus Graeco nomine appellatur eo, quod flores, et germina eius flatu vivificentur, hic Latine Fauonius dicitur, propter quod foueat ea quae nascuntur.* Quiere decir: Céphiro es nombre griego, y llámase así porque las flores y yerbas reciben vida o comienzo de ser soplando él. Este vocablo latino llámase Favonio, porque cría o mantiene las cosas que nacen; es viento que sopla blandamente y es humido, de una humidad muy natural para la generación de las flores y otras cosas, y en común corre desde principio del verano hasta fin del estío, y sopla después de mediodía hasta la noche. Desto habla Ovidio[620], donde dice: *Mulcebant Cephiri natos sine semine flores.* Quiere decir: El viento céfiro criaba las flores nacidas sin simiente, y dice aquí el verano era perpetuo y en él corría este viento céfiro. Que este viento venga de Occidente, pruébase de lo que dice Ovidio en el alegado lugar, el cual solos cuatro vientos pone, que son los principales que salen de los cuatro puntos o cardines del mundo; y puso a céphiro a la parte del Occidente, diciendo:

> *Vesper, et Occiduo qui littora sole te pescunt,*
> *Proxima sunt Cephiro,* etc.

Quiere decir: La tarde e la costa del mar que se calientan con el Sol poniente son cercanos a céphiro. Deste viento céfiro ponen los poetas narraciones fabulosas, diciendo que amó a una hermosa ninfa llamada Cloris[621], la cual por mujer recibió; y en gualardón de su virginidad otorgóle que fuese señora de todas las floras, de donde vino Cloris a mudar el nombre y decirse Flora, porque era señora de las floras.

---

[619] Véase esta cita en las *Etimologías* 13, 11.
[620] En las *Metamorfosis* 1, 64.
[621] La fábula de Cloris también está en Ovidio, *Fastos* 5, 195, y en Lactancio, *Instituciones divinas* 1, 20, 6.

Declaración

Esta fábula significa la virtud natural deste viento ser engendrar las flores; y para esto dieron a Céphiro personalidad, aunque él sea viento, porque pueda amar y engendrar. La ninfa Cloris, a quien ama, es la humidad de la tierra, porque las ninfas comúnmente significan humidades; estas humidades aman el viento Céphiro, porque con su natural calor templado hace para el engendramiento de las flores. Dice que Céphiro dio a la ninfa Cloris que ella sea señora de todas las flores en galardón del su carnal ayuntamiento, por significar la generación natural que se hace de la operación del viento caliente, templado, sobre las humidades denotadas por la ninfa, porque de tal ayuntamiento se sigue la generación de las flores. Concedió esto Céphiro a Cloris, de que fuese señora de las flores, por cuanto él es el viento, al cual más que a otro conviene naturalmente engendrar flores (como se ha dicho), y esto otorgólo él a Cloris porque ella es la humidad, de la cual se engendran las flores, tocada la humidad por Céphiro entendida. Y quieren los poetas que aquella ninfa Cloris, después que hubiese este poder de Céphiro, fuese llamada Flora, por causa de las flores, cuyo señorío tenía. Aunque Ovidio quiere en esto manifestar la causa cómo la ramera que dejó por heredero al pueblo romano, que le celebraban fiestas y juegos como a diosa, y fuese llamada Flora.

CAPÍTULO XXXVIII

De Genio

Genio, según san Augustín[622], era tenido por dios de la generación y presidente de las cosas que se engendraban.

---

622 Se explica el fenómeno de los ángeles, («Christiana veritas angeles vocat») en *De civitate Dei* 7, 13. Véanse fuentes y citas en Boccaccio, *De genealogie deorum* 12, 65, y en Conti, *Mythologia* 4, 3 [1596:250 y siguientes].

Creían los gentiles, según Servio, que cada hombre, luego que nacía, tenía dos espíritus: uno, que induce y persuade al bien; y otro, que inclina a lo malo. Dicen Genio *a gignendo,* porque pensaban nacer con nosotros, o decíanles Gerulos, de *gero,* porque los traemos con nosotros. Éstos dicen que persuaden secretamente o desuaden en el gobierno de toda nuestra vida, y ser moderadores de la voluntad de nuestro entendimiento, y los que nos inclinan a bien y mal obrar, imprimiendo en sí, como en un espejo, las fantasías, imágines de las cosas que nos quieren persuadir; lo cual es en ellos muy fácil, a las cuales, habiendo mirado escondidamente nuestra alma, le vienen después a la memoria; y si se consideran con la razón, entonces se hace la buena determinación del ánimo. Mas si alguno, posponiendo la razón, se deja llevar de las malas imágines y visiones, caerá en muchos errores; principalmente si le hubieran ofrecido estas imaginaciones y fantasías el mal espíritu, saldrán obras y pensamientos libidinosos, y de crueldades, y de avaricia, y de otros vicios atribuidos al mal Genio. Por estos espíritus o genios entendían los antiguos la mistura o compostura de los elementos de que se engendran los individuos y se conservan y toman ser los cuerpos humanos, o por el Dios de la naturaleza, que tiene vigor o fuerza para engendrar y producir cualquiera cosa. Otrosí, entendían los antiguos que los Genios no sólo acompañaban al hombre luego que nace, mas a los edificios y lugares y plantas, como lo sintió Vergilio[623], donde comienza: *Sic deinde efatus.* Otros entendían por Genio las fuerzas ocultas de los planetas o influencias con que inclinan a los animales a las cosas buenas y malas. Celebraban fiesta al Genio el día del nacimiento de cada uno, haciendo grandes alegrías, y decíanse fiestas Geniales, y en sus sacrificios esparcían por el suelo muchas flores, y ponían vasos con vino, como trae Oracio[624], donde comienza: *Tellurem porco.* Dedicábanle del cuerpo del hombre la cara, porque esta parte es indicio con que muestra ser lo que hacemos de nuestra voluntad o forzados.

623 Conti cita ya este verso de la *Eneida* 7, 135.
624 En las *Epístolas* 2, 1, 143 y siguientes.

Por estos genios podemos entender los cristianos el Ángel de Guarda, que Dios, por su misericordia, en nacimiento nos da que tengamos por consultor, y nos guarde, y nos inspire que hagamos la virtud, y huyamos lo malo a que nos incita o convida el ángel malo; y entonces defraudamos o no obedecemos a este nuestro Genio o ángel bueno, cuando cerramos los oídos a las virtuosas inspiraciones, y hacemos lo que nos inclina o incita nuestros malos apetitos, con que nos convida el ángel malo.

CAPÍTULO XXXIX

De los dioses que dicen Penates

Tenían los antiguos otros dioses, para que nacidos ya los niños, en acabando Lucina su oficio, los recibiesen, y a esto decían Penates, dichos así de *penus*[625], nombre indeclinable, por la provisión de casa para comer, porque en naciendo la criatura tiene necesidad de mantenimiento para vivir. Algunos entendían ser estos Penates los elementos en que nacemos y con que nos sustentamos y vivimos. Otros entendieron ser los Penates las inclinaciones con que nacemos y los sucesos que en el discurso de la vida han de acontecer. Dícense Penates, como si dijésemos: *Penes nos nati.* Nacidos cerca del señorío nuestro; y es de saber, que aunque es verdad que las influencias de los cuerpos celestiales nos inclinan a cosas buenas y malas, no nos fuerzan. Mas Dios deja al hombre que con su libre albedrío pueda de lo bueno o malo elegir lo que le pareciere.

También llaman a estos Penates dioses patrios y familia-

---

625 La etimología y las funciones de los penates se pueden leer en Cicerón, *De natura deorum* 2, 68. Véanse más datos en Conti, *Mythologia* 4, 2. Para la cita de Cicerón que viene más abajo, véase el *Discurso*, *En defensa de su casa* 57, 144.

res, que presidían en las ciudades y eran guardas de las cosas particulares, como se colige de una oración de Cicerón hecha por su casa, donde comienza: *Vosque qui maxime*, etc. Y lo mismo confirma Antonio de Librija[626] en una salutación que hace a su patria y casa, que comienza: *Salve parva domus pari et salvete Penates.* Eran dioses que honraban dentro de sus casas, según Servio; y así dice Tulio[627], que se decían Penates porque estaban en lo muy adentro de las casas.

Los griegos los llaman Patrios Genethlios, Vetesios, o Michios o Hercios[628]. Los poetas los llaman Penetrales[629], porque entrañablemente se asientan en las inclinaciones de los hombres.

Éstos son los dioses que Eneas trajo consigo de Troya a Italia, como dice Vergilio[630], donde comienza: *Sacra suosque tibi comendat Troya.* Escribe dellos Macrobio[631].

CAPÍTULO XL

De Lares

Lares, según Plauto[632], eran unos dioses domésticos, porque así como el Genio se puso para la guarda del cuerpo, así pusieron Lares para la guarda de la casa, como los Penates,

---

[626] En la *Antonii Nebrissensis salutatio ad patriam*, poema copiado en la edición de Antequera 1577 de *Sapientum dicta vafre et acutissime cum glossemate* y comienza así mejor: «Salve, parva domus, pariter salvete, Penates / Atque Lares, ortus conscia turba mei.» Lo copio de Félix G. Olmedo, *Nebrija, debelador de la barbarie*, Madrid, Editora Nacional, 1942, pág. 221.

[627] Véase *De natura deorum* 2, 68.

[628] Estos nombres se pueden leer también en Dionisio de Halicarnaso, *Historia antigua de Roma* 1, 67.

[629] Véase san Isidoro, *Etimologías* 8, 11.

[630] En la *Eneida* 2, 293.

[631] Véanse las *Saturnales* 3, 4.

[632] Citado por Boccaccio, *De genealogie deorum* 12, 65, la idea está en Plauto, *Aulularia* en el parlamento de «Lar familiaris».

por lo cual algunos tuvieron ser lo mismo Lares que Penates. Acostumbraban tener en las casas un lugar común, que era en los fuegos, donde les hacían grandes y alegres sacrificios, en memoria de lo cual, hasta hoy día, a los morillos y a las cadenas en que cuelgan las calderas al fuego se dicen llares, de *lares;* y así a éstos hacían presidentes que tuvieren cuidado del fuego, por lo cual por otro nombre les dicen dioses focales, de *foco,* que es el hogar, lugar donde se hace el fuego. También creyeron los antiguos tener los Lares cuidado de las encrucijadas y de las ciudades, como se infiere de unos versos de Ovidio[633], que comienzan: *Jupiter intumuit.* Tíbulo[634], en dos versos que comienzan: *Vos quoque felicis,* etc., tuvo a los Lares por dioses que guardaban los campos y heredades.

CAPÍTULO XLI

DE PRÍAPO

Príapo[635], según Strabón, fue hijo de Bacho y de las ninfas Náyades; y según Diodoro Sículo[636], de Bacho y de Venus. Fue famoso dios entre los griegos. Este Príapo fue un hombre natural de Lámpsaco, ciudad del estrecho del Helesponto, según verdadera historia, el cual salió de tan monstruoso miembro viril que lo desterraron porque tenían por cosa de infamia que en su ciudad naciese hombre tan torpe y feo. Mas el demonio, engañador del linaje humano, ordenó (permitiéndolo Dios) una grande pestilencia, y los ciudadanos enviaron al oráculo a saber las causas de donde aquellos daños les venía, y fueles respondido que por haber desterrado injustamente a Príapo; ellos buscáronlo, y no pu-

633 En los *Fastos* 2, 607-617. Citado por Conti, *Mythologia* 4, 4.
634 Versos de las *Elegías* 1, 1, 13.
635 Capítulo tomado de Conti, *Mythologia* 5, 15. La cita de Estrabón que sigue se lee en la *Geografía* 13, 1, 2.
636 *Biblioteca* 4, 2.

diéndolo hallar, creyeron ser grande la ofensa que en esto habían hecho. Edificáronle un templo y pintáronle su figura, que era un hombre con el miembro de la generación muy crecido disformemente, según Herodoto[637], y en la mano derecha una hoz. Tenían a Príapo por dios de los huertos, por la fecundidad y abundancia que se significaba y figuraba en el miembro de la generación; y por esto, no sólo pintaban esta pintura en los templos y lugares públicos, mas aun en las heredades ponían un grande instrumento de aquéllos, y creían que estando allí colgado tenían seguras sus cosechas, así de ladrones como de tempestades.

Dijeron ser hijo de Bacho y de Venus, por cuanto el que se da al vino de necesidad viene a ser vicioso en el vicio sensual, entendido por Venus; o es hijo de Bacho y las ninfas Náyades, porque por Príapo quisieron entender las simientes, y por Bacho el calor, y por las Náyades la humidad con que se engendran las cosas naturales. Píntanle con el miembro viril y la hoz en las manos, para denotar que todo lo que nace a cierto tiempo le es concedido tener fin.

CAPÍTULO XLII

De la descendencia de los Modorros

Dicen[638] que el Tiempo perdido se casó con la Ignorancia, y hubieron un hijo, que se llamó Pensequé, el cual casó con la Juventud y tuvieron los hijos siguientes: No sabía, No pensaba, No miré en ello, Quién dijera. Quién dijera se casó con el Descuido, y tuvieron por hijos a Bien está, Mañana se hará, Tiempo hay, Otra ocasión habrá. Tiempo hay se casó con la señora doña No pensaba: tuvieron por hijos, Descuídeme, Yo me entiendo, No me engañará nadie, Déjese de eso, Yo me lo pasaré. Yo me entiendo casó con la Vanidad;

---

637 *Historias* 2 [cita al margen] aunque no he sabido encontrar la descripción de Príapo según Herodoto.

638 Para la importancia de este capítulo en la historia de la literatura es-

tuvieron por hijos: Aunque no queráis, Salir tengo con la mía, Galas quiero, No faltará. No faltará casó con Galas quiero; tuvieron por hijos: Holguémonos y la Desdicha, la cual se casó con Poco seso y tuvieron por hijos a Bueno está eso, Qué le va a él, Paréceme a mí, No es posible, No me diga más, Una muerte debo a Dios, Salir tengo con la mía, Ello se dirá, Verlo heis, A voluntad determinada escusado es el consejo, Aunque me maten, Diga quien dijere, Preso por mil, Preso por mil y quinientos; Qué se me da a mí, Nadie murió de hambre, No son lanzadas, que dineros son. Enviudó Galas quiero, y casó segunda vez con la Necedad; y gastado todo su patrimonio, dijo el uno al otro: Tened paciencia, que a censo tomaremos dineros con que nos holguemos este año, y el otro, Dios proveerá. Y aconsejados con No faltará, lo hicieron así; y como al plazo no hubiese con qué pagar lo que debían del censo, el Engaño púsolos en la cárcel; fueron visitados por Dios hará merced. La Pobreza los llevó al hospital, donde murieron la autoridad de Galas quiero y No mire en ello. Enterráronlos con su bisabuela la Necedad; dejaron muchos hijos y nietos derramados por el mundo.

Esta ficción nos declara en lo que paran los negligentes, flojos e inconsiderados, que no tomando consejo se gobiernan por sus pareceres, teniendo cuenta con sólo el día que viven, sin consideración de su fin y de lo por venir.

CAPÍTULO XLIII

DE MOMO

El Momo[639] fingieron los poetas ser un dios muy holgazán, que no acostumbraba entender en otra cosa sino en reprehender las obras y trabajos ajenos, así de los hombres

---

pañola, véase María Rosa Lida de Malkiel, *La tradición clásica en España*, Barcelona, 1975, pág. 317, nota 25. La gracia de esta prosa hizo que se copiara huérfana en un manuscrito, así en el número 190 de la Biblioteca Nacional de Madrid, de donde Paz y Melia lo tomó para *Sales españolas*, Madrid, BAE 176, capítulo 14, pág. 137.

[639] Es copia de Conti, *Mythologia* 9, 20 [1596:866]. No ha de estar muy

como de los dioses. Hesiodo[640] le hace hijo del Sueño y de la Noche. Dice dél Leoncio[641] y otros escriptores, que como una vez Neptuno, y Vulcano, y Minerva contendiesen sobre la perfección de sus obras, le nombraron por juez. Y aunque por ser hechuras de dioses no podía haber imperfectión, con todo eso, el dios Momo no le faltó qué tachar, porque presentando Neptuno[642] un perfectísimo toro que había hecho, confiado que no habría en él qué menospreciar, reprehendió que no le había puesto los cuernos delante los ojos. A un hombre que hizo Vulcano[643], fue reprehendido que se le olvidó lo que más necesario era de todo lo que el artífice no vio; y era, que porque hizo que el engaño naciese dentro del pecho del hombre escondidamente, que fuera tal obra cosa loable que tuviera una puerta en el pecho, que se pudiera con ella saber qué es lo que ordenaba allá dentro; y si decía con la boca lo que tenía en el corazón, y si decía verdad o mentira. Minerva, muy contenta, viendo lo mal que habían negociado sus competidores, teniéndose por vencedora con la perfección del architectura de una casa que por obra suya presentó, fue reprehendida, según dice Policharmo[644], porque no le hizo que se pudiese mover a la redonda, porque si acaso tuviese algún mal vecino, se pudiera rodear para mudar la puerta hacia otra calle; y así los despidió a todos tres, como hombres que sabían poco en sus artes. Por este oficio que éste tenía, le llamaron Stygio Momo, que quiere decir odio de todos los dioses y mortales.

Dijeron ser hijo del Sueño y de la Noche, porque es de perezosos y de gente obscura murmurar y juzgar en lo que

---

lejos del *Momo* (1520; en castellano, por ejemplo, en 1553) de León Batista Alberti, donde reflexiona y satiriza sobre el príncipe y la corte.

640 En la *Teogonía* 214.

641 Siguiendo a Conti, *Mythologia* 9, 20, este Leoncio parece ser Luciano, que explica en el diálogo *Nigrino* 32 la contienda de Vulcano y Minerva.

642 Véanse las *Fábulas* de Esopo, 125.

643 El apotegma de Vulcano en Luciano, *Hermotimus* 20

644 En el libro segundo del *De rerum lyciarum* 2. Citado por Conti, *Mythologia* 9, 20. Véase Jacoby, *Die Fragmente* 770.

no saben y aunque lo sepan, porque cosa averiguada es que no se puede dar con un solo potaje contento a todos los gustos.

Por este fingimiento quisieron dar a entender los antiguos no haber cosa humana, ni buena o mala hazaña, que pueda escaparse de alguna reprehensión de enemigos o invidiosos.

FIN DEL LIBRO SEGUNDO

Libro tercero

Trata de las deesas hembras, con los sentidos históricos y alegóricos de sus fábulas

CAPÍTULO I

De Vesta, hija de Saturno

Lactancio[645] Firmiano y Posidonio[646] hacen mención de dos llamadas Vesta: la una fue madre de Saturno y la otra hija. De la hija, dice Diodoro Sículo que fue virgen y la primera que inventó el edificar casas. Y quieren los poetas que por ella se entienda el fuego, como lo testifica Ovidio, en dos versos que comienzan: *Nec tu aliud Vestam*[647], etc. Este fuego se entiende por el de la región etérea, que es puro e inviolable, y no nace nada en él, ni en él vive animal alguno. Los sacrificios de esta deesa constan ser muy antiguos, los cuales, según Vergilio[648], donde comienza: *Sic ait, et manibus,* trujo Eneas de Troya a Italia, de donde los poetas al fuego de Vesta llaman unas veces troyano, otras troico, otras laomedonteo. Theodoncio escribe que esta deesa fue una de los Penates, y Penates eran todos los dioses que los honraban en las casas; y así por esto como por ser sus sacrificios muy célebres en Roma, y por tenerla por abogada y

---

[645] En las *Instituciones divinas* 1, 12, 5 y 14, 2. Véase la inspiración en Conti, *Mythologia* 8, 19, y en Boccaccio, *De genealogie deorum* 2, 3.

[646] Cita indirecta gracias a Conti, *Mythologia* 8, 19, que lleva al *De heroibus e daemonibus* de Posidonio. Véanse Jacoby, *Die Fragmente* 87, y Posidonio, *The fragments*, ed. Edelstein and Kidd, Cambrige University Press, 1972.

[647] Verso de los *Fastos* de Ovidio 6, 291. Citado en el fragmento de Lactancio utilizado más arriba.

[648] En la *Eneida* 2, 296.

conservadora de las casas, como inventora dellas, el emperador Octaviano hizo de una parte de sus casas templo para esta deesa, como escribe Ovidio[649], y todos en común la pintaban en sus casas. Otrosí, Numa Pompilio, rey segundo de Roma, en el año cuarenta de la edificación de la ciudad, según dice Peroto[650], le hicieron templo, en donde pusieron ciertas vírgines para que le sirviesen, que de su nombre se llamaron Vestales, como monjas que perpetuamente conservasen el fuego; y si acaso por descuido se apagaba, no se había de encender con el otro común, mas con yesca encendida a los rayos del Sol, por la orden que mostramos en nuestra *Sylva Eutrapelias*[651], porque fuese puro y celestial. Estas vírgines habían de ser de edad de diez y seis años y estar hasta los treinta en virginidad, y después tenían licencia de casarse; y si acaso dentro del dicho templo y tiempo era alguna hallada en pecado sensual de adulterio, la enterraban viva. Quien largamente quisiere saber de los sacrificios y templo de Vesta, lea a Dionisio Halicarnaseo[652] y a Aulo Gelio[653], y a Herodiano[654] y a Plutarco[655]. Dicen[656] que Vesta fue amada de Príapo. Éstas son cosas muy contrarias, porque era Vesta deesa virgen apartada de todos los carnales actos. Príapo era el dios dado a toda torpedad de lujuria; mas dijeron esto por significar la condición de nuestros deseos y ser los hombres inclinados a desear aquellas cosas que les son más vedadas. El lujurioso no hay cosa que más desee que tocar a aquellas que tienen propósito de guardar perpetua virginidad. O por denotar que por Vesta, que entienden

---

649 Véase Ovidio, *Fastos* 4, 828 y siguientes.

650 En la *Cornucopia linguae latinae* [1536:489, línea 25], nota al epigrama 12 del *Epigrammaton liber* de Marcial. Consúltese también la anotación a Macial, *Epigrammata* 1, 70 en Perotto [1536:1033].

651 Véase Pérez de Moya, *Silva, Eutrapelias* capítulo 1.

652 Véase *Historia antigua de Roma* 2, 64-69.

653 *Noches Áticas* 1, 12.

654 En la *Historia de Roma* 1, 12.

655 En los *Moralia: Cuestiones romanas* 96, pero tal vez mejor en la *Vida de Numa* 9-11.

656 Lo dice Boccaccio, *De genealogie deorum* 8, 3, citando a Ovidio, *Amores* 3, 4, 17.

el fuego, que los actos venéreos no se pueden hacer sin calor natural; y así amar Príapo a Vesta es decir que sin calor no puede obrar.

CAPÍTULO II

DE VESTA, MADRE DE SATURNO[657]

Vesta, que por otro nombre dijeron Tellus, que quiere decir tierra, fue tenida de todos los antiguos por la primera de todos los dioses; y como naturalmente de sí engendre tantas cosas y sea asiento dellas, la llamaron la gran madre de las cosas y dioses, y como sus propiedades y efectos sean muchos, le dieron muchos nombres y la adoraron de varios modos. Llamáronla Ops, Vesta, Verecithia, Pesinuncia, Openuncia, Materalma, Rea, Cibile, Alma, Grande Pallas, Tierra, Tellus, Humus, Tellumon, Arida, Buena Diosa, Gran Madre, Donadora o dadora de la vida, Prosérpina, Frigia, Fauna, Fauta, Madre de los Dioses, Rica, Antigua y Cana. Désta dice Plinio[658] que es más merecedora de llamarse madre que otra cosa de las del Universo, y por tal ser reverenciada, porque luego que los mortales nacemos, ella nos recibe, según la usanza antigua, que dejaban caer en tierra los niños luego que nacían, como en brazos de la general madre, la cual como amorosa madre nos sustenta; y cuando a la muerte nuestros padres naturales nos desechan, ella en su seno, que es la sepultura, nos recibe amorosamente y encierra, por lo cual con razón fue dicha la gran madre y madre de los dioses, porque los dioses de la antigua gentilidad eran mortales y vivieron de las cosas que la tierra produce, como viven todos los animales que en ella habitan.

Ops[659] parece haber sido propio nombre de la madre de

---

[657] Capítulo tomado de Boccaccio, *De genealogie deorum* 7, 8.

[658] *Historia natural* 31, 1.

[659] Según Boccaccio, más explicaciones sobre los nombres de Vesta hay en Rabano Mauro, *De originis rerum*, en *Patrologia latina* 111, 331A. Véase también Conti, *Mythologia* 9, 5 [1596:821] bajo el epigrafe de «Rhea».

Iúpiter, hermana y mujer de Saturno, según Lactancio[660]; mas en cuanto se toma por la tierra, dícese Deope, que significa ayuda, porque aunque la tierra en sí tenga virtud para engendrar, ayúdase con nuestros trabajos, y tanto toma más virtud para engendrar, cuanto más se labra. Y así, dice san Isidro[661], tratando de la tierra: *Opem eam vocant quod ope melior fiat.* Quiere decir: A la tierra llaman Ops, porque con ayuda se hace mejor. Marco Varrón[662] la llama Ops, porque es obrera de las cosas humanas, y con razón, porque no hay cosa que más ayude a la vida de los mortales.

Vesta se dice porque la tierra viste todas las cosas o porque de yerba verde se viste. O dícese Vesta, de *vi,* que es fuerza, y esto es por estar, porque con su gravedad y fuerza está firme y no se mueve, como los planetas y cielos; así lo dice Ovidio[663]: *Stat vi terra sua. Vi estando Vesta vocatur.* Quiere decir: La tierra con su fuerza está firme, y estando con su fuerza, es llamada Vesta.

Verecithia: así la llamó san Augustín[664]; significa señora de los montes, por cuanto ésta la tenían por madre de los dioses, los cuales se entienden por los montes, porque son altos, así como los dioses son altos en poderío. Otros dicen que se dijo así de un monte alto de Frigia, llamado Verecithio, en el cual la honraban mucho los moradores dél, y tenía allí templo. Los romanos, en tiempo de Domiciano labraron un templo a esta deesa, y llamóse Pantheón, el cual después el papa Bonifacio consagró a Nuestra Señora, que se llama Santa María la Redonda. Trujeron la imagen de Berecithia a Roma desde Frigia; era una piedra mármol muy grande, en la cual estaba figurada una mujer, a quien, según Tito Livio[665], recibieron con grandes cerimonias y regocijos. Y dice Herodiano[666] que estaban tan ciegos con su deidad, que creían ser cosa divina, y que no se sabía de qué materia

660 *Instituciones divinas* 1, 11, 27.
661 *Etimologías* 8, 11.
662 *De lingua latina* 5, 64
663 *Fastos* 6, 299 y siguientes.
664 *De civitate Dei* 2, 4.
665 *Historia de Roma* 29, 10, 4-5.
666 *Historia de Roma* 1, 11, 1-5.

fuese fabricada, ni aun se creía haber sido hecha por mano de hombres; sólo tenían que había caído así del cielo en un campo de Frigia, llamado Pesinunto, de donde se llamó Pesinuncia o Penuncia. Teníanla en tanta devoción y reverencia que los capitanes, cuando le hacían algún voto por salir de algún peligro y alcanzar vitoria, si volvían a Roma a triumfar, primero cumplían el voto que entrasen en el triumfo ni en sus casas.

Rea[667] es nombre griego; quiere decir lo mismo que Ops Cibele; según Fexto Pompeo; fue dicha así de la figura o cuerpo que en geometría dicen cubo, que es a modo de un dado de seis lados o superficies iguales, por mostrar por esta figura la firmeza de la tierra, y que no es movible, siéndolo las demás cosas del mundo, y porque soltando o echando un dado, como quiera que caiga, luego se asienta y afirma. Así, por el cuerpo cubo se significa en griego la cosa firme o estable, o dícese así de un monte de Frigia del mismo nombre, donde le hacían sacrificios, o por un sacerdote suyo así llamado.

Alma, que quiere decir cosa santa o criadora, y conviénele mucho este nombre a la tierra, porque ella nos cría con sus fructos y cosas que engendra. Dícese alma, *ab alendo,* que es criar, y así la llama Vergilio[668], donde comienza: *Alma parens,* etc. Y porque la que cría se dice madre, por esto a la tierra le dicen *mater alma,* que quiere decir madre que cría.

Magna Pales. *Palas* significa pastos, y conviene a la tierra, porque da todos los pastos a las animalias; y por esto era deesa de los pastores, por cuanto los pastores no buscan otra cosa sino mantenimiento para sus ganados; así la llamó Vergilio[669], donde comienza: *Te quoque magna Pallas* etc. Y dícese *magna,* que quiere decir grande, por cuanto ella tiene grande virtud para dar pastos por todas las partes del mun-

---

[667] Conti, *Mythologia* le dedica el capítulo 5 del libro noveno [1596:816]. Véase también Festo Pompeyo, *Fragmentos* 3 [1536:1207]: «qui graeci κυβον».

[668] *Eneida* 10, 252.

[669] *Geórgicas* 3, 1.

do, para tantas animalias como en él hay. Llámanla tierra, *a terendo,* por hollar o pisar.

Llámase Tellus[670] de la fuerza semínea que la tierra tiene para criar o parir, porque ella cría todo lo que nace.

Humus, le dicen así porque la tierra es húmida, por cuanto en sí tiene las aguas, así en la haz como en sus entrañas.

Telumon: este nombre significa la tierra profunda; es la que ni pisamos ni della se engendran frutos, como a ella no lleguen las raíces de las simientes. Éste es nombre más de deesa que de elemento; dícese Telumon, *Quasi Tellus humens,* quiere decir tierra humida, y esto es porque las aguas que son encerradas en las entrañas de la tierra, hacen aquella parte humida.

Árida[671]; este nombre puso Dios a la tierra, y es nombre de la tierra, en cuanto a aquella parte que estaba abierta de las aguas, que quedó seca; y éste es nombre propio, en cuanto es elemento; otros dicen que se dice Arida, *ab arando,* porque la tierra sólo es la que se ara por su firmeza.

Bonadea quiere decir buena diosa. Esto es porque no hay ninguna entre todas las diosas de los gentiles de tantos provechos como la tierra, porque es dadora de todos los bienes, como todas las cosas engendre y a todos los animales mantenga.

Grande madre. Así la llama Ovidio[672] en la fábula de la diosa Themis y sus huesos a las piedras. Grande se llama por dignidad y virtud. Es madre porque engendra las cosas y cría y mantiene.

Donadora o dadora de la vida, porque nos ayuda, tiniéndonos sobre sí y sustentándonos con lo que cría, y nacen en ella las cosas de que usa la medicina, con que se conserva la vida.

Prosérpina se dice de *pro,* que significa por, y *serpo serpis,* por cundir lo que crece o gatear por el suelo, y así lo más que en la tierra nace, va como rastreando.

---

670 La explicación de los nombres que se siguen está en Boccaccio, *De genealogie deorum* 1, 8.

671 Ésta característica de la tierra en *Biblia: Génesis* 1,

672 *Metamorfosis* 1, 379 y siguientes.

Llámase Phrigia, porque en esta provincia le hacían sacrificios.

Fauna se dice a *fouendo,* que es mantener, y esto le conviene después de madre, porque así como por engendrar se llama madre, así por mantener la cosa engendrada se llama Fauna; así lo dice Macrobio[673].

Fatua, que quiere decir loca, según el uso; mas según la derivación latina, se dice de *for, faris,* porque los niños cuando nacen no hablan hasta que a la tierra toquen, y por esto la tierra se llama habladora, porque parece que ella los enseña a hablar.

Dicen la madre de los dioses, porque una, llamada Ops, que fue hermana o mujer de Saturno, según dice Lactancio[674], fue madre de Iúpiter, y Neptuno, y Plutón, y Iuno, y otros que fueron tenidos por los primeros y mayores dioses; y porque de éstos sucedieron los demás, siendo madre de éstos, seríalo de todos. Y según esto, Ops unas veces significa la madre de Iúpiter, otras la tierra; o porque los antiguos tenían que de la tierra se engendraban los cielos y estrellas, y éstos llamaban dioses.

Llámanla Rica, porque todas las riquezas proceden de la tierra.

Cana la llama Marciano[675], porque la tierra es de mucha edad. Pausanias[676] dice que en cierta parte de Grecia, cerca del río Crasides, hubo un templo dedicado a la tierra, donde fue llamada la deesa del largo pecho, que paría mucho y tenía a la redonda muchos hijos, por lo cual le daban una vestidura pintada de varios colores y un manto tejido de verdes yerbas, para que más claramente se viese significar la tierra y la variedad de frutos y metales y provechos que de la tierra se engendran, y de la abundancia de todas las cosas.

---

[673] *Saturnales* 1, 12.

[674] *Instituciones divinas* 1, 11, 27.

[675] Véase Marciano Capella, *De nuptis Philologiae et Mercuri* 2, 160: «Heram Terram...»

[676] En la *Descripción de Grecia* 7, 25, 12-13.

Lo que los poetas fingen de esta deesa

Fingen[677] los antiguos, así como Homero, en el *Himno*, que fue mujer de Titán; otros de Celo; y fue la causa ver que el Sol a la continua le da, y que ella, a modo de hembra, con su humidad, con el calor de Titán, que es el Sol, la condensa e incita a la generación de las cosas.

A esta deesa le dieron carro en que estuviese sentada y leones que la llevasen, y en la cabeza le pusieron una corona llena de torres, y que tuviese un sceptro en la mano como reina; tañíanle panderos y atabales y bacines de cobre. Iban, otrosí, los coribantes armados y con espadas sacadas, y cerca della muchas animalias fieras de que se creía ser madre, como dice Lucrecio[678], en cuatro versos que comienzan: *Quare magna Deum,* etc. Ponían alrededor desta deesa sillas vacías, que se movían con el movimiento del carro, para que no se sentase ninguno en ellas. Sacrificábanle la puerca y el buey, y consagráronle el pino por su árbol.

Declaración

Va sentada en medio de un carro, para denotar que la tierra está firme e inmóvil, en medio del mundo en el aire, igualmente distando del cielo, no estribando en otra cosa alguna, salvo en sí misma. Las ruedas sobre que este carro se mueve denotan que los cielos se mueven alrededor de la tierra. Así lo dice san Isidro[679], donde comienza: *Quod curru vehitur, quia ipsa terra, quae pendet in aere quod sustinetur rotis quia mundus rotatur, et est volubilis.* Quiere decir: Esta deesa trae carro, porque ella es la tierra que está colgada en el aire.

---

677 Fingimiento tomado de Conti, *Mythologia* 8, 19. La descripción de Vesta-Cibeles que se sigue ya está en Macrobio, *Saturnales* 1, 21. La cita de Homero en *Himnos* 30, 19.

678 *De rerum natura* 2, 599-663.

679 Los textos que se copian luego vienen de *Etimologías* 8, 11.

Que ella esté fundada sobre ruedas es que el mundo todo anda en cerco y se vuelve. Otrosí, denotan que las obras de la tierra andan a la redonda, a modo de círculo, como arar, sembrar, coger, y luego volver a hacer lo mismo, otro y otros años. Anda en carro esta deesa, por significar el estado real, usanza de los antiguos reyes.

Por los leones que mueven este carro denotan que todas las cosas del mundo, por fieras que sean, se doman; así lo dice san Isidro, donde comienza: *Leones illi subiiciunt mansuetos ostendant nullum genus esse terrae tam ferum, quod non possit subici, aut superari in ea.* Quiere decir: Al carro desta deesa uncen leones, por dar a entender que no hay algún linaje de cosas nacidas en la tierra, tan fiera, que no pueda ser sojuzgada o vencida por alguna manera. Y para denotar que así como los leones, siendo tan bravos y reyes de los demás animales están subjetos al hombre, así, los señores del mundo, por muy poderosos que sean, igualmente están subjetos a las leyes de la naturaleza y a tener necesidad de las cosas de la tierra, como los otros.

Por la corona, que es redonda, se denota la redondeza de la tierra; por las torres que tenía esta corona significa que el circuito o redondeza de la tierra es como una corona toda llena de ciudades y castillos, por los edificios que en sí tiene.

El sceptro que esta deesa tenía en la mano significaba el estado real, poder y riquezas estar en la tierra, y que la potencia de los señores todo es tierra.

Con los instrumentos de cobre que traían estos sacerdotes, a modo de bacines de barbero, de figura de medias bolas, denotaban los dos hemisferios, el superior e inferior; eran de cobre, porque con él labraban la tierra antes que se descubriese el secreto del hierro.

Ir los coribantes delante de la deesa con espadas sacadas y armados denota que todo lo de la tierra se conserva y engendra y corrompe mediante su contrario. O según san Isidro, denota que los hombres deben de pelear por defender su patria y su rey.

Ponían alrededor desta deesa sillas vacías, que se movían al movimiento del carro, para denotar que todas las cosas en el mundo son movibles y se mueven, excepto la tierra. Estar vacías denota muchas partes de la tierra estar vacías, o que muchas partes de la tierra se despueblan por pestes o guerras o otros accidentes, o por significar que la tierra guarda siempre sillas vacías para los que han de nacer, y por muchos vivos que estén siempre hay lugar para los que vendrán. Otrosí, se denota por estas sillas vacías que en la tierra ninguno tiene descanso, porque cada uno en su estado no le faltan trabajos y desasosiegos, o que los hombres hagan sus oficios y no se estén sentados, porque el que se está sentado huelga.

A esta diosa le sacrificaban la puerca por denotar por la fertilidad deste animal la fertilidad de la tierra. Sacrificábanle terneros y bueyes, para denotar ser animales útiles para cultivar la tierra.

Consagráronle el pino, porque en este árbol se convirtió su enamorado Athis, según dice Ovidio, donde comienza: *Et succinta comas,* etc.

CAPITULO III

DE CÓMO LA GRAN MADRE AMÓ A ATHIS

Ovidio[680] dice que la deesa llamada la gran Madre, enamorada de un puro y casto amor de Athis, mozo hermosísimo, le dio cuidado de sus sacrificios, con condición que él se había de conservar en virginidad y pudicicia para siempre, y él así lo prometió con juramento, lo cual no cumplió, porque se enamoró de una hermosa ninfa, hija de Sagari, río de una floresta de Frigia. La deesa, desto enojada, viendo haber sido menospreciada, hizo de súbito que muriese la ninfa, y al mancebo Athis despidió de su servicio. El cual, contrito de su pecado, vino en tanto furor que andaba

680 Las dos referencias a Ovidio tienen como base los versos 103 y siguientes de las *Metamorfosis* 10.

como loco, corriendo por los montes gritando y aullando siempre y meneando la cabeza a una parte y a otra, y castróse, por no ofender más a su amiga.

DECLARACIÓN

Según Macrobio[681] y san Augustín[682], por Athis se entiende el Sol, y llámanle mozo porque cada día nace de nuevo. Amar la gran Madre, que es la tierra, a Athis, es decir que de la influencia del cielo y Sol se causan todos los concebimientos y engendramientos de las cosas, y porque este efecto hace más el Sol que otro ninguno de los cuerpos celestiales, por esto la tierra ama a Athis, que es el Sol. Dice que se castró, por cuanto en cierto tiempo del año los rayos del Sol no engendran, mas antes consumen, como en él se vee en tiempo de invierno, que ninguna cosa se engendra fuera de tierra, como si estuviese castrado. Decir que lo castró porque lo halló con la ninfa es decir que en este tiempo hay demasiadas humidades y pluvias. Que Athis anduviese como loco por cerros y montes denota el movimiento continuo que el Sol hace a la redonda de toda la tierra, ladeándose ya a la una parte de la equinoccial, ya a la otra que llaman declinación del Sol, lo cual mostramos en nuestra *Astronomía*[683].

CAPÍTULO IV

DE LUNA

Luna[684] es nombre de planeta y de una mujer que sería excelente en algunas virtudes o invenciones en su tiempo, y por su excelencia no sólo habría este nombre de Luna, que

---

[681] La misma referencia que la citada arriba, *Saturnales* 1, 21.
[682] *De civitate Dei* 7, 25 y 26.
[683] Véase Pérez de Moya, *Astronomía* 1, capítulo 22, artículo 11.
[684] Boccaccio se refiere muy por extenso a Luna en *De genealogie deorum* 4, 16. Por su lado, Agrippa, *De occulta philosophia* 2, 44-46, no oculta un entusiasmo grande por la figura de la luna y por sus representaciones.

es nombre de luz y esclarecimiento, mas aun por vía de adulación le aplicaron casi todo lo que se dice del planeta Luna. Ioan Bocacio dice ser la Luna hija de Hiperíon; otros dicen de Iúpiter y Latona; Eurípides[685] la hace hija del Sol; otros su hermana. Nombráronla variamente, diciéndole Luna, Delia, Phebea, Lucina, Elecina, Hecate, Diana, Prosérpina, Argéntea, Mena, Cinthia, Trevia o Tresvia. Hácenla macho y hembra; danle carro de dos caballos en que ande, como escribe Marco Manilio[686], donde dice: *Quadri iugis, et Phoebus equis, et Delia Bigis.* Quiere decir: Phebo, que [es] el Sol, anda con cuatro caballos, y Delia, que es la Luna, conjunta de dos, uno blanco, otro negro. Ovidio[687] quiere que ambos sean blancos, donde comienza: *Ut solet in niveis,* etc. Otros dicen que este carro de la Luna le traían novillos; otros, que un solo mulo; otros, que dos ciervos. Danle alas, y quieren que se vista y mude vestidos de varios colores, y que se lave en el Océano primero que se vista, y que sea más moza que el Sol, y que tenga cuernos, y que traiga saetas y sea cazadora y virgen; otros que no lo sea, porque fue mujer del Aire, en quien hubo por hijo al Rocío; otros dicen que concibió de Iúpiter una hija llamada Ersa. Nicandro[688] dice que fue amada de Pan, dios de Arcadia, el cual por precio de un vellocino de lana blanca la trujo a su amor y consentimiento; otros dicen que la amaba el pastor Endimión, y que en cierto tiempo lo dejó, hasta que Endimión apacentó los ganados blancos de la Luna treinta años, y entonces volvió la Luna tanto en su amor, que le decendía a besar. Tuvo Endimión en la Luna cincuenta hijas[689].

---

[685] *Fenicias* 175-178. Citado por Conti, *Mythologia* 3, 17.

[686] En el *De rerum astronomicarum* 5, 3. Citado por Conti, *Mythologia* 3, 17.

[687] En el *Remedia amoris* 258. También citado por Conti, *Mythologia* 3, 17.

[688] Véase Nicander, *Los asuntos de Etolia,* en Jacoby, *Die Fragmente* 271/2F6a=Scholios a Apolonio de Rodas IV, 57. Nota de Álvarez-Iglesias [1988].

[689] Así en Pausanias, *Descripción de Grecia* 5, 1, 4.

DECLARACIÓN

Para mayor claridad[690] de estas ficciones de la Luna, se ha de advertir que los poetas cuando hablan de los dioses y deesas, algunas veces significaban por ellos cosas que son en la naturaleza; otras veces no. Y cuando significaban algo, hacíanlo en dos maneras. La una es que por un nombre solo de un dios o deesa significaban muchas cosas de naturaleza. La otra, que con muchos de dioses y diosas, significaban una sola cosa. De lo primero parece ejemplo en Iuno, la cual unas veces significa la tierra, otras, el aire, otras, las riquezas, como en otro lugar dijimos. Y no acontecía esto por error de los que estas palabras hablaban, mas era porque aquella cosa fue de los sabios puesta para significar cosas varias; otras veces por muchos dioses y deesas significaban una cosa sola, así como con Océano, Neptuno, Nereo, Thetis, Doris, que son tres dioses y dos diosas diversos, y pero todos ellos significaban solamente las aguas, aunque en los motivos y razones diferenciasen. Asimismo con Pallas, Mars, Belona, siendo diversas, significaban la guerra y las cosas pertenecientes a ella. Apolo y Sol, siendo diversos, como haya muchos dioses soles y muchos Apolos, con todo eso no significan en la naturaleza más de una sola cosa, que es el planeta Sol; y de esta manera Iuno, Luna, Lucina, Diana, Prosérpina, Hecate, son seis deesas distintas, según los poetas; empero todas ellas significan una misma cosa, que es el planeta Luna.

ARTÍCULO I

DE LOS PADRES DE LA LUNA

Dicen ser la Luna hija de Hyperíon, porque este Hyperíon fue el primero que observó el movimiento de los planetas y estrellas, por lo cual fue llamado padre de los astró-

[690] Es copia de las *Cuestiones* 63 de El Tostado [1551:235].

logos, que dio principio a la práctica de los movimientos de los planetas, principalmente del Sol y Luna. Aunque según Diógenes Laercio[691], el primero que a los mortales declaró el eclipse de la Luna fue Anaxágoras, aunque otros atribuyen este principio a Tiphón, otros a Endymión, otros a Atlante. Dice que es hija de Iúpiter y Latona; por Latona se entiende el Cielo, y por Iúpiter se entiende nuestro poderoso y soberano Dios criador de todo. Y porque Dios crió la lumbrera mayor y menor, que son Sol y Luna, en el cielo, por esto le dieron estos padres. Dicen ser hija del Sol porque del Sol recibe la Luna su claridad. Es hermana del Sol porque ella y el Sol son hijos de Hyperíon, o porque en un mismo tiempo fueron hechos de un mismo Padre criador de todas las cosas, o porque como hermanos partieron los tiempos, alumbrando el Sol de día y la Luna de noche, o porque tanto tiempo del año es noche como de día, o por la semejanza de la luz, que en el cielo no hay otros cuerpos que tanta claridad den, o porque en los cuerpos son semejantes en cuanto al tamaño, según al parecer del vulgo, aunque a la verdad el Sol muchas veces es mayor, como dijimos en nuestra *Astronomía*[692].

ARTÍCULO II

De los nombres de la Luna

Llamóse Luna de luz[693], que es nombre de esclarecimiento, porque después del Sol es la que más alumbra.

Llámase Delia, porque fingen haber nacido en una isla llamada Delos; así la llamó Ovidio[694], en dos versos que comienzan: *Iam mihi prima dea est,* etc.

[691] Véase *Vides dels filòsofs* 2, 5. Citado por Conti, *Mythologia* 3, 17.
[692] Véase Pérez de Moya, *Astronomía* 1, 22, 1.
[693] Así en Cicerón, *De natura deorum* 2, 68.
[694] En las *Heroidas* de Fedra a Hipólito, 39-40.

Llámase Phoebea, por cuanto es hija o hermana del Sol, que se dice Phebo; así la llamó Vergilio[695], en dos versos que comienzan: *Noctivago Phoeve,* etc.

Llámase Lucina[696], porque luce de noche o porque saca a luz a los nacientes que están en las tinieblas del vientre; porque entre los planetas tiene la Luna principal poder sobre los concebimientos y partos, según astrólogos, por cuya causa acontece que las mujeres paren algunas veces en el mes séptimo las criaturas vivas, y antes no pueden, y esto es porque en el séptimo mes tiene la Luna poder sobre todas las criaturas que están en el vientre. En el octavo mes no sale ninguna criatura viva, porque entonces reina Saturno, el cual es planeta malo, y su condición es matar por la destemplada frialdad. En el mes noveno tiene Iúpiter poder sobre la criatura, y en éste son comúnmente los partos, por cuanto Iúpiter es de noble calidad e influidor de vida. Empero aunque nazcan las criaturas en el noveno mes, que es de Iúpiter, no le dieron poder sobre las que paren sino a la Luna. La razón de ello es porque una cosa es lo que pertenece a la criatura que nace, y otra cosa es lo que pertenece a la madre que le pare. A la criatura que nace pertenece que cuando naciere esté en tal disposición que no haya de morir naciendo, mas que pueda vivir; esto influye Iúpiter, según obra de la segunda causa. Lo que a la madre que quiere parir toca, es que pueda parir sin peligrar, y esto no se hace sin ser suficientemente abiertos aquellos lugares por donde ha de salir la criatura, y este abrimiento se hace con la humedad de la Luna, relajando lo apretado y enterneciendo lo duro; y por esto atribuyen a este planeta Luna lo que pertenece a las que paren y no a Iúpiter; y por esta causa la llaman los griegos Tlithya, porque favorece a las que están de parto. La cual opinión escribe Ovidio[697], introduciendo a Almena, madre de Hércules, cuando le parió, cómo se hubo Iuno con ella, en donde pone a la Luna, y

[695] *Eneida* 10, 219.

[696] Tomado de Conti, *Mythologia* 4, 1, y del prólogo del mismo cuarto libro [1596:243-248].

[697] *Metamorfosis* 9, 273-304.

por esto entre los poetas gentiles las mujeres que estaban con dolores de parto llamaban a Iuno Lucina, quiero decir entendiendo por Iuno a Lucina. Así lo introduce Terencio[698], que la que parir quería dijese: *Miseram me diferor doloribus, Iuno, Lucina fer opem.* Y Plauto[699] introduce una moza preñada, que dice: *Perii mea nutrix, obsecro te, uterum dolet Iuno, Lucina tuam fidem.* Quiere decir: Perdida soy, ama mía; ruégote duéleme el vientre, oh Iuno Lucina, por tu fe. Son razones de la que está con dolor, que no acaba lo que comienza a decir; y por esto mismo se llama Elicina de Elicio, por traer por fuerza, esto es, porque las criaturas están atadas con las madres con una tripa, que es el ombligo en la criatura, y hasta que aquélla se madure y por movimiento de la naturaleza se corte, no sale la criatura.

Llámase Hecate[700], porque los antiguos creían presidir la Luna en las cosas de los hechizos; como las mujeres hechiceras invocaban a Hecate y a la Luna, creyeron ser ambas (aunque diversas) una misma cosa, y así por Hecate entendían la Luna planeta; y así lo entendió Medea, cuando la conjuraba para hacer la obra del mudamiento de Eson, según refiere Séneca[701] y Ovidio. Otros dicen que Hecate es nombre griego, que significa ciento, para por este número cierto entender número incierto de la grandeza del poderío de la Luna.

Llámase Diana[702] por cuanto así como a Diana le atribuyen saetas y arco, así la Luna tiene rayos de luz que como saetas hieren, como se ve por expiriencia en las llagas de las animalias, que son tocadas de los rayos de la Luna, cuando lo demás del cuerpo no es tocado por tener alguna manta rota. De sus rayos viene la enfermedad que llaman lunáticos; o danles saetas, porque los dolores vienen a las que paren cuando la Luna con su humidad no enternece ni ensan-

---

698 En la comedia *Adelphi* [3, 4] 487.

699 En *Aulularia* 4, 7, versos 690-691.

700 Según Conti, *Mythologia* 3, 15 [1596:203].

701 La cita de *Medea* 1, 7, está ya en Boccaccio, *De genealogie deorum* 4, 16. Para Ovidio, véase *Metamorfosis* 7, 74.

702 Parecido a lo expuesto por Conti, *Mythologia* 3, 18 [1596:223 y siguientes].

cha los lugares por do salen las criaturas, que no son menores que de heridas hechas con saetas. El arco que le dan denota la vuelta que da la Luna a la redonda del mundo. Es cazadora como Diana, porque como la Luna alumbra de noche y en este tiempo las animalias salgan de sus manidas a buscar mantenimiento, es idóneo tiempo para cazar. Aplican a Diana la caza en cuanto es virgen, porque así como la virgen no engendra ni pare algo, así la caza no trae provecho. Es virgen como Diana cuando es menguante, en el cual tiempo nada engendra, antes hace disminuirse las humedades, como se vee en las crecientes y menguantes del mar, y en los pescados que dicen hostias, y tuétanos de los animales. O es virgen la Luna porque influye frialdad, y humidad, y la humidad es cosa contraria al carnal ayuntamiento, y porque el no tener deseos carnales ayuda a la virginidad; por esto dicen que la Luna o Diana, entendida por ella, guarda perpetua virginidad, y que era virgen. Diana se dice de *duana,* que quiere decir dos, por cuanto en dos tiempos luce de día y de noche, o por cuanto su luz algunas veces llega hasta el día; o de *dian,* que quiere decir nueva, y *neos,* luz, casi nueva luz, porque en cada uno de los meses recibe a respecto nuestro nueva luz, aunque la Luna siempre está la media alumbrada del Sol.

Por las ninfas que dan a Diana que la sirvan se entienden las humidades, de las cuales la Luna es causadora. Dicen que la sirven porque las humidades ayudan a a las cosas como ministros o dispositivos a la influencia de la Luna; la cual mejor se recibe en cosa humida y tierna que en cosa dura y seca. Theodoncio[703] hace diferencia entre Diana y Luna, diciendo que cuando la Luna viene con su lumbre, hasta la mañana se dice Diana, y cuando a la tarde alumbra, se dice Luna. Y es de saber que, según Tullio[704], muchas mujeres hubo llamadas Dianas, a lo menos de tres hace mención. La primera fue hija de Iúpiter y de Prosérpina, la que dicen que engendró a Cupido. La segunda, hija del tercero Iúpiter y de Latona. La tercera, hija de Upis y Glauca. Dés-

---

[703] Para Teodoncio, véase Boccaccio, *De genealogie deorum* 4, 16.
[704] En *De natura deorum* 2, 68-69, y sobre todo 3, 58.

tas, la hija de Iúpiter y de Latona fue la más nombrada, a quien los poetas atribuyen todo lo que se dice de todas; y fue cosa posible haber amado virginidad, como haya muchas mujeres que aborrecen la compañía de los hombres, y así ganaría nombre de ilustre por su virginidad perpetua; y haber sido aficionada a la caza y haberle aplicado por ensalzarla lo que se atribuye a la Luna por vía de comparación, por sus merecimientos o por causa de su padre Iúpiter.

Dícese Prosérpina[705], porque como Prosérpina fue robada de Plutón y escondida en los infiernos, y allí tenida por su mujer, así la Luna es robada cierto tiempo y está en el infierno, por cuanto todo el tiempo que la Luna no parece poniéndose el Sol dicen estar en el infierno con su marido Plutón. O porque cuando la Luna es creciente, quiero decir cuando sale de la conjunción y va creciendo hasta el punto de la llena, no es virgen, porque engendra haciendo crecer las humidades y otras cosas, y entonces le cuadra el nombre de Prosérpina, porque es como dueña casada. Otrosí, a la Luna y a las simientes sembradas y mieses llaman Prosérpina, y entonces este nombre Prosérpina tiene derivación y significa: *Quasi prope nos serpens,* que quiere decir andante o rastreante cerca de nos, lo cual cuadra a la Luna, por cuanto entre los cuerpos celestiales ninguno hay que ande más cercano a la tierra que la Luna.

Llámanla Argéntea[706], que quiere decir cosa de plata, esto es porque influye a engendrarse plata más que otro planeta. Y por esto los alquimistas, poniendo a los planetas nombres de metales, o a la contra, llaman a la plata Luna, y al oro Sol, y al plomo Saturno, al estaño Iúpiter, al hierro Marte, al cobre o azófar Venus, al azogue Mercurio, los cuales nombres ponen por la propiedad que hallan tener los planetas sobre los tales metales.

Dícese Mena de *mene,* que en griego quiere decir fallecimiento, porque en presencia del Sol pierde su luz, o por los muchos defectos y mudanzas que tiene; ya está en conjun-

---

[705] Véase el capítulo 14 del libro segundo de esta *Philosofía secreta.*

[706] También y parecido en Boccaccio, *De genealogie deorum* 4, 16. También para el sobrenombre de Mena que sigue.

ción, ya descrece, ya crece, ya padece eclipse, nunca perseverando en un ser. Lo cual quisieron dar a entender por las vestiduras de varias colores que le atribuyeron.

Dícese Cynthia[707] de un famoso monte así llamado de la isla Delos, en donde se finge haber nacido Apolo y Diana, que es la Luna.

Dícese Trivia[708] o Tresvia, porque en tres lugares le dan los poetas diversos nombres. En las silvas le dicen Diana, en el cielo, Luna, en los infiernos, Prosérpina. Así lo usó Vergilio[709], donde comienza: *Tria virginis ora Diana*, etc. Quiere decir: La virgen Diana tiene tres gestos, porque la pintan los antiguos con tres hábitos, esto es: que cuando nueva, muestra una cara muy delgada, y cuando media muestra otra diversa, y cuando llena, otra diversa de todas; y por esta causa Séneca[710] la llama Triforme, que quiere decir de tres formas.

ARTÍCULO III

CÓMO SE ENTIENDE SER LA LUNA MACHO Y HEMBRA

Dicen[711] ser la Luna macho y hembra porque unas veces tiene virtud activa, y ésta se atribuye en cosas de naturaleza al varón, y otras la tiene pasiva, que se atribuye a la hembra. Que su operación y virtud sea activa veese en la generación del rocío, porque levantándose de la tierra y agua, con algún calor del Sol, exhalaciones y vapores, que por defecto de calor, por quitarse el Sol, no se pueden levantar en lo alto, y aunque algo se levantan, venida la noche con su hu-

---

[707] Véase Conti, *Mythologia* 3, 17 [1596:216], citando a Horacio, *Carmina* 3, 28, 12.
[708] Citado por Conti, *Mythologia* [1596:205] sobre Hécate.
[709] *Eneida* 4, 511.
[710] En la tragedia *Medea* 1, 7.
[711] Como Conti, *Mythologia* 3, 17.

midad engruésanse y con la frialdad apriétanse y congélanse y caen sobre la tierra y hierbas; y por cuanto esta frialdad y humidad de la noche procede principalmente de la Luna, y porque la madre da lugar donde se haga la generación, y en el aire es lugar de esto, por esto el aire se llamará madre, y la Luna, que obra, padre. Que otras veces sea hembra o que tenga virtud pasiva se prueba por lo que se engendra de la humidad entendida por la Luna, y del calor entendido por el Sol. O dijeron ser la Luna macho y hembra, porque con su humidad y frialdad da nutrimento a unas cosas y corrompe otras; y para denotar esto los varones le hacían sacrificios en hábitos de mujeres, y las mujeres en hábito de hombres.

ARTÍCULO IV

QUÉ ES DALLE A LA LUNA CARRO

Danle[712] carro para denotar que anda alrededor de la tierra, así como las ruedas del carro a la redonda del eje. Este carro fingen habérsele dado Iúpiter, porque ella, siendo del linaje de los Titanos, como dice Iuan Bocacio[713], no sólo no les quiso dar favor, mas ayudó a Iúpiter y a los demás dioses contra ellos. Y decir que la Luna, siendo de los Titanos, ayudó a Iúpiter, es que los Titanos denotan los soberbios, y los dioses y Iúpiter los virtuosos; y es la Luna contra los Titanos, porque su complexión en cuanto planeta es contraria a la soberbia, por ser fría y humida, y la frialdad y humidad reprimen las fumosidades pertenecientes a la soberbia, la cual se levanta del calor. Darle dos caballos que llevasen este carro es por denotar su movimiento, porque de noche

---

[712] Véanse las descripciones de san Isidoro, *Etimologías* 18, 36, y compárense con Agrippa, *De occulta philosophia* 2, 44-46.

[713] Como en todo el capítulo, se refiere al 16 del cuarto libro de *De genealogie deorum*.

y de día anda y parece, lo cual denotaron mejor en decir que estos caballos el uno era blanco y el otro negro: cuando parece de día, denota el caballo blanco, y cuando de noche, el negro; o cuando parece en cualquier tiempo, se denota con el blanco, y cuando no parece, con el negro, lo que no acontece con el Sol, que no parece sino de día. O danle dos caballos, por denotar sus dos cualidades de frialdad y humidad; y porque éstas son cualidades de la noche, y porque la Luna camina de noche y su señorío es de la noche, le dicen andadera de noche, y a sus caballos les dicen Noturnos; así la llamó Vergilio[714], en los versos que comienzan:

> *Iamque dies coelo concesserat alma quae curru,*
> *noctiuago Phoebe medium pulsabat Olympum.*

Quiere decir: ya el día del cielo se quitara, y la Luna santa en su carro nocturno tocaba a medio del cielo. Y también Séneca[715] llama al carro carretas nocturnas. Decir algunos que estos dos caballos eran blancos ambos es por denotar la luz o claridad de la Luna, la cual más conviene con el color blanco. Traer este carro novillos era por denotar ser la Luna causa de la generación de muchas cosas y necesaria a las labranzas de la tierra, denotado por los novillos con que se labra. Decir otros que este carro le llevaba un mulo, como dijo Fexto Pompeyo[716], fue por denotar que la Luna de sí es estéril por su frialdad natural, y el mulo es animal que no engendra; o querían por esto declarar los antiguos que la Luna no tiene luz de sí propiamente, mas que la recibe del Sol, así como este animal no nace de animal de su casta, mas de ajena, como de asna y caballo, o de yegua y garañón. Los que dijeron que lleva dos ciervos el carro era por significar el presuroso movimiento de la Luna, la cual, entre todos los planetas no hay quien más presto cumpla su círcu-

---

714 *Eneida* 10, 216.

715 Véase *Medea* coro del acto tercero, verso 599.

716 Véase Sexto Pompeyo Festo, *Fragmentos* 11 [1536:1534]: «Mulus vehiculus Lunae habetur, quod tam es sterilis sit quam mulus.»

lo, y por esto dijeron ciervos, porque son muy ligeros en el correr. Y esto mismo quisieron decir cuando fingieron que la Luna tenía alas.

Las vestiduras[717] de colores diversas que a la Luna le atribuyen son por denotar sus muchas mutaciones, como dijimos.

Decir que se lava en la mar es porque los simples piensan cuando se pone que se mete en el agua, y que está en ella hasta que vuelve a verse, como por todas partes diste la tierra y agua igualmente del cielo; y por esto decían que se lavaba antes que se vistiese, esto es, antes que saliese a vista de nuestros ojos.

Que la Luna sea más moza que el Sol es porque creyeron ser el Sol su padre, como se ha dicho.

Darle cuernos es por declarar que así como muchos animales tienen por armas los cuernos con que dañan, así los rayos de la Luna dañan, como hemos dicho. O porque cuando sale de la conjunción tiene unas puntas delgadas a modo de cuernos.

ARTÍCULO V

CÓMO SE ENTIENDE CONCEBIR LA LUNA DEL AIRE EL ROCÍO, O DE IÚPITER A ERSA

Decir que fue mujer del Aire y que engendró el rocío, en esto quisieron declarar el natural engendramiento del rocío, del cual el Aire ha de ser madre y la Luna padre, como dijimos en el artículo tercero; mas porque la Luna tiene manera de nombre de hembra y el Aire de macho, y por engendrarse el rocío destas cosas, dijeron ser la Luna madre y el Aire padre; mas según razón natural, es por el contrario, porque el aire da lugar como madre y la Luna hace como

[717] Toda esta imaginería está tomada de Conti, *Mythologia* 3, 17.

padre, y la virtud pasiva en naturaleza tiene lugar de madre y la activa de padre. Esto mismo quisieron declarar los que dijeron que la Luna concibió de Iúpiter una hija llamada Ersa, porque *ersa* en griego quiere decir rocío, y Iúpiter, entre otros significados, denota el aire; y así, porque de la Luna y Aire se engendra el rocío (como se ha dicho), por esto dice la fábula que engendra Luna a Ersa de Iúpiter. El que quisiere ver las causas del cómo se engendra el rocío, niebla, granizo, nieve, agua y otras cosas naturales, lea nuestra *Astronomía*[718] o *Philosofía natural.*

ARTÍCULO VI

CÓMO AMÓ PAN A LA LUNA

Que Pan amase a la Luna[719] es que por Pan dios de Arcadia se entienden todos los pastores; y amar Pan es decir que los pastores aman a la Luna, porque su claridad les es muy provechosa para defender sus ganados de las fieras, y porque con su humidad hace estar las hierbas de las silvas y prados frescas para su sustento. Decir que Pan por un vellocino de lana blanca que le ofreció alcanzó della lo que quiso y la trujo a los montes con él es que los pastores la tenían por diosa de los montes y pastos, y como a tal le ofrecían sacrificios, matando una cordera blanca; y por esto se dice ser ella vencida y engañada de Pan por un vellocino de lana blanca, porque por este sacrificio les parecía que les alumbraba y daba sustento a sus ganados. Decían que era cordera lo que le ofrecían porque la Luna es hembra, y a las diosas hembras sacrificábanles animales hembras; era blanca porque la Luna era diosa celestial, y a los tales sacrificábanles animalias blancas, y a los infernales negros. Deste engaño o amor que Pan usó con la Luna hace mención Vergi-

[718] Véase Pérez de Moya, *Astronomía* 2, 3, 4 y 15

[719] Para estos amores, véase Conti, *Mythologia* 3, 17.

lio[720], donde dice: *Munere sic niveo lanae si credere dignum est,* etc. Quiere decir: Con don de lana así blanca, si es digno de creer, Pan, dios de Arcadia, engañó a ti, oh Luna, llamándote a los montes altos, y tú no dudaste de los seguir.

ARTÍCULO VII

CÓMO AMÓ ENDYMIÓN A LA LUNA

Amar Endymión[721] a la Luna, como dice Plinio[722], y ser desechado della hasta que Endymión guardó treinta años los ganados de la Luna; que volvió tanto en su amor que le decendía a besar, y tener della cincuenta hijas, aunque algunos dicen que fueron solas tres, es de saber que muchas cosas fingieron los poetas para pura historia y memoria de algunos varones ilustres, disfrazando sus hazañas con fabulosos ornamentos; y así lo que se dice de Endymión se dijo para perpetua memoria de la vida deste varón. Endymión fue hijo de Acthilio y habitó en una cueva de un monte de Ionia, región de Asia, llamado Latmo, de quien dicen que perpetuamente dormía y fue amado de la Luna. Endymión, según san Fulgencio, fue un gran sabio, el cual primero halló el arte y orden del movimiento de la Luna. Y porque para esto había menester muchos tiempos de consideración, por no tener principios de nadie, gastó treinta años en el dicho monte; y porque para observar esto era menester velar de noche, por esto dicen que salía de noche. Y decir que dormía siempre es porque estaba muy atento a las consideraciones del movimiento de la Luna; y porque los que duermen no hacen cosa alguna, así los que huelgan y no hacen alguna cosa manual suelen decir los vulgares que

720 *Geórgicas* 3, 391 y siguientes.

721 Este artículo parte otra vez de Conti, *Mythologia* 4, 8, y de Boccaccio, *De genealogie deorum* 4, 16, siguiendo a Fulgencio, *Mitologicarum liber* 2, 98.

722 *Historia natural* 1, 9.

duermen; tal era Endymión, que estaba tan atento en esto que en otra cosa no se ocupaba; por esto dice la fábula que dormía siempre. Decir que Endymión al principio le desechó cierto tiempo la Luna, esto es que Endymión comenzó esta especulación y dejóla por algunos días, y así no le amaría la Luna. Decir que después que apacentó los ganados blancos de la Luna le volvió a querer bien es que así como apacentar ganados es tener cuidado dellos, no durmiéndose de noche por defendellos de los lobos, así la consideración es gran cuidado; por tanto, a esta especulación de Endymión se llama apacentar. Decir que estos ganados eran blancos, es que Endymión tenía esta consideración en lugares y montes altos, y en los semejantes sitios siempre acuden las blancas nieves, porque tales lugares convienen para consideración de las cosas del cielo, por evitar las conversaciones de los otros hombres. Decían ser ganados blancos de la Luna porque no tenía cuidado en otra cosa, salvo en lo que al movimiento y efectos de la Luna pertenecía. Que la Luna decendiese de noche, y durmiendo el pastor Endymión le besase, significa que Endymión por larga consideración halló la verdad del movimiento de la Luna; y cuando la razón de ello halló, porque es acto de amadores besarse cuando primero se ven: entonces, cuando Endymión acabó de hallar el arte y orden y certidumbre de su movimiento, la comenzó a besar. Decir que tuvo en ella tres hijas, o cincuenta, es por declarar las muchas diversidades y efectos de la Luna, puso número finito por infinito. Fue éste el primero, según Luciano[723], que a los mortales mostró la cuenta de la Luna. No faltó quien dijese Endymión haber sido hombre flojo y tan dado al sueño que se ordenó por ello un adagio que dice: El sueño de Endymión[724], dícese por aquellos que hacen las cosas muy despacio, o tan descuidadamente o con tanta flema, que parece que están durmiendo. En de-

---

[723] En el diálogo *Sobre astrología* Endimión hace la cuenta de la luna. Citado por Conti, *Mythologia* 4, 8 [1596:285].

[724] Consúltese al silenciado Erasmo, *Adagia* chiliada prima, 866 [1513:90], donde dice: «Usus est adagio Aristotelis decimo moralium liber» [*Ética nicomaquea* 1178b].

cir que comenzó esta especulación y la dejó y después volvió a ella, significa que la diligencia y perseverancia en todas las cosas es útil. Algunos tienen que Endymión fue un pastor que se holgaba en apacentar de noche sus ganados, cuando los otros pastores tenían recogidos los suyos y dormían; y como con esta diligencia engordasen en gran manera, se dio lugar a la fábula.

CAPÍTULO V

DE VENUS

De tres Venus[725] hace mención Tulio[726]. La primera dice ser hija de Celio y del Día, que fue honrada en Elis, ciudad de Peloponeso, en Grecia, y a ésta llamaron Venus la grande. Tenía ésta una cinta llamada en griego *ceston;* hácenla los poetas madre de los dos Cupidos, según dice Ovidio[727]: *Alma fave dixi geminorum mater amorum.* Quiere decir: «Oh señora, dame favor, madre de los dos amores.» Danle por hijas a las tres Gracias. La segunda Venus fue también hija de Celio, nacida sin madre; y del modo de su nacimiento dicen que Saturno, usando de crueldad con su padre Celio, le cortó los genitales, y cayendo en el mar, de la sangre, mezclándose con la espuma del mar, se engendró Venus. Así lo dice Ovidio[728], introduciendo a Venus que habla con Neptuno, diciendo que ella tiene parentesco con el mar, por cuanto dél nació, en donde comienza: *Aliqua*[729] *et mihi gratia,* etc., y por haber nacido así, los griegos la llamaron Aphrodisa o Aphroditi, de *aphros,* que es espuma; o por-

---

725 Todo el capítulo parte en Pérez de Moya de Conti, *Mythologia* 4, 13 [1596:322-340], Boccaccio, *De genealogie deorum* 3, 22-23, y El Tostado, *Cuestiones* 5, capítulos 50-53 [1551:198-205].

726 *De natura deorum* 3, 59. Pero Cicerón habla de cuatro Venus.

727 Verso de los *Fastos* 4, 1.

728 *Metamorfosis* 4, 536.

729 Aliqua] Aquila *1585*

que, según san Fulgencio[730], dice que se dijo así porque el humor o simiente viril imita a la espuma del mar. Tuviéronla en gran veneración los de la isla de Chipre, acerca de lo cual dice Pomponio Mela[731] que los moradores de Papho, ciudad de Chipre, afirman haber visto ellos primeramente a Venus salir desnuda del mar, y criarse allí, y lo mismo dice Ovidio[732]. Ésta es la que comenzó hacer congregación de mujeres públicas en Chipre, siendo ella una moza virgen de alto linaje; tuvo tan ardiente el deseo sensual que no sólo a algunos, mas a todos se dio; y por encubrir su deshonestidad, por común costumbre trujo a los de Chipre a esto mismo usar. Es a saber, que sus hijas doncellas ganasen con los estranjeros con qué casarse, la cual costumbre se estendió en las tierras de Apulia y Calabria, según escribe Theodoncio.

La tercera de las nombradas Venus fue hija de Iúpiter y de Dión, y ésta es la que fue dada por mujer a Vulcano y la que amó a Marte. Algunos le dan a Venus por padres a Saturno; otros a Bacho. San Augustín[733] pone otras tres: la una era la que adoraban y servían a las vírgines, y a ésta llamaban Vesta; a la otra reverenciaban las casadas; la tercera, las mujeres públicas. Otros autores añaden otra Venus, que sean en número cuatro[734], y ésta dicen que nació en Siria y fue hija de Cyrrho, llamada Astarte, según Iosepho[735] tratando de Salamón, en donde dice que aunque algunos la llaman a ésta Asterte, se ha de decir Astarte. Otros ponen solas dos: a la una honraban las vírgines y las casadas que eran honestas y castas, y a ésta la llamaban Venus Verticorda[736], como quien dice: Venus la que volvía los corazones, porque creían que tenía poder para trastornar los corazones

---

730 En el *Mitologicarum liber* 2, 70.

731 Véase *Cosmografía* 2, 7: «primum ex mari Venerem egresam accobe affirmant.»

732 *Metamorfosis* 4, 538-539: «in medio quondam concreta profundo / spuma fui...»

733 Véase *De civitate Dei* 4, 10.

734 Recuérdese a Cicerón, *De natura deorum* 3, 59.

735 *Antigüedades de los judíos* 8, 1.

736 Así la llama Valerio Máximo, *Dichos y hechos memorables* 8, 15, 12.

de las mujeres, para que se apartasen de malos pensamientos y guardasen castidad. Desta hace mención Plinio[737], y Valerio Máximo, contando cómo los diez varones que gobernaban a Roma dieron orden que se consagrase y honrase esta diosa, y eligieron a Sulpicia, mujer de Fulvio Flaco, para que la sirviese. A la otra Venus servían las mujeres que vivían libre y sueltamente en ejercicios lujuriosos. Pausanias[738] puso tres, y a la una llamó celestial, la otra popular y a la tercera Apostraphia. Platón[739] pone solas dos y solos dos Cupidos; mas a la verdad es cosa común que no se entienda ninguna Venus sin Cupido; de modo que si Venus hacemos una sola, no hay más de un Cupido, porque por Venus quisieron los antiguos significar, según san Fulgencio[740], la vida voluntaria de deleites, semejante a la epicúria, la cual vida era comidas y bebidas, de que se engendra Venus, que es el carnal ayuntamiento; y desta Venus sale Cupido, que es el deseo de experimentar o de poner en ejecución el tal ayuntamiento carnal, y por esto tantos Cupidos se han de fingir cuantas fueren las Venus; y así los que ponen dos Venus entienden dos Cupidos, que son el divino y humano, o el deleite sensual lícito y el ilícito; los que ponen tres significan por ellas tres amores y tres Cupidos. Por la una[741] se entiende el amor sin deseo de deleite sensual, cual es el que tenemos para con Dios y nuestra patria, y para con los varones virtuosos, y para los que nos hacen bien, y éste se dice amor celestial y puro, como carezca de mancha libidinosa, y esta Venus se llama celestial. Por la otra Venus que dicen popular se entiende la inclinación na-

---

[737] Véase la *Historia natural* 7, 35: «pudicisima foemina... iudicata est Sulpitia»; sentencia muy parecida a la de Valerio Máximo, *Dichos y hechos memorables* 8, 15, 12.

[738] El nombre de las tres primeras se puede encontrar en *Descripción de Grecia* 1, 1, 3, y el de Apostrasia *ibidem* 1, 40, 6.

[739] Ya citado por Vives en el comentario a *De civitate Dei* 4, 10, remitiendo a *El banquete*. Véase tambien Conti, *Mythologia* 4, 13 [1596:324]

[740] Véase *Mitologicarum liber* 2, 70.

[741] Los tres tipos de amores, el deleitable, el natural y el deshonesto ya los cita Boccaccio, *De genealogie deorum* 3, 22, recordando a Aristóteles y a Ovidio. La descripción posterior sobre la imaginería que rodea a Venus también procede de este capítulo y libro de Boccaccio.

tural que todo animal tiene por orden de Dios, mediante lo cual se mueva a engendrar su semejante, para la conservación de los individuos, y en ésta entra el ayuntamiento matrimonial, y el Cupido hijo de ésta es lícito. Mas por la tercera Venus, que Pausanias llama Apostraphia, es entendido el amor prohibido deshonesto, y así madre y hijo han de ser del cristiano aborrecidos. Esto presupuesto, hablaremos agora de Venus como si una sola hubiese sido, para declarar los fingimientos poéticos, aunque los poetas, todo lo que de Venus se dice, atribuyen a la segunda, nacida de la espuma del mar, y a la tercera, mujer de Vulcano. A ésta le dan carro que le llevan cisnes; dedícanle de las aves la paloma y de los árboles el arrayán, y de las flores la rosa. Es amiga de la risa; píntanla nadando y desnuda con una concha en la mano; otras veces con una tortuga a los pies. Nombráronla con varios nombres; los más usados son: Venus, Citherea, Acidalia, Hesperus, Vesperugo, Lucifer, Ericina, Salamina, Paphia, Adalia, Gnidia, Cyllenia, Melanis, Migonites, Aserea, Colias, Epistropha, Euplea, Ambologera, Olympia, Especulatria, Ontica, y así otros.

Declaración

Ser Venus hija de Iúpiter y de Dión es porque la virtud y cubdicia que Dios puso en que engendrase cada cosa su semejante, se concibe del calor elemental entendido por Iúpiter, y de la materia de los elementos corruptible, entendida por Dión, y esta generación se entiende por Venus.

Darle a Venus a Saturno o a Bacho por padres es porque como Saturno mostró sembrar y coger pan y otros frutos, y Bacho mostró el uso del vino; y como de la abundancia del comer y beber se engendra el apetito o deseo del vicio sensual entendido por Venus, por esta causa le dan estos padres. Que naciese del espuma del mar es porque la simiente de la generación del animal no es otra cosa, según Aristóteles[742], sino espuma de sangre que encima nada, y de aquí

[742] En *De generatione animalium* 736a.

salió el origen de decir que fue engendrada de la espuma; y porque tratando a Saturno se declaró esto se dejará de decir aquí. Danle por hijas a las tres Gracias, porque todas las cosas que se engendran vienen de amor y gracia y concordia, que de Venus proceden.

Danle a Venus carro[743] porque en cuanto planeta da vuelta por su círculo; llevan este carro cisnes para denotar por la limpieza y blancura desta ave que la limpieza y ornato del cuerpo incita el amor, o porque como esta ave canta con suavidad, así el amor se incita con músicas. Otros dicen que llevan este carro palomas y pájaros pardales, por denotar la lujuria de Venus con aves que lo son. Dedican a Venus la paloma como dice Ovidio[744] en dos versos que comienzan: *Perque leves auras,* etc., porque es ave lujuriosa, y de tan gran multiplicación que cría los más meses del año. Dedícanle el arrayán, según Vergilio[745] dice en donde comienza: *Formose veneri myrtus,* etc. porque deste árbol se coronó cuando contendía con las otras deesas en el juicio de Paris. Otros dicen que por estar este árbol a la ribera del mar donde Venus nació; otros que porque el olor incita a lujuria, o porque es árbol oloroso, y Venus se deleita de buenos olores; o porque dicen tener virtud de hacer nacer amor entre las personas y de consevarlo. Fuele dada la rosa a Venus, porque como debajo de aquella su hermosura se hallan puntas que pican muy agudas, así el amor vicioso pica la conciencia; o porque, según san Fulgencio[746], no se entiende en cosas de lujuria sin vergüenza, entendida por lo colorado de la rosa, o porque así como la rosa parece hermosa y luego se marchita, así la lujuria parece cosa buena y presto viene al arrepentimiento y aborrecimiento della.

Dijeron ser Venus amiga de la risa porque el alegría enamora y gana amistad.

---

743 Véanse las distintas figuraciones de Venus como planeta que depende de su ascendiente en Agrippa, *De occulta philosophia* 2, 42.

744 Véase *Metamorfosis* 14, 597.

745 Véase el verso 62 de la séptima de las *Églogas*: «Formosae myrtus Veneri, sua laurea Phoebo.»

746 En el ya citado capítulo 70 del segundo *Mitologicarum liber.*

Píntanla desnuda porque fingen haber nacido en la mar, y en el agua son poco menester los vestidos, o porque el amor bueno o malo no puede mucho tiempo estar encubierto. Píntanla nadando, por declarar que así como los que andan en el agua nadando van siempre con sobresalto de si toparán algún tropiezo, así los que andan en este deleite andan con mil sobresaltos, o por denotar ser la vida de los desdichados enamorados mezclada con amargura, y combatida como la mar, con diversas fortunas, como declara Plauto.

La concha marina que tiene en la mano denota el insaciable deseo libidinoso de los lujuriosos, porque según dicen los naturales, la concha con todo el cuerpo abierto se llega al coito.

Pintan a Venus una tortuga a los pies para denotar que después que las mujeres son casadas sean calladas, de modo que el marido hable por ellas; y denota esto la tortuga porque no tiene lengua. Otrosí, escribe Plinio[747] que la tortuga, sabiendo el peligro que le viene del ayuntarse con el macho, lo rehúsa y huye dello cuanto puede, por causa que la hembra se pone hacia arriba, y acabado el acto, muchas veces no pudiendo volverse de pies, la cazan las aves; mas el incitamiento de la generación la hace anteponer el deleite a la muerte. Avisan con esto que se han de sufrir los peligros en que se ponen las que paren, por la generación.

Varios nombres de Venus

El primer nombre[748] y más usado es Venus, y éste es nombre de mujer y de planeta, aunque más le conviene en cuanto fue mujer que ordenó los torpes ayuntamientos públicos. Dícese Venus, según Séneca: *Quasi vana res.* Son sus

---

[747] *Historia natural* 9, 10.

[748] Esta declaración es copia casi literal de El Tostado, *Cuestiones* 5 [1551:199v-203v]; compárese: «Primero y más usado es Venus, éste es nombre de mujer y de planeta... ordenó los torpes ayuntamientos públicos...» Las citas que siguen también las anota ya El Tostado.

deleites vanos, porque no cumplen lo que los deseos inclinados a ellos prometen. Esto dijeron los estoicos, como virtuosos y maestros de virtudes, que a los deseos no ligítimos dijeron ser vanos. Los epicúreos derivan a Venus: *Quasi bona res,* porque son amadores de los deleites, y como maestros de vicios, loaron el deleite, aunque fuese torpe. Tulio[749] deriva: *Quasi omnia uniat,* y esto se puede entender en cuanto todas las cosas perfectas en las animalias se engendran de ayuntamiento, y sin él no hay cosa naciente; y esta derivación cuadra con la razón, porque de Venus vienen las concordias, tomando los principios poéticos por fundamento, porque ellos ponen que sea Venus madre de los dos amores, que son bueno y malo.

Citherea: éste es nombre muy común a Venus, en cuanto fue mujer, por el lugar donde afirman haber nacido, que es la isla Citherea, que primero se llamó Porphiris. Y según san Isidro[750], diremos que es llamada Citherea por un monte alto donde era muy honrada, teniendo templo famoso en él. Esto parece tener Virgilio[751], donde comienza:

Hunc ego sopitum somno super alta Cythera.
Aut super idalium sacrata sede recondam.

Son palabras que hablaba Venus a Cupido, su hijo, diciendo que ella escondía a Ascanio, hijo de Eneas, en los altos montes, llamados Citherea, o sobre Ydalio, que eran lugares consagrados, donde sus templos tenían.

Acidalia: este nombre convino a Venus por una fuente así llamada, a ella consagrada en Beocia, en la cual creían los gentiles lavarse las Gracias servidoras y consagradas a Venus. Otros dicen que *acidas,* en griego, quiere decir cuidados, y este nombre conviene a Venus porque ella es verdaderamente madre de los cuidados, haciendo a los amadores que abunden dellos.

---

[749] Véase *De natura deorum* 3, 62, donde se dice, mejor, «quia venit ad omnia».
[750] Consúltese «De insulis» en *Etimologías* 14, 6.
[751] En *Eneida* 1, 680-681.

Hesperus y Vesperugo y Lucifer, le conviene a Venus en cuanto es planeta que más luz tiene que los otros después del Sol y Luna; llámase Hesperus entre los griegos, el cual nombre le conviene del tiempo en que parece, porque en unos tiempos del año parece antes que salga el Sol, y en otros después de puesto. Cuando parece después del Sol puesto la llaman los griegos Hesperus, y el latino Vesper; así la llama Vergilio[752], donde comienza: *Ante diem clauso componet vesper Olympo.* Quiere decir: Antes aclarará Venus el día, cerrando el cielo. Vesperugo significa lo mismo que *vesperus* o *vesper,* que significa este planeta, en el tiempo que parece después del Sol puesto; derívase de *vespere,* que significa la noche. Usa deste nombre Marco Varrón[753].

Lucifer: este nombre conviene a este planeta, en el tiempo que parece antes del día; es nombre latino así dicho: *Quasi lucem ferat.* Quiere decir: Que después de sí trae, porque después della sale el Sol; y los griegos a este tiempo mismo le llaman *fosforos,* que significa lo mismo que Lucifer, según dice Tulio[754], y así tiene esta estrella dos nombres entre los latinos, como *vesper* o *vesperus* o *vesperugo,* que es todo uno, y Lucifer. Entre los griegos se llama Hesperus y Fosphorus.

Erecina o Ericina. Este nombre le cuadra a Venus en cuanto fue mujer. Y díjose así de un muy famoso templo que tenía en el monte Erice, de Sicilia, según Ovidio[755], hace deste nombre mención Séneca[756], donde comienza: *Natura per omneis,* etc. Y todos los demás nombres que le atribuyen le pertenecen de lugares donde la honraron y de templos que a su vocación edificaron; y porque la tenían por estrella o por una mujer que en estrella se había convertido, y a las estrellas y a los demás cuerpos celestiales lumbrosos llamaron dioses, como da testimonio el *Libro de la Sabiduría*[757], donde dicen: *Solem, et Lunam, et girum Stellarum*

[752] Véase la *Eneida* 1, 374.
[753] En el *De lingua latina* 6, 6; 7, 50.
[754] *De natura deorum* 2, 53.
[755] En los *Fastos* 4, 874-875
[756] En *Medea* 707.
[757] En el capítulo 13, versículo 2 de *Biblia: Libro de la sabiduría.*

Rectores orbis terrarum Deos putaverunt. Quiere decir: «Al Sol y a la Luna y rueda o cerco de las estrellas regidoras de la tierra pensaron ser dioses.»

CAPÍTULO VI

DE ADONIS

De Adonis, hijo de Mirra, escribe Ovidio[758] donde comienza: *Per iuga per Sylvas,* etc. Que como fuese muy gentil mozo, fue tan amado de Venus que por montes y bosques, y de día y de noche, jamás se apartaba de su compañía, y gozando de sus amores, mostrábale cazar, amonestándole cuanto podía que siempre se guardase de ir a caza de leones, lobos, osos, puercos monteses; decíale que eran bestias fieras y dificultosas de matar, y esto hacía Venus porque ella gran miedo tenía que le hiciesen algún mal. Aconteció que en el menor día del año, Adonis, olvidado del consejo de Venus, acometiendo a un fiero jabalí, fue dél muerto. A quien después Venus amargamente llorando lo puso entre las lechugas y hizo convenencia con Prosérpina que seis meses del año estuviese con ella, y otros seis con Venus, con tal condición que Prosérpina no le acostase en su lecho ni le abrazase. Dicen que de la sangre que de la muerte de Adonis se vertió se volvieron las rosas coloradas[759], como primero fuesen blancas.

DECLARACIÓN

Macrobio[760] dice que por Adonis, en este fingimiento, se entiende el Sol, cuerpo más hermoso y resplandeciente que

---

[758] La fábula de Ovidio en *Metamorfosis* 1, 528-559 y 709-739. También en Boccaccio, *De genalogia deorum* 2, 53, y en Conti, *Mythologia* 5, 16.

[759] Según Ovidio, mejor llamarlas «anémonas», *Metamorfosis* 10, 738-739: «et nimia leuitate caducum / excutiunt idem, qui praestant nomina, uenti.»

[760] En los *Saturnales* 1, 21.

otro ninguno de los celestiales. Por Venus se entiende el hemisferio superior, y por Prosérpina el inferior. Amar Venus mucho a Adonis es porque sin la fuerza y virtud del Sol ninguna cosa sería Venus, porque la tierra sin virtud del Sol, ninguna cosa de sí engendraría. Por el jabalí que hirió a Adonis se entiende el invierno, tiempo frío y áspero y contrario a la generación o producción de las cosas; y porque en este tiempo faltan las fuerzas del Sol, dice ser muerto Adonis. El concierto que Venus hizo con Prosérpina de que Adonis estuviese con ella seis meses, son los seis meses que el Sol anda en los signos australes, en los cuales los días son breves y las noches grandes; y porque en este tiempo es flaca la virtud del Sol para calentar el hemisferio superior, dicen estar muerto y habitar con Prosérpina; y cuando anda en los otros seis signos boreales o septentrionales, que son pequeñas las noches y grandes los días, se dice vivir con Venus, por lo cual toda hermosura y producción se restituye a los campos. Esto quiso sentir Orfeo[761], cuando dice en un himno estar unas veces Adonis con los vivos y otras con los muertos, o porque el Sol, contado en todo el año lo que parece sobre el un hemisferio y lo que se esconde estando en el otro, viene a alumbrar medio año al uno y medio al otro. Decir que muerto Adonis le cubrieron de lechugas, esto se dice por el frío grande que hace en el invierno, entendido por las lechugas, que son frías. Que Adonis muriese en el menor día del año es que en este tiempo cesa por las causas dichas la generación de las hierbas y plantas, y de otras cosas muchas; porque como en este tiempo los días son breves y el Sol hiera oblicuamente, por no elevarse mucho, calienta poco, y así reina entonces el frío sobre el horizonte, que es contrario a la generación; por esto en este día fingen haber herido el jabalí a Adonis.

Que de la sangre de Adonis tomasen color las rosas, como primero fuesen blancas, esto se dice porque al tiempo que ellas nacen, que es a la primavera, parece que todos los corazones se encienden en el deseo amoroso y acudicia

[761] Historieta citada por Conti, *Mythologia* 5, 16 [1596:450].

de engendrar. Ser primero las rosas blancas denota que el efecto del frío es hacer blanco. Ser comparado el puerco al invierno, porque así como este tiempo es húmido, así este animal se huelga con lugares húmidos y lodosos. Adonis, según otros, es el trigo y las demás mieses; y amarle Venus es que la lujuria ama el comer. El concierto de estar seis meses con Prosérpina es que tanto tiempo está el trigo sembrado; y estar con Venus otros tantos meses es estar a la templanza del aire, de donde lo cogen después.

CAPÍTULO VII

De Mirra, madre de Adonis

Mirra, según Ovidio[762], fue hija de Cinara, de quien dice san Fulgencio[763] que amó a su padre, con quien tuvo ayuntamiento carnal, habiéndole primero dado a beber; y como Cinara supiese que estaba preñada, y la maldad dél, como comenzó a seguirla con la espada desenvainada, con intento de matarla, Mirra, muy temerosa, huyendo y llorando, pidiendo favor a los dioses, fue convertida en árbol de su mismo nombre; deste árbol, siendo herido de Cinara, nació Adonis.

Declaración

Por Cinara, padre de Mirra, se entiende el Sol; por Mirra, su hija, unos árboles que sudan el licor que dicen Mirra, como el mismo árbol. Es el Sol padre de Mirra porque ayuda a criar a todos los árboles, como el padre a los hijos. Ama Mirra a su padre cuando mediante el calor del Sol en-

[762] En las *Metamorfosis* 10, 258-528. Véase asimismo Boccaccio, *De genealogie deorum* 2, 51-52.

[763] En el *Mitologicarum liber* 3, 122-125.

gendra en sí un licor, que siendo herido con sus calurosos rayos, suda y nace Adonis, que en griego quiere decir suavidad; y porque la mirra es de suave olor, dicen que le amó Venus, porque es licor muy caliente que incita a lujuria, o porque los lujuriosos aman mucho los olores.

CAPÍTULO VIII

De Minerva[764]

Según Tulio[765], cinco mujeres hubo llamadas Minerva. La primera fue hija de Iúpiter, de cuyo nacimiento fingen los poetas que viendo Iúpiter que en su mujer Iuno no podía haber hijos, por no carecer dellos, movió la cabeza y del movimiento salió Minerva armada. Otros[766] dicen ser hija de Neptuno y de la laguna Tritonia. El nacimiento de Minerva dicen haber sido en cinco de Luna[767]. Nómbranla con varios nombres, danle tres vestiduras y una toca de diversos colores. Tuvo contienda con el dios Neptuno sobre poner nombre a la ciudad de Athenas, y con Aragnes Colofonia sobre el arte de tejer. Peleó con Vulcano por defender su virginidad, halló el uso de la oliva, de cuyo fruto se hace el aceite. Atribúyenle la invención de muchas artes y los números y las letras con que escrebimos.

La segunda Minerva fue hija del Gigante Palene, uno de los hijos de Titán, que hicieron guerra a Iúpiter y a los de-

---

764 Pérez de Moya vuelve a copiar, como siempre que encuentra allí un dios, de las *Cuestiones* de El Tostado 9, 65 [1551:236 y siguientes]. Véase también el capítulo dedicado a Palas por Conti, *Mythologia* 4, 5. El himno de Orfeo citado al final es el 38,10.

765 Véase *De natura deorum* 3, 59. Las veces que en este capítulo se remita a Tulio habrá que ir a éste de Cicerón.

766 Por ejemplo, Pausanias, *Descripción de Grecia* 1, 14, 6.

767 El Tostado, *Cuestiones* 65 explica el sincretismo: «[Minerva] nasció al quinto día de la Luna.»

más dioses. Désta dice Theodoncio[768] que su padre Palene o Palante, con amor loco la quiso forzar, y ella defendiendo su virginidad lo mató, como de otro modo no pudiese defenderse. A ésta pone Tulio por la quinta de las Minervas; diéronle alas, porque después de muerto su padre Palante, temiendo no la matasen, huyó tan apriesa que pareció más volar que correr.

La tercera fue hija de Iúpiter el segundo, a la cual Tulio llama Tritonia, y hácenla hermana de Mars; y algunos la llamaron Bellona y que fue madre del primero Apolo, siendo preñada de Vulcano, hijo de Celio. A ésta, según Leoncio, la pintaban los antiguos armada, con los ojos turbados, con una lanza larga y un escudo de cristal en los pechos, y en él la cabeza de Gorgon o Medusa, y un yelmo en la cabeza. Algunos tienen a esta por la que dijimos haber nacido de la cabeza de Iúpiter, y no lo es, porque aquélla fue virgen y ésta tuvo hijos.

La cuarta Minerva fue hija del río Nilo, según Tulio, y dice que fue adorada de los egipcianos. Ésta, según la verdad, fue una mujer de gran prudencia, que halló algunos nuevos ingenios, por los cuales mereció nombre de Minerva, a la cual las artes e ingenios pertenecen, y dicen que fue hija del río Nilo, porque junto a él vivió o tuvo su señorío.

La quinta fue hija de Iúpiter y de Corypha ninfa, hija de Océano. Fue esta Minerva la que primero inventó el carro de cuatro caballos; la historia de todas se tratará como si una sola fuese. Dedican a Minerva el gallo y la lechuza o mochuelo, que sucedió en lugar de la corneja, que primero andaba en su compañía. Dicen más: que como un Tiresias tebano, una vez la viese desnuda lavándose, le privó de la vista, porque no se pudiese gloriar de haber visto a Minerva desnuda. Empero Chariclo, madre de Tiresias, alcanzó della que en lugar de la vista corporal le diese claridad de entendimiento para saber adivinar. Acompañaba Minerva a

---

[768] Como El Tostado, Pérez de Moya remite a Boccaccio, *De genealogie deorum* 2, 3.

Perseo en sus aventuras y a las nueve Musas. Dijeron ser virgen; llamáronla destruidora de ciudades. Orfeo dijo ser Minerva macho y hembra.

Declaración

Artículo I

Cómo se entiende ser Minerva hija de Iúpiter

Puédese dubdar, como hubiese tres llamados Iúpiter, que fueron en diversos tiempos, de cuál dellos fue hija Minerva. A esto dice Eusebio[769] que no fue hija de ninguno dellos, porque los así llamados eran griegos, y Minerva nació en África; mas queriéndola hacer hija de Iúpiter, y siendo Minerva muy antigua, hase de dar aquel que pueda con ella en tiempo concordar, por lo cual la suelen dar al primero, y hacer a Minerva hija de Iúpiter, no siéndolo, fue que por Minerva entendieron los antiguos la sabiduría, y por Iúpiter entendían el mayor dios de los dioses, para declarar que la sabiduría es tal don que no puede venir al hombre salvo de Dios, como cosa suya; y así lo dice Aristóteles[770], donde comienza: *Sapientia non est humana, sed divina possessio.* Quiere decir: La sabiduría no es cosa que los hombres poseen, mas solo Dios la tiene toda en sí como cosa suya; o porque si alguna parte de sabiduría tenemos, no la habemos de nosotros mismos, mas de Dios, que es fuente de donde mana todo saber; así lo dice el *Ecclesiástico*[771]: *Omnis sapientia a Domino Deo est.* Quiere decir: Toda sabiduría viene de Dios, y por esto dice Horacio[772]: *Proximus illi tamen occupavit Pallas honores.* Quiere decir: Sola Minerva entre los dioses está a

---

[769] *Crónica* 30, 8.
[770] Sentencia del primer libro de la *Metafísica* fragmento 982b.
[771] Primer versículo del primer capítulo de la *Biblia: Eclesiástico.*
[772] En los *Carmina* 1, 12, 19-20.

par de Iúpiter; y no dijeron que Minerva era hija de Iúpiter y de Iuno juntamente, su mujer, así como otros hijos, porque Iuno significa la tierra o el aire, y el saber no viene de la tierra ni del aire ni de alguna cosa criada, mas de Dios viene a todos los que la tienen. Decir que nació Minerva sin madre significa que la sabiduría y razón no tiene parentesco con los carnales ayuntamientos, de los cuales no nace salvo cosas corporales y corruptibles, y la sciencia y razón es cosa incorruptible e incorpórea; y así no debió de ser significada por cosa que en tal manera naciese. Dijeron haber nacido de la cabeza más que de otra parte para denotar que así como la cabeza es el más noble miembro del cuerpo, así la sabiduría es el mayor don de los dones, o porque la razón e ingenio y sentido del sabio, que todas las cosas halla, es en la cabeza, según san Isidro[773]. Que naciese Minerva meneando Iúpiter la cabeza es declarar que la sabiduría no se alcanza sin muchos trabajos y diligencia, y aunque de Dios nos venga el saber, hase de trabajar para alcanzarlo, y después de aprendida, conservarla en continuarla especulando en ella; y por esto dijeron que salió por la boca, porque hablando y comunicando se aumenta. Decir que nació Minerva de Neptuno y de la laguna Tritonia es por significar que la sabiduría nace de las perturbaciones que los hombres experimentan en la vida, y principalmente en el agua. ¿Quién ignora tener a la continua el estudio tantos cuidados y trabajos como la mar (entendido por Tritonia o por Neptuno) tempestades y movimientos?

Nace armada porque el ánimo del sabio nunca está desarmado para sufrir los sucesos de fortuna con paciencia, si no se pudieren evitar con consejo, o porque fue inventora de las armas, o porque los poetas hablan de las Minervas como si una sola fuera. Y porque Minerva se llama Pallas, y ésta pusieron ser diosa de la guerra y siempre estar armada, porque sin sabiduría no se puede hallar buena manera de

[773] Véase *Etimologías* 8, 11: «Quae ratio, quia ex solo animo nascitur, animumque putant esse in capite & cerebro.»

combatir ni defender de los ardides y engaños que los enemigos en contra hacen.

ARTÍCULO II

POR QUÉ DICEN QUE NACIÓ MINERVA EN EL DÍA QUINTO DE LA LUNA

Que Minerva naciese en cinco días de Luna procedió de una opinión falsa de poetas, los cuales creyeron que la Luna quinta era siempre mala para todas las obras, y que en ella nacían las cosas que habían de ser estériles; y por esto Vergilio pone reglas de cuáles días de Luna eran buenos y cuáles malos, y dijo que la Luna quinta era mala y la séptima y décima buenas, y que la nona era buena para huir o esconder algo, y la razón que desto daban, que en ella nacieron los Gigantes, enemigos de los dioses, donde comienza: *Ipsa dies alios alio dedit ordine Luna*[774]. Va diciendo: la Luna dio diversa orden, unos días malos y otros muy buehos para obrar. Huye de la Luna quinta, porque el huerco amarillo y las infernales furias nacieron en ella. Otrosí, en ella la tierra parió a Zeto, y Iapeto, y a Tiphoeo el bravo, hermanos juramentados entre sí para destruir el cielo; y si Vergilio no creyera esto, no lo diera por aviso a los labradores, diciéndoles que huyesen de la quinta y descogiesen la séptima o décima; y por esto cuando alguna cosa era estéril, o la llamaban estéril, decían que había nacido en el quinto día de la Luna. Y porque a Minerva la hacen virgen, y las vírgenes no conciben ni paren, dijeron que había nacido en la Luna quinta; y esto significa a Minerva en cuanto se toma por mujer, mas en cuanto significa sabiduría, no tiene cimiento decir que en día cierto naciese.

---

[774] En *Geórgicas* 1, 276.

ARTÍCULO III

De varios nombres que dan a Minerva

Nombran a Minerva con varios nombres, hablando como si una sola hubiese sido: Minerva, Tritonia, Pallas, Athena, Viragoflava.

Minerva es nombre latino, fingido para significar sabiduría e ingenio, y conviénele en cuanto dicen que halló diversas artes. Dícese Minerva, según san Isidro[775]: *Quasi manus, vel munus variarum artium*. Quiere decir: Mano o don de diversas artes. Llámase mano porque las artes que ella halló (en cuanto fue mujer) eran mecánicas o manuales[776], como tejer, coser, hilar, según el mismo san Isidro. Decir que es don de diversas artes le conviene en cuanto es diosa del saber. Cicerón[777] deriva este nombre Minerva de *minuo, minuis,* por desmenuzar; o de *minor, minaris,* por amenazar, y por esto la pintan armada y feroz e inventora de la guerra, porque en la guerra desmenuzan y espantan. Mas es de saber que aunque este nombre Minerva convenga a las cinco suso nombradas, porque todas ellas trujeron alguna novedad de ingenio al mundo, empero con todo eso este nombre le pertenece más a la primera Minerva que a las otras, porque ella halló más artes y primero que las demás.

Tritonia se dice, según Callisthenes, porque nació en el tercero día de la Luna, y es argumento dello, que los atenienses consagraron este día a Pallas, y cuádrale porque así como la Luna suele este día aparecer, así, según san Isidro[778] y san Augustín[779], fue hallada o súbitamente vista la prime-

---

[775] Citado por El Tostado, *Cuestiones* 65, y por san Isidoro en *Etimologías* 8, 11.

[776] En san Isidoro, *Etimologías* 19, 20: «De lanificiis».

[777] Cicerón, *De natura deorum* 3, 62: «Minerua quia minuit aut quia minatur».

[778] En el tantas veces citado capítulo 11 del octavo libro de las *Etimologías*.

[779] Véase *De civitate Dei* 18, 8.

ra Minerva cerca de un lago llamado Tritón, que es en África, y no se supo de dónde vino ni de qué linaje era, y pareció en hábito virginal, no de vieja ni casada, mas de moza no tocada de varón, por lo cual fue siempre de los poetas llamada virgen. Y esto, según Eusebio[780], sucedió cerca del año doce del reino de Foroneo de 1792 años antes del nacimiento de nuestro Señor Iesu Christo, y ésta fue llamada la primera Minerva; y Pomponio Mela[781] dice que los naturales del lago Tritonio hacen fiesta con juegos ordenados por vírgines, en memoria de haber sido allí Minerva primeramente vista. Tiene Tritonia[782] otra derivación: *Quasi terrens*, y según esta derivación conviene a la tercera, que fue halladora de las guerras; y dícese así porque en las guerras hay grandes espantos. O dícese Tritonia, porque tres son las partes de la sabiduría: conocer las cosas presentes, proveer lo venidero, y memoria o acuerdo de lo pasado; o porque tres cosas ha de hacer el hombre sabio principalmente: dar buen consejo, juzgar rectamente y obrar con justicia.

Pallas[783]: este nombre es muy usado entre los poetas; conviene a la segunda y tercera Minerva. Tiene Pallas tres derivaciones: la una a Pallene Insula; la otra a Pallante Gigante; la tercera a Pallin, que significa miedo. Pallene[784] es una isla en el mar Egeo, de Grecia, en la cual fue criada Minerva, y della fue nombrada Pallas, según Paulo Perusino[785]. La segunda derivación que dicen Pallante conviene otrosí a esta misma Minerva, porque fue hija del Gigante Pallante, señor de la isla Pallene. La tercera derivación es Pallen, que significa miedo; según esto, puede convenir este nombre a la segunda Minerva y más a la tercera; a la segunda, por el miedo que hubo que la habían de matar por haber ella muerto a su padre; a la tercera conviene aún más propia-

---

780 *Crónica* 30, 8. Ya citado en san Agustín, *De civitate Dei* 18, 8.

781 En la *Cosmografía* 1, 7.

782 Copiado aquí de El Tostado, *Cuestiones* 65: «quasi terrens tonando».

783 La identificación de Palas con Minerva aparece muy por extenso en Conti, *Mythologia* 4, 5.

784 Esta noticia ya está en El Tostado, *Cuestiones* 65 [1551:420v]

785 Como Teodoncio, Paulo de Perusia remite a Boccaccio, *De genealogie deorum* 2, 3.

mente, porque es deesa de la guerra, y en la guerra hay muchos movimientos y temores.

El cuarto nombre[786] es Athena; éste pertenece a la primera por dos razones: la una, por derivación que se deriva de *athenatos*, que significa en griego inmortal, lo cual le conviene a esta Minerva por cuanto ella significa la sabiduría, por las muchas cosas de ingenio que halló, y la sabiduría es inmortal, porque ésta en sí misma no es cosa incorruptible, como sea inmaterial. Otrosí, la sabiduría hace las cosas incorruptibles, dando forma y memoria a ellas, según lo cual siempre perseveren, y no hay otra cosa que pueda hacer esto, salvo la sabiduría, según Ovidio. La otra causa es porque habiendo contienda entre Neptuno y Minerva sobre quién pondría nombre a la ciudad, y sentenciando que ella pusiese el nombre, llamóla, Athenas, como ella se llamaba, según Eusebio[787]. Este nombre Athena entre los griegos es propio, así como entre nosotros Minerva. Según san Isidro[788], Athena significa hembra; y así los griegos a las mujeres llaman *atenas*, porque ésta era deesa hembra acerca de los griegos; por honrarla pusieron su nombre a la ciudad.

El quinto nombre es Viragoflava[789], que significa varona morena. Este nombre conviene a la segunda y tercera Minerva, y aún más a la tercera que a la segunda; llámase Varona, por la fortaleza, porque es Minerva diosa de la guerra, y siempre los poetas la ponen armada; y porque el ejercicio de las armas conviene más a los varones valientes; y porque a Minerva dieron ser diosa de la guerra y armada, quisieron decir que no era tierna como doncella, mas era dura como varón, y así llamáronla varona, que quiere decir mujer que tiene condición y fuerzas de varón. Llamáronla Flava, que quiere decir morena, por significar la fortaleza, porque el color blanco siempre se alienta en mujeres o varones de carne tierna y delicada; mas la carne dura y fuerte no tiene co-

---

786 Copia de El Tostado, *Cuestiones* 65 [1551:241 y siguientes]

787 *Crónica* 30, 8.

788 *Etimologías* 8, 11.

789 Así citada en el libro 15 de las *Metamorfosis*, en el parlamento final con Julio César. También citado por El Tostado, *Cuestiones* 65 [1551:241v].

lor blanco; o por declarar por el color el ejercicio de las armas, y esta es la principal, porque bien acontece ser uno blanco y valiente, mas no acontece usando las armas quedar alguno blanco, mayormente en el rostro, porque con el cansancio del peso y trabajo viene a tener calor, y del calor a sudar, lo cual se hace más en el rostro que en otra parte del cuerpo (según da la causa Aristóteles[790]), por consumirse las humidades tiernas de la cara, con que se quema el rostro, y porque la propiedad de lo que se quema en general es ennegrecerse, de aquí viene ser necesario que los que usan la guerra no pueden tener el rostro blanco, mas moreno.

ARTÍCULO IV

De las vestiduras que dan a Minerva

Atribuyen a Minerva tres vestiduras[791] y una toca o cobertura llamada *peplum*, que era pintada de muchas colores. Por estas tres vestiduras se denotan los encubrimientos del saber, porque la sabiduría no es cosa manifiesta, mas es tan escondida que apenas la pueden los hombres hallar; así lo dice Iob[792]: *De ocultis trahitur sapientia.* Quiere decir: La sabiduría se saca de lugares ocultos; y así como la vestidura encubre el cuerpo, así la sabiduría es encubierta; y porque no piensen ser este encubrimiento pequeño, ponen tres vestiduras que cubren. Otrosí por este número tres denotan los muchos sentidos de las escripturas de los sabios que no tienen uno sólo, mas muchos, así como la Sancta Escriptura

[790] El margen remite a los *Problemas* [2, 10 y 17] «Cur facie maxime sudemus», obra que entonces se creía perteneciente al corpus aristotélico pero que hoy no se incluye entre las obras del estagirita. Véase una relación moderna de las mismas en Aristóteles, *Acerca del alma* [1988:12 y siguientes]. Citado en El Tostado *Cuestiones* 66 [1551:242v]

[791] La lista de vestiduras es copia de El Tostado, *Cuestiones* 65 [1551:248v].

[792] *Biblia: Job* 28, 11.

tiene en algunos lugares cuatro o cinco sentidos, que son: Histórico o Literal, Alegórico o Tropológico, Anagórico, Parabólico o Metafórico, como en el libro primero[793] declaramos, por los cuales los sabios entienden las tres vestiduras que dan a Minerva, poniendo número cierto por incierto, o porque significase este número tres cualquiera muchedumbre, porque este número hace cumplimiento a las medidas de las cosas, como el cuerpo, que es la cosa más cumplida de las figuras geométricas, que sólo consta de tres dimensiones, que son: largura, anchura y profundidad, como declaramos en nuestra *Geometría*[794] y la toca Aristóteles[795]. El tocado o cobertura que le dan de varios colores significa la elocuencia de los sabios, cuya habla va con ingenio y orden y composturas de figuras de Retórica; o píntanla vestida porque el buen saber está muchas veces encubierto en personas que no pensamos. Según lo que hemos dicho, estos vestidos pertenecen a Minerva en cuanto denota la sabiduría y no en cuanto era mujer.

ARTÍCULO V

De la contienda de Minerva y Neptuno

La contienda[796] de Neptuno y Minerva sobre nombrar la ciudad de Athenas pónela Ovidio[797] diciendo que contendiendo estos dos dioses sobre quién pondría nombre a aquella ciudad, que de Cecrope se llamaba Cecopria, asentáronse doce dioses en juicio, y en medio dellos Iúpiter, para que fuesen trece, porque la sentencia de los más valiese; mandaron luego que mostrase cada uno de los conten-

793 Véase esta *Philosofía secreta* 1, 2.

794 Pérez de Moya se cita a sí mismo y remite a *Geometría* 1, 1.

795 En el *De coelo et mundo* 268a.

796 Está relatada en Boccaccio, *De genealogie deorum* 5, 48, y llega hasta El Tostado, *Cuestiones* 65 [1551:246v].

797 *Metamorfosis* 6, 70 y siguientes.

dientes alguna señal, y el que mostrase mejor señal hubiese derecho de nombrar la ciudad. Neptuno hirió luego las rocas del mar con su real sceptro de los tres dientes y hizo saltar un fiero caballo. Espantados los dioses jueces, querían por él sentenciar; entonces Minerva, con la lanza que en la mano tenía, hirió la tierra, y hizo luego salir una oliva con sus hojas y fructo. Esta señal plugo más a todos los dioses, y a Minerva otorgaron el poder poner nombre a la ciudad.

Declaración

Esto es fabuloso, como cierto sea no haber tales dioses que contendiesen ni los trece dioses que en juicio se asentasen; y aun otorgado que los gentiles llamasen dioses a alguna cosa fingida, no podían algunos así nombrados dioses tales señales hacer, porque criar caballo y oliva a sólo Dios pertenece; mas por esto entendió Ovidio parte de la verdad de las cosas que acontecieron en dar nombre a aquella ciudad de Athenas. En decir que se pusieron doce dioses y en medio dellos Iúpiter, quiso Ovidio declarar el modo de juzgar de Athenas por semejanza, en la cual ciudad afirman algunos que en el Ariópago, que era lugar de juicio, ponían los atenienses trece jueces, porque la sentencia que diese la mayor parte dellos valiese. Mandar los jueces a Neptuno y a Minerva que mostrasen señal, porque el que mejor la mostrase tendría derecho de poner nombre a la ciudad, denota que los que contienden en juicio, el que mejor prueba su derecho, vence.

Que Neptuno con su sceptro de tres dientes hiriendo las peñas hiciese salir un caballo, y Minerva una oliva, y tener en más la señal de Minerva que la de Neptuno, y adjudicarle el poder de nombrar la ciudad, dice san Augustín[798], siguiendo a Marco Varrón, que Minerva fue en tiempo de Cícrope, rey primero de Athenas, que aun este nombre no tenía, porque cuando la fundaban parecieron dos cosas mara-

---

798 En el *De civitate Dei* 18, 9. El fragmento posterior es copia de Boccaccio 5, 48.

villosas en la ciudad, y fueron que en una parte della apareció una oliva, como allí no hubiese sido de alguno conocida, y en otra parte parecieron aguas que bollían; y desto maravillado Cícrope, envió a consultar a Apolo Délphico, que en este tiempo las respuestas daba, y respondió el agua significar el dios Neptuno y la oliva la deesa Minerva, y ser en poder de los ciudadanos poner nombre a la ciudad, del nombre destos dos dioses. Ayuntáronse, esto sabido, a consistorio todos, varones y mujeres cuantos en la ciudad había, porque tal era costumbre de aquel tiempo que las mujeres entrasen en él. Todos los varones dieron sus votos a Neptuno; las mujeres todas dieron sus votos a Minerva, que era deesa y hembra como ellas; y porque había más una en las mujeres que en los hombres, valieron los votos de las mujeres, y fue puesto el nombre a la ciudad del nombre de Minerva. Y por cuanto a ella llaman Athenas en griego, que significa hembra, llamaron a la ciudad Athenas. Enojado Neptuno contra la ciudad, porque a él desecharon, tomando a Minerva por señora y deesa, usando de su poder, enviando las aguas del mar contra la ciudad, destruía muchos de sus términos y poníala en peligro. Los atenienses, por aplacar la ira de Neptuno, del cual sabían esta pena venir, hicieron venganza contra las hembras, dándolas tres penas para siempre. La una, que nunca más pudiesen tener voz en consejo, ni dar votos por cosa alguna. La segunda, que nunca los hijos tomasen los nombres de las madres ni de su linaje, mas siempre de los padres. La tercera, que no llamasen ya a las mujeres atenas en aquella ciudad. Estas cosas cuenta Marco Varrón, las cuales por verdad pone san Augustín, el cual prueba ser verdadero y creíble salir las olas del mar por las tierras de los atenienses, y dice que esto no era difícil de hacer a los demonios, y así quiere que todo esto por verdad histórica sea recebido. O venció Minerva, porque la oliva denota paz y el caballo guerra, y las ciudades y ayuntamientos de los hombres más aman la paz que la guerra. Iuan Bocacio dice sobre esta contienda de Minerva y Neptuno que siendo la ciudad de Athenas marítima, como naciese división entre los marineros y los mecánicos, y que los navegantes dijesen que por la navegación del mar se acrecentaba la ciudad, lo cual se debe entender por el caballo, y que los mecánicos y labradores en contra decían que con los artes manuales y con el agricultura se sustentaba y aumentaba la ciudad, los cuales artes se significaban con la oliva, por ser su licor necesario para todos los oficios, por lo cual, de los dioses, quiere decir de los jueces arriba nombrados, fue publicada la sentencia en favor de los mecánicos, de donde no sin razón vino a entenderse Neptuno por el arte del navegar, y Minerva por los artes mecánicos, la cual fingen ser inventora de los más de ellos. La causa porque Cícrope, rey de Athenas, quiso consagrar esta ciudad a Minerva fue porque Minerva fue halladora de los ingenios y artes, y así la ciudad de Athenas fue madre de las artes y de todas las sciencias; esta opinión tiene san Isidro[799]. Esta contienda de Neptuno con Minerva sobre poner nombre a Athenas pertenece a Minerva en cuanto era mujer y deesa, y no en cuanto era entendida por ella la sabiduría. Podríase dubdar diciendo que el primero Iúpiter fue rey de Athenas mucho antes que Cícrope, y con todo eso hemos dicho que Cícrope fue edificador de Athenas, la cual dubda resuelve Leoncio diciendo que no fue edificada Athenas de nuevo por Cícrope, mas fue por él apartada un poco del mar.

ARTÍCULO VI

De la contienda de Pallas y Aragnes

Minerva, según Eusebio[800], fue trecientos y sesenta y tres años antes que Aragnes, y así la contienda que los poetas fingen haber sucedido entre ellas es fabuloso y fictión de Ovidio[801] para contar el mudamiento de Aragnes, porque vencida de Minerva la convirtió en araña para significar el

---

799 En las *Etimologías* 15, 1: «De civitatibus».

800 En la *Crónica* 30, 8.

801 Véase *Metamorfosis* 6, 1-145; y los comentarios de Pérez Sigler 6, 1-3.

saber de Minerva y de Aragnes en el arte de tejer, y es para darnos por este mudamiento ejemplo de que aunque uno sea muy docto en una arte, puede venir después quien le exceda, añadiendo algunas novedades, como en todos los oficios y sciencias se hace, que los nuevos añaden a los antiguos, por ser el tiempo gran maestro para aumentar las sciencias, como dice Aristóteles[802]: *Tempus bonum cooperatur est horum, et per tempus artium additamenta facta sunt.* Quiere decir: El tiempo es buen ayudador para estas cosas, y por el tiempo fueron añadidas las artes. Esta fábula conviene a la primera Minerva, por cuanto esta contienda era sobre tejer, y la primera es a quien estos artificios se atribuyen. Otrosí nos da ejemplo que por más excelencia que parezca que tenemos no debemos igualarnos con Dios, ni ensoberbecernos de manera que por no reconocerlo todo de su bondad nos castigue y haga conocer lo que somos, siendo apartados de su gracia, y que todo cuanto sabemos es frágil como tela de araña, como experimentó Aragnes, vuelta en tan pequeño y vil animalejo.

La contienda de Minerva y Vulcano sobre defender su virginidad tratóse en el capítulo diez y seis, tratando de Erithonio[803].

ARTÍCULO VII

DE LAS ARTES QUE HALLÓ MINERVA, Y POR QUÉ LE DEDICAN LA OLIVA

Dedicáronle[804] a Minerva la oliva porque ella fue la primera que dio la industria de hacer el aceite de las aceitunas; y porque todas las demás artes tienen necesidad deste licor o para alumbrarse con él o para gastarlo en el arte; por esto

---

[802] Posiblemente en el primer libro de la *Magna Moralia*.
[803] Véase más arriba, libro 2, capítulo 16.
[804] Este artículo es copia de El Tostado, *Cuestiones* 65 [1551:246v-248].

se dijo inventora de muchas artes. Desta suerte, atribuyeron a Prometheo muchas artes, porque trujo del cielo fuego, que ayuda a ellas. O decir que Minerva halló muchos ingenios y artes se podrá entender en cuanto por Minerva se entiende la razón e ingenio, cosas que sin ellas no se halla ninguna arte. En otra manera se puede entender históricamente que fue verdad que Minerva fue una mujer así llamada, que halló muchas y muy diferentes artes necesarias a la humana vida.

Los que atribuyen a Minerva la invención de los números y figuras con que escribimos no lo consideraron bien, porque mucho tiempo antes de Minerva había números y letras, como Minerva haya sido en tiempo de Foroneo, segundo rey de los argivos, y eran ya pasados más de tres mil y cuatrocientos años del mundo, según parece por la cuenta de Eusebio[805], y en tanto tiempo no sólo había cuenta, mas pesos y moneda, porque según se lee en el Génesis[806], en tiempo de Abraham había moneda de plata, y Abraham fue mucho tiempo antes que la primera Minerva. Y Iosepho[807] dice que los hijos de Set, hijo de Adán, escribieron la Astrología en unas colunas, para que lo que habían ellos alcanzado viniera a noticia de los venideros. Mas pudo ser Minerva la primera que en su tierra lo inventase, como atribuyeron la invención de las simientes a Ceres y la del vino a Baco, como estas cosas mucho antes fueron inventadas de otros en el mundo.

ARTÍCULO VIII

Por qué dicen ser Minerva hermana de Marte

En hacer a Minerva hermana de Mars quisieron mostrar los sabios ser necesario tener dos cosas: el capitán, conviene a saber, prudencia para poder gobernar en las cosas que

---

805 *Crónica* 30, 8.
806 *Biblia: Génesis*, capítulos 24, 22 y 53.
807 *Antigüedades de los judíos* 1, 4.

convienen hacerse en la guerra, y esfuerzo para ejecutar aquello que la prudencia hallare deberse hacer. Lo primero se denota por Minerva. Lo segundo por Mars, porque a Mars atribuyeron los poetas más esfuerzo que consejo; y por cuanto estas dos cosas son diversas pusieron los gentiles diversos dioses; y así difiere Pallas de Mars, en que por el uno entienden la sabiduría y por el otro el esfuerzo.

ARTÍCULO IX

De la pintura de Minerva

Pintan a Minerva con ojos negros[808] y una muy larga lanza en la mano, con el escudo de cristal y el cuerpo armado, y delante la cabeza de Medusa o Gorgón, y un yelmo en la cabeza; los ojos negros y torcidos es el continuo pensamiento que tiene el hombre prudente en los discursos de las cosas humanas, porque el sabio, entendido por Minerva, tiene los ojos torcidos, que no miran en derecho, mas a dos partes: conviene esto al sabio porque no ha de mirar a una sola parte, mas a muchas, porque vea los males que le pueden venir de varias partes; y el guerrero a todas partes ha de mirar, para ver los engaños y daños que le puede hacer su enemigo. La lanza larga denota que no puede ser prudente quien no mira las cosas muy de lejos, mayormente en cosas de guerra, donde se han de reparar las asechanzas de los enemigos, y tenerlas muy apartadas de nosotros. El escudo de cristal significa la sabiduría, y esta arma detiene dos cosas: la una en cuanto es escudo; la otra en cuanto es de cristal; en cuanto es escudo, cubre y ampara; en cuanto es de cristal, el que está detrás de él ve las cosas que están de la otra parte; esto conviene al sabio, en cuanto por su prudencia sabe encubrir sus consejos y deseos, y no pueden otros

---

[808] Síguese copiando a El Tostado, *Cuestiones* 65 [1551:248v].

hombres conocer qué es lo que él quiere. Esto mismo conviene al guerrero que ha de trabajar de encubrir sus designos y hechos, porque su enemigo no sepa lo que quiere hacer. Otrosí debe trabajar, por el contrario, de saber los designos de su enemigo, porque pueda estorbarle en lo que hacer quisiere. Traer en los pechos en el escudo la cabeza de Gorgón, que tenía los cabellos serpentinos, denota el saber que ha de tener el capitán, porque a las serpientes se atribuye la prudencia, como dice san Matheo[809]: *Estote prudentes, sicut serpentes;* o porque, según escribe Ovidio[810], a cualquiera que esta cabeza era mostrada, le tornaba en piedra; esto es porque sola la razón y el saber es la que hace a los hombres necios ser así como piedras, y los convence que no puedan hablar ni moverse; y como esta Minerva fue tan sabia, conveníale bien la cabeza de Gorgón, pues con su saber convence a los ignorantes y los volvía mudos como una piedra. Decir que traía este escudo o cabeza de Gorgón en el pecho es porque el corazón está cerca del pecho, en el cual ponen algunos estar el saber. O la cabeza de Medusa en el pecho es la prudencia en nuestras acciones y operaciones, la cual habemos de tener siempre en el pecho. Por el yelmo que Minerva traía en la cabeza se denota el secreto de la milicia.

ARTÍCULO X

POR QUÉ DEDICARON A MINERVA EL GALLO, Y CÓMO ADMITIÓ EN SU COMPAÑÍA A LA CORNEJA, Y POR QUÉ DESPUÉS LA DESECHÓ

Dedicaron a Minerva el gallo por cuanto es deesa de la guerra, y el gallo es ave muy animosa, y peleadora, y vigilante, y sabidora de cosas por venir, que anuncia la media no-

[809] *Biblia: Evangelio según san Mateo* 10, 16: «Sed prudentes como las serpientes.»

[810] *Metamorfosis* 4, 765-804.

che y el alba, como conviene ser el guerrero solícito y cuidoso, y no dormijoso, y sabidor de los ardides del contrario.

Del cómo recibió en su compañia a la corneja[811] escríbelo Ovidio[812], donde introduce decir la corneja al cuervo que era de muy alto linaje, hija de muy valeroso rey, y que andándose un día paseando por la ribera del mar, viéndola Neptuno tan hermosa, fue enamorado della y comenzó a manifestarle su grande deseo con amorosos ruegos y honestas palabras; y viendo que todo aprovechaba poco para atraerla a su amor, acordó probar si por fuerza podría alcanzar más; y viendo llegarse Neptuno, comenzó a huir, y considerando que dél no se podía escapar, comenzó con exclamaciones a llamar a los dioses la socorriesen; mas ninguno la oyó sino Diana, deesa de la virginidad, que habiendo della compasión por ser virgen, la transformó en el ave que dicen corneja. Entonces la deesa Minerva, pareciéndole sabia y diligente, especialmente por haber amado tanto la castidad, la recibió por su ave. Esto cuenta Ovidio para dar causa de la mudanza de la corneja. La intención de los poetas en esta fictión fue declarar por Minerva la sabiduría; y darle por compañera a la corneja es porque esta ave tiene virtud alguna de adevinar, y porque saber las cosas venideras es muy alto saber. Y dice san Isidro[813] que los agoreros tienen esta ave por señales de declarar cosas venideras. Que después la desechase es porque así como por la condición del adevinar pertenecía a la compañía de Minerva, que es la sabiduría, así por la condición de parlería, como esta ave lo es, es desechada de los sabios, porque los sabios son de poco hablar, si no les preguntan algo. Y esto es por cuanto los sabios siguen el no tomar el saber con la boca, mas con las orejas, y así son los tales prestos para oír y tardos para hablar sin necesidad, como lo amonesta Iacobo[814], diciendo:

---

[811] Para la compañía de la corneja, véase El Tostado, *Cuestiones* 65 [1551:249].

[812] *Metamorfosis* 2, 542-632.

[813] En las *Etimologías* 12, 7: «De avibus».

[814] *Biblia: Epístola de Santiago* 1, 19.

Sit omnis homo velox ad audiendum, et tardus ad loquendum. Y para significar esto los poetas, dicen que en algún tiempo la corneja fue en compañía de Minerva, y después desechada della.

ARTÍCULO XI

POR QUÉ LA LECHUZA O MOCHUELO FUE RECIBIDO EN COMPAÑÍA DE MINERVA

Desechada la corneja de la compañía de Minerva (como en el precedente artículo se dijo), recibió la lechuza o mochuelo, porque esta ave ve de noche, y al sabio, entendido por Minerva, ninguna cosa se le debe esconder por encubierta que parezca; y porque así como esta ave está de día escondida y retraída en lugares obscuros, apartada de la conversación de las otras aves, así el sabio con deseo de la especulación se retrae a lugares solitarios, porque en la familiaridad y frecuencia de la gente no hay quieto reposo para filosofar, y porque el contemplar y considerar tiene más fuerza de noche que de día, y el ánimo muestra en este tiempo más vigor, por esto se denota esto más con estas aves noturnas que con otras. La razón porque estas aves se esconden de día es porque tienen los ojos muy tiernos y no pueden sufrir la claridad o luz del día, y sufren la de la noche por ser menor.

ARTÍCULO XII

CÓMO MINERVA CEGÓ A TYRESIAS, PORQUE LA VIO DESNUDA LAVÁNDOSE

Los fabulistas[815] dicen que como una vez viese desnuda Tyresias Thebano, hijo de Peneto, a Minerva, que en una

[815] Entre ellos Conti, *Mythologia* 4, 5 [1596:258]; Higinio, *Fábulas* 67-68, y Ovidio, *Metamorfosis* 3, 316-338.

fuente se estaba lavando, le privó de la vista corporal porque ninguno se pudiese gloriar haberla visto desnuda; empero Chariclo, madre de Tyresias, con grandes ruegos alcanzó della que por la vista que a su hijo había quitado le concediese claridad de entendimiento para saber adevinar, y así le fue concedido. Otros dicen que estando Iúpiter y Iuno, su mujer, un día en una contienda jocosa y de solaz, diciendo que cuáles apetecen más, los hombres a las mujeres o las mujeres a los hombres, para determinar esta cuestión llamaron a Tyresias, por cuanto había sido mujer siete años y usado de todos los femeniles usos en ellos; y el accidente por donde había sido mujer fue que un día andando Tyresias en una montaña vio dos culebras que andaban en celos una con otra, y con una vara que en la mano traía, hiriólas, y luego incontinente fue convertido en mujer, y así vivió siete años. Después de este tiempo, pasó por aquel mismo lugar y vio otras culebras estar como las otras; entonces hiriólas con una vara, diciendo: Pluguiese a los dioses que por heriros yo agora fuésedes poderosas de tornarme a la mi primera naturaleza. Dicho esto, luego Tyresias se halló convertido en hombre como lo era primero. Y porque éste sabía los deseos de los estados de hombre y de mujer, por esto fue nombrado por juez entre Iuno y su marido Iúpiter, el cual pronunció que el hombre tenía como tres onzas de deseo de amor carnal, y la mujer como nueve. Deste juicio, Iuno, teniéndose por agraviada, privó a Tyresias de la vista corporal, cegándolo de los ojos. Pesóle mucho a Iúpiter, y como unos dioses no contradecían lo que los otros hacían, no pudo tornarle la vista; mas en remuneración della diole que supiese las cosas advenideras, de donde salió ser este Tyresias adivino certísimo y de acudir a él todos con sus dudas.

Sentido moral

Quitar Minerva la vista a Tyresias denota que las mujeres con sus mudas y amorosas palabras ciegan a los hombres. Que Iúpiter diese gracia a Tyresias después de ciego para adevinar denota que el que no ve el mundo ni le ama, adivina cierto su ser, o que los ciegos son más aparejados para especular secretos de naturaleza que los otros. O quiere decir que el que gusta del dulce fruto de la sabiduría, entendida por Minerva, queda ciego para las demás cosas caducas y mundanas; o que cuando miramos en la divina sabiduría de Dios quedamos ciegos y conocemos de todo punto no saber nada. Recebir después vista con los ojos del alma y adevinar denota que después, ayudados de Dios, que consideremos las cosas, entonces lo que se había quitado del cuerpo, recuperamos grande agudeza con los ojos del ánima o entendimiento, con que sabiamente pronosticaremos lo por venir.

Sentido natural

Por Tyresias entendieron el tiempo, y por las culebras la revolución del año. Es Tyresias masculino en invierno porque así como el varón no engendra en sí nada, así en este tiempo la fuerza de los renuevos de los árboles y plantas no producen, y parece estar todo encerrado. Mas luego que ha visto los animales juntarse con afecto unos con otros, y herídolos con una vara, esto es, con el hervor de la primavera, vuélvese en sexu femenino por la generación y brotar de las cosas que entonces se hace, saliendo de sus hollejos. Y porque el otoño de tal manera aprieta todas las cosas, que resistiendo las venas de todos los árboles, apretando por de dentro los poros por donde pasa el jugo vital, sacude la marchita calvez de las hojas con que hiere a los animales, y se vuelve a la primera forma de varón como primero era. Quisieron con esta fictión denotar la variación de las cosas en el tiempo que el Sol cumple su círculo. Finalmente, es recibido Tyresias por árbitro o juez entre dos dioses, Iúpiter y Iuno, esto es, dos elementos, el fuego y el aire, que pelean sobre la propia y natural razón del amor, y pronuncia justa sentencia, porque para justificar las plantas, el aire tiene doblada materia que el fuego, porque el aire casa o ayunta y produce en las hojas y hincha en los hollejos, y el Sol solamente madura en los granos. Y aunque esto es verdad, es cegado Tyresias por Minerva[816] porque el tiempo del invierno se para escuro con la escuridad del aire nublado; pero Iúpiter luego da a las cosas ocultas, acudiendo el verano, vista, haciendo brotar a las plantas futuras, que es como advinación.

ARTÍCULO XIII

Por qué dicen que Minerva acompañaba a Perseo en sus aventuras

Que Minerva acompañase siempre a Perseo, como trae Ovidio[817], en la empresa de Medusa, nos da a entender que la prudencia no deja jamás al esfuerzo y valor en las grandes empresas. Que subiese Minerva al monte Parnaso para ver la fuente de Aganipe y las nueve hermanas nos da a conocer que la sabiduría gusta de entretenerse con la gloria (que es la musa Clío) y con el placer que se saca de lo honesto, que es lo que significa Euterpe; y estar en compañía alegre, que halle siempre hermosos y nuevos conceptos, como hace Talía. Ama también la suavidad de la armonía, que es Melpómene, con Tersícore, que es la delectación que toma de saber; y Erato, el amor, que siempre tiene a las verdaderas sciencias; y Polymnia, aquel suavísimo canto que hace inmortales a los poetas, y Urania, aquella celestial felicidad que goza entre sus altos y divinos conceptos, como también Caliope es la inestimable hermosura de las sciencias. Entretiénese mucho Minerva con estas nueve hermanas, como la que casi no puede estar sin ellas, ni ellas sin Minerva.

---

816 por Minerva] por Iuno *1585*
817 *Metamorfosis* 5, 235.

ARTÍCULO XIV

Concluye[818] otras cosas que de Minerva se dicen

Fingen ser Minerva virgen porque no hay persona para las sciencias más dispuesta que la que está apartada del sensual apetito de la carne, o porque así como las vírgines no reciben en sus cuerpos ajena mancilla o torpedad, así el saber es cosa limpia y noble, sin ayuntamiento de la falsedad, error o maldad.

Llaman a Minerva destruidora de ciudades, porque aprovecha mucho la sabiduría y consejo en las cosas de la guerra, con que se destruyen fortalezas y ciudades.

Dicen ser macho y hembra Minerva porque es de sabios dar ventaja a tiempos, y a tiempos resistir como varón, y usar de tiempo oportuno.

CAPÍTULO IX

Del paladio de Troya a Ilión[819]

El paladio de Minerva fingen los poetas haber caído del cielo en Pesinunte, ciudad de Frigia, de donde tomó nombre, porque Paladios se llaman todas las imágines que creían no ser hechas de manos humanas y todas las que hubiesen sido echadas del cielo a la tierra. Apolodoro dice que cuando Ilo edificó el Ilión, siguiendo a un buey de

---

[818] Utiliza las mismas conclusiones que El Tostado, *Cuestiones* 65 [1551:249v]. También contadas por Conti, *Mythologia* 4, 5 [1596:257].

[819] Para este capítulo consúltense más datos en Boccaccio, *De genealogie deorum* 6, 13; Conti, *Mythologia* 4, 5; Pausanias, *Descripción de Grecia* 2, 22, 3; 3, 24, 6; Virgilio, *Eneida* 2, 162 y siguientes, y Apolodoro, *Biblioteca* 3, 12, 3.

dos colores, rogó a los dioses que le apareciese una señal, y entonces cayó el paladio de tres codos, que parecía andar de suyo, y tenía en la mano derecha una lanza y en la izquierda la rueca y el huso. A este Ilo respondió después el oráculo que tanto estaría en pie la ciudad de Troya cuanto se guardase en ella inviolado aquel paladio, y así le tenían a la entrada de una puerta, en grande veneración y guarda.

DECLARACIÓN

Grande disparate sería decir que en el cielo hay estatuarios que hacen imágines que echen en la tierra; mas dicen esto los poetas porque quisieron por esta fábula significar la sabiduría, por el nombre de paladio, derivado de Palas; y porque la sabiduría es cosa divina y celestial y venida del cielo, por esto dicen que cayó del cielo, y porque los principios de la sabiduría es el temor de Dios y la religión y justicia, será pues guardada la ciudad, y enexpugnable de los enemigos, en donde el paladio se guardare inviolado. Quiere decir: La ciudad donde se temiere a Dios y se gobernare con sabiduría, no haciendo a ninguno injuria, conservarse ha sin poderla destruir ningunas fuerzas humanas. Y así si Paris no tocara a lo ajeno, injuriando con el robo de Elena, y si Príamo lo mal tomado volviera, hasta hoy durara Troya en su ser.

Iuan Antioqueno[820] escribe que el paladio fue fabricado en muy buen horóscopo por un filósofo y matemático llamado Asio, por quien se llamó Asia una parte del mundo, hecho de manera que aquella ciudad fuese inexpugnable, que conservase inviolado aquel paladio, el cual dio a los troyanos.

---

[820] Citado por Conti, *Mythologia* 4, 5, y en donde Álvarez-Iglesias [1988] remiten a los *Scholia in Lycophronis* 355.

CAPÍTULO X

De la deesa Belona

Algunos han querido que Minerva fuese lo mismo que Belona, la cual semejantemente fue tenida por deesa de la guerra, de quien escribe César[821] que en Capadocia la reverenciaron tanto que su sacerdote había de ser el segundo, tras el rey, en autoridad, pareciéndoles que la deesa lo merecía[822]. Pero son diversas, y la diferencia es que Minerva mostró el buen gobierno y el sabio consejo que usan los prudentes y valerosos capitanes en el guerrear, y Belona es la ejecución o muerte y furor de la guerra, porque Belona era una deesa (acerca de los antiguos) toda llena de ira y de furor, que se deleitaba de ver verter sangre humana, por lo cual sus templos y honras eran hechas fuera de las ciudades, y sus sacerdotes eran llenos de furor, los cuales se herían los brazos con cuchillos como escribe Lucano[823] y Lactancio Fermiano[824]. Desta Belona dice Séneca[825]: Síguese la triste Belona con su mano ensangrentada. Y por esto los poetas convenientemente fingen a esta deesa furiosa y llena de sangre, porque es deesa de la guerra, en la cual reinan estas dos cosas, furor y sangre. Hácenla hermana de Mars[826] y guía de su carro, por la causa que se dijo tratando de Mars.

---

821 Citado en el fragmento 515 de las obras de Julio César publicadas en 1570. Corresponde al fragmento 66 del *De bello alexandrino* hoy casi unánimemente editado como «incerti auctoris» fuera del *corpus* cesáreo.

822 Traducción de Boccaccio, *De genealogie deorum* 5, 48: «sacerdos eius Deae maiestate & potentia secundus a rege con sensu gentis illius habentur.»

823 *Farsalia* 1, 565.

824 *Instituciones divinas* 1, 21, 16.

825 En la tragedia *Hércules en el Eta* 1309 y siguientes.

826 Así según Virgilio, *Eneida* 8, 703, y también Conti, *Mythologia* 2, 7 [1596:136, 139].

CAPÍTULO XI

De Yo

De dos mujeres llamadas Yo hacen mención los autores[827]: la una fue hija de Prometheo; la otra de Inacho, rey primero de los argivos, de cuyo nombre un río famoso de aquella tierra se llamó Inacho, según dice san Isidro[828], y por esto fingieron ser ésta hija del río Inecho, ninfa; y aunque hablaron dellas como si una sola hubiera sido, es de saber que la que Theodoncio dice que se convirtió en vaca, no fue la hija de Prometheo, como él dice, sino la hija de Inacho, como dice Ovidio[829], donde comienza: *Inachus unus ab est,* etc. La cual opinión siguen los más autores por más verdadera; mas reconcílianse estos dos autores en que lo dijo Theodoncio[830] de Yo, hija de Prometheo, no es otra cosa salvo lo que dijo Ovidio de Yo, hija de Inacho, excepto que Ovidio habló como poeta, con figuras que encubren la historia. Y Theodoncio escribió abiertamente según la verdadera historia, cuya fábula, según Ovidio en el lugar alegado, dice así: Fue una ninfa hija del río Inacho, la cual viniendo un día de las ondas del río su padre, fue de Iúpiter forzada. Era esto a hora de mediodía y tiempo muy claro; mas Iúpiter, porque la deesa Iuno, su mujer, no lo entendiese, la cual contra sus enamoradas era vengativa, cerró el día con nieblas muy espesas. Iuno, maravillada de tan súbita mudanza, causada a deshora, y viniéndole a la memoria haber muchas veces a Iúpiter en adulterio tomado, sospechando debía ser causa para con ellas encubrir algo, miró a todas partes, y no viendo a Iúpiter en el cielo, sospechó estaría con alguna de sus amigas; y para desto mejor certificarse, decendió a la tie-

[827] Entre ellos, Conti, *Mythologia* 8, 18 [1596:762-767].
[828] *Etimologías* 13, 21.
[829] *Metamorfosis* 1, 183-624.
[830] Boccaccio, *De genealogie deorum* 7, 22.

rra, y deshizo las nieblas, para saber el secreto que en sí tenían oculto. Iúpiter, conociendo antes lo que Iuno hacer quería, por no ser tomado manifiestamente en el pecado, mudó a la ninfa Yo en una muy hermosa vaca blanca. Iuno, espantada de vaca tan bella, preguntó a Iúpiter cúya era aquella vaca, y de dónde viniera allí errada, y cómo estaba sola, porque sospechara ella no ser vaca, mas alguna de las amigas de Iúpiter en ajena figura. Iúpiter, por cerrar caminos y evitar cuestiones, dijo: esta vaca nació de la tierra; y así no había ya de dar razón cúya era, o de dónde viniera, o cómo estaba sola. Iuno pidió para sí esta vaca; aquí se sintió Iúpiter muy confuso, porque le era duro poner a su muy amada en manos de su cruel enemiga, y el no darla era muy sospechoso, porque si a su mujer negase de dar una vaca, por la cual tanto le rogaba, podría pensar no ser aquella vaca, mas en falsa vaca encubierta verdadera amiga; con angustia de su corazón determinó dársela. Iuno, temiéndose que Iúpiter secretamente se la hurtaría, encomendóla a Argos que se la guardase. Era Argos un pastor que tenía cien ojos a la redonda de la cabeza, y cuando unos de ellos dormían, otros velaban. Argos con mucha[831] diligencia guardaba a Yo, dejándola de día en su presencia en los campos pacer; de noche la encerraba en una áspera cárcel. Iúpiter, no pudiendo comportar que Yo tanta amargura sufriese, envió a Mercurio, su hijo, para que matando a Argos librase la vaca. El cual, fingiendo figura de pastor que por los campos guardaba cabras, tañendo alborgues pasó cerca de Argos. Argos, enamorado del tañer y cantar de Mercurio, rogóle que un poco se detuviese y cantase. Mercurio, hallada ocasión para lo que deseaba, con todas sus fuerzas trabajaba que con abundancia de dulces cantos los ojos todos de Argos se adormeciesen; y aunque con la fuerza del muy dulce canto, en los más de los ojos de Argos el sueño no usado viniese, ya tanto Mercurio no podía que a todos los adormiese, comenzó a contar la razón y arte de los alborgues o zampoña, instrumento músico de siete caños ajuntados por ma-

[831] La guarda de Argos continúa la mutación de Io en *Metamorfosis* 1, 625-669.

ravilloso ingenio nuevamente hallado. En lo cual, con alto deleite Argos muy embebido, los ojos perpetuos velantes, todos se adormieron. Mercurio entonces arrebató su escondido alfanje, y la cabeza de Argos en tierra derribó, y a la vaca desa acostumbrada peña libró. Iuno, doliéndose de la muerte de su pastor Argos, porque tantos y tan hermosos ojos por su muerte no pereciesen, púsolos en la cola de su ave el pavón, y enojada mucho de la libertad de Yo, la cual aunque quedaba como primero vaca, toda su saña expendió en ella, poniéndole tábanos a la cola y las furias del infierno, como dice Virgilio[832], donde comienza: *Hoc quodam monstruo,* etc. Y destos dos continuos tormentos huyendo por todo el mundo corría, hasta que vino al río Nilo, en donde con grandes afanes en tierra tendida, como pudo los ojos al cielo alzados, a todos los dioses y deesas rogó que diesen fin a sus trabajos. Iúpiter entonces a mucha misericordia movido rogó a Iuno que della hubiese compasión, hecha primero promesa que nunca aquélla más la enojaría. Iuno, ya por esto a piedad movida, tornó a Yo en verdadera figura; entonces Yo, en Egipto por deesa grande en los templos de Nilo fue adorada.

Declaración histórica

Yo fue una mujer principal[833], que Iúpiter por engaños conoció, y parió dél a Epapho. Esta mujer, ya fuese por confianza del enamorado, ya porque debía ser de ánimo varonil, le vino deseo de reinar, y así con ayuda de Iúpiter y de su real ánimo, movió guerra contra Argos, rey de argivos; y venida a batalla, aconteció ser Yo vencida y presa de Argos y puesta en prisión. Lo cual sabido de Iúpiter, envió a Strillon, su hijo, que después se llamó Mercurio, hombre elocuentísimo, lleno de ardid e industria, el cual obró tanto con sus engaños que mató al viejo Argos y libró a Yo de la

---

[832] *Geórgicas* 3, 153-154.

[833] Esta declaración es copia de Boccaccio, *De genealogie deorum* 7, 22.

prisión; y como aun librada desta prisión no hubiese buenas andanzas en su tierra, confiándose de su diligencia y saber y varonil ánimo, se entró en un navío, cuya insignia era una vaca, y pasó en Egypto en compañía de Stilon, que fue desterrado de Grecia por el cometido delito, y siendo en Egypto Apis poderoso rey, la recibió por mujer. Y como Yo diese a los de Egipto caracteres de letras y les mostrase el cultivar de la tierra y diversos artes a la vida de los hombres muy provechosos, ganó tanta reputación que vino a ser tenida no por hembra mortal, mas por diosa muy grande, edificándole templos y haciéndole sacrificios divinos, aun en vida, y poniendo ley que no osase alguno, so pena de muerte, decir que Yo hubiese sido en algún tiempo mujer mortal, mas siempre diosa; así lo dice san Augustín[834]. Y llamáronla Isis, que en lengua egipciana quiere decir tierra, y esto fue porque mostró labrar y sembrar la tierra, como dice san Isidro. Desta Yo dice Barlaam[835] que antes que pasase en Egipto se había casado con Apis, rey tercero de los argivos; y después, como adulterase con Iúpiter, Apis la dejó y al reino también, y se pasó en Egypto, a quien después siguió Yo, y la volvió a recibir, y muerto Apis se volvió a casar con Thelegono; mas en esto de Barlaam hay tanta diversidad que escurece la verdad de la historia, por no convenir el tiempo de Iúpiter con el de Apis.

Sentido alegórico

El sentido alegórico de esta fábula, según Macrobio[836], es que Iúpiter significa el Sol. Por Yo, hija del río Inacho, se entiende el humor vital de la simiente humana, porque Inacho, por ser agua corriente, significa la humanal simiente que tiene flujo. Amar Iúpiter, que es el Sol, a Yo, es porque

---

[834] En *De civitate Dei* 18, 4-5.

[835] Sobre Io citado por Boccaccio en *De genealogie deorum*. Para la relación entre Barlaam, Paulo Perusino y Boccaccio, véase Álvarez-Iglesias [1983:27].

[836] *Saturnales* 1, 19.

el Sol obra sobre la simiente viril y sobre el menstruo femeneo, dispuniéndolo y haciéndolo que sea cosa conveniente para la formación del cuerpo; y así dice Aristóteles[837]: *Sol, et homo generant hominem.* No llegarse Iúpiter a Yo, aunque la amaba, salvo encubierto primero el mundo de nieblas obscuras es dar a entender que el Sol no hace su operación sobre las simientes, dispuniéndolas por formación de cuerpo, hasta que ellas estén cortadas y ayuntadas dentro de las obscuridades de la matriz, y estando así el Sol obra en la formación del cuerpo. Lo que dice que Iuno tiró las nieblas significa la operación que hace la Luna cerca de la cosa concebida, porque Iuno significa la Luna, y la Luna con su humidad afloja y enternece, ensancha los poros del cuerpo, y este ensanchamiento pertenece a una manera de manifestación, porque saca las criaturas del vientre de la madre, y así creían los antiguos que sin Lucina o Iuno o Luna (que todo es uno), no podían parir las mujeres, como dijimos tratando de la Luna.

Convertir Iúpiter a Yo en vaca, porque Iuno no entendiese los amores, esto es que el Sol obrando sobre las simientes en las tinieblas ascondidas del vientre, antes que la Luna por su fuerza las saque del cuerpo, las torna en animal, porque la Luna no los puede sacar hasta tornadas en cuerpo viviente, y esto es pedir Iuno la vaca a Iúpiter. Tornóla en hermosa vaca porque el hombre es más hermoso que otro ningún animal, y porque la vaca es animal frutificador y para mucho trabajo, lo cual todo al hombre conviene. Dar Iuno la vaca en cargo a Argos es porque la Luna, entendida por Iuno, después que saca la criatura del cuerpo dala en guarda de la razón, entendida por Argos, y por esto dice que Argos tenía cien ojos, porque la razón toda es ojos; porque no sólo a cien partes, mas aun a infinitas ha de mirar y respetar. O por Argos se entiende el cielo, y los ojos se entienden las estrellas, que como ojos a la continua miran a la tierra, y los que en ella viven y la arrodean; y con su movimiento continuo, a la tierra, entendida por la vaca o por Yo, hace

[837] En la *Física* 2.

fértil, influyendo virtud. Decir que los ojos de Argos unos dormían y otros velaban esto es porque siempre la mitad del cielo se ve alumbrado del Sol; y en las estrellas que con la claridad del Sol no muestran su resplandor como velas pequeñas en presencia de hachas, por tanto dicen que duermen unos y velan otros, porque en la parte del cielo en donde no da el Sol parecen estar despiertas, y donde da, están durmiendo, porque con su mucha claridad escurece la de las estrellas.

Matar Mercurio a Argos y tomarle a Yo: Mercurio significa la mala agudeza de la carne y los halagos carnales y deleites, los cuales engañan a la razón. Mercurio engañó a Argos cantando, porque la razón, viendo delante los carnales deleites que al hombre halagan, como a las orejas el dulce canto adormécese, no apartándose de aquello que le es ocasión del mal, y entonces durmiendo muere. Muerto Argos, Iuno pone tábanos y furias a Yo: los tábanos y las furias significan las riquezas, honras, poderíos, los cuales cuidados nos desasosiegan, hasta que venimos a Egipto, que significa tinieblas, porque los que sirven sus deseos, a tanto vienen, que pierden la lumbre de la razón, ya que no sepan qué cosa es regirse por razón. Yo, viviendo en Egipto, trueca el nombre y llámase Ysis, que quiere decir tierra, porque los que dejan la razón y siguen las codicias tórnanse bajos y viles como la tierra. Después Yo es librada por misericordia de los dioses, porque si el verdadero Dios a los tales no librare, quitándoles las tinieblas de los deseos, nunca de su miseria saldrían. Las demás cosas que en esta fábula se dicen son para su ornato y para hacerla creedera.

Ponían los egipcios en los templos retrato de la deesa Ysis, en la cabeza cuernos, para significar cómo en figura de vaca vino a Egipto, o porque la tierra se labra con bueyes, o para dar a entender que la principal labranza para coger pan es la que se hace con bueyes. Tenía espigas para significar que ella dio a los egipcios la industria o arte de labrar la tierra. Tenía una corona de oro para denotar que fue reina de los argivos y mujer de Apis. Pusieron a Mercurio por compañero de Isis por memoria de la libertad que Yo alcanzó librándola de Argos. También a Esculapio hacen compañero de Isis, porque Isis significa la tierra y Esculapio la medicina, y porque de la tierra nacen las cosas con que los médicos curan, por esto le ponen en compañía de Isis.

Otro sentido alegórico entendido a Yo por la Luna

Decir que Yo fue hija de Inacho y que para dormir con ella Iúpiter hizo una niebla, Iúpiter denota el Sol e Yo denota la Luna; y porque las más veces en la conjunción de estos planetas, Sol y Luna, se engendran nubes o nieblas, por esto se dice que Iúpiter puso nublos, porque Iuno no viese el adulterio. Mudarse en vaca por la venida de Iuno es porque siempre el tercero día de Luna después de la conjunción parece la Luna con cuernos y imita a los cuernos de la vaca. El no convertir Iúpiter a Yo en vaca hasta llegada Iuno, que denota el aire, es porque la tierra no es fértil con sólo el calor, mas mezclado con aire se causa una templanza que hace fértil la tierra, y se engendran cosas. Salida la Luna de la conjunción o tornada Yo en vaca, darla Iuno a guardar a Argos, que es el cielo y estrellas, esto es porque la Luna es más inferior y llegada a nosotros que otro ningún planeta y estrella, y es mirada o vista de las estrellas del cielo, entendido por Argos.

Ser muerto Argos por mandado de Iúpiter y libre la vaca es que repartiendo lumbre el Sol a la Luna sobrepuja en claridad y fuerzas a todas las estrellas, y más efectos y obras hace ella en los cuerpos humanos que ninguna de las estrellas, lo cual obra cuando algo está crecida.

Decir que Yo, muerto Argos, peregrinó todo el orbe de la tierra y que nadó todo el mar, y que una vez fue a Scithia, región septentrional; otras a Egipto, región austral, esto denota la velocidad del movimiento de la Luna, y cómo por su causa se muevan las aguas y las rodee con su movimiento; dice que nadó las aguas. Por el decir que fue a las partes septentrionales y a las partes australes se entiende la latitud de la Luna o apartamiento de la línea eclítica. Decir que llegada Yo a Egipto se convirtió en deesa, a quien la pintaban con cuernos, y recuperó su primera forma, esto es porque los primeros que de los mortales llamaron dioses al Sol y Luna y estrellas fueron los egipcianos, viendo los provechos que con sus movimientos causaban en la tierra, por lo cual con divinos honores les tuvieron acatamiento, como atestigua Eusebio[838].

CAPÍTULO XII

DE VOLUPTIA Y ANGERONA

Los antiguos tenían dos deesas en un mismo templo, la una de la alegría, llamada Voluptia, y la otra de la tristeza, llamada Angerona, y a ésta pintaban con un candado sellado en la boca. Hacen de esto mención Plinio y Macrobio[839].

APLICACIÓN MORAL

Por la boca con candado sellado daba a entender que quien disimula su dolor y trabajo y pone silencio a las injurias recebidas, y refrena sus malos apetitos, vendrá a tener contentamiento por el beneficio de la paciencia y el pesar se le convertirá en placer, porque por esta causa están juntas estas deesas en un mismo templo, para denotar que no hay Voluptia sin Angerona, ni Angerona sin Voluptia. Quiere decir, que no hay alegría ni contentamiento que no sea aguado con algún disgusto, ni tristeza ni trabajo que no tenga esperanza de algún remedio. Apuleyo Mandarense[840]

---

[838] *Crónica* 42, 15-16.

[839] Plinio en el libro tercero capítulo 21 de la *Historia natural* y Macrobio en *Saturnales* 1, 10. Véase también Boccaccio, *De genealogie deorum* 4, 15.

[840] En *Floridos* 4, donde se reflexiona de la tristeza debajo de la apariencia de felicidad.

dice a este propósito: A nadie es concedida tanta prosperidad que no tenga alguna mezcla de tristeza y descontento. Séneca[841] dice: Ningún estado dura mucho tiempo; el dolor y el deleite se siguen a veces, y en breve tiempo los altos estados se tornan en bajos. Plauto[842] dice: Así place a Dios que la tristura sea compañera del deleite, y que si algún bien viene a la persona, luego se siga doblado trabajo.

CAPÍTULO XIII

DE FLORA

San Augustín[843] hace mención de una famosa ramera[844], que los romanos canonizaron por deesa, llamada Flora. Ésta, siendo en gran manera hermosa, vendía su cuerpo a cuantos querían, mas si no la daban gran suma de dinero, no admitía a nadie; y como con este torpe oficio hubiese allegado mucho, cuando murió, dejando gran cantidad de dinero, dejó al pueblo romano por su heredero, mandando comprar rentas para que cada año le hiciesen solemnes fiestas en memoria suya. El pueblo romano aceptó la herencia con cargo y obligación de solemnizar la fiesta de una tal mujer, y no contentándose con esto, pasaron más adelante de lo que había pedido, que fue hacerla templo y señalarla sacrificios y dedicarla por deesa. Y como después de mejor mirado considerasen ser afrenta tener por deesa una mujer pública, por quitar el mal sonido, mandaron que la llamasen la deesa de las flores, y que presidiese a ellas, y que tuviese cargo de que los árboles floreciesen bien, para que de-

---

841 En la tragedia *Tiestes* el pensamiento de la fortuna cambiante es recurrente, pero se concreta al final del coro del acto tercro, versos 607-622.

842 Véanse reflexiones semejantes en el prólogo de *Amphitruo*.

843 En *De civitate Dei* 6, 7.

844 Un sentido distinto tiene Flora en Boccaccio, *De genealogie deorum* 4, 61, donde aparece Flora como meretriz esposa de Céfiro. Tomado de Ovidio, *Fastos* 5, 195 y siguientes.

llo procediesen frutos en abundancia, y que dedicada por deesa de estas cosas podía muy bien ser adorada por tal, y así quedó canonizada por deesa; y porque el pueblo recibiese bien esto constituyeron fiestas bien regocijadas y deshonestas, conforme a la torpedad de la deesa cuyas eran.

CAPÍTULO XIV

De la Occasión y Metanoea

La Occasión, deesa muy estimada de los antiguos romanos es hija de las obras y diligencia del hombre; y no es otra cosa Occasión, según Tullio[845], sino una parte de tiempo que tiene en sí alguna oportunidad o coyuntura idónea para hacer o dejar de hacer alguna cosa. Pintábanla[846] sobre una rueda que se mueve, con alas a los pies, y con un manojo de cabellos delante de la frente, que le cubría la cara, y todo lo demás de la cabeza tenía rapado. Por la rueda y alas dan a entender que la Occasión no para y que va apriesa. Por el manojo de cabellos que trae delante denota que cuando se ofrece ocasión con facilidad se puede asir y aprovechar della. Estar rapada lo demás de la cabeza denota que pasada la ocasión mal se podrá asir, por no tener de dónde, si no es de su compañera Metanoea, deesa del arrepentimiento o pesar que se sigue del no haberse aprovechado de la Occasión que se pasó, estándole convidando la asiese del manojo de cabellos que le ofrecía delante. Cubrirle los cabellos la cara denota que pocos o ninguno ven la Occasión. Hace mención desto Ausonio[847].

---

[845] Estas reflexiones son copia de Cicerón, *De inventione* 1 [1552:156]: «Occasio autem est pars temporis habens in se alicuius rei idoneam faciendi, aut non faciendi opportunitatem.»

[846] La imagen de Fortuna ya aparece en Boecio, *Consolación de la filosofía* 2, verso 1, y la doble frente está ya, por ejemplo, en Catón, *Dísticos morales* 2, 26: «fronte capillata post haec occasio calua est».

[847] Véase *Obras* 26, 33 sobre la rareza de Metanoea entre los mitógrafos latinos: «Soy una diosa a quien ni el propio Cicerón dio nombre.»

CAPÍTULO XV

De la Paz, Amistad y tres Gracias

Queriendo los antiguos[848] exhortar a los hombres a que tuviesen entre sí Amor, Paz y Amistad, inventaron una deesa en figura de tres doncellas, asidas las manos las unas de las otras, todas desnudas, que se estaban riyendo. Tenía la una todo el rostro descubierto, y otra le tenía todo cubierto. La tercera le tenía parte dél cubierto y parte descubierto; llamábanse las tres Gracias; dábanle por padre a Iúpiter; acompañaban a Venus; sus nombres eran: Pasythea, que otros dicen Aglaia, y Euphrosyne y Acgialis; decían proceder dellas las riquezas y sosiego y descanso de los hombres.

Declaración

Son tres las Gracias porque en la amistad hay dar unas veces, otras recibir, y a las veces dar y recibir todo junto, y por esto las pintan asidas de las manos. O son tres porque el perfecto amor consiste en amar, temer, honrar. O son tres porque las tres Gracias quisieron algunos exhortarnos al honestísimo ejercicio de la agricultura, y en ella se tiene cuenta con otras tantas cosas, que son árboles, ganados y simientes. Son doncellas o vírgines, porque en la buena amistad todo ha de ser casto, incorrupto y sincero. Son mozas, porque la memoria de los beneficios no ha de envejecer. Están desnudas porque entre los amigos no ha de haber cosa encubierta, o porque para hacer bien al amigo ha de ser el hombre presto y ligero, como lo está más ligero el desnudo que el vestido, según dice Phornuto. Estánse riyendo por-

---

[848] Véanse las referencias de Conti, *Mythologia* 4, 15 [1596:350-353], y Boccaccio, *De genealogie deorum* 5, 35.

que los que dan deben mostrar el rostro alegre. La que descubre el rostro denota que el que recibe el beneficio lo ha de publicar. La que cubre el rostro denota el que cubre lo que da. Y la que tiene el medio rostro cubierto y el medio descubierto denota el que da y recibe, que cubre lo que da y publica lo que recibe. Son hijas de Iúpiter por denotar que la paz y amor y amistad es cosa celestial. Acompañan a Venus porque Venus ama la amistad y paz. Que de las gracias procediese a los hombres la abundancia y riquezas y sosiego y descanso es porque la abundancia de los campos no proviene sino por el beneficio de haber paz, que con guerras no hay sosiego ni descanso ni riqueza alguna. Lee sobre esto a Pierio Valeriano[849].

CAPÍTULO XVI

De Gigantea

Gigantea era deesa de la fama[850]; dícese Gigantea porque era hija de la tierra y del linaje de los Gigantes. Tenía mil orejas y otros tantos ojos y alas para volar.

Declaración

Por esta deesa quisieron los antiguos pintar la fama, que corre del bien y del mal, y dícese ser hija de la tierra, porque sobre las terrenales cosas se levanta. Dicen que tenía mil orejas y otros tantos ojos porque la fama es jismera de muchas cosas y ve y oye diversos hechos. Dijeron que tenía alas para volar porque la fama ligeramente vuela y se estiende por todo el mundo.

---

849 En el libro 55, 2 de los *Hieroglyphica* [1556:400v].

850 Así en Boccaccio, *De genealogie deorum* 1, 10, bajo el epígrafe de fama.

CAPÍTULO XVII

DE NEMESIS

Nemesis[851] era una deesa que mostraba a cada uno hacer lo que es bueno, e impugnaba lo malo, por lo cual le dijeron ser hija de la Justicia, y fue adorada como vengadora de la Justicia. Píntanla con un freno en la mano para denotar que enfrenaba los malos deseos, y teníanla por deesa de las venganzas. Trata de ella Angelo Policiano[852].

CAPÍTULO XVIII

DE LA DEESA DE LA FE

A la deesa de la Fe[853] de la palabra pintaban los antiguos cubierta con un velo tan blanco que con una sola mota pudiera ser maculada. Para declarar por ello que la palabra no ha de faltar aun en cosas de poco momento a cualquiera que se prometa.

CAPÍTULO XIX

DE FERONIA

Feronia era deesa de las montañas frescas o bosques de los parientes; y tierra de donde fuese criada no escriben nada los autores. Strabón[854] dice que tenía templo en la ciu-

---

851 Véase Conti, *Mythologia* 9, 19 [1596:865-866].

852 En la silva *Manto* 7. Véanse los *Opera omnia.*

853 Véanse más noticias en Virgilio, *Eneida* 1, 292 [y los comentarios de Servio a este verso]; 8, 636; Varrón, *De lingua latina* 5, 74; Horacio, *Carmina* 1, 35, 21; san Agustín, *De civitate Dei* 4, 20.

854 *Geografía* 5, 2, 9.

dad de Sorate, donde con grande religión era servida, y sus sacerdotes andaban sobre brasas descalzos los pies, lo cual ordenaría el demonio para más hacer idolatrar. Por Feronia entendían los antiguos, según dice Comitis Natalis[855], la virtud o fuerza divina que está en los árboles, que los conserva y hace brotar. Y a esto llamamos ánima vegetativa con que se conservan y florecen y hace venir los frutos a maduración, porque como entendían los antiguos que ninguna cosa podía consistir ni estar sin algún Dios que lo conservase, honraban por dioses las cosas naturales, y así honraban a ésta como a tal, porque todo esto fue fácil de introducir entre la gente vulgar e ignorante por los demonios.

CAPÍTULO XX

DE AURORA

Aurora, según Hesiodo[856], fue hija de Hyperíon y Thía, hermana de la Luna y del Sol; y según Paulo Perusino, fue hija de Titano y de la Tierra. Dicen los poetas que anda en un carro que le traen cuatro caballos bermejos, como atestigua Vergilio[857], donde comienza: *Haec vice sermonum,* etc. Otros le atribuyen solos dos caballos. Theócrito[858] dice ser estos caballos blancos y no bermejos. Homero[859] dice que sale del Océano, como el Sol y las demás estrellas.

DECLARACIÓN

Dice que fue hija de Hyperíon y de Thía, porque la Divina bondad instituyó la luz venir a los mortales del Sol.

---

855 Véase Conti, *Mythologia* 5, 21 [1596:464].

856 Aurora, asociada con Semele-Luna aparece en la *Teogonía* 371. El capítulo es copia de Conti, *Mythologia* 6, 2 [1596:470]. Véase también Boccaccio, *De genealogie deorum* 4, 27, que cita al raro Paulo Perusino.

857 *Eneida* 6, 535.

858 Citado por Conti, *Mythologia* 6, 2. Véase *Idilios: Hilas* 13, 11

859 *Himnos* 4, 184.

Los que dijeron traer caballos blancos no tuvieron consideración a las colores que los vapores causan antes de salir del Sol, sino a la naturaleza de su luz; mas a la Aurora le dan en común tres colores, que son: fosco, bermejo, claro. Éstos vienen por orden, porque el Aurora cuando comienza es fosca o negra por la escuridad de las tinieblas de la noche, de las cuales comienza. Dende a poco tiene color bermejo, el cual es entre claro y negro, y parece al Oriente, por la parte donde el Sol ha de salir, procediendo más el tiempo cuando es cerca de salir el Sol, deja de ser bermeja y es clara. Si quisiésemos decir ser Aurora mujer, por lo que Ovidio[860] dice, podremos entender que fue alguna mujer de gran poder y maravillosa hermosura. Mas en común se tiene entender los poetas por Aurora lo que llamamos alba, conviene a ser, el resplandor de la mañana que vemos antes del Sol salido blanquear en el cielo. Dicen ser hija de Titano; esto es porque aquella blancura del cielo que decimos Aurora procede del Sol, que era de los Titanos. Dícese hija de la Tierra o del Océano, porque cuando la vemos en el horizonte parece salir de la tierra o del mar.

CAPÍTULO XXI

De Fortuna y Caso y Hado

La Fortuna[861], Caso y Hado, de sí no es nada, ni hay tales cosas, aunque hay tales nombres, porque entre los errores que tuvieron los gentiles del tiempo de Homero (porque en los autores antes dél no se halla mención desto) fue éste uno muy grande, que no conociendo las causas por donde venían las cosas ni quién las hacía y ordenaba, a todos los acaecimientos súbitos y no pensados llamaban obras de fortuna. Que los eseos, entre los judíos, atribuyeron debajo de

---

[860] *Metamorfosis* 2, 113; 13, 576, 594 y 621.

[861] Capítulo tomado de Conti, *Mythologia* 4, 9 [1596:286-291].

este nombre Hado, y creyeron ser una divinidad y diosa a quien atribuían el poder mover de arriba abajo a las cosas humanas a su arbitrio, tiniendo dominio entre los hombres para darles todos los sucesos y acaescimientos prósperos y adversos, como riquezas, reinos y pobreza, como lo declara Séneca[862], en veinte versos que comienzan: *O regnorum magnis falax.* Y así teniendo a la suerte que por otro nombre dicen caso y ventura o acaecimiento, por dios, como a tal le hacían templos y estatuas, en que el demonio, por engañar e introducir en el mundo su idolatría, entrando en ellos daba respuestas, y adorábanla creyendo que el que le fuese devoto le sucederían bien sus cosas, y a la contra. Y para significar en general su condición y poder, la pintaban dos arcas grandes, la una llena de bienes, a la mano derecha, y la otra llena de males, a la izquierda, y pensaban que cuando alguno nacía, que luego la fortuna le daba el bien o el mal que había de haber en su vida, y para esto llevaban los niños al templo con cerimonias que mueven a risa; y por esta causa creyeron ser dos fortunas, próspera y adversa; a la próspera la llaman fortuna buena y a la adversa fortuna mala. Y para adorarlas a ambas juntamente hacían una estatua con dos caras, la una blanca, que denotaba la buena, y la otra negra, que denotaba la mala. Otros la pintaban en figura de mujer furiosa, y sin seso, y puesta de pies sobre una piedra redonda, significando su poca firmeza; otros la hacían de vidrio, para denotar que era quebradiza. Pintábanla otros moviendo una rueda, por la cual unos iban subiendo a la cumbre, y otros que están en ella, otros que van cayendo. Otros la pintaron con el cielo en la cabeza y en la una mano el cuerno de abundancia de Amalthea. Otros la pintaron en figura de una mujer coja; otros sin pies pero con alas y manos. Poníanla coja o sin pies, por denotar su poca firmeza, y con alas por la priesa con que camina. Pintábanla ciega, como cosa que da sus riquezas sin examinación de méritos. Llamábanla inconstante, infiel, deleznable y más amiga de malos que de buenos. Thales decía que la fortuna

[862] En la tragedia *Agamenón* la Fortuna aparece en el coro del primer acto, versos 57-76.

era como los representantes de comedias, donde unas veces entran hechos reyes, otras esclavos, y que así en esta vida el que un día es pobre, otro día es rico. Sócrates decía que era como teatro o plaza sin orden, en donde se hacen fiestas, que acaece a veces que los mejores están en peor lugar. El primero que entre los romanos la honró fue Servio[863] Tulio, que siendo hijo de esclava vino a ser rey sexto de romanos, que sucedió a Tarquino Prisco; y atribuyendo su estado a la fortuna le hizo un sumptuoso templo en el Capitolio y mandó a todos la adorasen por deesa. Todo fue vanidad y engaños de hombres desalumbrados, que en sólo su saber confiaron, porque todas las cosas que pasan y se hacen en el mundo y en el cielo e infierno provienen y manan de la providencia y sumo saber de Dios, y no hay fortuna ni acaescimiento: todo tiene causa y orden admirable; y aunque no las entendamos ni conozcamos los hombres, unas cosas causan a otras que no vienen a caso, y al fin todo va a parar a la primera causa, que es Dios, hacedor y conservador y gobernador de todas las cosas visibles e invisibles, y esto es lo que debe tener y creer como verdad todo cristiano. Esta blasfemia de Fortuna destruyó Aristóteles por demostraciones absolutas[864]. Salustio[865] aun no dejó de caer en esta cuenta con ser gentílico, como lo da a entender cuando dice que cada uno es oficial de su fortuna. Y en el proemio de la guerra de Iugurta, dice que los perezosos y descuidados que no son diligentes y virtuosos, sin causa se quejan de la fortuna, pues no es otra cosa Fortuna que un vano nombre que demuestra el poco saber del hombre, porque como dice Iuvenal[866], donde hay prudencia no tiene la Fortuna fuerza ni dignidad.

Tulio[867] dice que fue introducido el nombre de Fortuna

---

[863] Parecido comentario al que hace Vives en su escolios a san Agustín, *De civitate Dei* 4, 18 [1531].

[864] Por ejemplo en la *Física* 2: «Fortuna non est.»

[865] En la *Guerra de Catilina* 8 : «Sed profecto Fortuna in omni re dominatur.»

[866] Véase *Guerra de Yugurta* 10, 36: «Nullum numem abest, si sit pudentia sed te / nos facimus, Fortuna, deam, coeloque locamus.»

[867] Véase Cicerón, *De divinatione* 2, 85-86.

por encubrir la ignorancia humana, a quien dan la culpa de los malos y buenos sucesos, y haciéndola deesa, que queremos que holgando nos venga el bien a buscar. Otros filósofos hubo que decían que la fortuna, en virtud y poder propio no podía hacer nada; creían que era ministra e instrumento de la Providencia divina, como si Dios tuviese necesidad que otro obrase por Él, que no es menor vanidad que las contadas; pierda, pues, el pueblo cristiano la mala costumbre que tiene de quejarse ni alabar a la fortuna, pues no hay fortuna ni hado, y pida a Dios favor, pues dél se ha de esperar remedio y socorro en los trabajos y remuneración de sus obras; y las dos suertes de bien o mal no está en nuestra mano, pero estálo en tomarlo bien, previniéndonos con prudencia a lo que puede suceder, para que si fuere bueno, más nos aproveche, y si malo, menos nos dañe.

CAPÍTULO XXII

De ninfas

Como los antiguos[868] tenían opinión no haber lugar público ni secreto que careciese de algún poderío de Dios, para incitar a los hombres al temor y amor suyo, y significarles que estando en todo lugar, todo lo veía y gobernaba, ordenaron unas diosas hembras, llamadas ninfas, que particularmente presidiesen en fuentes, ríos, bosques y árboles, y dijeron[869] ser hijas de Océano y Thetis, y amas de Bacho y Ceres, y madres de todas las cosas, y diosas de los pastos y pastores. Llamáronlas hijas de Océano y de Thetis porque el mar es el principal origen de la generación de las fuentes, entendidas por las ninfas. Que habitasen unas en fuentes, otras en ríos, otras en estanques, otras en montañas y selvas, otras en árboles, es porque en todas estas partes están derra-

[868] Todo el capítulo no se aleja demasiado de Boccaccio, *De genealogie deorum* 7, 14.
[869] Uno de ellos, Conti, *Mythologia* 5, 12.

madas fuerzas de humor, entendidas por las ninfas, aptas a la generación de todas las cosas y dellas mismas.

Decir ser las ninfas madres de todas las cosas, y amas de Bacho y de Ceres es decir que el vino y los demás frutos que de árboles proceden, y las mieses y flores, y las demás plantas y animales, son criadas con la humidad del agua; y por esto mismo son deesas de los pastos y pastores.

De estas ninfas, unas dijeron ser celestes y otras terrestres; por las celestes entendían las ánimas vegetativas o fuerzas o influencias de los orbes y cuerpos celestiales[870], y a éstos por otro nombre llaman Musas. De las terrestres, porque se entienden presidir en diversas partes de la tierra, unas presiden en montañas, otras en prados, otras en árboles, otras en flores y pastos, otras en fuentes.

Las que presiden[871] o habitan en los montes se dicen Oreades o Orestiades. Destas dice Strabón[872] que fueron cinco. Vergilio[873], en tres versos que comienzan: *Qualis in Eurote ripis*, etc., dice que eran muchas y que acompañaban a Diana en sus monterías; éstas creían tener cuidado de las fieras que estaban en los montes.

Las ninfas de prados se llamaban Henides, las de los árboles Hamadryades, y dicen nacer y morir con ellos, según dice Callímaco[874]. Entendían por esto algunos el ánima vegetativa del árbol. Dícense de *hama*, que significa selva, y *drys*, encina; o de *drynus*, cosa de encina, tomando encina por todo árbol, por ser aqueste árbol el más estimado de los antiguos, por su fruta, que era en aquel tiempo su más principal sustento. Hace mención de éstas Vergilio, donde comienza: *Ferte simul faunique*[875], etc.

Las ninfas de los pastos y flores se decían Napeas, de *napos*, que es pasto; y algunos dicen ser estas ninfas de colla-

---

[870] orbes y cuerpos celestiales] árboles y cuerpos celestiales *1585*. Enmiendo porque Pérez de Moya está hablando de las ninfas celestes. La expresión «orbes celestes» la recupera más abajo el autor hablando de las Musas.

[871] Este párrafo está tomado de Conti, *Mythologia* 5, 11.

[872] *Geografía* 10, 3, para el origen de las ninfas.

[873] *Eneida* 1, 498.

[874] Según Conti, *Mythologia* 5, 12, en *In Delum* 4, 82-85.

[875] *Geórgicas* 1, 11.

dos; las de los bosques se llaman Drýades; las ninfas del mar se decían Nereydes, de Nereo, dios marino. De éstas nombra Vergilio[876] a la ninfa Galatea, y entiende por ella la ciudad de Mantua; las de los ríos y arroyos se decían Náyades, porque los ríos corren, de *nayn*, que quiere decir correr. Hace mención de estas Vergilio[877].

Las de los estanques se decían Limniades, de *limin*, que es estanque.

Las que creían estar escondidas en las fuentes se decían Ephydriades. Tenían los antiguos, cuando cavando hallaban alguna agua dulce, ser donde ninfas, por lo cual acostumbraban ofrecer agua en sus sacrificios, y decían habitar en cada fuente su ninfa. Las ninfas unas veces andaban desnudas, como Ciane y Arethusa, que introduce Ovidio[878], que sacaron parte del cuerpo en el agua, para decir a Ceres quién tenía la culpa del robo de su hija Prosérpina, y púsolas desnudas porque estando en el agua no les aprovechaban las vestiduras, más que no tenerlas; y otras veces andaban vestidas, como Yo ninfa, hija del río Inacho, que la halló Iúpiter entre otras vestida, como introduce Ovidio[879].

Estas ninfas ponían los poetas ser de linaje más bajo de los dioses. Dábanles figuras de mujeres, y vida, y todos los actos personales, y amar, y ser amadas, y concebir, y parir, ya de los hombres, ya de los dioses. Lee a Estacio.

CAPÍTULO XXIII

DE MUSAS

Cicerón[880] dice que del segundo Iúpiter nacieron cuatro deesas llamadas Musas[881], que se nombraron Telxiope,

---

876 *Églogas* 1, 30-31
877 *Églogas* 6, 21; 10, 10.
878 *Metamorfosis* 5, 409-642.
879 *Metamorfosis* 1, 584-629.
880 En *De natura deorum* 3, 54.
881 Compárese con el capítulo dedicado por Conti, *Mythologia* 7, 15.

Mhemen, Aoedes y Meletes. Y del tercero Iúpiter, Antiopía, o de Memosyne, según otros, las nueve Musas, que dicen Pierias. Minermo dice ser las Musas hijas de Celo y más antiguas que Iúpiter; otros dicen ser hijas de Memnon y Thespia; y es de saber que aunque les dieron varios padres, todos son de los sabios atribuidos por un mismo fin, y aunque unos dijeron ser las Musas tres, otros cuatro, los más tienen ser nueve. Éstas dicen haber bebido en la fuente Pegasea o Castalia, del monte Parnaso, que por otro nombre dicen Elicón, y habitar en él; traían sceptros en sus manos; nómbranse Urania, Polymnia, Terpsícore, Clío, Melpómene, Erato, Euterpe, Thalía, Calíope. A éstas las tuvieron los antiguos por el gobierno de todo canto y de la poesía y de las demás sciencias; y para denotar esto fingieron traer sceptros en las manos, por los cuales se entiende la virtud de la sciencia que della se recrece, porque ésta sustenta al hombre que la sigue, en recordación de buena fama, después de la muerte, y en hábito de dulce gloria en la honesta vida; y para denotar esta mesma sabiduría, dicen haber bebido en la fuente Pegasea, que estaba en el monte Parnaso, que era monte de la sabiduría, y que habitaban en él; o que eran hijos de Celo, que quiere decir Cielo, o de Iúpiter, porque Iúpiter en la gentilidad era tenido por el mayor de los dioses, y por la sabiduría denotada por estas Musas. Este don de sabiduría no puede venir al hombre salvo de Dios, denotado por Iúpiter, o de lo alto, denotado por el monte, o del Cielo, denotado por Celio, que todo es uno. Y así, el que pretendiere beber en la Pegasea o Castalia fuente, que es indeficiente de saber al monte Parnaso, que es a Dios, debe subir y temer, porque el principio de la sabiduría es su temor. Esto quisieron denotar los sabios en decir que las Musas son hijas de Memnon y Thespia, porque Memnon quiere decir memoria, y Thespia, conocimiento divino, porque para saber es menester memoria y conocimiento divino. Y para denotar que la sabiduría se acrecienta tratando y disputando,

Quien quiera muchísimos más datos puede acudir al Apéndice que lleva la edición de Conti [1596], que en los folios signaturas sss$_{iii}$-uuu$_{iiii}$ hay un *Mythologia musarum libellus* firmado por Geofredio Linocero.

o porfiando en ella, dicen que son hijas de Iúpiter y Antíope, porque Antíope quiere decir la que se fatiga o compite con todas fuerzas de no ser vencida en el arte de cantar; y dice más en esta arte que en otra, porque los antiguos, como luego diremos, tenían ser la Música ciencia divina.

Los que dijeron ser las Musas tres entendieron las tres artes sermocionales, por las cuales se llega al conocimiento de la sabiduría, que son: Grammática, Rethórica y Dialéctica. Los que dijeron ser cuatro, entendieron por las tres dichas, y por la cuarta, la sabiduría que dellas resultaba, declarada por Calíope, la cual era la principal entre todas; porque según Aristarcho, a ésta atribuían la sabiduría de todas las Musas, de tal modo que nombrado Calíope se entienden todas. Los que dijeron ser nueve entendían ser las Musas ánimas de los orbes celestiales o las fuerzas o influencias de los cuerpos celestiales. Conviene saber: Urania, ánima del cielo estrellado o firmamento; Polymnia, de los orbes o cielos de Saturno; Terpsícore, de los orbes de Iúpiter; Clío, de los de Marte; Melpómene, de los del Sol; Erato, de los de Venus; Euterpe, de los de Mercurio; Thalía, los de la Luna. Los cuales orbes, según opinión de pitagóricos, considerando que se movían por grande y continua orden, y unos más tardos que otros, y unos hacían una banda, otros hacia otra, tenían que con el tocamiento de unos en otros causarse ocho tonos, de los cuales resultaba un suave sonido o música, el cual atribuían a la novena Musa, llamada Calíope que quiere decir buen sonido. Y como, según Strabón[882], todos los antiguos creyeron influir o ser gobernadas las cosas humanas de los cuerpos celestiales, tuvieron ser las Musas ánimas de los dichos orbes. Y no sólo les atribuían tener fuerza y sabiduría en cosas de música y poesía y en toda sciencia, mas aun las tenían por deesas del consuelo en las adversidades, y por incitadoras de honras, y de las costumbres buenas y malas, y del templar los ánimos, y dar sabiduría, y que influían en los hombres diversas inclinaciones. Esto según que les atribuían los efectos de la astrología, y te-

---

[882] Sobre la influencia de las musas en la vida de las personas, *Geografía* 3, 10.

nían que los que en su nacimiento tuviesen a la Luna, entendida por Thalía, por ser de temperamento húmido, los inclinaba a cosas lacivias y a ser variables y mudables. Y los que fuesen saturninos (entendido por Polimnia), por ser de temperamento frío y seco, les promete mucha memoria de cosas pasadas e inclinarse a diversos estudios, según diversos aspectos de planetas. *Exempli, gratia:* Si Mercurio, entendido por Euterpe, está de buen aspecto, influye sabiduría y suavidad en hablar, e ingenio para sciencia, principalmente para artes matemáticas. Si Mercurio está en aspecto con Iúpiter, dicen inclinar los que nacen en su ascendiente a la filosofía y teología. Si Mercurio mira con buen aspecto a Marte, hace médicos dichosos y muy sabios; mas si está con mal aspecto, inclina a lo contrario. Mercurio con Venus inclina a cosas de música y poesía. Mercurio con Luna inclina a ser mercaderes negociadores y diligentes, y astutos y cautelosos. Y así con otros planetas y aspectos, causa diversidad de inclinaciones en los cuerpos humanos, a las cuales inclinaciones refrena la razón. Pierio Valeriano[883] entiende por estas nueve Musas los nueve instrumentos con que el hombre habla, que son los labios, cuatro dientes principales con que se hace la pronunciación, el herir con la lengua, y por do pasa el aire para la pronunciación, y la concavidad de los pulmones en que se engendra la materia de que se hace la voz. Estos instrumentos se dicen Musas *a moys,* que significa húmedo, porque sin humidad no se puede engendrar la voz, y por declarar esto fingieron habitar las Musas cerca de fuentes, como en partes húmidas entendidas por el agua. Por esta misma causa se dicen también ninfas, porque ninfa es agua o humidad.

De este poderío que los antiguos atribuyen a las ninfas o Musas salió la costumbre de pedir los poetas en todos los principios de sus obras ayuda a las Musas, para poder bien hablar y proceder en sus poesías. A las Musas les dan diversos nombres, según los lugares donde fingen que habitaron, o nacieron, o de fuentes que les consagraron. Unos las lla-

---

[883] En el libro 47 de sus *Hieroglyphica* [1556:349v-351] capítulo «De litteris septem...».

man Elicónidas, del monte Elicón. Otros Parnasiades, del monte Parnaso, que es el mismo que Elicón, porque fingieron habitar en él. Otros las nombran Cytheríades, del monte Cytherón, que está cerca de Thebas, porque decían haber habitado en él; otros las llaman Piérides, de las nueve hijas de Pierio, que fingen los poetas haber competido con las Musas sobre el cantar y fueron vueltas en picazas en pena de su atrevimiento; otros, como Ovidio[884], las nombran Thespiades o Mnemosynides, madres que fingieron ser de las Musas; otros las llaman Pegásides o Castalias, de la fuente Pegaseya y Castalia, que fingen haber hecho el caballo Pegaso en el monte Parnaso, cerca de la cual habitaban; otros las nombran Hippocrénides, de otra fuente de Grecia nombrada así; otros Libértrides, de una fuente de Macedonia del mismo nombre (según Plinio[885]), a las Musas consagrada; otros las nombran Nereides, de Nereo, dios del mar. Ovidio[886] las llama Aonias, de una fuente así llamada cercana a Thebas, a las Musas consagrada. Semejantes son a las hijas de Pierio, que arriba dijimos, algunos ignorantes, que movidos por un sobrado deseo de hacerse poetas se dan neciamente a hacer versos, y tanto se agradan de sí mismos que piensan que son tenidos por muy perfectos componedores; mas cuando vienen a prueba con los verdaderos poetas, luego se vuelven en picazas, que no saben otra cosa sino imitar la voz ajena.

No son muy diferentes destos[887] los que parecen a Pireneo, que tienta de encerrar y forzar a las Musas en su palacio, cuando con hermosas librerías y con apariencias de sabios, procuran hacer entender que poseen a las Musas, que son las sciencias, las cuales no tienen más que en los libros, porque no han bebido como debieran para ser tenidos por lo que quieren de la fuente Castalia.

FIN DEL LIBRO TERCERO

---

884 *Metamorfosis* 5, 294-314.
885 *Historia natural* 4, 9.
886 *Metamorfosis* 5, 333.
887 *Al margen*: Los que hacen librerías con poca ciencia.

Libro cuarto

Trata de varones heroicos
que decían medio dioses,
con los sentidos históricos y alegóricos
de sus fábulas

CAPÍTULO I

De Hércules[888]

Según Marco Varrón[889], cuarenta y tres hombres famosos hubo en la antigüedad llamados Hércules; y aunque éstos y los que se señalaban en sabiduría o valentía se llamaban Hércules, Tulio[890] pone solos seis, de los cuales los poetas más en común hablan. El primero fue hijo de Iúpiter y de la ninfa Liceses, de quien dicen que tuvo disputa con Apolo de cosas de la adevinación, entendida por las Trípodas[891], que es un género de laurel que tiene tres raíces, árbol consagrado a Apolo porque tienen virtud de adevinar, y las adevinaciones son atribuidas a Apolo; y dícese este árbol pertenecer a la adevinación, porque según afirman algunos, si las hojas deste laurel pusieren debajo de la cabeza del que va a

---

[888] Sigue una larga disquisición sobre la vida y los trabajos de Hércules y de muchos de los que estuvieron cerca del héroe en sus andanzas. La tradición castellana tiene un precedente en la dedicación a Hércules en la obra de Enrique de Villena, *Los doze trabajos de Hércules* [véase Bibliografía], con quien comparte Pérez de Moya algunas fuentes y aun cierto tono. Iremos haciendo y anotando paralelos entre estas dos obras y las fuentes comunes. Véase también Boccaccio, *De genealogie deorum* 13, 1, y Conti, *Mythologia* 7, 1 [1596:570-603]. Una fuente casi humanista en el descomunal *Colocii Salutati de laboribus Herculis*, ed. B.L. Ullman, Zurich, Thesauri Mundi, 1951, 2 volúmenes.

[889] Citado por El Tostado, *Sobre El Eusebio* 1, 54, citando el libro de Varrón «del pueblo romano» [*De rerum rusticarum*].

[890] *De natura deorum* 3, 42.

[891] Citado por Boccaccio, *De genealogie deorum* 2, 9.

dormir, verá sueños verdaderos. Y así, decir que la contienda era de las Trípodas es decir que desputaban algo de la adevinación; y porque venció en esta contienda, le pusieron Hércules, vocablo derivado, según Leoncio, de *Hera*, que es tierra, y *Cleos*, gloria, que todo quiere decir glorioso en la tierra; o de *Heros* y *Cleos*, que quiere decir glorioso Heros. Paulo Perusino le deriva de Erix, que es lid o pendencia, y Cleos, gloria; y así querrá decir glorioso en contiendas, de lo cual parece que el nombre de Hércules se puso al principio más por excelencia de saber que por la fuerza y valentía del cuerpo o alguna otra proeza. El segundo Hércules fue hijo de Nilo; éste dio letras a los de Finicia, y así fue glorioso en el saber, y por ello llamaron[892] Hércules. Theodoncio dice que éste fue el que luchó con Antheo, y porque habitaba cerca del río Nilo fue dicho hijo de Nilo. El tercero fue un sacerdote de Cybele, que hecho dios, le ofrecían sacrificios de difuntos. El cuarto fue hijo de Iúpiter el segundo y de Asterie, hermana de Latona, que fue muy honrada en la tierra de Tiro y tuvo una hija llamada Cartago. El quinto fue uno de la India, que se dijo Belo. El sexto fue un tebano, hijo del tercero Iúpiter y de Alcmena, que algunos dicen Alcumena, mujer de Amphitrión, de cuyo nacimiento cuentan que estando Amphitrión ausente, ocupado en guerra, Iúpiter tomó forma de Amphytrión, y una noche se fue en casa de Alcmena, a quien recibió, creyendo ser su marido, como dice Plauto[893], y así con este engaño usó della, y deste ayuntamiento nació Hércules; y según Apolodoro y Theodoncio, por ser Alcmena mujer de Amphitrión fue creído ser Hércules hijo de Alcmena y Amphitrión, y no de Iúpiter. Este Hércules vivió 52 años, según Eusebio[894], y murió en el año del mundo de 4400, dejando su arco y flechas a Philotectes con que fuese Troya destruida. A éste hace san Augustín[895] el primero de

[892] Para las derivaciones de Hércules y las citas de Leoncio, Paulo Perusino y Teodoncio, véase Boccaccio, *De genealogie deorum* 4, 68.

[893] En el *Amphitruo* 2, 2; 3, 1-2.

[894] *De los tiempos*, 60, 7-5. El año 4400 es en Boccaccio, *De genealogie deorum* 13, 1 iiii.M.cccc, y de este modo en la ed. Álvarez-Iglesias: 4004.

[895] Véase *De civitate Dei* 18, 12.

los nombrados Hércules, y deste es del que comúnmente hablan los poetas y sabios, y cuando llamamos Hércules, déste entendemos. Porque es costumbre general de poetas que cuando hay muchos de un nombre, todo lo que conviene a todos lo atribuyen a uno, como si solo hubiera sido. Tuvo muchos trabajos y venció cosas muy arduas y dificultosas; mató fieras horribles y malhechores, hirió a Iuno con un dardo de tres puntas, porque entendía ser su contraria. Escribieron sus trabajos Diodoro Sículo y Alberico y Boecio[896]. Pintan a Hércules desnudo o vestido una sola piel, con una maza en la mano derecha y tres manzanas de oro en la izquierda.

Fue tenido por la excelencia de sus virtudes en vida como héroe, y después de muerto, como dios, y en tanta veneración, que juraban por él para ser creídos, diciendo: *Hercle, Hercules. Me Hercule. Me Hercules.* Que son adverbios de jurar, que quiere decir: Por Hércules, que es verdad.

Declaración

Decir que Iúpiter para engendrar a Hércules tomó forma de Amphitrión es porque el hombre es para engendrar como instrumento; empero la voluntad divina, entendida por Iúpiter, y la fuerza de las estrellas, como causa segunda, son como instrumento para procrear varones claros.

Ser Hércules hijo de Iúpiter y de Alcmena no es otra cosa sino la bondad y fortaleza y excelencia de las fuerzas del ánima y del cuerpo, que alanza y desbarata la batalla de todos los vicios del ánima, como se da a entender por sus nombres, porque primero fue llamado Alcides, de *alce* en griego, que significa fuerza; luego Hércules, que quiere decir fortaleza y prudencia, y la razón que está en el hombre, y constancia, sin la divina bondad, y sin buen subjeto de ánimo no acontece.

[896] Citas tomadas de Boccaccio, *De genealogie deorum* 9, 2; 13, 1, y que corresponden a Diodoro Sículo, *Biblioteca* 1, 1; Alberico, *Alegorías,* y Boecio, *Consolación de la filosofía* metro 7, 26

Algunos dicen que la fortaleza de Hércules fue del ánimo y no del cuerpo, con la cual venció todos aquellos apetitos desordenados, los cuales siendo rebeldes a la razón, como ferocísimos monstruos turban al hombre de contino, y le molestan y fatigan. Escribe a este propósito Suidas[897] que por demostrar los antiguos que Hércules fue grande amador de la virtud le pusieron vestido de una piel de león; y por significar la grandeza y generosidad del ánimo, la maza en la mano derecha, que denota el deseo de la prudencia y del saber, por lo cual fingieron la fábula que amansó el fiero dragón y sacó las tres pomas de oro que guardaba, porque sobrepujó el apetito sensual, en lo cual libró las tres potencias del ánima, ornándolas de virtud y de justas y honestas obras. O las tres manzanas son la virtud y la fama en esta vida y la inmortalidad de la gloria en la otra, o denotan tres virtudes que Hércules tuvo. La primera, nunca enojarse; la segunda, no ser avaro; la tercera, ser enemigo de regalos. Éstas son las tres manzanas excelentes de oro finísimo de inestimable valor y admirable hermosura; mas hay un dragón que trabaja por no dejar a ninguno cogerlas, y ésta es la tentación de la engañosa blandura y pestífera vanidad con que el demonio trabaja de engañarnos para impedirnos el llegar a estas tres cosas, significadas por las tres manzanas de oro; píntanle desnudo, para denotar su virtud, porque la virtud la pintan desnuda, sin ningún cuidado de riquezas.

Macrobio[898] quiere entender que Hércules sea el Sol y que las doce hazañas más celebradas suyas sean los doce signos del Zodíaco, sobrepujados del Sol, pasando por ellos en un año. Otros quisieron que por Hércules se entienda el tiempo, el cual vence y doma y consume todas las cosas. Coronábanlo con ramos de olmo blanco, y a esta corona la llamaban los poetas Hercúlea Fronde, y denotaban por las dos colores que tienen las hojas deste árbol dos partes del tiempo: el uno, blanco, que denota el día; y el otro obscuro, que denota la noche. Y fingen ser la causa destas dos co-

---

[897] Para los epítetos de Hércules, véase Suidas, *Lexicon* 452 y siguientes.

[898] *Saturnales* 1, 20. Para la imaginería de Hércules que se sigue ver también *Saturnales* 3, 7, donde Macrobio cita a Varrón, *De rerum divinum* 4.

lores destas dos hojas, que cuando Hércules descendió al infierno a sacar el Cancerbero se rodeó la cabeza con hojas deste árbol, y que por la parte que les daba el humo infernal en las hojas quedaron pardas o escuras, y la parte que tocaba a la cabeza de Hércules quedaron blancas. El descender Hércules al infierno denota el poner del Sol. El perseguir Iuno a Hércules denota que en naturaleza todo es contrariedad, o que los buenos siempre son atribulados y perseguidos.

CAPÍTULO II

CÓMO HÉRCULES HIRIÓ A IUNO

Herir[899] Hércules a Iuno con el dardo de tres puntas denota la obra del prudente, porque el prudente por tres razones menosprecia y hace poco caudal de las riquezas y poderíos, entendidas por Iuno, atento que en regir las cosas temporales son de gran fatiga y cuidado, y el conservarlas llenas de sospechas y pensamientos y en el estado dubdoso y mudable, y así con este dardo de tres puntas es herida Iuno de Hércules. Que después se reconciliase con Iuno denota que después de despojado el hombre de la vida no puede ser perturbado de concupicencia de reino ni de otro señorío mortal. Decir que Hércules dejó su arco y saetas a Philotectes, su amigo, es declarar que fue su heredero.

CAPÍTULO III

DE LAS CULEBRAS QUE ENVIÓ IUNO CONTRA HÉRCULES

De los trabajos que atribuyen a Hércules, el primero[900] fue el de las dos serpientes que Iuno le envió a la cuna para

---

[899] Conti, *Mythologia* 7, 1 [1596:597], relata muy por extenso el odio entre Hércules y Juno. Véase también Boccaccio, *De genealogie deorum* 13, 1.

[900] Éste es también el primero de *Los doze trabajos de Hércules* de Enrique de Villena. Los trabajos están relatados por Boccaccio, *De genealogie deorum* 13, 1.

que lo matasen; otros dicen que las envió Amphitrión para saber cuál era de los dos niños que Alcmena parió, su hijo. Destas dos culebras huyó luego el hijo de Amphitrión; mas Hércules, sin espantarse, las tomó con las manos y las apretó tanto que las mató. Hace desto mención Séneca[901]. Apolodoro[902] dice que cuando vinieron estas culebras era Hércules de ocho meses.

Estas culebras denotan la imitación de la virtud ajena, porque es algo fría, casi toda virtud que no procura imitar a alguno. Luego con razón le vino a Hércules de las culebras el principio de todos sus trabajos, porque siendo aún niño se encendió con la gloria y hazañas de los héroes pasados, para imitarlos con su virtud o sobrepujarlos.

CAPÍTULO IV

De la serpiente Hidra

Los poetas[903] dicen que Hércules fue a Thesalia a librar aquella tierra de mucho daño que la serpiente Hidra hacía, que estaba en la laguna Lernea, que tenía, según Naucrates, siete cabezas, y según Cenodoto, nueve, y según Heráclides, cincuenta. El cual, llegado a ella, echó mano a la espada y diole en el pescuezo de la una cabeza y cortósela; mas luego, en lugar de aquélla le nacieron otras dos. Viendo esto Hércules, no quiso más pelear con el espada, y echando mano a su arco y flechas, tiróle una saeta en derecho del corazón, y tras aquélla otras dos. Otros dicen que siete por allí mismo, y tan bien acertaba que la hizo estar queda; y des-

901 En la tragedia *Hércules loco* passim.

902 En la *Biblioteca* 2, 4, 8.

903 El capítulo es copia de Conti, *Mythologia* 7, 1 [1596:577], y de allí salen las citas de Naucrates, Cenodoto y Heráclides. Este capítulo se corresponde con el séptimo en Enrique de Villena, *Los doze trabajos de Hércules*.

que que la vio así enflaquecida, de la mucha sangre que le salía, tomóla con las manos, y apretándola la ahogó. Otros dicen que la mató con fuego, y que muchos habían ido a probar con ella su ventura, y a todos los había muerto. Hace mención desto Ovidio[904] y Séneca[905].

Declaración

La fictión desta fábula es que en Thesalia había una laguna llamada Lernea, que tenía tres leguas de andadura en circuito y hacíase de siete fuentes que cerca della nacían, y por no tener ninguna salida ni corriente estábase junta; y porque en el término de esta laguna había islas y cañaverales en que se criaban muchas sabandijas, por esto decían que era serpiente; y porque esta laguna procedía de siete fuentes, decían que tenía siete cabezas. Dice que hacía gran daño a los comarcanos; esto es porque les usurpaba el agua gran parte de tierra muy fértil, y también por los vapores que del agua salían por su cercanía, y de la putrifación y mal olor que de las aguas embalsadas salen causan enfermedades. En lo que dice que Hércules echó mano a su espada y le cortó una cabeza, y luego le nacieron dos, esto fue que comenzó a cerrar una de las fuentes, y luego reventó el agua por dos partes, lo cual viendo Hércules, le tiró una saeta por la parte del corazón, esto es que horadó la laguna por la parte más honda, por donde se iba desaguando, y tirarle otros dos era engrandar este desaguadero, y porque quedó la tierra en seco, por esto dice que la ahogó apretándola con las manos, o que la mató con fuego, porque es oficio del fuego o calor desecar lo húmido; y así convirtió la laguna y la agua de las siete fuentes en un angosto río por donde las aguas hicieron curso, y quedó aquella tierra muy buena y la mejor para la labranza de todas las de la comarca. Y ésta es una de las mayores hazañas que se le atribuyeron a Hércu-

---

904 *Metamorfosis* 9, 158-300.

905 Otra vez en *Hércules loco* 241, si bien aquí Hércules mató a Hidra con fuego.

les, porque en ella se ayudó de su industria y saber, más que de fuerzas, y lo cuentan por el segundo trabajo suyo.

Hidra en griego es agua, y serpiente en latín es cosa rastrera, para declarar que no era serpiente, sino sola agua.

Eusebio[906], de sentencia de Platón[907], dice que Hidra fue un famosísimo sofista, que resolviéndole una cuestión, proponía otras muchas más difíciles.

Otros dicen que Sthenelo, hijo de Perseo, tenía una populosa ciudad llamada Micenas, y el rey Lerno, por no querer guardarle subjeción, traían ambos guerra, en la entrada de aquella región. El rey Lerno tenía una ciudadilla fortísima, llamada Hidra, que la guardaban cincuenta varones, fuertes tiradores, que estaban dentro de una torre para defendella. Euristeo envió a Hércules a combatir este fuerte. En esta pelea, los de dentro de la torre arrojaban bolas ardiendo a los de fuera y muchas saetas; y cuando acontecía que alguno de los de dentro caía muerto, luego en el lugar del que faltaba se ponían dos, lo cual, como Hércules viese ser difícil la entrada, tomó por más breve medio ponerle fuego, y así tomó el fuerte y mató los que la defendían, y esta opinión tiene Paléphato[908]; y por esto dice la fábula que la serpiente Hidra la venció Hércules con fuego.

CAPÍTULO V

DEL LEÓN NEMEO

Entre los trabajos que de Hércules los autores escriben fue uno del león[909] del monte Boecia, que otros dicen el león Nemeo; y esto le sucedió siendo de edad de diez y seis

---

906 *Crónica* 57, 12-13.

907 En el diálogo *Eutidemo* 297c (nota de M. Morreale).

908 *De non credendis* 38.

909 Enrique de Villena lo trata como el segundo de *Los doze trabajos de Hercules*. Véase Séneca, *Hércules loco* 223-224, Virgilio, *Eneida* 8, 295, y Conti, *Mythologia* 7, 1 [1596:574].

o diez y ocho años, enviándole Amphitrión a guardar el ganado, por haber muerto a su maestro Lino; porque no pecase otra vez con otro maestro, mató un león bravísimo, que halló despedazando el ganado; y muerto el león, trujo el cuero por escudo, de donde salió costumbre de allí adelante que muchos que hacían hazañas heroicas se ponían pellejos por escudos, a imitación de Hércules.

Esto denota que luego que uno fuere incitado a la virtud, ha de apaciguar y matar el más fuerte de todos los monstruos, que es la soberbia y furor del ánimo, que éste es león Nemeo, que se apacienta en el bosque del poco sufrimiento y poco saber de nuestro ánimo, que destruye los ganados de todas las virtudes.

CAPÍTULO VI

De Phineo y las Harpías

Phineo[910], rey de Peonia, provincia de Grecia, tío de Andrómeda de partes de padre, fue dos veces casado. De la primera mujer hubo hijos; y la segunda, como madrastra aborrecía los alnados; y buscando causa para revolverlos con el padre, ordenó decir a Phineo que habían intentado requerirla de amores. Phineo, dando a esto crédito, indignóse contra ellos tanto que les privó de la vista. Airados los dioses contra Phineo, le dieron la misma pena, cegándole y añadiendo las Harpías que a la hora de su comer viniesen a él, y que no solamente le arrebatasen las viandas, mas aun le ensuciasen la mesa con inmundicias. Deste trabajo le libró Zetes y Calays por mano de Hércules, porque pasando por allí, cuando Iasón iba a Colchos a la conquista del vellocino de oro, como los recibiese benignamente en su casa y en poniendo las viandas en la mesa viniesen las Harpías a

[910] Tercer trabajo para Villena en *Los doze trabajos de Hércules*. Véase también Fulgencio, *Mitologicarum liber* fragmento 133.

arrebatar la comida, enojado Hércules comenzó a seguirlas, y viendo que por la ligereza de sus alas ninguna cosa podía hacer, mandó a Zetes y Calays tuviesen cargo de seguirlas. Éstos eran hermanos e hijos del viento Bóreas o cierzo, según escribe Ovidio[911]. Y así las Harpías fueron desterradas hasta las islas Estrophades, donde las halló Eneas viniendo de Troya, según él lo cuenta a la reina Dido, como atestigua Vergilio[912]. Entonces, quedando libre Phineo de las importunas Harpías, los dioses le restituyeron la vista a él y a sus hijos. Las Harpías tenían cara de mujer, las bocas amarillas; plumas y alas y uñas agudas, como aves.

Declaración

Por la primera mujer de Phineo se entiende la edad de mozo; por los hijos, las virtudes que cuando mozo tuvo, distribuyendo su hacienda en cosas lícitas y de caridad.

Enviudar desta mujer y casar con otra que fuese madrastra de los hijos de la primera se entiende la segunda edad suya, en la cual mudó las buenas costumbres que primero tenía en mucha cobdicia, y por esto dice la fábula que la segunda mujer revolvió los hijos con su padre Phineo. Y esto es que la mucha cubdicia de esta edad hizo a Phineo privar a sus hijos de la vista. Quiere decir: cerró los ojos a las virtudes que primero cuando mozo tenía, haciéndose logrero, que esto significa Phineo, de *foenus* en latín, que es logro. Y por esto dice la fábula que enojados los dioses le cegaron, porque toda avaricia es ciega, que no ve sus cosas, ni que la vida de los hombres es muy corta y que se contenta con poco; o es ciego, porque perseverando en malas obras le olvidó Dios, cegándole del juicio primero.

Por las tres Harpías que le añadieron los dioses a su pena, que le ensuciaban la mesa, se entiende la cobdicia y avaricia y escaseza, porque la vida de los logreros es una sucia golosina de allegar, y por esto se atormentaba con hambre per-

[911] *Metamorfosis* 6, 716.
[912] *Eneida* 3, 209-218.

petua, y no podía comer los manjares, porque se los quitaban las Harpías; esto es que la cobdicia que tenía no le dejaba gastar, y así pasaba triste y estrecha vida, procurando allegar mucho tesoro. O las sucias Harpías denotan los continuos y muy agudos aguijones del ahorrar, que no le dejaba gastar en comida ni bebida.

Éstas son echadas por los ánimos grandes y liberales (entendidos por Hércules). O porque con las armas de la mucha discreción y prudencia de éste, siendo reprehendido Phineo, le hizo desechar de sí aquella cobdicia y avaricia y escaseza en que vivía; y así fue restituido en la corporal y primera vista él y sus hijos, esto es que volvió en su juicio y entendimiento para mirar el error que le tenía enlazado en aquella ceguedad de allegar; ahuyentan de su presencia Cetes y Calays, porque en griego *Ceton calon* quiere decir el que busca el bien, fingen ser estos voladores hijos de viento porque toda la inquisición y busca del bien nunca se mezcla con cosas de la tierra.

Tener las Harpías las bocas amarillas, que proviene de mucha hambre, y que por mucho que comiesen no se hartaban, denota la condición del avaricia, porque por mucho que arrebate o allegue o apropie el avaro, nunca se harta, antes le crece más la cobdicia y hambre. Decir que las Harpías tenían plumas en su cuerpo, por las plumas se entienden los engaños y malicias e intricadas razones que los avarientos ponen para dar color a lo mal ganado, que no tiene más firmeza que plumas en presencia del viento, con que se dilatan las pagas del sudor, del servicio de los criados. Que las Harpías tuviesen uñas agudas es para denotar la retención que tienen los avaros en no restituir lo mal ganado o en guardar lo que lícitamente ganan, no socorriendo la necesidad del prójimo. Quitar estas Harpías la comida que en la mesa de Phineo ponían denota que perdida la buena fama que pudiera haber del hábito virtuoso, que son como viandas que mantienen al hombre, aun después de muerto, en la gloria de la buena fama.

Algunos dicen que Phineo rey, como cuando viejo vino a perder la vista, y a morírsele los hijos varones que tenía, quedáronle dos hijas llamadas Piria y Erasia, que destruían la substancia de su padre, y por esto decían que las Harpías no le dejaban comer. Conmovidos a lástima dél Cetes y Calays, hermanos, que eran hijos de un famoso varón llamado Bóreas, que eran sus vecinos, pusieron remedio en su trabajo, echando las hijas de la ciudad y allegando lo que habían desperdiciado y dándolo a quien lo guardase.

CAPÍTULO VII

De las Harpías o Stimphalides aves

Las Harpías que algunos dicen Stimphalides, aves, fueron hijas de Taumanto y de Electra, hija de Océano y hermanas de Iris, según escribe Hesiodo[913]. Otros dicen que fueron hijas de Phineo; otros de Neptuno y de la Tierra. Éstas eran tres; llamábanse Ocípite, Aello y Celeno. Algunos a Celeno la llamaban Iris. Dícense Harpías, de *Arpe* en griego, por arrebatar; tenían la cara como de vírgines; las bocas amarillas, como cosa hambrienta; el cuerpo como de buitre, con pluma y alas como aves; los pies y brazos humanos, con unas agudas como monstruos. Así las pinta Vergilio[914], en cuatro versos que comienzan: *Tristius haud illis monstrum.* Llamábanles los poetas, según Apolonio, perros de Iúpiter, que fueron enviados para atormentar a Fineo.

Declaración final

Por las Harpías quisieron los antiguos declarar la generación y fuerza de los vientos. En darles por padres a Thaumanto y a Electra, hija de Océano, o a Neptuno y a la Tierra, quisieron significar que los vientos se engendran de la parte más pura de las aguas o de las humidades de la tierra,

[913] En la *Teogonía* 265.
[914] *Eneida* 3, 209-252.

porque destas cosas salen exhalaciones que, adelgazadas y vueltas en vapores, se levantan en alto, por virtud del calor del Sol, los cuales vapores después unas veces se espesan y congelan en lluvias, otras veces se adelgazan en vientos. Ser hermanas de Iris es porque destos vapores así levantados, cuando la nube se va deshaciendo en agua aparece o se engendra Iris, que es lo que decimos arco del Sol, como declaramos en nuestra *Philosofía natural*[915].

Los nombres de las Harpías significan el ímpetu de los vientos, o su ligereza o sus efectos o forma, porque Ocípite quiere decir: *Bolans, o celeriter,* que significa ligereza. *Aello* significa tempestad, Celeno escuridad de las nubes que los vientos mueven; fingen tener alas por la ligereza del movimiento del viento, lo cual también denotaron diciendo que los hijos de Bóreas no las pudieron alcanzar.

CAPÍTULO VIII

De Hércules y Antheo

Andando Hércules por diversas partes del mundo, vino a tierra de Libia, donde moraba Antheo[916], hijo de la Tierra, nacido sin padre; era gran luchador, que con cuantos probaba sus fuerzas derribaba; y tenía tal propiedad que si caía alguna vez o se dejaba de industria caer en la tierra se levantaba con dos tanta fuerza, y así al fin no podía quedar vencido; y a los que vencía, tomaba él, como era Gigante, y bajaba los grandes árboles, y poníalos allí, y luego dejaba el árbol, y lanzábalos muy lejos. Con éste quiso Hércules probarse; y venidos a la lucha, como Hércules fuese más valiente, derribábalo en tierra, y el Antheo luego más fuerte que

[915] Véase Pérez de Moya, *Astronomía* 2, 3, 4-5.

[916] La historia de Anteo aparece en Lucano, *Farsalia* 4, 593-653 (nota de Morreale al noveno de *Los doze trabajos de Hércules*). Véanse asimismo Boccaccio, *De genealogie deorum* 13, 1, y Conti, *Mythologia* 7, 1 [1596:584].

primero se levantaba, porque la Tierra su madre le daba nuevas y dobladas fuerzas, lo cual tantas veces hizo que ya Hércules enflaquecía, y sintió que no podía mucho sufrirlo, y advirtiendo el engaño de Antheo, en que fuerzas de la tierra recobraba, levantólo en alto de tierra y tanto así en el aire lo apretó con los brazos que lo mató; y éste fue el vencimiento de la lucha y uno de los trabajos o hazañas de Hércules.

Declaración histórica

El sentido histórico desta fábula es que Antheo fue un rey de Marruecos, en Mauritania, y dijo ser hijo de la Tierra, porque era de los de su tierra ayudado, de la suerte que de la madre recibe el hijo sustancia y fuerzas. Dice nacido sin padre porque no se sabía su descendencia. Contra éste vino Hércules en los tiempos que Egeo reinaba en Athenas, según Eusebio[917], y según Leoncio, reinando Argo a los argivos, con quien tuvo muchos encuentros; y como Hércules le desbarataba, y luego volvía Antheo a la batalla con más caballería y gente, como si alguna cosa de daño no hubiera recibido. Por esta causa dice la fábula que cada vez que caía recobraba dobladas fuerzas. Considerando Hércules que Antheo por estar en su tierra súbito se reparaba, fingió en una pelea huir: Antheo siguió su alcance. Y cuando Hércules le tuvo apartado de su tierra de Marruecos, volvió sobre él y peleó y fue Antheo vencido, y como no pudo rehacerse fue muerto. Pomponio Mela[918] hace mención de este Antheo en el *De situ orbis*.

Sentido moral

Hércules significa el varón virtuoso que desea vencer el deseo de su carne, con quien tiene gran combate y lucha de ordinario[919]. La cobdicia o deseo carnal se dice ser hija de la

917 *Crónica* 57, 1-3.
918 Véase la *Cosmografía* 1, 5.
919 Parecida cuenta esta fábula Fulgencio, *Mitologicarum liber* 2, 4.

tierra, entendida por Antheo, porque esta cobdicia no nace del espíritu, sino de la carne, como dice el Apóstol[920], y cuando el varón virtuoso, que es Hércules, pelea con el deseo carnal, véncelo algunas veces, mas como Antheo, cayendo en tierra, recobraba fuerzas, así la carnal cobdicia ya mortificada o pacificada, una vez se suele levantar más recia con la ocasión; y así para que Hércules venza a Antheo es necesario apartarle de su tierra. Quiere decir, apartar ocasiones y conversaciones, y viandas cálidas, y del vino, y camas regaladas, y otras muchas cosas que incitan a lujuria.

Sentido natural

Algunos quisieron entender por esta fábula la generación de las plantas; por Hércules entendieron el Sol; por Antheo las simientes. Éstas, tocando a la tierra estando sembradas, por virtud del Sol reciben y se levantan en alto con mayores fuerzas, y vienen a fructificación.

CAPÍTULO IX

De Hixiona, que otros dicen Exiona

Dicen los poetas[921] que enojados los dioses Apolo y Neptuno de los troyanos, haciendo grandes crueldades en la ciudad, fue demandado consejo con qué escaparían. Fueles respondido que diesen una de las doncellas vírgines troyanas cada año a la bestia marina que la saldría a tragar, y que así cesaría la peste; fue esto hecho, y por suertes cupo una vez al rey Laomedon que a su hija Egiona, virgen, allí la pu-

[920] *Biblia: Epístola a los gálatas* 5, 17.
[921] Así Boccaccio, *De genealogie deorum* 6, 7, y Conti, *Mythologia* 7, 1 [1596:581].

siese, y hízose así, y fue por Hércules librada. Ésta es historia, porque los demonios, cobdiciando la muerte de los inocentes, ordenaban estas cosas, como tratando de Andrómeda dijimos.

Decir que estaban enojados los dioses Apolo y Neptuno de los troyanos es que como el mar creciese, entendido por Neptuno, y hiciese balsas de agua por muchas partes de los campos de Troya, y después como con el calor del Sol, entendido por Apolo, se causase peste, preguntaron al oráculo cómo cesarla; y el demonio, que en los oráculos hablaba, les dio la respuesta que se ha dicho.

CAPÍTULO X

De Hespero y las Espérides

Hespero fue hermano de Atlante y hijo de Iapeto y de la ninfa Asia. Este Hespero, cuando niño, se llamó Philotetes y siendo pequeño fuese con su hermano Atlante a tierra occidental de Mauritania, llamada Marruecos, en donde Atlante[922] fue rey; y porque este Philotetes pasó de la otra parte de las islas del mar Océano, le mudaron el nombre y le dijeron Hespero, que en griego quiere decir Occidental, por cuanto toda aquella tierra se dice Hesperia, del nombre de una estrella que parece después del Sol puesto, a la parte occidental, que decimos Vesper o Venus. Este Hesperus o Hespero hubo tres hijas que los poetas llamaron Espérides, que se llamaron Egle, Beretusa y Espertusa. Estas tres hermanas tenían un vergel en el cual nacían manzanas de oro, poniendo por guarda un dragón que nunca dormía, guardando que ninguno llegase al vergel. Euristeo, que en aquel

[922] En Enrique de Villena, *Los doze trabajos de Hércules,* éste es el cuarto trabajo. Véanse más historias y fuentes en Boccaccio, *De genealogie deorum* 4, 28. Conti relata la vida de las Hespérides en *Mythologia* 7, 7.

tiempo se servía de Hércules, oyendo la fama del vergel, envió a Hércules por las manzanas, las cuales trujo hurtándolas al dragón.

Declaración

Las hijas de Hespero tenían cerca del monte Atlante unas islas en señorío, según Pomponio[923], y en estas islas había muchedumbre de ovejas, cuya lana era muy buena, que se hacía della paños de gran valor, por lo cual dijeron que estas ovejas eran manzanas de oro, porque su lana era estimada así como oro; y a estas islas llamaron vergel de las Hespérides, porque dentro dellas estaban aquellas ovejas, como dentro de un vergel las estimadas frutas.

El dragón que guardaba este vergel, que nunca dormía, era el mar bravo que rodeaba las islas, de mala navegación y peores puertos; y decían a este mar dragón porque las rodeaba, como la sierpe siempre se vuelve en cerco. Dice que este dragón siempre velaba porque el movimiento de las ondas del agua no cesaba de noche ni de día cerca de aquellas islas. Mas Hércules aguardó tiempo, y pasó, y llevó las ovejas a su rey Euristeo, y éste fue uno de los trabajos o hechos de Hércules. Esta hazaña Ovidio la atribuye a Perseo, y dijo que las hurtó de Atlante y no de las Hespérides, en lo cual hay poca dificultad, como sea no haber sido un solo Hércules cúyos son los hechos famosos, mas hubo muchos, como hemos dicho; y todos los historiadores de aquel tiempo escribieron de muchos Hércules, de los cuales Perseo fue uno de los famosos que hubo en su tiempo.

Otros dicen que Atlante fue muy sabio en artes liberales, y sus hijas fueron tan doctas en ello que no concedieron ventaja alguna al padre; y como vino allí Hércules, deprendió dél y de ellas algunas cosas que hasta allí a él eran ocultas, y éstas eran las manzanas de oro de la huerta del rey Atlante.

---

[923] Léase Pomponio Mela, *Cosmografía* 3, 10. Ovidio, *Metamorfosis* 4, 611 y siguientes.

Otro sentido histórico

Otros cuentan esta historia diciendo que fueron dos hermanos muy célebres en fama, llamados Hespero y Atlas, que tenían ovejas; Hespero tenía una hija llamada Hespérida, la cual dio a su hermano en matrimonio, de la cual se nombró Hesperia; en ésta hubo Atlas seis hijas que se llamaron Atlántides, y de la madre Hespérides; por la fama de sus hermosuras aficionado Busiris, envió unos cosarios ladrones que las robasen y se las trujesen; los cosarios, hallando las doncellas jugando en un huerto, las robaron. Aconteció que estos ladrones, estando comiendo, se encontraron con Hércules, que venía de la tierra de Antheo, e informado del caso, mató los cosarios y restituyó las doncellas a su padre, por el cual beneficio le dio Atlas ovejas hermosísimas y otras cosas muchas, y deprendió cosas de astronomía, el cual, como lo mostrase después en Grecia, dijeron haber substentado el cielo sobre sus hombros, por Atlante.

CAPÍTULO XI

De Gerión

Cuentan los historiadores[924] que Hércules, como hombre que aborrecía a los soberbios, tuvo noticia de un gigante llamado Gerión, hijo de Calcidoes y Crisaor, que tenía tres cabezas, hombre muy cruel, que no se podían averiguar con él. Con éste tuvo Hércules dos batallas: en la primera le hizo huir, en memoria de lo cual ordenó los juegos en

[924] En Enrique de Villena tratado como el décimo de *Los doze trabajos de Hércules*. Pueden verse más fuentes en Conti, *Mythologia* 7, 1 [1596:581], y en Boccaccio, *De genealogie deorum* 1, 21.

honra de Pallas. Luego fue en su seguimiento y tuvo otra batalla, y al fin le mató; y en memoria desta victoria, edificó una soberbia torre, que tenía ojos para ver los que a aquel puerto venían, y echaba de sí fuego, con cuya claridad los navíos podían andar de noche. Tenía Gerión un bravo perro de dos cabezas.

Declaración

El sentido histórico desta fábula es que en tierra de Estremadura habitaba un poderoso rey llamado Gerión, que ponía toda su diligencia en criar ganados, y era muy bravo y mal acondicionado para con los que debajo de su dominio estaban. Cuando sus vasallos vieron a Hércules y entendieron sus hazañas, allegáronse a él, querellándose de las bravezas de Gerión; diole deseo a Hércules de quitarle este poderío. Decir que tenía tres cabezas, era ser señor de las tres islas que dicen Gades, Mallorca y Menorca. Otros dicen que tenía tres reinos, que eran Andalucía y Estremadura con Portugal y las montañas de Galizia. Rabano[925] dice que eran tres hermanos que reinaban juntos, tan conformes, que parecían ser regidos por una sola ánima; y lo mismo dice Trogo Pompeyo[926]. Fue Hércules a él, y hallólo en una ribera del río Guadiana, en la parte donde agora está la ciudad de Mérida, y peleando allí, le venció, y Gerión se fue huyendo a Galizia. Hizo Hércules en Mérida una habitación en que puso muchos pilares, que hoy día están algunos en pie, y por memoria desta batalla ordenó unos juegos en honra de Pallas, que hoy dicen juegos de la pala, y puso por nombre a aquella tierra Lusitania, que quiere decir juegos de Guadiana, que los antiguos dijeron Topo, por otro nombre, porque así como este animal perpetuamente anda

---

925 *Patrologia latina* 111, 197D.

926 Véase *Historias* 44, 4. Las *Historias* de Trogo Pompeyo se nos conservan sólo en el epítome que hizo Justino.

horadando y habita debajo de tierra, así Guadiana, río, muchas leguas va por debajo de tierra, que no se ve.

Después de esta victoria, fue Hércules en seguimiento de Gerión a Galizia, y hallólo con mucha gente ribera del mar, en donde agora dicen La Coruña. Trabaron de una parte y de otra una brava batalla, y al fin, después de haber muerto mucha gente de ambas partes, mató Hércules a Gerión, y después hizo una grande torre, encima de la cual ordenó un candil, que sin cebarle con aceite alumbraba, dando gran claridad de día y de noche. Otrosí, puso en ella un espejo que lo tenía una imagen de cobre en la mano, por tal arte, que en cualquiera tierra que navíos se armasen, luego parecía en el espejo, y por esto dice la fábula que esta torre tenía ojos, y que echaba de sí fuego por el candil. Duró esto hasta que allí vinieron unos caldeos que venían huyendo de la conquista de Nabucodonosor, rey de Babilonia, los cuales, sabiendo el secreto del espejo, cubrieron sus navíos de ramas, de suerte que parecía una montaña, por lo cual el que guardaba el espejo no vio flota, sino una montaña, y así tuvieron lugar de entrar en el puerto de La Coruña sin hallar quien les resistiese, y se apoderaron de aquella tierra; duró el espejo y candil casi trecientos años. Diodoro[927] dice que Gerión fue rey de España muy poderoso, y que poseyó muy grandes riquezas, y que tenía tres hijos muy esforzados y guerreros, que andaba cada uno dellos con su ejército de gente. El rey Euristeo, que mandaba los trabajos a Hércules, creyó que sería cosa muy dificultosa y de gran peligro vencer a rey tan poderoso, le mandó que viniese en España contra él, y que trujese consigo el ganado que el rey apacentaba en las partes cercanas al mar Océano. Hércules, obedeciendo el mandamiento de Euristeo y no olvidado de las cosas claras que en el tiempo pasado había hecho, vino en España y venció los hijos de Gerión y llevó todo el ganado del rey.

---

[927] *Biblioteca* 4, 2: «De Hercule et duodecim eius laboribus» [1578:102-115].

El perro que tenía Gerión de dos cabezas, era que tenía gran poder por mar y por tierra. Hace mención de Gerión Pomponio Mela[928] y Séneca[929], donde dice: *Pastor triformis littoris Carthessii,* etc. Quiere decir: Hércules mató al pastor de tres figuras, de la ribera de España, llamada la costa Cartessia. Llamó pastor a Gerión porque tenía mucho ganado, de que los reyes de la antigüedad hacían mucho caso. Llámalo de tres figuras, por las razones que en la declaración de esta fábula se han dicho.

CAPÍTULO XII

DE AUGÍAS

Augías[930], rey de unos pueblos del Peloponeso, fue hijo del Sol, según unos, y según otros de Neptuno o de Phorbantes; tenía unos ojos tan resplandecientes que parecían salir dellos rayos como del Sol. Déste se dice que como tuviese unos establos en que dormían tres mil bueyes muy llenos de estiércol, se concertó con Hércules que los limpiase en un día, y prometióle dar la décima parte de todo su ganado, teniendo por cosa imposible poderse limpiar en muchos días, cuanto más en uno. Hércules, guiando cantidad de agua por los establos, los limpió en el propuesto tiempo; y como Augías le negase la paga, le mató. Y porque un hijo de Augías, llamado Pilo, dijo que había sido mal hecho el de su padre en no cumplir lo prometido, le hizo que sucediese en el reino. Augías negó el salario a Hércules porque le pareció que casi no había tenido trabajo en limpiar aquellos establos, porque los necios, los más dan premio a las fuerzas y trabajos del cuerpo, y no a las del ánimo.

---

[928] Esta mención la hemos encontrado en el comentario de Pinciano a la *Cosmografía* 3, 1 de Pomponio Mela. Véase Bibliografía.

[929] En la tragedia *Hércules loco* 231.

[930] Compárese con lo que dice Conti, *Mythologia* 7, 1 [1596:578].

CAPÍTULO XIII

DE CACO, LADRÓN

Caco[931], salvaje hijo de Vulcano, fue un famoso ladrón, de quien se dice que volviendo Hércules vitorioso de España, con los ganados que quitó a Gerión, llegando a la tierra de Caco, le hurtó muchas vacas, trayéndolas asidas de la cola, andando hacia atrás, porque no pudiesen ser halladas por el rastro, y las metió en su cueva. Mas como Hércules buscándolas oyese bramar, entró en la cueva y mató a Caco y cobró sus bueyes. Esta fábula es toda historia, y así sólo hay que decir que llamaron a Caco hijo de Vulcano, porque por su pasatiempo y recreación salía de su cueva a poner fuego en los lugares y sembrados de su comarca. Hace mención desto Ovidio[932].

CAPÍTULO XIV

DE CENTAUROS

Los Centauros[933] fueron hijos de Ixión y de una nube, y hace mención dellos Ovidio[934], diciendo que los venció

[931] Se pueden ver más relaciones en el décimo de *Los doze trabajos de Hércules*.
[932] *Fastos* 1, 547-582; 5, 643; 6, 79. Véase también Virgilio, *Eneida* 8, 190-270.
[933] La historia de los Centauros puede ampliarse con Conti, *Mythologia* 6, 26 (sobre Ixión) y 7, 4; Boccaccio, *De genealogie deorum* 9, 27 (sobre Ixión) y 9, 28. La lucha de Hércules con los Centauros recuerda a Enrique de Villena, *Los doze trabajos de Hércules* trabajo primero. El capítulo sobre los lapitas y los centauros se puede leer en Ovidio, *Metamorfosis* 12, 220-459.
[934] *Metamorfosis* 9, 191.

Theseo en las bodas de Piritoo y Hyppodamia, y que son unos animales medio hombres y medio caballos ligerísimos e invencibles, y lujuriosísimos.

Declaración histórica

Todo esto es fictión, que no hay tales animales, ni pudieran estar dos formas tan diversas juntamente, aunque Plinio[935] hace mención dellos, como prueba Lucrecio[936] en cuatro versos que comienzan: *Sed neque centauri fuerant, nec tempore ullo,* etc. Palefacto[937] dice que si estos animales en algún tiempo hubieran sido, que también los hubiera agora, y que la verdad histórica es que en tiempo de Ixión, en el monte Pelio, de Thesalia, había tanta abundancia de toros que echaban a perder los fructos y sembrados; y para remediar este daño, mandó Ixión pregonar que quien los matase o de allí los echase, les daría grandes premios. Vinieron cien mozos de a caballo, habitadores de un lugar montuoso, llamado Nube. Por este número los llamaron Centauros, de ciento que acudieron, y de Tauro, que es toro, o de ciento, que es ciento, y Arios, que en griego significa Marte, y quiere decir cien Martes o peleadores o guerreros, los cuales se ensoberbecieron tanto por la ligereza de los caballos que dieron en hacer grandes daños en la comarca, y aun contra el mismo Ixión. Y como siendo malos y soberbios quisiesen en las bodas de Piritoo hurtar la esposa, no pudieron porque fueron vencidos de Theseo, que dijeron Hércules; y como yendo huyendo veían las ancas del caballo y lo demás de allí arriba de hombre, parecíanles ser todo una pieza. Y como éstos, por orden de Ixión, vinieron del monte llamado Nube, se dio lugar a la fábula de que fuesen hijos de Ixión, nacidos de la nube. Otros escriben que se dijeron Centauros, *Quasi Gentauri,* como quien dijese engendrados en el aire, porque así como el viento velozmente vuela, así parecía en su correr

---

935 *Historia natural* 8, 42.
936 *De rerum natura* 5, 878 y siguientes.
937 Véase Paléfato, *De non credendis* 1.

volar, o porque fingieron haberse engendrado en el aire del abrazamiento que Ixión tuvo con la nube, creyendo ser Iuno. Algunos tuvieron ser éstos los primeros que en Thesalia domaron caballos y fueron famosos jinetes.

Aplicación moral

Los antiguos fingieron[938] estos Centauros para denotar por ellos la brevedad de la vida y la brutalidad de algunos hombres. La parte de la cinta arriba, que es figura de hombre, denota la vida humana, y el caballo ligero sobre que va, que es la parte de medio abajo, denota la ligereza con que corremos a la muerte; y por esto mismo dijeron que eran animales ligerísimos, porque no hay águila que con más velocidad vuele que nuestra vida. Decir que son invencibles es porque no hay poder ni señoría que haga detener este curso de la vida, para que deje siempre comiendo o durmiendo, de caminar hacia la muerte. En decir que estos animales eran lujuriosos, quisieron dar a entender haber hombres medio brutos entregados a sus vicios y sensualidades, regidos por el apetito y no por razón, que teniendo figuras de hombres viven como animales, rendidos a la sucia lujuria, a quien de tropel acompañan todos los otros vicios.

CAPÍTULO XV

De Nesso

Nesso, entre[939] los Centauros, era famosísimo; habitando cerca del río Hebeno, de Calidonia, se enamoró de Dejanira, hija del rey Oeneo, a quien Hércules hubo por mujer. Aconteció que llevándola Hércules para su tierra, llegando

[938] Véase una aplicación moral semejante en Fulgencio, *Mitologicarum liber* 2, 95-97.

[939] La historia de Neso parece aquí traducción de Boccaccio, *De genealogie deorum* 9, 31. Véanse también Conti, *Mythologia* 7, 1 [1596:591], y Ovidio, *Metamorfosis* 9, 101.

a la ribera del río, no pudiendo pasar, que de las muchas aguas iba muy crecido, y no pudiendo hallar vado, Nesso, que era muy astuto, se llegó a él, y como le quería hacer servicio, se ofreció, como hombre que sabía bien los vados, de pasar a Dejanira. Aceptó Hércules el ofrecimiento; habiendo Nesso pasado a Dejanira más presto que Hércules, que iba nadando, dio a huir con ella; mas Hércules, que iba a salir, viéndolo tomó su arco, y hirióla de muerte con una saeta. Considerando Nesso que no podía escapar, por no morir sin vengarse, imaginó un nuevo engaño, y de presto, desnudándose su camisa de la herida muy ensangrentada, la dio a Dejanira como en don del grande amor que la tenía, dándole a entender que tenía tal virtud, que si hiciese que Hércules se la pusiese, estaría segura de que jamás se enamoraría de otra ninguna mujer. Este don recibió Dejanira con grande alegría, dando crédito a lo que Nesso le decía. Después de algún tiempo, enamorándose Hércules de Iole, creyendo ella tornarlo a su amor y quitarle el que tenía a Iole, envióle la camisa con un criado suyo llamado Lichas, con que murió echándose en un fuego, de donde vuelto a vida fue colocado en el cielo, como dice Ovidio[940].

Declaración Moral

Esta fábula nos amonesta que debemos mirar mucho cómo confiamos lo que bien queremos de otros, como Hércules confió mal a su querida Dejanira, de Nesso. Puédese sacar de aquí que el que ama la gloria (que esto quiere decir Hércules), viéndose robar la fama que con muchos trabajos y sudores había adquirido, que es figurada en Dejanira, por la lascivia figurada en Nesso, le tira una saeta teñida en su propia virtud, y lo mata.

El dar el Centauro su camisa es como cuando la lascivia mengua, mas de manera que todavía deja de sus despojos a la fama, para dar al hombre cobdicioso de gloria y fama la misma muerte que se le ha dado a ella. El cual, después en-

940 *Metamorfosis* 9, 98-180.

cendido del amor vano, deshonesto y lascivo de Iole, se viste la camisa de su error, que la fama le envió, por lo cual queda tan afligido que se quema entre sí mesmo. Tórnase a remozar, porque luego que pasamos de una vida lasciva, deshonesta y viciosa, a vida templada, honrada y loable, quemando las malas aficiones, nos volvemos mozos en la virtud y en la gloria, y después somos ensalzados al cielo, por la contemplación, y tenidos en el número de los dioses, que son los santos.

CAPÍTULO XVI

DE ACHELOO

Acheloo, según Paulo Perusino[941], fue hijo de Océano y de la Tierra. Theodoncio dice ser hijo del Sol y de la Tierra. De éste escribe Ovidio[942] que habiendo pretendido casar con Dejanira, hija de Oeneo, que algunos dicen Ceneo, rey de Calidonia, que primero había sido prometida a Hércules, vinieron a batalla; y como Acheloo tuviese propiedad de trasmudarse en varias figuras, habiéndole vencido Hércules una vez en su verdadera figura de disforme Gigante, y otra segunda vez en figura de un temeroso dragón, trasmudándose tercera vez en bravo toro, le desmochó Hércules un cuerno, que agora le falta.

DECLARACIÓN

La lucha de Hércules con Acheloo es pura historia, porque habiendo Oeneo prometido a su hija Dejanira por mu-

---

[941] La historia de Aqueloo es aquí copia de Boccaccio, *De genealogie deorum* 7, 19. Véanse también Conti, *Mythologia* 7, 2, y el noveno de *Los doze trabajos de Hércules.*

[942] *Metamorfosis* 9, 1-133.

jer a Hércules, con condición que redujese a una madre y corriente las dos del río Acheloo, porque hacía mucho daño en los panes y fructos del campo, por esto se dice que Hércules, después de mucho trabajo, lo venció en figura de un toro, quitándole un cuerno.

Por los padres y madres que los antiguos dieron a Acheloo quisieron significar la generación de las fuentes y ríos; y así, decir que Océano es padre de Acheloo es decir que el mar es la principal generación de los ríos y fuentes, porque rezumándose por los poros o manantiales de la tierra se engendran. Darle por madre a la tierra es decir que el aire, entrándose en las partes cavernosas de la tierra, espesándose con la humedad de la misma tierra y virtud celestial, se engendra agua, de que se causan las fuentes, y de las fuentes los ríos.

Decir que fue hijo del Sol y de la tierra es decir que levantando el Sol con su calor vapores de la tierra y agua se engendran las nubes, las cuales, llevadas a lo alto a la región primera o segunda del aire, se convierten en agua o granizo o nieblas, como mostramos en nuestra *Philosofía natural*[943], lo cual con su peso o groseza vuelve a caer sobre la tierra, de que se causan ríos y fuentes.

Vencer Hércules una vez a Acheloo en figura de hombre es que cuando Hércules intentó reducir sus dos brazos a una sola madre fue en tiempo que no recebía aguas de lluvias, que algunas veces son muchas; mas cuando estaba en el común ser de la corriente de sus aguas, y esto llama forma humana. Y por las vueltas que el río va dando, y ondas, le dicen convertirse en serpiente, porque este animal no hace su movimiento derecho. Y por el ruido o sonido que el agua de los ríos hace, y por su fortaleza o porque aran o rompen la tierra, le fingen en figura de toro. Y porque con valladares y acuedutos hizo que este río no dañase la tierra de la provincia dice que le venció. Y porque de dos brazos que tenía le quitó el uno, guiándolo por el otro, dicen que le desmochó o quitó un cuerno; hace mención deste río

[943] Véanse Pérez de Moya, *Astronomía* 2, 3, 9.

Strabón[944]. Quisieron declarar por esta fictión que las cosas aunque sean muy dañosas y estériles, con la prudencia se hacen útiles y frutíferas.

Decir Vergilio[945], donde comienza: *Poculaque inventisi*, etc., que Acheloo fue el primero que puso el vino en las tazas es porque un hombre así llamado fue el primero que en Grecia plantó viñas y hiciese vino. Otros entienden por Acheloo la fuerza de las buenas aguas, y por esto a toda agua que ofrecían en los sacrificios le llamaban Acheloo.

En las transmutaciones en que fingen mudarse Acheloo quisieron los antiguos declarar las condiciones de nuestro ánimo ser mudables, y que en diversas formas se varían, agora deseando uno y luego aborreciendo esto y amando otro; y unas veces con soberbia presumiendo mucho, tomamos forma de toro o de león. Otros siendo tímidos, de liebre o de ciervo, y así en otras formas, según las demás pasiones. Por esto dijo Boecio[946]: Aquellos que viven según las costumbres e inclinaciones de los brutos, en ellos mismos se puede decir haberse convertido.

CAPÍTULO XVII

DEL CUERNO DE AMALTHEA

Cuentan los poetas[947] que el cuerno que Hércules quitó a Acheloo, Iúpiter le llenó de yerbas y fructos, y se le dio a la ninfa Amalthea, por haber sido su ama y recibido leche de sus tetas.

---

[944] Citado por Conti, *Mythologia* 7, 2, la referencia se encuentra en el libro de la *Geografía* 10, 2, 19-20.

[945] *Geórgicas* 1, 9.

[946] Reflexión que también hace Enrique de Villena y que Morreale lleva hasta *La consolación de la filosofía* 4, prosa 3.

[947] Véase Higinio, *Fábulas* 139 y 182. Para la historia del cuerno de Amaltea o de la abundancia, véase Ovidio, *Fastos* 5, 115. Compárese lo dicho por Pérez de Moya con Boccaccio, *De genealogie deorum* 11, 1.

Declaración

Decir la fábula que al cuerno que desmochó Hércules a Acheloo lo llenó Iúpiter de hierbas y fructo, y le dio a Amalthea, es que como Hércules guió un brazo del río Acheloo que fuese por la madre principal, y con esto quedase desaguazado un pedazo de tierra, que en su asiento hace figura de un cuerno de buey, y el calor, entendido por Iúpiter, le desecase y hiciese producir muchos árboles y pastos; y como de esta tierra fuese señora Amalthea, por la fertilidad de aquella región, que producía muchos y diversos fructos, se llamó cuerno de Amalthea. Hace mención desto Strabón[948].

CAPÍTULO XVIII

De Diomedes, el de Tracia

De Diomedes el de Tracia, no el griego que fue a la conquista de Troya, dice Ovidio[949] que engordaba con sangre humana sus caballos, a quien Hércules echó en los pesebres donde habían comido otra infinidad de hombres que él les había echado, por cuya causa fue su pena conforme la que él daba a todos los estranjeros que a su reino venían.

Sentido histórico

Decir que Diomedes el de Tracia daba a comer los hombres a sus caballos, y que los pesebres estaban llenos de cuerpos humanos, y Hércules, por el contrario, hizo que los caballos comiesen el cuerpo de su señor, poniéndole muerto en los pesebres, es que Diomedes, teniendo gente de a

948 *Geografía* 8, 7, 5.

949 *Metamorfosis* 1, 94-196. Véanse también el sexto de *Los doze trabajos de Hércules* y los capítulos 21 y 22 de Boccaccio, *De genealogie deorum* 9, y Conti, *Mythologia* 7, 1 [1596:580].

caballo, hacía fuerzas y robos a otras gentes con aquellos caballos, y esto era comer los caballos hombres, porque comían la hacienda que dellos robaba Diomedes. Y porque Hércules hizo que Diomedes no pudiese robar, y no teniendo cosa Diomedes que darles a comer de robo, comiéronle los caballos su hacienda, y a esto dicen que a él comieron, como decían que los perros despedazaron y comieron a Atheón, porque le gastaron su hacienda.

CAPÍTULO XIX

DE BUSIRIS, Y DEL SACRIFICAR SANGRE HUMANA

Busiris[950] fue hijo de Neptuno y de Libia, hija de Epapho, hombre cruel, que dio en hacer sacrificio a los dioses de sangre humana, y el primero que sacrificó fue a un adivino suyo, que diciéndole que para evitar la grande esterilidad de frutos de su reino querían los dioses ser sacrificados con sangre humana. Luego acabándoselo de decir, sacrificó al mesmo adivino, por no ir a buscar otro, y de allí adelante sacrificó otros muchos. Creía Busiris que en esto hacía placer y gran servicio a los dioses, por lo cual le acrecentarían su estado, y así se lo prometían los dioses. Lactancio[951] prueba que la crueldad de sacrificar hombres fue muy antigua entre muchas y diversas gentes que cayeron en este error. Y Eusebio[952] muestra que ninguna nación se libró de este gran pecado, como lo toca Florián de Ocampo y la historia general del rey don Alonso[953]. Y es cierto que los de-

[950] Para otros datos puede consultarse Conti, *Mythologia* 7, 1 [1596:584]; Boccaccio, *De genealogie deorum* 10, 26 y 13, 1; san Agustín, *De civitate Dei* 18, 12.

[951] *Instituciones divinas* 6, 20.

[952] *De preparatione evangelica* 4, 7.

[953] Véase la *Primera crónica general* 14 de Alfonso el Sabio, donde se explica el rito de los Almuiuces que sacrificaban con fuego a los ancianos [ed. Menéndez Pidal, Madrid, Gredos 1978, pág. 14] y la *Crónica general* 2, 2 de Florián de Ocampo, Madrid, Benito Cano, 1791.

monios, los cuales eran los dioses de los gentiles, a quien hacían semejantes sacrificios, se gozaban mucho que les ofreciesen sangre de hombres, porque los demonios desean traer al linaje humano a pecado, y cuanto mayores son los pecados, tanto más se gozan; y porque matar los hombres habían gran pecado de parte del que los mataba y peligro de las ánimas de los que morían, por esto era sacrificio muy acepto a los dioses; y esto hacía con mucho cuidado Busiris, y duróle hasta que Hércules, fingiéndose ir por su tierra y haciéndose su huésped, cuando Busiris de noche iba a hacer dél lo que de costumbre tenía con los otros huéspedes, Hércules, como más valiente, hizo de Busiris lo que él había hecho de muchos, de quien no hay que decir otra cosa, por ser historia cierta sin fingimiento, y puesto por uno de los trabajos de Hércules.

El primero que instituyó el sacrificar hombres fue Apolo, según Eusebio[954], porque como una vez los atenienses padeciesen grandes hambres por la muerte de Androgeo, hijo de Minos, rey de Creta, el cual mataron de invidia, por salir entre todos los mancebos de Athenas vencedor en la lucha, como dice Vergilio[955], preguntáronle a Apolo qué harían para que se templase, respondió como demonio cruel, que si deseaban aplacar a los dioses, escogiesen siete doncellas cada un año y otros tantos mancebos, y los llevasen a Creta para que allí fuesen sacrificados, lo cual duró por espacio de quinientos años, hasta el tiempo del filósofo Sócrates, que siendo hombre virtuoso y sabio persuadió a que no se hiciese cosa tan abominable, y quitó que ni Athenas diese los mancebos y doncellas, ni los cretenses usasen de semejante crueldad de sacrificios. Mas no por eso cesó en otras partes del mundo, que deste principio de Athenas se había estendido por todo él, hasta la venida de nuestro Redemptor Iesu Christo, que fue toda llena de amor y piedad.

---

954 *De preparatione evangelica* 5.
955 *Eneida* 6, 20 y siguientes.

CAPÍTULO XX

De Alcestes o Alcesta

Escriben los autores[956] que estando enfermo Admeto, rey de Thesalia, provincia de Grecia, fueron al oráculo a saber el suceso della. Y fueles respondido que si alguno por él no moría, que él no escaparía de la enfermedad en que estaba. Visto por Alcestes, su mujer, que esto no se hallaría, quiso dejarse sacrificar por la salud de su marido. Fingen agora que Admeto, procurando volvella a la vida, rogó a Hércules que decendiese al infierno por ella; cuentan esta historia san Fulgencio[957] y Valerio Máximo[958].

Aplicación moral

El sentido moral desta fictión es que Admeto significa ánima racional. Alcestes, que es su mujer, denota la sensualidad, la cual había de ser subjeta a la razón, como la mujer al marido. Va al infierno Alcestes cuando la sensualidad, siguiendo sus deseos, se ocupa en las cosas bajas y torpes. De allí Hércules, que es el sabio o hombre fuerte en virtud, por ruego del ánima, que es la razón, con actos y amonestaciones virtuosas trae a Alcestes a la vida virtuosa, sacándola de los infiernos, tornándola a ser subjeta a la razón, apartándola de sus deseos viciosos.

---

[956] Véase Conti, *Mythologia* 7, 1 [1596:589]. Eurípides dedicó una tragedia a *Alcestes*.

[957] *Mitologicarum liber* 1, 62-64.

[958] *Dichos y hechos memorables* 4, 6, 1

CAPÍTULO XXI

DEL CANCERBERO

El Cancerbero era un bravísimo perro de tres gargantas o cabezas, de quien atestigua Vergilio[959] y Horacio[960] ser guarda de los infiernos, que estaba en una cueva ante las casas de Plutón, que todos los que entraban en ella recibía con mucho halago, y a ninguno dejaba salir, porque con grandes ladridos los espantaba. Nació Cerbero de Typhón y Echidna, según Hesiodo[961]. Dícese Cancerbero, de *caro* que significa carne, y *vero,* tragar[962]. Deste dice Horacio[963] que le colgaban de la cabeza culebras. Cicerón[964] dice tener este perro cincuenta cabezas; Horacio[965] le da ciento, mas la común opinión es que sólo tenga tres; así lo dice Vergilio[966], donde comienza: *Eumenides tenuitque inhians Cerberus ora,* etc. Este perro dicen haberle sacado Hércules de los infiernos por una cueva cercana al río Tenaro, el cual luego que sintió la claridad, vomitó; y dice Strabón[967], que de la espuma que de la boca le salía y de lo que vomitó nació el rejalgar. Y esta hazaña cuentan por uno de los trabajos de Hércules.

---

959 *Eneida* 6, 417-418. La lucha contra Cerbero es el quinto de *Los doze trabajos de Hércules* de Enrique de Villena. Véase también Conti, *Mythologia* 3, 5 [1596:170-174].

960 *Odas* 3, 11, 15-20.

961 *Teogonía* 305-311.

962 Véase san Isidoro, *Etimologías* 11, 3; a quien remite Morreale en sus notas a Villena.

963 *Odas* 3, 11, 18: «muniant angues caput eius.»

964 *Tusculanas* 1, 5, 10, donde sólo le da tres cabezas a Cerbero.

965 *Odas* 2, 13, 34-36.

966 *Geórgicas* 4, 483.

967 Estrabón, *Geografía* 8, 7.

Declaración

Los que al Cerbero le dieron por padres a Tiphón y Echidna, quisieron por ello declarar la virtud engendrativa de la naturaleza, porque Tiphón significa cosa ardiente de fuego, y Echidna es la víbora, animal frigidísimo. Y quisieron por esto decir que de la comistión de lo cálido y frío se hace la generación de las cosas naturales. De donde sale que de la virtud que de los cielos proviene para engendrar algo en la tierra, por quien se entiende el infierno, por ser baja, en donde se finge estar el Cancerbero, la halaga y se huelga con ella. Y a la contra, queriendo salir esta cosa engendrada de este infierno, quiere decir, queriendo dejar la vida o salir del vivir, Cerbero espanta las ánimas, y esto es que naturaleza reclama, no pudiendo sufrir con buen ánimo la muerte o fin de los individuos, como sea intento natural conservarse todo individuo cuanto puede en el ser que Dios le dio. La disformidad que le atribuían de culebras y el habitar en una obscura cueva denota la ignorancia que se tiene en las generaciones de muchas cosas o suciedades de que se engendran. Otros entendieron por el Cancerbero la tierra, y entonces le cuadra bien el nombre de Cerbero, porque la tierra traga universalmente a todas las cosas y no perdona a ninguno. Otros entienden por él la muerte, la cual traga a todos los vivientes. Por las tres gargantas o cabezas que le dan entendían las tres partes del mundo, Europa, Asia y África, porque de las gentes de todas ellas se mantiene el infierno, quiere decir, de las almas que mal viven, de todo el mundo, como lo nota Trabeto[968]. Otros entienden por el Cancerbero todos los vicios que Hércules venció y sojuzgó.

[968] Aunque Pérez de Moya llame al margen «sobre Boecio», la referencia de Trabeto, Nicolaus Treveth, puede encontrarse en alguno de los comentarios que éste hizo al *Hercules juvens* de Séneca, en donde es recurrente la referencia a Cerbero. Para los comentarios de Treveth, véase K. A. Blüher, *Séneca en España,* Madrid, Gredos, 1983, págs. 27-128. Sin embargo de lo anterior, puede verse la cercanía de lo aquí tratado en Boecio 3, metro 12, versos 40 y ss.

San Fulgencio[969] dice que darle a este Cancerbero tres cabezas es por la rencilla o contrariedad de las cosas, es en tres maneras: natural, causal y accidental. Rencilla o odio natural, es como el que hay entre el gato y el ratón, o el milano y el pollo. La causal, como la envidia. La accidental es la que nace de las palabras o de las pretensiones sobre el sustento, como el de las bestias.

Otros dicen que Cerbero denotaba el avaricia y cobdicia de riquezas; que toda la afición del avaro es allegar, y si alguna necesidad sacare a luz las riquezas, entonces da voces el avariento, y desprécialas sin miramiento ni juicio. Por lo cual dicen que Cerbero en viendo la luz vomitó.

Tiene muchas cabezas porque la avaricia es principio y fuente de muchas maldades y pecados. O porque atrae a muchas miserias a los hombres, pues que por amor de las riquezas unos son muertos y oprimidos por hierro, otros con veneno y otros con otras maneras de asechanzas. O en otro modo, las tres cabezas de Cerbero denotan tres necesidades que llevan al hombre bueno a la contemplación de las cosas sempiternas, y al malo son veneno; éstas son hambre, sed y sueño.

Dicen que mora Cerbero en una cueva escura porque el avaricia es casi el más tonto y necio de todos los vicios, porque ni aprovecha a sí ni a los otros, ni procura ganar gloria para sí ni para sus descendientes, sino siempre trata entre hombres viles y bajos.

Sacar Hércules a luz al Cerbero: Hércules, que es la virtud y grandeza de ánimo, adquirió para sí perpetua gloria y fama. Paléphato[970] dice que con el ganado que Hércules quitó a Gerión hubo un perro muy bravo, el cual cubdiciándolo uno llamado Molato; como lo pidiese y no se lo quisiese dar, sobornó a los pastores se le dejasen, y habido en su poder, lo escondió en una cueva llamada Laconia, cercana al río Tenaro. Hércules, buscando su perro, vino don-

---

[969] *Mitologicarum liber* 1, 39.

[970] *De non credendis* 24. Para Paléfato el rebaño de Gerión estaba en el Ponto Euxino (Oriente próximo) y no en Eritia (Extremadura).

de estaba y sacólo de la cueva, de donde tomó origen la fábula que Hércules sacó al Cancerbero del infierno.

Cuentan más los poetas: que Theseo y Piritoo[971], a la fama de la hermosura de Prosérpina, descendieron al infierno a robarla, y siendo sentidos, el Cancerbero mató a Piritoo, y Theseo estuvo muy al pique de morir si Hércules no le favoreciera. Esta fábula es toda historia. Y es que como Piritoo ayudase a Theseo en el robo de Helena fue Theseo forzado jurar que ayudaría a Piritoo, para que él también robase alguna mujer señalada. Oyendo, pues, que en Epiro había una hija de Aidoneo, rey de los molosos, que era muy hermosa, fueron allá con intento de robarla. Este rey, por quien se entiende Plutón, era cruel, y tuvo un perro muy bravo, llamado Cerbero; a los que se querían casar con Prosérpina, mandábales primero pelear con Cerbero, y siendo vencidos, eran despedazados. A ésta procuraba Piritoo robar por asechanzas, ayudándole Theseo, y entendiendo Aidoneo que no venían como competidores a pedir su hija, sino, como robadores, a robarla, echólos en prisión, y a Piritoo echólo luego al perro que lo tragase; a Theseo perdonó, sabiendo que no había venido de su voluntad; mas túvole preso, porque la virtud y grandeza de ánimo cual estaba en Theseo y decían denotarse por Hércules. Por esta causa se dice que le favorecía Hércules que también muriera Theseo.

CAPÍTULO XXII

DE IOLES

Ioles[972] fue hija de Euritho, rey de Etolia; habiéndola ofrecido su padre a Hércules por mujer, como después por cierto acaecimiento se la denegase, como dijimos en otra

971 Sobre la amistad entre ellos, véanse, por ejemplo, Pausanias, *Descripción de Grecia* 10, 29, 9; Aulo Gelio, *Noches Áticas* 10, 16, 13; Higinio, *Fábulas* 79.

972 La historia de Ioles puede verse en Apolodoro, *Biblioteca* 2, 6, 1, y en Higinio, *Fábulas* 31; 35-36.

obra[973], enojóse Hércules y movióle guerra, y mató a Euritho, y apoderóse de la provincia, y prendió a Ioles. La cual, más por la pasión de la muerte de su padre que por amor del casamiento, lo aceptó; cobdiciosa de la venganza, con maravillosa y constante astucia, con amor fingido encubrió su corazón, y con desimulación trajo a Hércules a amarla en tanto grado que no sólo le hizo desnudar de sus ásperos vestidos y que se vistiese otros muelles y mujeriles, mas ponerse sortijas y anillos en los dedos, y untarse con ungüentos preciados, y peinarse, y aun tocarse cofias, y otras cosas de mujeres; y como aun con todas estas cosas no le pareciese haber satisfecho su ira, después de haberle traído a tanta blandura, le hizo que asentado como mujer en el suelo hilase con sus dueñas y contase las patrañas de sus trabajos. Parecióle a esta mujer ser mayor honra haber afeminado a un hombre tan robusto y valiente que haberle muerto con cuchillo o ponzoña. Este hecho atribuye Stacio[974] a Omphale, y cuentan esto por uno de sus trabajos.

Esta historia nos pusieron los antiguos por ejemplo de la flaqueza humana, para considerar a qué trae al hombre la lujuriosa afictión de las mujeres. Es autor de esto Tarcanota[975].

CAPÍTULO XXIII

DE HEBE

Hebe, según Theodoncio[976], fue hija de Iuno y hermana de Marte, concebidas sin ayuntamiento de varón, de cuyo nacimiento dice que Apolo aderezó un convite a Iuno, su

---

973 Se refiere Pérez de Moya a sí mismo en *Varia Historia de Sanctas e ilustres mugeres en todo género de virtudes.*

974 *Tebaida* 10, 646-9.

975 *Historia* 3. Véase Giovanni Tarcagnota, *Delle Historie del Mundo,* Venecia, 1562.

976 Para éste, véanse Boccaccio, *De genealogie deorum* 9, 2; y también Conti, *Mythologia* 2, 5. Sobre el convite que se sigue, véase una fuente muy próxima en El Tostado, *Cuestiones* capítulo 45.

madrastra, en casa de Iúpiter, su padre, y entre otras viandas le puso lechugas agrestes o campesinas, de las cuales comiendo Iuno con deseo, luego se hizo preñada; como antes fuese estéril y deste parto parió a Hebe, la cual por ser hermosísima, la recibió Iúpiter por su paje de copa, y diole título de ser deesa de la Juventud. Aconteció que estando un día muy adornada y coronada de flores, sirviendo de su oficio a la mesa de Iúpiter y de los demás dioses que fueron a comer con los Ethíopes, resbalar, de modo que delante de todos descubrió las partes vergonzosas de su cuerpo. Por esta desgracia, Iúpiter la privó del oficio y admitió en su lugar a Ganímedes, hijo de Laomedon, que otros dicen Tros, tercero rey de Troya. Sintiendo mucho Iuno la desprivanza de su hija, siendo ya Hércules colocado en el cielo, en el número de los dioses, según dice Ovidio[977], la casó con él.

Declaración

El sentido natural desta fábula es que los astrólogos atribuyen a Iúpiter dos casas en el Zodíaco, que son Sagitario y Piscis. Y decir que Apolo convidó a Iuno en casa de su padre es decir que llegado el Sol, que es Apolo, al signo de Sagitario, casa de su padre, pone lechugas a Iuno, es que como las lechugas son frías, así en este tiempo la tierra, entendida agora por Iuno, se ocupa con fríos, ahuyentando el calor con la contrariedad de la naturaleza de aquel tiempo, escondiéndose en las partes bajas y hondas, y calentando la humidad de la tierra, crecen las raíces de las plantas y hierbas, y esto es hacerse preñada Iuno por quien se entiende la tierra. Como antes fuese estéril, quiere decir como en el otoño que le precedió era estéril, por no engendrar entonces nada. Venido después el tiempo de parir, que es en el verano, pare a Hebe, deesa de la Iuventud, porque a la primavera, figurada por Hebe, remueva y remoza todas las plantas, y todo parece resucitar, brotando los árboles y flores; y porque venido este tiempo del verano, que es caliente, saca

977 *Metamorfosis* 9, 400.

el Sol exhalaciones y las lleva a lo alto, por esto decían que Hebe servía de paje de copa a Iúpiter y a los demás dioses, porque algunos pensaron que se sustentaban de bebida con estos vapores los cuerpos celestiales; que usando Hebe de su oficio, estando coronada con flores, es decir que en aquel tiempo de la primavera lo están así los campos. Venido el otoño, en el cual tiempo comienza el Sol a declinar hacia el solsticio hiemal, que son los Ethiopes, que caen hacia el polo Antártico, todas las verduras y frescuras comienzan a cesar, y las hojas de los árboles a caer. Hebe, deesa de la Juventud, cae y descubre las partes pudendas de su cuerpo, esto es que los árboles, cayéndoseles la hoja, descubren los troncos, los cuales comparados con la hermosura que primero tenían con la hoja y flores, parecen feos; y esto es decir que resbalando descubrió las partes impúdicas de su cuerpo y ser entonces por esto privada Hebe de su oficio, y dado a Ganímedes, por quien se entiende el signo de Acuario, en el cual signo, llegando el Sol, causa muchas pluvias y salen de la tierra muchos vapores húmidos; por esto dicen que sucedió Ganímedes en el oficio de Hebe. Que Iuno casase a Hebe con Hércules, siendo ya puesto entre el número de los demás dioses, denota que el vigor de las obras de los varones heroicos y muy ilustres, como fue Hércules, siempre está junto con la juventud, entendida por Hebe, porque la buena fama nunca perece ni se debilita con la antigüedad.

Homero[978] dice ser Hebe hija de Iuno y de Iúpiter, porque del calor, entendido por Iúpiter, y de la buena templanza del aire, entendido por Iuno, todas las hierbas y árboles brotan y florecen.

Otrosí, porque algunos creyeron ser Hércules el Sol, como en su historia dijimos, y como el Sol dando vuelta, según su movimiento propio al Zodíaco, despierte a las cosas y plantas a nacer y crecer, por esto se dice que Iuno, que es la templanza del aire, le dio por mujer a Hebe, por quien se entiende la juventud y renovación de las plantas y frutos. Ser Hebe hermana de Marte es porque por la fertilidad de las regiones y por la abundancia, se levantan por la mayor

[978] En la *Odisea* 11, 603. Véase también *Ilíada* 4, 1 y 5, 905.

parte las desensiones y guerras, entendidas por Marte, como casi ninguno use pelear por lugar o cosa estéril; y por esto Hebe es hermana de Marte.

Amonéstanos esta fábula en lo que dice que fue privada Hebe del oficio de copero por tan liviana cosa, como parece ser por tropezar y caer sirviendo, que la benevolencia y amor de los príncipes es inconstantísima, que por muy pequeña causa se pierde algunas veces, porque no les parece bien siempre una misma cosa.

CAPÍTULO XXIV

De Ganimedes

Finge Ovidio[979] y otros poetas haber sido arrebatado Ganimedes del águila y llevado al cielo para servir de copero a Iúpiter en lugar de Hebe, hija de Iuno. Fue Ganimedes hijo de Tros, que por otro nombre llamaron Laomedon, rey tercero de Troya. Éste, como fuese de admirable y de casi no oída hermosura, fue digno que sirviese a Iúpiter, como dice Homero[980]. Otros, como Apolonio[981], dicen que no fue llevado para que fuese paje de copa de Iúpiter, sino porque gozase y conversase con los dioses. Fue robado en un monte de Phrigia, nombrado Ida, andando en montería, según dice Vergilio[982] en cuatro versos que comienzan: *Intextusque puer,* etc. Otros dicen que fue robado en el Promontorio Dardanio. Strabón[983] dice que en el campo Priapeno. Otros dicen que Iúpiter, convertido en águila, lo llevó al cielo. Otros que ni de Iúpiter, ni del águila, ni de otros dioses fue robado Ganimedes[984], sino de Tántalo.

---

979 *Metamorfosis* 10, 155-161. Véanse Conti, *Mythologia* 9, 13 [1596:848], y Boccaccio, *De genealogie deorum* 6, 4.

980 *Ilíada* 20, 233

981 Véase Apolonio de Rodas, *Argonáutica* 3, 115.

982 *Eneida* 5, 252.

983 *Geografía* 13, 1, 10-12.

984 Véase, una vez más, la deuda de Pérez de Moya con Conti, *Mytholo-*

SENTIDO HISTÓRICO

Tántalo, rey tirano de Frigia, confinaba con el reino de Troya; andando un día Ganimedes a caza con sus criados, como fuese hermoso, y Tántalo mal hombre, aparejado para toda maldad, acechólo y robólo, llevándolo consigo, y nunca lo quiso restituir a su padre, por lo cual se levantaron grandes guerras entre Tros y Tántalo; y como no pareciese Ganimedes, los aduladores dijeron que Iúpiter lo había llevado. Y como ponen estar Iúpiter en el cielo, dijeron que allá fuera llevado; dicen que lo arrebató un águila porque pudiese allá llegar volando. Decir que los dioses quisieron a Ganimedes dar oficio de copero de Iúpiter fue para declarar su merecimiento, y por convenir este cargo a la cosa en que fingen haberse mudado, que es un signo llamado Acuario, el cual pintan con un cántaro de agua en la mano; esto es porque estando el Sol en este signo suele llover mucho, y por esto le llamaron copero de Iúpiter.

SENTIDO MORAL

Por esta fábula quisieron los sabios pintar un hombre prudente. Que Ganimedes fuese amado de Iúpiter es decir que el varón prudente es amado de Dios, y este sólo es el que se llega por sabiduría a la divina naturaleza, porque si Dios es sabiduría, el sabio le imita siendo virtuoso. Dijeron ser Ganimedes hermosísimo porque el ánima del hombre prudente, que no es manchada con suciedad humana, es hermosísima ante el acatamiento divino, y siendo tal, fácilmente es de Dios robada; y ser robado Ganimedes es para que sepamos que Dios priva al mundo de las cosas que más le agradan y estima, como indigno de ellas.

---

gia 9, 13 [1596:850]: «Fuerunt qui non a Ioue, neque ab aquila, neque a Diis raptum fuisse Ganymedem tradiderunt...»

CAPÍTULO XXV

De Periclímenœ

De Periclímenœ escribe Ovidio[985] que se tornaba en cuantas figuras quería; y peleando con Hércules en figura de águila, esforzadamente, viendo Hércules que no le podía empecer con lanza ni con espada, hirióle con una saeta, de cuyo golpe cayó en tierra, y a poco rato fue muerto.

Aplicación moral

Periclímenœ, muerto por Hércules, nos muestra que la gloria de las impresas, figurada por Hércules, combate muchas veces con la invidia, figurada por Periclímenœ, la cual toma diversas formas. Al fin, tomando forma de águila, que es figurada por la soberbia, es herida de una saeta de la gloria, que es el rayo que sale de las obras honrosas y loables, que sustentan la gloria, el cual tiene fuerza de matar a la soberbia y estinguir a la envidia.

CAPÍTULO XXVI

De Minos y laberinto de Creta, y del Minotauro y Pasipha

Los poetas[986] dicen que Minos hizo voto a Neptuno que le sacrificaría lo que primero le apareciese delante, y como le apareciese un toro de gran hermosura, cubdiciólo mucho

[985] *Metamorfosis* 12, 556-576. Véase asimismo Conti, *Mythologia* 8, 8 [1596:721] sobre Proteo.

[986] Entre ellos Boccaccio, *De genealogie deorum* 11, 26; Conti, *Mythologia* 3, 7; Ovidio, *Metamorfosis* 8, 1-182.

y diolo a los pastores para que guiase las vacadas, y sacrificó otro por él, por lo cual airado Neptuno, puso en la reina Pasipha, su mujer, hija del Sol, tal encendimiento de Cupido, que estando ausente su marido Minos, como Ovidio[987] escribe, se enamoró de aquel toro hermoso que Minos dejó de sacrificar; y para tener cópula con él, se metió en una vaca de madera, que hizo Dédalo, singular arquitecto, labrada tan al natural y cubierta con una piel de vaca, que parecía viva; y así se hizo preñada y parió una criatura que el medio cuerpo de la cintura arriba era de hombre, y lo demás de toro. Minos, cuando lo supo, hízolo esconder de manera que nunca pareciese; y para esto mandó a Dédalo hiciese una casa de madera, de maravillosa grandeza, muy tenebrosa y de muchos apartamientos y enredos, de manera que el que dentro una vez entrase, no supiese por dónde salir. Hizo Dédalo una obra tan intrincada y difícil y llena de tantos embarazos que no le acertando los hombres la salida, andaban en aquel enredo o laberinto metidos hasta que del todo se perdían. En este lugar encerraron aquella horrenda criatura, nombrada Minotauro, que su sustento era carne humana de atenienses. La razón de por qué le cebaban de atenienses era que este rey Minos tenía un hijo llamado Amdrogeo, el cual vino a vivir a la ciudad de Athenas, con consentimiento y voluntad de Egeo, rey de los atenienses. Este Amdrogeo fue mancebo muy esforzado, y en los ejercicios de la lucha y los demás juegos paléstricos vencía a todos los atenienses, lo cual viendo el rey Egeo, temiendo que en algún tiempo los hijos de Pallante, su hermano, con el amistad de Amdrogeo y ayuda de Minos, su padre, le echasen del reino, mató a Amdrogeo. Enojado dello Minos, vino con gran poder y cercó a Athenas, y púsola en tanto estrecho que los atenienses se dieron a merced. Minos púsoles este tributo, que cada año le enviasen a Creta siete hijos y otras tantas hijas, para que comiese el Minotauro. Cuando los atenienses habían de enviar estos hombres, juntábanse a suertes, y a los que les cabía habían de ir; por esta razón, al tercero año cayó la suerte a Theseo, hijo

---

[987] *Metamorfosis* 8, 136.

del rey Egeo (según Plutarcho[988]), mancebo muy esforzado y valiente; y como ya estuviese en Creta, donde le habían de echar al Minotauro, viole Ariadna, hija del rey Minos; y viendo su gentileza y sabiendo ser hijo de rey, enamoróse dél, y habiendo lástima de que tan gentilhombre y valeroso pereciese de tan desastrada muerte, deseando librarle, dicen que pidió consejo a Dédalo, y así por su industria, dejando Theseo a la puerta del laberinto atado un hilo de un ovillo que Ariadna le dio, y llevando consigo el ovillo, penetró el laberinto, y peleó con el Minotauro, y alcanzada victoria, se salió siguiendo su hilo en la mano con mucha gloria.

Otros dicen que después que el Sol declaró el adulterio de Venus y Marte, se hizo Venus muy cruel contra la generación del Sol; y por esto Ariadna, hija del Sol, fue menospreciada de Theseo, y a Pasipha, su madre, hizo que le viniese ardor y deseo del toro.

Sentido histórico

Quieren algunos que este fingimiento sea historia, porque decir que un toro había de mezclarse con una imagen de vaca hecha de madera, y estando dentro Pasipha, concebir dél, es cosa contra orden natural. La verdad es que estando Minos en guerra contra atenienses dejó por gobernador un su secretario llamado Toro, y Pasipha se enamoró dél, y por medio de un su camarero gozó dél, y quedó preñada, y parió un hijo, que en parte parecía a Minos y en parte a Toro el adúltero, y por eso le llamaron Minotauro. Otros dicen que en cierto tiempo, estando el rey Minos con cierta enfermedad, un mozo muy hermoso llamado Taurus, que quiere decir Toro, trató amores con Pasipha, y hubieron un hijo, el cual viéndole Minos y haciendo su cuenta del tiempo que había estado enfermo, halló no poder ser hijo suyo, y entendió haber sido del mozo llamado Taurus; y no quiso matar el niño, por ver que en alguna manera parecía a sus hijos, mas enviólo a criar entre sus pastores, para que en

[988] Véase la *Vida de Teseo* 4, entre las *Vidas paralelas*.

aquel oficio sirviese; el cual en ninguna manera quiso dejarse sojuzgar de ningún pastor, ni hacer nada de lo que le mandasen. Sabido de Minos, hizo a unos criados que le llamasen, y si no quisiese venir, se lo trujesen atado, lo cual entendido del mozo, se fue a los montes, adonde cazando pasaba la vida. Y como Minos enviase copia de gente que le prendiesen, él hizo una profunda cueva en donde se encerró. Estando así este mozo Minotauro, si algún hombre injusto Minos hallaba, dábale por pena que fuese a matar el Minotauro. Aconteció que hubo a sus manos a Theseo, enemigo antiguo suyo, al cual envió al Minotauro, como para que en sus manos muriese. Lo cual sabido de Ariadna, su hija, le envió a la cárcel una espada, con que al Minotauro mató. Otros dijeron ser Tauro un capitán de Minos, que era cruelísimo contra los atenienses, que en su nombre enviaban por tributo, como dice Plutarco en la vida de Theseo.

Aplicación moral

Por este labirinto quisieron los antiguos declarar ser vida del hombre intricada e impedida con muchos desasosiegos, que de unos menores nacen otros mayores. O el mundo lleno de engaños y desventuras, adonde los hombres andan metidos, sin saber acertar la salida o sus daños, enredados en tantas esperanzas vanas, atados en contentamientos que no hartan, olvidados de sí, embebidos en sus vicios, aficionados a su perdición; finalmente, rendidos a sus desfrenados apetitos.

Por Theseo es entendido el hombre perfeto que sigue el hilo del conocimiento de sí mismo; este tal sale deste peligroso labirinto, el cual, no soltándole jamás de la mano, entiende que el cuerpo es mortal y transitorio, y el alma inmortal y eterna, criada para el cielo, y que lo de allá es su tierra, y esto de acá es destierro; y con este conocimiento de sí, vencido el terrible Minotauro, que es su propia y desordenada concupiscencia, sale del mundo con maravillosa victoria.

En otro modo, Pasipha, hija del Sol, es nuestra alma, hija del Sol verdadero, que es Dios, que aunque está casada con la razón que le ha de guiar siempre, para que no resbale, y dé consigo en los deleites que la apartan del camino derecho, toda vía tiene a Venus por enemiga, porque las más veces por medio suyo se aparta de la razón, y allega al toro, que es la semejanza bestial que toma el hombre alejándose de la virtud. Pare dél al Minotauro, que es un hombre medio bestia y medio hombre, el cual es encerrado en el labirinto lleno de caminos tuertos, que jamás llevan al fin deseado. Así los placeres y deleites intrincan y revuelven al hombre en este mundo hecho monstruoso, que jamás puede llegar a su verdadero fin. El rodeo inexplicable de las calles del labirinto significa que el que una vez se hubiere entregado a cosas ilegítimas no se puede después desenredar sin gran dificultad y sin grande artificio de Dédalo, consejero ingenioso, porque la costumbre y uso envejecido se vuelve en naturaleza a los hombres acostumbrados en él, y éste fue uno de los trabajos de Hércules.

CAPÍTULO XXVII

De Dédalo e Ýcaro

Dédalo[989] fue hijo de Eupolemo o Euphemio y Alcipa; otros dicen que fue hijo de Erechtheo, varón ateniense; fue varón claro por la variedad de sus sucesos y excelencias de sus artes y sabiduría; fue el que primero hizo retratos; hizo un simulacro de Venus de madera, que echando dentro azogue se movía como cosa animada; hizo el labeberinto de Creta. Mató a su sobrino Attalo, que otros dicen Ealo, inventor de la rueda de los olleros y de la sierra, por lo cual se pasó a Creta, donde se hizo muy familiar de Mi-

[989] Para este capítulo, véase la influencia de Conti, *Mythologia* 7, 16.

nos y de Pasipha, su mujer. Deste cuentan los poetas que hizo una vaca de madera, tan hermosa y tan natural, que puesta dentro Pasipha, adulteró con un toro, de cuyo ayuntamiento nació Minotauro. Otros dicen que dio industria cómo Theseo entrase en el labirinto y matase al Minotauro. Por cualquiera cosa destas, dicen que sospechando Minos que Dédalo había dado orden para ello, le mandó prender, juntamente con su hijo Ýcaro, y poner en gran prisión. Viéndose Dédalo tan encerrado, deseando libertad, pensó una invención digna de su delicado ingenio, con que poderse escapar del poder de Minos; y así disimulando su propósito, a todos los amigos que le venían a consolar rogaba le trujesen muchas plumas de todas suertes, así pequeñas como grandes, fingiendo querer hacer cosas maravillosas dellas, para tener en qué entretenerse y pasar en ocupación su encerrada prisión. Proveído de plumas, hizo dos pares de alas, las unas para sí y las otras para su hijo Ýcaro, y habiéndose con ellas ejercitado en volar y viendo que ya podían imitar a las aves, comenzaron a alzarse sobre la tierra, como si fueran águilas. Yendo así bien altos, Dédalo amonestaba a su hijo, diciéndole: Mira, hijo, que te mando que vayas cerca de mí; no te desvíes a una ni a otra parte, porque si volares más alto, el calor del Sol derretirá la cera con que están ayuntadas las plumas de tus alas; y si volares más bajo, las nieblas del mar te mojarán las plumas; y si tomares mi consejo, yendo cerca de mí irás seguro. Esto dicho, el padre guiaba yendo delante, y después de haber pasado muchas tierras, Ýcaro, con la presunción de las alas, olvidado del consejo, desamparó a su padre y comenzó a volar alto; mas a poco de tiempo se arrepintió, porque el Sol ablandó la cera con que las alas estaban pegadas, y forzosamente, y contra su voluntad, se dejó caer en el mar, que de su nombre de allí adelante se llamó Ycareo. Escribe esto Ovidio[990], y Diodoro Sículo[991].

[990] *Metamorfosis* 8, 152-259.
[991] *Biblioteca* 4, 13 [1578:131-133].

Declaración

Por esta fábula nos quisieron los poetas dar muy excelente doctrina, de que en todas las cosas amemos el medio, porque en esto consiste la virtud, y que guardemos el consejo de los padres y huyamos de la soberbia, si no queremos despeñarnos como Ýcaro y anegarnos en el mar de este vano mundo, lo cual haremos amando la humildad, que no tiene caída.

Otrosí, nos da a entender que cuando la ambición y el deseo de las cosas altas es enfrenada por la razón y prudencia, no pasa los términos, levantándose más de lo que sus méritos valen; y así, después del curso desta vida, llega el hombre al fin deseado, como hizo Dédalo. Mas los que como Ýcaro quieren alzarse más que debrían, transportados de un desreglado deseo, vienen a caer en las miserias del mundo, figuradas por las ondas del mar, con afrenta y daño irreparable.

Sentido histórico

Que Dédalo fuese ingenioso artífice y que matase a su sobrino Attalo, y que por esto se pasase a Creta, en donde se hizo muy familiar de Minos, que Pasipha adulterase con aquel capitán Tauro, que no sólo Dédalo fuese sabidor deste adulterio, mas aun fue adjutor, por lo cual le puso en prisiones Minos, juntamente con su hijo Ýcaro: todo es historia verdadera y nada fabulosa.

En lo que dice del salirse él y su hijo volando, esto es que por una ventanilla del aposento donde le tenían encerrado que salía a la mar, se salieron en dos navecillas pequeñas. Ýcaro por la poca expiriencia de la navegación se anegó. Todo es historia verdadera. Las alas que dicen haber hecho fueron las velas que puso en las navecillas, a quien atribuyen la invención dellas.

CAPÍTULO XXVIII

De Bellerophon

Bellerophon[992] fue hijo de Glauco, natural corintio, mozo de extremada virtud, y hermosura. Deste dice Homero[993] que fue rey de Ephira, y como matase a un corintio, perdió el señorío, por lo cual se fue con Prito, rey de Argivos, en donde avino que enamorada Anthia o Stenobea, mujer de Prito, de su gentileza, le requirió de amor; y como ella no le pudiese atraer a su deseo, le acusó delante su marido, diciendo cómo Bellerophon había intentado forzarla. Desto muy indignado Prito, y no queriendo ensangrentar las manos en él, le envió con una carta a Licia, a un su yerno llamado Ariobates, en que le decía que le hiciese morir. Ariobates, por ser su huésped, ordenó de envialle a matar la Chimera, creyendo que en empresa tan difícil de vencer moriría, que era un monstruo espantoso, que echaba llamas de fuego por la boca, que todo lo quemaba. Empero mirando los dioses su ignocencia, teniendo misericordia dél, le enviaron el caballo Pegaso, que tenía alas. Y Minerva también, vista su poca culpa, le ayudó en que siendo el caballo indómito, se le dio ensillado y enfrenado, y subiendo en él, Bellerophon, mató la Chimera. Después, confiando mucho Ariobates del valor de Bellerophon, le mandó ir contra unos que le movieron guerra, a quien también venció y sujetó al señorío de Ariobates. Visto cuán valeroso era Bellerophon, le envió a otra tercera guerra contra las amazonas, y las conquistó y venció, y se volvió. Ariobates, que estaba admirado de la virtud y fortaleza de Bellerophon, le dio a su hija Achimene, según Lactancio, en matrimonio, con

---

[992] Compárese con lo que dicen Conti, *Mythologia* 9, 4, y Boccaccio, *De genealogie deorum* 13, 68.
[993] *Ilíada* 6, 155 y siguientes.

una parte de su reino. Y sabida de todos la ignocencia de Bellerophon, la mujer de Prito, no pudiendo sufrir su afrenta, tomó la cicuta, con que murió.

Declaración

Según Paléfato[994], Bellerophon fue un varón de Frigia, de generación corintio, bueno y gentilhombre; tenía un navío llamado Pegaso, como es costumbre de poner nombres a los navíos; y porque con él conquistó un monte de Licia llamado Chimera, se dio origen que dijesen los habitadores de aquel monte, que Bellerophon había ido en el caballo Pegaso y muerto la Chimera.

Aplicación Moral

Bellerophon quiere decir aconsejador de sabiduría, y así menospreció como sabio el amor lujurioso con que Anthia, mujer de Prito, le convida. Anthia se dice de Antho, que es contrario. Ser Anthia mujer de Prito, *Pritos* en lengua panfilica quiere decir cosa sucia; de esta suciedad es mujer la lujuria, contraria a la virtud. El Pegaso en que acometió Bellerophon es fuente de sabiduría, porque la sabiduría de buen consejo es fuente eterna. Tenía alas, porque la acelerada teórica de los pensamientos ilustra toda la naturaleza del mundo.

CAPÍTULO XXIX

De la Chimera

La Chimera[995], tan celebrada acerca de los poetas, fue hija de Tiphón y de Echidna, de quien dice Apollodo-

---

[994] *De non credendis* 28.

[995] Capítulo copiado de Conti, *Mythologia* 9, 3. Tampoco está muy lejos de Boccaccio, *De genealogie deorum* 4, 24.

ro[996] que era un monstruo de tres diversas formas. Estas tres formas declara Hesiodo[997] diciendo que tenía tres cabezas, una de león, otra de cabra, otra de serpiente, y echaba llamas por la boca. Otros dicen que tenía la cabeza de fuego, y el pecho de león, y el vientre de cabra, y la cola de dragón, y que hacía mucho daño en Licia; a ésta dicen que fue enviado Bellerophon que la matase, el cual subiendo en el caballo Pegaso, que tenía alas, la pasó con saetas y la mató.

Declaración

Alcimo[998] dice que Chimera era un monte en Licia, en la cumbre del cual salía fuego como en el monte Ethna, de Sicilia, y en la más alta parte cercana al fuego, había muchos leones, y en el medio cabras monteses, y pastos muy fértiles para ganados, y a la raíz del monte muchas serpientes, por lo cual se dio lugar a esta fábula. Este lugar, como Bellerophon hiciese habitable, dijeron haber con saetas muerto esta Chimera.

Theopompo dice que no fue muerta la Chimera con saetas, mas con una lanza que tenía la punta de plomo, la cual parte, como Bellerophon se la pusiese en la boca de la Chimera, derritiéndose con el calor el plomo, se le entró en el vientre, de que murió. Esto es, que Chimera era una mujer que reinaba en Licia, que tenía dos hermanos, llamados León y Dragón, y por la gran concordia que entre los dos hermanos y la hermana había, decían tener aquel cuerpo o monstruo tres cabezas, los cuales a cuantos allí iban mataban. A éstos conquistó Bellerophon, y los tomó por esclavos, y por esto dicen que puso plomo en la boca a la Chimera, porque los trujo a servidumbre. Nicander[999] quiso por este fingimiento significar la naturaleza de los ríos y arroyos. Decía que la Chimera tenía tres cabezas y tres formas de cuerpo: la primera, cabeza de león; la segunda, de cabra; la tercera, de dragón;

---

[996] *Biblioteca* 2, 3, 1

[997] *Teogonía* 325

[998] Citado por Conti, *Mythologia* 9, 3. Se trata de la obra *De rebus siculis*. Véase Jacoby, *Die Fragmente* 560 F9.

[999] Citado por Conti, *Mythologia* 9, 3. Véase Jacoby, *Die Fragmente* 271 / 72F32bis.

porque con la abundancia de aguas del invierno, los ríos y arroyos son como leones indomables, porque cuanto encuentran se lo llevan y destruyen, y hacen ruido que parece bramar como león. La parte de en medio es dicha de cabra, porque así como la cabra roe las vides y los árboles, así también el agua todo lo que alcanza pace destruyéndolo. La última parte, que es de dragón, se denota por los ríos, porque así como la serpiente no va derecha, así los ríos y arroyos hacen su movimiento torcido, dando vueltas.

Matar Bellerophon sobre el caballo Pegaso este monstruo es que Bellerophon y Pegaso denotan la calor del Sol, el cual, cesando las pluvias y viniendo el estío, con el gran calor se secan los arroyos y aun los ríos. O por Bellerophon es entendida la muerte. Por el caballo Pegaso, que tiene alas, el tiempo, porque no hay cosa que más ligera sea. Las saetas con que la mató son las horas y días, que cuantas pasan por el hombre tantas le van faltando de vida, y así se va llegando a la muerte.

Otros entienden por esta Chimera la pasión de la ira, porque la ira hace al hombre furioso como león; y hirviéndole la sangre cerca del corazón, lo incita y hace volvérseles los ojos encendidos como fuego, y esto es la primera parte de la Chimera.

La segunda, que era de cabra, animal dañoso a las plantas, se denota por la ira, que es dañosísima a la hacienda, porque ni mira honra, ni utilidad, ni guarda uso de razón.

La otra parte que dice ser de dragón es porque el hombre airado no hace obra que sea derecha, al modo del movimiento del dragón o serpiente, que no le hace derecho.

CAPÍTULO XXX

Del caballo Pegaso

Dicen los poetas[1000] que del ayuntamiento que hubo Neptuno con Medusa en el templo de Minerva, o de cuando Perseo mató a Medusa, de la sangre de la cabeza nació

[1000] Véanse, por ejemplo, Ovidio, *Metamorfosis* 4, 781-785; 5, 256 y siun caballo que llaman Pegaso, que tiene alas y cuernos y los pies de hierro, el cual luego que nació, voló, y de una patada que dio en el monte Parnaso, rompiendo mucho la tierra, hizo la fuente Castalia, que tiene virtud de traer a los hombres pensamientos, y darles saber, cerca de la cual fingen habitar las Musas, y estar Pegaso en el cielo; y es una constelación de estrellas, cerca de Andrómeda y Perseo.

Declaración

Pegaso significa la fama que nace de las cosas que hacemos; dicen tener alas por la ligereza y brevedad con que la fama se divulga; dicen ser caballo, porque es animal muy apresurado en el correr. Que naciese de Neptuno y Medusa es por declarar que la fama nace de las cosas que se hacen en la tierra y en el mar, entendido por Neptuno y Medusa, que significa labradora de la tierra. Que Pegaso naciese en el templo de Minerva: por Minerva se entiende la prudencia, para declarar que la fama nace y sale de las cosas que proceden de sentido, y no de las sin acuerdo ni pensamiento; y porque hay fama e infamia, por esto dan dos modos del nacimiento del caballo Pegaso: uno, que naciese del ayuntamiento de Neptuno y Medusa, y éste significa la mala fama, como lo fue fornicar en los sagrados lugares. El otro, que naciese de la sangre de la cabeza de Medusa; esto significa la fama de los buenos hechos, como lo fue vencer Perseo a Medusa. Darle a este caballo cuernos es por denotar la soberbia que de la buena fama nace. Y porque los cuernos son la parte más alta del animal que los tiene, y de cosas altas nace la soberbia, por esto la Sancta Escriptura llama cuernos a la alteza de los hombres, haciendo diferencia en que en los buenos llama cuernos a la honra suya, que Dios justamente les da, y en los malos llama cuernos a su soberbia o al injusto poder que ellos usurpan. Así lo dijo el sal-

---

guientes; Hesiodo, *Teogonía* 281; Higinio, *Poeticon astronomicon* 2, 18; y los modernos Conti, *Mythologia* 7, 11 [sobre Medusa], y Boccaccio, *De genealogie deorum* 11, 27.

mista[1001]: *Et omnia cornua peccatorum constringam, ex exaltabuntur cornua iusti*, etc. Tener este caballo los pies de hierro es para significar que la fama no cansa, antes crece, añadiendo cada uno que da nuevas lo que le parece. Que del herir la tierra hiciese salir la fuente Castalia denota que la fama es de tal naturaleza que muchos hombres no emplean en otra cosa sus deseos, sino en haber fama. Lo cual se significa convenientemente con la fuente, porque así como la fuente es de la que salen las aguas de que los hombres matan la sed, así la fama es con la que muchos hartan sus deseos, no cobdiciando otras cosas. O por la fuente se entiende la materia del hablar o cabeza, de la cual salen las aguas en abundancia de sabiduría. Tal es la fama, porque ella descubre materia en que haya abundancia de hablar, y por esto pusieron las Musas los poetas cerca de esta fuente. Las Musas denotan por sus diversos saberes que se han de buscar cosas grandes y famosas de que decir, y no pequeñas y vulgares.

Decir que Pegaso está en el cielo es porque la fama buena, según la opinión de los antiguos, es la que lleva a los hombres al cielo, cuando se funda en buenas obras.

Que esta fuente incitase a los que della bebían a pensar y que los hacía sabios es, según sentido histórico, que Cadmo, hijo del rey Agenor, viniendo de Finicia, en Grecia, en busca de su hermana Europa, como su padre le mandase que a su presencia no volviese sin ella, y no hallándola, andando mirando aquella tierra, cerca de donde fundó la ciudad de Thebas, topó dos fuentes llamadas Aganipe e Ypocrene; y porque Cadmo andaba a caballo, cuando descubrió y halló aquellas fuentes, dicen que la uña del Pegaso las hizo; y porque cerca dellas se apartaba a pensar cosas de saber, y cerca dellas hallase la invención de las letras, dice la fábula que estaban allí las Musas, y que bebiendo de aquella agua conmovían a pensamientos y se hacían sabios los hombres. Esto es porque Cadmo estando allí bebía y pensaba, y hallaba cosas de sabiduría y de gobierno para su ciudad.

[1001] *Biblia*: *Psalmos* 74, 5.

CAPÍTULO XXXI

DE DÁNAE

Acrisio, rey de Argivos, hijo del rey Abante, que sucedió en el reino a su hermano Prito, según Lactancio[1002], tuvo una hija llamada Dánae; y como el padre quisiese saber el suceso de su estado, demandólo a un oráculo, y fuele respondido: Que el que naciese de su hija Dánae le había de matar. Acrisio, deseando excusar esta triste ventura, encerró a su hija Dánae en una fuerte torre, puniéndole guardas para que no pudiese algún varón a ella llegar; porque Dánae, así condenada a guardar perpetua virginidad, no pudiese algún hijo parir, del cual Acrisio, su padre, no tuviese qué temer. Era Dánae muy hermosa[1003]; cuya beldad Iúpiter oyendo, comenzóla en su corazón a amar, como era hombre inclinado a todo deseo carnal; propuso trabajar cuanto pudiese de haberla, lo cual la grande diligencia de la guarda de Acrisio hacía ser a Iúpiter imposible; y no pudiendo haber otra manera, tornóse en pluvia de oro, cuyas gotas por entre las tejas metiéndose, cayeron en el regazo de Dánae, de que se hizo preñada. Acrisio, cuando lo supo, temiendo le avernía lo que le fuera respondido, propuso de matar la hija, porque no saliese a luz aquel de quien hubiese de temer, y mandó para esto hacer una arca muy cerrada, en la cual pusiesen a Dánae y la echasen en el mar para que pere-

[1002] Lactancio, *Instituciones divinas* 1, 11, 18. También tomado de Ovidio, *Metamorfosis* 4, 611. Historia poetizada por Horacio, *Carmina* 3, 16. La descripción del mito de Dánae hecha por Higinio, *Fábulas* 63, tiene el mismo tono enciclopédico que el utilizado por Pérez de Moya y podría ser el resumen desde donde partió éste. La sentencia de Fulgencio, *Mitologicarum liber* 19, compendia el carácter moral que se le dio a Dánae: «corrupta est non pluuia, sed pecunia.»

[1003] El valor que el moralizador y mitógrafo franciscano del siglo XV da a Dánae es el pudor; así en Johannes Ridovalensis, *Fulgentius Metaforalis*, moralizador de Fulgencio. Citado por Seznec [1987:85].

ciese. Dánae, puesta en esta caja, rigiéndola su ventura, habiendo parido en el camino a Perseo[1004], aportó a tierra de Apulia, en Italia, y siendo hallada de un pescador, la llevó al rey Piluno (que a la sazón allí reinaba), y conocido el linaje de Dánae, de Piluno, que era mozo, y viendo su beldad y discreción, recibióla por mujer, en la cual hubo después un hijo llamado Dauno, que sucedió en su reino, de quien Ovidio cuenta la historia. Mas Perseo, viniendo en Argos, trasmudó a su abuelo Acrisio en piedra, mostrándole la cabeza de Medusa.

Declaración

Por esta fábula quisieron los poetas declarar que lo que de Dios está determinado en ninguna manera se puede evitar. El ser Dánae corrompida de Iúpiter en figura de lluvia de oro es dar a entender que este metal fuerza los altísimos muros, y los castísimos pechos, la fe, la honra, y todas las cosas que son de mayor precio en esta vida. Porque según Lactancio y san Augustín[1005], inclinada Dánae con los dones de oro que Iúpiter enviaba, consintió que con ella hubiese ayuntamiento, y porque por la puerta no podía, por las guardas, entró por el tejado. Theodoncio[1006] dice que siendo Dánae amada de Iúpiter, y sabiendo que por el temor el padre la había condenado a perpetua virginidad y prisión (a fin de poder escaparse), cogidas las riquezas que pudo, se entró en un navío, y de Grecia vino a Italia, donde reinaba Piluno, de quien fue recebida por mujer.

[1004] Para la historia de Perseo y Medusa, véase Ovidio, *Metamorfosis* 4, 610-800. Para el apotegma y descendencia de Dánae, la explicación de Pérez de Moya coincide con la dada por Juan Luis Vives en su comentario a *De civitate Dei* [1531: 227v] 18, 13.

[1005] San Agustín, *De civitate Dei* 18, 14, en el que se da la dimensión moral del oro como tentación porque «ubi intelligitur pudicitia mulieribus auro fuisse corrupta»; dimensión que se acerca a la de san Jerónimo y que cuenta Sánchez de Viana, *Anotaciones sobre los quince libros de las transformaciones de Ovidio, con la mithología de las fábulas y otras cosas* 4, 46, donde cita como fuente moralizadora a san Jerónimo «in epist. ad Pum.».

[1006] Véase Boccaccio, *De genealogie deorum*, 2, 32 y 12, 25.

Que Perseo trasmudase a su abuelo Acrisio en piedra significa, según Eusebio[1007], que habiendo reinado Acrisio en los Argivos treinta y un años, fue muerto de su nieto Perseo, y a esto dicen convertido en piedra, porque el hombre después de muerto se enfría como piedra.

CAPÍTULO XXXII

De las Gorgonas y Medusa

Las Gorgonas fueron tres hermanas llamadas Stenia, Euriale y Medusa, hijas de Phorco, concebidas de una bestia marina. Tenían un solo ojo, con que todas tres veían; era su morada en unas islas llamadas Dorcas, al fin de África, enfrente de las islas Espéridas.

Atribuyeron los poetas[1008] las virtudes de las dos primeras a Medusa, y así tratan de ella como si sola hubiese sido, de quien cuentan que Neptuno, enamorado de los cabellos de Medusa, que eran como hebras de fino oro, hubo ayuntamiento carnal con ella en el templo de Minerva. De lo cual Minerva muy enojada, como no pudiese castigar a Neptuno, castigó a Medusa, convirtiéndole sus cabellos, que eran causa de su hermosura, en culebras, para que de todos fuese aborrecida, y le dio después virtud que cualquiera que la mirase se convirtiese en piedra; y como con esta virtud de allí adelante convirtiese muchos hombres en piedras, y hiciese grande estrago en los pueblos cercanos al lago Tritón, de Libia, que es África, la misericordia de los dioses movie-

[1007] *De los tiempos.* Cornelio sitúa la *Gesta Persei* en el año 3860 de la creación del mundo. Cito ahora por la *Opera omnia* 1549: II, 28.

[1008] Véanse, entre los más próximos a Pérez de Moya, Boccaccio, *De genealogie deorum* 10, 10-11; Conti, *Mythologia* 7, 12; Diodoro Sículo, *Biblioteca histórica* 3, 54-55; Apolodoro, *Biblioteca*, 2, 4, 2 y siguientes; Hesiodo, *Teogonía* 274 y siguientes.

ron a Perseo que la matase. Otros dicen, como Ovidio[1009], que sabido por Polideto la virtud de la cabeza de Medusa, envió a Perseo por ella. Perseo, para salir con su empresa, pidió a Mercurio sus alas y alfanje, y a Palas su escudo; y subiendo en el caballo Pegaso, que tenía alas, de un golpe cortó la cabeza a Medusa, la cual después traía Palas en su escudo fijada. Dicen más: que cuando Perseo cortó la cabeza a Medusa, de las gotas de sangre que de ella caían sobre la tierra de Libia nacieron muchos y diversos linajes de serpientes.

Declaración

Según sentido histórico, Medusa y sus dos hermanas eran doncellas, hijas de un padre rico, naturales de África, y ellas después fueron mucho más ricas; muerto el padre, por la labranza, y por esto se llamaron Gorgonas, que en griego quiere decir labradoras. Llamábase el padre Phorco, según Pausanias[1010], y dice que fue rey, el cual muerto sucedieron todas en el reino, y por esto dijeron que tenían un solo ojo, o porque todas eran de una semejante hermosura, o porque se parecían mucho; y por esta causa, lo que de todas tres se dice se atribuye a la mayor, llamada Medusa. Y como divulgándose sus riquezas y fama por todo el mundo viniese a noticia de Polideto, rey de Seripho, envió a Perseo con gente armada contra ella, para tomarle su haber; y Medusa, no siendo igual en fuerzas y armas, siendo tomada de sobresalto, fue vencida y despojada de sus riquezas y del reino.

Que Medusa fuese amada de Neptuno por la hermosura de sus cabellos dorados, quiere decir por su riqueza, que poseía mucho oro, lo cual hacía ser tenida en grande honra, así como los cabellos dorados dan mucha hermosura. Ser amada de Neptuno quiere decir de los estraños, porque a los estranjeros, cuyo linaje se ignora, los poetas los hacen hijos de Neptuno. Cometer el adulterio en el templo de Mi-

---

[1009] *Metamorfosis* 4, 765 y siguientes.
[1010] *Descripción de Grecia* 2, 21, 5.

nerva: por Minerva se entiende la prudencia del entender y hablar, y por el Templo se entiende la sanctidad; y todo esto quiere decir que los estranjeros aman las riquezas, significadas por los cabellos de Medusa, las cuales procuran haber con engaños y palabras bien dichas, fundadas en sanctidad. De donde cuando alguno con sanctidad fingida quiere despojar a otro de sus riquezas, dicen que Neptuno se ayuntaba con Medusa en el templo de Minerva. Convertir Minerva los cabellos de Medusa en culebras denota que cuando los no tan entendidos dieren orejas a las palabras artificiosas y fingidas, es necesario que sean engañados y despojados de sus bienes.

Decir que los que veían la cabeza de Medusa se convertían en piedras, esto era el pavor o espanto que tomaban los que las miraban, de sus estremadas hermosuras. Y porque el espanto hace al espantado inmovible como piedra y casi fuera de sentido, por esto decían convertir Medusa en piedras a todos los que veía.

Que Perseo fuese a esta guerra en el caballo Pegaso, que tenía alas, o que pidió a Mercurio sus alas, es por denotar la brevedad con que hizo este hecho, que pareció haber ido volando, pues no se supo hasta ser concluido, con que denotan también el apresuramiento que los guerreros han de tener. O díjose haber ido en el caballo Pegaso, porque la fusta en que fue desde Grecia a África (donde estaba Medusa), tenía una insignia del caballo Pegaso pintada. O la fusta se llamaba Pegaso, y decíase caballo porque se anda con ellas en el agua, como en la tierra con caballo.

Llevar el alfanje de Mercurio, que era un instrumento que cortaba y trababa[1011], denota que en la guerra dos cosas se han de procurar hacer a los enemigos: mal en sus personas y destruición de sus haberes, porque no tengan con qué sustentar guerra. Lo primero se entiende por el cortar del alfanje. Lo segundo por el trabar, que es quitalles el bien o bastimentos.

Llevar Perseo en esta conquista el escudo de cristal de Mi-

[1011] trababa] trataba *1585*. Corrección que nos viene ayudada por otro verbo de más abajo: *trabar*: prender.

nerva, que era trasparente, por este escudo se entiende la discreción del capitán para considerar todas las cosas de la guerra, como en el espejo las cosas del rostro. Ser este escudo de acero, según Ovidio[1012], denota lo mismo que del cristal, y más que para guerra convienen escudos de acero.

Corta Perseo la cabeza de Medusa, que tenía serpientes por cabellos, cuando quitamos la fuerza a las maquinaciones y engaños y otros efetos hechos contra nosotros, por la prudencia de nuestros enemigos, los cuales después huyen, viendo sus malos pensamientos en el escudo de nuestra constancia y de nuestro valor.

Que de la sangre de la cabeza de Medusa naciesen serpientes en Libia significa que las asechanzas y maquinaciones engendran en los ánimos de los enemigos veneno, a las veces más cruel que el de las serpientes, o porque Ovidio, dando causas de lo que es natural, sigue fundamentos poéticos, y así porque en África, donde Medusa habitaba, hay muchas serpientes, quiso decir que fue la causa las gotas de sangre de la cabeza serpentina de Medusa, que cayeron sobre aquella tierra.

Otro sentido

San Fulgencio[1013] dice que las tres Gorgonas significan los espantos, como por sus nombres denotan, y fue conveniente porque todas ellas daban acto de espantar, que era tornar los hombres en piedras; y por cuanto eran tres, denótanse por esto otros tantos grados de espanto que hay. La primera, que se dice Stenia, es nombre griego, significa flaqueza o enflaquecimiento, y así en griego a la enfermedad llaman *astenia*. La segunda se llama Euriale, que en griego significa fondura ancha, y conviene al segundo grado de temor, que es cuando el temor entra mucho en el corazón, porque el primero grado es cuando el temor toca poco en

1012 *Metamorfosis* 4, 781-783. El escudo es «aeris», esto es, de cobre o bronce.

1013 *Mitologicarum liber* 1, 61: «tria terroris genera».

el corazón y no parece que entra en él. El segundo es cuando el temor se enseñorea mucho en el corazón, entrando dentro por todo lo ancho y fondo dél. La tercera se llama Medusa, que en griego significa cosa que no se pueda ver, y esto es porque el temor cuando viene al mayor estado suyo quita la vista y priva los sentidos, y es tanto el temor que no falta sino morir, y por esto, aunque a todas tres hermanas den virtud de mudar en piedras las cosas que viesen, más conviene esto a Medusa que a las otras.

A estas tres hermanas venció Perseo, porque por Perseo se entiende la virtud de esfuerzo. Lleva consigo el escudo de Minerva, que se entiende la sabiduría o prudencia, y cuando estas dos cosas fueren juntas en un hombre, vencerá los tres espantos, que son las tres Gorgonas. Y la virtud sola que es esfuerzo de corazón, no vence los temores si no tiene prudencia, porque el esfuerzo sin prudencia no conocerá qué cosas son de temer y cuáles no, y de todas por una manera se apartará, o con todas por una manera se esforzará, y esto es grande error, como dice Aristóteles[1014], que los que tienen virtud natural de fuerzas sin prudencia harán mayores errores que aquellos que no la tienen, como el que se va sin lumbre, que cuanto tiene más fuerte movimiento tanto más duro se encuentra y se hiere si tropieza. Otrosí, la prudencia sola no basta para vencer los temores sin fortaleza de esfuerzo de corazón, porque los que no tienen esfuerzo, en tanto que más conocen los peligros, más temerosos se hacen y más aprisa son vencidos de los temores. Mas cuando el esfuerzo y la prudencia se juntaren, serán los temores vencidos, porque la prudencia muestra cuáles son las cosas de que hayamos de temer y cuáles no, y el esfuerzo hace efeto poniéndose contra aquellas cosas que no son de temer y desechando las otras, recelándolas y apartándose dellas en aquella manera o grado que la prudencia lo manda.

En cuanto dice que Perseo cubierto con el escudo de Minerva llegó a Medusa y sin mirarla la mató, sin poder ella

1014 *Ética nicomaquea* 6, 13, fragmentos 1144b-1145a.

mudarle en piedra, como hacía a otros, para entender esto se ha de saber que estas tres hermanas eran tan hermosas que atraían a sí a los hombres y los despojaban, y ellos no se podían apartar dellas espantados de su beldad, tanto que se quedaban helados y mudos como piedras. Y Perseo, así como varón virtuoso, se cubrió del escudo de Minerva, quiere decir, se abroqueló con la prudencia, para no ver a Medusa ni darse nada de su beldad. Serle necesario a Perseo la ayuda de Minerva denota que si somos instruidos con los preceptos divinos, y nos ayuda Dios, con trabajo nos podremos templar de los halagos de los deleites.

CAPÍTULO XXXIII

DE ATLANTE

Según Lactancio[1015], Atlante fue hijo de Iapeto y de Climene, y según Theodoncio, de Iapeto y de Asia. Otros le dan por madre a Libia[1016]. La causa desta diversidad procedió de que hubo muchos deste nombre; a lo menos de tres hacen mención los escriptores, y porque de las hazañas de todos no hay certidumbre, escriben de ellos como si uno solo hubiera sido; del que aquí se trata fue de un hijo de Iapeto y Climene, que tenía en tierra de Marruecos, de África, un reino muy grande, de quien dice la fábula que Perseo, hijo de Iúpiter, habiendo vencido a Medusa, tornándose vitorioso, vino a parar donde estaba Atlante, y con deseo de allí reposar, y porque con más honra y de mejor gana le recibiese, dio cuenta a Atlante de las hazañas que había hecho y cómo era hijo de Iúpiter. Atlante, que estaba avisado

[1015] Véase Lactancio Placidio, citado por Boccaccio, *De genealogie deorum* 4, 31, refiriéndose a los *Comentarios a la Tebaida de Estacio* 1, 98. Todo el capítulo sigue las pautas de éste de Boccaccio, aunque hay más fuentes en Conti, *Mythologia* 4, 7.

[1016] Así en Plinio, *Historia natural* 7, 56.

de un oráculo que se guardase del linaje de Iúpiter, porque un hijo suyo le había de privar del reino, temió, y no sólo no lo quiso recebir, mas aun con injuria le echaba de su ciudad, puniendo en él las manos, cuando ya palabras no bastaron. Enojado Perseo de que tan descomedidamente Atlante procediese, como con palabras moverle no pudiese la cabeza de Medusa (que él siempre por no la ver escondida traía) le mostró, y por la terrible virtud de aquella monstruosa cabeza, Atlante, luego en un alto monte de su mismo nombre se convirtió. Deste Atlante dicen más los poetas, que era tan grande que sustentaba los cielos sobre sus hombros, y que tenía por hijas las estrellas llamadas Pléyades y Hiades, y que cuando Atlante se cansaba de tener el cielo sobre sus hombros, le ayudaba Hércules. Otros dicen que los dioses asentaron el eje del cielo sobre el monte en que se convirtió Atlante.

Sentido histórico

El sentido histórico desta fictión, según Fulgencio[1017], es que vencida Medusa, Perseo con su gente y tesoro que le había tomado, pasó donde Atlante reinaba, y le constriñó a huir a los montes, en donde estuvo como hombre montesino mucho tiempo; y como dejase su palacio real, se dio origen a decir la fábula que se había convertido en monte, por haber visto la cabeza de Medusa, que Perseo le mostró. Y esto era la pujanza de gente que traía de la guerra que contra Medusa había hecho.

En lo que dice que sustentaba Atlante los cielos con sus hombros es que, según Rabano[1018], fue el primero que usó el arte del astrología, y lo mismo atestigua Plinio[1019]. San Augustín[1020] afirma que este Atlante fue famoso astrólogo, y por el sudor y trabajo que pasó, tratando y ocupándose en

[1017] *Mitologicarum liber* 1, 59-62.
[1018] *Patrologia latina* 111, 363D
[1019] *Historia natural* 7, 56.
[1020] *De civitate Dei* 18, 8.

ello, se dio lugar a decir que sustentaba los cielos con los hombros; y porque consideraba los movimientos de las estrellas, dijeron ser sus hijas aquellas estrellas llamadas Pléyades y Hiades. Y porque Hércules, según Séneca[1021] y Boecio[1022], sucedió en esta misma arte a Atlante, estudiando en ella y mostrándola a otros, dicen que le ayudaba a tener el cielo cuando descansaba Atlante.

Decir que los dioses asentaron el eje del cielo sobre este monte es porque piensan los simples no poderse los cielos mover sin ser fundados sobre un eje, y por haber en este reino un monte de grandísima altura, llamado Atlante, del nombre del mismo rey, fingieron moverse en el eje de los cielos.

CAPÍTULO XXXIV

DE ANDRÓMEDA

Andrómeda fue hija de Cepheo y de Caseopea, de quien cuentan los poetas[1023] que siendo Caseopea muy hermosa, se ensoberbeció tanto que decía que era más bella que todas las diosas, y aun que Iuno, la mujer de Iúpiter. Desto enojadas las ninfas, acusáronla ante Iúpiter, el cual injustamente mandó que pusiesen a su hija Andrómeda atada a una roca en la costa de la mar, para que una bestia marina saliese a comerla. Como esta pena mejor la mereciese la madre que cometió el delito que la ignocente hija, dicen que estando ya puesta donde la bestia marina la había de comer, la libró Perseo y se casó con ella[1024].

[1021] En la tragedia *Hércules loco* 63-75. Otro de los trabajos de Hércules cuando «sostuvo el çielo con e en los sus onbros en lugar de Atalante que tal cargo le encomendó».

[1022] *Consolación de la filosofía* 4, poema 7: «Bella bis quinis operatus annis.»

[1023] Muy cerca está este capítulo de Conti, *Mythologia* 8, 25, y del capítulo sobre Perseo, 7, 18.

[1024] *Metamorfosis* 4, 671-771.

Declaración

El sentido histórico sin fingimiento desta fábula, aunque encubierto con colores poéticos, es que viniendo Perseo de conquistar a Medusa y al rey Atlante, halló a Andrómeda atada a una roca de una costa del mar (por las causas arriba dichas), y sabiendo que ninguno había que a librarla se pusiese, ofrecióse a ello con que se la diesen por mujer. Y aunque estaba prometida a Phineo, viendo que no se atrevía a librarla, no sólo se la prometieron a Perseo por mujer, mas aun con ella a todo su reino por dote, porque no tenían otros hijos sino Andrómeda, ni los esperaban haber, por ser ya viejos. Perseo peleó con la fiera y vencióla, y recibió por mujer a Andrómeda. En estas bodas se movieron grandes guerras entre la gente de Perseo y Phineo, y al fin, saliendo Perseo victorioso, habiendo muerto y rendido sus enemigos, se volvió a su tierra con grande honra. Fue la pelea de Perseo con la bestia marina en el mar Mediterráneo, de tierra de Iudea, cerca del lugar llamado Iafa en vulgar y en latín Iopen. Sobre esta historia dice el Tostado que esto se hacía por poder del demonio permitiéndolo Dios, porque en los antiguos tenían los demonios gran poder, y esto venía por las respuestas que en algunos templos en ídolos respondían que sacrificasen hombres, lo cual deseaban mucho más que otras cosas, porque como el demonio tiene tanta enemistad con el linaje humano, hallaba en este sacrificio gran provecho, porque sabía que muerto el hombre que no tenía lumbre de fe, iba perdido después de sacrificado. Y por esto daban respuestas que convenía que algunos hombres muriesen, prometiéndoles por ello mucho bien y que encaminarían sus cosas.

Como fue de Efigenia[1025], hija de Agamenón, príncipe de los griegos, los cuales, estando aguardando tiempo en el puerto de Áulide, con mil fustas, no pudiendo haber vien-

[1025] Recuérdense los datos que puede aportar a la historia la tragedia de Eurípides, *Ifigenia en Áulide*.

to alguno para navegar a Troya, demandando consejo a los oráculos, les fue respondido que nunca viento habrían hasta que amansasen la saña de Diana, ofreciéndole en sacrificio a Efigenia, hija de Agamenón. Los griegos lloraban mucho por ello; pero Agamenón, como capitán noble, amando más el bien público que todo el estado de Grecia, y a su honor más que a su hija, mandóla sacrificar, según cuenta Ovidio[1026]. Otras veces los demonios les decían que se escusarían algunos males si algunos hombres de su voluntad a los dioses se ofreciesen o matasen, como aconteció cuando en Roma se abrió una boca en la tierra, según escribe Valerio Máximo[1027], de grande hondura, que parecía infierno. Temiendo los ciudadanos que toda la ciudad se asolaría, demandaron respuesta a los oraculos qué harían. Respondieron que para que cesase aquello era necesario que echasen dentro la mejor cosa que en Roma hubiese. Entonces Marco Curio, noble caballero, pensando no haber en la ciudad otra cosa tan buena como él en el estado de caballería (queriendo ganar nombre), armado sobre su caballo, saltó dentro en aquella obscura hondura, lo cual hecho luego fue cerrada. Así sería ahora de Andrómeda, que los demonios, cubdiciando la muerte de los ignocentes, enviada alguna plaga sobre aquella tierra del rey Cepheo, su padre, serían consultados en qué manera aquel mal cesaría, y responderían que no podía en otra manera cesar, salvo poniendo a Andrómeda atada a las rocas, para que la comiese la bestia del mar. Entonces, el padre y madre, por escusar el mayor mal que temían, que por ventura sería que toda la tierra del reino perecería, pondrían a su hija allí, aunque contra su voluntad y grande dolor de corazón, y los mismos demonios que esto ordenaban harían salir del mar a aquella bestia a matarla. Y es de saber que el intento de Ovidio en esta historia es contar la batalla de Perseo en sus bodas. Y el decir que con la cabeza de Medusa mudó en piedras a los que se la mostró es decir que los mató con la gran compañía que traía de la conquista de Medusa, y este matar era mudarlos

[1026] *Metamorfosis* 12, 1-37.
[1027] *Dichos y hechos memorables* 4, 6, 2.

en piedras, porque como la piedra es fría y no se mueve ni tiene sentido, así a los muertos les falta movimiento y calor. O porque los poetas a la muerte la llaman fría. Así la llama Ovidio[1028], donde comienza: *O genus attonitum gelide formidine mortis,* etc. Quiere decir: ¡Oh linaje espantado por miedo de la muerte helada o fría!

El pagar Andrómeda el pecado que cometió su madre avisa que muchos suelen pagar el pecado ajeno o que la justicia injusta siempre hace efecto en las cosas flacas e ignocentes, o que suelen los hijos pagar los pecados de los padres, y a la contra.

CAPÍTULO XXXV

De Rómulo, que dijeron Quirino

La divinidad de Rómulo, según Tulio[1029] y Tito Livio[1030], fue que un día tempestuoso y escuro, estando el Senado junto, le mataron los mismos senadores, y para disculparse con el pueblo, echaron fama que lo había muerto un rayo. Y viendo que la gente se alborotaba, Iulio Próculo oró delante de todos en un lugar público, y les afirmó que Rómulo estaba en el cielo, y que le había aparecido y dicho que Rómulo sería cabeza del mundo, y que así lo habían determinado los dioses. Con esta mentira quedó Rómulo canonizado por dios; y el demonio, porque esto pasase adelante y más lo creyesen, les hizo encreyentes que la lanza de Rómulo, en señal de su sanctidad, había echado hojas y flores, y así fue vista de todo el pueblo en el monte Palatino. Y porque la lanza quiere decir en griego *quiris,* de allí vino a llamarse Rómulo Quirino, y los romanos *Quiritis,* como lo nota san Isidoro[1031]. Dice Ovidio[1032] que fue Rómulo in-

---

1028 *Metamorfosis* 15, 153.
1029 *Sobre la república* 2, 17-20.
1030 *Historia de Roma* 1, 16.
1031 *Etimologías* 5, 9.
1032 *Metamorfosis* 14, 805-851.

mortal, porque los valerosos quedan para siempre vivos en la memoria de los hombres, porque la muerte no tiene poder contra el valor y buena fama.

CAPÍTULO XXXVI

DE PÓLLUX Y CÁSTOR

Póllux y Cástor, según san Fulgencio[1033], fueron hijos de Iúpiter y de Leda, de cuyo nacimiento dicen que enamorándose Iúpiter de Leda, hija de Tíndaro, se convirtió en Cisne, y comenzó a cantar; de cuya suavidad aficionada Leda, no sólo se paró a oírle, mas a tomarlo en las manos; y como estuviesen en un lugar secreto, hízose preñada y parió un huevo, del cual nació Póllux y Cástor y Helena, según dice Ovidio[1034], donde comienza: *Da mihi Leda Iouem,* etc. Otros dicen que de este huevo nació Póllux y Helena, y que Cástor fue hijo de Tíndaro, y que era mortal, por ser hijo de padre mortal. Otros, como Paulo Perusino, dicen que deste ayuntamiento nacieron dos huevos, y que del uno nació Póllux y Cástor, y del otro Helena y Cletemnestra. Y siendo muerto Cástor por Linceo, pidió Póllux a Iúpiter que le hiciese inmortal, lo cual no concediéndoselo, alcanzó que pudiese partir su inmortalidad con él, y así quedaron igualmente medio mortales y medio inmortales, y hechos dioses, y puestos en el cielo en el signo de Géminis.

DECLARACIÓN HISTÓRICA

Póllux y Cástor fueron, según común sentencia de historiadores, dos hermanos famosos, hijos del tercero Iúpiter y

[1033] *Mitologicarum liber* 2, 93-95. Véanse también Conti, *Mythologia* 8, 9, y Boccaccio, *De genealogie deorum* 11, 7.

[1034] *Heroidas* 15, 57 [de Helena a Paris].

de Leda, que hicieron muchas hazañas. Acompañaron a Iasón en la conquista del vellocino de oro, y después fueron al cerco de Troya, de donde, según algunos, no volvieron. Ovidio[1035] dice que como éstos robasen dos hijas de Leucipo, que estaban prometidas a Linceo y a Ida, se movió guerra entre ellos, y murió en ella Cástor por Linceo, contra el cual acudió Póllux, y lo mató, y el Póllux hubiera sido muerto de Ida; y así por cosas claras que hicieron en vida, como por grandes beneficios que obraron con los hombres, matando muchos malhechores y siendo muy humanos con los pueblos, fueron puestos en el número de los dioses de la gentilidad, así como a otros hicieron. Y muertos Póllux y Cástor, su padre, que era doctísimo en Astrología, hizo entender a la multitud ignorante que se habían convertido en estrellas celestiales, y no fue dificultoso hacerlo creer por el amor que todos les tenían. Y como navegando con tempestad una vez viesen sobre las cabezas de Póllux y Cástor dos lumbrecillas, y después sucediese tranquilidad y bonanza, creyeron haber en estos mozos algo de divinidad. Y como estos fuegos pareciesen algunas veces a los navegantes, creyeron que aparecen según arbitrio de Póllux y Cástor en los grandes peligros, en señal de tranquilidad advenidera. Y tenían que si sola una lumbrecilla parece, que es solo Cástor, y que por ser mortal era señal de peligro, y si parecen dos llamecillas, teníanlo por cosa saludable; y si tres, decían que asistía Helena, y teníanlo por prodigio y naufragio mortal. A estas lumbres llaman los griegos Polideuzes, los latinos Póllux y Cástor, los marineros Santelmo. Estas llamas se hacen (como mostramos en nuestra *Philosofía natural*[1036]) de lo más grueso de las exhalaciones que salen de la tierra y agua, principalmente de la tierra de riberas de mar o de ríos. El cual vapor con el aire de la primera región, que con la frialdad de la noche está fresco, se encoge y espesa junto a la tierra, y se enciende y resplandece como fuego esparcido. Y cuando este fuego se inflama y halla algún cuerpo en que se pegar, detiénese en él hasta que se consume ardiendo sin

---

1035 *Fastos* 5, 693-720.
1036 Véase Pérez de Moya, *Astronomía* 2, 3, 17.

quemar la cosa en que se asienta, como hace el agua ardiente. Y como éste sea calor, y su vida y duración consista en ella, procura buscar estos lugares, por lo cual suelen parecer donde hay congregación de gente, por el calor que della sale. Y así se suelen engendrar en los navíos del humo de la misma nao y del calor de la gente que allí está recogida en poco lugar, y cuando se levanta tormenta se espesa este humo, y con los vientos remáchase hacia abajo, y andando por un lado y otro, topa en las cosas altas que halla, y así se asienta en las antenas y mástiles de las naos, y en las picas de los soldados y cabezas de los hombres. Y así dice Vergilio[1037] que apareció en la cabeza de Ascanio.

Que durmiese Leda con Iúpiter convertido en cisne es que un rey hubo a Leda cerca del río de Lacedemonia, llamado Eurota, no con aparato real ni en estrado blando, mas en un lugar húmido, a modo de cisne; y por esto se dio lugar a la fábula de que Iúpiter se convirtiese en cisne. Y dice Iúpiter porque los reyes se llamaban Iúpiter; o pudo ser posible que como el cisne canta suavemente, Iúpiter haber alcanzado a Leda mediante músicas, porque las músicas o cantos son anzuelos de Venus. O puédese entender que esto aconteciese a Iúpiter en tiempo que de vejez estaba blanco como cisne. Que Leda pariese un huevo dícese por similitud, porque las preñadas tienen el vientre redondo, a forma de huevo. O porque en una pellejuela semejante a huevo se cuaja lo que la hembra pare.

Que Póllux partiese su inmortalidad con Cástor, y que así quedasen ambos medio mortales y medio inmortales, dícese porque fingieron haberse convertido en dos estrellas que están situadas en el cielo, de tal modo que saliendo la una se pone la otra, y así cuando la una se pone es como si descendiese a lo bajo que dicen infierno, como cosa mortal; y la que sale o ascende es como cosa divina en el cielo.

Que Póllux fuese todo inmortal dícenlo porque la estrella en que se finge haberse convertido es mayor y más resplandeciente que la de Cástor, que muchas veces por la groseza de los vapores se escurece de modo que no se ve, care-

---

[1037] *Eneida* 3, 339: «Ascanius: superatne et uescitur aura.»

ciendo de este impedimento la de Póllux, que fingen estar en la cabeza de Géminis.

Que por intercesión de Póllux alcanzase Cástor a ser medio inmortal es que por la fama de Póllux pusieron a su hermano Cástor en el catálogo de los dioses, y así fue hecho inmortal.

CAPÍTULO XXXVII

DE ASOPO

Asopo, río, según Lactancio[1038], fue hijo de Océano y de la Tierra; otros le dan otros padres. Y escribe dél que casó con Merope, en quien hubo muchos hijos, y que habiéndole Iúpiter robado a Egina, su hija, lo sintió tanto que con sus ondas le movió guerra, hasta llegar a las estrellas, según dice Stacio[1039]. Y al fin fue vencido de Iúpiter y muerto con un rayo.

DECLARACIÓN

Asopo, río, dijeron ser hijo de Océano y de la Tierra porque el mar es la fuente general de donde se engendran las fuentes y ríos. Y porque el aire que se entra en las partes cavernosas de la tierra se suele convertir en agua, por esto le dan por madre a la tierra. Algunos creyeron que fue un hombre que se dio mucho a sacar agua cavando la tierra, con que halló fuentes, de que se hizo un río y púsole su nombre. Los muchos hijos y hijas que le atribuyen son arroyos o fuentes que dél salían, o propiedades de aguas que to-

---

[1038] Citado por Boccaccio, *De genealogie deorum* 7, 55, refiriéndose a los *Comentarios a la Tebaida de Estacio* 3, 337. Véase asimismo Conti, *Mythologia* 8, 17.

[1039] *Tebaida* 7, 319-323.

maron varios nombres. Decir que siendo robada su hija movió con sus ondas guerra, hasta llegar a las estrellas, y que Iúpiter le venció o mató con un rayo, denota que como el Sol saca exhalaciones del agua y las sube a lo alto, a esto decían seguir a Iúpiter con sus ondas, hasta llegar a las estrellas. Y como con el mucho calor las aguas de los ríos se desminuyen y secan, por esto dijeron haberle muerto Iúpiter (por quien se entiende el calor) con un rayo, que también es fuego. Y porque sucedió en un tiempo una gran sequedad en una isla cercana a Thebas, llamada Aegina, y se secó cierta agua que deste río entraba en la isla, a esto dicen haber Iúpiter robado a Aegina, hija de Asopo. Según Leoncio[1040] Asopo fue un rey de Boemia cuyo señorío estaba junto al río llamado Asopo; y como Iúpiter el de Arcadia, le hubiese llevado una hija llamada Egina, Asopo le movió guerra, y fue vencido de Iúpiter. El decir que le mató con un rayo es porque estas armas atribuían a Iúpiter, y habiendo de herirle, con estas armas había de ser.

CAPÍTULO XXXVIII

De Proteo

Proteo, famosísimo adivino, fue hijo de Neptuno y de la ninfa Phoenica, según algunos autores. Theodoncio[1041] dice que fue hijo de Océano y de Thetis. Deste Proteo escriben los poetas que se mudaba en varias formas, ya en agua, ya en fuego; otras veces en serpientes, otras en árboles y aves. Orpheo[1042] dijo ser Proteo el más antiguo de los dioses, y que tenía llaves del mar, y presidir a todas las cosas como principio de toda la naturaleza. Danle carro que le traen unos caballos que les llaman Bípides, que quiere decir de dos pies.

1040 Citado por Boccaccio, *De genealogie deorum* 7, 55.

1041 Citado por Boccaccio, *De genealogie deorum* 7, 9.

1042 Este *Himno* 25 de Orfeo, lo cita Conti, *Mythologia* 8, 8, y declara a Proteo «Primigenio».

Declaración

Por Proteo entendieron unos la materia primera de que las cosas se forman y engendran. Y porque de una misma materia, por el calor y humidad nacen así árboles como animales, o la misma materia se convierte en elementos, por esto dijeron que se convertía en varias cosas; otros, por esto mismo significar, entendieron por Proteo la naturaleza del aire, mediante la templanza, del cual nacen todas las cosas, y por esto dijeron ser origen y principio de plantas y animales, como lo significa Homero[1043]. Lo mismo quisieron entender por los padres que le dieron, porque los antiguos tuvieron ser el agua entendida por Océano o Neptuno o Thetis, principio de todas las cosas (como muchas veces hemos dicho). O según algunos, diéronle estos padres porque fue un varón grande hidromántico, que es adivinanza hecha por agua, como el nombre declara, porque hidromancia se dice de *hidros,* que es agua, y *mancia,* adivinación. Y dice que anda en carro por denotar el movimiento circular del agua del mar Océano.

Que lleven este carro caballos o peces, que Vergilio[1044] llama bípides, en tres versos que comienzan: *Est in carpathio Neptuni.* Esto dice por declarar unos animales que hay en el mar, que dicen bueyes marinos, que tienen de medio abajo como pescado, y de medio arriba a modo de una ternera, con dos manos o pies. Algunos atribuyen esto al sentido histórico, y dicen que Proteo fue un varón sapientísimo, que escribió mucho de filosofía natural y de la naturaleza de las fieras, y de la mutación de los elementos, y de qué manera son principio de todo lo que se engendra, y qué fuerzas toma cada cosa, y de cómo se engendran las hierbas y árboles, lo cual dio lugar a la fábula de decir que Proteo se convertía en todas estas cosas. Pensaban también ser adevinador, porque muchas veces, con observaciones de las estre-

---

1043 *Odisea* 4, 385

1044 *Geórgicas* 4, 387.

llas, decía cosas por venir. Otros dijeron haber sido un hombre experimentadísimo en la arte de retórica, que con dulzura de palabras movía los ánimos de los hombres en varios pareceres y quereres, y por esto decían que se mudaba en varias cosas, templando los movimientos de los ánimos, usando en unos acaecimientos de clemencia y en otros de crueldad, y esto era convertirse una veces en fuego, otras en agua. Otros quisieron decir que Proteo fue uno de los dioses del mar, que pronosticaba todo lo que había de suceder. Diodoro[1045] dice que Proteo fue eleto por rey de Egipto como el más prudente que hallaron en aquella provincia y más sabio en todas artes. Y el mudarse en diversas formas era que con su mucha prudencia se acomodaba a todas las cosas, de donde salió en costumbre entre los de Egipto, cuando los reyes solían en público llevar en la cabeza (como por insignia real) una señal de león, otras veces de un toro, otras de serpiente, otras una llama de fuego, y así de otras cosas, dando por esto a entender que eran sabios, como Proteo.

CAPÍTULO XXXIX

De Orpheo

De Orpheo, hijo de Apolo y de la musa Calíope, escribe Rabano[1046] que fue tan excelente en la lira o guitarra que de Mercurio recibió que no sólo a los hombres sacaba fuera de sí, mas aun a las peñas hacía correr, y a los ríos estar, y a las fieras bestias amansar. Y así movió a la ninfa Eurídice, que era una de las Drýades, a lo amar, y al fin recibióla por mujer. A esta Eurídice, por su gran beldad amó el pastor Aris-

1045 *Biblioteca* 1, 2 [1578:29].

1046 *De origine rerum*, en *Patrologia latina* 111, 444B. Citado por Boccaccio, *De genealogie deorum* 5, 12. Se puede cotejar también con Conti, *Mythologia* 7, 14.

teo[1047], el cual no pudiendo ya por ruegos efetuar su deseo, quiso usar de fuerzas. Y un día estando Eurídice con las otras ninfas Drýades, sus hermanas, cerca de la ribera del río Ebro, de Tracia, quiso arrebatarla. Ella, no pudiendo por otra vía escapar, huyó; aconteció estar entre las hierbas por donde iba una grande culebra, según Vergilio[1048], donde comienza: *Immanem ante pedes,* etc. A la cual Eurídice no viendo, con el pie descalzo pisó la culebra; luego, queriendo su injuria vengar, la mordió, de lo que luego murió; muerta Eurídice, según la universal costumbre o ley, descendió a los infiernos. Lloraban entre tanto las ninfas, sus hermanas; lloraba aún más amargamente su marido Orpheo, el cual, no contento desto, tomó una nueva osadía, de a los infiernos vivo descender a demandar su mujer a los infernales dioses. Fue su decendida por la puerta del monte Tenaro, en donde estando, tan dulcemente cantó que a los dioses soterranos, no acostumbrados de alguna piedad, a misericordia movió, y las tres hermanas Euménides, furias o rabias infernales, lo que aun de oír es maravilla, entonces de duelo de Orpheo, a llorar comenzaron. Tan poderosa fue la elocuencia suya y tan grande dulcedumbre la de su canto que Plutón y Prosérpina, dioses del mundo bajo, a Eurídice a Orpheo otorgaron; empero la merced con esta condición templaron, que a Eurídice Orpheo no mirase hasta que del infierno saliese. Orpheo, con esta condición su mujer recibió, con la cual caminando al claro mundo, un loco y muy desventurado deseo le empezó a fatigar de volver la cabeza atrás por la ver, y luego en este punto la perdió, porque las furias infernales con presteza al infierno la tornaron. A la primera osadía Orpheo tornaba a los soterranos dioses con canto a amansar queriendo, mas el infernal portero la entrada no le dio. Perdida su esperanza, Orpheo al mundo se tornó, y cerca de las siempre heladas ondas del río Strimón, en una cueva siete meses cantó sus tristes amores, su perpetuo llanto no aflojando. Muchas dueñas y doncellas a esta sa-

[1047] Los amores de Eurídice y Aristeo se cuentan en Ovidio, *Metamorfosis* 10, 1-84.
[1048] *Geórgicas* 4, 458-566.

zón al sacro Orpheo rogaban que por matrimonio o en otra vía su amor rescibir quisiese. Tanto amaba Orpheo a Eurídice que no sólo aun recibir a ninguna quiso, mas aun a todos los varones que sus palabras a oír venían, amonestaba de las hembras se apartar, por lo cual todas las mujeres injuriadas, la muerte a Orpheo como a mortal enemigo deseaban. Aconteció que las dueñas tracianas (según su costumbre las fiestas de Bacho celebrando) se juntaron, y a pedradas a Orpheo mataron, y la cabeza y la guitarra en el río Ebro echaron. Los dioses, con razón a este hecho movidos, la guitarra de Orpheo al cielo trasladaron. La cabeza por el río nadando hasta entrar en la mar, una serpiente que a tragarla pretendió, en piedra, por pena de su desacato, se convirtió. Tocan esta fábula Ovidio[1049] y Boecio[1050].

Declaración histórica

Orpheo fue un varón doctísimo en retórica y poesía; escribió, primero que otro de los griegos, en astrología, según dice Luciano[1051]. Este Orpheo, según Lactancio Firmiano[1052], introdujo primero los sacrificios de Bacho en Grecia; inventó mucha policía para la humana vida utilísima; dio remedios para varias enfermedades; escribió de la generación y corrupción de los elementos, y de la fuerza del amor en las cosas naturales, y de los Gigantes que movieron guerra contra Iúpiter, del robo de Prosérpina, de la interpretación de los sueños y de adevinanzas; fue discípulo de Lino, poeta tebano antiquisímo, y como los hombres de su tiempo viviesen sin costumbres virtuosas y sin leyes, a modo de fieras, por los campos, sin casas, tanta fuerza tuvo en persuadirles con suavidad de razones que los trujo

1049 *Metamorfosis* 10, 1-84.

1050 *Consolación de la filosofía* 3, poema 12, 50: «Orpheus Eurydicen suam / uidit, perdicit, occidit.»

1051 En el diálogo *De astrologia* 10.

1052 *Instituciones divinas* 1, 22, 15.

a vida ciudadana, y les mostró edificar ciudades, y a gobernarlas por leyes, y guardar la orden matrimonial, como primero en esto no la tuviesen más que la que tienen los brutos animales. Todas las cuales cosas dice Horacio[1053], con brevedad, en ocho versos, donde comienza: *Silvestres homines,* etc. Usó de siete cuerdas primero en el instrumento músico, a imitación de los siete planetas. Tuvo padre y madre como los otros hombres, cuyos nombres los poetas no quisieron declarar por ensalzar la excelencia de Orpheo. Y queriéndolo deificar y ennoblecer mucho, dijeron ser hijo de dioses, dándole por padre a Apolo, porque le pareció Orpheo en ser grande orador; y porque era músico dijeron ser su madre Calíope, una de las nueve Musas. Calíope se dice de *calióíonos,* que quiere decir buen sonido, y esto se entiende en los oradores, los cuales hacen dulce sonido de palabras, que mueven mucho las orejas y corazones de los oyentes. Y esto significa Orpheo, que quiere decir *auroáfonos,* esto es, sonido dorado, como quien dijese: Son muy dulces.

Decir que le dio la lira o guitarra Mercurio denota la sciencia que de orador Orpheo tuvo, en lo cual, así como la lira tiene diversidad de voces, así la arte oratoria tiene diversidad de habla o demonstración, y esta diversidad se le atribuye a Mercurio porque era docto en medicina, y en aritmética, y astrología, y en varias sciencias de naturaleza.

Mover Orpheo los montes con su música es dar a entender la fuerza grande de la elocuencia, con la cual el orador hace mover los corazones de los hombres a diversas pasiones de bien o de mal, y para esto declarar dice la fábula que Orpheo con su música hacía mover los montes, parar los ríos, amansar las fieras. Por los montes se entienden los hombres que de aquello que creen o afirman no pueden ser arrancados sin gran persuasión y elocuencia. Por los ríos se entienden los hombres movibles y variables, que no saben en una cosa estar firmes, y si no los tuviesen, no pa-

[1053] *Carmina: Arte poética* 391 y siguientes.

rarían, como los ríos, hasta entrar en el mar, que quiere decir amargura; a éstos la elocuencia hace firmes. Por el amansar las fieras se entienden los soberbios de conversación, que no saben con los otros estar en paz; éstos se mitigan por virtud de la elocuencia. Y para ensalzar el casamiento de Orpheo dijeron que no se había casado con mujer, mas con ninfa, que era de linaje de dioses. Que Eurídice, movida con el deleite del canto de la lira de Orpheo, lo amó, es cosa creíble; la descendida de Orpheo al infierno es fabuloso. Amonestar Orpheo a los hombres que no llegasen a las mujeres es que dio dotrina a los hombres no llegasen a las mujeres cuando están con su regla, que es una vez cada mes.

La serpiente que había pretendido tragar la cabeza de Orpheo denota el tiempo, porque con la culebra denotaban los antiguos el año. La cabeza denota el ingenio y obras de Orpheo, porque en la cabeza están todos nuestros sentidos; y en querer la serpiente tragar esta cabeza denota que como con la distancia de tiempo se suele perder la memoria del nombre de algunos, quiso el tiempo esconder la memoria de Orpheo, y no pudo. Haberse convertido la serpiente en piedra es decir que el tiempo no puede dañar la memoria de Orpheo, más que poderse comer una piedra. Que la lira de Orpheo esté en el cielo entre las estrellas es por declarar la excelencia de los cantares de la lira de Orpheo, que queda en perpetua memoria su fama y loor. Y porque todo aquello que tiene perpetua memoria dijeron los poetas estar en el cielo, porque como en los cielos no hay generación ni corrupción (según declaramos en nuestra *Philosofía natural*[1054]); como en las cosas elementadas, y lo que no se corrompe queda siempre; y porque como esta fama de la lira no pierde su memoria, por esto dice estar en el cielo; y así fingen los astrólogos ser una de las cuarenta y ocho imágines o constelaciones celestiales la lira de Orpheo.

[1054] Véase Pérez de Moya, *Astronomía* 1, 3: «afirman ser el el cielo ingenerable e incorruptible» [1572:26a].

Declaración moral

Por Orpheo se entiende el sabio; por su mujer Eurídice los deseos o apetitos naturales. Toma el sabio a ésta por su mujer por cuanto por sabio que uno sea no puede dejar de tener las concupiscencias, de las cuales en tanto que se vive no podemos ser despojados. Andar Eurídice con las otras ninfas, sus hermanas, en los prados: Por los prados se denotan los deleites deste mundo, por los cuales se entienden los naturales deseos. Enamorarse Aristeo pastor, de Eurídice, significa la virtud, porque Aristeo quiere decir cosa que tiene virtud, y la virtud ama a Eurídice, porque la virtud querría atraer los naturales deseos a orden y regla, apartándolos de los carnales deseos. Huir Eurídice de Aristeo es que los naturales deseos o concupiscencias huyen de la virtud, pensando ser bueno aquello que ellos cubdician. Eurídice huyendo por los prados es mordida de la serpiente venenosa escondida en la hierba: Por la serpiente se entiende el engaño que está escondido en los deleites. Muere Eurídice mordida porque los naturales deseos, siguiendo los deleites, hacen morir el ánima. Muerta Eurídice, deciende a los infiernos porque allá van los que mueren viviendo en deleites. Sacar Orpheo a Eurídice del infierno es que el sabio, entendido por Orpheo, con razones hermosas y verdaderas atrae a los pecadores algunas veces a apartarse de los vicios y deleites. No poder salir Eurídice del infierno con Orpheo, salvo con ley de la no tocar hasta que fuera esté, significa que el sabio que con razones verdaderas a los deseos suyos naturales o ajenos quiere quitar del infierno, que es de los mundanales deleites, no ha de complacer a Eurídice, quiere decir, ha él de aborrecer los deleites, porque si el sabio movido de sus naturales deseos les diere oídos, queriendo seguir lo que ellos le inclinan, tornarse ha Eurídice al infierno; porque si el sabio, que a otros amonestare a huir de los deleites mundanales, y él los mirare con buen rostro, no huyendo dellos, poco aprovechará su dotrina, porque ninguno lo seguirá, mirando más a sus obras que a sus palabras.

Decir que antes que acabase Eurídice de salir del infierno la quiso Orpheo mirar es para declarar que el amor no tiene ley o que la guerra de los malos pensamientos no tiene término.

CAPÍTULO XL

De Prometheo

Prometheo[1055] fue hijo de Iapeto y de Asia ninfa (según Marco Varrón[1056]); otros le dan por madre a Themis. Deste Prometheo, dice Ovidio[1057], donde comienza: *Quam satis Iapetus,* etc. Quiere decir, el hijo de Iapeto, que es Prometheo; tomó tierra y mezclóla con agua, y hizo imagen y semejanza de los dioses que todas las cosas rigen. A esta imagen o hombre, viéndola la deesa Minerva, maravillóse de cosa tan hermosa y tan al natural al hombre, y habiendo placer de la tal figura, dijo a Prometheo que si alguna cosa menester había de las del Cielo para cumplimiento de su obra, que ella se la daría. Prometheo respondió que no sabía qué cosa había en el cielo, para que supiese qué es lo que aprovecharle pudiese. Minerva tomó entonces a Prometheo y levantóle al cielo, mostrándole las cosas que en él había. Y él, viendo que todos los cuerpos celestiales tenían ánimas de fuego, queriendo dél dar ánima a su hombre, allegó secretamente un instrumento que llevaba a las ruedas del carro de Phebo, y hurtó fuego que llevar a la tierra. Así lo dice Horacio[1058], donde comienza: *Audax Iapeti genus,* etc. Y llegando aquel fuego a los pechos del hombre que había formado de barro, hizo que viviese, y púsole por nombre Pandora. Los dioses, conociendo el hurto de Prome-

---

[1055] Capítulo traído desde Conti, *Mythologia* 4, 6.
[1056] *De lingua latina* 5, 31. Citado por Boccaccio, *De genealogie deorum* 4, 44.
[1057] *Metamorfosis* 1, 82.
[1058] *Carmina* 1, 3, 27.

theo, mucho por ello enojados, mandaron a Mercurio que lo pusiese en el monte Cáucaso atado a una peña, y cerca dél un águila o buitre, que le comiese las entrañas y corazón, como dice Vergilio[1059], donde comienza: *Caucaseasque refert*, etc. Y que comiendo nunca se acabase, nasciéndole de noche lo que le comían de día, porque siempre padeciese pena.

Fingen asimesmo que Hércules mató el águila que de contino comía el hígado a Prometheo. Otrosí, por pena deste hurto enviaron a la tierra los dioses enflaquecimientos, tristezas, enfermedades y mujeres.

Declaración

El sentido histórico y alegórico desta fábula es que Iapeto tenía a Prometheo y a otros dos hijos; y aunque Prometheo era el mayor y había de suceder en el mayorazgo de su padre, crecióle deseo de saber, y para esto mejor alcanzar fuese a la provincia de Asiria, y después de haber oído la doctrina de los sabios caldeos fuese al monte Cáucaso, en donde entendió el movimiento de las estrellas y sus naturalezas, y otras cosas de filosofía natural[1060], y después de mucho tiempo volvióse a los asirios, los cuales aún no tenían orden de vida política, mas medio salvaje, a los cuales trajo con leyes y costumbres a conversación civil, por lo cual parece que de nuevo hizo a estos hombres, no siendo ellos antes hombres por su grosedad de entendimiento. Ya por esto, ya porque, según Lactancio[1061], fue el primero que hizo estatuas de hombre de barro que por sí solas se movían, por tanto se le atribuye, como la fábula dice, haber hecho el hombre. Este Prometheo inventó engastar el anillo y traerle en el dedo que dicen del corazón.

Maravillarse Minerva de la obra de Prometheo es que por Minerva se entiende el hombre sabio, y el sabio es el que se

---

1059 *Églogas* 6, 42.
1060 Compárese con Plinio, *Historia natural* 37, proemio y 1.
1061 *Instituciones divinas* 2, 10, 5.

maravilla del hombre que no es entendido y vive como salvaje, siendo de tan buena naturaleza y capaz de todo bien, y viéndole falto de sabiduría, cubdicia y desea que obra tan buena reciba su perficción y no esté falta; y por esta causa promete Minerva ayuda a Prometheo para su obra. Hacer aquí mención de Minerva más que de otro de los dioses ni deesas es por razón que Minerva fingen ser deesa de la sabiduría, y por tanto esto pertenecía más a ésta que a otro. Responder Prometheo que no sabía qué había en el cielo, esto pertenece al hacer la fábula creedera. Que Minerva llevase a Prometheo al cielo significa la altura de la contemplación, y cómo el entendimiento es llevado del saber o especulación a lo alto, apartándolo de las cosas bajas, mediante lo cual se alcanza conocimiento de la verdad y orden para el gobierno de la vida política, por las cuales cosas, lo que primero era de barro, quiere decir, los ignorantes, comenzaron a ser hombres, esto es, a saber usar de razón. Ver Prometheo en el cielo que los cuerpos celestiales eran ánimas de fuego significa que el hombre levantado en altura de especulación halla las verdades de las cosas manifiestas. Y porque la claridad es principio de manifestar, y al fuego pertenece la claridad, por esto dice que todas son animadas de fuego y resplandecientes. Hurtó Prometeo fuego de Phebo, porque así como el Sol, denotado por Phebo, es el más resplandeciente de los cuerpos celestiales, así de las especulaciones se han de tomar las que parecieren más llegadas a la claridad de la verdad. Dice hurtar porque como el hurto se hace secreto y sin que le vean, así la especulación de cosas altas no se alcanzan ni aprenden estando entre muchedumbre de gente. O dicen que hurtó fuego, porque según Plinio[1062], Prometheo fue el primero que enseñó sacar fuego del pedernal o de la cañaheja.

Poner este fuego o ciencia que Prometheo hurtó, después en el pecho del hombre de barro, es porque el saber se recibe en el ánima, la cual está en el pecho, como allí está el corazón, que es comienzo de la vida; por esto se dice que le

[1062] *Historia natural* 7, 56. Compárese con lo dicho por Higinio, *Fábulas* 144.

dio vida, porque al saber decimos vida. Decir que tomó Prometheo este fuego de la rueda de los carros de Phebo es porque así como la rueda o cosa circular no tiene principio ni fin, así la sabiduría eternal de Dios, de la cual desciende y se deriva todo nuestro saber, no tiene principio ni fin. Que los dioses enojados mandasen a Mercurio atar a Prometheo en el monte Cáucaso en una peña: Mandar esto a Mercurio más que a otro es porque fingen los poetas ser Mercurio mensajero de los dioses, o porque Mercurio, que es el deseo de saber, llevó a Prometheo (como dice Lactancio[1063]) al monte Cáucaso, en donde en especulación estuvo mucho tiempo, como si atado estuviera, considerando los secretos de astrología y de la filosofía meteórica. Y porque estaba en continuo trabajo de su especulación, y los vulgares piensan que cuando uno está en trabajo que está airado Dios con él, por esto decían que los dioses enojados le pusieron en aquella peña y trabajo; y cierto es trabajo procurar saber, como se lee en el sagrado volumen[1064]: *Qui addit scientiam, addit laborem,* etc. Decir que le ataron a una peña denota la firmeza y perseverancia que Prometheo allí tuvo en sus estudios, en que estuvo tan firme, y quedó como si con cuerdas estuviera atado. Que el buitre o águila le esté comiendo el corazón, sin jamás acabarle de comer, denota dos cosas: el águila, que es ave que vuela muy alto y ve mucho, significa las subtiles y altas consideraciones que con la especulación y cuidado los estudiosos siempre descubren. Por el buitre, que es ave que ama la obscuridad y tinieblas, son entendidas las obscuras dudas o dificultades que en los estudios de las sciencias se ofrecen; que lo uno y lo otro, así lo que denota el águila como lo que significa el buitre, cuesta fatiga y mata al estudioso, y esto es comerle las entrañas. El nunca acabarle de comer estas entrañas denota que con el mucho estudio el gusto de lo que de nuevo se descubre hace crecer las fuerzas y animarse siempre para más trabajar y más saber, que es cosa que no se acaba, porque mientras el estudioso viviere, nunca dejará de ser fatiga-

[1063] *Instituciones divinas* 2, 10, 10.

[1064] En la *Biblia: Eclesiastés* 1, 18: «quien acumula ciencia, acumula dolor.»

do con pensamientos de especulación. Llamar Prometheo Pandora al hombre que hizo de barro, que en griego[1065] quiere decir todas las cosas o cosa ayuntada de muchas partes, es porque el hombre sabio tiene en sí todas las virtudes juntas de las cosas del mundo. En esta fábula de Prometheo mudaron los poetas el orden, porque primero estuvo estudiando en el monte Cáucaso y en otras partes que hiciese o instruyese con doctrina al hombre, y esto porque así pertenecía a la fábula.

Lo que dice que de noche solía crecer a Prometheo tanto el hígado cuanto el águila le había comido de día, es declarar que la naturaleza determinó tiempos alternados para el descanso y para los cuidados y pensamientos del corazón.

En lo que dice que Hércules mató el águila que de continuo comía a Prometheo el hígado, según sentido histórico, es que algunas veces el río Nilo, de Egypto, al tiempo de los caniculares, cuando por los vientos punientes y del deshacerse de las nieves suele crecer mucho, rompía las presas y anegaba a Egypto, principalmente aquella parte donde señoreaba Prometheo; y eran tantas las avenidas que casi todos los hombres se veían muchas veces en peligro de perecer, por lo cual Prometheo estaba afligidísimo y cuidoso, deseando remedio; y por el presuroso movimiento y furia deste río fue llamado águila. Y porque según fama, Hércules con su industria quitó el ímpetu y redujo el río a su corriente, por esto los griegos fingieron que Hércules hubiese muerto el águila que de contino comía el hígado a Prometheo, que le tornaba a nacer.

Los enflaquecimientos, y tristezas, enfermedades y mujeres que por el hurto de Prometheo los dioses enviaron al mundo denotan que estos trabajos, unos son causados de la vida especulativa y otros son contrarios a ella, y la impiden.

El enflaquecimiento se causa del especular[1066], según dijo

[1065] Véase la derivación de Fulgencio, *Mitologicarum liber* 2, 82: «omnium munus».

[1066] Véase Huarte de San Juan, *Examen de ingenios para las ciencias* 5, pág. 338: «Los viejos tienen mucho entendimiento porque tienen mucha sequedad.» Véanse también las notas de Serés sobre *De anima* 430a y *De memoria et reminiscencia* 450a3.

Aristóteles, porque del mucho especular se enjuga y seca el cuerpo del animalia, corrompiéndose algo dentro. Por las tristezas se entienden las aflicciones y congojas corporales que del pecado original contraemos.

Las enfermedades y fiebres se ponen así como impedimentos, porque estas cosas quitan la fuerza de la cabeza y enflaquecen los instrumentos de la especulación.

Las mujeres. Otrosí, son estorbo a la especulación, porque como en muchas otras obras buenas, la conversación de las hembras impide al varón, muy mayormente se hace cerca de la especulación, porque el estudio requiere levantamiento del entendimiento y apartamiento de la carne, y la conversación de las mujeres torna al ingenio todo carnal, y le envuelve en las heces solas de la tierra; o dice que fueron dadas mujeres por la natural necesidad, porque el hombre no puede perseverar mucho tiempo sin generación, la cual no se hace sin mujer; y como no la hubiese formado Prometheo, mas sólo varón llamado Pandora, fue necesario que en alguna manera pusiese la fábula haber mujeres; y no fue otra manera mejor que decir que vinieron de la ira de los dioses, así como las fiebres y enfermedades.

Quisieron, otrosí, declarar en estas enfermedades y fiebres cómo la parte del hombre en cuanto al cuerpo está subjecta a trabajos y corrupciones.

Teophrasto[1067] dice que traer Prometheo fuego a los hombres, del cielo, es porque fue el primero de los mortales que dio noticia de las cosas divinas y de la filosofía, y el primero que alzó los ojos a especular las cosas de los cuerpos celestiales. Prometheo se dice de un nombre griego que quiere decir providencia, y fue el mayor hijo de los tres que con Noé entraron en el arca. El fuego que trujo del cielo con que dio ser a su estatua que había formado es el divino fuego o ánima que Dios inspiró en el hombre. Y así por Prometheo se entiende el poderoso Dios que crió el mundo y el hombre de nada. Decir que formó a Pandora, que quiere

---

1067 *Comentarios.* Véanse los *Scholia in Apollonium Rhodium vetera* 2, 1248. Citado por Conti, *Mythologia* 4, 6.

decir todo don, es que el ánima es un don general de todos los dones. Otros entienden por Prometheo el entendimiento que previene lo por venir. Orpheo entendió por Prometheo el tiempo, porque éste es inventor y maestro de todas artes.

Los sabios griegos quisieron por esta fábula de la formación del hombre declarar el principio de la humana vida. Darle a Prometheo por padre a Iapeto no es otra cosa sino el movimiento rapto del cielo, porque en griego a este movimiento llaman Iapeto; danle por madre a Themis, porque por Themis se entienden los efectos y buenas propiedades de nuestros ánimos, que del movimiento de los cielos con nosotros nacen. O Themis denota la justicia y equidad de que nacen los buenos consejos, y la prudencia de administrar y gobernar en las cosas privadas y públicas, y las invenciones y artes necesarias a la vida humana.

CAPÍTULO XLI

De Deucalión y Pirra

Fue Deucalión, según Apolonio[1068], hijo de Prometheo. Herodoto[1069] le da el mismo padre, y por madre a Climene. Hesiodo[1070] le hace hijo del dicho Prometheo y de Pandora, y lo mismo confirma Strabón[1071], y Homero[1072] dice ser hijo de Minos y Pasipha. Otros le hacen hijo de Asterio y Creta. La causa desta diversidad de padres es haber habido muchos deste nombre. Mas los poetas, lo que de todos se puede decir lo aplican al Deucalión hijo de Prometheo, y como

---

[1068] *Viaje de los argonautas* 3, 1086-1087. Citado por Conti, *Mythologia* 8, 17 [1596:758-762]. Véase también Boccaccio, *De genealogie deorum* 4, 47. Sobre Deucalión y Pirra

[1069] *Historias* 1, 56.

[1070] Véanse los *Fragmentos* 24 y 25 (ed. Rzach, Leipzig, 1902).

[1071] *Geografía* 9, passim.

[1072] *Ilíada* 13, 451 y siguientes.

Prometheo fue sabio, así lo fue su hijo Deucalión, y muy poderoso, y después de su padre reinó en Tesalia. Fue muy nombrado por causa de un diluvio, que según Luciano[1073] en su tierra y tiempo succedió. Casó con Pirra, hija de Pandora y Epimetheo, hermano de su padre Prometheo, y así eran primos hijos de hermanos. Fue Pirra muy nombrada porque en los trabajos fue su compañera, y aunque ambos fueron señores muy poderosos, eran muy justos y humanos, y muy temerosos de los dioses y de buen ejemplo, como testifica Ovidio[1074] en estos versos:

Non illo melior quisquam, nec amantior aequi.
Vir fuit, aut illa reverentior vlla Deorum.

Quiere decir, que entre los varones de aquel tiempo no hubo alguno mejor, ni tan amador de la justicia, ni tan temeroso de los dioses; ni entre las mujeres no hubo otra tan honradora de los dioses como Pirra; por lo cual fingen los poetas que queriendo los dioses destruir el humanal linaje, a éstos solos por su bondad perdonaron; los cuales dice Ovidio que escaparon deste diluvio en una pequeña barquilla, y viéndose solos, fueron a pedir consejo a la deesa Themis (que en su tiempo daba respuestas), para saber de qué manera se podía recobrar la generación humana, habiendo ellos quedado solos. La deesa respondió que saliesen del templo, y cubiertas las cabezas, soltasen las cintas y echasen los huesos de la gran madre hacia trás por las espaldas, y estos huesos así echados tornaría a multiplicar el mundo. Deucalión, como sabio, entendió que la gran madre era la tierra, y los huesos las piedras; y así determinando hacer expiriencia, tirando piedras Deucalión hacia trás, se convertían poco a poco en hombres, y las que tiraba Pirra, se convertían en mujeres; y así se volvió a poblar la tierra por Deucalión y Pirra.

1073 En el diálogo *Diosa siria* 12 y siguientes.
1074 *Metamorfosis* 1, 322-415.

San Isidro[1075] hablando de diluvios hace mención de tres. El primero el de Noé, que fue universal en todo el mundo, cubriendo toda la tierra y levantándose el agua quince cobdos sobre los más altos montes[1076]; fue este diluvio de Noé (según Eusebio[1077]) en el año 2656 de la creación del mundo. El segundo fue en Achaya, en tiempo de Ogige y del patriarca Iacob. Entre el diluvio de Noé y éste pasaron 546 años, según la cuenta de la Biblia Vulgata, y según otros pasaron seiscientos años. El tercero fue en tiempo de Moyssén y de Deucalión, el cual cubrió la mayor parte de Thesalia. Desde el diluvio de Ogige hasta el de Deucalión pasaron 237 años, según Eusebio en el lugar alegado. Estos dos diluvios últimos, el de Ogige y el de Deucalión, no fueron generales ni lo pudieron ser, porque Dios prometió que nunca más vendría general diluvio que todas las tierras destruyese[1078]. El diluvio de Ogige, según san Augustín[1079], fue mayor que el de Deucalión. El de que aquí tratamos fue que reinando Deucalión en Thesalia, estando en aquella parte cercana al monte Parnaso, vinieron tantas y tan grandes aguas, que cubrieron casi toda la tierra de Thesalia, y en él perecieron la mayor parte de los pueblos de aquella provincia y de las comarcas a ella cercanas. Deucalión llevó toda la gente que pudo al monte Parnaso, y allí la sustentó y dio lo necesario, hasta que el diluvio cesó; y por esto dicen que Deucalión reparó el humanal linaje, y ésta es historia verdadera, y así lo afirma Paulo Orosio[1080]. Que Deucalión y Pirra escapasen en una barca no es verdad, porque como vivían junto al monte Parnaso, viendo la creciente del agua, se subieron a él; y así los que cerca del monte morasen se escaparían en él. Pero

---

1075 *Etimologías* 13, 22.
1076 *Biblia: Génesis* 7, 20.
1077 *Crónica* [1512:31].
1078 *Biblia: Génesis* 8, 21; 9, 11.
1079 *De civitate Dei* 18, 8.
1080 *Historia* 1, 9, 2.

dice que se escaparon en una barca pequeña, porque siendo el intento de Ovidio declarar la reparación del linaje humano, y que no había quedado más de Deucalión y Pirra, siendo grande el barco no pudieron gobernarle un hombre y una mujer que habían quedado, o por declarar que por ser pequeña la barca no se pudieron salvar más gente.

La deesa Themis era la que a la sazón a las preguntas respondía, cuyo templo estaba a la raíz del monte Parnaso; y es de saber que Pirra y Deucalión no pidieron consejo ni Themis respondió, mas es poético fingimiento; y presupónese que para reparar el linaje humano habían de pedir consejo, y la deesa responderles.

Que Themis mandase a Deucalión y a Pirra cubrir las cabezas, y soltar las cintas, y salir del templo, para echar las piedras atrás, es que comenzando el diluvio, las mujeres, como más temerosas, huyeron luego, y los hombres muchos dellos aguardando más estuviéronse quedos, y cuando quisieron huir, halláronse atajados de agua; y a esta causa quedaron muchas mujeres y pocos hombres en aquella provincia, y acordaron que cualquiera hombre tuviese ayuntamiento con cualquiera mujer, no guardando ley alguna de matrimonio, porque desta manera sería presto aumentado el humanal linaje; y esta licencia fingen que dio la deesa Themis. Mandóles que saliesen del templo, porque para los carnales ayuntamientos débense apartar los hombres de los templos. Y aunque los ídolos de los gentiles, que eran demonios sucios, como la Escritura Santa los llama espíritus sucios, con todo eso, sus templos y sacerdotes fueron apartados de la carnal torpedad. Y esta licencia se denota por decirles Themis que cubriesen las cabezas, que significa quitar la vergüenza para aquel acto vergonzoso, y quitasen las cintas, que es la libertad de poder el hombre ayuntarse con cuantas mujeres le pareciese, y cualquiera mujer con cualquiera varón. Y así por el ceñimiento se denota la castidad o la estrechura y regla matrimonial. Este modo de hablar usan los exponedores de la Santa Escritura[1081], diciendo:

[1081] *Biblia: Evangelio según san Lucas* 12, 35. Y de aquí la declaración de san Gregorio Magno (siglos VI-VII) en la *Explanatio IIII evangeliorum*.

Sint lumbi vestri praecincti, et lucernae ardentes in manibus vestris. Quiere decir: sean vuestros lomos ceñidos y candelas en vuestras manos, lo cual declarando san Gregorio dice: Los lomos ceñimos cuando los deseos carnales con castidad refrenamos; esto es, porque en los lomos está la fuerza de la lujuria en el varón, y en los lomos ponemos la cinta; y así ceñir la cinta a los lomos denota la castidad; soltar la cinta, denota la lujuria.

Dice Ovidio[1082] que las piedras echadas atrás se convertían poco a poco en hombres. Es declarar la sucesión de tiempo que la naturaleza tiene en sus obras, porque si ésta quisiese hacer de piedra un hombre, primero las haría blandas y muelles, como las carnes de los hombres. Y para declarar que cuando la naturaleza forma el cuerpo en el vientre de la madre no lo figura súbitamente, mas poco a poco, con sucesión de muchos días. O denótase en esto que como con el diluvio las gentes se hubiesen recogido a cuevas de los montes, eran duros como piedras, para hacerles abajar a los llanos, por el temor que tenían concebido; y porque así como cuando uno ruega a otro algo que haga, y lo hace, decimos que lo ablanda, por esto dice que las piedras perdieron su dureza y se ablandaron y tornaron en hombres; y porque Deucalión rogó a los varones y acabó lo que quiso con ellos, y Pirra a las mujeres, dice la fábula que las piedras que echaba Deucalión se tornaban en varones, y las que echaba Pirra, en mujeres, porque Deucalión quitó la dureza de los hombres y Pirra la de las mujeres.

Quisieron significar en todo esto que Deucalión y Pirra sacaron de las cuevas como a piedras los hombres, y llevándolos a los llanos; y después de llevados les moviesen a multiplicar el humanal linaje de aquella provincia, con licencia de libre ayuntamiento, sin alguna regla o premia de castidad, como que no hubiesen vergüenza dello. Otrosí, quisieron dar a entender que hay hombres y mujeres perezosos y duros como piedras para las cosas de virtud, y no domables a ninguna cosa, fuera de su voluntad.

1082 *Metamorfosis* 1, 391 y siguientes.

CAPÍTULO XLII

De Paris

Paris[1083], que por otro nombre llamaron Alexandro, fue hijo de Príamo y Hécuba, de quien dice Tulio[1084], que estando Hécuba preñada dél, soñó parir una hacha que abrasaba y destruía a toda Troya. Príamo, lleno de temor, fuelo a consultar con Apolo, y siéndole respondido que por obra de aquel hijo que había de nacer Troya sería destruida, mandó a Hécuba que hiciese morir aquella criatura que della primero naciese. Mas Hécuba, habiéndole parido, viéndole ser hermosísimo, movida a compasión, diolo a un criado que le llevase a los pastores del rey, de quien fuese criado en el monte Ida. Venido a edad, y siendo entre los litigantes justísimo, le llamaron Paris, por la igualdad que en juzgar guardaba. Y así litigando Palas, Iuno y Venus sobre sus hermosuras, por la pretensión de la manzana de oro, que la deesa de la discordia echó en el convite de las bodas de Peleo, fue electo por juez. Escribe Homero[1085] que fue tan fortísimo en los ejercicios de fuerzas que usaban los troyanos que vencía a todos, y aun al mismo Hétor, el cual, movido con ira por ser vencido, sacó el espada para matarle, tiniéndole por pastor; y hiciéralo, si de presto no le dijera que era su hermano, lo cual confirmó con mostrarle una manilla que tenía en el brazo, que escondida traía debajo la vestidura pastoril, que su madre Hécuba le había puesto, para que por ello se viese, dondequiera que aportase, su generación. Después de así conocido, fue bien recebido de su padre; y de allí aderezadas veinte naves, fue mandado ir a Grecia

---

1083 La historia de Paris está aquí tomada de Conti, *Mythologia* 6, 24, y de Boccaccio, *De genealogie deorum* 6, 22.

1084 *Opera: De divinatione* 1, 42.

1085 *Ilíada* 3, 39.

como legado a demandar a Hesiona, a quien, según Ovidio[1086], recibió honradamente Menelao, y después en pago del buen hospedaje robó a Helena, sacando con ella todo el tesoro real. Por este robo se levantó la guerra de los griegos contra Troya, en la cual, después de muertos Hétor y Troilo, sus hermanos, por Achiles, el Paris, por inducción de su madre Hécuba, le mató una noche que Achiles vino solo a Troya, so color de recébir por esposa a Policena, y a lo último fue Paris muerto de Pirro, hijo de Achiles. Todo esto es historia, y así sólo se advertirá que no puede huir la ira y áspero castigo de Dios el que ingratamente hace injuria a quien bien le hace, como Paris injurió a Menelao. Querer Hécuba guardar a Paris contra lo que estaba pronosticado dél nos es ejemplo que no debemos contraponernos a los juicios de Dios por una tonta y dañosa piedad.

CAPÍTULO XLIII

DE LAS BODAS DE PELEO[1087] Y THETIS, Y JUICIO DE PARIS SOBRE LA MANZANA DE ORO

Fue Peleo, según Ovidio[1088], hermano de Telamón y nieto de Iúpiter; Thetis, según Epicharmo[1089], fue hija de Chirón, y según Homero[1090], de Nereo. Desta dijeron los poetas exceder a todas las mujeres en hermosura, y que había de suceder della un hijo que sería más fuerte y poderoso

---

1086 *Heroidas* 16 [de Paris a Helena] *passim.*

1087 Compárese este capítulo con lo recopilado por Conti, *Mythologia* 6, 24 [1596:565] y 8, 2. Es también de utilidad leer a Boccaccio, *De genealogie deorum* 7, 16.

1088 *Metamorfosis* 11, 215-409.

1089 En las *Nupcias de Hebe.* Citado por Conti, *Mythologia* 8, 2 [1596:697]. Véase G. Kaibel, *Comicorum graecorum fragmenta*, 1899 y *Scholia vetera in Pindari Carmina*, Píticas, 2, 127.

1090 *Himnos homéricos: Apolo* 3. Citado por Conti, *Mythologia* 8, 2 [1596:697].

que su padre. Por lo cual, Iúpiter aunque mucho la amaba, no osaba llegar a ella, temiendo no naciese después algún hijo que hiciese con él lo que él había hecho con su padre Saturno, ni consintió que casase con ninguno de los dioses; mas diole matrimonio mortal, casándola con Peleo. Hacíasele de mal a Thetis, siendo deesa marina, haber de ser mujer de hombre mortal. Peleo, que por la ribera del mar andaba, por dar principio a sus bodas, viéndola dormida junto a una cueva, donde acostumbraba habitar, trabajaba tener actión con ella. Thetis, por defenderse (como otro Proteo), se mudaba unas veces en fuego, otras en león, otras en otras diversas formas. Peleo, por consejo de Chirón, que le había dicho que no temiese aquellas figuras, ni le espantasen las llamas, ni los dientes ni uñas de león, para dejar de tenerla apretada, consigo no la dejaba. Visto esto por Thetis, hubo de consentir en el casamiento; y así, vuelta en su primera forma, se celebraron las bodas en el monte Peleo, y vinieron todos los dioses y deesas, salvo la deesa de la discordia, que no la convidaron. Comían a una mesa las tres deesas: Iuno, deesa de las riquezas y señoríos; y Palas, deesa de la sabiduría y de las batallas; y Venus, deesa del amor. Viendo la deesa de la discordia que della no se había hecho caso, hubo gran pesar, y procuró buscar modo por donde mover allí algún enojo; y para esto, hizo una manzana de oro, a maravilla hermosa, con un letrero escripto en ella, que decía: Hermoso es el don de la rica manzana; tómelo de vos la más lozana. Cuando las deesas esto vieron, cada una dellas la cobdiciaba para sí, no tanto por el gran valor suyo, cuanto por la honra de la condición en ella puesta; porque sospechando ser echada por orden de Iúpiter, entendían dello que quien la llevase la mejoraría sobre las otras. Fueron a Iúpiter que lo determinase; escusóse Iúpiter diciendo que por ser deudo de todas ellas que su juicio sería sospechoso. Al fin, viniendo a la memoria la rectitud de Paris, determinóse que él lo juzgase. Parecieron las tres deesas en su presencia, y puesto el caso, la deesa Iuno le prometió que si en su favor sentenciaba, le daría grandes riquezas y señoríos. Palas le prometió sabiduría y victoria en batallas. Venus le ofreció mujer tal cual a él le pluguiese, advirtiéndole mirase que lo que Iuno y Palas le habían prometido, no lo había menester, pues él tenía riquezas, señorío y saber. Visto por Paris las razones que cada una en su favor alegaba, y el título de la manzana que decía que se diese a la más lozana, dio sentencia que Venus la llevase, siendo principalmente debida a Minerva, o cuando menos a Iuno. Por lo cual Venus le prometió que robaría a Helena, de que se siguió la destruición de Troya. Deste matrimonio nació Achiles, hombre muy perfecto, a quien su madre le bañó en las aguas Estigias, dejándole por mojar el talón, y después de haberle criado y dotrinado Chirón, envióle a casa del rey Lycomedes. Peleo fuera bienaventurado, así por la mujer que había ganado como por tan noble y perfecto hijo como della naciera, si no fuera que un día, no lo pensando, con una saeta mató a un su hermano llamado Foco, por lo cual, desamparando su tierra, con su hijo y mujer y alguna hacienda, se pasó en Tracia, en donde un espantable lobo le destruía y degollaba su ganado y pastores.

Declaración natural

Esta fábula fue de los antiguos filósofos fingida para declarar la causa de la generación y corrupción de las cosas. Las bodas de Thetis y Peleo denotan que todos los cuerpos naturalmente se engendran de la comistura del agua y tierra, ayudando el calor natural; porque Peleo se deriva de *pilos,* que en griego quiere decir cieno, y Thetis quiere decir agua. Y Iúpiter, como dios, por quien se entiende el calor, junta a Peleo con Thetis porque de sola materia, sin Dios, artífice de todo, ninguna cosa se hace. Que Iúpiter quisiese juntarse con Thetis, y lo dejase porque no engendrase otro mayor que él, que le echase del reino, denota que el fuego, que es Iúpiter, mezclándose sólo con el agua, es apagado por ser de cualidades contrarias. Por la contienda de Peleo y Thetis se denota las cualidades contrarias destos dos elementos, tierra y agua; la tierra es seca en gran manera, con que obra, excediendo en esto a los demás elementos, y fría templadamente, con que padece, siendo excedida en esto del agua; el agua es fría en gran manera, con que obra, y húmida templadamente, con que padece. El fuego tiene calor en gran manera, con que obra, porque con él resiste a las cualidades de los demás elementos y sequedad con que padece. Destas calidades de los elementos tratamos en nuestra *Philosofía natural*[1091].

El transmudarse Thetis en varias formas, estando con ella abrazado Peleo, denota la diversidad de las cosas que se engendran de la comistura de los elementos. Y porque tenían los antiguos que todos los cuerpos celestiales influyen y tienen virtudes en las cosas de la generación natural, por esto dice la fábula que todos los dioses y deesas asistieron a las bodas de Peleo y Thetis, porque a las estrellas llamaron dioses. Sola la deesa de la discordia estuvo ausente; esto es porque sin amistad y amor no se pueden las cosas conservar. La manzana de oro que echó la discordia denota la cobdicia, porque como la manzana de oro es de ver y no es de comer, así la cobdicia sabe tener y no sabe gozar. Quiere decir, que cuando llegare la discordia, esto es, la desigualdad de las fuerzas naturales, entonces no solamente padece el temperamento, mas aun toda la composición se corrompe y destruye, porque como el amistad es principio de la generación, así la discordia lo es de la corrupción. Las diferencias y discordias entre estas deesas, Iuno, Palas y Venus, las hay casi siempre en el mundo, como parezca molesto a las ciudades, lo que por la mayor parte acaece, que señoreen los necios, que poco saben, a los sabios y peritos; y los viciosos y sucios manden a los hombres buenos y templados, porque concurrir en uno todas estas cosas, que sea sabio y templado y rico, es una cosa la más dificultosa de todas.

Escusarse Iúpiter de ser juez del dar la manzana entre las deesas, esto es porque si Iúpiter como dios (que ellos hacían) juzgaba condenando a las dos, dejara una sola vida en la tierra; mas por esto pasa el juzgado al hombre, a quien se le debe el libre albedrío de escoger. Bien fue pastor brutal

[1091] Véase Pérez de Moya, *Astronomía* 2, 1, 3.

Paris, pues echó los ojos al deleite y lujuria, la cual quiso más que las fuerzas ni las riquezas. Y finalmente, habiendo desta conmistión nacido Achiles, como hombre perfecto, su madre le baña en las aguas estigias, esto es, que le fortalece y vuelve duro contra todos los trabajos. Solamente no le mojó el talón, quiriendo significar en ello que las venas que hay en el talón pertenecen a los riñones, muslos y miembro del hombre, por lo cual algunas veces van hasta el dedo pulgar; y dice Orpheo que este es el principal lugar de la lujuria. Todo esto es dar a entender que la virtud humana, aunque para todas cosas esté fortalecida, toda vía está subjeta a los golpes de la lujuria, por lo cual es dado a criar en la casa del rey Lycomedes, como quien dice en el reino de la lujuria, porque Lycomedes en griego es dicho como *glycomiden,* que quiere decir dulce nada, porque toda lujuria es dulce y no es nada; y así, finalmente, murió por amores de Policena, y por lujuria es muerto por el talón. Policena en griego quiere decir peregrina de muchos, porque el amor hace peregrinar a los entendimientos de su ingenio, o porque la lujuria anda vagando en muchos como peregrinando. El lobo que traga y destruye las vacas y ganados de Peleo, en venganza de la muerte de Foco, denota que los delitos siempre son acompañados por venganza de Dios, de muchos daños y miserias.

Sentido histórico

Thetis fue una noble señora, en cuya natividad fue juzgado que della había de nacer un hombre que en virtud había de sobrepujar a su padre. Dubdando por esto el padre a quién la daría, demandóla Peleo en matrimonio; a la primera vez fue espelido, y perseverando en pedirla unas veces, y otras tantas negándosela cuantas transformaciones dice Ovidio[1092], mas con la fuerza de la perseverancia,

---

1092 *Metamorfosis* 11, 215-409.

al fin se le dieron. Que viniesen los dioses y deesas a las bodas es que por la perfectión de Achiles, hijo que hubo Peleo en Thetis, parece que obraron todas las estrellas y cuerpos celestiales, a quien los antiguos llamaban dioses. No fue llamada la discordia a fin que no apartase la encomenzada obra y la impidiese; mas ella se junta después, mientras el hombre comienza a pensar cuál de las tres cosas sea mejor vida: la contemplativa, la cual se denota por Palas; o la activa, que se entiende por Iuno; o la voluntariosa, denotada por Venus; de lo cual Iúpiter, conviene saber, Dios, no quiso dar la sentencia porque no pareciese ser las otras cosas por su boca condenadas; mas comete este negocio a Paris para denotar que Dios deja libre albedrío al hombre para que tome lo que quisiere. Esto da a entender san Fulgencio[1093].

Sentido moral

Danos también ejemplo esta fábula que es bueno honrar a todos y no menospreciar a ninguno, y que había errado Paris, porque no bastaba para su disculpa que dijese la letra que aquella manzana se diese a la más hermosa, porque esto se entendía de la hermosura del alma, que es la virtud inmortal, y no de la del cuerpo, que es una hermosura transitoria y caduca, que a muchos fue y es causa de su desventura. Ser Venus tenida de Paris por más hermosa que Iuno y Pallas es por declarar que son muchos más los que siguen los deleites del cuerpo que los que siguen los del ánima; más a los vicios que a las virtudes; más la torpeza que la gloria. Y por esto hubo muchos que por sucios deleites dejaron la dignidad y gloria y las buenas ocasiones en los negocios, y cayeron en grandes miserias.

[1093] Sentido que copia de forma literal Pérez de Moya. Compárese: «quod praefinitum mundi iudicium ignorabat, quia in libertatem arbitrii constitutum hominem crederent» [67], de Fulgencio, *Mitologicarum liber* 2, 65-67.

CAPÍTULO XLIV

De Chirón

Chirón Centauro fue hijo de Saturno, según Ovidio[1094], donde comienza: *Ut Saturnus,* etc. Apolonio[1095] dejándole el mismo padre, le da por madre a Philira, hija de Océano. Lactancio dice que fue concebido de Pelopea, de cuyo origen cuenta que Saturno, enamorándose de Philira, porque su mujer Ops no le hallase en adulterio, se mudó en caballo, y convertido en este animal conoció a Philira y concibió a Chirón, que del ombligo arriba tenía semejanza de hombre, y de allí abajo de caballo. Suidas[1096] dice que Chirón, con los demás centauros, fueron hijos de Ixión. Éste, creciendo en edad, se fue a las selvas; casó con Chariclo, hija de Apolo, y según otros, de Océano o de Persa. A este Chirón le encomendó Thetis tuviese cargo de Achiles; fue maestro de Esculapio[1097]. Al fin, viniéndole a visitar Hércules, tomando en las manos las saetas, que a la continua en el aljaba traía, le cayó una sobre un pie, que por estar la punta de la sangre del león Lerneo, era mortal; mas como Chirón fuese de sus padres engendrado inmortal, no podía morir, por lo cual, a fin de que se cumpliese el pronóstico de Chirón, que era que había de desear ser mortal, fatigado de enfermedad, deseando morir, rogó a los dioses le concediesen la muerte; lo cual alcanzando, fue trasladado en el cielo y puesto en el número de los signos del Zodíaco, y llamado Sagitario.

[1094] *Metamorfosis* 6, 126. Como la cita siguiente y todo el capítulo, la fuente principal es Conti, *Mythologia* 4, 12.

[1095] *El viaje de los argonautas* 1, 553-554.

[1096] Citado por Conti, *Mythologia* 4, 12. Álvarez-Iglesias me llevan hasta Jacoby, *Die Fragmente* 602F1 = *Scholia in Apollonium Rhodium vetera* 1, 554 y 2, 1231.

[1097] Citado por Lactancio, *Instituciones divinas* 1, 10, 2.

Declaración[1098]

Fue Chirón hijo de Saturno, porque inventó el arte de agricultura, según Theodoncio; mas según otros, porque fue inventor de la sabiduría con experiencia de la zurugía; y porque este conocimiento salió del tiempo, denotado por Saturno, dicen ser su hijo. Fue dicho hijo de Philira, porque inventó el regar los huertos, segun Barlaam. *Philidros* significa cosa amadora o amiga de agua; o según otros, Philira se dice de *phili*, que significa amiga, y *pyra*, experiencia; quitada la primera letra de *pyra*, queda el nombre Philyra, porque primero fue la experiencia que la teórica en la zurugía.

Convertirse Saturno más en caballo que en otro animal, para no ser hallado de su mujer en el pecado, fue por justificarse con su airada mujer, diciendo que por lo prometido a Titán no podía guardar ningún hijo varón que della naciese, y por este intento se había mudado en ajena figura; y como ésta era justa escusa, se mudó en caballo, que en latín dicen *equus*, cuya dición, la *e* diptongada, también quiere decir cosa justa. Otros quieren que el tiempo, entendido por Saturno, descubrió la medicina y cirugía del hombre y de las bestias. Fue dicho ser hijo de hombre y de caballo, y nombrado Chirón, porque se entendiese él haber inventado la cirugía, y no la medicina; y porque la cirugía es arte manual, quiero decir que tiene necesidad de que las manos obren, por esto se dijo Chirón, porque *chiros* en griego significa mano; y porque la cirugía no sólo es necesaria para los hombres, mas aun también para los demás animales; por esto dijeron ser Chirón en la una parte de su cuerpo hombre y la otra caballo. Dice que Chirón había sido engendrado inmortal para denotar ser infinito el conocimiento de la cirugía y sus preceptos. Que después de muchos años alcanzase de los dioses poder morir denota que muchas veces los conocimientos de todas las sciencias son con

1098 A imagen y semejanza de lo escrito por Boccaccio, *De genealogie deorum* 3, 19. Así la cita de Barlaam.

el tiempo mudados y dejados por otros más convenientes. Que fuese herido con la saeta de Hércules es que como una vez fuese herido, que era tenido por cosa imposible vivir, y le tenían por cosa muerta, sus amigos, viendo esto, dijeron ser inmortal, pues la fuerza del veneno, quiere decir, las bravas heridas no le pudieron matar.

Dicen que fue maestro de Esculapio porque como éste halló la cirugía de Chirón, añadiéndola y tiniendo conocimiento de algunas raíces de hierbas y mixtiones de cosas de botica, y como de esto se funde la medicina, fue Chirón tenido por maestro, y Esculapio, su discípulo, por inventor y dios de la medicina. Finalmente, llegándose ya el tiempo de su muerte, por méritos de su virtud y saber, por perpetua memoria de su nombre, dijeron haber sido entre las estrellas colocado. Algunos escriben que se dijo esto porque fue doctísimo en cosas de astrología.

CAPÍTULO XLV

DE ULISSES

Ulisses, según Homero[1099], fue hijo de Laertes y Anticlea. Deste escriben todos los historiadores que cuando se concertaba la guerra de Troya, por no apartarse de Penélope, su mujer, se fingió estar loco; y para dar a entender serlo, unció dos animales diversos, y comenzó a arar con ellos, y a sembrar sal por simientes. Empero Palamedes, sospechando ser astucia suya, para certificarse dello, puso a Thelémaco niño, hijo de Ulisses, en un surco; lo cual viendo Ulisses, por no herir el hijo, detuvo los animales; y deste modo fue entendido ser fingida aquella locura, y así hubo de ir a la guerra con los demás griegos, en donde hizo con su singu-

[1099] *Odisea* 11, 85. A pesar de tener en la *Odisea* una gran cantidad de fuentes, Pérez de Moya sigue con los epítomes que redactan tanto Conti, *Mythologia* 9, 1 [1596:800], como Boccaccio, véase más abajo.

lar prudencia grandes cosas en Troya durante el cerco. Con su industria, según dice Theodoncio[1100], halló a Achiles que estaba escondido en hábito de doncella, en compañía de las hijas de Licomedes; y se cobraron las saetas que Hércules en su muerte había dado a Philotetes. Robó las cenizas de Laomedon de la puerta Scea, que las guardaban con grande recato, y el fatal Paladio de Troya. Hízose espía y cortó la cabeza a Rheso, rey de Tracia, y trujo sus caballos blancos al ejército de los griegos, cosas todas sin las cuales tenían no poder ser tomada Troya. Tuvo contienda con Ajax sobre las armas de Achiles, en donde con elegancia de palabras y evidentes razones mostró que para conquistar ciudades era más necesaria la prudencia y ardid que las fuerzas, y así le fueron dadas las armas como más merecedor dellas.

Destruida Troya, navegando para su tierra, pasó grandes trabajos y tempestades en el mar. En la isla que dicen Gelves, en el mar de África, sus compañeros, gustando las frutas, olvidados de su patria, no querían volver a las naos. De aquí fue echado en la isla de Sicilia, donde entró con doce compañeros en la cueva de Poliphemo, el cual, habiéndole comido los seis, Ulysses, presentándole unos frascos de vino, le embeodó y le privó de la vista de un solo ojo que tenía; y vestido él y los compañeros que le quedaban, de pellejos de carneros, salieron de la cueva entre el ganado. Salido deste peligro, aportó, según Ovidio[1101], a una de las islas Eolias, donde Eulo le dio todos los vientos encerrados en un cuero, excepto el Zéphiro, que le dejó suelto por ser útil para el camino de Ulysses. Tenía este cuero una cadena de plata con que se ataba la boca, porque los vientos no se saliesen. Sus compañeros, pensando estar dentro del cuero algún tesoro, con cubdicia le desataron, no lo viendo Ulysses, y saliéndose todos los vientos, con su violencia volvieron a Ulysses de nuevo a la misma isla Eolia, de donde fue echado de Eolo con aspereza, como cosa aborrecida de los dioses.

1100 Véase Boccaccio, *De genealogie deorum* 12, 40.
1101 *Metamorfosis* 13, 123-381; 14 223-232.

De aquí fue a dar a unos pueblos de Italia, que dicen Campania, poblados de unos crueles hijos de Neptuno, que comían carne humana; de donde, con pérdida de algunos de sus compañeros, pasó a la isla de Circe, mujer hechicera, que convirtió en bestias los compañeros de Ulysses, que delante salieron a descubrir tierra; a quien Ulysses, apercibido con un ungüento que Mercurio le dio contra los hechizos, visitó sin temor, y con la espada sacada le hizo restituir a sus compañeros en su primera forma; y deteniéndose allí un año, tuvo un hijo en Circe, llamado Thelegón, y una hija llamada Ardea. De aquí aportó a la isla de las Sirenas, donde hizo tapar las orejas de sus compañeros con cera, y mandó que a él le atasen fuertemente al mástil de la nave, porque la suavidad del canto no le venciese. De allí pasando por Scilla y Charibdis, no sin pérdida de algunos de los suyos, volvió otra vez en Sicilia, en donde viendo las hijas del Sol que guardaban los ganados de su padre, amonestó a sus compañeros que no hiciesen daño en ellos. Empero él durmiendo (forzados de la hambre y del poco bastimento que de la larga navegación traían), mataron muchos animales del ganado del Sol. Sucedió deste pecado que anduvo nueve días acosado con ondas y vientos del mar, y a lo último fue echado en la isla Ogigia y recebido por huésped de Calipso ninfa, con quien se detuvo y conversó siete años, teniendo en ella muchos hijos. Y después deste tiempo, salió de allí con una sola nave vieja, que se le quebró con una tempestad que movió Neptuno, por lo que Ulisses había hecho a su hijo Poliphemo, de quien habiendo misericordia Leucothoe, le echó una tabla, en la cual salió desnudo, en un puerto de la isla del mar Ionio. Y allí estando escondido entre árboles, le dio un vestido Nausicaa, hija de Alcinoo, por industria de Palas, y fue llevado a Arete, mujer de Alcinoo, de quien recibidas naves y compañeros, fue puesto en Ýtaca durmiendo, y llegado a Ýtaca, despierto por Palas. Y tomando un hábito viejo, como Palas le amonestó, llegó a los suyos, y limpió su casa de los pretensores de Penélope. Y a lo último fue muerto de su hijo Telegón, que hubo en Circe.

DECLARACIÓN

Por esta fábula quisieron los antiguos declarar toda la vida del hombre, así hazañas como gobierno y costumbres, para informarnos a que tengamos sufrimiento en los encuentros de fortuna y no demos oídos a los halagos de los vicios. Por Ulisses se entiende un hombre sabio y prudente, que pasa por las tempestades del mar deste mundo con sufrimiento sin temor. Que sus compañeros se olvidasen de ir a sus tierras, gustando las frutas de los lotófagos, o con las bebidas de Circe, denota qué perniciosa sea la fuerza de los deleites a los mortales.

El daño que a Poliphemo[1102] sucedió por gustar del vino que Ulisses le presentó representa el daño que viene a los que destempladamente usan dél. Y para mostrar los poetas que el socorro y el favor de Dios acude a todos los buenos que le llaman en sus necesidades y fatigas, dijeron haber dado Eolo a Ulisses[1103] los vientos con que fuese a su tierra. Por los vientos se entienden los deseos o apetitos, porque así como los vientos soplan a todas partes, así los deseos mueven a los hombres a todas cosas; y así como los vientos entre sí son contrarios, así los deseos tienen entre sí contrariedad. Eolo, que los vientos da, es Dios, porque Él es el universal formador y el establecedor de la naturaleza, el cual, dando a ella, da estos deseos naturales. El cuero de buey en que los dio encerrados es nuestro cuerpo, dentro del cual están todos los deseos. Llámase más cuero de buey que de otro animal por dar a entender ser el buey animal fructífero y de mucho trabajo; así lo ha de ser el hombre para trabajos y buenas obras. Y porque los pensamientos son encubiertos, por engendrarse dentro de nuestros cuerpos, dice la fábula que los dio Eolo encerrados en un cuero. Dalos atados porque estos pensamientos no están en su libertad, mas subjetos a la razón.

[1102] Homero, *Odisea* 9, 345 y siguientes.

[1103] En Homero, *Odisea* 10, 1-60.

Que a todos se los diese cerrados, salvo el Zéphiro, porque con este viento había de caminar Ulysses a su tierra, es porque por este viento se entienden los deseos blandos y mansos, como lo es el Zéphiro, que sale de parte de Occidente. Dijo más Zéphiro que otro, porque así como este viento hace poco mal, así los deseos que no dañan habémoslos de dejar y consentir; los dañosos, refrenarlos. Ser el atadura destos vientos de plata denota el precio grande de la orden que Dios puso entre la razón y los deseos, queriendo que la razón sea señora dellos, y que le sirvan, y no puedan hacer ninguna ejecución, salvo mandándolo la razón. Por los compañeros de Ulysses que desataron el cuero se entienden los sentidos naturales. Éstos son compañeros de Ulysses porque acompañan siempre al hombre, como en todos los hombres sean siempre o son compañeros de la razón, porque es necesario, según orden natural, donde hubiera razón, haber sentidos. Abrieron estos compañeros el cuero pensando haber tesoro: Esto conviene a los sentidos, porque así como aquéllos se engañaron pensando ser tesoro lo que no era sino viento, así los sentidos se engañan, pensando en otra manera que la cosa sea buena. Ulysses, que es la razón, no se engaña, mas tiene la cosa en el ser y estima de lo que es; y así tiene a lo que está en el cuero en posesión de viento y no de tesoro; o porque los sentidos son los que hacen abrir a los deseos que salgan, tiniéndolos por muy buena cosa, y así procuran que los deseos sean sueltos, para conseguir lo que ellos quieren. Y porque el soltar los deseos no se levanta de la razón, sino de los depravados sentidos, por esto dice que los compañeros de Ulysses sueltan los vientos, y no Ulysses. Sueltos los vientos del cuero, pusieron en peligro a Ulysses y a su fusta, llevándolo a los lugares trabajosos y peligrosos y apartados de la tierra; esto es, que cuando el hombre siguiendo el juicio del sentido, da lugar y soltura a sus deseos, ellos le traen luego a peligro de sí mesmo y de otros, puniéndolo en muchos trabajos, mediante lo cual no puede el hombre ir derecho a su tierra, que es el cielo, siendo en él tan apoderados los deseos. Y por esta causa, vuelto otra vez Ulisses donde estaba Eolo, es dél mal recebido y desechado, como hombre aborrecido de los dioses, porque Dios aborrece al pecador que da rienda a sus malos apetitos.

Ser comidos muchos de sus compañeros de los hijos de Neptuno, y otros del Cýclope, y otros sorbidos de Scilla y Caribdis[1104], monstruos grandísimos, y otros convertidos en bestias de Circe, estos compañeros son los movimientos de nuestro ánimo, unos que se rinden a la ira y a otros vicios y deleites.

Tapar las orejas[1105] y mandarse atar al mástil del navío por no ser vencido del suave canto de las Sirenas denota que el hombre discreto ha de ser sordo y no dar oídos a los halagos de los deleites y cosas injustas, y que ha de estar muy atado y obediente a la razón. Pasar Ulysses por Scilla, y Circe, y Sirenas sin daño alguno, denota que la sabiduría, entendida por Ulysses, menosprecia la lujuria. Y para declarar que no bastan las humanas fuerzas para sobrepujar y vencer los peligros o halagos de los deleites sin prudencia y gran recato, dice haberle dado Mercurio un don contra los hechizos y venenos; esto es que tenía prudencia Ulysses para apartarse de todo lo malo.

Perecer los compañeros de Ulisses con fuego y tempestades[1106], por haber muerto de los ganados del Sol, denota que los que menosprecian a Dios no pueden parar en otra cosa.

Escapar solo Ulysses denota que los ignocentes sin culpa son defendidos y ayudados; y por esto, saliendo desnudo, le fue dado vestido y naves y compañeros. Ser todo esto guiado por industria de Palas es que Ulysses de todos los vicios y peligros se libraba con su saber.

Tomar vestido pobre[1107] llegado a su tierra, para informarse así disfrazado de las cosas de su casa, denota que para llegar a nuestra tierra todo lo que hay en el mundo se ha de dejar, o que morimos y nacemos pobres y desnudos.

[1104] Homero, *Odisea* 10, 60 y siguientes.
[1105] Homero, *Odisea* 12, 39 y siguientes.
[1106] Homero, *Odisea* 12, 260 y siguientes.
[1107] Homero, *Odisea* 17, 215 y siguientes.

Paléfato[1108] dice que Eolo fue astrólogo y conocía mucho de vientos, y sabía cuándo habían de correr y cuándo no, por experiencia; y como Ulysses aportase a su isla, avisóle en qué tiempo había de partirse; y como le sucedió bien y navegó con buen viento, fingieron que le había dado los vientos en un cuero.

CAPÍTULO XLVI

DE CIRCE

Circe, según Hesiodo[1109], fue hija del Sol y de Perseydes, hija de Océano; otros[1110] la hacen hija de Hiperýon y Asterope; fue estremada en hermosura y la primera que conficionó venenos y medicamentos. Hacía experiencias en sus huéspedes. Casó con un rey de Samaria, a quien mató con veneno, y quedando sola y desposeyéndola los suyos del reino, porque los trataba con crueldad, se fue a Italia, y hizo su habitación en un promontorio que de su nombre se dijo Circeo. Otros, como Herodiano[1111], dicen que su padre el Sol la llevó en un carro a Italia, y la puso en una isla cercana al mar de Sicilia, que después, de su nombre, se llamó Circea. Creyeron los antiguos ser Circe inmortal; dábanle cuatro criadas que la servían de coger hierbas y hacer dellas confectiones. Ovidio[1112], donde comienza: *Nereides Nimphae, quae simul,* etc., dice que estas criadas eran Nereydes; con estas confeciones y fuerzas de hierbas, convertía los hombres en varios animales, como dice Vergilio[1113] en seis

---

[1108] *De non credendis* 17.

[1109] *Teogonía* 957. Esta cita, como casi todo el capítulo, proviene de Conti, *Mythologia* 6, 6.

[1110] Por ejemplo, en las *Argonáuticas órficas,* 1207 y siguientes.

[1111] No en las *Historias,* sino en los *Scholia in Apollonium Rhodium vetera* 3, 311. Notado por Álvarez-Iglesias [1988].

[1112] *Metamorfosis* 14, 264 y siguientes.

[1113] *Eneida* 7, 15 y siguientes.

versos que comienzan: *Hinc ex audiri gemitus*, etc. Daba para hacer esto diversos manjares, según las formas en que le parecía convertir a los hombres, como lo significa Ovidio en cuatro versos que comienzan: *Nec mora misceri*[1114], etc., y súbito los convertía en fieras. Así convertió a los compañeros de Ulysses en puercos, como dice Homero[1115], empero a Ulysses no pudo convertirle, aunque tuvo su amor y hubo en ella hijos, porque tenía un remedio que le había dado Mercurio contra los hechizos.

Declaración histórica

Algunos dicen que esto fue historia y que hubo dos mujeres llamadas deste nombre Circe, y las cosas de ambas se atribuyen a una dellas, que habitó en el estrecho que aparta la Calabria de Sicilia, mujer de tan estremada hermosura cuanto llena de tanta lascivia que se ayuntaba con todos los que por allí pasaban, porque a todo hombre que la veía provocaba al pecado sensual; y hacíalo con tanto secreto y arte que pocos caían en ello; y por su modestia y buena manera era de todos tenida por castísima, con que despojaba a los miserables pasajeros de su dinero y mercaderías, por lo cual decían después ser aquél un peligroso paso del mar, que convertía a los navegantes en fieras y en piedras.

Sentido moral

Circe es aquella pasión natural que llaman amor deshonesto, que las más veces transforma a los más sabios y de mayor juicio en animales fierísimos y llenos de furor, y algunas veces los vuelve más insensibles que piedras, acerca de la honra y reputación que conservaban con tanta diligencia antes que se dejasen cegar desta fierísima pasión. Y porque el que mucho se deleita de holgarse con las comu-

[1114] Ovidio, *Metamorfosis* 14, 273 y siguientes.
[1115] *Odisea* 10, 135 y siguientes.

nes y sucias mujeres es comparado al puerco, por esto fingieron los sabios haber Circe convertido los compañeros de Ulysses en estos animales. Con ninguno otro se dice haber tenido que ver Circe, sino con Ulysses. Por Ulysses se entiende la parte de nuestra ánima que participa de la razón. Circe es la naturaleza. Los compañeros de Ulysses son las potencias del alma, que conspiran con los afectos del cuerpo y no obedescen a la razón. La naturaleza, pues, es el apetecer las cosas no legítimas, y la buena ley es detenimiento y freno del ingenio depravado. Mas la razón, entendida por Ulysses, permanece firme sin ser vencida, contra estos halagos del apetito.

Sentido natural

Ser Circe hija del Sol y de Perseides, hija de Océano, es que las inclinaciones y apetitos se engendran en los animales del humor y calor, porque éstas, con otras influencias celestiales, naturalmente (si nos dominan) nos incitan o inclinan a deleites bestiales, a unos a comidas, a otros a lujurias, a otros a ira, a las cuales no resistiendo Circe, nos convierte en varias bestias, según pueden ser varias las cosas en que el hombre tome deleite, si la divina clemencia no nos ayudare, no nos permitiendo resbalar, lo cual se entiende por el don que Mercurio dio a Ulysses. O ser Circe hija del Sol y Perseides, o de Hiperíon y Asterope (como a otros mejor parece), es que del humor y del Sol todo nace. Dícese Circe *a miscendo,* porque para la generación es necesario que estas cosas que llamamos elementos se mezclen, lo cual con el movimiento del Sol se hace. Es Perseis o Perse la humidad de Océano, que es el agua, que tiene veces o materia de hembra. El Sol la tiene de actor o de varón, que es autor de formas en las cosas naturales, por lo cual a aquella conmixtión que se hace en la generación de los cuerpos naturales se dice con razón Circe, y hija del Sol, y de la hija de Océano. Las cuatro criadas que cogían hierbas y flores para los hechizos denotan los cuatro elementos que ministran con sus virtudes y fuerzas todo movimiento natural.

Tener los antiguos por inmortal a Circe es decir que es perpetua entre los elementos la generación y corrupción.

Que mudase a los hombres en varios animales es decir que de la corrupción de una cosa no nace otra de la misma forma, sino muy diversa de lo que se corrompe. No poder convertir a Ulysses en bestia, como hacía a los otros hombres, denota ser el ánima, entendida por Ulysses, inmutable e inmortal, por el beneficio del poderoso Dios, a la cual el Sol, ni elementos, ni otra fuerza de naturaleza la puede corromper, aunque el cuerpo esté subjeto a muchas enfermedades y a trabajos y alteraciones y corrupciones. Y como por Circe se entienda la mixtura (como se ha dicho en las cosas naturales) por el movimiento del Sol, con razón dijeron hacerse tantas cosas por hechicería, como es decender o quitar la Luna del cielo, hacer parar los ríos, mudar los árboles y sembrados a otro lugar, y otras cosas a este propósito, que los poetas atribuyen a Circe. Porque como se levanten muchos vapores, hacen esconderse la Luna, como si estuviese en conjunción; otras veces, por no llover, secarse las fuentes y no correr los ríos, y por falta desto no nacer los panes en unas partes, y nacer en otras; la razón de lo cual es obrar la naturaleza a veces, que procede de la conmixtión de los elementos, según ésta es más o menos.

CAPÍTULO XLVII

De Eneas

De Eneas, hijo de Anchises y de Venus, dicen los poetas[1116] que destruida Troya se entró en veinte naves con su padre y su hijo Ascanio en la mar, en donde anduvo por largos rodeos, pasando por diversas tierras con grandes tempestades y trabajos, y que descendió al infierno, y pasó

1116 Léase Hesiodo, *Teogonía* 1008, y Ovidio, *Metamorfosis* 14, 527-565.

al fin de los Campos Elísios, en donde vio toda su descendencia. Y hecho esto volvió sobre la tierra, y llegando a un valle del río Tíber, se le apareció su madre Venus, que le pronosticó allí parar; y siendo bien recibido del rey Latino, le dio a su hija Labinia por mujer, que por haberla primero Latino prometido a Turno, rey de los rutilios, se levantaron grandes guerras entre Eneas y Turno, a cuyas manos murió Eneas, aunque Virgilio con fingimiento poético lo encubre.

Declaración

Las naves de Eneas son las esperanzas humanas que nos llevan por el pasaje deste mar del mundo. Los largos rodeos que anduvo Eneas por la mar, antes que llegase a la tierra prometida, y los muchos peligros que pasó, denotan que no podemos jamás en el mar deste mundo llegar a puerto que nos dé algún reposo sin que corramos por muchas desventuras y peligros.

Que descendiese Eneas al infierno denota querer ser certificado por el mal arte de nigromancia de las cosas futuras, lo cual por obrar fue al puerto de Baie, cerca del lago Averno, que era lugar aparejado para ello; y allí matando a Meseno, con su sangre hizo sacrificio a los dioses infernales, y con estas cerimonias obró algún espíritu malino, traído con la fuerza del encantamento; y salió tomando la forma de algún cuerpo, y le dio respuesta a su interrogación de cosas que le habían de suceder, y de lo que había de hacer.

Decir que Eneas fue hijo de Venus es que en su nascimiento ascendía Venus, o que Venus señoreaba el cielo. Otros tienen que se dijo hijo de Venus porque no nació de legítimo matrimonio, por encubrir la infamia de haber nacido de traviesa. Otros dicen que la madre de Eneas se diría Venus por algunos buenos merecimientos.

Que se le apareciese Venus denota la obra de su constelación, cerca del concupicible apetito, atento que anduvo navegando tanto hasta llegar a aquel lugar que le pareció parar y edificar.

CAPÍTULO XLVIII

De Orión

Orión[1117] fue hijo de Iúpiter y de Neptuno y Mercurio; y porque los hombres se precian de nombrarse de lo más principal de su familia (como place a Theodoncio), quiere que sea dicho solamente hijo de Iúpiter. De su nacimiento cuentan que visitando la tierra Iúpiter, Mercurio y Neptuno, sobreviniéndoles la noche, hicieron alojamiento en una pequeña choza del viejo Hirieo, labrador pobre; éste, aun no los conociendo, hospedó benigna y amigablemente; mas después que entendió que eran dioses, mató un buey y hízoles sacrificios. Movido Iúpiter de su liberalidad y devoción, díjole que demandase merced de lo que más desease. El viejo pidióle un hijo, por lo cual Iúpiter, con todos los otros dioses, tomaron el cuero del buey muerto y orinaron en él, y diéronle al viejo huésped, diciéndole: Que enterrándole, le dejase estar hasta el décimo mes, lo cual hecho, al cabo deste tiempo nació el niño Urión, así llamado de urina; pero por no ser éste honesto vocablo, fue después dicho Orión. El cual creciendo en edad, vino a ser compañero de Diana en la caza. Diocles[1118] dice que Orión, siendo amado de Diana, determinó casarse con él. Enojado desto Apolo, como en vano reprehendiese muchas veces a su hermana, determinó matarle; y para poner en obra su determinación, viendo un día que venía Orión en una onda de agua, la cabeza de fuera, apostó con su hermana Diana que no acertaba aquella señal con sus saetas, y puso cierto precio. Diana, por salir vencedora en el tirar, apuntó a la señal que Apolo la decía, y hincó en la frente de Orión una saeta, con que lo

[1117] Todo el capítulo parte y guarda las formas de Boccaccio, *De genealogie deorum* 11, 19. Véase también Conti, *Mythologia* 8, 13.
[1118] Citado por Conti, *Mythologia* 8, 13 como «in lethiferis pharmacis».

mató; y movida de dolor, pidió a Iúpiter le pusiese entre las estrellas. Otros dicen que porque intentó hacer fuerza a Diana, movió a un escorpión que le picase del carcañal, de cuya picadura murió. Horacio dice que Diana, siendo dél tentada de la pudicicia, le tiró una saeta y le mató. Otros dicen que presumiendo Orión que ninguna fiera habría que de su mano no fuese vencida, enojados los dioses de tan grande soberbia, hicieron que de un escorpión fuese sobrepujado y muerto. Dicen deste que Neptuno, su padre, le concedió que pudiese andar sobre las aguas, y que ninguna profundidad de agua hubiese que le llegase a los hombros. Así lo dice Vergilio[1119], donde comienza: *Turbidus ingreditur,* etc. Otrosí, dicen que fue desterrado y privado de la vista porque intentó violar a Candiope, que algunos dicen Aerope.

Sentido físico

Por este fingimiento[1120] de Orión quisieron los antiguos declarar la generación del hombre y de otras cosas, porque por Iúpiter y Neptuno quisieron entender el calor y humidad, lo cual, mezclándose con la simiente en el cuero de buey, por quien se entiende la matriz de la hembra, mediante la frialdad, entendida por Mercurio, que es planeta de complexión fría, se junta y congela, por sucesión de tiempo en la dicha matriz enterrada; quiere decir: circundada o rodeada de la máquina corporal, a cabo de nueve meses, entrando en el décimo, nace el niño. Que Orión intentase requerir de amores a Diana es que por Orión entienden una imagen celestial, que cuando comienza a salir con el Sol cerca del mes de Octubre acontece causarse pluvias y vientos y tempestades, mediante lo cual se causa creciente del mar y movimiento en que parece querer sobrepujar a la Luna, por quien se entiende Diana, que es causa del movimiento y cres-

---

1119 *Eneida* 10, 763 y siguientes.

1120 Sobre las calidades de Orión como constelación, véase, por ejemplo, Higinio, *Poeticon astronomicon* 2, 34.

cientes del agua; o porque como los vapores, entendidos por Orión, suban a la más alta región del aire, de manera que nos parece tocar a la Luna, por esto dicen que intentó amarla.

Que Diana le hiriese o matase con saeta es que como por virtud de los rayos y fuerza de la Luna congregue y convierta en pluvias o en vientos estos vapores, y los deshace y echa abajo, por esto dice que le hiere Diana.

Que Orión fuese vencido o muerto del escorpión es que la imagen de Orión, que está en el signo de Géminis, se pone o esconde poco antes que salga Scorpión; y porque a la salida de Scorpión se ha escondido Orión, por esto dicen que le mató Scorpión. Que este Scorpión saliese de la tierra es que cuando salen por el horizonte las estrellas parecen salir della. Que jatarse Orión de que no habría fiera que no matase, y ser él muerto del Scorpión, denota que la soberbia de los hombres suele venir a ser vencida de animalejos flacos y viles. Que a Orión diesen muchos padres es porque en los elementos puede serlo, porque cosa clara es que el agua, entendida por Neptuno, por el calor del Sol, entendido por Apolo, obrando la virtud celestial, entendida por Iúpiter, padece mutaciones, porque por el calor del Sol se levantan del agua vapores, entendidos por Orión; y de la conmixtión de las calidades destos tres dioses se engendran vientos y nubes y pluvias y todas las demás obras de naturaleza que decimos meteoros, de que tratamos en nuestra *Philosofía natural*[1121].

Los que dijeron que Orión había alcanzado de su padre Neptuno que pudiese andar sobre las aguas entendieron por Orión la humidad o parte subtil del agua, de que se engendran exhalaciones, que siempre sobrenada en la superficie de la misma agua; y porque aquella materia adelgazada, siendo levantada por virtud del calor natural, se estiende en el aire o derrama (dejando su primer sitio) por diversas partes, dicen haber sido desterrado o ido a Chío, lugar así dicho por derramar. Que fuese privado de la vista porque intentó violar a Aerope es que los vapores que de la tierra y agua se levantan es necesario que pasen por el aire, en donde pierden su primera forma, mudándose en otras varias cosas.

[1121] Véase Pérez de Moya, *Astronomía* 2, 3, 9 y siguientes.

CAPÍTULO XLIX

DE EUROPA

Europa fue hija de Agenor, según Ovidio[1122], de quien cuenta que siendo muy amada de Iúpiter, mandó a Mercurio que fuese a la tierra de Phenicia, y llegase las vacas del rey Agenor cerca de la ribera, a un lugar donde Europa, con otras doncellas, solía salir a holgar; lo cual hecho, Iúpiter, dejado el sceptro real (como el amor y la gravedad no puedan mucho vivir en una misma casa), mudóse en un hermoso y blanco toro, y juntóse con las vacas. Europa, admirada de la belleza del toro, llegábase a él, y aunque le parece manso, tiene miedo; mas poco a poco, perdiendo el temor, comenzó a regalarle y a ponerle flores en la cabeza. El toro, muy humilde, lamíale las manos y jugaba con ella; la doncella, perdiendo del todo el miedo, subióse sobre él. El toro, viéndola sobre sí, vase poco a poco hacia el mar, y entróse en él. Cuando Europa se sintió dentro del agua, hubo miedo, y por no caer asióse fuertemente de los cuernos; y así, llena de pavor, fue llevada a Creta, en donde tornándose Iúpiter en su primera figura, y conociéndola, se hizo preñada de Minos; después parió otros. Y por eterna memoria desta doncella se llamó la tercera parte del mundo Europa; y por este acaecimiento la pintan sentada sobre un toro.

DECLARACIÓN

Mercurio, que echa las vacas a la ribera denota la elocuencia y sagacidad de algún alcahuete, que de la ciudad hasta la ribera hizo salir a Europa, o algún mercader que le mostraría algunas niñerías vistosas, que con ofertas de que en su na-

---

[1122] *Metamorfosis* 2, 832-875, pero datos más variados se encuentran en Boccaccio, *De genealogie deorum* 2, 62, y en Conti, *Mythologia* 8, 23.

vío había cosas de ver, la robaría. Otros tienen que un varón natural de Creta, que se llamaba Toro, trayendo guerra en aquella región, entre otras doncellas que captivó hubo a Europa y la trujo a Creta. O venir sobre el toro fue que los antiguos, en las casas y navíos, pintaban figuras de animales, como hoy día se hace, para distinguirse unos de otros; y porque en la nave que vino Europa a Creta tenía una insignia de toro blanco, por esto dieron lugar a la fábula. Y como quiera que fue, es historia verdadera, que Europa fue robada y llevada a Creta, y dada a Iúpiter, según Eusebio[1123], en el año cuarenta del reinado de Danao, rey de los Argivos. Y después Asterio, rey de Creta, la recibió por mujer en el año del mundo de mil y ochocientos y setenta y nueve. Otros dicen que fue robada en el año del mundo de 1878, reinando en Argos Acrisio. Algunos quieren que fuese robada en el tiempo que Pandión reinaba en Athenas, conviene a saber, en el año del mundo de 1816, el cual tiempo más se conforma con lo que se lee de Minos, hijo de Europa. Pintan a Europa sobre un toro, por la virtud y fortaleza desta tierra, o por ser el toro principal cosa para la agricultura, que Noé vino a enseñar a los de Europa.

CAPÍTULO L

De Cadmo

Cadmo hijo de Agenor, según escribe Ovidio[1124], habiendo Iúpiter robado a su hermana Europa, mandóle su padre irla a buscar, avisándole que si no se la traía, que le daría mucha mayor pena que muerte. Con este mandamiento, Cadmo se va desterrando por el mundo, y como no pudiese hallarla, determina de buscar morada, y para esto llegó a un templo de Phebo, delante de quien hecha oración, humilmente le demandó consejo, pidiéndole le muestre algu-

---

1123 *Crónica* 47, 7-11.

1124 *Metamorfosis* 3, 1-142. Consúltese también Boccaccio, *De genealogie deorum* 2, 63, y Conti, *Mythologia* 9, 14. Para la condición de Cadmo dentro de la astronomía, véase Higinio, *Poeticon astronomicon* 2, 35.

na tierra donde pueda poblar y hacer su habitación. Phebo respondióle que siguiese un buey que hallaría en unos campos, que aún era por domar, y donde parase y se echase, allí hiciese una ciudad. Apenas Cadmo había descendido del monte donde el oráculo le había respondido, cuando vio ir solo un buey, a quien comenzó a seguir, y a poco trecho echóse en un prado muy hermoso. Cadmo, dando gracias a Dios, comenzó a trazar una ciudad, y llamóla Boecia, del nombre del buey, y después se dijo Thebas; y mandó a sus compañeros buscasen agua para hacer sacrificios, los cuales hallaron en una cueva una fuente muy honda; metiendo los cubos en la fuente, haciendo algún estruendo, salió una gran sierpe, que hizo que los sirvientes, de miedo (huyéndoles la sangre), quedasen como muertos, a quien la serpiente, a unos mató a bocados, a otros con veneno, que no escapó ninguno. Cadmo, admirado de la tardanza de los compañeros, fue a buscarlos; y vista la serpiente y el daño hecho, tanto se encendió que hiriéndola con una lanza, la mató. Estando mirando la grandeza de la serpiente, aparecióle Palas, que le dijo que sacase los dientes a la serpiente y los sembrase; hízolo así, y luego nacieron hombres armados. Cadmo, disimulando el miedo que tenía de yer tantos armados, tomó sus armas para defenderse dellos; mas uno de los nuevamente nacidos, le dijo: Sosiégate, no quieras tomar armas para pelear con nosotros; y esto dicho, comenzaron a matarse unos contra otros, hasta que de todos sólos cinco quedaron, los cuales, entre sí hecha paz, se juntaron con Cadmo y le ayudaron a edificar la ciudad. Casó primero con Sphinge y después con Harmonía, hija de Marte y de Venus. Después, siendo echado por Amphión y Zetho del reino se fue a Sclavonia, donde juntamente con la mujer Harmonía se trasmudaron en serpientes.

Aplicación

Esta fábula de Cadmo significa que el hombre forastero que va a buscar nueva tierra tiene muchos conceptos de aquellos lugares nuevos, los cuales, echando fuera para verificarles, son todos muertos por la prudencia, significada por la serpiente, la cual mora en una cueva, en medio de un bosque muy espeso de errores. Es fiera la prudencia como la serpiente, porque mata todas las cosas que más nos agradan, y propiamente es comparada a la serpiente, porque este animal envejece mucho, y también la prudencia, cuanto es más vieja, tanto es más segura. Es muerta la prudencia por el ímpetu juvenil, figurado por Cadmo, el cual sacándole los dientes, los siembra, y nacen hombres armados que pelean unos con otros. Los hombres armados son los pensamientos juveniles, nacidos de los dientes de la serpiente, que son las razones de la prudencia, los cuales son de tal manera confusas y contrarias las unas a las otras, que pelean unas con otras, hasta que reducidas a pocas, hacen amistad con Cadmo, y toman nuevo consejo acerca de habitar en la nueva tierra, para vivir felizmente, como vivió Cadmo un tiempo. Que Cadmo y su mujer Harmonía, a la vejez se convirtiesen en serpientes, es que los viejos, a modo de serpientes, son prudentes, por la experiencia de las cosas que por ellos han pasado; y porque con la edad llena de años, faltando las fuerzas, andan encorvados como serpientes, y no derechos, y ladeándose, o dando zancadillas; o porque los desterrados, como fueron Cadmo y su mujer, van como culebras por lugares bajos, atento que estando en el reino están en alteza.

Sentido histórico

Cadmo movió guerra contra Dracón, rey de Thebas, hijo de Marte, y matándole ocupó su reino. Los amigos y hijos de Dracón que contra Cadmo se levantaron, después que se vieron con menos fuerzas que Cadmo y casi vencidos, robáronle unos dientes de marfil que Dracón tenía, y huyeron donde les llevaba su ímpetu, y se esparcían, y sembraban unos a una parte y otros a otra; y después, viniendo destos lugares, hacían guerra a los tebanos, hasta que los pocos que quedaron se hicieron amigos de Cadmo. Y de aquí se dio lugar a la fábula de decir que Cadmo mató al dragón y sembró sus dientes y nacieron hombres armados que entre sí se consumieron hasta que quedaron cinco que se hicieron compañeros de Cadmo. Puso número cierto por incierto.

CAPÍTULO LI

De Harmonía

Harmonía, dicen los poetas[1125] que fue hija de Marte y de Venus, y mujer de Cadmo, rey de Thebas, por quien dejó a Sphinge. A esta Harmonía hizo Vulcano un collar de grande hermosura, mas de mal agüero a quien se lo ponía; y esto fue hecho por el odio que le tenía, porque había nacido de adulterio de su mujer Venus.

Declaración

Dicen ser Harmonía hija de Venus porque con su hermosura incitó el libidinoso apetito de Cadmo, lo cual es propio de Venus por el deseo, de lo cual repudió a Sphinge, su primera mujer. Dice ser hija de Marte, atento que fue causa de guerra, porque como dice Paléphato[1126], Sphinge, por celos de Harmonía, se apartó de Cadmo, y súbito le movió guerra, de donde en este modo Cadmo viene a tomar una hija de Marte por mujer, conviene a saber, una ocasión de guerra. Por el collar de mal agüero, fabricado de Vulcano, se puede entender el desdichado fin de este matrimonio, atento que de Amphión y Zetho fueron desterrados y echados Cadmo y Harmonía del reino.

[1125] Pérez de Moya copia aquí de Conti, *Mythologia* 9, 14.
[1126] *De non credendis* 4.

CAPÍTULO LII

De Frixo y Helle

Reinando en Thebas Athamas, casó con Neiphile, en quien hubo un hijo llamado Frixo y una hija nombrada Helle[1127]. Después, o por muerte de Neiphile, o dejada no sé por qué causa, casó segunda vez con Ino, en quien hubo por hijos a Learcho y a Palemon. Esta señora, como es costumbre general, luego comenzó a tener grande odio a los alnados, por cudicia que sus hijos el reino heredasen; y para que el padre los desamase, de manera que jamás le pudiesen caer en gracia, hizo cocer las simientes que los labradores habían de llevar para sembrar, porque no naciesen. Después persuadió a los sacerdotes dijesen al rey Athamas que no nacían las simientes porque era necesario sacrificar un hijo de los de Neiphile. Oyendo esto Athamas (dice Apolodoro Gramático[1128]), que le fue forzoso determinar sacrificar a Frixo; empero antes que a este término viniese, Neiphile arrebató a Frixo y a Helle sus hijos, y dioles un carnero de vellocino de oro que de Mercurio tomó, y mandóles que subiendo en él ambos, le dejasen ir, porque él los pasaría de la otra parte del mar, y haciéndolo así, llegando a un estrecho que está entre el promontorio Sigæo y el Chersoneso, Helle cayó y se ahogó, por lo cual de allí adelante del nombre de Helle se llamó Hellesponto este estrecho. Hace desto mención Ovidio[1129], donde comienza: *Fluctibus inmodicis,* etc. Frixo, aunque afligido de ver el desastrado caso de su hermana, no por esto dejó de pasar adelante, y tanto an-

---

[1127] Los detalles que aquí se comentan parten de Boccaccio, *De genealogie deorum* 13, 67-68, y de Conti, *Mythologia* 6, 9. De aquí salen también las citas que trufan el capítulo.
[1128] Apolodoro, *Biblioteca* 1, 9, 1
[1129] *Heroidas* [de Leandro a Hero] 18, 137 y siguientes.

duvo, que llegó a una isla llamada Colchos, en donde luego consagró el carnero al dios Marte, y el pellejo le puso en un árbol alto de un bosque, al mismo Marte consagrado. Al cual después dicen los poetas que guardaba un gran dragón que echaba espantables llamas por la boca, y dos muy bravos toros que tenían los cuernos de hierro y les salía llamas de fuego por las narices, a los cuales el dios Marte había ordenado que venciesen el que aquel vellocino con su consentimiento quisiese llevar.

Otros dicen que Athamas dio grandes tesoros a sus hijos y los envió a sus aventuras. Ino, cuando supo la huida de sus alnados, muy enojada, hizo conjuración con todos los varones del reino contra Athamas, como disipador de los tesoros reales. Mas luego que Athamas lo entendió, se volvió tan furioso que mató todos los hijos que de Ino tenía. Y ella, huyendo de Athamas con las compañeras que le siguieron, por haber hablado libremente en su favor contra él, se convirtieron en piedras y peñascos.

Declaración histórica

El sentido histórico de esta fábula es que Frixo tenía un ayo o Crío, que en griego quiere decir lo mismo que carnero; este ayo, entendiendo el odio que la madrastra Ino tenía a los hijos de Neiphile, avisó a Frixo, y ambos de consentimiento en compañía de Helle huyeron en un navío con el tesoro de su padre, y en el camino enfermó Helle y murió. Otros dicen que cayó del navío y se ahogó. Otros dicen que el navío en que iba tenía en la popa una insignia de un carnero dorado, y por esto se dio origen a la fábula.

Llegado a Colchos, haciéndole buen recibimiento Oethes, rey de aquella isla, le casó con una hija suya, y el Frixo consagró a Marte su carnero de oro, y el pellejo le dedicó poniéndole guarda, entendiendo que duraría tanto su señorío cuanto el pellejo se conservase no robándolo. Quiere decir: que los reyes sabios allegan tesoros y los guardan para las guerras. Y porque los antiguos tenían su tesoro en ganados, por esto por el carnero de vellocino dorado se entendían los grandes tesoros que Frixo había llevado a Colchos. Y el decir duraría el estado de Colchos mientras el vellocino dorado allí estuviese es porque sin dineros no se pueden sustentar ninguna gente de guerra para defenderse el reino. Y por esta causa dicen que Marte puso al vellocino aquella guarda del dragón y toros.

Que las simientes por industria de Ino no naciesen denota que de los malos, como esta Ino era, nada de provecho nace, sino cizaña y revueltas.

Que Ino, y las que le quisieron seguir, se convirtiesen en peñascos y piedras porque hablaron libremente contra Athamas, nos amonesta que habemos de callar y no hablar mal de los reyes y grandes príncipes, que pueden a su voluntad hacernos quedar fríos como piedras.

CAPÍTULO LIII

DE MEDEA

Medea fue hija de Oætes, rey de Colchos, y de Idya, discípula de Hecate, según Apollonio[1130]. Fue grande maga y muy docta en todo género de veneno que de la tierra se engendraba. Por lo cual dicen que volvía los ríos atrás[1131], y sus fuentes, y descendía la Luna y las estrellas del cielo, y mudaba los bosques y sembrados, resucitaba los muertos y remozaba los viejos, como Ovidio[1132] escribe de Circe, donde comienza: *Exiluere loco*, etc. Dio industria cómo Iasón ganase el vellocino de oro. Dejó a su padre y tierra y reino, por venirse con él. Mató a su hermano, dejándole hecho cuartos en el camino, en que su padre se detuviese, que en su seguimiento iba.

1130 *El viaje de los argonautas* 3, 200. Véanse las fuentes del capítulo en Ovidio, *Metamorfosis* 6, 1-450; Boccaccio, *De genealogie deorum* 4, 12, y Conti, *Mythologia* 6, 7.

1131 Véase una idea semejante en Ovidio, *Heroidas* 6, 85: «Illa reluctantem cursu deducere Lunam...»

1132 Ovidio, *Metamorfosis* 14, 1-416, y este verso en 406.

Declaración

Por Medea se entiende el consejo, y por esto le hacen hija de Idya, que quiere decir la que conoce. Iasón puede significar médico, de *iasthe*, que quiere decir curar.

Irse con él Medea significa que el que ha de buscar medicina a su alma (que es la prudencia) para hacerse hombre bueno y prudente, ha de tener en poco todo lo demás, aunque sea lo que quiere mucho, porque el que no despreciare el deseo de los deleites y despedazare el apetito deshonesto en el camino de su vida desenfrenada, ninguna cosa puede hacer admirable ni de gloria, por lo cual se dice de Medea, como conocedora del bien, despedazó a sus hijos y a su hermano, y dejó su tierra y su padre por seguir a Iasón; y porque el que fuere sabio fácilmente señoreará a las estrellas que le convidaren a lujuria y moderará los deseos que le mueven a torpeza.

Dicen que Medea o el consejo solía sacar del cielo la Luna y las estrellas, y detener los ríos de las codicias, y hacer muchas cosas que al vulgo parecían admirables, que en realidad de verdad en ningún tiempo acontecieron, y con este consejo venció Iasón el vellocino de oro. En lo que dice del remozar los viejos es que fue la primera que halló una flor que tenía virtud de convertir los cabellos canos en negros, y esto hacía lavándolos con agua caliente del cocimiento de aquella flor. Decir que mató a Pelias fue que como fuese muy viejo y usase de este cocimiento, no lo pudiendo sufrir, murió.

CAPÍTULO LIV

De la significación de algunas fábulas en suma, por causa de brevedad

La competencia de Thamyris con las Musas (según trae Plutarcho[1133] y Homero[1134]), nos exhorta al temor y reveren-

[1133] Véase el *De musica* 1. Citado de la misma fuente de la que sale todo el párrafo, Conti, *Mythologia* 6, 14.

[1134] *Ilíada* 2, 594-595: «Las musas abordaron al tracio Támiris y pusieron fin a su canto.»

cia de Dios, y a que huyamos la presumpción y soberbia, y que seamos agradecidos a los beneficios y gracias que de Dios recebimos, y que en las adversidades no desmayemos, ni con las prosperidades nos ensalcemos, porque lo uno y lo otro es vicio que no agrada a Dios.

Por la fábula de Chione[1135] nos representan la soberbia de las mujeres, que se dan a creer que su hermosura es perpetua y se atreven a igualarla con la divina. Por lo cual, luego que comienzan a parir, son por su soberbia heridas con la saeta de Diana (que figura la castidad), que mata su hermosura.

La muerte de Turno y quemada de Ardea[1136], de que nace el pájaro, nos muestra que después de la expugnación y victoria de nuestros enemigos, la fama de nuestro valor se ensalza al cielo, y cuanto mayores fueren los enemigos, tanto mayores son los loores que la fama esparce por el mundo.

La historia de Cyppo[1137], que cubría sus cuernos con el laurel, nos muestra que muchos cubren sus vicios con el velo de la virtud. El huir el Imperio de Roma por no se hacer tirano da a entender cuánta fuerza tenga la templanza en un ánimo noble, pues Cyppo quiso más vivir perpetuamente desterrado de su tierra que vivir en ella como tirano cruel.

Por la fábula de Arión[1138] músico, quisieron significar que Dios es vengador de los pecados disformes, y que ninguna maldad, por muy escondida y en secreto que se haga, puede dejar de ser, tarde o temprano, descubierta y castigada.

Por la fábula de la muerte de Ifis[1139] por causa de Anaxarete, nos amonestan cuán vehementes son las llamas de amor y la bondad de algunas mujeres, que con ninguna cosa se encienden sus corazones, por guardar castidad, más que si fuesen una piedra.

1135 En Ovidio, *Metamorfosis* 11, 301 y siguientes.

1136 Véase Ovidio, *Metamorfosis* 14, 450 y siguientes.

1137 Puede consultarse Ovidio, *Metamorfosis* 15, 547-621.

1138 En Ovidio, *Fastos* 2, 85-118.

1139 Ifis] Isis *1585*. Preferimos leer Ifis con Ovidio, *Metamorfosis* 14, 699 y siguientes.

En la fábula de Céphalo y Procris[1140] se notará que el perro que Diana dio a Procris significa la lealtad que la mujer casta debe tener siempre a su marido. El dardo que jamás hiere en vano es que mata la deshonesta lascivia, figurada por el monstruo que se le antojó a Céphalo, que es una raposa, porque el amor deshonesto siempre anda con engaños, como la zorra. Que Procris muera a manos de su marido significa que la poca prudencia nos guía las más veces a buscar lo que no querríamos hallar, y así quedamos muertos del dardo de la poca continencia, esto es, de la pasión que encerramos en nosotros mesmos, por haber locamente creído a palabras ajenas.

La fábula de Pymaleón[1141] nos amonesta haber algunos que aman cosas de poco momento, sólo por su contento, como son pinturas, medallas y cosas semejantes, las cuales aman con tanto ardor que las mesmas cosas satisfacen a sus deseos. Otros quieren entender que estando enfadado Pymaleón del amor de mujeres determinó dejarlas, y por su contento tomó a criar una niña pequeña, la cual, creciendo en hermosura, se enamoró de manera que rogaba a Dios que presto llegase a edad para se casar con ella, como después hizo. Amonéstanos esta historia en decir que aborreciendo Pymaleón las mujeres criase mujer para casarse con ella, que muchos, aunque aborrecen el pecado, le aman y se están en él.

FIN DEL LIBRO CUARTO

1140 Véase Ovidio, *Metamorfosis* 7, 661-865.

1141 Ovidio, *Metamorfosis* 10, 243-297.

Libro quinto

Contiene fábulas para exhortar a los hombres huir de los vicios y seguir la virtud

CAPÍTULO I

De Ixión

Ixión fue hijo de Flegia y nieto de Marte, según Iuan Bocacio[1142]. Deste dicen los poetas que fue llevado al cielo para secretario de Iúpiter, con el cual oficio, elevado en soberbia, intentó requerir de amores a Iuno; por lo cual Iúpiter formó de una espesa nube un bulto a similitud de Iuno, con la cual abrazándose Ixión, creyendo ser Iuno, del humor libidinoso que cayó en la nube se engendraron los Centauros, que eran medio hombres y medio caballos. Iúpiter, aborreciendo semejante maldad, echólo del cielo. Ixión, viéndose en la tierra, alabábase que había juntádose con Iuno. Enojado Iúpiter, hiriéndole con un rayo, sentencióle al infierno, en donde penase volteando sobre una rueda llena de serpientes, que nunca cesa de dar vueltas, como escribe Ovidio[1143], donde comienza: *Voluitur Ixion, et se sequiturque fugitque,* etc. Y Boecio[1144], donde comienza: *Foelix qui potuit,* etc.

Declaración

Por Ixión es entendido un hombre ambicioso que pone su esperanza en los bienes temporales y señoríos, entendidos por Iuno. Enamorarse Ixión de Iuno (que es deesa del

1142 *De genealogie deorum* 9, 27. Véase Conti, *Mythologia* 6, 16.
1143 *Metamorfosis* 4, 401 y siguientes.
1144 *Consolación de la filosofía* 3, metro 12, 1.

aire), denota la poca firmeza de las cosas temporales. Dícese deesa, que es nombre divinal, por ser parte de los bienes, cosa que pertenece a la vida de los hombres, y esto es lo necesario, tomado con templanza, sin poner en ello toda afición; y porque los bienes temporales no derechamente buscados causan error, denotan este error con la nube, porque los bienes se representan a su semejanza en los ojos de los cobdiciosos como Ixión, en la cual nube engañado se deleita; y pretendiendo allegar por actos no debidos, se engendran monstruosos efetos, como los Centauros, que al principio parecen humanos y sus fines son bestiales. Estos Centauros de aquel ayuntamiento engendrados fingen ir armados en la parte delantera, defendiendo sus malicias, dándoles color; pero su fin[1145] es desnuda y conocida, dejando cola de mala nombradía, no teniendo ninguna firmeza, huyendo así como nube, mostrando que dura poco la vida de los cubdiciosos.

Sentido histórico

Ixión se dijo de *axiotis,* que en griego quiere decir dignidad. Éste fue de Thesalia, señor de los lapitas, y de tal modo se elevó en deseo y cubdicia que tiranizadamente pretendió alzarse con todo el reino de Grecia. Y como Iuno se tome unas veces por el aire y otras por la tierra, y reina de reinos y de las riquezas, deseando Ixión reinar, amó a Iuno. Y porque fue el primero que tuvo cien hombres de a caballo de guarda dijeron que dél habían nacido los Centauros, como quien dijese cien armados. Y como fuese expelido del reino, se dijo que le habían echado a los infiernos y atado a una rueda, porque la vida del hombre es como rueda que se muda; lo que está abajo, ya está arriba, ya a un lado, ya a otro; y porque éste subió y bajó, dicen atormentarle la rueda. Tener serpientes esta rueda denota las pasiones y envidias que tienen los que de algún estado descienden. Quisie-

[1145] su fin] sus fines 1585.

ron mostrar por esta fábula que todos los que por armas y violencia pretenden reino, de súbito suben y de súbito descienden, como la rueda, que no tiene altura estable.

CAPÍTULO II

DE SÍSYPHO

Cuyo hijo fuese Sísypho de ningún autor se saca certidumbre; mas algunos, como Ovidio y Horacio[1146], y otros, le dan por padre a Eolo o a algún descendiente suyo; casó (según atestigua Ovidio[1147]) con Merope, hija de Atlante, en quien tuvo muchos hijos. Escriben deste que Iúpiter llevó a Aegina, hija de Asopo, a un lugar que llaman Phliunte, para della se aprovechar, a la cual buscando Asopo, no sólo Sísypho le dijo dónde estaba, mas aun le declaró el agravio que le había hecho Iúpiter. Asopo entonces, por certificarse del caso, fue allá; Iúpiter, entendiéndolo, por no ser tomado con el hurto en las manos, convirtio a Aegina en un alto monte de su mismo nombre, y a Sísypho diole que subiese una grande piedra a cuestas el monte arriba desde los infiernos, y que llegando a la cumbre se volviese hasta la raíz del monte, no pudiendo esto ningunas fuerzas impedirlo, y así volvía luego por ella, y ésta es su perpetua pena en culpa de su pecado. Toca esta fábula Homero[1148]. Otros dicen que como Sísypho fuese del consejo de los dioses, divulgaba los secretos, y por esto mereció la pena que se ha dicho. Otros dicen que porque éste mataba los huéspedes y a los que en su poder había con bravos géneros de tormentos, de quien dice Lactancio que habiendo Sísypho con robos usurpado

---

1146 Para el primero, véanse las *Metamorfosis* 13, 26. Para Horacio, *Carmina* 2, 14, 20. Véanse más datos en Conti, *Mythologia* 6, 12, y en Boccaccio, *De genealogie deorum* 13, 56.

1147 *Fastos* 4, 175.

1148 *Odisea* 11, 593 y siguientes.

un monte situado entre el mar Ionio y Egeo, que se llama Isthmo, mataba a los hombres con el peso de una grandísima peña que les ponía encima. Otras veces, según Servio, llamaba a los caminantes y hacía le lavasen los pies, cerca de un alto despeñadero, y estando ellos descuidados lavándole, les daba una coz, con que los despeñaba allí abajo.

Aplicación

Por este fingimiento de Sísypho nos quisieron avisar los sabios que nos apartásemos de las ambiciones y chismes, y de hombres cautelosos, crueles y engañosos, y que no descubramos secretos de los mayores, o que refrenemos la lengua y no seamos crueles.

La piedra que Sísypho procuraba subir aplican algunos al estudio de los hombres; y el monte alto, el curso de la vida del estudiante; la cumbre donde Sísypho procura subir la piedra es el sosiego y descanso del ánimo. Sísypho es el ánima, porque como el alma, según el parecer de los pitagóricos haya sido enviada divinalmente del cielo a estos cuerpos, la cual fue sabidora de todos los secretos divinos, procura con todas sus fuerzas llegar a la felicidad y descanso de la vida, que es el saber, la cual otros pusieron en amontonar riquezas o en larga vida.

CAPÍTULO III

De Tántalo

Tántalo (según Lactancio[1149]) fue hijo de Iúpiter y de la ninfa Plote. Otros dicen que fue hijo de Imolo, rey de Lidia, y de la ninfa Pluto. Otros le hacen hijo de Aetón; Euse-

---

[1149] *Comentarios a la Tebaida de Estacio* 2, 436. Citado por Boccaccio, *De genealogie deorum* 12, 1. Para más fuentes, Conti, *Mythologia* 6, 18.

bio[1150] dice que Tántalo fue rey de Phrigia, reinando Eritreo en Athenas. Deste Tántalo escribe Ovidio[1151] que un día hizo un convite a los dioses y mató un hijo suyo, y partido en piezas le hizo cocer, quiriendo así saber si los dioses tenían divinal virtud, porque si no conocían la vianda que les daba, no sería ninguna su virtud. Puesto el manjar delante de todos los dioses, ninguno quiso comer dél, si no fue Ceres, la cual, como más golosa y fatigada de hambre, sin advertir, comió un hombrillo. Iúpiter dijo a los demás dioses: Por cierto, razón es que a hombre que tan rico manjar nos dio le demos algún galardón, y que sea tal que no le aproveche ni harte más que a nosotros el suyo. Y así, fue condenado para el infierno a perpetua pena, en esta manera: que estuviese metido en las aguas hasta el bezo más bajo de la boca, y árboles cargados de fruta le cuelguen hasta el bezo más alto, y cuando comer quisiese de la fruta, se le alcen los árboles, y cuando beber del agua, se le baje; y por tal triste condición, Tántalo fue puesto entre frutas y bebida, padeciendo continua sed y hambre. Y habiendo los dioses compasión del inocente hijo muerto, juntaron todos los miembros y tornaron al mozo en la primera forma; y porque vieron que le faltaba un hombrillo, en su lugar le pusieron otro de blanco marfil, y como aún le faltaba ánima, que por la muerte se había ausentado, traída por Mercurio del infierno, se la pusieron, con que quedó del todo en mejor ser que primero; toca también esta fábula Virgilio[1152], y Homero[1153]. Esta pena de Tántalo, unos dicen que se la dieron porque daba el néctar o potión que bebían los dioses, y los manjares que comían, a sus iguales. Ovidio[1154], donde comienza: *Quaerit aquas in aquis*, etc., dice que esta pena fue porque declaraba los secretos de los dioses a los mortales. Decían también que Tántalo tenía sobre la cabeza una grande piedra, de modo que siempre que procuraba querer beber o comer, le hería.

[1150] *Crónica* 51, 15-21.

[1151] Sobre Tántalo, *Metamorfosis* 6, 172 y siguientes.

[1152] *Eneida* 6, 605 y siguientes.

[1153] *Odisea* 11, 582 y siguientes.

[1154] *Amores* 2, 2, 44.

Declaración histórica y moral

Dar a Tántalo varios padres fue por declarar que había habido muchos nombrados Tántalo. Lactancio[1155] hace mención de dos: el uno fue señor de los corintios, que fue buen rey; el otro fue rey de Phrigia, padre de Pelope y de Niobe, de quien fingieron esta fábula. La causa porque dicen ser hijo de Iúpiter fue porque Tántalo, rey de los corintios, fue varón doctísimo en cosas naturales y divinas, y tenían opinión los antiguos que esto no acontecía a todos, sino a aquellos solamente que tenían a Iúpiter cuando nacían en su ascendente, y por esto decían ser hijo de Iúpiter; y como hablan de Tántalo como si uno solo hubiera sido, a todos los deste nombre les dijeron ser hijos de Iúpiter. Este buen Tántalo se dio tanto a la contemplación de las cosas divinas o que despreciando las riquezas menospreció también todos los deleites del cuerpo, por lo cual dijeron algunos que estando con grande abundancia de todos los deleites no comía ni bebía. La piedra que le colgaba encima, que le hacía que no gozase dellos, es el cuidado que los siervos de Dios tienen de no destemplarse en el comer y beber, por estar más aparejados para contemplar; y porque el cuerpo no tome armas contra el alma, y este cuidado como nos aparte de los deleites del cuerpo, dijeron los viciosos y necios que era una de las furias, y la mayor de todas, que le estorbaba comer de los manjares que presentes tenía, porque pudiendo tener abundancia de deleites por las riquezas, no gozaba dellos por la solicitud del corazón. Decir que daba a los hombres el néctar, que era una bebida y comida de los dioses, esto es que fue inventor del conocimiento suavísimo de las cosas celestiales, porque ningún néctar ni manjar es más suave que el conocimiento de Dios. Amonestan también en esto que no se han de descubrir los secretos de la religión a los hombres profanos, porque estas cosas entre

1155 *Comentarios a la Tebaida de Estacio* 2, 436.

los malos es como manjar recio en estómago de enfermo, que le acarrea mayor enfermedad.

Otro sentido

El Tántalo rey de Phrigia era muy escaso y cobdicioso y amigo de enriquecerse, lo cual hacía vendiendo trigo muy caro, con que atraía a su poder todos los dineros de los pobres, por lo cual amaba el trigo como a su hijo.

Y decir que había puesto a su hijo en la mesa de los dioses es que sembró el trigo, porque el que siembra pone la simiente delante de los dioses, que son las estrellas del cielo, que a éstas llamaron dioses los gentiles, por cuya virtud por orden de la primera causa nace.

Que Ceres como golosa comiese es que las simientes sembradas son escondidas en la tierra, lo cual se entiende por el comer, porque lo que comemos se esconde en nuestro cuerpo; y así como lo que se come se altera y corrompe y muda en otra cosa, así la tierra (entendida por Ceres) que en sí recibe las simientes, las altera y pudre y convierte en otra cosa haciéndolas nacer, y así sola Ceres come del hijo de Tántalo, y no de los otros dioses.

Que comiese el hombrillo, en cuyo lugar los dioses pusieron otro de marfil, significa que en lugar de lo que la tierra alteró y corrompió de la simiente nació fruto mucho más que la simiente era; y por esto dijo el hombro más que otra parte, porque el hombro es una de las partes del cuerpo con que se denota la fuerza en sufrir carga, lo cual acontece en el sembrar, porque en lugar de poca simiente se torna de mayor cantidad y de más fuerza, que quiere decir de más peso, y más provechosa que la simiente que se sembró, y para más durar, por ser menos antigua que la que se sembró.

En lo que dice que los dioses ayuntaron los miembros y pusieron el hombro de marfil, sin que Ceres en ello entendiese, es para denotar que los cuerpos celestiales hacen nacer lo que en la tierra se siembra.

Que Mercurio tornase el alma al cuerpo pertenece a la fábula; y atribuir esto a Mercurio es por lo que dijimos tratando de Mercurio. La pena de Tántalo denota la vida del hombre avaro; por lo cual dice san Fulgencio[1156]: Tántalo interprétase visión voluntaria; lo cual denota la condición del avariento, que teniendo riquezas no osa llegar a ellas, aun para sustentarse honestamente, y embelesado en allegar, se deja perecer de hambre y desnudez.

Otros dicen que Tántalo fue un rey muy gastador en banquetes, y por lo mucho que gastaba en ellos dice la fábula que había dado a su hijo en manjares, como si dijera, que todo lo gastó y que no dejó a su hijo cosa alguna, mas tan pobre quedó como si fuera muerto. En lo que dice que la deesa Ceres comió el hombrillo es decir que por comer perdió las fuerzas, entendidas por el hombro, y que empobreció más que por otro gasto, porque a Ceres llaman los gentiles deesa de los fructos, que son obra de viandas.

Lo que dice que los dioses lo tornaron vivo es que como Pelope, hijo deste Tántalo, era mozo ingenioso, dábase a buen vivir, y tornó a ser más rico, ayudándole aquellos reyes que se llamaban dioses.

En lo de la pena de Tántalo es porque Tántalo había gastado su haber por glotonería, no le quisieron ayudar, y lo dejaron pobre, dando por esto a entender que la pobreza es pena infernal. Lo que dice que cuando quería comer se alzaban las ramas con las manzanas que tenía cerca de la boca, y cuando quería beber se bajaban las aguas, es que acontece a los pobres ver las viandas y bebidas entre las gentes, y no las pueden alcanzar, y morir de hambre y sed.

[1156] Véase la *Expositio Virgilianae continentiae* fragmento 159 de Fulgencio, donde se da el origen de la interpretación: «uisionem uolens». Véanse más datos sobre Tántalo en Fulgencio, *Mitologicarum liber* 2, 97.

CAPÍTULO IV

DE TICYO

Ticyo (según Leoncio[1157]) fue hijo de Iúpiter y de Elara ninfa, hija de Orchomeno, la cual, siendo preñada, la escondió Iúpiter debajo de tierra por miedo de la ira de Iuno, su mujer; y por esto, nacido el niño, según Servio[1158], dijeron que había nacido de la tierra, y criádole también; y así no sólo fue la tierra madre, mas su ama. Siendo, pues, Ticyo de edad cumplida, amó a Latona, madre de Apolo, y intentó avergonzarla requiriéndola de amores. De lo cual enojados Apolo y Diana, con saetas lo mataron, y condenándole al infierno, donde estuviese atado que no se pudiese mover, y fuese inmortal; con tal ley que buitres comiesen su molleja, y acabada de comer, tornase a renacer, y así nunca cesasen los buitres de comer ni Ticyo de padecer. De la grandeza de Ticyo dice Tibulo[1159] que ocupaba nueve yugadas de tierra, en dos versos que comienzan: *Porrectusque nouem Ticyus,* etc.

DECLARACIÓN HISTÓRICA

Leoncio dice que Ticyo acerca de los Bœocios, región de Achaya, fue grande hombre, y que procurando con todas fuerzas echar a Apolo de Delphos, fue de Apolo vencido y desposeído de su dignidad; y casi reducido en hombre privado, se dijo que Apolo le había echado en los infiernos,

[1157] Léase Boccaccio, *De genealogie deorum* 5, 24. Algunas de las citas también las toma Pérez de Moya de Conti, *Mythologia* 6, 19.
[1158] Véanse sus comentarios a Virgilio, *Eneida* 6, 595.
[1159] *Elegías* 1, 3, 75.

porque le derribó de su dignidad y le hizo humillarse. La pena que dicen tener que los buitres le comen las entrañas es el gusano de la memoria de haber descendido, que tienen los que pierden su estado y se ven abatidos.

Lucrecio[1160] atribuye la significación al deseo o apetito del vicio sensual y a los cuidados dél. Macrobio[1161] dice que por los buitres que comen las mollejas de Ticyo son entendidos los tormentos que se reciben de la memoria de la mala consciencia, pena tan nociva, que roe las entrañas del cuerpo. Strabón[1162] dice que en el tiempo que se dijo andar Apolo en la tierra amansando los hombres, y que les mostraba a hacer vida ciudadana, como primero anduviesen como animales, sustentándose con frutas de los montes, Ticyo era un tirano, y hombre muy cruel, y vicioso en el pecado sensual, a quien mató Apolo con saetas. Y después, porque fuese escarmiento a todos los malos, fue dicho ser atormentado en el infierno con grandes penas.

Otros quisieron dar a entender por esta fábula que ningunas fuerzas humanas pueden ser tantas que la fuerza de la justicia no las pueda castigar y oprimir, cuando alguna cosa fuere injustamente cometida de cualquiera por valiente y grande y poderoso que sea, ni podrá haber número de armados, ni guardas tan vigilantes, ni fortaleza tan fuerte, ni conjuración tan firme, que faltando equidad, la justicia de Dios no puede con facilidad reprimirla.

Sentido natural

Ticyo denota la caña de las mieses. Decir que es hijo de Iúpiter y de Elara ninfa, hija del río Orchomeno, es decir que las mieses nacen mediante el calor natural, entendido por Iúpiter, y de la humedad, entendida por la ninfa Elara,

---

[1160] *De rerum natura* 3, 990-992

[1161] *Sueño de Escipión* 10. Según la tradición, el órgano relacionado con la libido es el hígado.

[1162] *Geografía* 9, 3, 12.

hija de Orchomeno, que es río de Thesalia, porque la humedad y calor es principio de la generación de las cosas. Esconder Iúpiter a Elara debajo de tierra, porque Iuno, su mujer, no se enojase con ella, es porque Iuno denota el aire, y éste no es bueno que dé a las simientes, que es menester que estén cubiertas debajo de tierra, de lo cual nasce después Ticyo, que es la caña en que se cría el espiga; y porque ésta nace de la tierra y se cría en ella, por esto dicen que la tierra fue madre y ama de Ticyo. Amar Ticyo a Latona es que cuando la caña de la mies crece parece subir hacia el cielo (por quien es entendida Latona), como quien se llega a lo que se ama.

Que Apolo y Diana con saetas lo derribasen es que las mieses cuando han crecido lo que han de crecer, luego los rayos del Sol y Luna, entendidos por Apolo y Diana, lo llegan a maduración, de modo que viene a ser derribado de los segadores; dice de Sol y Luna porque no basta sólo lo uno para curar el pan, porque siendo solo el Sol, secarle hía sin granar; y sola la Luna, nunca se enjugaría, y así hay necesidad de la humidad y frescura de la Luna y del calor del Sol para los frutos.

Que le echasen en los infiernos atado, adonde padece muchos tormentos, es porque le derriban los segadores de su altura, y lo ponen en manojos atados en el suelo, más bajo que primero estaba, y a lo bajo llaman los poetas infierno. Los tormentos que le dan es trillarlo y apartar la arista del grano, y después molerlo y hacer de ello pan, por quien es entendido el hígado o mollejas que los buitres le comen, porque así como esto es lo intestino del cuerpo del animal, así el pan se hace de lo de dentro de las cortezas del grano.

Ser Ticyo inmortal es que del hígado o intestino consumido, nacía otro; es porque del fuego divino que se imagina estar dentro de cualquier grano de toda simiente, siendo sembrado nace otro de nuevo.

Que Ticyo fuese tan grande de cuerpo que ocupase cantidad de nueve yuntas o yugadas de tierra, aquí se pone número finito por infinito, porque infinidad de yugadas de tierra se cubren con las mieses.

Quisieron los antiguos por esta fictión declarar la doctrina del sembrar y coger el trigo, y del prepararlo para poderlo los hombres comer.

CAPÍTULO V

DE ACTEÓN

Acteón fue hijo de Aristeo y de Antonoe, hija de Cadmo. Deste escribe Ovidio[1163] que una vez, a hora de mediodía, habiendo mucho cazado, y sintiéndose caluroso, entró en un valle llamado Gargaphie en busca de una fuente muy fresca y clara, que al fin dél en una muy hermosa cueva estaba, en donde la deesa Diana a caso se estaba lavando en compañía de sus vírgines. Cuando las ninfas desnudas vieron al varón cerca, procuraban juntarse a su señora Diana, para encubrir que no las viese; mas como Diana era más alta, no pudo dejar de verla de los hombros arriba, y estando así dieron voces. Enojada Diana de Acteón, que desnuda la viera, quisiera tener cerca de sí las saetas para lo matar; y porque otra cosa hacer no podía, tomó agua con sus palmas y echóla sobre el rostro de Acteón, diciendo con saña: De aquí adelante, di, si pudieres, cómo viste desnuda a Diana. Luego Acteón fue tornado en ciervo, y queriendo hablar no pudo, y quedándosele empero el primero entendimiento, quisiera tornarse al palacio real, y había vergüenza, quisiera esconderse en los desiertos, y no osaba. Entre tanto que en estos pensamientos le detenían, viéronle sus perros en figura de ciervo, a quien con crudas llagas mataron y comieron.

DECLARACIÓN MORAL

Por Acteón podemos entender cualquiera hombre de grande estado, que en lugar de darse a aprender buenas costumbres para hacerse apto de administrar bien su república

---

[1163] *Metamorfosis* 3, 138-252, y el comentario de Pérez Sigler en [1609:3, 2]. Véase también Conti, *Mythologia* 5, 1; 6, 14.

se da a la caza, destribuyendo cuanto tiene en perros y aves, no procurando el honor y acrecentamiento de la república, ni pugnando por la defender; este tal es comido y disipado de sus canes, porque lo echan a perder; y aquellos aparejos de la caza gastan y le comen lo que tiene, que es mantenimiento de su vida. Por lo cual dice la fábula que este tal vino donde estaba Diana bañándose. Por Diana podemos entender la codicia de la caza que los trae a los tales en medio de las fiestas, deshaciendo y menoscabando sus fuerzas y vidas. Que Diana paresciese más alta que las otras desde los hombros arriba, podemos entender (en cuanto Diana era deesa de la castidad) que la castidad es más alta que todas las otras, y las sobrepuja en excelencia y en merecimiento de mayor galardón.

Sentido histórico

San Fulgencio[1164] declara el sentido histórico desta fábula refiriendo lo que Anaxímenes dice, que Acteón amó mucho la caza, significada por Diana, y siguióla, y después de venido a edad cumplida, conoció ser cosa sin provecho y no menos peligrosa que dañosa. Decir que era hora de mediodía es significar la mitad de su edad; entonces conoció los daños de la caza, como antes en la otra mitad no había advertido. Ver a Diana desnuda es decir que entonces conoció Acteón a la clara y descubiertamente ser la caza cosa sin provecho, porque las vestiduras, denotadas por la edad de la infancia o poca experiencia, lo tenían encubierto, así como las vestiduras encubren muchas mancillas en el cuerpo; mas cuando está desnuda, se conoce bien; entonces, a mediodía, con la luz del día o media edad o experiencia, conocióla a la clara.

Viendo Acteón los daños y poco provecho de la caza, temió, y esto es tornarse en ciervo, que es animal temerosísi-

[1164] *Mitologicarum liber* 3, fragmento 107.

mo, y apartóse della; mas tenía en tanto el amor de los perros y cazadores que no los dejó, y como tenía muchos, por sustentarlos casi destruyó toda su hacienda. Y esto es decir que sus perros le mataron y comieron porque consumieron su haber, tanto que vino a morir pobre y desventurado.

Amonéstanos también esta fábula que evitemos saber secretos ajenos.

En otro modo se puede entender que los que se dan con toda diligencia a considerar la misteriosa orden de los cielos y el variar de la Luna, figurada por Diana, es mudado en ciervo estando en los bosques y lugares solitarios, llevado de la curiosidad de aquella sciencia, donde hallado de sus proprios cuidados, familiares de su causa (que son los perros), es comido dellos, porque no consienten que el hombre viva para sí mismo.

CAPÍTULO VI

DEL PUERCO DE CALIDONIA

Escribe Ovidio[1165], donde comienza: *Sus erat infestae famulus vindexque Dianae,* etc., que Oeneo, padre de Meleagro, rey de Calidonia, habiendo un día hecho sacrificio a los dioses, porque diese prósperos años de mieses y frutas, se olvidó de Diana. De lo cual enojados los dioses, de ver ser Diana tan despreciada, y queriendo que tal hecho no quedase sin castigo, permitieron que Diana enviase un puerco montés, mayor que un toro, que destruía cuanto hallaba en tierra de Calidonia, así mieses como viñas y ganados y hombres. Los cuales todos huían y se encerraban en lugares fuertes, no osando andar ni salir fuera por miedo

---

[1165] *Metamorfosis* 8, 272, de donde parte toda la historia, aunque más cerca parecen Conti, *Mythologia* 7, 3, y Boccaccio, *De genealogie deorum* 9, 19.

dél. Meleagro, que era sabio y animoso, juntó una cuadrilla de mancebos para ir a matarle. Entre estos mozos que a esta caza se ayuntaron iba Arcas Anceo, y Cástor y Póllux, hermanos, y Theseo, y Thelamón, y Iassón, y dos tíos de Meleagro, y otros muchos mancebos animosos, y una doncella llamada Athalanta, hija del rey Iasio, la cual, por ser en casos de caza valerosísima, quiso acompañarlos. Llegados al lugar donde estaba, muchos le tiraban sus dardos y otras armas, y no le podían herir; sola Athalanta fue la primera que le hirió. Arcas Anceo, con mucha fantasía sobre los otros ensoberbecido, aunque le amonestaban que no llegase, llegó a él, denodadamente por lo herir, al cual el puerco tal herida le dio que en tierra muerto le echó las entrañas fuera de su lugar.

Aplicación moral

Por esta fábula nos amonestan los poetas que no ha de haber descuido en la religión, y que las esterilidades y pestes que suceden son por los pecados de los hombres.

Que en los sacrificios que hicieron a los dioses se olvidasen de honrar a Diana, deesa de la castidad, significa que no guardaban castidad, y que eran en aquellos tiempos viciosos y fornicadores los de Calidonia. Que los dioses se enojasen, viendo que no se había hecho sacrificio a Diana, es declararnos que del vicio deshonesto se desirve mucho Dios. Que Diana enojada enviase un puerco que todo lo destruía y mataba, por el puerco se entiende el pecado mortal de la lujuria, que destruye el ánima y la vida y salud del que la sigue. Que la virgen Atalanta hiriese la primera el puerco denota que el pecado deshonesto es herido con las armas de la virginidad. Que Arcas Anceo, arremetiendo por herirlo, fuese muerto del puerco: por Arcas se entiende cualquiera lujurioso, que sin temor de Dios se da a este vicio y persevera en él hasta que el pecado lo mata. Por los compañeros que amonestaban a Arcas que no se allegase al puerco, a quien él no los quiso oír, se entienden los que, doliéndose del mal del prójimo, amonestan al pecador que no llegue al pecado. No darse desta amonestación nada a Arcas Anceo denota los que huyen el buen consejo, ni curando dél se están, y llegan al pecado, hasta que mueren a sus manos y caen en tierra del infierno. Ser más puerco éste que otro animal es porque el vicio de lujuria es sucio como el puerco.

CAPÍTULO VII

DE MELEAGRO, Y TIZÓN FATAL

De Meleagro[1166], hijo de Oeneo y de Althea, reyes de Calidonia, cuentan los poetas que, cuando nació, estaban las tres Hadas o Parcas sentadas al fuego torciendo estambre de su vida, las cuales un pequeño madero verde en el fuego poniendo, dijeron: Tanta será la vida deste niño cuanto durare este madero en quemarse. Acabado de hacer esto, las Parcas se fueron, el madero verde en el fuego dejando. Althea, madre de Meleagro, que las oía, apresuradamente se levantó, y apagando el fuego del fatal tizón, en secreta parte con diligencia guardó, como cosa en que la vida de su amado hijo consistía. Mas como muerto el puerco (como en el precedente capítulo dijimos) Meleagro diese la cabeza a Athalanta, porque primero le hirió, o el cuero, como Lactancio[1167] quiere, según usanza de cazadores, sus compañeros tuvieron envidia, especialmente dos tíos de Meleagro, hermanos de su madre, que con violencia quitaron el premio a Athalanta, de lo cual Meleagro enojado, los mató. Sabido de Althea dio grandes voces, y por vengar la muerte de los hermanos, quiso echar el tizón que guardado tenía en el fuego; mas todavía antes de echarlo estaba confusa, como

[1166] Como el capítulo anterior, la fábula parte de Ovidio, *Metamorfosis* 8, 270-546, si bien Boccaccio, *De genealogie deorum* 9, 19, establece más relaciones.
[1167] *Comentarios a la Tebaida de Estacio* 3, 481, citado por Boccaccio.

la nave combatida de contrarios vientos, que no sabe a qué parte se inclinar; desta manera Althea, a las veces metiendo el tizón en el fuego y otras tantas tirándole, hasta que todavía afirmándose en lo peor, queriendo ser más vengativa hermana que piadosa madre, echó el fatal tizón en medio del fuego, por lo cual Meleagro, su hijo, poco a poco enflaqueciendo, espiró.

Declaración

Con este poético fingimiento quisieron dar a entender la vida de cada uno de los hombres consistir en el humor radical, y tanta ser la vida en cuanto este humor se puede sustentar. Compárase este humor radical a una vela que arde, en la cual hay dos cosas, que son fuego y humidad; la humidad se consume del fuego, y en tanto que hubiere humidad, a quien el fuego consuma vivirá el fuego, mas acabada la humidad, cesará el fuego. Así la vida del hombre es una humidad, y un calor natural, el cual durando, dura la vida. Este calor consume continuamente aquel radical humor, como la mecha encendida en el aceite; y así como al candil si no le pusiésemos aceite se apagaría el fuego, así si a este calor no le añadiésemos cosa con que se reparase, acabarse hía la vida en poco tiempo; este reparo se hace con el manjar, el cual se convierte en substancia a él conveniente. Decir que este tizón que las Hadas pusieron en el fuego era verde, por lo verde se denota el humor radical, y por el fuego en que arde este madero se entiende el calor natural. Decir las Hadas que tanto duraría la vida de Meleagro cuanto aquel madero de quemarse, quiere decir que tanto dura la vida de cualquier animal cuanto durare su humor radical en gastarse con el mismo calor suyo natural. Y así como está en la mano del que pone un madero en el fuego, que sea de calidad que dure poco o dure mucho, puniéndole muy verde o muy enjuto, así está en voluntad y poder de aquel que da la humidad radical, que es Dios, ser la vida del hombre larga o breve, porque Dios hace nacer al hombre cuando quiere, y ser compuesto su cuerpo como quiere; y según esto, a unos da virtud de mucho tiempo vivir, y a otros de poco. Y así esta voluntad de Dios es entendida por las Hadas, porque no hay otro hado salvo la voluntad o disposición de Dios. Poner las Hadas el madero en el fuego y dejarle arder, esto es por cuanto Dios hace al hombre nacer cuando le parece, en lo cual luego le da la humidad radical, cuanta él es servido; y en dándole el ser, es poner el madero al fuego, porque juntamente le da calor con la humidad radical, y comienza el calor a consumir de la humidad, y aquello es decir que arde el madero. Quitar la madre de Meleagro, en yéndose las Hadas, el tizón del fuego, y matarlo, y guardarlo, la madre de Meleagro significa la naturaleza o causa segunda, obradora y obedecedora de la primera causa, que es Dios; esta naturaleza decimos que es madre de todos porque della todas las cosas nacen como de madre, y ella a todas da mantenimiento. Quitar la naturaleza el madero o tizón del fuego es decir que es causa que el tizón o la vida no se queme o gaste prestamente, dando manjares con los cuales se restaura y se recobra algo de lo que se pierde, por la consumpción que hace el calor natural; y así todo el tiempo intermedio que uno vive diremos que está guardado el madero, y que no arde, porque aunque siempre se consuma, poco o mucho, siempre se repara mediante el manjar que come. Andar la madre de Meleagro dudando ya para echar el tizón en el fuego, ya para no le echar, denota las enfermedades que naturalmente a los hombres suceden por diversas causas y acidentes, en las cuales ya parece quererse acabar la vida, ya no. Este calor radical en que consiste nuestra vida, puesto que un punto no le podremos hacer durar más de lo que Dios cuando infunde el ánima en el cuerpo es servido que dure, por mucho que nos regalemos, está en nuestro albedrío, que se acabe antes; y aunque Dios, como suma sabiduría, lo sabe antes que nosotros lo pensemos, la culpa de nuestro acabamiento no se atribuirá a Dios, porque así como no será culpa del cerero que la vela que yo le compro se me gaste pronto, por servirme della en la calle o en partes airosas, lo cual no hiciera si me alumbrara en un aposento. Deste modo, si la vida que Dios nos libra la gastáremos antes, será a nuestra cuenta. Que la madre de Meleagro se determinase echar el tizón en el fuego para que arda y se consuma, con lo cual muere Meleagro, significa el acabamiento de nuestra vida, el cual se causa cuando la naturaleza no nos puede conservar por mantenimiento que nos dé, entonces echa el tizón en el fuego, lo cual es dejar que el calor consuma el radical, hasta que lo acabe de gastar; entonces se sigue la muerte.

CAPÍTULO VIII

De Narciso

Narciso fue hijo de Liriope ninfa y del río Sephisso, según Ovidio[1168], donde comienza: *Prima fide vocis,* etc. De quien cuenta que quiriendo sus padres saber lo que sería de su vida, lleváronlo a Terisias; éste dijo que sería hermoso y que tendría larga vida si no se conociese. Siendo ya mozo y adornado de grande hermosura de rostro, fue amado de muchas dueñas y ninfas, y principalmente de Eco, y a todas desechaba, no preciando en nada a ninguna. Aconteció que un día, andando a caza, cansado y caluroso, se fue a una muy clara y grande fuente, y queriendo della beber, mirando el agua, se enamoró de una figura que de la suya recudía en el agua. Narciso, creyendo ser alguna ninfa de la misma fuente, tanto della se enamoró y encendió que después de muy tristes palabras de congoja, de no poderla haber a sus manos, murió. Y como después las ninfas, buscando su cuerpo, no le hallasen donde muriera, y viesen una flor que dicen lirio, dijeron el cuerpo de Narciso ser convertido en aquella flor. Desto hace mención Vergilio[1169], donde comienza: *Pro molli violi,* etc.

[1168] *Metamorfosis* 3, 341-510. Véanse también Conti, *Mythologia* 9, 16, y Boccaccio, *De genealogie deorum* 7, 59.

[1169] *Églogas* 5, 38: «Pro molli viola pro purpureo narcisso».

Declaración moral

Por Narciso se puede entender cualquiera persona que recibe mucha vanagloria y presumpción de sí mesmo y de su hermosura o fortaleza, o de otra gracia alguna; de tal manera, que a todos estimando en poco y menospreciándolos, cree no ser otra cosa buena, salvo él solo, el cual amor proprio es causa de perdición. Por Terisias, adivino, que le dijo que viviría si no se conociese, se entiende el hombre cuerdo, que se conoce y vive según el respecto para que fue criado, considerando de cuán poco valor es la hermosura corporal, y que tarde o temprano los cuerpos de los vivientes se han de tornar polvo, con la cual consideración, nunca el hermoso se preciará de su hermosura, ni el fuerte de su fortaleza, ni el sabio de su sabiduría. Mas los que imitan a Narciso, no placiéndoles otra cosa ni pagándose sino de sí mismos y de sus vanas virtudes se enamoran, tornarse han en flor, esto es, que durará todo tan poco como flor, que luego se seca y se marchita. Huya el virtuoso de su proprio amor y de la hermosura corporal como de cosa que hace más daño que el fuego, porque éste quema lo que se le pone de cerca, y la hermosura, de cerca y lejos. Por Eco, que ninguna palabra pronuncia, excepto la última sílaba, se entiende la inmortalidad del nombre y fama, que los espíritus altos y nobles estiman mucho, como cosa firme, siendo esto nada.

CAPÍTULO IX

De Ero y Leandro

Por ser a todos notorio[1170] la historia o ficción de Leandro y Ero, diré solamente que el amor las más veces se

[1170] La *Historia de Leandro y Hero* de Museo había sido publicada en Venecia y en Florencia en 1494, en Alcalá de Henares en 1514, editada por Erasmo en 1524, poetizada en italiano por Tasso en 1537 y en castellano

acompaña y concuerda con peligros. Eros en griego quiere decir amor, y Leandro, soltura de varones, porque la soltura y libertad del hombre cría amor. Nada de noche: esto es que en tiempo escuro tienta los peligros. Ero, también en semejanza del amor, se finge traer la luz, porque el amor no trae otra cosa sino llama, y muestra el peligroso camino al deseoso, mas presto se mata, porque el amor del mancebo no dura mucho. Nada desnudo, porque el amor sabe desnudar a los que le siguen y arrojarlos en los peligros y amarguras, como en la mar, porque muerta la candela, se procuró la muerte marítima de ambos; esto es, que apagado el vapor de la edad en el hombre y en la mujer, se muere juntamente la lujuria, y son echados muertos en la mar, como en humor de la fría vejez, porque todo fuego de la encendida mocedad se resfría en esta edad.

CAPÍTULO X

DE PÉLOPE Y YPODAMIA

Escribe el Tostado[1171] que Pélope, hijo de Tántalo y de Taygetes, demandó a Ypodamia por mujer, y no se la dieron sino con la condición a otros puesta; porque siendo Ypodamia muy hermosa, era de muchos demandada en casamiento, y su padre puso condición que el que más corriese que la hubiese por mujer; y el que en el certamen fuese vencido, muriese, porque por temor desta tan dura condición se quitasen de la demandar. Este correr había de ser en carro de cuatro caballos; Pélope, no pudiendo en otra manera haber a Ypodamia, aceptó la condición, aunque muy peligrosa,

---

por Boscán hacia 1541. Véase la estupenda edición moderna de José Guillermo Montes, *Hero y Leandro*, Madrid, Gredos 1994, con prólogo de Carlos García Gual.

1171 *Sobre Eusebio* 3, 114. Y también en Conti, *Mythologia* 7, 17, y Boccaccio, *De genealogie deorum* 9, 7.

por la gran ligereza de su carro; mas confiado del ayuda de Mirtilo, hijo de Mercurio, guiador del carro de Ypodamia, a quien prometió que dando orden como venciese a Ypodamia, se la daría para que gozase de su virginidad, aunque no era su intento tal promesa cumplir. Mirtilo, con deseo de la engañosa promesa, aceptó el concierto, y prometió a Pélope que sería cierta su victoria; y para que así fuese, puso en el carro en que Ypodamia había de correr clavos de cera en las mazas de las ruedas, porque luego se quebrasen y Pélope más corriese. Y así venido el día del certamen, venció Pélope, y habida a Ypodamia en su poder, según la propuesta condición, Mirtilo pidió el cumplimiento de su promesa. Pélope, de tal petición mucho enojado, echó a Mirtilo en el mar, donde se ahogó, del cual después de allí adelante se llamó mar Mirtoo, del nombre del que en él se había ahogado, por memoria deste hecho.

Declaración histórica

Ypodamia fue hija de Oenomao, que por otro nombre dijeron Helis, y de Pisa, su mujer; siendo demandada de Pélope, hijo de Tántalo, rey de Frigia, como no se la quisiesen dar, movió guerra contra Oenomao, y cada uno convocó y trujo en su favor los reyes comarcanos que pudo. En este tiempo, Niobe fue dada por mujer a Amphión, rey de Thebas, con condición que ayudase a Pélope, su hermano. Decir que había de correr en carro es declarar que en aquellos tiempos usaban en las guerras los carros. Que el carro de Ypodamia fuese muy ligero es decir que la parte del rey Oenomao era más poderosa que la de Pélope, y se esperaba Pélope ser vencido; empero Pélope hubo tratos secretos con Mirtilo, capitán de la gente de Oenomao. Ofrecer Pélope cosa tan ardua a Mirtilo es para denotar que para que uno haga traición a su señor es menester grandes promesas. Poner Mirtilo en las mazas de las ruedas del carro de Ypodamia clavos de cera es decir que este Mirtilo, siendo su capitán, hizo traición, gobernando mal la gente para que fuese vencida. Que Mirtilo fuese hijo de Mercurio, no lo era, mas porque Mercurio fue uno que se llamó dios de los ladrones y engañosos y malhechores, y todos los que por este arte vivían, según los poetas, decían ser hijos de Mercurio. Que Pélope después que venció a Oenomao y tuvo en su poder a Ypodamia, echase en el mar a Mirtilo fue verdad, porque así merecen ser galardonados los traidores.

CAPÍTULO XI

De Polyphemo y Cýclopes

Los Cýclopes, según Eurípides, fueron hijos de Neptuno, y según Hesiodo[1172], de Celo y de la Tierra; éstos dijeron ser ciento, y el principal era Polyphemo, como en poder y fuerzas a todos excediese. Deste dice Apolonio[1173] que por su grandeza se dijo hijo de Neptuno y de Europa, hija de Ticyo. Homero[1174] le hace hijo de Neptuno y de la ninfa Thoosa. Ovidio[1175] dice que tenía un ojo. Homero cuenta[1176] que aportando Ulisses, después de la destruición de Troya, a Sicilia, saliendo con doce compañeros del navío, entró en una cueva de Polyphemo, y contándole quién era y de dónde venía, y pidiéndole favor y ayuda en su viaje, el Cýclope, con soberbia, le respondió que no temía a Iúpiter, y que era mejor que él. Esto dicho, Polyphemo asió a dos de los compañeros de Ulisses, y en presencia de los otros se los comió. Ulisses quisiera luego matarlo, mas viendo tener la boca de la cueva tapada con una peña que veinte yuntas

[1172] *Teogonía* 139-150. Consúltese además Boccaccio, *De genealogie deorum* 10, 14 y 16. De Conti, *Mythologia* 9, 8 las citas que siguen.

[1173] Apolonio] Apolodoro *1585*. Véase *El viaje de los Argonautas* 1, 179-184.

[1174] *Odisea* 1, 69-71.

[1175] *Metamorfosis* 13, 772,773: «lumen... quod unum / fronte geris media...».

[1176] En la *Odisea* 9, 180 y siguientes.

de bueyes no la podían mover, detúvose; venida la mañana, el Cýclope se comió otros dos compañeros, y dejando a Ulysses con los demás encerrados en la cueva, se fue apacentar su ganado. Volviendo a la tarde el Cýclope, comióse otros dos de los compañeros. Ulysses, que cuando allí entró había llevado algunos frascos de vino, presentó uno a Polyphemo, rogándole hubiese dél misericordia y de los pocos compañeros que le quedaban.

El Cýclope, bebido el vino, prometió hacerlo si le diese más, lo cual haciendo Ulysses, Polyphemo le demandó su nombre, y Ulysses le dijo que se llamaba Ninguno. A esto dijo el Cýclope: Tú, Ninguno, por premio de la bebida que me has dado, serás el último que comeré. Diciendo esto Polyphemo, con la fortaleza del demasiado vino que había bebido, se adurmió. Ulysses, vista esta ocasión, tomó un madero y encendióle la punta, y dando ánimo a sus compañeros le ayudasen, le pusieron en el ojo del Cýclope, de suerte que le privaron de la vista. Polyphemo, con el grande dolor que sentía, levantóse dando grandes voces, y convocando en su ayuda a los demás Cýclopes sus vecinos, acudieron muchos. Decíanle quién le había enojado o de quién se quejaba. Polyphemo decía que de Ninguno, los cuales oyendo que de Ninguno, creyendo ser enfermedad natural, volviéronse. El Cýclope, quitada la peña de la entrada de la cueva, y sentado a la puerta, hacía salir a su ganado, tentando cada cabeza, porque entre él no saliese alguno de sus enemigos. Viendo esto Ulysses, vistióse él y sus compañeros de pellejos de carneros, y salieron en cuatro pies entre el ganado, sin ser del Cýclope sentidos ni conocidos, y volviéronse a su nave.

Declaración histórica

Polyphemo fue un cruelísimo tirano de Sicilia, soberbio y muy menospreciador de los dioses. Decir que fue hijo de Neptuno es porque así como el mar, entendido por Neptuno, en tiempo de tempestad es inexorable, así los tiranos, movidos de la ira o cudicia, son implacables. Decir que era de grande estatura y de gran poder, que tenía mucho ganado, es decir que era tirano de muchos pueblos. Tener un ojo solo denota que los tiranos no curan otra cosa sino sola utilidad y provecho, no respetando a Dios, ni al pueblo, ni al provecho común; estos tales sacan las entrañas, y despedazan los hombres vivos, y despojan la sustancia a los súbditos. Embeodarse del vino que le dio Ulisses, denota que de la lisonja de los hombres astutos son adormecidos muchos, de modo que echan de ver sus vicios. Perder la vista es ser privado del dominio y de la sustancia por ello.

Sentido físico

Algunos quisieron[1177] aplicar el sentido de esta fábula a cosas de naturaleza, diciendo que los Cýclopes denotan los vapores de que se engendran los rayos y relámpagos y truenos. Éstos dijeron ser hijos del Cielo y de la Tierra, porque los vapores no se levantan de la tierra sino mediante el calor del cielo, ni se pueden sin él adelgazar en el aire. Y como muchos salgan también del agua, con razón dicen ser Polyphemo y Cýclopes hijos de Neptuno. Darle a Polyphemo por madre a la ninfa Thoosa, que quiere decir cosa corriente, porque encendiéndose muchas veces los vapores, corren, como vemos hacer los cometas, y porque estos cometas resplandecen, le dan por madre a Stilbis, que significa cosa resplandeciente.

Decir que los Cýclopes habitan en el monte Aetna, de Sicilia, abundante de fuegos, es porque estas cosas de cometas y relámpagos no se hacen sin calor.

1177 Este sentido físico se acerca bastante al de Conti, *Mythologia* 9, 8; tanto que luego se descubre la copia cuando en la etimología de Toosa «cosa corriente» dice Conti [1596:837]: «quasi currentem eius matrem dixerunt.»

CAPÍTULO XII

De las hijas de Danao

Escribe Paulo Orosio[1178] y Lactancio[1179] que Danao, hijo de Belo, tuvo en diversas mujeres cincuenta hijas, las cuales, habiendo sido demandadas de Egesto, su hermano, por nueras y mujeres de otros tantos hijos que también él tenía, Danao, consultando esto con el oráculo de Apolo, tuvo respuesta que había de morir por mano de un su yerno, por lo cual, por escusar el peligro, se vino huyendo con sus hijas a Argos. Enojado Egesto de verse despreciado de su hermano, mandó a sus hijos que le siguiesen y no volviesen delante de sus ojos sin vengarle de Danao. Resultó desta guerra que Danao consintió que sus sobrinos casasen con sus hijas, y hechas las bodas para la primera noche que juntos habían de dormir, Danao dio secretamente a cada una de sus hijas un cuchillo, encargándoles mucho que si deseaban su salud y estado, matasen a sus maridos, lo cual hicieron así todas, si no fue Hypermestra, la cual, habiendo compasión de su esposo Linceo o Lino, le perdonó, y descubrió el caso y le hizo huir de Danao. Escribe Eusebio[1180], que comenzó a reinar en Egypto este Danao en el año tres mil y setecientos y diez y seis de la creación del mundo. Mas echado de Egipto por la causa dicha, se vino a Argos, de donde echó a Steleno, que primero había allí señoreado diez años. Y al fin, después de haber reinado Danao cincuenta años, vino a quitarle su estado Lino, y a matarle, y así se cumplió el oráculo de Apolo. Las hijas, por pena de su pecado de haber muerto a sus maridos, fingieron los poetas estar en el infierno condenadas a una perpetua pena; y es que cada una

[1178] *Historias* 1, 11, 1. Consúltese también Conti, *Mythologia* 9, 17.
[1179] Citado por Boccaccio, *De genealogie deorum* 2, 22, refiriéndose a los *Comentarios a la Tebaida de Estacio* 2, 222.
[1180] *Crónica* 44, 23-55.

de ellas procura henchir de agua de un profundo pozo un cántaro sin suelo, lo cual como acabar no puedan, siempre viven atormentadas. Deste trabajo hace mención Horacio[1181], donde comienza: *Stetit vrna paulum,* etc. Y Ovidio[1182], donde comienza: *Assiduas repetunt,* etc. Y llámalas Bélides, porque fueron nietas de Belo. Y Séneca[1183] las llama Danaydas, que quiere decir hijas de Danao.

Aplicación moral

La pena o cuidado de llenar los cántaros que las hijas de Danao tienen denota la fatiga de los hombres lujuriosos y afeminados, que buscan hartura en sus lujurias, donde nunca la hallarán. El llenarlos de agua y vertérseles luego por no tener suelos denota que la natural sustancia y fuerza, y hermosura, calor, seso, y sanidad, virtud, y toda proeza que el hombre de Dios cogido y recibido había, destruye y arranca y ensucia el necio carnal deseo.

Otros aplican esto al avaricia, entendiendo por el cántaro sin suelo el avariento, porque así como es por demás llenarle echándole agua, así el avariento es por demás hartarse por mucho que allegue y en sí eche; sólo acrecientan más cuidado y trabajo, mientras más echan en los cofres; por cuanto por justo juicio de Dios no pueden tener descanso aquellos que procuran allegar riquezas avarientamente.

Consultar Danao con el oráculo sobre si casaría sus hijas denota que en todas las cosas, primero que se comiencen, se ha de tomar consejo. Ser más de pozo el agua de que procuraban henchir los cántaros que de otra parte es porque, según Plinio[1184], Danao fue el primero que dio en hacer pozos para hallar agua.

Podemos colegir de esta fábula que no debe ninguno

[1181] *Carmina* 3, 11, 23.
[1182] *Metamorfosis* 4, 463.
[1183] *Hércules loco* 495-505.
[1184] *Historia natural* 7, 56.

obedecer el mandamiento de padre, ni de madre, ni de otro superior ni inferior que a mal fin se endereza, ni menos ponerle en ejecución, porque de cumplir el mal mandado le desplace a Dios, y le asigna por ello pena sin término, entendida por el cuidado que éstas tenían de llenar sus cántaros.

CAPÍTULO XIII

De Sphinx

Lactancio[1185] dice que Sphinx fue un monstruo que tenía alas y uñas a modo de las Harpías, que estaba en el monte Phyceo, de donde salía a los caminantes y les proponía enigmas escurísimas, y al que no se las absolvía, con las uñas los despedazaba y se los llevaba. Clearcho dijo que este monstruo tenía la cabeza y pechos de mujer, la voz humana, la cola de dragón, alas de ave, y uñas de león. Plinio[1186] y Ausonio[1187] dicen ser Sphinx un monstruo que tenía una parte de ave, y otra de león, y otra de virgen. Érale dado por respuesta a Sphinx que entonces había de morir cuando alguno explicase sus enigmas. Y como por no topar ninguno que las supiese declarar y hubiese muerto a muchos hombres, los tebanos, por librarse de su molestia y peligro, publicaron con pregón general que cualquiera que la venciese se casaría con la mujer de Creón, sucesora de aquel reino. La enigma[1188] que en común proponía era ésta: *Quod animal bipes, idemque tripes, ac quadrupes esset,* etc. Quiere decir: Cuál es el animal de dos pies, que anda con tres y cuatro pies. Esta enigma declaró Oedipo, por consejo de Mi-

---

[1185] *Comentarios a la Tebaida de Estacio* 1, 61.

[1186] *Historia natural* 8, 21

[1187] *Obras: Tecnopegnio* 16, 10, 25.

[1188] Sobre los enigmas que propone Esfinge, véanse las dos tragedias de Eurípides, *Edipo rey* y *Edipo en Colona.*

nerva, diciendo que este animal era el hombre, el cual teniendo dos pies en la infancia, restribando con pies y manos, andaba con cuatro pies, y siendo varón andaba con dos, y en la senetud, faltándole fuerzas, usando de bordón se hace de tres pies. Desta interpretación que dio Oedipo tuvo principio lo que Terencio[1189] dice: *Dauus sum, non Oedipus.* Quiere decir: Para oficio servil es Davo, y no es Oedipo para adivinar o absolver cuestiones. Vencida de Oedipo, la llevó a Thebas en un jumento.

Sentido histórico

Este monstruo se llamó Sphinx, que en griego quiere decir lo que en latín *constringere, vel vincere,* que es apretar o vencer, porque molestaba y ponía en aprieto a los caminantes, porque Sphinx fue una salteadora que habitaba en un monte llamado Phyceo, de Thebas, que mataba y robaba a cuantos por allí pasaban; de la cual dice Strabón que primero fue cosaria en la mar, y después, dejando el mar, se fue a la tierra, al dicho monte, por más asegurar su vida con el aspereza del sitio. Algunos quieren decir que fue verdad que proponía enigmas a los caminantes que a sus manos venían, y si le respondían bien, los dejaba ir libres con todo lo que llevaban, y si no, quitábales lo que tenían y aun matábalos.

Que propusiese enigmas casi no sabidas de nadie denota que por la dificultad del lugar en donde habitaba, nadie la podía vencer antes de Oedipo, que con consejo de Minerva declaró su enigma; quiere decir que Oedipo, con saber y astucia, se hizo compañero de Sphinx, fingiéndose salteador y recibiendo cada día compañeros con el mismo fingimiento, hasta tanto que tuvo gente para poderla prender con toda su compañía, y de este modo la venció. Y vista por los de Thebas la valentía y saber de Oedipo, y la provechosa hazaña que en su servicio había hecho, le eligieron

[1189] *Andria* 1, 2, 23.

por rey. Dice que la llevó a Thebas en un jumento por denotar por el perezoso movimiento de este animal el espacioso tiempo que se detuvo en aguardar ocasión, para poderla prender. Atribuyéronle a Sphinx miembros de diversos animales, por declarar su crueldad. Por las alas denotaba la ligereza de los salteadores que en su compañía tenía, que como aves andaban por el monte. Por las uñas de león o de grifo denotaban su crueldad.

Otros declaran[1190] esta historia diciendo que Cadmo tenía consigo una mujer amazona, llamada Sphinx, cuando vino a Thebas, y como allí matase a Dragón y ocupase aquel reino, tomando a Harmonía, hermana de Dragón, por su prisionera, entendiendo Sphinx que Cadmo se casaría con ella o la amaría más, convocó muchos ciudadanos que le prometieron servirla, y tomando grandes riquezas y con presteza se fue a un monte, de donde movía guerra a Cadmo, haciéndole grandes daños con muchas celadas, matándole cada día muchos hombres; a estos encuentros o daños que Sphinx hacía llamaban los tebanos enigmas. Visto de Cadmo los daños que ésta hacía, publicó que cualquiera que la prendiese o matase le daría grandes premios. A este fin, entre otros que acudieron vino un corintio llamado Oedipo, varón ejercitadísimo y diestro en cosas de guerra, y juntando en su compañía algunos tebanos, subió de noche al monte donde estaba Sphinx y la prendió.

Sentido moral

Por la enigma que dicen que Sphinx solía proponer a los caminantes quisieron los antiguos declarar la flaqueza del hombre y su debilidad, subjeta a muchas miserias y calamidades, considerando que los más animales en naciendo andan y buscan el sustento, y el hombre, a la contra, sale tan incapaz de todo que moriría si no hallase quien a su necesidad proveyese.

[1190] Véase, por ejemplo, Paléfato en la nota que toca esta *Philosofía secreta* 4, 51.

Tener Sphinx parte de león denota que el hombre sufra sus trabajos y calamidades con esfuerzo de león, pues que quiera, o que no, ha de sufrir lo que le viniere. Las alas denotan la priesa con que los trabajos combaten y saltean a los hombres. La cara humana que tenía Sphinx denota ser de humanos estar subjetos a las mudanzas de Fortuna. Las uñas de grifo denotan que a cualquiera puedan asir los desastres. El despedazar Sphinx al que no le sabía responder a sus enigmas denota que el que no sufriere las adversidades con paciencia, habiéndose sabiamente con ellas, atribuyéndolo a que Dios las envía por sus deméritos o por hacerle bien, será despedazado y atormentado de su poco sufrimiento y poca consideración.

FIN DEL LIBRO QUINTO

Libro sexto

En que se ponen fábulas pertenecientes a transmutaciones

CAPÍTULO I

En que se ponen algunos presupuestos, para mejor entender las transmutaciones de Ovidio

Para entendimiento de las transmutaciones que Ovidio escribe, y otros poetas, se advertirá que para denotar la castidad fingen haberse convertido los que la amaron en árboles siempre verdes, como Daphne[1191] en laurel. Y cuando algún mozo moría que dejaba muestra de alguna gracia especial, fingieron convertirse en tiernas y delicadas flores, que brevemente se secan, como Iacinto[1192]. Y, por el contrario, para reprehender las crueldades y tiranías y otras cosas feas, fingieron por esta manera de comparaciones convertirse en fieras, como Licaón y Lynco[1193] en lobos . Y para reprehender el hurto y los que viven de sudores ajenos fingen convertirse en aves de rapiña. Y para que se abomine la envidia y sus propiedades, introducen la historia de Aglauros[1194]. Y para declarar los que por sucios yerros no osan parecer en presencia de las gentes, dicen convertirse en aves nocturnas, que no vuelan sino de noche, aborreciendo la claridad de la virtud, como Victimine, que fingen haberse convertido en lechuza. Otras veces, porque los muertos se tornan inmovibles y fríos como piedra, fingieron haberse convertido mu-

[1191] Ovidio, *Metamorfosis* 1, 550 y siguientes.
[1192] Ovidio, *Metamorfosis* 5, 162-219.
[1193] Ovidio, *Metamorfosis* 5, 660.
[1194] Ovidio, *Metamorfosis* 2, 560 y siguientes.

chos en piedras; y el convertirse siempre los tales en cosas de sus mismos nombres era por denotar que el hombre en lo mismo que ama se convierte. Los monstruos que en las fábulas se nombran también tienen su misterio, como es decir que los Cýclopes, que fingían ser unos hombres monstruosos, que tenían un solo ojo en la frente, por este solo ojo quisieron entender los ignorantes y los que no tienen cuenta sino consigo mesmos; otros sin boca, por los que con poco se sustentan; otros con los ojos en el estómago, para denotar los que tienen el vientre por su Dios.

La conversión de Alcitoe y sus hermanas[1195] significa que la castidad, figurada por Alcitoe, conociendo cuán fieros enemigos son el vino y la ociosidad, despreciando el tonto placer del beber demasiado, procura con el continuo ejercicio defenderse y conservarse en su propia virtud, escondiéndose como morciélago de lo que a ello le pueden incitar.

Por la fábula de Ceys y Alcyón[1196], convertido en ave de su mismo nombre, nos exhorta que reprimamos la soberbia y arrogancia, y que no nos debemos gloriar con riquezas o nobleza de linaje o fuerzas y hermosura de cuerpo, pues todas estas cosas son prestadas de Dios, autor de todo don. Y porque entendamos no haber felicidad tan firme que no pueda faltar, nos ponen ejemplo en Alcyón.

Las hijas de Anio vueltas en palomas[1197] nos declaran las partes de la contemplación, que es acerca de las cosas que no tenemos delante los ojos; y también acerca de las divinas que todo se vuelve en mantenimiento del alma, el cual manjar es figurado por el trigo, vino, y aceite.

La fábula de Poliméstor y Hécuba[1198] nos es ejemplo de los daños de la avaricia; son los avarientos cegados de la paciencia (figurada por Hécuba), por muy justo juicio de Dios, Hécuba vuelta en perro y muerta a pedradas[1199], nos da a conocer que la paciencia ofendida, muchas veces se

---

1195 Ovidio, *Metamorfosis* 4, 1-274

1196 Ovidio, *Metamorfosis* 11, 384, 410, 748.

1197 Ovidio, *Metamorfosis* 13, 632 y siguientes.

1198 Eurípides, *Hécuba* 3; 25; 31. Ovidio, *Metamorfosis* 13, 430.

1199 Ovidio, *Metamorfosis* 13, 534-575

vuelve en furor y rabia, la cual después queda muerta por la fuerza de las pedradas de las persecuciones y poca paciencia.

La fábula de Terreo y Philomela[1200] es fictión para declararnos el daño de la lujuria, y para decir que el lujurioso es sucio fingieron haberse Terreo convertido en abubilla, ave sucia y hedionda, que se sustenta de estiércol. Convirtióse Progne en golondrina por denotar la tristeza que tenía, significada por luto o negrura desta ave. Philomela se convirtió en ruiseñor, porque cuanto más el vicio intenta oprimir la virtud, tanto más ella se ensalza. Ithis mudado en faisán significa la simplicidad e ignorancia de un niño, porque el faisán es ave incauta y simple.

Con la fábula de Filimón y Bauci[1201] convertidos en encinas quisieron declarar que fueron hechos inmortales, pagándoles los dioses el beneficio recibido; porque la encina dura más que otro algún árbol, y por esto se hacían della las coronas antes que Apolo diese a conocer el laurel.

La fábula de Marsias convertido en río[1202] nos da a entender que cuando queremos contender con Dios, no temiéndole como debemos, presto nos hace conocer que somos más deleznables que un río, quitándonos todas las fuerzas con privarnos de su gracia, de manera que cayendo nuestra fuerza en tierra, se convierte en agua de río que jamás para.

Arne convertida en graja[1203] significa la avaricia, porque como esta ave dondequiera que puede haber oro lo hurta y lo esconde, así Arne, por precio de dinero, vendió la fortaleza de su padre.

Rodopo y Hemo convertidos en montes[1204] denota la soberbia de los hombres de pequeña cuenta, que están hinchados de vanagloria; mas faltándoles fuerzas para que tengan efecto sus cosas, no se pueden mover más que si fuesen montes.

1200 Ovidio, *Metamorfosis* 6, 451-674.
1201 Ovidio, *Metamorfosis* 8, 631-715.
1202 Ovidio, *Metamorfosis* 6, 382-400.
1203 Ovidio, *Metamorfosis* 7, 465.
1204 Ovidio, *Metamorfosis* 6, 87

El pastor de Pulla[1205] mudado en acebuche, árbol que todavía retiene su fructo, y su zumo es amargo, nos da ejemplo que el malo siempre será el mismo, aunque mude sitio y hábito y aparencia, como este pastor, que aunque mudó corteza, no mudó su natural amargor.

En Perimele[1206] echada en el mar de su padre y vuelta en peñasco por haber sido corrompido por el río Aquiloo se ve cuánta fuerza tenga en un ánimo generoso la conservación de la honra, cuando por tenerla limpia y clara no se tiene respecto a mujer, ni a hijos, ni a cualquiera estado del mundo.

Iolao remozado[1207] significa que cuando el deseo de gloria y fama nos mueve a hacer cosas honrosas y virtuosas, dejando las obras viejas que son poco loables, nos remozamos en las nuevas mucho loables.

Los compañeros de Macario[1208] dan ejemplo de cuán locos y temerarios son los que se atreven a contender con el cielo, porque al fin son mudados en pájaros; esto es, que se vienen a resolver en pensamientos tontos y vanos.

El acónito o rejalgar cogido en el monte Citoriaco y esparcido sobre Aragnes, que la vuelve en araña[1209], es la ira que ocupa a los que ven despreciar y abatir las obras que ellos han hecho con mucha industria y largo trabajo, como era lo que Aragnes tejió.

La transformación de Galantis en comadreja[1210] nos da ejemplo que Dios nos da el castigo en la parte con que le habemos ofendido. La comadreja, según los naturales, pare por la boca, llevando el castigo en la parte con que Galantis hizo burla de Lucina.

La fábula de Ciparisso mudado en ciprés[1211] por la muerte de su ciervo nos da ejemplo que no pongamos tanto

1205 Ovidio, *Metamorfosis* 14, 517.
1206 Ovidio, *Metamorfosis* 8, 591.
1207 Ovidio, *Metamorfosis* 9, 389.
1208 Ovidio, *Metamorfosis* 14, 159-441.
1209 Ovidio, *Metamorfosis* 6, 5-145.
1210 Ovidio, *Metamorfosis* 9, 306-323.
1211 Ovidio, *Metamorfosis* 10, 121-130.

amor en las cosas mortales, que faltándonos nos necesiten a tener todo el resto de la vida en llanto. Convirtióse más en ciprés que en otro árbol porque los antiguos adornaban los sepulcros de sus amigos muy queridos con ramos deste árbol.

La fábula de Vertuno convertido en vieja para gozar de Pomona[1212] nos es ejemplo que nos recatemos de las viejas que tratan con las doncellas, porque muchas mozas serán muy constantes con los ruegos presentes de los enamorados y de cualquiera fuerza de persuadir; más déjanse vencer de las palabras de una malvada vieja, por la reverencia que tienen a su edad.

El incestuoso e infame amor de Biblis[1213] con su hermano nos da a entender cuán fiero y cruel es el poder del amor lascivo, pues no guarda leyes de sangre, ni parentesco, y se mete entre hermanos. Es Biblis transformada en su fuente para darnos a entender que después que habemos llegado al arrepentimiento de algún pecado, nos habemos de hacer fuentes resolviéndonos en lágrimas, en señal de que nos arrepentimos verdadera y no fingidamente.

CAPÍTULO II

De Epimetheo

Epimetheo[1214] fue hijo de Iapeto y de Asia; éste, según Leoncio, fue el primero que hizo una estatua de hombre de barro, como su hermano Prometheo; por lo cual, según Theodoncio, enojado Iúpiter, lo convirtió en mona y lo desterró a la isla Pitagusa.

1212 Ovidio, *Metamorfosis* 14, 622-697.

1213 Ovidio, *Metamorfosis* 9, 450-665.

1214 Fábula e historia tomadas de Boccaccio, *De genealogie deorum* 4, 42.

Declaración

El entendimiento desta fictión es que porque la mona es animal que por naturaleza tiene que lo que ve hacer al hombre lo desea hacer y lo pone por obra, y porque este Epimetheo (que era estatuario) quiso por arte hacer semejanza de lo que naturaleza, dice la fábula que Iúpiter le convirtió en mona, porque tomó condición de mona en querer remedar a la naturaleza como este animal al hombre. En lo que dice que Iúpiter enojado, pertenece a la fábula, porque para haberle de convertir y desterrar, algún enojo había de haber recebido Iúpiter. En lo que dice que lo echó después de ser mona a la isla de Pitagusa (que algunos dicen Buxia), es que en aquellas tierras había gran copia de monas, o que eran hombres ingeniosos, que en sus obras imitaban a la naturaleza. Este Epimetheo dicen que fue Chan, hijo de Noé; quisieron por él significar el apetito sensual; y porque este apetito le puso en ejecución, haciendo lo que se le antojó, dijeron ser mona, animal que imita cuanto ve.

CAPÍTULO III

De Cenis convertido en hombre

Cuenta Ovidio[1215] que Cenis, hija de Elatheo, no se quería casar, y por esta causa, apartándose de la conversación de los hombres, andaba por la ribera del mar; a la cual viendo Neptuno le hizo fuerza, y en pago de su perdida virginidad, díjole que demandase el don que más le pluguiese, que él se le concedería; ella demandó que la tornase en forma de varón, porque otra vez no padeciese otra semejante deshonra; hízose así como lo demandó, y de mujer se tornó

[1215] *Metamorfosis* 12, 189-209.

hombre, y mudó el nombre con el sexo; y como antes siendo mujer se llamase Cenis, después tornada en hombre se llamó Ceneo.

DECLARACIÓN

En esta fábula quisieron los poetas mostrar no ser cosa nueva las mujeres mudarse en hombres y a la contra, así estando la criatura en el cuerpo como fuera, según opinión de médicos[1216], los cuales dicen que muchas veces ha acontecido haber hecho naturaleza una hembra y haberlo sido uno y dos meses en el vientre de la madre, y sobreviniéndoles a los miembros genitales copia de calor (por alguna ocasión), salir afuera y quedar hecho varón. A los que esta transmutación ha acontecido en el vientre de su madre, se conocerá (según dice el doctor Iuan Huarte, médico doctísimo[1217]), en movimientos ciertos que tiene mujeriles, y en la voz blanda y melosa, y en que tienen inclinación de hacer cosas mujeriles. Otras veces tiene naturaleza hecho un varón con sus miembros genitales afuera, y sobreviniendo frialdad, se los vuelve adentro y queda hecha hembra. Y cuando esto ha acontecido en el vientre de la madre, se conoce después en que tiene el aire de varón, así en la habla como en los movimientos y obras, porque no difiere el hombre de la mujer (según Galeno) más que en tener los miembros genitales fuera del cuerpo. Y de tal manera dice ser esto verdad, que si acabando naturaleza de fabricar un hombre perfecto, le quisiese convertir en mujer, no tenía otro trabajo más que tornarle adentro los instrumentos de la generación; y si he-

---

[1216] Un resumen de las teorías médicas y fuente para todo el capítulo, así para las citas de Plinio y de Liciano Mutiano que vienen más abajo, es el capítulo 18 «De mulieribus in viros conversis & maris an foeminae in coitu sit maior voluptas» del *De doctrina promiscua* de Galeoto Martio [1552]. Para Amato Lusitano, véase la obra de Juan Rodrigues, judío portugués, autor de unos comentarios a Aristóteles y a Averroes (1565). La anécdota de Amato Lusitano también citada por A. de Torquemada en el *Jardín de flores curiosas.*

[1217] Véase el *Examen de ingenios para las ciencias* 15, en edición de Guillermo Serés, Madrid, Cátedra 1989:607-608. De aquí parte también la cita de Galeno [*De semine* 2, 5 «De defectu uuluae»] que sigue.

cha mujer quisiese volverla en varón, con arrojarle el útero y los testículos fuera, no había más que hacer. Verifica esta opinión Plinio[1218], donde escribe que siendo Cónsules Licinio Craso y Cayo Casio, un mozo llamado Longino, en Casino, lugar de Italia, fue primero mujer. Y Licinio Mutiano trae que él vio en Argos, ciudad de Grecia, un hombre llamado Aristonte, que primero había sido mujer y estando casada se tornó hombre. Amato Lusitano cuenta que en Esgueyra, cerca de Coimbra, estaba una señora, por nombre María Pacheca, la cual en llegando a edad en que suelen tener las mujeres su purgación, le salió un miembro genital de hombre, y luego la vistieron de varón, y llamándola Manuel se vino a casar por hombre. En Madrid se acuerdan hoy día muchos que una monja de Santo Domingo, alzando un grande peso, se convirtió en hombre, y se llamó Rodrigo Montes, y fue después fraile. No solamente pasan estas conversiones en los hombres, mas aun en animales [ir]racionales, según atestigua Ausonio[1219] poeta, diciendo que en Vallebana aconteció un ave que de macho fue convertido en hembra, y súbitamente aparecio de pavo echa pava. Esta opinión quiso confirmar Ovidio[1220] con la fábula de Yphis, que dice que estando preñada la madre de Yphis, el padre le mandó que si pariese hija, que la matase, y si hijo, que lo guardase. Llegó el tiempo y parió una hija, y dijo al padre que había parido hijo, y mandó al ama que no lo descubriese. El padre, muy alegre, creyendo que tenía hijo, púsole por nombre Yphis; y así se crió en hábito de varón. Llegando a edad de trece años, el padre lo desposó con Yante, hija de Telestis, que eran de una edad ambos, y en estremo igualmente hermosos. Llegado el día de las bodas, por ruegos que la madre hizo a Yphis, dice que se convirtió en varón. Puédese aplicar esta fábula diciendo que el volverse Yphis en hombre es cuando las mujeres están también criadas virtuosas y de buen entendimiento, que nos dan consejo de varones. O esto es pintar un alma que después de ha-

---

[1218] *Historia natural* 7, 2.
[1219] *Obras: Epigramas* 26, 76.
[1220] *Metamorfosis* 9, 702-797.

berse dado un tiempo a los deleites se vuelve a las virtudes varoniles, con el favor de las cuales combate animosamente con todos los vicios, sin temor de cosa; y por esto se finge que no podía ser herido Cenis; es, pues, oprimida con la mucha fuerza de los vicios y mudada en ave, esto es que, limpia de muchas pasiones, vuela al cielo.

CAPÍTULO IV

DE LICAÓN

Licaón, que Theodoncio[1221] dice haber sido rey de Arcadia, fue hijo de Titán y de la Tierra, de quien escribe Ovidio[1222] que subiendo los gritos de los mortales al cielo, porque en la tierra todo sucedía mal y vivían peor, quiriendo Iúpiter ver cómo se habían los hombres en el vivir, se transformó en hombre, y descendió a la tierra, y andando de unas partes en otras, llegó donde estaba Licaón; y manifestando a todos ser un Dios, comenzó el pueblo menor luego con grande humildad a honrarle; sólo Licaón hacía burla y mofaba de los que tal hacían; y no contento con esto, quiso probar si era Dios, y para esto mató un hombre que preso tenía, y hízolo aderezar, y convidó a Iúpiter a comer, y púsoselo delante. Iúpiter, conociendo ser carne humana, muy enojado puso fuego a su casa. Licaón, desto espantado, comenzó a huir, y queriendo hablar, ya no podía, porque se iba transformando en forma de lobo, el cual así como antes era malo siendo hombre, así en forma de lobo se ejercitó luego en degollar ganados.

DECLARACIÓN

Que Licaón fuese Titano, no lo fue, mas dícese por ser de las semejantes costumbres malo y soberbio y despreciador

---

1221 Boccaccio, *De genealogie deorum* 4, 66 [el mismo lugar para la cita de Leoncio que viene más abajo] y más cerca Conti, *Mythologia* 9, 9.

1222 *Metamorfosis* 1, 163-243.

de Dios, como lo fueron todos los hijos de Titán. Decir que su madre era la Tierra fue porque los Titanos dijeron los poetas ser hijos de la Tierra. Que Iúpiter se transformase en hombre para ver con sus propios ojos cómo se habían los hombres unos con otros: se da a entender cuánto ha sido Dios siempre deseoso de ver que sus criaturas más nobles tengan entre sí amor y afición, y que mira mucho en las obras que los hombres hacen.

Que la gente o pueblo menor comenzase luego a adorar a Iúpiter, haciéndole sacrificios porque dio señal que era Dios, y Lycaón comenzó a hacer burla, es por dar a entender la maldad de Lycaón y la ignorancia del pueblo.

Que Lycaón quisiese probar si era Dios, dándole a comer carne humana para ver si la sabía distinguir o entender, no fue el intento de Lycaón éste, sino afrentar unos embajadores y significarles lo que había hecho de un prisionero que mató. Para entender esta historia, es de saber que los molosos, que primero se llamaron epirotas, según escribe Leoncio y afirma san Isidro[1223], trujeron guerra con los pelasgos, que después se llamaron sicionios o arcades. Esta guerra fue reinando Lycaón en Arcadia, en el cual tiempo había allí un noble varón de gran linaje llamado Lisanias, que después se dijo Iúpiter, y fue el segundo de este nombre. Licaón vino en concordia con los molosos, y para que se guardasen las cosas capituladas, pidió Lycaón uno de los más nobles de la tierra de los molosos en rehenes, atento que de ellos había nacido primero la discordia. Diéronselo, y fue condición que Lycaón había de restituir este prisionero a cierto tiempo, volviéndolo a los molosos sano y bueno como se lo daban. Cumplido el tiempo, enviaron embajadores que lo entregase. Licaón, entonces enojado, o porque se le pidieron o por otro accidente (como él fuese hombre de mala condición), dijo a los embajadores que el siguiente día se viniesen a comer con él y les daría el prisionero. Aquella mesma noche degolló Liycaón su prisionero, y mandó parte dél cocer y parte asar, y así púsolo en la mesa delante de los

---

1223 *Etimologías* 14, 4.

convidados, como lo toca Ovidio[1224], donde comienza: *Foeda Lycaoniae*, etc. Estaba entre los del convite Lisanias susodicho, el cual conociendo que aquella era carne de hombre, enojado dio con la mesa en el suelo, y movió guerra contra Lycaón, a cuya parte se inclinó todos los pueblos de Arcadia, y echaron a Lycaón del reino y quemaron su casa.

Lycaón, despojado de todo su honor y poder y riqueza, no pudiendo en otra manera vivir, comenzó a robar con algunos pocos que a él se llegaron; y como para robar salteasen y matasen los caminantes, dijeron que se convirtió en lobo, el cual hace lo mismo en las animalias; y porque aunque tenía la forma de hombre, en las obras era lobo, y este animal concuerda mucho con su nombre y obras; porque Lycaón en lengua griega significa lobo, y todo esto significa el mudamiento de su estado o la crueldad que tuvo siendo rey, y después de espelido del reino.

CAPÍTULO V

De Calístome, hija de Lycaón y madre de Arcas

Después que Lycaón fue por Iúpiter echado del reino y convertido en lobo (según dice Paulo Crisippo), quedando Calístome, su hija, desmamparada, se hizo de la compañía de Diana, siguiendo su ejercicio en cazas y virginidad; y siendo hermosísima, fue amada de Iúpiter, el cual, como dice Ovidio[1225], tomando figura de Diana, la engañó; de donde creciéndole el vientre y siendo de las demás ninfas, sus compañeras, convidada a lavarse donde también se bañaba Diana, temiendo que sería visto su pecado desnudándose, resistía el lavarse. Finalmente, desnuda por fuerza y conociendo Diana ser dueña, la despidió de su compañía.

[1224] *Metamorfosis* 1, 165 y siguientes.

[1225] *Metamorfosis* 2, 401-530. De donde parte, y da más datos, Boccaccio, *De genealogie deorum* 4, 67.

Viendo Calístome que Diana sus desculpas en ninguna manera oír quería, muy triste y desconsolada se partió por unos grandes y umbrosos montes, rogando a los dioses hubiesen compasión della.

Andando, como digo, por fieros y solitarios bosques, tomóle el parto y parió un niño a quien puso nombre Arcas. Viendo esto Iuno, descendió a ella, y tomándola de los cabellos, la árrastró por el suelo. Calístome, juntando las manos, quería pedir misericordia, cuando Iuno, de oírla hablar más airada, luego la convirtió en osa, y así la hizo ir por la floresta, quitándole la habla y la figura en tal manera que ni a Iúpiter ni a otro jamás pudiese agradar; y quedando el niño solo, por unas ninfas fue dado a criar. Quince años había Arcas, cuando andando a caza encontró con su no conocida madre, y queriéndola herir, ella muerta de miedo se fue a socorrer al templo de Iúpiter, en donde queriéndola matar (según dice Theodoncio) fue librada de Júpiter, porque convirtió a Arcas en oso, y a ambos a dos los puso en el cielo a la redonda del polo Árctico; y Calístome fue dicha Osa menor y Arcas Osa mayor. Iuno, turbada que la amiga de su marido y su hijo estuviesen colocados en el cielo, rogó a Thetis y a Neptuno, dioses del mar, que no dejasen a estas osas lavar en sus aguas, como hacen las otras estrellas, lo cual se lo prometieron y hasta el día de hoy lo guardan.

Declaración histórica

Dice Leoncio que estando turbado el estado de la casa de Licaón, Calístome, su hija, huyó a los montes, y que allí se juntó con unas vírgines, que en manera de las monjas de agora estaban sirviendo al dios Pan, guardando virginidad. Iúpiter, después de haber echado a Licaón del reino, fue gran señor, y siendo informado de la hermosura de Calístome, codicióla; y sabido que estaba entre las vírgenes del dios Pan, tomó hábito de mujer, y entrando a ella con diversas maneras de hablas, trajóla a su consentimiento. Cuando el tiempo de parir vino, descubrióse la vergüenza de Calístome, y no la sufriendo en su compañía las sacras vírgenes, echáronla con su hijo, mayores penas la queriendo dar, mas no osaron por miedo de Iúpiter. Salida Calístome de la compañía destas vírgenes, apartóse a las montañas, no queriendo parecer de vergüenza entre las gentes, en donde con su hijo estuvo quince años escondida. Creció Arcas y fue de grande corazón, y no pudiendo sufrir la vida y el mandado de la madre, quísola un día matar; ella fuese a Iúpiter, querellándose de su hijo. Iúpiter entonces reconoció a Arcas con su madre Calístome, dio lugar que tornasen al reino que a Licaón su padre le había quitado. Cuando los arcades vieron a Calístome, la cual mucho tiempo visto no habían, y pensaron ser muerta, llamáronla Osa; porque como la osa, según los naturales, gran tiempo del año está escondida debajo de tierra en cuevas, de donde no sale, y cuando parece que debe ser ya muerta sale; y por causa de la madre a su hijo Arcas llamaron Oso, y deste Arcas se llamó este reino Arcadia.

Que Iuno la arrastrase de los cabellos y la convirtiese en osa es poético fingimiento, para hermosear la fábula. Y aunque Iuno no era mujer deste segundo Iúpiter a quien aconteció este hecho, quieren todos los poetas que todos los llamados Iúpiter se reduzgan a uno, y éste que sea el tercero Iúpiter, hijo de Saturno y marido de Iuno, que fue mucho tiempo después.

Que Iúpiter pusiese a Calístome y a Arcas en el cielo, convertidos en las estrellas que llamamos el Carro y la Bocina, que dicen Osas mayor y menor, fue, según histórico sentido, que Iúpiter les restituyó el reino de su padre. Llamáronse Osas estas estrellas, porque tienen una propiedad como el oso, y es que si le atan a una coluna, siempre que no duerme anda a la redonda; así hacen estas estrellas, que andan a la redonda del polo Ártico. Que Iuno rogase a los dioses del mar que no las dejase bañar en sus aguas: quisieron por esto declarar que estas dos imágines de estrellas (que son las que el vulgo dice Carro y Bocina) nunca se esconden a los septentrionales, con el movimiento de los cielos, como hacen todas las demás. Y porque piensan los vulgares que las estrellas cuando se desaparecen, puniéndose por el horizonte, se meten en la mar y se bañan o lavan, y estas estrellas no se esconden, por tanto, esta petición de Iuno es condición propia destas estrellas según su postura, y por esto dice que se lo prometieron los dioses del mar a Iuno, y que lo guardan hasta hoy, y lo guardarán (aunque no quieran) para mientras cielos y movimiento hubiere.

CAPÍTULO VI

De las hijas de Cinara

Cuenta Ovidio[1226] que el rey Cinara tenía siete hijas tan hermosas cuanto soberbias, que les parecía que se podían igualar con los dioses del cielo, por cuya causa enojado Iúpiter las convirtió en gradas o escalones de piedra, y las puso a la entrada de un templo, para que necesariamente pasasen sobre ellas todos los que hubiesen de entrar en él.

Declaración

Para declarar los sabios antiguos cuán gran pecado sea la soberbia, vanagloria y avaricia, ponen este ejemplo de las hijas de Cinara, las cuales, porque su padre era poderoso y rico, menospreciaban a los que poco podían y no remediaban las necesidades de los pobres, por lo cual Dios las trujo a tanta pobreza y miseria que les fue necesario pedir limosna; y porque para pedir nunca salían de las puertas de los templos, dice la fábula que fueron convertidas en gradas, porque estaban tan continuas allí como si fueran piedras. Fue justo castigo éste, porque quien se ensalza con las alas de la soberbia será humillado con el azote del abatimiento, y pisado de todos como gradas.

[1226] Esta historia viene desde Ovidio, *Metamorfosis* 6, 98, y más por extenso en 10, 399-502.

CAPÍTULO VII

DE NIOBE

Niobe, hija de Tántalo, como testifica Ovidio[1227], donde dice: *Mihi Tantalus autor, cui soli licuit superum contingere mensas,* etc., quiere decir: Tántalo es mi padre, al cual sólo fue otorgado que se asentase a las mesas de los dioses. Aunque según dice Iuan Bocacio, no fue aquel Tántalo amigo de los dioses, como dice Ovidio, porque aquél fue un buen rey que gobernó mucho antes a los corintios. Lactancio[1228] dice que fue Niobe hija de Tántalo y de Penélope. Otros dicen que de Tántalo y de Euryanassa. Otros la hacen hija de Tántalo y de Taygetes. Casó Niobe (según Theodoncio) con Amphión, rey de Thebas, de quien tuvo siete hijos y otras tantas hijas. Aunque Homero[1229] dice que tuvo seis varones y seis hembras, otros dicen muchos menos. Hesiodo[1230] dice que tuvo diez varones y otras tantas hembras. Y como fuese señora de altivo espíritu, haciendo los tebanos sacrificios a la deesa Latona, comenzó Niobe a reprehenderlos con palabras ásperas y a preferirse a ella, diciendo mal de Latona, como escribe Ovidio[1231] en el alegado libro, en trece versos, que comienzan: *Quis furor auditos inquit*, etc. De lo cual enojada Latona, quejóse a sus hijos Apolo y Diana. Y ellos, por vengar la injuria de la madre, con saetas mataron todos los hijos y hijas de Niobe. Y Iúpi-

---

[1227] Los versos que siguen son los 172-173 del libro sexto de las *Metamorfosis*, si bien se puede seguir toda esta historia entre los versos 146-312 del citado libro. Véase además Conti, *Mythologia* 6, 13.

[1228] *Comentarios a la Tebaida de Estacio* 3, 191 y 4, 576. Citado por Boccaccio sobre Niobe en *De genealogie deorum* 12, 2.

[1229] *Ilíada* 24, 602-606.

[1230] Citado a partir de una nota de Apolodoro, *Biblioteca* 3, 5, 6, pero que se encuentra en los *Fragmenta* 184.

[1231] Véase Ovidio, *Metamorfosis* 6, 170.

ter, otrosí, a todos los hombres de aquella tierra convirtió en piedras por nueve días, y al décimo permitió volverlos a la primera forma. Niobe, siendo privada del marido y de los hijos, cerca de la sepultura dellos estando llorando, fue convertida en piedra, y arrebatada de los tebanos, fue puesta en lo alto del dicho monte, en donde perpetuo llanto hasta hoy continúa. Otra Niobe[1232] hubo hija de Foroneo, mujer que fue de Inacho, más antigua que ésta cuatrocientos y setenta años.

Sentido histórico

El sentido histórico es que en Phrigia murieron en un día todos los hijos y hijas de Niobe, de pistilencia; y porque el Sol y la Luna, entendidos por Apolo y Diana, hijos de Latona, son causa de pestilencias, por engendrarse de grande abundancia de vapores, dice la fábula que Apolo y Diana los habían muerto con saetas. Que muertos los hijos de Niobe, Iúpiter convirtiese en piedras por nueve días a todos los hombres de aquella tierra, y al décimo los volviese en su prirnera forma, es que en los tiempos de peste son los hombres crueles e inhumanos por el miedo en estas oportunidades, porque ningún ñudo hay de afinidad ni amistad que sea firme; y como al décimo día cesase la pestilencia y los enterrasen cerca del monte Siphilo, dice la fábula que en nueve días los había convertido Iúpiter en piedras, porque aquel tiempo habían estado fríos en la caridad como piedras; y cuando el décimo hicieron lo que a hombres eran obligados, dice que Iúpiter los volvió a su primero ser. Y como con estas calamidades quedase Niobe tan pasmada y perdiese el sentido, o, según Tulio[1233], por su perpetuo silencio que tuvo de no hablar ni quejarse, dijeron que se convirtió en piedra. En lo que dice que convertida en piedra fue arrebatada de los tebanos y puesta en lo alto del

---

1232 Contado por Apolodoro, *Biblioteca* 2, 1, 1.

1233 Véanse las *Tusculanas* 3, 26, 63.

monte, donde hasta hoy continúa el llanto, esto es, según Theodoncio[1234], que los antiguos, por memoria de la gran fortuna de la soberbia señora, hicieron una estatua de piedra en figura de una mujer que llora, y pusiéronla en el sepulcro. Y como levantándose de la tierra a ella cercana vapores húmidos, y entrándose en las concavidades de los ojos de la estatua, y por la frialdad de la piedra se convierten en gotas de agua con semejanza de lágrimas, de aquí salió que los ignorantes tienen que Niobe hasta el día de hoy llora.

Sentido moral

Fue Niobe hija de Tántalo y de Euryanassa. Tántalo quiere decir avaricia, y Euryanassa, abundancia o riqueza; destos nace la soberbia de los mortales (entendida por Niobe), de quien se sigue el menosprecio de los dioses, y el tener en poco a los amigos y a los pobres, y el olvido de los bienes recibidos de Dios. Por Niobe se entiende la soberbia o osadía, porque viéndose ésta rica y de linaje, con muchos hijos y hijas, y muchos amigos y parientes, y honra que todos le hacían y estimaban, pensó sobrepujar a todo el humano poderío y tenerse por más bienaventurada que los dioses. Amonéstanos esta fábula que cuando alguna casa o ciudad creciere en tanta soberbia, que su caída será presto, y que no hay poder que en un momento perderse no pueda con la voluntad de Dios, como aconteció a Niobe, que presto lo perdió todo. O denota que los que con soberbia se quieren igualar con Dios se hallan privados de aquello que más se gloriaban. Por la paciencia de Niobe nos amonestan también que apartándonos de la arrogancia y temeridad, suframos con igual ánimo las mudanzas prósperas y adversas.

[1234] Recuérdese a Boccaccio, *De genealogie deorum* 12, 2.

CAPÍTULO VIII

De Aiax, convertido en flor

Cuenta Ovidio[1235] que como Ulysses venciese a Aiax en la pretensión que ambos tuvieron sobre las armas de Achiles, teniéndose Aiax por afrentado, dijo: Pues mi triste suerte y contraria fortuna me ha traído a tal tiempo que Uysses sea premiado de lo que por muchas causas era mío, a lo menos yo confío que aunque más elocuente y orador sea, no será tan poderoso que baste a sacarme esta espada de la mano; y diciendo esto, matóse con ella. Entonces Iúpiter, movido a compasión, convirtiólo en flor; porque Aiax no supo vencer sus apetitos, aunque venció a muchos con la espada, fingieron los antiguos que fue convertido en flor, frágil y caduca, que por la mañana nace y a la tarde se marchita. Amonestándonos en esto que aprovecha poco uno vencer a otros, si no se sabe vencer a sí mismo, como sea mejor el que doma su ánimo que el que vence ciudades, según dice Salomón[1236]. En esta contienda de Ulysses y Aiax se ve cuánto vale en los ejércitos un capitán prudente y manso en las cosas de la guerra, como lo era Ulysses. Porque la fiereza y braveza de Aiax es de provecho cuando es regulada con la sabiduría y prudencia de otro, que por sí mesma no es otra cosa sino locura furiosa y precipitada, aparejada para revolverlo todo; mas hallándose ambas cosas juntas en un subjeto, éste merecerá loores de perfecto capitán. Vese también cuánto puede el deseo de aventajarse en las cosas de la honra, en los corazones generosos que profesan las armas, pues por ella no estiman la vida.

1235 *Metamorfosis* 13, 1-407. La muerte de Ayax la relata Conti en *Mythologia* 9, 1.

1236 *Biblia: Proverbios* 16, 32.

CAPÍTULO IX

DE EACO

De Eaco, hijo de Iúpiter y de Egina, escribe Ovidio[1237] que reinó en una ciudad llamada Enopia, que después, del nombre de su madre, llamó Egina. A esta ciudad tenía Iuno odio, porque Egina era amiga de Iúpiter, y por despoblalla, envió en ella muy espesas nieblas, y encerró en ellas grandes calores, de cuya causa se levantaron después unos vientos calurosos y húmidos, que emponzoñaron los ríos, de que sucedió gran pestilencia en los animales y gentes, que vino la ciudad en gran diminución. Eaco, en sueños, vio una encina llena de hormigas, unas que subían y otras que decendían, y parecíale que rogaba a Iúpiter le concediese que aquellas hormigas se hiciesen hombres, lo cual fue así hecho, y deste modo su ciudad fue restituida y poblada de gente, como primero solía. Y llamó a aquellos hombres mirmidones, atento que *mirmex* en griego quiere decir hormiga.

SENTIDO HISTÓRICO

El sentido histórico desta fábula (según Teágenes[1238]), es que en un tiempo, por ser fatigados los eginetas con las continuas correrías de cosarios y otras naciones, y no sabiendo resistirles, estaban escondidos en cuevas, en donde a modo de hormigas allegaban mantenimientos de fructos que produce la tierra sin cultivarla, porque ni aun sabían cosa de agricultura. Mas como Eaco les enseñase a hacer navíos, y ejercitarse en cosas de guerra, mediante lo cual, desechado

[1237] *Metamorfosis* 7, 471-671. La etimología de hormiga «mirmex» que viene más abajo también la tiene en cuenta Boccaccio, *De genealogie deorum* 12, 45. Véase asimismo Conti, *Mythologia* 3, 9.

[1238] «libro 3 de Eginetes». Así citado por Conti, *Mythologia* 5, 3. Véase Jacoby, *Die Fragmente* 774.

el temor, saliesen a campo raso, y resistiesen las fuerzas de los enemigos, y comenzasen a hacer vida ciudadana, dice la fábula que de hormigas fueron vueltos en hombres.

Otros dicen que siendo despoblada esta ciudad por una peste fue poblada de labradores, que a modo de hormigas el agosto recogían del campo fructos para sustentarse el invierno. Quisieron también declarar por este fingimiento proceder la peste de aires corruptos, inficionados; y porque por Iuno se entiende el aire, y dél procede peste, dice la fábula que estaba enojada con esta ciudad. La corrupción de que se engendra peste le procede al aire en una de tres maneras. La primera, por comunicación de la tierra, como acontece después de las batallas a do quedaron grande cantidad de muertos sin sepultura, de los cuales se levantan malignos vapores, y le corrompen. La segunda, por destemplanza del mismo aire, especialmente caliente y húmido, como acontece en los años muy húmidos y lloviosos, o en los años que corren ábregos secos. La tercera, por influjo del cielo (según opinión de astrólogos) maligno y venenoso. Es peste una contagiosa enfermedad, de la cual son heridos muchos en diversas partes, y los más dellos mueren. Desta definición se sigue que la enfermedad causada por beber de una misma agua o comer de unas comidas, o habitar en una misma habitación, aunque sea común a muchos y mueran los más, no se llamará peste, por no ser en diversas partes, lo cual nunca acontecerá hasta que tenga fundamento en aire inficionado y contagioso.

CAPÍTULO X

DE PSITACO

Psitaco dice Theodoncio[1239] que fue hijo de Deucalión y de Pirra, y nieto de Prometheo; en sus tiempos varón muy sabio, el cual enseñó a su nieto Psitaco muchas sciencias, y después de muy docto en ellas se fue a vivir a tierra de Ethiopía, en donde alcanzó grande reputación y honra. Y

[1239] Este capítulo es copia de Boccaccio, *De genealogie deorum* 4, 49.

siendo de mucha edad, rogó a los dioses que le sacasen de ser hombre. Ellos, oyendo sus ruegos, mudáronlo en Psitaco, ave de su mismo nombre, que es la que llamamos papagayo.

Declaración

La verdad histórica desta fábula es que Psitaco fue varón sabio, y como en vida era de grande honra, muerto después de largo tiempo fue de gran fama; y perseverando su nombre y loor siempre firme, dijeron que se había convertido en ave de su nombre, como quien dijese: Él murió, mas su nombre y fama quedó sin mudanza. La causa porque dijeron haberse mudado en papagayo más que en otra ave es porque estas aves son verdes, y esta color significa la vida y fuerza, porque la cosa que perece, sécase y ennegrécese. Y así, la fama de aquellos que persevera en memoria de las gentes es convenientemente significada por la color verde destas aves; y porque esta ave canta y gorjea, y como el cantar es cosa dulce y alegra el corazón, así la fama y memoria de los sabios y virtuosos es dulce a los que después dellos vienen; o porque según san Isidro[1240], como en Ethiopía no hay otras aves, y éste vivió allí y murió, fue, pues, cosa conveniente decir que se mudó en esta ave más que en otra. Este Psitaco fue casi mil años antes que otro Psitaco, uno de los siete sabios de Grecia; adviértese porque piensan algunos ser todo uno.

CAPÍTULO XI

De Hyppomenes y Atalanta

Atalanta, hija de Schaeneo, fingen haber sido una doncella muy hermosa y tan ligera, según cuenta Ovidio[1241], que corría más que ciervo. Ésta preguntó Phebo si podría casar; fuele respondido que no le convenía casar, mas al fin se ca-

---

1240 *Etimologías* 12, 7.

1241 *Metamorfosis* 10, 506-707. Véase también Conti, *Mythologia* 7, 8.

saría con pérdida de sí misma y de su marido. Con este agüero muy espantada, determinó dejar las ciudades y andarse por los montes, huyendo toda conversación de varón. Y porque nadie pedirla por mujer pretendiese, puso por condición que si alguno quisiese con ella casar, corriesen ambos; y si ella fuese vencida, la recibiese el vencedor por mujer, y si el varón fuese vencido, perdiese luego la vida. Y aunque esta tan dura condición y ley era puesta, muchos mancebos, movidos de la beldad de Atalanta, venían al partido y les costaba no menos que las vidas. Entre los cuales vino Hyppomenes, que otros nombran Milanione, no para correr con ella, que lo tenía por locura, por estar cierto no haber hombre que vencer a Atalanta pudiese, sino para ver tan espantosa prueba y los nobles mancebos que tan dura cosa aventuraban, el cual los condenaba por locos cuando a la doncella visto no había. Mas después que la vio, perdido el buen sentido, tanto de la fuerza de su beldad se aficionó que deseó contender en este riguroso certamen. La doncella, que a Hyppomenes más bello que a todos los otros vio, oyendo que era de linaje de Neptuno, tiniendo compasión a su mocedad, pesábale que a tan fiero peligro se pusiese; por lo cual, moviendo en su corazón diversos y contrarios deseos, no sabía si cobdiciase vencer o ser vencida, porque si ella venciese, moriría Hyppomenes, al cual ya mucho amaba, por lo cual dél compasión había; y si fuese vencida, temía incurrir en lo por los dioses pronosticado, ultra del loor que de ser vencida perdería, que por lo uno y lo otro le era pena grande de con él correr; mas al fin ella escogió vencer, y no lo haber por marido. Ya estaba Hyppomenes a punto de querer correr cuando la deesa Venus invisiblemente a él llegó (todos los otros no la viendo), la cual tres manzanas de oro muy preciadas le dio con el aviso de lo que había de hacer con ellas. Hippomenes y Atalanta, ya puestos parejos en el campo, y comenzada la carrera, tanta era la ligereza de la doncella que en breve del Hyppomenes mucho se apartó; mas aprovechándose Hyppomenes del remedio que Venus le diera, una de las manzanas apartada de la carrera lejos echó. Espantada Atalanta de tan hermosa cosa, de cudicia movida, por ella tornó, en tanto Hyppomenes corría como podía, aunque su esfuerzo poco le aprovechó, porque ella en breve lo tornó a alcanzar y pasar, por lo cual la segunda manzana Hyppomenes echó, a la cual Atalanta por lo semejante se movió; entre tanto Hyppomenes ya pasaba, mas la doncella apriesa le alcanzó. Eran ya ambos cerca del término de la carrera, y no era duda que primero llegaría Atalanta. Hyppomenes, tornando al su postrero remedio, la tercera manzana echó. Dubdó entonces Atalanta si por ella tornaría, a quien la deesa Venus, porque no fuese vana su ayuda, su corazón a cudicia la movió. Entre tanto Hyppomenes primero llegó al término de la carrera, y según su tan gran deseo, a la vencida doncella en su poder recibió. Con la tan alta prosperidad, Hyppomenes, de la merced de Venus olvidado, gracias no le hizo; por lo cual en saña y ira la Venus movida, pensó el tal desagradecimiento sin pena no dejar. Hyppomenes, que para su tierra la vencida doncella llevaba, acaeció que a un templo grande llegaron, que en unas montañas a la madre de los dioses consagrado estaba, en donde habida oportunidad para cumplidamente Venus se vengar (como en su poder sea mover los corazones de los amantes), puso tan grande ardor en el deseo de Hyppomenes, que de más largo esperar por ninguna manera sufrir se podía, y no habiendo allí otro lugar secreto donde el tal ayuntamiento cumplir pudiese, apartándose a una capilla obscura, en la cual los sacerdotes muchas estatuas de dioses viejos tenían puestas, comenzando ellos la tal torpedad, todos los dioses que allí eran, envergonzados de la tal deshonra, las caras volvieron. La madre de los dioses (cuya era la principal injuria), por tal desacato ser hecho en su templo muy enojada, quiso una vez vivos echarlos en el infierno, mas pareciéndole pequeña pena y venganza, los tornó en leones fieras bestias, que a su carro atados anduviesen, con que se cumplió lo que Phebo dicho le había.

Declaración

En la narración desta fábula se ponen muchas cosas por hermosura y buena composición, sin alguna significación. En lo que dice que Atalanta demandó a los dioses consejo si casaría, declara en esto la condición de los antiguos que adoraban a los demonios y a ellos acudían en sus dubdas; y pónese así porque haya razón alguna de la respuesta que los dioses le dieron. Decir que Atalanta, sabida esta respuesta se fue a los montes y dejó la conversación de los hombres, y huía los casamientos, significa las mujeres castas, que consideran los daños que venir les puede en el ayuntamiento carnal, y moviéndolas el temor huyen la conversación y ocasión que a esto inclinarles puede, a lo cual ayuda vivir en apartado recogimiento.

La condición que Atalanta hizo con los que con ella casarse hubiesen denota las duras respuestas que las honestas mujeres dan a los solicitadores de su libertad, puniéndoles condiciones duras o imposibles, porque del loco amor se aparten. Que Atalanta venciese a los mancebos en correr significa el propósito firme de las mujeres honestas, que algún tiempo les dura, según lo cual vencen a todos los amadores desechándolos de sí.

Que Atalanta comenzase a amar a Hyppomenes, y aun no se dejase dél vencer, y que después de echadas las manzanas fuese vencida, significa que dos cosas mueven a las mujeres a perder la castidad: hermosura y cubdicia. Dar Venus las manzanas de oro a Hyppomenes significa que los amadores con hirviente deseo que los mueve dan lo que tienen, y porque estos dones no se dan moviéndoles la razón, mas sólo el carnal deseo, dice que Venus las trujo, porque Venus es la deesa del amor carnal. El dar Venus estas manzanas, y no verla nadie sino solo Hyppomenes, denota los amores carnales estar en los corazones secretamente de los amantes, como los demás linajes de deseos. El no ser Atalanta vencida por las dos manzanas primeras, hasta echada la tercera, denota que algunas no luego con los primeros dones se vencen (aunque se inclinan), mas continuando los dones (lo cual por este número de tres significa) son al fin vencidas las que reciben.

Lo que dice haberse Venus enojado con Hyppomenes por no darle gracias del vencimiento por su causa habido significa que la ingratitud nunca queda sin castigo. Que Hyppomenes, con el grande hervor de deseo, no pudo más sufrir que dejase de gozar de Atalanta en el templo, significa las desmesuras que los hombres suelen tener en los actos de Venus, los cuales no acatan reverencia a lugar, ni a persona, ni a otra cosa que la razón demande. Que la madre de los dioses, por el descomedimiento los convirtiese en leones y los atase en su carro, es que como los leones son animales tristes, que tienen el rostro bajo hacia la tierra, así los grandes amadores de la carne (entendidos por Hyppomenes y Atalanta) incurren en muchos pensamientos y sospechas, temores y enojos, y no pueden mucho tiempo gozar de aquello que pensaron ellos ser bienaventuranza, porque las leyes de la mortalidad (a las cuales sus cuerpos son atados), como tengan necesidad de morir y sean de cutidiana corrupción (en cuanto son de tierra), les hace ser tristes, porque no se posee cosa alguna con grande alegría que con tristeza grande no se pierda. Ultra desto, por Atalanta quisieron significar los antiguos el deleite que vence a la razón.

Paléfato[1242] dice que estos dos amantes, andando a caza, se enamoraron y se entraron en una cueva a gozar de su liviandad, y hallaron dentro un león y una leona que los despedazó, y como los criados los hallasen así muertos de leones, echaron fama que se habían convertido en leones.

FIN DEL LIBRO SEXTO

[1242] *De non credendis* 13.

Libro séptimo

Trata fábulas para persuadir al hombre
al temor de Dios, y a que tenga cuenta
con la que ha de dar de su vida,
pues según ésta fuere, así recibirá el gualardón

CAPÍTULO I

DE ACHERONTE, RÍO

Opinión fue de Platón[1243] que las ánimas, después que se apartaban de los cuerpos, iban a un lugar no conocido debajo de la tierra, donde estaba el reino de Plutón, y que antes que a los palacios llegasen, habían de pasar por un río llamado Acheronte, hijo que unos dicen ser de Ceres; otros de la Tierra; otros de Herebo y de la Noche, de quien dicen que como diese de beber a los Titanos que pelearon contra Iúpiter, fue echado en los infiernos; es su agua muy desabrida. Fingen ser viejo, aunque robusto y feroz, y andar vestido de negro y sucio.

DECLARACIÓN

Acheronte es un río que nace de la fuente Arethusa (según Strabón[1244]), y porque se hunde debajo de tierra y de mar, y sale después lejos en tierra de Sicilia, cerca de Zara-

---

[1243] Citado por Conti, *Mythologia* 3, 1. Se refiere al diálogo platónico pero apócrifo titulado *Axioco* [ed. Aguilar:371]. Por otro lado, en el *Fedón* [ed. Aguilar:112-113] se hace una nueva mención al río Aquerón. Más fuentes y comentarios se pueden consultar en Boccaccio, *De genealogie deorum* 3, 5. El comienzo del libro 7 de esta *Philosofía secreta* coincide con el tercer libro de Conti.

[1244] *Geografía* 6, 2, 4.

goza, por esto fingen pasar por los infiernos o palacios de Plutón. Que Acheronte fuese echado en los infiernos por Iúpiter, porque dio bebida a los Titanos, es que uno así llamado, que reinó en aquellas partes, que como favoreciese con bastimentos a los Titanos, y Iúpiter le venciese con ellos, y nunca más pareciese, dijeron haberle echado en los infiernos. O dar a beber a los Titanos cuando peleaban contra Iúpiter, denota que muchos malos pensamientos se levantan contra los sagrados mandamientos de Dios, los cuales, si el corazón mantuviere largo tiempo, hará una fuente que pase por el reino de Plutón.

Recibir Acheronte primero las ánimas que van a los infiernos es que cuando se sienten morir los hombres, les viene un entorpecimiento y flaqueza de ánimo, por la memoria de las obras hechas, y la conciencia les perturba, de modo que hacen una fuente o laguna de pensamientos temerosos, de que suelen salir lágrimas, de que se engendra el río Acheronte; y por ser esto primero que el alma se despida del cuerpo, dijeron ser el primer paso que se pasa este río, para ir al palacio de Plutón.

Ser Acheronte hijo de la Tierra o de Ceres es dar a entender que las molestias y perturbaciones nacen del estudio de adquirir o de guardar riquezas, entendidas por Ceres y por la Tierra.

Ser hijo de Herebo y de la Noche es porque Acheronte denota el tiempo (según Servio[1245]), el cual es hijo de Herebo, que se toma por el secreto consejo de la mente divina, del cual el tiempo y todas las demás cosas son criadas. La madre fue la Noche, porque antes que fuese el tiempo no se veía alguna luz, y por esto dicen haber sido hecho en las tinieblas y de las tinieblas nacer. Fue puesto en los infiernos después, porque aquellos que están en el cielo no tienen necesidad del tiempo, como nosotros los mortales que habitamos en la más baja parte del mundo, en donde a respeto del cielo se podrá decir infierno.

1245 En el comentario a Virgilio, *Eneida* 6, 299 y 326. Citado por Boccaccio, *De genealogie deorum* 1, 33.

Ser este río de agua muy desabrida es que en esta vida, si con diligencias se considera, tiene muchos desabrimientos. Pasar Charonte a los mortales de la una ribera a la otra es porque en naciendo el tiempo nos lleva a la muerte, y así hace pasar el río Achironte, que quiere decir sin alegría, porque pasamos en esta vida frágil y caduca, toda llena de miserias. Es viejo, mas robusto y feroz, porque no pierde el tiempo con los años su fuerza. Píntanle vestido de negro porque mientras nosotros somos subjetos al tiempo y vivimos, no curamos otra cosa sino de cosas terrenas, las cuales son viles y sucias, si las comparamos a lo del cielo, en lo cual habíamos de estar siempre ocupando nuestro entendimiento.

CAPÍTULO II

De la laguna Stygia

Después de Acheronte se sigue la laguna Stygia, la cual dice Hesiodo[1246] ser hija de Océano y de Thetis; otros dicen de Acheronte; otros de la Tierra. Casó con Palante, de quien hubo una hija llamada Victoria; y como en la guerra que hubo Iúpiter con los Titanos, Victoria ayudase mucho a Iúpiter (según dice Theodoncio[1247]) concedióle por premio de sus buenos servicios, que los dioses jurasen por la laguna Stygia, su madre (no le pudiendo mayor cosa dar), y tanto la honrasen que no osasen faltar lo que en su nombre jurado hubiesen. Según siente Homero[1248], y Apolonio[1249], y Vergilio[1250], donde comienza: *Dii cuius iurare Stygiamque*

[1246] *Teogonía* 361; 383 y siguientes. Citado por Conti, *Mythologia* 3, 2.

[1247] Boccaccio, *De genealogie deorum* 3, 14.

[1248] *Odisea* 5, 185.

[1249] *El viaje de los argonautas* 2, 291-292.

[1250] *Eneida* 6, 323-324: «Stigiamque paludem / di cuius iurare timent et fallere numem.»

paludem timent, et fallere numen. Quiere decir: y la laguna Stygia, por la cual los dioses que juran temen quebrantar el juramento; y si alguno quebrantase el juramento, fuese privado por cien años de la divinidad y del Néctar celestial y dulce potaje de los dioses. Dícese Stygia de *stygestos* que en griego significa tristura, porque engendra tristeza, por entenderse por ella muchas veces el infierno (lugar donde no puede haber alegría), y por esto en otro modo Stygia significa odioso, como lo es el infierno. Claudiano[1251] dice que Victoria, hija de Stygia, tiene alas, y trae palma en las manos.

Declaración

Estas cosas son dichas poéticamente, porque la Victoria no es doncella, ni tiene madre, ni padre, ni ella puede dar favor, ni tales dioses hay que jurar tal puedan; mas fíngenlo para alegorizar algo. Por Stygia se entiende tristura, aunque Stygia, según la verdad, es un grande lago de la otra parte de Egypto, como afirma Séneca[1252]. La causa del jurar por la Stygia es que el juramento se suele hacer por la cosa que más tememos, y tal es Stygia, que quiere decir tristura, por cuanto los dioses significan los hombres bienaventurados, a los cuales no falta cosa; y así no juran por lo que desean, como cosa no deseen, pues todo lo tienen, mas temían perder el bien que tienen, lo cual les haría grande tristura, y ésta es de ellos temida, y así por ella habían de jurar.

Otra razon da Aristóteles[1253], diciendo que los antiguos tuvieron opinión ser el agua comienzo y principio de las cosas, y de aquí pusieron los poetas a Océano y a Thetis, por engendradores y padres de los dioses y cosas; y concluye que por esto los poetas dijeron que la Stygia era juramento

---

[1251] *Poemas: Consulado de Estilcon III* 24, 201-205.
[1252] *Hércules loco* 710-715.
[1253] *Metafísica* 1, 3, fragmentos 983b32, donde se aclara que los dioses juran por el agua.

de los dioses, porque el juramento se ha de hacer por la cosa más honrada y más antigua de todas las cosas, y el principio dellas es más antiguo que todas ellas, y como por este principio entendían el agua, por esto habían de jurar por la Stygia, que es agua del infierno, la cual parece madre de todas las aguas que fuera salen, como las aguas vean salir de las entrañas de la tierra, donde se imagina estar el infierno.

Que Stygia fuese hija de Océano y Thetis es porque el mar, entendido por Océano y Thetis, es la fuente principal de donde se engendran fuentes y ríos y lagunas.

Que sea hija de Acheronte: ya dijimos en el capítulo precedente que Acheronte es una pasión que mueve a llanto, y una tristeza que nace en el entendimiento del hombre, que se ve morir de la consideración de sus obras pasadas. Empero Stygia es una ira o aborrecimiento de los hechos pasados con que se sigue la penitencia cuando comenzamos a aborrecer los pecados cometidos, y entonces se dice pasar el ánima la laguna Stygia que de Acheronte nace. Y porque el aire cuajado en las concavidades debajo la tierra se convierte en agua y se engendran desto lagunas y ríos, dicen que la laguna Stygia era hija de la Tierra.

Que la laguna Stygia haya alcanzado aquella honra, porque su hija Victoria ayudó a Iúpiter contra los Titanos, o porque descubrió las acechanzas a Iúpiter, quisieron significar que todas las naciones deben (en cuanto pudieren) conservar en su señorío a sus príncipes, mayormente si son buenos. Y que los príncipes deben hacer mercedes a los que les descubren las traiciones y acechanzas de los malos, porque ninguna cosa puede ser más acomodada que ésta para la conservación de los señoríos.

Otros tienen ser Stygia un río pequeño, cercano al monte Nonacro, de Arcadia, cuya agua es tan venenosa que el que della bebe luego muere; y por esto Stygia significa cosa odiosa o aborrecible o que engendra tristura.

CAPÍTULO III

De Cocito río infernal, o Flegeton

Lo que se ha dicho en los precedentes capítulos, fingen por el río llamado Cocyto[1254], o Flegeton: Cocyto quiere decir querella, y llanto, porque los que mueren, por la mayor parte después de conocer sus pecados, lloran por no haber hecho penitencia dellos por haber sido cometidos contra la suma bondad de Dios. Otros dicen que fue así dicho porque se quejan y reciben por gran trabajo el haber de dejar las cosas que mucho se aman en este mundo, como son deudos y amigos e hijos y bienes temporales. Otros llamaron a este mismo río Flegeton, que significa ardor de arrepentimiento de las ofensas hechas a Dios.

CAPÍTULO IV

De las edades del hombre y de los mismos ríos que se han tratado en los capítulos precedentes

El Dante[1255] finge estar una estatua en lo alto de un monte de Candia grande, de semejanza de hombre viejo; la cabeza de oro, y los pechos y brazos de plata, lo demás del cuerpo hasta las ingles, de cobre, las piernas y el pie izquier-

---

[1254] Copia de Conti, *Mythologia* 3, 3, y de Boccaccio, *De genealogie deorum* 3, 15.

[1255] *Divina Comedia: Infierno* 14, 103. Las cuatro edades tienen un referente clásico en san Isidoro, *Etimologías* 11, 2. También en el *Convivio* 23 y siguientes de Dante se reflexiona sobre las cuatro edades. La sexta *Cuestión* de El Tostado está dedicada a las edades con gran cantidad de comentarios sobre las fuentes ya citadas [1551:205-216].

do de hierro, y el pie derecho de tierra cocida. Por esta estatua se entiende la vida del hombre, según todas sus edades: y aunque por estos metales se puede significar las edades del mundo (como dice Ovidio[1256]) cuadra mejor con las edades del hombre. La cabeza, que es lo primero y comienzo del cuerpo, que es de oro, significa la infancia, o ignocencia; ésta es de oro porque así como el oro es el mejor de todos los metales, así ésta es la mejor de todas las edades, porque en esta edad no puede hacer el hombre cosa de que después se arrepienta, como en las otras, como no tenga uso de razón. Por la segunda parte de los pechos y brazos de plata se entiende la segunda edad, que es desde los seis años hasta los catorce: ésta es más fuerte que la primera, mas no es tan noble, porque esta edad [es] significada por los pechos y brazos; y en los pechos está la anchura y fortaleza del cuerpo, y en los brazos el poder obrar: y así en esta edad es el hombre más fuerte para obrar que en la primera, y alguna cosa entiende lo que en la primera no tenía: empero es ésta menos noble que la primera, porque en ella los hombres comienzan a pecar; y aquel que es sin pecado es más noble delante de Dios; y de esto la primera edad fue segura. Y así la primera se denota por el oro, y la segunda por la plata, metal de menor valor. La tercera parte, que es de los pechos hasta las piernas, es de cobre: por ésta se significa la tercera edad, que dicen juventud; conviene al metal más duro que la plata, y hacen dél más obras y es mucho de menor valor. Así la tercera edad de la juventud es más dura que la segunda de la puericia, y es para sufrir mayores trabajos, y hacer mayores hechos. Ésta es la que comienza las guerras y daños que unos hombres se hacen a otros, que en la primera y segunda no se comienzan. Por esto esta edad es peor que la pasada, y en los pecados hacen al hombre de menos valer. La cuarta parte del cuerpo, que es las piernas y el pie izquierdo, son de hierro; por ésta se significa la cuarta edad, que es llamada virilidad, en las cuales es el hombre varón entero, así como es de treinta años arriba; conviene esta

[1256] *Metamorfosis* 1, 89-162.

edad a este metal, por cuanto el hierro es aplicado a más obras que el cobre, en más daños, y más duro que los metales de las otras edades. Y así como el hierro es de menor valor que los otros metales, así es esta edad de menor valor porque en ella se cometen más pecados que en las otras. La quinta parte del cuerpo es el pie derecho, y éste es de tierra cocida: significa la postrimera edad que es la vejez, o senetud: porque así como con los pies se denota el fin del cuerpo, así esta edad denota el fin de la vida. Y no puso ambos pies de tierra, mas sólo el derecho, porque el movimiento más se hace sobre aquel pie que sobre el otro, y así como más sobre él afirmamos, así la vejez es contra la cual se acuesta toda la edad del hombre; y como esta parte es de tierra cocida, que es más flaca que los metales y de menos valor, así esta edad es más flaca que las otras edades: ella es en la cual el cuerpo se quiebra, porque en las otras edades puede el hombre no morir, mas en ésta es necesario morir, por la disposición del cuerpo en aquella edad; y aunque la vejez mediana es buena para consejos, empero la grande o decrépita, aun el buen sentido quita. Otrosí, es peor cuanto algunos vicios que en la vejez más se confirman, así como avaricia e invidia, odio y otras cosas más reprehensibles en el viejo que en el mozo.

Esta estatua fingían tener en todas las partes del cuerpo unas aberturas pequeñas, por las cuales corrían gotas de agua, salvo en la cabeza: esto denota cometer los hombres en todas las edades, significadas por aquellas aberturas del cuerpo, algunas culpas, de las cuales el hombre puede haber pesar dello y llorar. Y por esto la primera parte que es la cabeza de oro no tiene ninguna abertura, porque en aquella edad (por ella significada) no comete el hombre con la ignocencia cosa de que pueda tener culpa. Estas gotas que desta estatua se destilan por los pies y tierra pasan al infierno, y de esto se causa el río Acheron: y deste modo se pueden dar nacimiento de todos los tres ríos del infierno, que son: Acheron, Stygia, Flegeton, porque de las lágrimas nace Acheron, y de Acheron nace Stygia, y de Stygia nace Flegeton. Acheron significa sin gozo. Stygia significa tristeza. Flegeton significa ardor, porque del pensamiento de los males pasados se coge perdimiento de gozo: porque aunque alguno se halle en gozo, si comienza a pensar, o le ocurren en la memoria los males pasados, pierde el gozo y está sin él, y esto es Acheron, y de aquí se sigue tristeza; y aunque no sea una misma cosa estar sin gozo y tener tristeza, de lo uno se sigue lo otro; porque el que no tiene alguna cosa en que se goce, luego incurre en tristeza. Y de aquí sale la laguna Stygia, y de Stygia nace Flegeton, que significa ardor, porque de la tristeza nace ardiente dolor, que es grande escocimiento de corazón; y ésta es la mayor pasión. Llámanse ríos del infierno por estar estas pasiones en nosotros mismos dentro de nuestros pensamientos, y lo que está dentro de nuestra ánima es cosa escondida y tenebrosa, así como el infierno es tenebroso.

CAPÍTULO V

DE LAS AGUAS LETEAS

Fingen los poetas[1257] que el que bebía de las aguas del río Letheo olvidaba todas las cosas pasadas, y que en él anda el hombre como en una barca sin remos.

Por este río se entiende el olvido de la continuación y perseverancia de las virtudes, y es comparado a este mundo: y así el que bebe de las aguas deste mundo, las cuales son las malas obras, este tal olvida las cosas pasadas; conviene saber, su nacimiento, y a Dios que fue su criador, y a los bienes que le hizo y hace cada día. De suerte que este mundo es un río, pues se desliza así como río y nunca en un estado permanece. La barca sin remos en que anda el hombre en él es nuestro cuerpo que es así como barca en que navega el ánima por el río que es este mundo. Dice que es sin remos: por razón que así como en la barca sin remos no puede ir al lugar que quiere, ni moverse sin haber viento que

[1257] Boccaccio, *De genealogie deorum* 3, 17; Conti, *Mythologia* 3, 20.

le ayude, así el cuerpo no puede obrar sin la perfeción del alma.

CAPÍTULO VI

De Charon barquero

Charon hijo de Herebo y de la noche, según Hesiodo, es el barquero que los poetas fingen que pasa las ánimas por el Flegeton y los demás ríos. Dicen que es viejo, triste y terrible y lleno de moho, los ojos de fuego, como dice Vergilio[1258] donde comienza: *Portior has horrendus aquas*, etc. Éste a todos los mortales iguala, no haciendo diferencia del rico al pobre, como a todos los pase en su barca desnudos, y despojados de dignidades y bienes. Luciano[1259] dice que era costumbre entre los antiguos poner a los que morían una moneda llamada Óbolo, como para que se diesen por flete a Charon por su barco. Dicen ser hijo de Herebo y de la Noche porque aquella mente y corazón de los hombres que primero estaba confuso y envuelto en tinieblas de pecados, y la conciencia no examinada, primero salen por aquellos ríos aquellos movimientos en los precedentes capítulos nombrados. Después cuando se ha levantado la opinión de inocencia, o la determinación de guardar adelante entereza (que es cercana a la ignocencia) la cual se adquiere por el arrepentimiento de los pecados pasados, cuando nos pesa de haber ofendido a nuestro gran Dios por avaricia, o impiedad, o crueldad. Entonces se levanta esperanza en la bondad de Dios, y de allí alegría significada por Charon, la cual nos pasa de la otra parte de aquellos turbulentos ríos. Ésta nos lleva sin miedo ante los graves y rigurosos jueces: ésta nos consuela y ayuda en los gravísimos peligros: ésta

[1258] La cita de Virgilio, *Eneida* 6, 298, y el inicio de capítulo son copia de Conti, *Mythologia* 3, 4.

[1259] *Diálogo de los muertos: De luctu* 10.

nos sirve de viático y provisión donde quiera que vamos.

El Óbolo denota que todo hombre ha de dar cuenta del talento que Dios le dio. El que bien lo considerare, hallará que los antiguos comprehendieron debajo de las fictiones de ríos, todos aquellos movimientos y pensamientos del ánimo que nacen en el hombre al tiempo de la muerte. Porque ser Charón viejo, ¿qué otra cosa significa sino el buen consejo y el alegría que proviene de haberlo tomado? ¿O qué otra alegría habrá en el hombre que se quiere morir, que se iguale a la que nace de la opinión de su ignocencia, o de la esperanza del perdón?

Danos a entender otrosí estas cosas, que de tal manera nos conviene vivir que el acordarnos del tiempo pasado consuele mucho nuestros corazones al tiempo de la muerte, por la ignocencia y entereza de vida, y nos lleve sin temor delante cualquier severidad y aspereza de jueces.

CAPÍTULO VII

DE LAS PARCAS

Las Parcas[1260] fingen que fueron tres hermanas tan concordes que nunca entre ellas desensión alguna fue oída, como entre los otros dioses. Tenían los antiguos que no sólo no se podía hacer alguna cosa sin la voluntad de las Parcas, mas aun la vida de los hombres estaba en la mano de estas tres hermanas. Sus nombres son: Atropos, Clotho y Lachesis. Dícense Parcas, por antífrasis, porque a ninguno perdonan, porque dicen que en naciendo el hombre hilan su vida en una rueca: Clotho da la estopa, o tiene la rueca: Lachesis la hila: Atropos corta el hilo. Unos dijeron ser hijas de Iúpiter y Temis: otros pensaron haber nacido de la materia no formada, que dijeron Chaos: otros las hacen hi-

[1260] Las Parcas (Moiras) ya aparecen así en *Hesiodo* 217, 904. Véase también Conti, *Mythologia* 3, 6, y Boccaccio, *De genealogie deorum* 1, 5.

jas de la noche, otros del mar, otros de la necesidad. Decían habitar en una cueva y de allí salir a las obras humanas cuando era menester.

DECLARACIÓN

Por esta fictión quisieron los antiguos declarar tres edades, o tiempos, conviene saber: el tiempo en que nacemos y en el que vivimos, y el tiempo en que de la vida partimos: porque necesario es que todos los mortales estemos en uno destos tiempos. Por Clotho (que da la estopa, o tiene la rueca) se entiende el tiempo en que en la vida entramos. Por Lachesis (que la hila) se entiende el tiempo que en la vida permanecemos. Por Atropos, que corta el hilo, se entiende el tiempo que della salimos, que es la muerte, y a ésta dicen inexorable, o inmutable; porque no bastan ruegos para que no se corte el hilo de la vida del hombre, cuando Dios manda que muera. Clotho en otro entendimiento significa llamadora, Lachesis suerte, Atropos sin orden. Quisieron sentir por esto, que la primera sea llamamiento del nacimiento del hombre: y de aquí algunos las llaman Parcas *a partu,* por el parto; la segunda, la suerte; la tercera, la condición de la muerte, que no guarda a nadie ley. Atropos, según otra significación denota las cosas pasadas, Clotho lo presente, Lachesis lo por venir: lo que estaba en el uso hilado, era como lo pasado; el hilo de entre los dedos y el copo, lo presente; lo que estaba en la rueca, lo por venir.

En decir que las Parcas eran hijas de Iúpiter y de Temis, que es la justicia, quisieron significar que cualquiera cosa que acaece a cada uno, acaece con justicia y razón, conforme a los merecimientos y cosas hechas, y por consejo y juicio del altísimo Dios.

Los que pensaron que los males acaecían por el poco saber de los hombres, llamaron a las Parcas hijas de la noche. Y los que aún fueron de más boto ingenio y no entendieron que las cosas humanas eran gobernadas por la providencia divina, ni que cosa alguna era regida por consejo divino, sino que solamente consideraban la crueldad de los castigos, sin considerar la gravedad de los delictos, pensaron que las Parcas fueron hijas de la mar porque todos los hijos del mar fueron crueles y desconcertados.

El divino Platón[1261] llamó a las Parcas hijas de la Necesidad, porque los castigos que a los hombres se deben, por sus obras y hechos, se han de pasar necesariamente, y ningún hombre malo puede huir al cabo de la justa venganza de Dios.

Que las Parcas acostumbrasen morar en una cueva escura significa que los juicios de Dios son ocultos, y no vienen luego los castigos a los hombres malos, mas cuando se llega el tiempo conveniente de su castigo, ninguna fortaleza por fuerte y bastecida que sea, ni compañías de gente de [a] pie, ni de a caballo, ni los presidios de hombres de armas, pueden apartar del hombre malo la venganza y castigo de Dios, ni detenerla. Esto basta de las Parcas, a cuyo albedrío se pensaba que se partían desta vida las almas.

CAPÍTULO VIII

DE LA NOCHE

No fue pequeño el honor y honra que los antiguos[1262] dieron a la Noche, la cual creyeron ser más antigua que ninguno de los dioses. Hesiodo[1263] dice que nació del Chaos. Orpheo la llama madre de los dioses y de los hombres, porque todos pensaron haber della nacido. Otros la hacen hija de Cupido, o de la Tierra: píntanla vestida de negro y con tetas negras. Así lo dice Vergilio[1264] donde comienza: *Et nox*

1261 *La República* 10, 617c.

1262 Compárese con el original de Conti, *Mythologia* 3, 12: «Neque Nox quidem paruo in honore fuit apud antiquos.»

1263 *Teogonía* 20 y *Trabajos y días* 17.

1264 *Eneida* 5, 721.

atra, etc. Danle también alas, como atestigua Vergilio[1265], donde comienza: *Nox ruit,* etc. Otros quieren que salga del Océano, cuando cae el día, como Vergilio[1266] donde comienza: *Vertitur interea coelum,* etc. Sacrificábanle un gallo, como animal contrario al silencio. Danle por hija a la rabia, según Eurípides[1267]. Hesiodo le da por hijos a la contienda, e invidia y al mal hado, y a las Parcas, y la muerte y el sueño. Cicerón[1268] dice que la Noche tuvo de Herebo por hijos, al Miedo, y Trabajo, y la Vejez, la Muerte, y la Escuridad, Miseria, y la Queja, y la Gracia, y el Engaño, y la Penitencia, y las Hespérides.

Declaración

Llamaron[1269] a la Noche antiquísima, porque antes que fuese hecho el Sol y el Cielo no había luz alguna: hácenla hija de la Tierra porque encubierto el Sol debajo del Horizonte, o de la Tierra, de necesidad ha de haber cerca de nos sombra de la Tierra, y a esto llaman Noche. Dijeron ser madre de todo, porque precedió al parto de todas las cosas: y según algunos quisieron, llamóse Noche *a nocendo,* que quiere decir dañar, porque la humedad de la noche es dañosa a los hombres; lo cual parece claro en los que tienen sarna, o calenturas, o otras enfermedades, las cuales se agravan y fatigan más de noche que de día.

Los que dijeron ser la Noche hija de Cupido fue porque no se puede dar razon del amor: o porque las más veces conviene que su causa se encubra con la noche de la ceguedad.

Fingieron andar vestida de negro, aun hasta las tocas por denotar su escuridad. Que hayan nacido de la noche las pestilencias, o furias infernales y los demás hijos arriba nombra-

1265 *Eneida* 8, 369.
1266 *Eneida* 2, 250-251.
1267 *Heracles* 834.
1268 *De natura deorum* 3, 44.
1269 Por ejemplo en *Biblia: Génesis* 1.

dos es porque el no saber y la malicia de los hombres (que es noche del entendimiento) son padres, y amas de casi todos los desastres que acometen al linage humano; siendo así, que la equidad las puede echar de la presencia de los hombres, como el viento Aquilo limpia el Cielo de las livianas nubes.

CAPÍTULO IX

De la Muerte

La Muerte (que necesita a los mortales pasar el río Acheronte) es hermana del Sueño, y hija de la Noche, según dice Homero[1270]. Los Elios pintaban por la Muerte una mujer que adormía dos niños que tenía en los brazos, el uno era negro y el otro blanco. A la Muerte le dan uñas negras, según Oracio[1271] donde comienza: *Seu mors atris,* etc., y en otra parte: *Et mors atra caput,* etc.

Declaración

La Muerte es dada a los hombres por remedio de todos los males y trabajos. Dice que necesita a pasar a los mortales el río Acheronte porque muriendo ha de parecer ante el Tribunal de Dios a dar cuenta de la vida que dejó. Dice ser hermana del Sueño: porque así como el que duerme le da todo poco cuidado, así el que muere pierde el cuidado de las cosas del mundo. Es hija de la Noche, porque la Muerte es incierta y dudosa, y escura como la Noche. Por el un niño se entiende la Muerte, y por el otro el Sueño. Las alas denotan que viene a priesa como el caminar del ave; es negra porque es triste para los que mal viven su memoria. La

1270 *Ilíada* 12. Véanse más datos en Conti, *Mythologia* 3, 13.
1271 *Sermones* 2, 1, 58.

Muerte era tenida por la más inaplacable y dura de todos los Dioses, porque a nadie perdona, ni por dádivas, ni ruegos, ni amistades, ni favores, por lo cual ni le hicieron templos, ni sacrificios, ni le atribuyeron sacerdotes: aunque los sabios antiguos la ensalzaron con admirables loores, diciendo que era silla y puerto seguro de quietud, y quitadora de la pobreza, libradora de enfermedades corporales y espirituales: iguala a los príncipes, recíbenla los varones buenos con alegría, como principio de premios de sus trabajos; témenla los malos, por que sienten que han de ser por ella castigados. Dícese Muerte porque muerde, o de la mordedura de la fruta vedada del primer padre, por lo cual morimos sus sucesores.

CAPÍTULO X

DEL SUEÑO

El Sueño es hijo de la Noche, y hermano de la Muerte. Fingen al Sueño con alas, como dice Tibulo[1272], donde comienza: *Post que venit tacitus,* etc. Orpheo[1273] la llama hermana de Lethes, y descanso de las cosas, y rey de los hombres. Ovidio[1274] lo cuenta entre los dioses, por los beneficios que trae a los hombres, donde comienza: *Somne qui es rerum.* Atribúyenle mil hijos. Eurípides[1275] dice que es ladrón de la mitad de nuestra vida. Homero[1276] introduce que todos los dioses y hombres dormían, excepto Iúpiter. Fingen tener el sueño una ciudad cerca del Océano.

[1272] *Obras* 1, 2, 89-90. Todo el párrafo es copia de Conti, *Mythologia* 3, 14.

[1273] En los *Himnos órficos: Al sueño* 86.

[1274] *Metamorfosis* 11, 623-625.

[1275] *Orestes* 211-214.

[1276] *Ilíada* 2, 2: «el grato sueño no dominaba a Zeus.»

Declaración

Hacen al Sueño hijo de la Noche porque la humidad de la Noche acrecienta los vapores que suben del estómago a las partes altas del cuerpo, los cuales después hechos más fríos, con el frío del cerebro desciende abajo y engendran el Sueño; y por esta causa con razón le llaman el Sueño, hijo de la Noche. Que sea hermano de la Muerte es para advertir a los hombres, que no sólo dio Dios el Sueño para que recuperemos fuerzas, y los trabajos se despidan, mas para que por el Sueño nos acordemos de la Muerte, pues todo lo que tiene necesidad de dormir, en algún tiempo ha de morir, o porque el que duerme parece al muerto. Fingen tener alas, porque en un momento el que duerme, en soñando le parece rodear el mundo. Llámanle hermano de Lethes y descanso de las cosas porque Lethes quiere decir olvido, y el que duerme olvida todos los trabajos y males y todos los cuidados; y por esto dicen ser descanso de las cosas, quiere decir de los cuidados que molestan los hombres. Pónelo Ovidio entre los dioses de la gentilidad por los beneficios que trae a los hombres; porque el Sueño es la cosa más útil (si moderadamente dél se usa) de cuantas cosas hay, a quien todos los animales se sujetan, y sin él mal se podría vivir: por lo cual con razón le dicen rey de los hombres. Atribúyenle muchos hijos, porque de los vapores acrecentándose con la humidad de la noche nacen y se engendran infinidad de ensueños, según la variedad de los manjares, y de las regiones y tiempos, y de los negocios que están impresos en la mente, y de los temperamentos de cada uno: lo cual todo se debe considerar para declarar los sueños porque los sueños son algunas veces a los médicos como guías, o espías, para conocer las enfermedades; como lo escribe Michael Scoto. Algunas veces[1277] los sueños son unas formas de las cosas que se desean, las cuales pone delante la fantasía. Decir que todos los Dioses, excepto Iúpiter, dormían: es por

---

[1277] Así en Artemidoro, *De somniorum interpretatione* 1, 2.

dar a entender que a los que se da cuidado de administrar muchas cosas no conviene dormir: o que la naturaleza divina, entendida por Iúpiter, no tiene necesidad de dormir, para que por él cobre fuerzas como los animales hacen, como ningún trabajo ni incomodo pueda padescer. Y porque los sueños se causan de abundancia de humor: por esto se finge tener ciudad cerca de Océano, porque el agua es húmida.

CAPÍTULO XI

De los jueces infernales

Porque el vulgo[1278] de los simples no entendía ser a Dios notorios nuestros pensamientos y obras, por ocultas y secretas que se hagan, los sabios para advertirle que se ha de dar cuenta de las obras fingieron haber jueces en el infierno que después de la muerte a cada uno forzasen a confesar sus maldades, para que mediante sus obras recibiesen el premio o castigo que cada uno mereciese. Estos jueces fingieron ser Minos rey de Creta, hijo de Iúpiter y de Europa: y Rhadamanthe, rey de Licia, hijo de Iúpiter y de Astheria: y Eaco hijo de Iúpiter y de Egina. Dijeron más éstos que otros, por la regurosidad y rectitud con que se finge haber juzgado en vida, o por la significación de sus nombres; porque Minos quiere decir el que amenaza, o el que amenazando constriñe a decir verdad. Rhadamanthe quiere decir escudriñador de la verdad. Eaco quiere decir puñidor del mal. Pusieron los poetas estos nombres a estos jueces porque en el juicio se requiere: Inquisición de la verdad y promulgación de la sentencia y ejecución della. Por estos tres jueces (según san Isidro[1279]) se denota la justicia divina, y su juicio y ejecu-

[1278] Corresponde este capítulo a lo escrito por Conti en *Mythologia* 3, 7-9.
[1279] *Etimologías* 5, 2: «Ius publicum est in sacris & sacerdotibus & in magistratibus.»

ción: y fue fingido así, porque con la memoria de la justicia y juicio de Dios, y que no dejan pasar mal sin pena, ni bien sin galardón, se abstenga el hombre de volver la cabeza atrás; conviene saber al pecado de que salió, o en el que su inclinación le convidare a entrar.

CAPÍTULO XII

DE TÁRTARO O HEREBO[1280]

Después que las almas de los malos han sido conocidas de los jueces, por muchos gravísimos vicios que viviendo en deleites, con injurias de los demás hombres, y tratando en avaricias y engaños; y despreciando la religión y culto de Dios, son entregadas para ser llevadas al Tártaro, o al Herebo, que es lugar de penas no creídas. Diéronle al Tártaro antigüedad, diciendo que era de un tiempo con la Noche y con el Chaos, que era la confusa materia del mundo.

Tártaro es nombre griego, quiere decir espeluzarse con frío, o haber asco, o temor, o tinieblas; es un lugar profundísimo donde están los condenados, situado en el centro de la tierra, lugar el más apartado por todas partes del cielo que ser puede. Difiere de infierno en que infierno dicen a una cosa honda y baja, de donde Dios cuando redimió el mundo sacó las ánimas de los sanctos padres, que estaban aguardando su sancto y misericordioso advenimiento. Y Tártaro es lugar más bajo donde están los condenados, de donde a ninguno quiso sacar. La mercaduría deste lugar es llanto, y crujir de dientes, y espanto, tinieblas, y frío, y calor, y ninguna orden. A éste llamaron por otro nombre Averno; aunque llaman así a un lago de Campania, provincia de Italia, en donde dicen caer las aves que por encima pasan, muertas del mal olor que dél sale, a cuya causa se creyó ser boca

[1280] No va más allá Pérez de Moya de lo compendiado por Conti, *Mythologia* 3, 11.

del Tártaro. Dícese en lengua vulgar lago Tripersola. Averno es nombre griego, quiere decir *sinave*. A Tártaro llaman por otros nombres Herebo, Orco, Dite, Averno, Báratro. Quisieron pues los sabios en la invención destas cosas de los infiernos apartar a los hombres de las maldades: lo cual si así fuese creído, como ello es verdad, en todas las edades hubiera habido pocos malos.

CAPÍTULO XIII

De las furias, o Euménides, que a la continua atormentaban a Orestes

Las furias infernales que los poetas fingieron ser ejecutoras o verdugos y testigos de los que los jueces han condenado a padecer tormentos en el lugar que dijimos Tártaro son: Thisiphone, Megoera y Alecto; fueron según unos hijas de la Noche, y Acheronte: y según Orpheo[1281], de Plutón y Prosérpina: según Hesiodo[1282], de la Tierra y de la sangre que salió a Saturno cuando Iúpiter le cortó los genitales. Estas furias eran las que los poetas dicen que molestaban a Orestes[1283] rey de Grecia, que parecían ponerle delante los ojos a la continua, teas o hachas encendidas, con que le hacían andar siempre con temor, que de día y de noche no le dejaban de atormentar.

Declaración

Porque podía engañar a muchos aquella opinión que los que iban al infierno pueden encubrir sus pecados, porque para muchos pecados son pocos los hombres que son testi-

---

[1281] Véanse los *Himnos órficos* 70, donde son padres de la furias Zeus y Prosérpina. Citas extraídas, como todo el capítulo, de Conti, *Mythologia* 3, 10.

[1282] *Teogonía* 185.

[1283] Sigue utilizando Conti, y también Pérez de Moya, la tragedia *Orestes* de Eurípides 38-39. Véase asimismo *Ifigenia en Tauros* 942-944.

gos; y porque ya que hubiese hombres testigos, como no mueren todos a un tiempo, y primero serían juzgados los muertos que fuesen los testigos, quedándose en el mundo, fue necesario persuadir a la multitud de los que poco sabían que habían allá testigos de la vida de cada uno, y también que sirviesen de ministros de los castigos a que fuesen condenados los culpados que confesasen haber hecho cosas torpes en su vida. Añadieron aquellas que por causas diferentes llamaron unas veces los latinos Furias, o Severas, o perros infernales, o iras de los dioses, y los griegos Erinnyes, o Euménides. Dícense Furias, o perros infernales, por el furor con que los hombres culpados son molestados de su conciencia, sabiendo que han hecho maldades; Erinnyes se llaman de *erinnyo,* verbo griego, que quiere decir indignarse y conmoverse en gran manera; Severas las llaman por su crueldad; Euménides quiere decir fallecimiento, porque donde ellas acuden falta todo contento. Lucano[1284] dice que en los infiernos se llaman canes, y entre los mortales Furias; y Euménides cerca de los Dioses. Iras, así las llamó Vergilio[1285] donde comienza: *Discurrunt magnisque,* etc. Y en el mismo libro[1286] les dice *dirae,* en donde comienza: *Dicuntur geminae pestes,* etc. Por estas furias se entienden las perturbaciones del ánimo, que de día y de noche castigan a los malos por los pecados cometidos, y sus malos pensamientos, que son causa de los delitos. Entiéndese por éstas los tres vicios, ira, cudicia, lujuria, que despeñan a los hombres por todas las malas obras; y éstas son las hachas, o teas encendidas, que las furias ponían delante de los ojos de Orestes, que de día y de noche le desasosegaban. Thisiphone en griego quiere decir venganza, o castigo de muerte, de Thesis, que significa venganza, o castigo; y Phonos que es muerte. O dícese de Tisis que es compostura, y Phonos sonido: esto es, compostura de mal sonido; esto es, mal pensamiento. Megera se dice de Megerim, que significa tener

---

1284 *Farsalia* 6.
1285 *Eneida* 12, 590: «Discurrunt magnisque acuunt stridoribus iras.»
1286 *Eneida* 12, 845.

odio, o invidia; o de Megan que es mal, y *gero* que es traer, porque acarrea mal. Alecto quiere decir la que nunca cesa, o sosiega, o la no perezosa: compónese de *A* que significa sin, y *lectos* holganza, que quiere decir cosa sin holganza. Es las cosquillas y halagos de los deleites, por los cuales Alecto castiga a los que pecan, nunca cesando como ellos lo hacen. Dicen ser hijas de la Noche: por la Noche se entiende la ignorancia y ceguedad que es escura como la Noche, por el poco saber de algunos hombres, los cuales ignoran los daños que el pecado acarrea. Grande ignorancia y poca consideración es cometer por brevísimos deleites cosas que por ellas se siga castigo eterno. Otros dijeron ser hijas de Plutón y Prosérpina, y esto con mucha razón, porque presidiendo Plutón a las riquezas, y siendo Prosérpina la fuerza y virtud de las mieses, ¿de qué padres nacerán más cómodamente las Furias que de las riquezas? ¿o de dónde tomarán origen más conveniente, pues que todas las maldades y deleites manan por la mayor parte (como de fuente caudalosa) de la abundancia de riquezas, o de su cudicia?

CAPÍTULO XIV

De los campos Elysios[1287]

Habiendo pintado los lugares de donde pasan las ánimas de los malos y los monstruos a quien se entregan para ser atormentadas, fingieron después los campos Elysios lugar de descanso; porque desta manera pudieran los hombres ser atraídos al amar la bondad, mostrándoles que Dios no era negligente en castigar los pecados de los malos, ni escaso en premiar a los buenos, llevándolos a los campos Elysios, lugar donde fingían descansar las ánimas de los virtuosos y buenos. Dícense Elysios de *E* que significa *estra*, y Lysio,

---

[1287] Colofón tomado de Conti, *Mythologia* 3, 19.

lisión, casi fuera de *lysion.* Según verdad, por estos campos se entiende la bienaventuranza donde están los santos y las demás ánimas de los que sirvieron a Dios y a donde irán por los méritos de la Pasión de Nuestro Redemptor Iesu Christo los que en su gracia murieren.

LAUS DEO

Índice alfabético de capítulos*

* El primer número refiere al libro, el segundo al capítulo y el tercero al artículo.

Índice de autores citados en las notas del texto

Colección Letras Hispánicas

Últimos títulos publicados

392 *Los ríos profundos*, José María Arguedas.
Edición de Ricardo González Vigil.

393 *Mortal y rosa*, Francisco Umbral.
Edición de Miguel García Posada (2.ª ed.).

394 *Museo de la Novela de la Eterna*, Macedonio Fernández.
Edición de Fernando Rodríguez Lafuente.

395 *Oráculo manual y arte de prudencia*, Baltasar Gracián.
Edición de Emilio Blanco Gómez.

396 *Diálogo de la dignidad del hombre*, Fernán Pérez de Oliva.
Edición de Mª. Luisa Cerrón.

397 *Así que pasen cinco años, Leyenda del Tiempo*, Federico García Lorca.
Edición de Margarita Ucelay.

398 *Abel Sánchez*, Miguel de Unamuno.
Edición de Carlos Longhurst.

399 *El caballero de las botas azules*, Rosalía de Castro.
Edición de Ana Rodríguez Fisher.

400 *Leyendas de Guatemala*, Miguel Ángel Asturias.
Edición de Alejandro Luis Lanoël.

401 *Teatro muerto (Antología)*, Ramón Gómez de la Serna.
Edición de Agustín Muñoz-Alonso López y Jesús Rubio Jiménez.

402 *Fray Gerundio de Campazas*, José Francisco de Isla.
Edición de Enrique Rodríguez Cepeda.

403 *Azul... Cantos de vida y esperanza*, Rubén Darío.
Edición de José María Martínez.

404 *Philosofía secreta*, Juan Pérez de Moya.
Edición de Carlos Clavería.

De próxima aparición

La señorita de Trevélez. ¡Que viene mi marido!, Carlos Arniches.
Edición de Andrés Amorós.

La muerte de Artemio Cruz, Carlos Fuentes.
Edición de José Carlos González Boixo.